ISBN 978-0-364-09064-0
PIBN 10656832

FB &c Ltd, Dalton House, 60 Windsor Avenue, London, SW19 2RR.
Company number 08720141. Registered in England and Wales.

For support please visit www.forgottenbooks.com

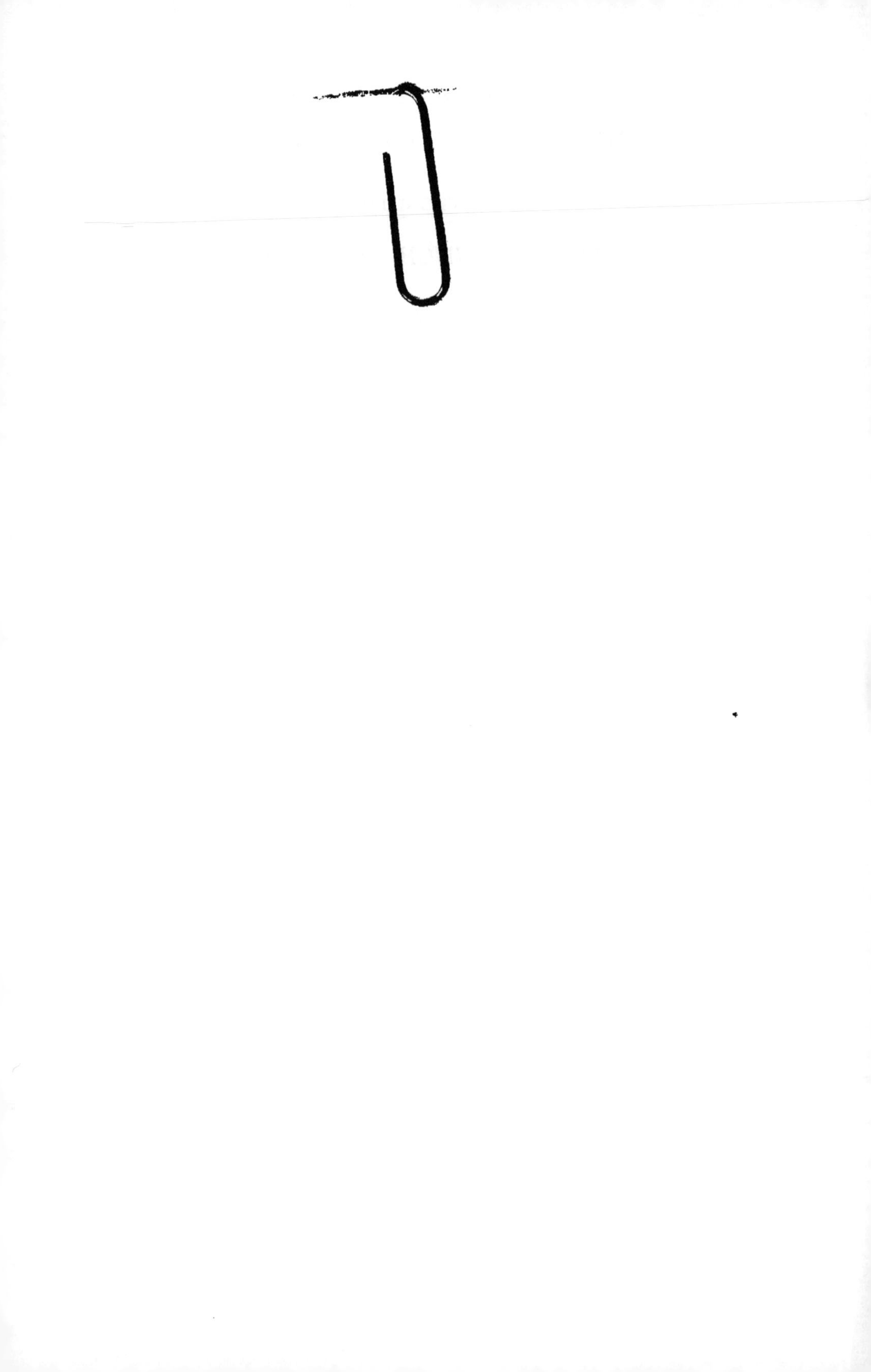

Historische Aufsätze

von

Heinrich Friedjung

1. und 2. Auflage

Stuttgart und Berlin 1919
J. G. Cotta'sche Buchhandlung Nachfolger

Meinem Freunde

Anton Bettelheim

zugeeignet

Inhalt

Vorrede

Dieses Buch beschäftigt sich mit einer versunkenen Welt. Es enthält Studien über Österreich, die, im Laufe der letzten dreißig Jahre entstanden, von dem Gedanken der Daseinsnotwendigkeit des Donaureiches getragen sind. Die Monarchie ist in ihre Teile zerschlagen und durch eine Totenklage nicht zum Leben zu erwecken. Wir alten Österreicher sind besiegt, aber nicht erschüttert in unserer Überzeugung, daß dieses Reich seinen unendlich schwierigen Beruf zwar unvollkommen, aber — bis zur kläglichen Selbstpreisgabe im Oktober 1918 — in Ehren erfüllt hat. Dies zu bekennen, ist mir ein Bedürfnis: gleichgültig, ob neuer Hohn und Haß sich zu dem gesellen, was die Aufrechten und sich selbst Getreuen in den Tagen des Unglücks über sich mußten ergehen lassen. Die zu einer verlorenen Sache gestanden haben, sind nur dann gedemütigt, wenn sie die Reihen verlassen, nicht wenn die Fahne den ermatteten Verteidigern im Kampfe entsunken ist.

Dieses Bekenntnis gehört an die Spitze der vorliegenden Sammlung, obgleich plangemäß keiner der zahlreichen Aufsätze rein politischen Inhalts aufgenommen ist, die ich im Laufe von Jahrzehnten veröffentlicht habe. Mit gutem Bedacht wurden ausschließlich solche Studien eingereiht, die sich mit der Vergangenheit beschäftigen. Wohl waren auch diese von der Stimmung des Tages nicht unberührt geblieben, zumal dann nicht, wenn der Verfasser, ob nun freudig bewegt oder in banger Sorge, die geschilderten Ereignisse selbst miterlebt hatte. Indessen war für alle Aufsätze dieses Buches das Erforschen des historisch Gewordenen die Hauptsache. Finden meine Worte den Weg auch zu dem Herzen und dem Willen des Lesers, so ist dies eine erwünschte Nebenwirkung, wenn die Arbeiten auch in erster Linie der historischen Erkenntnis dienen sollten.

In dieser Absicht stellte ich die Sammlung gegen Ende 1917 zusammen und übergab sie im folgenden Frühjahr dem Verleger. Nur der letzte der Aufsätze, das Charakterbild Kaiser Franz Josefs, ward den anderen später zugesellt, da es mich drängte, über die von mir durchlebte Zeitspanne österreichischer Geschichte ein abschließendes Wort zu sagen.

Schon lag etwa ein Drittel des Buches im Satze vor, so daß nicht einmal an dessen Wortlaut sich etwas mehr ändern ließ, als die österreichisch-ungarische Monarchie vom Sturme weggefegt wurde[1]). Unter diesem erschütternden Eindrucke stockte die Fortsetzung, es kam selbst das Unterlassen der Veröffentlichung in Frage. Indessen verwarf ich diesen Gedanken, weil ich mich der Ergebnisse meiner Arbeit nicht zu schämen habe, sie auch nicht verleugnen will. War doch mit dem Zerfalle der österreichisch-ungarischen Monarchie nichts wertlos geworden, was jemals die Kenntnis vom alten Österreich erweitert hatte. Was einmal wahr gewesen ist, bleibt wahr auch nach dem Verschwinden einer von der Wissenschaft erklärten Erscheinung. Auch von der Materie kann, um auf ein anderes Gebiet überzugreifen, nie ein Atom verloren gehen, deren jedes vielmehr irgendwo im Weltraum das unaufhörliche Sichfinden und Auseinanderstreben der kleinsten Teilchen überdauert; ebenso begleitet das Gesetz der Erhaltung der Kraft den Naturforscher auf allen seinen Wegen. Ähnlich steht der Historiker zu dem einmal Geschehenen, dessen Wirkungen niemals verloren gehen können. Indessen ist es früheren Forschern selten widerfahren, daß ihnen das zum Arbeitsinhalt gewählte, eben noch rüstig kämpfende Staatswesen gewissermaßen unter den Händen dahinstarb, wie uns jetzt Österreich-Ungarn. Noch näher ist von dem allgemeinen Geschick diese Sammlung betroffen worden, da sie mitten im Druck in den Wirbel der Ereignisse hineingezogen ward. So geht sie durch eine ganz besondere Feuerprobe, die sie nur bestehen wird, wenn das Echte und Wahre in den ein-

[1]) Daher kommt es, daß in diesem ersten Drittel der Ausgang des Weltkrieges noch ungewiß erscheint (so auf Seite 58), während später auf das Ergebnis hie und da hingewiesen wird. Diese Unebenheit ist der Zoll, den das Buch der Gewalt der Ereignisse entrichten mußte.

zelnen Aufsätzen von vornherein stärker war als die Stimmung des Tages.

Jedem Aufsatz ist das Jahr seiner ersten Veröffentlichung vorausgeschickt. Für den Wiederabdruck wurde an der Form im großen wie im einzelnen sorgfältig gebessert, dagegen an dem Inhalt nur das Notwendigste geändert, gewöhnlich mit einem für den Leser dienenden Vermerk. In einem ähnlichen Falle, bei der Herausgabe seiner Reden und Vorträge, schrieb Ulrich von Wilamowitz-Moellendorf: „Da es mir durchaus fernliegt, Dokumente meiner eigenen Entwicklung geben zu wollen, so habe ich die Texte, auch wenn sie gedruckt waren, ohne weiteres abgeändert, wo mir das notwendig und angängig schien." Sein Beweggrund war auch der meine, jedoch ist beim Umarbeiten von Studien über die neueste Geschichte größere Zurückhaltung geboten, sollen nicht Farbe und Stimmung darunter leiden, nicht Sprünge im Aufbau entstehen.

Dazu kommt etwas Entscheidendes. Es wäre meiner Empfindung nach Untreue gegen meine eigene Vergangenheit gewesen, hätte ich das in den Aufsätzen früher ausgesprochene Urteil über Österreich verwischt und das über seine voraussichtliche Lebenskraft Gesagte abgeschwächt. Lieber wollte ich mich jeder Kritik, auch wohlfeilem Spotte ausliefern. Wie ich über mein großes und unglückliches Vaterland gedacht habe, dafür sei auch in diesem Buche Zeugenschaft abgelegt.

Unfruchtbar wäre ein Streit mit denjenigen, die behaupten, schon vor dem Weltkriege sei der Untergang der habsburgischen Monarchie für die nahe Zukunft vorauszusehen gewesen. Allerdings gab es in jedem Volksstamme des Reiches eine radikale Partei, die auf die Zerstörung hinarbeitete, aber in den Massen überwog das Gefühl der Zusammengehörigkeit, der Wille zur Bejahung der Monarchie. Im Weltkriege haben die Deutschen einmütig, die anderen Staatsangehörigen in erdrückender Zahl ihre Treue mit dem Blute besiegelt; selbst die meisten tschechischen Soldaten taten ihre Pflicht, obwohl ihre jetzigen Machthaber das nachträglich vergessen lassen wollen und sich immer nur des begangenen Verrates rühmen. Die Führer aller in den zwei Parlamenten vertretenen nationalen Parteien beteuerten fast bis zum Schlusse ihre Anhänglichkeit an das Herrscherhaus; auch die Tschechen und die Südslawen erklärten im Mai 1917 beim Zusammentritt des österreichischen Abgeordnetenhauses in aller Form, sie strebten zwar einen gesonderten nationalen Staat, aber nur im Rahmen der Monarchie an. Wäre der Krieg anders ausgefallen, so hätten sich die Kramař, Staněk und Korošec ein Vergnügen daraus gemacht, in die Hände Kaiser Karls den Eid als Minister abzulegen. Wer etwas anderes behauptet, fälscht die Wahrheit.

Das Todesurteil war über Österreich-Ungarn erst gesprochen, als die feindlichen Regierungen die abgefallenen Tschechoslowaken als kriegführende Macht anerkannten und nach dem endgültigen Siege stark genug waren, das Werk der Zerstörung zu vollbringen. Dies ist die Grundtatsache des Geschehenen, alles andere Folgeerscheinung. Ohne den militärischen Niederbruch der Mittelmächte hätten die zum Abfalle bereiten Elemente unter den Slawen nicht die Kraft aufgebracht, sich von der Monarchie loszureißen. Auch Ungarn hielt fast bis zum Schlusse aus, erst dann beging seine Regierung den Verrat, die heimischen Truppen von der Armee in Italien abzuberufen, und entschied so die Niederlage. Damit war aber auch Ungarn den Siegern zu Füßen gelegt. Selbst in diesem Zeitpunkte war noch nicht alles verloren, der Hauptschlag wurde wieder erst von außen her geführt. Amerika und seine Verbündeten hatten es in der Hand, Österreich-Ungarn zu einem Völkerbund umzugestalten oder aber es zu zerschlagen. Sie wählten das letztere, Wilson in erster Reihe, der auf das Friedensangebot der Regierung Kaiser Karls die Antwort gab, er befasse sich nicht mit Österreich, wodurch er der Monarchie den Todesstoß gab. Die Feinde blieben sich selbst treu, indem sie in dem folgenden halben Jahre die 52 Millionen der Monarchie dem Hunger preisgaben. Es war von seiten Wilsons Herzenshärte, daß er es unterließ, die Volksstämme der Monarchie, ob sie sich nun trennen mochten oder nicht, zu besonnener Auseinandersetzung aufzufordern. Der große Rhetor war ausschließlich mit den Redensarten vom Weltbund beschäftigt und fand auch nicht ein Wort, um die Gemüter der Bewohner der Donaumonarchie auf den

Frieden untereinander hinzuweisen und weiteres Blutvergießen zu verhindern.

Aus inneren Gründen heraus hätte der vollständige Auseinanderbruch Österreich-Ungarns nicht eintreten müssen, so daß man mit Wallenstein ausrufen möchte: „Das aber ist geschehen wider Sternenlauf und Schicksal!".

Der militärische Untergang eines Staates an sich beweist nicht, daß er lebensunfähig gewesen sei. Altertum und Neuzeit bieten eine lange Reihe von Beispielen für den wirklichen Sachverhalt. Hätten sich Perser und Römer nicht mit Übergewalt auf Babylon und Ägypten, die Stätten einer reichen Nationalkultur, und auf das handelsmächtige Karthago gestürzt, dann wären, soviel wir wissen, diese Reiche damals nicht untergegangen. Dasselbe ist von den durch Karl den Großen unterworfenen Langobarden, von den unter arabische Herrschaft geratenen Westgoten zu sagen. Und waren wirklich alle vom russischen Zarismus verschlungenen Gemeinwesen im Augenblicke des Zusammenbruches von innen heraus zum Untergange reif? Besaßen das serbische, das bulgarische Volk wirklich kein Daseinsrecht mehr, als das Schwert der Osmanen ihre männliche Jugend fraß und sie aus der Reihe selbständiger Nationen strich? Nein, die Tatsache der Zerstörung eines Staates infolge eines oder mehrerer unglücklicher Kriege ist noch lange kein Beweis, daß seine Lebenskraft verbraucht war. In all jenen Fällen sieht das unbestochene Auge nur den Kampf der Stärkeren gegen die Schwächeren, erkennt in der Gewalt das letzte Wort der sogenannten Weltvernunft.

Der Geschichtsforscher muß sich allerdings vor Einseitigkeit hüten und darf nicht unterlassen, auch auf die Erscheinungen des inneren Verfalls der unterlegenen Staaten aufmerksam zu machen. Das gilt ebenso für die österreichisch-ungarische Monarchie. In der vorliegenden Sammlung wie in meinen früheren Büchern ist darauf oft hingewiesen; ohne Schonung ist die Lähmung der Monarchie durch den bösartigen Sprachenstreit, die Aushöhlung der Reichseinheit durch den die Grundmauern des eigenen Hauses untergrabenden magyarischen und tschechischen Adel, sind auch die anderen Schäben dargelegt. Dennoch muß bestritten werden, daß Staat und Heer verfault und zum Absterben reif gewesen seien. Der vierjährige Heldenkampf der Armee, besonders gegen Italien, wäre nicht zu verstehen, wenn Wille und Kraft zur Lebensgemeinschaft unter den Völkern nicht stärker gewesen wären als die Schwäche der Staatslenker und der Verrat im Hinterland.

Das alles ist nunmehr vorbei; so weit das Auge in die Zukunft zu blicken vermag, läßt sich die zertrümmerte Form nicht wiederherstellen.

Durch den Zerfall der Donaumonarchie ist in der Mitte Europas eine ungeheure Lücke entstanden, die nicht von einzelnen, noch dazu sich befehdenden Nationalstaaten, sondern nur von einem sie umschlingenden Bunde hätte ausgefüllt werden können. Da die Wohnsitze und Sprachinseln der verschiedenen Volksstämme so durcheinandergeworfen sind, wie einzelne durch Erdrevolutionen losgesprengte Gesteinstrümmer, so lassen sich aus ihnen nicht geschlossene Nationalstaaten bilden, soll die Redensart vom Selbstbestimmungsrecht der Völker nicht zum Gespötte werden. Ein Versuch dieser Art wird in Tschechien ebenso scheitern, wie er in Ungarn mißlungen ist. Wollten die Sieger zum Neuaufbau schreiten, so wäre übrigens nicht eine monarchische Spitze notwendig gewesen; ein Verband von Freistaaten konnte der Menschheit denselben Dienst leisten. Der Leser wird in diesem Buche ebensowenig wie in meinen früheren auf das stoßen, was man dynastische Gesinnung nennt, um so häufiger auf die Überzeugung, daß der Verband der durcheinandergemengten Nationalitäten zusammengehalten werden sollte — zu aller Gedeihen. Das österreichische Herrscherhaus hatte im 18. Jahrhundert unter hervorragenden Fürsten an diesem Werke gearbeitet, dann war seine Kraft erlahmt; nach 1848 vergrößerte die Hofburg noch durch wechselseitiges Ausspielen der Nationalitäten das Unheil. Die Dynastie war bloß als ein um das Ganze gelegter Reifen von Wert gewesen, oberster Leitstern durfte nur das Wohl der Völker sein. So dachten die echten Vaterlandsfreunde, und in dieser geschlossenen Auffassung wußte sich der Verfasser mit den besten Söhnen der Heimat einig.

Für die national gesinnten Deutschen, soweit sie nicht die

Wirklichkeit vollständig verkannten, bestanden auch andere Gründe, um sich für Österreich-Ungarn einzusetzen. Hielt doch das Reich immer noch die Hand schützend über die Volksgenossen, die unter den Slawen wie unter den Magyaren zerstreut lebten und in Gefahr waren, einer stammfremden Mehrheit zum Opfer zu fallen. Zudem war Österreich als Schöpfung der deutschen Nation deren nach Südosten vorgeschobenes Bollwerk, zu dessen Verteidigung es auch andere Nationalitäten sammelte, soweit sie zum Zwecke eigener Erhaltung auf die Wälle zu steigen bereit waren. Staatliches und nationales Gefühl war bei den Deutschen Österreichs oft schwer zu scheiden. In den Sudetenländern überwog die Anhänglichkeit an die Genossen desselben Bluts und derselben Sprache, dagegen im Donautal wie in den Alpen die an Österreich. Die Mittelschichten wurden durch das Herkommen mehr bei der habsburgischen Monarchie festgehalten, die Gebildeten hingen inniger an deutscher Art. Wer in deutscher Bildung aufgewachsen war, unterdrückte die Sehnsucht nach dem deutschen Mutterland, um ihm in seiner größten Kolonie desto besser dienen zu können. Männer dieser Gesinnung atmeten deutsche Luft im österreichischen Staate, von dem sie sich immer noch loslösen konnten, während der deutsche Odem ihrem Leben unentbehrlich war.

Jetzt, da Österreich zerfallen ist, drängt sich unsere ganze Empfindung in der Liebe zum Kernvolke der alten Monarchie und damit zur großen deutschen Nation zusammen. Wohl türmen sich gegenwärtig Widerstände entgegen, zuletzt aber werden wir doch zum Mutterlande zurückkehren, von dem einer der besten Stämme zur Erfüllung gewaltiger Aufgaben nach Südosten ausgezogen war. Von den Besiedlern der Ostmark ist das mitgebrachte Erbe an Gesittung sorgsam bewahrt und reich gemehrt worden. Nicht bittend um Aufnahme nahen ihre Nachkommen, sondern ausgerüstet mit geistigen und wirtschaftlichen Gütern, bereit zu geben und zu empfangen; sie führen der spröderen Volksart des Nordens reiche künstlerische Anlagen, hohe Gesittung in den Lebensformen, feineres Verständnis auch für fremdes Volkstum zu. Die Hingebung, mit der sie bis zuletzt für Österreich gekämpft und geblutet haben, ist die Bürgschaft für ihre auch dem Deutschen Reiche sichere Treue; galt doch der Kampf auch der Verteidigung der deutschen Nation gegen deren Feinde in West und Ost.

Österreich erwarb sich das Verdienst, an der mittleren Donau durch zwei Jahrhunderte eine sichere Rechtsordnung aufgerichtet und während dieser Zeit den Bürgerkrieg zwischen den Nationalitäten verhindert zu haben. Von der Pragmatischen Sanktion bis zum Ende des Weltkriegs kreuzten seine Völker nur einmal, in der Revolution von 1848, miteinander die Waffen, also weniger häufig als zur selben Zeit die Franzosen in ihren Staatsumwälzungen, viel weniger blutig als die Nordamerikaner, unter denen im Bürgerkriege von 1861 bis 1865 unendlich mehr Opfer gefallen sind. Die alte Ordnung der Dinge hatte ihre schweren Gebrechen, und sämtliche nationale Parteien erfüllten die Welt mit Klagen, aber alle Volksstämme des österreichischen Staates konnten in dem großen Verein ihre Sonderart entwickeln. Schon daß freier, nicht durch Zollschranken eingeengter Handel zwischen allen Teilen der Monarchie bestand, war ein nicht hoch genug zu veranschlagender Gewinn. Bereits Maria Theresia hatte die Zolleinheit für das eigentliche Österreich, hierauf der kräftig durchgreifende Absolutismus 1849 auch für den Verkehr mit Ungarn eingeführt. So kam es, daß die neuen Teilstaaten vom Entstehen an die notwendigen geistigen und wirtschaftlichen Kräfte ihr eigen nannten. Über die Leistungen des ehemaligen Donaureiches belehrt am besten der Vergleich mit den anderen Großstaaten Europas. Man mag die Rechtspflege und die Gesetzbücher, den wissenschaftlichen Fortschritt und das Unterrichtswesen, Ackerbau, Industrie, Bank- und Verkehrswesen heranziehen: Österreich stand selbst neben den Völkern höchster staatlicher Kultur, den Deutschen, Engländern und Franzosen, nur in manchen, nicht in allen Belangen zurück, dagegen konnte es sich erhobenen Hauptes mit Italien messen und Rußland war es in jeder Beziehung überlegen.

Noch deutlicher wird die Sachlage, wenn man auf die beiden Hauptzwecke jedes Staatswesens gesondert eingeht. Vor allem soll es seinen Angehörigen Recht und Gesittung verbürgen, dann muß der Staat auch eine Machtorganisation sein zum Schutze gegen äußere und innere Feinde.

In der ersteren Richtung ist es eine Tatsache der Weltgeschichte, daß es eine eigentümliche österreichische Kultur gab, die alle Volksstämme von den Grenzen der Ukraine und Rumäniens bis zu den Tiroler Bergen und zum Böhmerwald umschloß und noch umschließt. Das Streben, sie abzustreifen, ist ein Rückfall in Barbarei. Ihren Umfang und Inhalt festzustellen, wird für die Forscher wie für die historischen Seminarien an den Universitäten eine lohnendete Aufgabe sein als das Zurückgehen auf mittelalterliche Freiheitsbriefe und andere Pergamente. Ähnlich steht es mit der anderen Aufgabe staatlichen Daseins. Das Donaureich war bis zum Schlusse eine Großmacht, sein Heer hat von 1914 bis 1918 sogar weit Größeres geleistet, als irgend jemand hätte vermuten können. Es ist eine in der Weltgeschichte fast alleinstehende Erscheinung, daß die Monarchie ihrem Ende als anerkannte Militärmacht entgegenging. Sonst sanken die ehedem großen Reiche, bevor sie aus der Reihe der Lebenden verschwanden, zum Spielball stärkerer Nachbarn herab: man denke nur an Westrom und Byzanz, an das arabische Kalifat und das osmanische Reich. Österreich stand trotz der bedenklichen Risse und Sprünge in seinem Gefüge zu Beginn des Weltkrieges noch immer achtunggebietend als Kultur- wie als Machtstaat da.

So die alte österreichische Staatsauffassung. Über ihre Richtigkeit oder ihren Unwert können erst die kommenden Ereignisse entscheiden. Ob Österreich wirklich, wie seine Verkleinerer behaupten, überflüssig gewesen ist, wird sich dann zeigen, wenn die Nachfolgestaaten ihm gleichkommen werden in der Erhaltung bürgerlichen Friedens, in der Gewähr von Rechtssicherheit, im Schutze geistiger und wirtschaftlicher Güter. Ausnahmsweise läßt das Schicksal es im politischen Leben hier zu einem Experiment kommen, wie es sonst nur der Forscher auf dem Gebiete der Naturwissenschaften anstellt. Bis jetzt sind die neuen Gemeinwesen nicht lachende Erben, sondern mit Not und Sorgen belastet. Sie müssen, wobei ihnen eine Zeit des Übergangs zuzubilligen ist, erst ihre Leistungsfähigkeit erweisen. Jetzt besteht auf dem Boden der alten Monarchie offener oder mühsam verdeckter Bürgerkrieg. Polen und die Ukraine sind in einen wütenden Kampf verbissen; in Deutschböhmen fielen Menschenopfer und herrscht unerträgliche Tyrannei; durch ganz Ungarn steht eine Nation in Waffen gegen die andere. Schlimmer noch wird es werden, wenn Unverstand und Hochmut der Weltenrichter befehlen sollte, daß vierthalb Millionen Deutscher den Tschechen, Südtirol vollständig den Italienern, Ostungarn und Siebenbürgen den Rumänen ausgeliefert werden sollen. Dann wird der Krieg in den Donau- und Sudetenländern der Dauerzustand sein, unterbrochen höchstens von Atempausen vor neuen Kämpfen. Was jetzt geschieht, ist der stärkste Beleg dafür, daß die Donaumonarchie zum Leben berechtigt war. Nur dann sind die Fürsprecher des alten Österreich vor dem Gerichtshof der Weltgeschichte des Irrtums überwiesen, wenn an seiner Stelle wieder Staaten mit dauernden Rechts-, Friedens- und Machtordnungen entstehen. Bis dahin verharren wir bei unserer Überzeugung, und immer wieder erneuert sich der Schmerz, daß Tausende und aber Tausende der besten Söhne aller Volksstämme in den Tod gegangen sind, ohne ihren Angehörigen den Frieden gebracht zu haben. Dieser Gedanke wäre nicht zu ertragen, wenn man nicht wüßte, daß die Kraft der Erneuerung der Völker schier unerschöpflich ist. Aus *einem* Menschenpaare entsproß nach dem tiefsinnigen Mythus am Anfang und später noch einmal die Fülle der Geschlechter; auch dem Gären und Drängen unserer Zeit entringt sich, wie sonst dem Schoße der zeugungskräftigen Menschheit, ohne Zweifel ein Neues und Großes. Veränderte Aufgaben weisen auf höhere Ziele und reichere Ideale hin, aber beim Ausblick in die Zukunft soll die Pflicht nicht vergessen sein, dem Vergangenen Gerechtigkeit widerfahren zu lassen.

Wien, im März 1919

Heinrich Friedjung

1

Die Schlacht bei Aspern

(Veröffentlicht 1909)

Napoleons Herrschaft beruhte auf dem allgemeinen Glauben an seine Unüberwindlichkeit. Daher der Ausspruch eines Geschichtsschreibers seiner Taten: „Von dem Augenblick an, da man sehen wird, er könne besiegt werden, wird er auch besiegt sein." Nach den Schlachten von Austerlitz, Jena und Friedland schien seinem unvergleichlichen militärischen Genie, das sich auf die große Armee als meisterhaft organisiertes Kriegswerkzeug stützte, nichts unmöglich, keine Unternehmung kühn genug, um nicht gewagt werden zu können. Als er dann 1809 den Vorstoß der Österreicher gegen Süddeutschland bei Regensburg und Eckmühl in gewaltigen Schlägen zum Stehen brachte, das feindliche Heer nach Böhmen abdrängte und mit wunderbarer Schnelligkeit die Donau hinabmarschierte, waren es nur furchtlose Herzen, die vor seinem zermalmenden Fußtritte nicht erzitterten. Da aber stellte sich ihm, als er vom Südufer der Donau nach einem raschen Brückenschlag in die noch uneroberten Nordprovinzen Österreichs vordringen wollte, das Heer Erzherzog Karls in den Weg und brachte seine Siegeslaufbahn für einige Zeit zum Stocken.

Napoleon, durch die lange Reihe seiner Siege verwöhnt, unternahm am 19. und 20. Mai 1809 eines der größten Wagnisse der Kriegsgeschichte. Im Angesichte des Feindes, der vom Bisamberg alle seine Bewegungen viele Meilen stromabwärts beobachten konnte, ging er auf einem einzigen Schiffsbrückenweg über die Donau, wobei er, da sein Heer mehrere Inseln zu passieren hatte, hintereinander vier Flußarme überschreiten mußte. Aber freilich, diese märchenkühne Unternehmung empfahl sich doch auch durch einen bestimmten Vorteil, den er höher anschlug als jede nur mögliche Gefahr. Denn eben diese Inseln verdeckten dem am nördlichen Ufer wachenden Feinde die zur Bezwingung des Hauptstromarmes von Napoleon befohlenen Anstalten. War die dem Feinde nächste Insel, die stattliche Lobau, erreicht, so war das französische Heer gegen den Angriff der Österreicher noch durch einen Flußarm, das Stadler Wasser, gedeckt, und auf jene Insel konnten sich die Franzosen auch im Fall eines Mißerfolges zurückziehen. Napoleons Feuergeist genügte diese Sicherung gegen einen möglichen Mißerfolg, und am 20. Mai war die letzte der Brücken fertig. Im Laufe des Tages wurde sie von 32000 Franzosen überschritten, die in raschem Anlaufe sofort die Dörfer Aspern und Eßling den schwachen Wachttruppen des Erzherzogs entrissen.

Das Heer Erzherzog Karls war zur Abwehr sachgemäß aufgestellt. Da man nicht wissen konnte, welchen Übergangspunkt zwischen Wien und Preßburg Napoleon wählen werde, so standen die österreichischen Korps in einem flachen Halbkreise auf dem Höhenrücken des von der Donau nach Norden sanft ansteigenden Marchfeldes, immer bereit, konzentrisch gegen jedweden feindlichen Übergang vorzudringen und hier dem Feinde entgegenzutreten. Es war nun für den Erzherzog überraschend, daß Napoleon sich den für ihn geradezu gefährlichsten Punkt aussuchte, just im Mittelpunkte jenes Halbkreises, wo also die österreichischen Korps von rechts und links mit verhältnismäßig größter Schnelligkeit zur Abwehr erscheinen konnten. Als Erzherzog Karl in der Frühe des 21. Mai die Nachricht vom Brückenschlag erhielt, hielt er sie für fast unglaublich, dachte zunächst, hier sei bloß ein Scheinangriff beabsichtigt, um sein Heer gegen Aspern zu locken, worauf der große Übergang anderswo vorgenommen werden würde. In der Tat war die Unternehmung Napoleons fast tollkühn zu nennen, und seine Anstalten zur Sicherung der Brücken waren so unzureichend, daß ihn Marschall Massena beim Kriegsrat am Abend des zweiten Schlachttages mit Vorwürfen überhäufte.

Als nun die Franzosen, allem Vermuten des Erzherzogs zum Trotz, doch über die Brücken zogen, war er geneigt, an irgendeine Kriegslist, eine unerwartete Teufelei seines großen Schlachtengegners zu glauben. Da soll ihm, wie die Überlieferung berichtet, sein Generalstabschef Graf Wimpffen die Frage vorgelegt haben, was er denn täte, wenn einer der französischen Generale, die er 1796, 1799 und 1805 besiegt hatte, Jourdan, Moreau oder Massena, Ähnliches vor seinen Augen unternähme? „Ich würde ihn angreifen und in den Strom werfen," war die Antwort. „Dann sehe ich nicht ein, weshalb wir dieses Schicksal nicht auch dem Kaiser bereiten sollen!" lautete die unwiderlegliche Erwiderung Wimpffens.

Genug, zu Mittag des 21. Mai ergingen die Befehle des Erzherzogs an sämtliche Korps, sofort aufzubrechen und in fünf Kolonnen gegen die Donau zu marschieren, wobei dreien die Richtung auf Aspern, zweien auf Eßling gegeben wurde. Diese Flügelstützpunkte der Franzosen zu nehmen, war die zu lösende Aufgabe. Da erst ein Teil der Franzosen über den Fluß gegangen sein konnte, war die Überzahl bei den Österreichern. Sie begegneten jedoch beim Angriff einem heroischen Widerstand, in Aspern durch den sich an Kühnheit und Kaltblütigkeit überbietenden Massena, in Eßling durch Lannes, eine der glänzendsten Erscheinungen unter den Marschällen der großen Armee. Massenas Lebensgang war bekanntlich ein überraschender Aufstieg aus den Niederungen des Lebens zu den höchsten Stufen des Ruhms, des Glücks. Als Sohn eines kleinen Weinhändlers in Nizza trat André Massena als Knabe von fünfzehn Jahren in die französische Armee, in der er sechzehn Jahre lang verblieb, um dann als Unteroffizier seinen Abschied zu nehmen und nach Nizza zurückzukehren. Drei Jahre später, 1792, trat er in das Freiwilligenkorps Var ein und rückte in einem Jahre bereits zum Brigadegeneral, ein weiteres Jahr später zum Divisionsgeneral vor. Hervorragend ist sein Anteil an dem glorreichen Feldzuge von 1796/97, als Oberbefehlshaber in der Schweiz erringt er dann 1799 den Sieg über die russisch-österreichische Armee. Unvergessen bleibt auch seine heldenmütige Verteidigung Genuas gegen die Österreicher. Was diese beiden Männer, Massena und Lannes, leisteten, ist in die französische Kriegsgeschichte mit goldenen Lettern eingegraben. Indessen hatte in der Schlacht vom 21. Mai 1809 nur Lannes den Erfolg auf seiner Seite, da sich an dem festen Dorfe Eßling, besonders an einem großen Getreidespeicher, der Angriff der Truppen des Fürsten Rosenberg brach. Gegen Aspern dagegen brausten unter dem Befehle des tapferen und klugen Hiller die sich stets erneuernden Sturmwellen und fluteten zum Siege. Zuletzt war der Wall von Franzosen und Rheinbundtruppen niedergeworfen. Aspern blieb am Abend nach harter Arbeit den Österreichern.

Dazwischen war jedoch am späten Nachmittag ein wuchtiger Angriff der französischen Reiterei erfolgt. Beim Übergang über den Strom hatte es sich gefügt, daß eine unverhältnismäßig starke französische Kavalleriemacht hinüberzog; da der stark angeschwollene Strom den Österreichern zu Hilfe kam und am Nachmittag eine der Brücken zerriß, stockte dagegen der Zuzug an Infanterie durch einige Stunden bis zur Wiederherstellung des Schiffsweges. Diese Kavallerie, über die Lannes die Verfügung erhielt, wurde von ihm zu kraftvollen Gegenstößen benutzt. Denn den drohend gegen Aspern und Eßling immer neu heranflutenden Kolonnen der Österreicher mußte um jeden Preis Halt geboten werden. Zwischen den beiden Dörfern ist ein Zwischenraum von drei Kilometern, und durch dieses Tor stürmte die prächtigste Kavallerie der Welt, sechs- bis siebentausend Reiter, denen in zahlreichen Schlachten und Feldzügen das Schwierigste, einmal selbst die Erstürmung eines Passes in Spanien, zugemutet werden konnte. Sie maßen sich am Nachmittage zuerst mit überlegener Kraft mit der österreichischen Reiterei, und gegen Abend warfen sie sich heroischen Mutes auf die jetzt anrückenden Infanteriebataillone. Diese französischen Kavalleriestöße an den beiden Schlachttagen machen in der Kriegsgeschichte insofern Epoche, als es seitdem feststeht, daß auch der wuchtigste, mit Todesmut gerittene Reiterangriff sich an unerschütterter Infanterie brechen muß. Damals geschah das Laden und Feuern des Schießgewehrs noch so langsam und die Kugeln trugen so wenig weit, daß eine im Galopp dahersprengende Reitertruppe von einem Infanteriegliede nur mit *einer* Salve empfangen werden konnte. Wurde das Feuer zu früh abgegeben, so war keine Zeit mehr zum Laden. Deshalb stellten sich die österreichischen Offiziere vor die Front ihrer Kolonnen und hinderten so mit ihren Leibern allzu frühe Schüsse; erst wenn der Feind dreißig und zwanzig Schritte weit war, erfolgte das Kommando: Feuer! Und die verheerende Wirkung der Salven erzwang die Umkehr der daherbrausenden, die Erde erschütternden Reitergeschwader. Aber der, wenn auch abgewiesene Massenstoß hatte am ersten Schlachttage, ganz wie die deutschen Kavallerieangriffen in der Schlacht von Mars-la-Tour 1870, doch die Folge, den feindlichen Angriff aufzuhalten. Indessen waren die Totenopfer diesmal vergebens gebracht, denn Aspern wurde, wie gesagt, am Abend des 21. Mai trotzdem von den Österreichern genommen.

Der erste Schlachttag endete unentschieden, ist jedoch auch für die Franzosen glorreich, weil sie einer doppelten oder dreifachen Übermacht standgehalten hatten. Erzherzog Karl glaubte jedoch, mit der ganzen feindlichen Armee gefochten zu haben, und freute sich doppelt der Eroberung von Aspern; es war nach diesem schönen Erfolg aussichtsvoll, am nächsten Morgen die Schlacht zu erneuern. Um so mehr war Napoleon dazu entschlossen, weil er Zeuge gewesen, wie etwa 30 000 der Seinigen das feindliche Heer in Schach gehalten hatten. Nach Wiederherstellung der Brücke zog er in der Nacht und am folgenden Tage immer neue Truppen herüber, so daß er im ganzen über etwa 70 000 Mann verfügte; da er aber für den Nachmittag noch auf das Korps Davoust rechnete, so war sein Heer dann den Österreichern, die 90 000 bis 95 000 Mann zur Stelle bringen konnten, an Zahl fast gleich. Es kam also alles darauf an, ob Davoust rechtzeitig zur Stelle sein konnte. Napoleons Kavallerie und seine Artillerie waren übrigens den Österreichern an innerem Gehalt überlegen, seine Truppen im Manövrieren viel besser geschult, so daß er seine Gegner zu zerschmettern hoffte. Diese Rechnung konnte aber nur dann stimmen, wenn der für den Feind streitende und wogende Donaustrom nicht wieder tückisch dazwischenfuhr. Dazu jedoch sollte es noch kommen: arbeitete doch Hauptmann Magdeburg mit seinen Pionieren, die vom Erzherzog den Auftrag erhielten, durch steinbeladene Schiffe und Brander die Brücken zu zerstören, so geschickt und opfermutig, daß Napoleon auf dem Höhepunkte der Schlacht seinen Arm gelähmt sah und den Kampf aufgeben mußte.

Des Morgens zwar blieb der Kriegsgott zunächst auf Seite seines Lieblings. Denn Massena, der Unermüdliche, schlug schon um zwei Uhr nachts los, warf sich unerwartet auf die Österreicher in Aspern und entriß ihnen durch diesen Überfall das mit Blutopfern erstrittene Dorf. Gleich in der Frühe war aber schon Erzherzog Karl zur Stelle, der dem General Bianchi zur Rückeroberung so viele Truppen wie möglich zur Verfügung stellte. Damit erneuerte sich der Heldenkampf um das zerschossene und brennende Dorf, bei dem bald die einen, bald die andern Friedhof und Kirche, dann die lange Dorfstraße als Sieger oder als Weichende durchmaßen. Hier waren die Österreicher im ganzen überlegen, spät abends auch siegreich, während Eßling und seine Verbindungen allen ihren Anstrengungen spotteten. Aspern wurde von den Österreichern ruhmvoll behauptet.

Während dieser erbitterten Dorfgefechte brachte Napoleon am späteren Vormittag seinen Schlachtplan zur Ausführung. Er wußte die Österreicher an den Flügeln stark, schwächer dagegen in der Mitte. Während er also, vertrauend auf Massena und auf die Eßling verteidigende Kerntruppe, hier wie in Aspern nur die notwendigsten Truppen beließ, formte er im Zentrum eine so starke Macht wie möglich und übertrug Lannes hier den Befehl über Macdonald, Oudinot und Bessières, im ganzen über etwa 32 000 Mann. Diese Macht sollte zwischen den beiden Dörfern vordringen und das feindliche Zentrum durchbrechen. Es gehörte zu den großen Eigenschaften des Imperators, daß er für die entscheidenden Stöße stets große Massen zu konzentrieren verstand; alle drei Waffen wirkten dann so vortrefflich zusammen wie vielleicht nie vor und nach ihm. Auch ohne das Korps Davoust, das noch immer nicht über den Strom hatte gebracht werden können, war dieses sein Zentrum den Österreichern an der entscheidenden Stelle an Zahl gleich; wie konnten sie da widerstehen?

Herrlich war der Anblick, den die Schlachtreihe der Franzosen, aus der die Kürassiere zum Angriff vorprallten, dem Beobachter darbot. So wuchtig war der das österreichische Zentrum treffende Stoß, daß die dort stehenden Bataillone zurückwichen. Einige Kavallerieabteilungen rissen in eiliger Flucht auch Teile des zweiten Treffens mit sich fort. Schon dachte Erzherzog Karl an den Befehl zum Rückzug, aber er besann sich eines Besseren und bot seine letzten Reserven, das Korps des Fürsten Johann Liechtenstein mit der ihm zur Verfügung stehenden Kavallerie zum Widerstand auf. Doch auch dann war das Ringen hart, und an einigen Stellen wankten die durch die französische Kanonade schwer leidenden Abteilungen. Es war die Krisis der Schlacht, in der der Feldherr sich selbst und sein Leben einsetzen muß. Damals war es, daß Erzherzog Karl zum Regiment Zach eilte, dessen Fahne ergriff und durch sein leuchtendes Beispiel die Soldaten zum Sammeln und Vorrücken anfeuerte. Diesen Augenblick wählte Bildhauer Fernkorn, um auf dem Burgplatze zu Wien das eherne Bild des Erzherzogs Karl für die späteren Geschlechter festzuhalten. Gleich ihm tat das Beste Fürst Johann Liechtenstein, einer der edelsten Ritter der Armee, dem am ersten Schlachttage zwei Pferde und am zweiten Tage wieder drei unter dem Leibe erschossen wurden; unterstützt ward er von seinem Generalquartiermeister Grafen Radetzky, dem späteren Feldmarschall. Zuletzt kam der französische Angriff zum Stocken. Aber nicht genug daran. So energisch war der von den Österreichern darauf geübte Gegendruck, daß sich die französische Schlachtlinie langsam zurückschob und in der Mitte einbog. An weiteres Vordringen war nicht zu denken, und Lannes schickte zum Kaiser einen Adjutanten mit der Bitte um Verstärkung. Mit den vorhandenen Kräften ließ sich gegen die heldenmütig kämpfenden Österreicher kein Erfolg erringen, und wenn das Korps Davoust nicht zur Stelle kam, war der Rückzug unvermeidlich.

Davoust konnte jedoch die Seinigen nicht herbeiführen. Gerade im gefährlichsten Augenblick der Schlacht erhielt Napoleon die Schreckensnachricht, daß die Schiffsbrücke über den Hauptarm unter den fortwährenden Stößen der gegen sie durch Hauptmann Magdeburg entsendeten schweren Fahrzeuge zerrissen war, daß also aller Vormarsch stockte. Dem bisher unbesiegten Imperator fehlte somit das letzte Aufgebot, um den Erfolg an seine Fahne zu zwingen. Er sah links die furchtbaren, sich immer erneuernden Angriffe der Österreicher auf Aspern, sah in der Mitte das Zurückweichen der prächtigsten Truppen, die er je in einer seiner Schlachten aufgeboten hatte, und so mußte er sich entschließen — es war vier Uhr nachmittags — den Rückzug anzutreten und die Stellung vor der Donau zu verlassen. Seine Truppen mußten aber ausharren, bis die Brücke wiederhergestellt war. Lannes erhielt also den Befehl, sich langsam zu dem Wassergraben zurückzuziehen, der sich zwischen Aspern und Eßling erstreckte, hier aber jeden Angriff mit äußerster Anstrengung abzuwehren. Dabei geschah es, daß der tapfere Marschall durch eine Kanonenkugel tödlich verwundet wurde.

Massena hielt auch, nachdem Aspern verloren war, unerschrocken stand. Während die Franzosen also ihre letzten Kräfte zum Widerstand aufboten, ward bis zum Abend die Brücke wiederhergestellt. So kraftvoll war der von den Überwundenen im Rückzuge geführte Kampf, so gewaltig schlug Massena noch immer auf die Österreicher los, daß diese nichts von dem Abzuge bemerkten. Da sie selbst durch die zweitägige Blutarbeit aufs äußerste erschöpft waren, mußten sie den Abmarsch der Franzosen ungefährdet geschehen lassen. Der Erzherzog machte sich, wenn nötig, auf einen dritten Schlachttag gefaßt, und es beweist seinen Heroismus und den der Seinigen, daß der Gedanke an Rückzug ihnen nicht in den Sinn kam. Erst am nächsten Morgen, als die österreichischen Vorposten die Lagerplätze der Franzosen, wo man die Wachtfeuer die Nacht hindurch hatte brennen lassen, leer fanden, löste sich der Jubel über den errungenen Sieg von der Brust der tapferen Streiter.

„Ihr seid die ersten Soldaten der Welt!“ hieß es in dem Armeebefehl, den Erzherzog Karl an seine Truppen an diesem Tage erließ. Aber auch Napoleon stand unter dem Eindrucke der militärischen Kraft seiner Gegner: als sein Schwager Murat ihm nach dem Ende des Krieges Vorwürfe über den allzu schnell abgeschlossenen und nicht genügend gewinnreichen Frieden machte, rief er ihm zu: „Schweig, du hast die Österreicher bei Aspern nicht gesehen!“ Und noch schärfer drückte er sich später in der Erinnerung an seine Niederlage aus, indem er sagte: „Wer die Österreicher bei Aspern nicht gesehen hat, hat nichts gesehen.“

2

Die österreichische Kaiserkrone

(Entwürfe zu einer Kaiserkrönung)

(Veröffentlicht 1907)

Vier Herrscher trugen seit der Niederlegung der deutschen Kaiserkrone durch Franz II. die Würde eines österreichischen Kaisers. Ohne festlichen Prunk, ohne die Feier einer Krönung haben sie alle die kaiserlichen Pflichten auf sich genommen, mit der Thronbesteigung die Rechte der Majestät ausgeübt. Das aber geschah nicht nach der ursprünglichen Absicht des Begründers der neuen Kaiserwürde, nicht nach den Plänen der Staatsmänner der zwei nächsten Generationen. Es war vielmehr ins Auge gefaßt, dem ersten österreichischen Kaiser und dann ebenso Ferdinand I. und Franz Joseph I. die Kroue ihres Reiches feierlich aufs Haupt zu setzen. Nach der Auffassung der Ratgeber aller drei Herrscher durfte die Kaiserkrönung nicht unterbleiben, wenn an dem alten Brauche festgehalten wurde, der für die Königskronen des heiligen Stephan und des heiligen Wenzel galt; trat doch 1838 auch noch die Feier durch die eiserne Krone der Lombarden hinzu. Sollte das Kaisertum darin den Königreichen nachstehen? Symbole und die Weihe durch religiöse Zeremonien besitzen für die Festigung der Herrschaft ihren Wert, auch wenn die Dynastie, wie in Österreich, aus der ererbten Treue und Anhänglichkeit der Völker ihre Kraft schöpft.

Es ist wohl der Mühe wert, jene Entwürfe ans Tageslicht zu ziehen. Sie sind genau so alt wie das Patent vom 11. August 1804, durch welches das Erbkaisertum Österreich geschaffen wurde. Es lag etwas Bescheidenes, Geräuschloses in dem wichtigen Staatsakte, wie es alt-österreichischer Art entsprach. Weder in den Räumen der kaiserlichen Burg noch außerhalb wurde aus diesem Anlasse auch nur die leiseste Feierlichkeit angeordnet; doch ist in dem Patent ausgesprochen, daß sich der Monarch die Kaiserkrönung und den Erlaß der darauf bezüglichen Bestimmungen vorbehalte. Beruhigend wird hinzugefügt, daß die ungarische und die böhmische Königskrönung darob nicht unterlassen werden sollen.

Bei der weiteren Beratung der Angelegenheit kam man noch 1804 zu dem Schlusse, die Feierlichkeit auf bessere und friedlichere Zeiten zu verschieben. So schlimm stand es mit den Finanzen, daß man es sogar unterließ, eine eigene Kaiserkrone schmieden zu lassen, sich vielmehr mit einem bereits vorhandenen Kleinod begnügte, das eigentlich eine deutsche Kaiserkrone war. Dies besagt der noch unveröffentlichte Vortrag, den die Staatskanzlei hierüber am 5. November 1804 dem Kaiser erstattete. Daselbst wird vorgeschlagen, sich mit der sogenannten Hauskrone zu begnügen, die sich bereits in der kaiserlichen Schatzkammer befand. Welche Bewandtnis aber hatte es mit diesem Kleinod? Es war auf Befehl Kaiser Rudolfs II. geschaffen worden, um auf dem Haupte der habsburgischen Herrscher zu prangen, so oft sie in der Burg zu Wien deutsche Reichslehen vergaben. Die deutsche Kaiserkrone lag nämlich damals noch nicht wie jetzt zu Wien, sondern wurde in Nürnberg verwahrt und nur zu der in Frankfurt stattfindenden Krönung herausgegeben. Also geschah es, was zu wissen doch nicht unwichtig ist, daß die österreichische Kaiserkrone, auch im strengsten Wortsinne genommen, ein Erbstück ist aus der Zeit des alten Deutschen Reiches. Denn Kaiser Franz gab jenem Vortrage der Staatskanzlei seine Zustimmung. Diese Krone ist auch bei der 1915 festgestellten Regelung des österreichischen und des gemeinsamen Wappens zum Symbol des österreichischen (zisleithanischen) Staates erklärt worden[1]).

Die Krönung selbst aber fand doch nicht statt. Zweimal, so berichtet Metternich in dem 1852 niedergeschriebenen Stücke seiner Selbstbiographie, ging von ihm die Anregung aus, die 1804 gegebene Verheißung zu erfüllen[2]). Das erstemal 1815 nach wiederhergestelltem Frieden, und später 1835, als Franz I. zu Grabe ging und Kaiser Ferdinand den Thron bestieg. Graf Hartig, selbst Mitglied des Staatsrates, bedauert in seinem Buche

[1]) R. v. Kralik, Die österreichischen Kronen (Innsbruck 1917).

[2]) Metternichs „Nachgelassene Papiere", 8. Band, S. 386.

„Die Genesis der Revolution in Österreich", daß der staatskluge Antrag Metternichs gleich manchen anderen seiner Vorschläge nicht ausgeführt worden ist.

Hier nun erhebt sich die Frage, wie sich Ungarn zu der Krönung in Wien gestellt, ob sein Landtag eine Abordnung entsendet und so seine Zugehörigkeit zum Kaisertum Österreich anerkannt hätte. Tatsächlich nahmen die ungarischen Stände das Patent vom 11. August 1804 ohne Einspruch hin, obwohl es für das Reich die Namenseinheit schuf; sie fühlten sich dadurch beruhigt, daß darin die bisherigen Rechte der Königreiche und Länder, im besonderen Ungarns, ausdrücklich wieder Bestätigung fanden. Deshalb sträubten sie sich auch nicht dagegen, daß in den Erlässen des Herrschers unter dem Kaisertum Österreich auch seine ungarischen Länder begriffen wurden, ja der Landtag sprach noch im Gesetzartikel 38 vom Jahre 1827 unzweideutig von der Universa Monarchia Austriaca. Bald darauf erhob sich allerdings in Ungarn Opposition gegen diese Auffassung: sie setzte es auf dem Landtage von 1835 durch, daß Kaiser Ferdinand sich nur als österreichischer Herrscher den Ersten nennen durfte, während er als König von Ungarn der Fünfte hieß; und so wurde es auch für Böhmen angeordnet. Aber nach jenem langen Streite blieb es anläßlich der Verkündigung der Gesetzartikel von 1835 doch dabei, daß der Kaisername in dem Titel des Herrschers sich auch auf die ungarischen Länder erstrecken durfte, wie aus den Eingangsworten erhellt: Nos Ferdinandus Imperii Austriaci Caesareus, Hungariae, Bohemiae, Lombardiae et Venetiorum, Galiciae et Illyrii Regius Hereditarius princeps. Somit erkannte der Landtag an, daß Ungarn ein Teil des Kaisertums Österreich sei, zwar der mächtigste, der verfassungsmäßig mit großen Vorrechten ausgestattete, aber immerhin ein Bestandteil[1]).

Es ist seitdem, trotz der 1867 eingetretenen Zerspaltung

---

[1]) Nahezu alle Begriffe des ungarischen Staatsrechtes sind fließend; daher der niemals abreißende Streit über ihre Auslegung. So hat sich auch über die Frage, ob der österreichische Kaisertitel gebietsrechtlich auch Ungarn umfaßt habe, eine Polemik entsponnen, in der Nagy auf der einen, Friedrich Tezner auf der anderen Seite steht, der letztere in seinem Buche „Der österreichische Kaisertitel" (Wien 1899). Die obigen Daten sind dem Buche Tezners entnommen.

des Reiches, dabei geblieben, daß der Herrscher auch in Ungarn in seinem Titel den Kaisernamen vorangehen läßt, worauf die Bezeichnung „Apostolischer König von Ungarn" folgt. In dieser Form werden bis zum heutigen Tage die Gesetze erlassen, wiewohl die Opposition des Reichstags mehr als einmal dagegen Einspruch erhoben hat.

Im Falle der Krönung Ferdinands I. zum österreichischen Kaiser wären die Dinge staatsrechtlich noch so gestanden, daß der feierliche Akt für das ganze Reich, Ungarn eingeschlossen, gegolten hätte. Um so bedauerlicher ist die damalige Unterlassung der Kaiserkrönung. Man wende nicht ein, daß dies kein Hindernis gebildet hätte, um im Jahre 1867 trotzdem die Teilung des Reiches vorzunehmen. Dagegen ist doch zu sagen, daß Symbole und Würden, auch wenn sie zu Schatten herabgesunken sind, eine gewisse ihnen innewohnende Kraft besitzen, die später mitunter in wunderbarer Weise wieder aufquillt. Einen Beleg hierfür erlebte die staunende Welt im 19. Jahrhundert bezüglich Japans: der Mikado, der durch Menschenalter in seinem Palast als Gefangener festgehalten wurde und bloß bedeutungslose Ehren genoß, erhob sich aus seiner Weltabgeschiedenheit und Ohnmacht und gewann durch eine zuerst literarische, dann aber politische Revolution wieder seine ehemalige Machtfülle. Als das japanische Reich zu dem herrisch auftretenden Ausland in Gegensatz trat, begriff es die Notwendigkeit staatlicher Einheit; darauf wurden die trotzigen Vasallen, die Daimios, gedemütigt, der Schogun, der allgewaltige Majordomus, zur Abdankung genötigt, und unter Führung des Mikado erhob sich Japan zu ungeahnter Macht und Größe. Das ist die Gewalt alter Symbole, wenn sie in den Dienst neuer Ideen und eines fortschreitenden Jahrhunderts gestellt werden.

Übrigens war die Kaisermacht auch in Ungarn trotz der Erstarkung des nationalen Gedankens nicht entwurzelt und nach den Wirren von 1848 erhob sie sich nochmals zu imponierender Höhe. Am 4. März 1849, nach den ersten Siegen über Ungarn, wurde für das ganze Reich eine Einheitsverfassung erlassen, nach der dieses Königreich als Provinz galt wie jedes andere Kronland. Ein Kaiser, ein Reichstag zu Wien, ein einheitliches

Staatsbürgerrecht und Zollgebiet — das war die Grundidee dieser nie ganz zur Ausführung gelangten Urkunde. In diesem Sinne kehrte sie auch zu dem Gedanken der Kaiserkrönung zurück und es heißt demnach im Paragraphen 12:

„Der Kaiser wird als Kaiser von Österreich gekrönt. Ein besonderes Statut wird diesfalls das Nähere bestimmen."

Indessen ist es auch diesmal nicht zur Krönung gekommen, wenn auch der Gegenstand noch durch Jahre im Auge behalten wurde; die Gesandten Österreichs im Auslande hielten sich, wie aus den Briefen des Ministerpräsidenten von 1848, Freiherrn v. Wessenberg, zu ersehen ist, zur Reise nach Wien bereit, weil die Festlichkeit nahe gerückt schien. Am 21. August 1850 schrieb Wessenberg dem Legationssekretär Isfordink nach dem Haag: „Baron Doblhoff (der damalige österreichische Gesandte in den Niederlanden) wird durch keine Krönungsfeierlichkeit in Wien geniert werden; eine solche scheint mir auf jeden Fall vor vollendeter Organisation der gesamten Monarchie nicht möglich — wird eigentlich erst bei versammeltem Reichstage passend sein. In England geschieht sie auch nur bei versammeltem Parlament." Damals glaubte man noch allgemein, die Verfassung vom 4. März 1849 werde ausgeführt werden und der Reichstag wirklich zusammentreten. Dies aber scheiterte an der vereinten Gegnerschaft der Absolutisten, der Ungarn und des feudalen Adels, der einen, weil sie den Einheitsstaat bekämpften, der anderen, weil sie die Wiederbelebung der 1848 gefallenen Vorrechte erstrebten. Ihrem gemeinsamen Widerstande erlag das geplante Verfassungswerk und am 31. Dezember 1851 wurde der Absolutismus wieder zum Staatsprinzip erhoben.

Der ideenreiche Fürsprecher der zentralistischen Verfassung von 1849, Graf Franz Stadion, war in die Nacht des Wahnsinns versunken, und Alexander Bach, sein Mitarbeiter, der nach ihm das Ministerium des Innern übernahm, besaß bei Hofe nicht die persönliche Geltung, um das Vermächtnis Stadions zu Ehren zu bringen. In der Revolution emporgekommen, konnte sich der „Barrikadenminister" im Amte dauernd nur dadurch behaupten, daß er sich in die rückläufige Flut warf und sich von ihr tragen ließ. Doch war er zu klug, um nicht innerlich daran festzuhalten, daß der Einheitsgedanke der Unterstützung durch die öffentliche Meinung bedurfte; deshalb empfahl er immer wieder die Berufung von Land- und Reichsständen, und wären sie auch nur mit dem bescheidenen Rechte ausgerüstet, ein beratendes Votum abzugeben. Darauf zielten die Entwürfe zu Provinzialvertretungen, die er 1854 ausarbeiten ließ. Diese beratenden Landesversammlungen und die aus ihnen entnommenen Landesausschüsse wären ein, wenn auch kümmerlicher Ersatz für parlamentarische Einrichtungen gewesen.

Gleich damals warfen die unversöhnlichen Absolutisten ein, daß diese Landstände doch nur den Tummelplatz für revolutionäre Ideen abgeben würden; und ebenso ungünstig war merkwürdigerweise die Aufnahme, die sein Entwurf zur Kaiserkrönung des Monarchen fand. Ein Verwaltungstalent ersten Ranges, zähe und schmiegsam, Mittel und Wege nach dem Bedarfe des Augenblicks wechselnd, sah er sich allzu oft in großen Entwürfen gelähmt; freie Hand besaß er nur so weit, als er an der Einschmelzung Ungarns in das Reich und an der Niederhaltung freier Lebensregungen auch diesseits der Leitha mitwirkte.

So blieb auch der letzte Entwurf zur Kaiserkrönung ein lebloses Aktenbündel. Bach hielt aber diese sorgfältig vorbereitete Arbeit offenbar doch für zu gut, um sie im Archiv des Ministeriums des Innern vergraben zu lassen; er behielt sie unter seinen eigenen Dokumenten und sie befindet sich auch jetzt in dem an wichtigen Schriftstücken überreichen Nachlasse dieses Ministers[1]). In einer sorgsam ausgestatteten Mappe liegen in Reinschrift 17 Hefte, von denen das wichtigste die Aufschrift trägt: „Punktationen, die Kaiserkrönung betreffend", während die übrigen Hefte knappe, aber sehr übersichtliche Darstellungen des Zeremoniells enthalten, die bei der deutschen Kaiserkrönung, wie bei den Krönungen und Erbhuldigungen von 15 österreichischen König-

[1]) Dieser Quelle sind die folgenden Angaben entnommen. Vgl. H. Friedjung, „Österreich von 1848 bis 1860", Bd. I, S. 474 (4. Aufl. S. 476). Im Anhang zu diesem Aufsatze sind die „Punktationen die Kaiserkrönung betreffend" wörtlich abgedruckt. Ein genaueres Datum der Abfassung ist den vorliegenden Papieren nicht zu entnehmen. Doch ist, da der 1854er Entwurf der Landesverfassungen vorausgegangen sein muß, eben dies auch die Zeit der Niederschrift der „Punktationen".

reichen und Ländern üblich waren. Ziemlich genau sind die Ungarn, Böhmen und dem lombardisch-venezianischen Königreiche gewidmeten Schilderungen; entsprechenden Umfang besitzt dasjenige, was über die anderen Kronländer gesagt wurde. Man sieht, daß der Plan wohldurchdacht und mit dem notwendigen staatsrechtlichen Rüstzeuge ausgestattet war. Er vertrug eine genaue Prüfung wie auch sonst die Entwürfe, die aus der Arbeitswerkstätte des hochbegabten Mannes hervorgegangen sind.

Danach wäre der Kaiserkrönung die Erbhuldigung von Vertretern sämtlicher Kronländer vorangegangen. Auf dem inneren Burgplatze zu Wien wären die Deputationen erschienen, etwa in der doppelten Stärke des großen Landesausschusses, dem, wie erwähnt wurde, die Selbstverwaltung in jeder Provinz hätte anvertraut werden sollen. Ungarn würde an dieser Erbhuldigung teilgenommen haben wie jedes andere Kronland.

Für die Krönung selbst war selbstverständlich der Stephansdom ins Auge gefaßt. Der päpstliche Nuntius sollte von dem Heiligen Vater den besonderen Auftrag erhalten, unter Assistenz von Erzbischöfen und Bischöfen der Monarchie die Krönung vorzunehmen. Ein Krönungseid, für diesen Zweck ausgearbeitet, war an die Stelle der Eide zu setzen, welche die Herrscher aus dem Hause Habsburg sonst in Ungarn abzulegen gewohnt waren. Zu Reichskleinodien waren die im Hausschatze vorhandenen bestimmt, die man noch ergänzen konnte. Bei der feierlichen Handlung aber sollten ebenso die Kronen von Ungarn, Böhmen und die Eiserne der Lombardei vorangetragen werden wie die Herzogshüte von Österreich und Steiermark.

Darauf wird in dem Entwurfe die Frage erwogen, wie es mit der gleichzeitigen oder späteren Krönung für Ungarn, Böhmen und die Lombardei zu halten sei. Dabei werden zwei Modalitäten ins Auge gefaßt. Man könnte, dies war der eine Weg, während des Aufhebens und Ablegens der Kaiserkrone durch Hebung und Senkung der übrigen Kronen symbolisch andeuten, daß der in Vollzug begriffene Krönungsakt auch den Königskronen gelte.

„Sollte es jedoch darum zu tun sein," so heißt es weiter, „daß jede der drei königlichen Kronen auf dem Haupte Seiner

Majestät faktisch ruhe, so bieten sich dafür zwei Modalitäten dar. Die eine in Verbindung mit der Kaiserkrönung, die andere außerdem. Was die erste betrifft: Nach Bewirkung der Krönung mit der Kaiserkrone werden sich im Hochamte Abschnitte bilden lassen — zumal bei der heiligen Kommunion und Wandlung die Krone ohnehin abgenommen wird — in welchen die Kronen von Ungarn, Böhmen und die Eiserne aufgesetzt werden könnten. Beim vierten und letzten Abschnitte kommt die Kaiserkrone wieder an die Reihe und verbleibt bis zum Schlusse der Zeremonie auf dem Haupte Seiner Majestät.

Dieser Modus ist jedoch nicht ganz frei von Bedenken. Erstens müßten die Abschnitte mehr oder minder erzwungen werden, zweitens und vorzugsweise fragt es sich, ob die drei Königskronen ohne sonstige Attribute ihrer respektiven Krönungsornate mit dem Kaiserornate sich wohl vereinbaren lassen würden.

Die andere Modalität wäre: Unter der Kaiserkrönung werden die Salbung, Krönung und Inthronisation für Ungarn, Böhmen und das lombardisch-venezianische Königreich mitverstanden. Am nächsten Festtage des Landespatrons verlegen Seine Majestät Allerhöchst deren Hoflager nach Ofen (wenn nicht nach Preßburg), Prag und Mailand und veranlassen eine besondere Feierlichkeit, welcher Allerhöchstdieselben als gesalbter, gekrönter und inthronisierter König in vollem Krönungsornate beiwohnen".

Man sieht, welchen Wert Bach darauf legte, daß die Kaiserkrönung auch die mit den Kronen von Ungarn, Böhmen und der Lombardei in sich schließe — diese Konsekrationen waren jedoch nach seinem Entwurfe dem Hauptakte untergeordnet. Indem aber in Aussicht genommen wird, die Krönung in diesen drei Königreichen feierlich vornehmen zu lassen, wird ein überaus fruchtbarer und weittragender Gedanke ausgesprochen. Wurde nämlich der Kaiser von Österreich ohne Berufung des ungarischen Landtages, ohne den üblichen Verfassungseid in den alten Formen gekrönt, so war dies ohne Frage ein wichtiges Präzedens; man hätte bei der späteren Versöhnung mit der ungarischen

Nation nicht daran denken können, die großartige Zeremonie zu wiederholen. Wichtige Gründe sprachen dafür, also vorzugehen, und wir wissen heute aus den Tagebüchern des Generaladjutanten König Friedrich Wilhelms IV. von Preußen, Leopold v. Gerlach, daß dieser Monarch damals schon der Ansicht war, sein Neffe Kaiser Franz Josef solle sich die ungarische Königskrone auf jeden Fall aufs Haupt setzen.

Ein großer Stil und Wurf geht, wie man sieht, durch diesen Krönungsplan. Der Minister, der Ungarn und seine Nebenländer unter die von ihm geschaffene Verwaltungseinheit zwingen wollte, gab sich mit kleinen Dingen nicht gerne ab. Freilich mußte er oft nachgeben und einlenken, aber wenn es geschah, rechnete er mit Gewalten, die stärker waren als er und denen er sich anschmiegen mußte, um eine Stütze gegen seine zahlreichen Gegner zu gewinnen. Denn sein Durst nach Macht war größer als die Festigkeit seiner Grundsätze. Wer wie Bach jeder von oben kommenden Luftströmung geschmeidig nachgibt, verzichtet auf den Namen eines Staatsmannes.

Es bedarf noch einiger erklärender Worte, wieso es kam, daß man daran dachte, die Kaiserkrönung durch einen päpstlichen Legaten vornehmen zu lassen. Der Idee des österreichischen Imperiums hätte es wohl besser entsprochen, wenn der Metropolit der Reichshauptstadt zur Konsekration eingeladen worden wäre. Auch war der Kirchenfürst, der damals diese Würde bekleidete, Kardinal Rauscher, durch die Hoheit seiner Gesinnung wie durch seine bis an den Tod unerschütterte Treue zur Idee des Einheitsstaates in jeder Beziehung dazu berufen, in die vorderste Reihe zu treten. Man faßte jedoch in Wien ursprünglich etwas Größeres ins Auge: der erste Gedanke war gewesen, Papst Pius IX. nach Wien einzuladen und ihn zu bitten, in eigener Person die Krönung zu vollziehen. Gelang dies, so war allerdings die Reichsidee mächtiger gefördert als selbst durch den hervorragendsten österreichischen Bischof.

Über diese merkwürdigen Umstände findet sich in den mir zugänglichen österreichischen Quellen kein Aufschluß, man ist auf das angewiesen, was in französischen Denkwürdigkeiten berichtet wird. Denn dieselbe Absicht wie von der österreichischen Regierung wurde von Napoleon III. verfolgt, der seit dem 2. Dezember 1852 auf dem Kaiserthrone saß. Er gedachte, dem von dem ersten Napoleon gegebenen Beispiele zu folgen und sich von dem Heiligen Vater krönen zu lassen. Papst Pius IX. lehnte nicht ab, aber er verlangte die Erfüllung einer für die römische Kurie wichtigen Bedingung. Kurz nachdem 1801 das Konkordat zwischen Rom und Paris abgeschlossen worden war, erließ der erste Konsul aus eigener Machtvollkommenheit und in Ergänzung jenes Vertrages die Organischen Artikel, die nach der Rechtsüberzeugung des Heiligen Stuhles mit dem Konkordat im Widerspruche standen. Der Papst wollte also nur dann nach Paris zur Krönung kommen, wenn Napoleon III. jenes von seinem Oheim gegebene Gesetz zurückziehe. Als Monsignore de Ségur dem Heiligen Vater im Mai 1853 einen Brief überbrachte, in welchem der Kaiser in den ehrerbietigsten Ausdrücken um die Krönung durch den Heiligen Vater warb, rief dieser aus: „Das ist ein prächtiger Brief!" — aber er machte dem französischen Prälaten gegenüber, einem warmen Anhänger des Kaiserreichs, doch sogleich zwei Hindernisse geltend. Das eine war der Bestand der Organischen Artikel, das andere kam von seiten Österreichs. Dieser Staat verhandelte eben über ein der Kurie überaus genehmes Konkordat und der Kaiser von Österreich wäre beleidigt gewesen, wenn Napoleon III. vor ihm bevorzugt und durch den Papst mit der Krone geschmückt worden wäre. Als der Heilige Vater dann Ségur um seine Meinung fragte, machte dieser einen merkwürdigen Vorschlag. Er riet dem Papste, Österreich wie Frankreich dadurch zu befriedigen, daß er zuerst Napoleon in Paris und darauf Kaiser Franz Josef in Wien kröne. „Die Reise nach Frankreich", fuhr er fort, „würde die Reste des Gallikanismus ausmerzen, die Reise nach Wien wäre ein tödlicher Streich für den Protestantismus". Pius IX. verhielt sich nicht ablehnend, doch blieb er bei der gestellten Bedingung der Aufhebung der Organischen Artikel. „Ich würde dann", so sagte er mit der ihm eigenen Lebhaftigkeit, „drei Monate vorüber gehen lassen, um dem Ausgleiche den Anschein eines Handels zu benehmen. Und dann in den Wagen! E poi in carozza!" Die Verhandlungen führten jedoch nicht zum Ziele, da Kaiser Napoleon von dem Machtkreise des Staates nichts ausgeben wollte, so daß die Gegenleistung entfiel.

Der Geschichtsschreiber des zweiten Kaiserreiches, Pierre de la Goree, ein Mann von treuer Ergebenheit für die katholische Kirche, knüpft an diese den Denkwürdigkeiten Ségurs entnommene Erzählung die feine und kluge Bemerkung: „Herr von Ségur dachte nicht daran, daß selbst die erhabensten Zeremonien durch Wiederholung ihren Glanz verlieren, und daß der Papst, wenn er der allgemeine Spender der heiligen Krönungssalbungen würde, vom Range eines Oberhauptes der Kirche zu der eines Großalmoseniers der Könige herabstiege"[1]). Erwägungen dieser Art werden mitgespielt haben, als Papst Pius IX. schließlich von der Reise nach Paris ebenso abstand wie von der nach Wien.

Und doch hatte der Vatikan alle Ursache, mit Österreich zufrieden zu sein, da es am 18. August 1855 das Konkordat abschloß, durch das die Wünsche des Papstes erfüllt wurden. Aber unterdessen war der Eifer, mit dem man in Wien die Kaiserkrönung betrieb, erloschen, und auch der Entwurf des leitenden Ministers nahm nur mehr die Entsendung eines päpstlichen Legaten in Vertretung des Heiligen Vaters in Aussicht. Wir hören nichts mehr von der beabsichtigten Feierlichkeit — nach dem Sturze der Bachschen Reichsordnung aber erhoben die Provinzen und Nationalitäten ihre Ansprüche auf Sonderung und Trennung, während die Anwälte des Ganzen und Allgemeinen sich immer vereinsamter fühlten. Es läßt sich nicht annehmen, daß die österreichische Kaiserkrone jemals wieder auch Ungarn und seine Nebenländer überschatten werde. Wohl möglich, daß die Hauskrone Rudolfs II. doch einmal unter festlichem Gepränge dem Haupte eines seiner Nachfolger aufgesetzt werden wird; solange aber das jetzige Staatsrecht der Monarchie gilt, würde diese Zeremonie für Ungarn keine Geltung besitzen. Nur solange das einheitliche Reich bestand, war die Kaiserkrone ein Symbol, dem sich alle Völker und Länder der Monarchie zu beugen hatten.

---

[1]) Pierre de la Gorce, „Histoire du second empire", Bd. II, S. 147—152. Das siebenbändige Werk dieses Autors ist eines der besten Bücher der modernen historischen Literatur Frankreichs.

Anhang

Punktationen
die Kaiserkrönung betreffend (aus den Akten abgedruckt)

Ausschreibung

Geschieht vermittelst a.h. Patente, welche öffentlich zu affigieren wären, mit Berufung auf das a.h. Patent vom J. 1804, womit die Vornahme der Kaiserkrönung in Aussicht gestellt war.

An das kk. Hoflager nach Wien

wäre aus jedem Kronlande eine Repräsentanz in angemessener Zusammensetzung und Anzahl einzuberufen. Die letztere wäre allenfalls mit der zwei- oder dreifachen des großen Landesausschusses zu bestimmen.

Insbesondere hätten sich sämtliche Landeswürdenträger einzufinden, um in dem Gefolge ihrer respektiven Oberst-Hofämter zu fungieren.

Die Erbhuldigung

hätte dem Akte der Krönung voranzugehen. Nur für Ungarn und deine ehemaligen Nebenländer wäre dieselbe eine neue Einführung.

Als gleichzeitige Landesakte

wären an demselben Tage und zu derselben Stunde (der Unterschied der Tageszeit nach der geograph. Länge wäre im Auge zu behalten) im Bereiche der ganzen Monarchie eine Krönungsfeier, verbunden mit der Huldigungsleistung in jedem Kreis- und Bezirksorte, vornehmen zu lassen. Mit der Berufung Einzelner und der Gemeinderepräsentanten zu diesem Zwecke wäre nach den vorhandenen Mustern vorzugehen.

Zur Abhaltung des Erbhuldigungsaktes am kk. Hoflager

dürfte sich vorzugsweise der innere Burgplatz eignen.

Die l. f. Zusage (bisher in Absicht auf die ständischen Privilegien) sowie die Formel des Erbhuldigungseides

wären mit Rücksicht auf die vorhandenen Muster und die veränderten Verhältnisse zu verfassen.

Der Krönungsakt

wird im St. Stefansdome abgehalten, der ganze Platz um die Kirche wäre für die Zeremonie in Anspruch zu nehmen und einzurichten.

Als Konsekrator

hätte der päpstliche Nuntius ex speciali comisso, unter Assistenz entweder aller Oberhirten sämtlicher Kronländer, oder nur jener aus Ungarn, Böhmen und dem l. v. Königreiche[1]) zu fungieren, weil eigentlich nur die Krönungsakte dieser letzteren der Kaiserkrönung subsumiert werden. Dieselben hätten sich in die einzelnen Funktionen entweder nach dem Range ihrer Länder oder aber nach ihrem persönlichen untereinander zu teilen.

Bei Abnahme des Krönungseides

sollten sich die Oberhirten aus Ungarn, Böhmen und dem l. v. Königreiche in hervorragender Weise beteilen, um hierin die Subsumtion der Krönungseide für diese Kronländer unter dem Eid bei der Kaiserkrönung recht deutlich erblicken zu lassen.

Die Salbung

vollzieht der Konsekrator unter Beihilfe der Assistenten.

Als Reichskleinodien für die Krönung

wären die im Hausschatze vorhandenen, nach Erfordernis zu vervollständigenden und herzustellenden Insignien in Anwendung zu bringen.

Als Träger der Krönungsinsignien hätten die Obersten Hofämter zu fungieren und in deren Gefolge die Landesämter mit den Landesinsignien und -kleinodien zu erscheinen. Namentlich mit den Kronen von Ungarn, Böhmen und der eisernen, dann mit den Herzogshüten von Österreich und Steyer.

Einkleidung und Krönung.

Es geht füglich nicht an, daß Sr. Majestät nacheinander die Ornate von Ungarn, Böhmen und des l. v. Königreiches angelegt, die Schwerter umgürtet, die Zepter und Reichsäpfel jedes davon eingehändigt und nacheinander die drei königlichen Kronen aufgesetzt werden, gleichviel ob die Aufsetzung der Kaiserkrone vorangeht oder nachfolgt. Es wäre vielmehr durch Hebung und Senkung der drei königl. Kronen, gleichzeitig und gleichmäßig mit dem Aufheben und Auflegen der Kaiserkrone, symbolisch anzudeuten, daß der mit dieser in Vollzug begriffene Krönungsakt auch den Königskronen gelte.

Sollte es jedoch darum zu tun sein, daß jede der drei königlichen Kronen auf dem Haupte Sr. Majestät faktisch ruhe, so bieten sich dafür zwei Modalitäten dar.

Die eine in Verbindung mit der Kaiserkrönung, die andere außerdem.

Was die erste betrifft: Nach Bewirkung der Krönung mit der Kaiserkrone werden sich im Hochamte Abschnitte bilden lassen — zumal bei der hl. Kommunion und Wandlung die Krone ohnehin abgenommen wird — in welchen die Kronen von Ungarn, Böhmen und die eiserne aufgesetzt werden könnten. Beim vierten und letzten Abschnitte kommt

[1]) Dem lombardisch-venetianischen Königreiche.

die Kaiserkrone wieder an die Reihe und verbleibt bis zum Schlusse der Zeremonie auf dem Haupte Sr. Majestät.

Dieser Modus ist jedoch nicht ganz frei von Bedenken. Erstens müßten die Abschnitte mehr minder erzwungen werden, zweitens und vorzugsweise fragt es sich, ob die drei Königskronen ohne sonstige Attribute ihrer respektiven Krönungsornate mit dem Kaiserornate sich wohl vereinbaren lassen würden.

Die andere Modalität wäre: Unter der Kaiserkrönung werden die Salbung, Krönung und Inthronisation für Ungarn, Böhmen und das l. v. Königreich mitverstanden. Am nächsten Festtage des Landespatrons verlegen Se. Majestät A.H. deren Hoflager nach Ofen (wenn nicht nach Preßburg), Prag und Mailand und veranlassen eine besondere Feierlichkeit, welcher AH.dieselben als gesalbter, gekrönter und inthronisierter König im vollen Krönungsornate beiwohnen.

Zur Inthronisation

hätte nach dem Muster der römisch-deutschen Kaiserkrönung — wobei alle sieben Kurfürsten intervenierten — nebst der Geistlichkeit der vornehmste Repräsentant aus jedem Kronlande Beistand zu leisten.

Für das Krönungshomagium

empfiehlt sich die Übung in Böhmen — Bekenntnis zum Könige und Erbherrn — als ein sehr ausdrucksvoller Modus. Man könnte es aber auch bei dem in Ungarn und Mailand üblichen dreimaligen Vivatrufe bewenden lassen. Dieser Moment eignet sich vorzugsweise zur telegraphischen Kundgebung.

Als Krönungsopfer

könnte eine Goldmünze oder könnten deren so viele, als es Kronländer gibt, allenfalls auch Brot und Wein wie in Böhmen dargebracht werden.

Die Spezialakte

der Kreierung der equites aurati für Ungarn und der St. Wenzelsritter für Böhmen wären kaum am Platze. Dagegen dürfte nach diesen Mustern und jenem bei der röm.-deutschen Kaiserkrönung ein Ritterschlag im allgemeinen oder für die einzelnen österr. Ritterorden gepflogen werden.

Das Krönungsbankett

wäre nach den vorhandenen Mustern einzurichten; namentlich mit dem Trunke auf das Wohl der Monarchie, mit gemeinsamer Erwiderung.

Erscheinen auf dem Balkone

ebenfalls nach der bisherigen Übung, nur wäre zu vermeiden, die Gunst des Anblickes des Monarchen lediglich dem Hofstaate und dem vorbeidefilierenden Militär zu gönnen.

Das allerhöchste Patent vom 1. August 1804, vermögdessen Se. Majestät weiland Kaiser Franz I. den Titel und die Würde eines erblichen Kaisers von Österreich angenommen haben, enthält in dem 4ten Absatze folgende a. h. Bestimmung:

Wir halten Unseren weiteren Entschließungen die Bestimmung derjenigen Feierlichkeiten bevor, welche Wir für Uns und Unsere Nachfolger in Ansehung der Krönung als erblicher Kaiser festzusetzen für gut finden werden. Jedoch soll es bei denjenigen Krönungen, welche Wir und Unsere Vorfahren als Könige von Ungarn und von Böhmen empfangen haben, ohne Abänderung auch in Zukunft verbleiben.

In Betreff der, die österreichische Kaiserwürde bezeichnenden Krone äußerte sich die Geh. Haus-, Hof- und Staatskanzlei in dem a. u. Vortrage vom 5. November 1804 anläßlich der Regulierung der kais. Titel und Wappen, folgendermaßen:

Die Hauskrone kann — ohne daß es im geringsten notwendig wäre, wegen der neuen Kaiserwürde auch eine neue Krone mit großen Kosten anzuschaffen — füglich als die Erbkaiserliche Krone betrachtet, und Euer Majestät Selbst oder Allerhöchstderen Regierungs-Nachfolger damit gekrönt werden. Die Hauskrone hat bis jetzt nur aus dem Grunde die deutsche Kaiserkrone, sowohl im Wappen als bei Thronbelehnungen und anderen reichsoberhauptlichen Handlungen, repräsentiert, weil die letztere ... sonst immer zu Nürnberg aufbewahrt wurde und außer dem feierlichen Akte der Krönung zu Frankfurt nie gebraucht werden konnte[1]).

Die Hauskrone wurde auf Befehl Kaiser Rudolf II. verfertigt ... Als eine geschlossene Biegelkrone (sic!) bezeichnet sie eine kaiserliche oder die Vereinigung mehrerer Königskronen ...

Diese wichtigen Gründe dürften allerdings hinreichen, Euer Majestät zu bestimmen, die bisherige Hauskrone fürohin zur österreichisch-kaiserlichen zu wählen ...

Diese Ansicht erlangte auch die allerhöchste Billigung.

---

[1]) Die im Text angebrachten Punkte finden sich auch in der Vorlage.

Alexander Bachs Jugend und Bildungsjahre

(Veröffentlicht 1907)

Der kühne Versuch des Fürsten Felix Schwarzenberg und des Ministers des Innern Alexander Bach, Ungarn unter die Reichseinheit zu zwingen und den vielhundertjährigen Streit zwischen Österreich und Ungarn durch ihre völlige Verschmelzung zu beendigen, ist infolge der Niederlagen von 1859 und 1866 vollständig gescheitert. In diesem gewaltigen Unternehmen zeigte Bach, wenn er auch die lebendigen Volkskräfte unrichtig einschätzte, so große Gaben für die staatliche Verwaltung, daß man ihn ohne Einschränkung das größte administrative Talent Österreichs und Ungarns im 19. Jahrhundert nennen kann. Wenige seiner Zeitgenossen sind ihm in diesem Belang an die Seite zu stellen; er ist darin in seinem Jahrhundert wohl nur durch den ersten Napoleon übertroffen worden, der die Fundamente der französischen Administration für Menschenalter einrammte. Wäre Bach nicht durch Liebe zur Macht bestimmt worden, sich höfischen und kirchlichen Einflüssen allzuwillig zur Verfügung zu stellen, so würden seine seltenen politischen Fähigkeiten gerechtere Anerkennung finden. Doch nicht über seinen Anteil an der Regierung soll hier berichtet werden, sondern über seine Entwicklung bis zur Revolution, wobei man manche Züge finden wird, die später in seinem Bilde verschärft ausgeprägt sind.

I

Die Vorfahren Alexander Bachs saßen als wohlhabende Bauern auf ihrem Hofe zu Grafenberg in Niederösterreich, unfern dem Städtchen Eggenburg. Nach einer in der Familie bestehenden Überlieferung war ihr Ahnherr zur Zeit der Reformation aus dem Reiche, und zwar aus Bayern eingewandert; zur Zeit, da Bach, Minister geworden, sich als eifrigen Sohn der Kirche bekannte, erzählte er einem Freunde mit größerer Bestimmtheit, als die Tatsachen ihn berechtigten, sie wären dazu gezwungen gewesen, um als treue Katholiken religiöser Verfolgung zu entgehen[1]). In Grafenberg selbst wußten und wissen die Leute nur, daß die Bachs seit Menschengedenken unter ihnen wohnen; auch heute noch wird ihr Hof von einem Familienmitgliede bewirtschaftet. Der Großvater des späteren Ministers, Anton Bach, folgte der vielfach verbreiteten Bauernsitte und vererbte seine Wirtschaft dem jüngsten seiner sechs Söhne, nachdem er noch in rüstigen Jahren getreulich für das Fortkommen der älteren gesorgt hatte. Die drei ältesten Söhne wurden für den geistlichen Stand bestimmt und deshalb in früher Jugend in Konvikten untergebracht; aber zwei von ihnen, Johann Baptist und Michael Bach, fanden keinen Gefallen an der für sie bestimmten Laufbahn und wandten sich dem Rechtsstudium zu; nur ihr Bruder Joseph wurde Priester, zuerst Pfarrer in Gars, dann in behaglicher Stellung Propst zu Krems. Von den beiden Juristen ließ sich Johann Baptist als Advokat in Wien nieder; und diesem Berufe wendete sich auch, doch erst später, sein Bruder Michael Bach zu, der Vater des Ministers.

Michael Bach, 1784 geboren, gründete schon als junger Mann eine Familie und deshalb war es ihm anfangs wohl erwünscht, daß er auf der Herrschaft Loosdorf bei Melk, die dem Fürsten Khevenhüller gehörte, die Stelle eines Oberamtmannes erhielt. Aber als sich sechs Kinder eingestellt hatten, wurde ihm der Beruf zu eng und das Einkommen zu schmal. Er war gleich seinem Erstgeborenen, der im Leben so hoch emporsteigen sollte, ein tatkräftiger Mann und so faßte er den mutigen Entschluß, mit Weib

[1]) Kalchberg, „Mein politisches Glaubensbekenntnis", S. 276. In Wurzbachs Lexikon wird die Tradition erwähnt, die Familie stamme von Sebastian Bach ab. Diese Erzählung tauchte zur Zeit der Ministerschaft Alexander Bachs offenbar als Schmeichelei für ihn auf; er selbst und seine Angehörigen erklärten, nichts davon zu wissen. Einiges über die Familie im Gothaschen Taschenbuche der freiherrlichen Häuser, Jahrgang 1861.

und Kindern — später kamen deren noch acht hinzu — nach Wien zu seinem älteren Bruder zu ziehen, als Konzipient in dessen Kanzlei zu treten und die Advokatenprüfung abzulegen. Bald nachdem er sie bestanden hatte, wurde er 1831 selbst zum Advokaten in Wien ernannt, erhielt dazu noch ein Notariat und gehörte bald ebenso wie sein Bruder zu den angesehensten Mitgliedern ihres Standes in der Hauptstadt. Als er 1843 starb, hinterließ er seine Familie in geordneten Vermögensverhältnissen. Auf das umsichtigste leitete dann seine Gattin das Hauswesen und die Erziehung der Kinder, von denen die meisten beim Tode des Vaters noch minderjährig waren. Auch diese treffliche Frau stammte aus einer Familie von Landwirten und war die Tochter des Pächters der Herrschaft Eggenburg, deren Schloß er auch bewohnte. Es war ein gesundes Geschlecht, das diesen Vorfahren entstammte. Die Mutter des Mannes, dessen Bildungsjahre hier geschildert werden sollen, erreichte das hohe Alter von 90 Jahren, er selbst von 81 Jahren und seine älteste Schwester Emilie erfreute sich bis zu ihrem im 86. Lebensjahre eintretenden Tode erwünschten Wohlergehens. Mannigfache, auch künstlerische Anlagen waren den Kindern in die Wiege gelegt, wie denn auch die Mutter Alexander Bachs viel musikalische Begabung besaß. Mit Ehrfurcht blickten die Kinder zu der energischen Greisin auf. Auch als ihr ältester Sohn, der wie seine Geschwister treu an der Mutter hing, zu den höchsten Staatsämtern gelangt war, vergab sie sich ihm gegenüber bei aller Liebe nichts von ihrer mütterlichen Würde. Fünf ihrer Söhne erreichten und überschritten das männliche Alter: der zweite, Eduard, wurde Statthalter von Oberösterreich; Otto widmete sich der Musik, heiratete die Witwe des Komponisten Marschner und starb als Domkapellmeister in Wien; August wäre bei seiner künstlerischen Begabung gerne Maler geworden, ließ sich aber halb wider Willen bestimmen, beim juristischen Studium zu bleiben und Notar zu werden. Auf den jüngsten Heinrich, dem Berufe nach Advokat, ließ Alexander Bach die von ihm erworbene Freiherrnwürde übertragen, in dessen Familie sie sich forterbt.

II

Alexander Bach war zu Loosdorf am 4. Jänner 1813 geboren, trat 1823 ins akademische Gymnasium zu Wien und betrieb seit 1831 die juristischen und politischen Studien an der Hochschule dieser Stadt, stets die besten Zeugnisse über seine Fortschritte erringend; man liest in ihnen durchweg das primae classis eminenter[1]). Ein gleichzeitiger Brief seines Bruders Eduard berichtet, Alexander harre mit ungeduldigem Ärger auf die erste juristische Staatsprüfung, da er schon acht Tage vor der angesetzten Frist mit der Vorbereitung fertig geworden sei. Das ist bezeichnend für Bach, denn ungewöhnlich rasch auffassend, bewältigte er während seines ganzen Lebens jede geistige Arbeit mit Leichtigkeit. Nach Vollendung der Studien 1834 war er durch neun Jahre in der Hofkammerprokuratur tätig, dem Amte, welchem die Vertretung des Staates in seinen Rechtsansprüchen und Prozessen oblag. Schon nach wenigen Jahren überließ man dem fähigen jungen Beamten als Aushilfsreferenten die selbständige Leitung der Abteilung für Staatsgütersachen, öffentliche Bauten, Wasserrechtsstreitigkeiten, Fluß- und Kanalangelegenheiten — eine gute Vorschule für die ihm nach nicht langer Zeit zufallende Verwaltung des Ministeriums des Innern.

Aus seiner Studien- und Beamtenzeit sind Briefe von seiner Hand an seinen Freund Ludwig v. Haan erhalten, die eine sichere Vorstellung von seinem und dem Gedankenkreise seiner Umgebung gewähren. Dieser Horizont war enge begrenzt und von politischen wie anderen geistigen Interessen nur am Rande berührt[2]). Die Briefe sind im Ausdrucke gebunden und handeln vorwiegend von Kollegienheften und Prüfungen, von den angenehmen Beziehungen zu befreundeten Familien und Studiengenossen, dann von harmlosen Vergnügungen, von Jagden,

[1]) Die Daten über Alexander Bach verdanke ich, wo keine andere Quelle angegeben ist, dem Entgegenkommen seines Neffen, Baron Robert Bach, der mir den Nachlaß des 1893 verstorbenen Ministers vertrauensvoll zur Verfügung stellte.

[2]) Die Briefe an Ludwig v. Haan wurden mir von seinem seither verstorbenen Sohne freundlichst zur Abschrift überlassen.

Bällen und Ausflügen. Bach erscheint als fleißiger Student, der während des Schuljahres unter den juristischen Kompendien lebt, dafür aber in den Ferien sich gründlichem Nichtstun hingibt. „Gott sei Dank, es ist das letzte Schuljahr!“ ruft er zu dessen Beginn aus; wurden doch die jungen Leute damals an den österreichischen Universitäten noch in enger Zucht gehalten, der sie innerlich bereits entwachsen waren. Man sucht in den Briefen vergebens nach den Anzeichen einer höher gestimmten, den Idealen zugewandten Jugend; Bach war aber von früh auf eine positive, klare, dabei nüchterne Natur, so daß sich seine Gaben erst im praktischen Leben entfalteten. Von Schwung und Feuer, von freudiger Hingabe an hohe Ziele ist in diesen seinen Jugendbriefen kaum etwas zu spüren. Ein oder die andere Stelle klingt wohl an die empfindsame Mode der Zeit an, nimmt sich jedoch bei ihm etwas gezwungen aus; das fühlt er selbst und steht nicht an, sich zu ironisieren. „Könnte ich nur einen Tag,“ so schreibt er am 31. Dezember 1834 an Haan nach Rom, „nur eine Stunde mit Dir auf den Ruinen Roms herumwandeln, ich möchte sie heraufbeschwören die Geister des Altertums, deren klarer ruhiger Blick unserer Gegenwart fehlt! Welche Gefühle, welche Ideen müssen Dich auf ihren Gräbern begeistern! Nur der Gedanke daran könnte mich — risum teneatis — zum Dichter machen. Wahrlich zunächst einem schönen Mädchen oder einer schönen geistreichen Frau könnte nur dies mich der Jurisprudenz untreu machen!“ Damals teilte er seine Zeit zwischen den leichten Pflichten des noch unbesoldeten Beamten und zwischen der Vorbereitung für die Prüfungen. „Ich richtete es mir gleich nach meiner Bequemlichkeit ein,“ fährt er fort, „gehe um 10 Uhr ins, um 1½ oder 2 Uhr aus dem Bureau; nachmittags bis jetzt niemals. Freilich geht das Tag für Tag, allein was ist zu tun; hätte ich doch eine halbe Million und ließ die Hofkammerprokuratur Hofkammerprokuratur sein und ginge Dir gleich nach .... Zurzeit liegen Makeldey, Thibaut, Hopfner, Heineccius, Kaufmann, Haimberger[1]), das neue Schulbuch und der Codex aufgeschlagen auf meinem Tische und wird von Zeit zu Zeit aus jedem eine Prise

[1]) Durchwegs juristische Werke.

genommen." Von literarischen Dingen ist in den zwölf erhaltenen Briefen nur wenig die Rede und auch dann berichtet er dem Freunde nur von untergeordneten Erscheinungen: „Unter den Damen und Herren," fährt er fort, „macht Saphir viele Proselyten, der in neuerer Zeit mit Bäuerle in Compagnie getreten ist und mit ihm die Leute zum Narren hat. Am Theater ist eine neue Erscheinung das Holteysche Ehepaar aus Berlin, welche viel Aufsehen machen. Sie treten nur in selbst gedichteten Stücken auf, welche sich dadurch als neu auszeichnen, daß darin nach Art der französischen Vaudevilles gesungene Gedichtchen eingewebt sind. Holtey ist ein sehr origineller Dichter. Seine Lieder sind sinnig und wahr, daß man unwillkürlich einstimmt. Ich habe mir manche davon gemerkt und würde Dir gerne eine Probe davon mittheilen, fürchtete ich nicht, diesen schon so lang gewordenen Brief noch länger zu machen." Das ist alles, was er nach Rom über die Stadt Grillparzers, Raimunds und Lenaus zu melden weiß. Sein Beamtenleben wieder nennt er selbst eine spießbürgerliche Alltäglichkeit. Die Politik ist in den Briefen nur einmal berührt: er berichtet als zwanzigjähriger Student 1833 etwas spöttisch über die Monarchenbegegnung zu Münchengrätz mit den Worten: „Sonst gibt es gar nichts Neues; die politische Welt ist voll von Gerüchten über die Zusammenkunft der drei Monarchen, des Kaisers von Österreich, Rußlands und Königs von Preußen. Ein Protektorat von Germanien und Italien auf dem Haupte unseres alten Kaisers wäre das Geringste hievon. Doch was kümmert das mich und Euch?"

Das Gefühl der Gleichgültigkeit in politischen Dingen sollte indessen in Bälde lebhaftem Interesse weichen. In das Ende der dreißiger Jahre fällt der Umschwung im geistigen Leben Wiens; an Stelle der alten Harmlosigkeit trat bewegliche Teilnahme für die Ideenwelt der Zeit. Bei Bach trugen zu dieser Umwandlung längere Reisen bei, besonders die er 1839 nach Deutschland, Holland, England und Frankreich unternahm. Zu den Stätten modernen Völkerlebens, so schreibt er an Haan nach Rom, zog es ihn mehr als nach Italien. Auf der Reise von 1839 begleiteten ihn seine Freunde Sommaruga, später Abgeordneter in Frankfurt, und Benoni, der einer der hervorragendsten Beamten im österreichischen Justizministerium geworden ist; als dieser sich von den Gefährten trennte, trafen sie Freiherrn Anton v. Doblhoff, den späteren Ministerkollegen Bachs. In London blieben sie anfänglich vier Wochen und durchquerten dann Irland wie die schottischen Hochlande; darauf verweilten sie wieder einige Zeit in der Hauptstadt Großbritanniens. Sommaruga nennt Bach in einem Briefe nach Wien das Muster eines liebenswürdigen Reisegefährten, wiewohl ihre Neigungen ganz auseinandergingen; denn ihn zogen besonders landschaftliche Schönheiten an, während Bach vor allem durch das großartige Leben Londons gefesselt wurde, wohin zurückzukehren er lebhaft drängte.

Von den Briefen Bachs an Haan sei der aus London vollständig abgedruckt, schon um eine Probe seiner Ausdrucksweise zu geben.

„London, 29. Juli 1839.

„Dem Reiseberichte Franzens (Sommarugas) füge ich lieber guter Louis noch ein Paar Zeilen zur Vervollständigung bey. Von Dublin, wo er endet, gingen wir durch die nordwestliche Küste Irlands nach Belfast, von wo wir uns nach Glasgow einschifften. Nach einem in dieser wunderbar anwachsenden Stadt zugebrachten echt schottischen Sonntage trieb es uns weiter in die Hochlande. Eine fortwährende Verbindung von Sleane und Coach Craft brachte uns dann an Dumbartons höchst malerisch gelegenem Castell vorüber zu dem romantischen, durch Rob Roy berühmt gewordenen Loch Lomond, an dessen Ufer der schottische Glockner, der Ben Lomcon, emporsteigt, von wo wir dann über Invernoy, dem Schlosse des Herzogs Argyle, an mehreren der malerischen Seen querüber nach Oban an die Küste des Atlantischen Ozeans eilten. Hier die fernen Hebriden im Ange, brachte uns ein prächtiges Dampfschiff mit zahlreicher aus allen Nationen gebildeten Gesellschaft, die große Insel Mull umschiffend, zu dem alten Felsenlande Jora (Lore), dessen alte Denkmäler der ersten christlichen, in diese entlegenen Gegenden gedrungenen Kultur immerhin einiges Interesse darbieten, aber gegen die Großartigkeit des Eindrucks, den die Wunderhöhle des Fingal auf Staffa auf jedes nur einigermaßen für Naturschönheiten empfängliche Gemüth machen muß, ganz verschwinden. Staffa muß gesehen werden, beschreiben läßt es sich nicht. Leider war das Wetter während unseres dortigen Besuches höchst ungünstig, so daß wir, da keine Änderung eintrat, das Projekt, bis Inverneß zu gehen, aufgeben mussten und schon von Oban quer über durch Mittel . . .[1]) des Hochlands nach Edinburgh zurückkehrten. Edinburgh ist die schönste und pittoreskest gelegene Stadt der Welt. Ein Engländer, der mit uns reiste und lange Zeit in Italien zugebracht hatte, versicherte, daß selbst die schönst gelegenen Städte Italiens gegen dieses nordische Neapel in Hintergrund tretten müssten; eine Versicherung, die ich bei diesem Engländer um so mehr für aufrichtig halte, als er gegen Schottland und dagegen unendlich für Italien eingenommen ist. Von Edinburgh führte uns nach 3½tägigem Aufenthalte ein prächtiges Dampfboot in 44 Stunden zurück nach London. So haben wir in grade vier Wochen einen Weg von circa 16—1700 englischen Meilen, mit den mannigfaltigsten und interessantesten Erlebnissen hinter uns und sind sehr froh, diese Tour durch das Innere der britischen Inseln gemacht zu haben, weil ohne dieser (!) wir nur eine höchst mangelhafte Idee von den englischen Verhältnissen und Zuständen hätten. London selbst kommt mir nun ganz anders vor als das erste Mal, ich habe mich an die englische Weise nun ganz gewöhnt und sehe manches, was ich anfangs vor Überraschung nicht begreifen und meistern konnte, nun mit ganz anderen Augen an. — Mündlich werden wir Gegenstände genug haben, unsere Ideen über alles das, was ich gesehen und erfahren, gegenseitig in freundlichem Gespräche auszutauschen. Bis dahin herzliches Lebewohl und viele freundliche Empfehlungen an Deine liebenswürdige Frau von Deinem treuen Freunde

Alexander Bach.

P. S. Solltest Du Deinen Plan, in die Schweiz zu gehen, wirklich ausführen, so versäume ja nicht, uns ein Rendez-vous zu geben — wir werden bis 18. August in Frankfurt a. M. und bis 28. in Basel oder Zürich und während der nächsten drei Wochen gewiß in einer der Hauptstädte der Schweiz, Bern oder Genf, zu treffen sein. Es würde mich unendlich freuen, an Deiner

[1]) Unleserlich.

Seite das Interessanteste dieses schönen Landes durchstreifen zu können. Nochmals Adieu."

In London wollte Bach seinen Reisebegleiter „mit aller Gewalt" bestimmen, den beabsichtigten Besuch der Schweiz aufzugeben und lieber noch ein Vierteljahr in der Weltstadt zu verweilen. In Paris saß er dann tagelang in der Kammer, den Reden Thiers, Guizots und ihrer Genossen lauschend. Bei seiner Rückkehr nach Wien fand ihn seine Familie gereift, weltmännisch; sein Interesse war von jetzt ab noch mehr als früher ausschließlich vom Leben und seiner Wirklichkeit erfüllt. Es war noch die Zeit, da schöngeistige Bestrebungen für die höchsten galten; seinem Freunde Ludwig v. Haan schien es „materialistisch", wie Bach so ganz in seinem Beruf und in der Politik aufging.

III

Im Jahre 1843 verließ Bach die Beamtenlaufbahn. Nachdem er sich schon das Jahr vorher erfolglos um eine freigewordene Advokatenstelle beworben hatte, wurde ihm jetzt eine solche verliehen. Das war für seine Familie und für ihn um so wichtiger, als wenige Monate darauf sein Vater starb; denn Bach, der schon früher aushilfsweise in dessen Kanzlei gearbeitet hatte, konnte nun ihre Leitung antreten. Sein Gesuch, auch das Notariat seines Vaters übernehmen zu dürfen, was er mit Pflichten für die Sorge um seine zahlreichen minderjährigen Geschwister begründete, wurde von der Justizbehörde nicht bewilligt; aber auch so erhob er seine Kanzlei in kurzem zu wachsender Bedeutung. Bald galt er, wenig über dreißig Jahre alt, wenn nicht schon für den ersten, so doch für den vielversprechendsten Advokaten Wiens; der scharfsinnige Jurist, der kühle Geschäftsmann, der geborene Organisator war früh in ihm fertig. Gleichzeitig stand er in vorderster Reihe in dem wenn auch eingeengten politischen Leben Wiens, bei wichtigeren Veranstaltungen wurde er stets herangezogen. Diese Neigungen lagen in der Familie, denn sein Oheim, Johann Baptist, war einer der Gründer des Juridisch-politischen Lesevereines, in dem die aufstrebende liberale Partei ihren Mittelpunkt fand. Alexander wieder gehörte bei dem Aufenthalte Friedrich Lists in Wien zu den Anregern des Banketts für den großen Nationalökonomen; der Korrespondent der „Times" holte sich bei ihm Auskunft über die innere Politik Österreichs. Er trat, wie es scheint, schon in London in Verkehr mit Richard Cobden und ebenso mit anderen hervorragenden Männern des Auslands. Als Cobden 1847 Österreich bereiste, traf er Bach einige Male im Hause Professor Leopold Neumanns; dann begegneten sich die beiden Männer bei der Weiterreise Cobdens in Prag und dieser schrieb unter dem 17. Juli 1847 in sein Tagebuch über Bach: „Ein intelligenter Rechtsanwalt, der von der gegenwärtigen Bewegung zur Abschaffung der Feudallasten sagt, sie sei unter den Grundeigentümern entstanden und sei durch die Befürchtung einer wahrscheinlichen Wiederholung der Grausamkeiten verursacht, die von den galizischen Bauern gegen ihre Grundherren verübt wurden." Am Tage darauf machten Cobden und Bach gemeinschaftlich eine Fahrt durch Prag[1]).

Bei diesen Beziehungen kam Bach sein glänzendes Sprachentalent zustatten, denn er beherrschte die französische, englische und italienische Sprache in Schrift und Wort vollständig. Er gehörte auch zu den Gründern der Shakespeare-Gesellschaft in Wien, in der die Werke des Dichters gelesen und erläutert wurden. Bach hieß in diesem Kreise Caliban, Neumann nannte sich Prospero. Im März 1843 wurde Bach mit der Abfassung eines scherzhaften Belobungsdekrets für den Freund beauftragt, in dessen Wohnung die Gesellschaft ihre Zusammenkünfte hielt. Es wurde Neumann darin Anerkennung ausgesprochen, weil er einen ausgezeichneten Vortrag über das Drama „König Heinrich VI." gehalten und sich dabei auf Grund fleißiger Studien „mit der Lösung der kecken und von gänzlichem Mangel an historischem Glauben zeugenden Fragen des Clubmember Caliban (alias Bach) über den Ursprung der roten und weißen Rose, die Gründung des englischen Georgsordens usw." bewunderungswürdige Mühe gegeben habe. In dieser Selbstcharakteristik ironisiert Bach einen der Grundzüge

[1]) Die obigen Daten aus Cobdens Tagebuche verdanke ich der Güte seiner Tochter Frau Cobden-Sanderson. Das Tagebuch über die Reise Cobdens durch Österreich 1838 erwähnt Bach nicht, ebensowenig Morleys Buch „The life of Richard Cobden."

seines späteren politischen Wirkens, seine Geringschätzung aller historischen Entwicklung.

Doch nicht bloß bei solchen Veranstaltungen stellte Bach seinen Mann, er stand auch mit Nikolaus Lenau und seinem Kreise in den besten Beziehungen; als Lenau 1844 geistiger Umnachtung anheimfiel, sorgte Bach mit anderen Freunden, besonders Anastasius Grün, für die Ordnung und Sicherung seiner äußeren Verhältnisse und wurde als der geeignetste von allen zum Kurator des in der Döblinger Irrenanstalt dem Tode entgegensiechenden Dichters bestellt.

Bei solcher vielseitigen Tätigkeit behielt Bach Zeit, 1847 mit seinem Bruder August eine zum Teile geschäftlichen Zwecken dienende Reise nach Konstantinopel, Griechenland, das er zu Pferde durchstreifte, und nach Italien zu unternehmen. Auf der österreichischen Gesandtschaft zu Konstantinopel erinnerte man sich, als er kurze Zeit darauf Minister wurde, mit Vergnügen an den lebhaften, mit überlegenem Geiste ausgestatteten jungen Advokaten.

IV

Damals versammelte sich alles, was in den leitenden bürgerlichen Kreisen Wiens nach politischer Bildung und Betätigung strebte, im Juridisch-politischen Leseverein. Die Regierung hatte nur ungern die Erlaubnis zu seiner Gründung gegeben und der Polizeiminister Graf Sedlnitzky machte, als es doch geschah, den übellaunigen Ausspruch: die Mitglieder würden sich insgesamt zu Hochverrätern lesen. Die Dinge wendeten sich allerdings anders, wenn auch für Metternich und Sedlnitzky unerwünscht; denn in der Revolution und in den Jahren darauf sollten nicht weniger als vierzehn dieser verdächtigen Leute Minister werden. Hier erörterten Bach, Schmerling und die anderen Führer des jungen Österreich die Grundsätze des Verfassungsstaates und erwogen, wie ihrem Vaterlande freies politisches Leben zugeführt werden könnte. Der Tatendrang der aufstrebenden Generation wandte sich, da ihr die praktische Politik verschlossen war, zunächst dem Gebiete sozialer Fürsorge zu. In dem Hungerjahre vor der Revolution entstand der Allgemeine Hilfsverein, der sich zum

Ziele setzte, die private Wohltätigkeit in großem Stile zu organisieren. Die Geschäftsordnung des Vereines wurde von Bach entworfen und es verstand sich von selbst, daß er zum Kanzleidirektor bestellt wurde; als solcher leitete er die Errichtung von Volksküchen, in denen während des Winters auf 1848 täglich 3000 Portionen Suppe an Hilfsbedürftige verteilt wurden. Man hat später scherzhaft bemerkt, daß er schon damals für Zentralisatiou schwärmte, aber ebensowenig wie später bei der Neugestaltung Österreichs seinen Lieblingsgedanken durchsetzen kounte; er hätte nämlich die Verwaltung aller Anstalten gerne in seiner Haud vereinigt, was der Mehrzahl der Mitglieder doch nicht tunlich schien. In einem seiner Berichte an den Verein entwickelte er den utopistischen Gedauken, die Gemeinde und der Verein sollten sich in die öffentliche Fürsorge derart teilen, daß die Gemeinde die ständigen Armen zu verpflegen habe, während das „flottierende Proletariat" an die Hilfe des Vereines zu verweisen wäre.

Seiner Umgebung weit vorauseilend, beschäftigte er sich damals, da er die Verhältnisse in England und Frankreich aus eigener Anschauung kannte, eifrig mit der sozialen Frage, und als Ergebnis seiner nationalökonomischen Studien findet man unter seinen, aus dieser Zeit stammenden Papieren ein bemerkenswert bestimmtes sozialpolitisches Programm. Die deutschen und österreichischen Politiker jener Tage besaßen im allgemeinen nur geringes Verständnis für soziale Fragen; Bach dagegen muß, wie dieses Schriftstück beweist, mit der sozialistischen Literatur der Zeit einigermaßen vertrant gewesen sein, und mutig entscheidet er sich, der herrschenden Schule in der Volkswirtschaft entgegen, für kräftiges Eingreifen des Staates zugunsten der Arbeiter. Er folgt darin den Bahnen Louis Blancs und Owens. Beteiligung der Arbeiter am Gewinn, Organisation von ihnen gehörenden Betrieben unter Garantie des Staates und ähnliche Vorschläge finden seine Zustimmung. Das Programm liegt bloß in der Rohschrift vor, mit flüchtigster Feder hingeworfen, es ist deshalb stellenweise schwer leserlich, bei sorgfältigerer Ausarbeitung wäre manches geglättet worden. Es mag unverändert zum Abdruck gelangen.

„Mittel zur Verbesserung des Loses der Arbeiter:

1. Beteiligung an den politischen, Volks- und an den Gemeinderechten.

2. Teilnahme an der eigenen Verwaltung ihrer Interessen und namentlich an den Schiedsgerichten zur Entscheidung der Differenzen zwischen Meister und Gesellen. — Prudhommesgerichte.

3. Unentgeltlicher und ausreichender Unterricht. Kinderbewahranstalten. Armenschulen für erwachsene Kinder. Sonntagsschulen, Industrialschulen, Lesekabinette, populäre Zeitungen.

4. Aufhebung der indirekten Abgaben auf die unentbehrlichsten Lebensbedürfnisse, namentlich Abschaffung der Salz-, Mehl-, Platz- und Schlachtsteuer.

5. Beteiligung der Arbeiter am Gewinn:

a) Fixierung eines Minimums der Löhne;

b) Assoziation der Arbeiter zu gemeinschaftlichen Arbeiten namentlich bei Eisenbahnen und zur Übernahme von Ateliers unter Garantie des Staates.
(Für Arbeitsscheue Zwangsarbeitsanstalten.)

c) Beteiligung der Arbeiter am Kapitalgewinn

a) durch Steuer pro Gesell oder pro Dienstboten in kleinen (zu ergänzen: Betrieben);

b) in der großen Industrie durch Anteil am Gewinn oder Steuer pro Kopfzahl der Arbeiter;

c) Verwendung dieser Einnahme:

α) zur Errichtung von Verpflegsanstalten;

β) Hilfskassen;

γ) zu Prämien für die Arbeiter.

d) Schutzzoll zum Schutze der Arbeit.

6. Errichtung von gewerkschaftlichen Hilfsvereinen. Brotbäckereien. Suppenanstalten. Städtische Sparkassen. Gemeinschaftliche Wohnungen.

7. Errichtung von Spar- und Hilfskassen. Leihanstalten für Arbeiter ... (Unleserlich).

8. Industrial- und Ackerbaubanken.

9. Ackerbaukolonien.

10. Einkommensteuer."

Es läßt sich nicht feststellen, ob dieses sozialpolitische Programm vor 1848 oder während der Revolution zu Papier gebracht wurde; wie man auch immer über seinen Inhalt denken mag, es beweist mindestens so viel, daß der Verfasser ein positiver Kopf und nicht ein Mann der Phrase war.

V

Die Tätigkeit Bachs im Allgemeinen Hilfsverein war nur ein Vorspiel zu größeren Dingen. Sofort nach dem Siege der Februarrevolution in Paris griffen auch die österreichischen Liberalen in die Bewegung ein. Öffentlich durfte das nächste Vorgehen nicht besprochen werden; die Stätte dafür fand man in dem Hause zweier freisinnigen Mitglieder der niederösterreichischen Stände, des Freiherrn v. Doblhoff und des Hofrats v. Khleyle. Beide standen mit den ersten österreichischen Schriftstellern der Zeit in enger Verbindung; bei Doblhoff wohnte damals Eduard v. Bauernfeld; die anmutigen Töchter Khleyles waren vielumworben und vielbesungen und eine von ihnen, Sophie v. Löwenthal, spielt in Lenaus Leidensgeschichte die wichtigste Rolle. Von Herrn v. Khleyle wurde der Gedanke angeregt, er und seine Gesinnungsgenossen sollten die nächste Tagung der niederösterreichischen Landstände, die auf den 13. März 1848 einberufen waren, zu einem kräftigen Vorstoße benutzen. Zu diesem Behufe wurde ein Doppeltes ins Werk gesetzt. Der liberale Adel ging voran und 33 seiner Mitglieder entwarfen einen Antrag, in dem die Regierung aufgefordert wurde, R e i c h s s t ä n d e zu berufen, welche aus den bestehenden, bisher machtlosen Provinzial-Landtagen hervorzugehen hätten. Um zugleich einen Rückhalt für das Auftreten im Landtage zu gewinnen, hielt der liberale Adel es für zweckmäßig, daß sich gleichzeitig das Bürgertum rege; aus seiner Mitte sollte eine in demselben Geiste gehaltene Petition den Stäuden vorgelegt werden. Die Ausführung dieses Planes wurde dem mit Freiherrn v. Doblhoff enge befreundeten Bach übertragen; gleichzeitig beteiligte er sich auch, obwohl nicht Mitglied der niederösterreichischen Stäude, an der Formulierung des Antrages des Adels; der noch vorhandene Entwurf wurde von ihm schärfer gefaßt[1]). Mit der Abfassung der Bürgerpetition wurden er und Eduard v. Bauernfeld betraut, der dem Schriftstücke wohl nur die Form gab[2]). Bach nahm es trotz der seitens der Polizei drohenden Gefahr auf sich, am 7. und 9. März 1848 in seine Wohnung eine Anzahl von Gesinnungsgenossen einzuladen und sie aufzufordern, mit der Unterschrift voranzugehen. Mancher Zaghafte befand sich unter ihnen; zu diesen gehörte der Professor des Strafrechts an der Wiener Universität Anton Hye, der die Befürchtung aussprach, die Regierung könne in dem Beginnen das Verbrechen des Hochverrates sehen; ängstlich verließ er die Versammlung. Bach aber blieb fest und gewann noch einige der Zögernden, zumal da die meisten der Eingeladenen freudig auf den Vorschlag eingingen. Der Entwurf Bachs und Bauernfelds wurde angenommen und die Sammlung von Zustimmungen darauf rührig ins Werk gesetzt. Binnen zwei Tagen erhielt die Bittschrift die Unterschrift von mehreren Hunderten der angesehensten Bürger Wiens.

Die Forderungen waren gemäßigt, sie gipfelten in dem Verlangen nach einer ständischen Vertretung mit dem Rechte der Steuerbewilligung sowie der Teilnahme an der Gesetzgebung. Bei den Beratungen wurden weitergehende Wünsche, wie nach Preßfreiheit, Öffentlichkeit der Rechtspflege und nach einer zeitgemäßen Gemeindeverfassung, auf Wunsch ängstlicher Genossen unterdrückt; an Stelle des Grundsatzes der Preßfreiheit wurde der seltsame Satz gesetzt: „Herstellung eines Rechtszustandes der

[1]) Das Manuskript wurde mir durch Frau Emilie Exner zugänglich, eine Nichte Bachs. Bach schlug unter anderem die Einschiebung des Wortes „sofort" bei dem Verlangen nach Einberufung der Reichsstände vor.

[2]) Einige Tage vorher, am 8. März, schrieb Bauernfeld in sein Tagebuch: „Die Presse ist jetzt hier die Lebensfrage. Die Stände werden uns aber sitzen lassen, wenn sie ein paar Brocken zugeworfen kriegen. A. Bach muß mir helfen." Vgl. Bauernfelds gesammelte Schriften, Bd. XII und XIII, besonders ‚Aus Bauernfelds Tagebüchern."

Presse durch Einführung eines Repressivgesetzes." Das Schriftstück gewann aber deshalb politische Bedeutung, weil es in den nahenden Sturmtagen vom 13. bis zum 15. März 1848 als Programm der Liberalen galt. Bach hatte nicht wenig gewagt, fand aber in seiner Familie warme Aneiferung; als die Sache wegen der Bedenken Hyes und anderer stockte, spornte ihn seine Mutter an: nun müsse er, was er begonnen, auch zu Ende führen. Zwei Stunden nach der Überreichung der Petition an die Landstände wurde ein höherer Polizeibeamter in seine Kanzlei geschickt, um das Schriftstück mit Beschlag zu belegen. Es war dies Polizeikommissär Felsenthal, den Bach nur wenig später selbst häufig mit ähnlichen Aufgaben betrauen sollte. Sie waren schon damals gute Bekannte; Bach entgegnete kühl und weltmännisch, das Original sei nicht mehr in seinem Besitze, er könne nur mehr mit einer Abschrift dienen. Darauf die lächelnde Antwort des Beamten: eine Kopie sei der Polizei ohnedies schon in die Hände geraten.

* * *

Dies war das Vorspiel zu der großen Wirksamkeit, die Bach während des Jahres 1848 und in der darauf folgenden, seinen Namen tragenden Epoche entfalten sollte. Dieser Mann war, wie die Entwicklung seiner Jugend beweist, nicht zum Revolutionär geboren. Sein Schicksal warf ihn in eine Bewegung, die eigentlich seinem innersten Wesen widersprach. Denn er war von früh auf zu positivem Schaffen ausgelegt, ein Kopf, dem der Staat mehr Interesse einflößte als das Volk und das Reich der Ideen. Als „Barrikadenminister" kam er in die Höhe, als tragende Säule der Reaktion vollendete er sein politisches Tagewerk. Sein Ehrgeiz ergriff jedes Mittel, das ihm gestattete, seine starke politische Begabung zur Geltung zu bringen; zu diesem Zwecke diente er mit vollendeter Schmiegsamkeit dem einen politischen System wie dem andern. Männer, die so einseitig angelegt sind, werden von dem Verlangen beherrscht und getrieben, sich daraufhin auszuleben. Das ist ihre Konsequenz, und wenn man sie dann anklagt, sie hätten sich der Untreue schuldig gemacht, so legt man an sie einen ihnen fremden Maßstab an. Sie sind ihrer Natur treuer geblieben, als es den Anschein hatte.

Freunde und Gegner der Bauernbefreiung in Österreich

(Der erste Teil des Aufsatzes wurde 1906, der zweite, über Erzherzog Johann, 1917 veröffentlicht)

Durch zwei große Reformen hatte sich Josef II. den Dank der Bauern seines Reiches erworben: durch die Aufhebung der Leibeigenschaft (Schollenpflichtigkeit) des Landmanns 1781 und durch die Verfügung von 1785, daß auch die nicht mit vollem Eigentum ausgestatteten (die nicht eingekauften) Bauern von dem Gutsherrn nicht abgestiftet, also nicht vom Hofe entfernt werden durften. Sein letzter und umfassendster Plan jedoch, alle Fronden durch Geldzinse zu ersetzen — die aber nie mehr als 17 7/9% des Bruttoertrages des Bauerngutes ausmachen dürften — kam nicht zur Ausführung; denn das Patent vom 10. Februar 1789 mußte angesichts des Widerstandes des Grundadels von seinem Nachfolger wieder aufgehoben werden.

Fast sechzig Jahre ruhte dann infolge der Saumseligkeit und der unüberwindlichen Vorurteile der folgenden Regierungen die Agrarreform. Österreich, das nach dem übereinstimmenden Urteil der Zeitgenossen wie der Forscher unserer Tage Preußen auf diesem Gebiete um ein gutes Stück vorausgeeilt war — denn in letzterem Staate wurde der Bauer von der Schollenpflichtigkeit erst durch das Steinsche Edikt von 1807 losgebunden — blieb zunächst um ein gutes Stück zurück, da die preußische Gesetzgebung unter Hardenberg an die Aufhebung auch der Fronden schritt, freilich nur unter die Grundherren unbillig begünstigenden Bedingungen[1]).

---

[1]) Knapp, Grundherrschaft und Rittergut, S. 48 ff., und Artikel „Bauernbefreiung" im Handwörterbuch für Staatswissenschaften mit den Beiträgen

Dann aber schwang sich Österreich durch die Revolution von 1848 wieder an die erste Stelle: denn durch das preußische Edikt von 1816 wurden nur die spannfähigen Bauern reguliert, also die größeren Wirte, die zur Bebauung ihres Grundes eines Gespanns bedurften, und auch diese konnten sich die Freiheit von Fronden nur durch den Verlust eines Dritteils, ja selbst der Hälfte ihres ererbten Bodens erkaufen. Die nicht spannfähigen Bauern blieben schutzlos und wurden in den nächsten zwei Menschenaltern zum guten Teile zu Dienstleuten auf den großen Gütern herabgedrückt, die übrigen wurden dann von 1850 ab ihrer Lasten befreit. Dagegen sicherte das vom Wiener Reichstage beschlossene Gesetz vom 7. September 1848 allen, den großen wie den kleinen Bauern ihren Heimatgrund zu, sprach sie von allen Lasten (Fronden, Zehnten, Giebigkeiten usw.) an den Grundherrn wie an die Kirche frei und verteilte die den letzteren zu leistende Geldentschädigung auf den Bauer und auf den Staat.

In Österreich blieb somit alles Bauernland im Unterschiede von Preußen dem Landmann erhalten, ja es wurde, wie sich zeigen wird, bei diesem Anlasse noch ein gutes Stück Dominikalbesitz, also Herrengrund, natürlich gegen Entschädigung zum Bauerngute geschlagen.

Die Erbschaft der Revolution von 1848 wurde vom Absolutismus angetreten, die Verwaltung fiel zunächst dem Ministerpräsidenten Fürsten Felix Schwarzenberg und dem Minister des Innern Alexander Bach zu. Wie immer man über die an ihren Namen sich knüpfende politische Reaktion urteilen mag — Tatsache ist, daß sie sich in bezug auf die landwirtschaftliche Sozialreform von dem heilbringenden Grundsatze leiten ließen, die 1848 erschütterte monarchische Gewalt könne nur befestigt werden, wenn die Regierung, den Spuren Maria Theresias und Josefs II. folgend, dem Bauer den durch die Revolution verheißenen Vollbesitz an seinem Grunde überantworte. Deshalb wurde schon

---

von Knapp, Grünberg u. a. Sodann von Karl Grünberg „Die Bauernbefreiung in Böhmen, Mähren und Schlesien", Leipzig 1893; „Studien zur österreichischen Agrargeschichte", Leipzig 1901; H. Friedjung „Österreich von 1848 bis 1860" Stuttgart 1914, 4. Auflage S. 340—369.

in der bei der Thronbesteigung Kaiser Franz Josefs erlassenen Proklamation wie bei jedem der folgenden Staatsakte, so auch in dem kaiserlichen Patent vom 31. Dezember 1851, durch welches die 1849 erlassene Verfassung schlankweg aufgehoben wurde, immer wieder feierlich kundgetan, daß die Grundentlastung unverändert ihren Fortgang nehmen werde. Dies wurde von Alexander Bach, dem Enkel eines Bauern aus einem kleinen Dorfe Niederösterreichs, kraftvoll durchgeführt; er hat zwar sonst seine demokratische Vergangenheit verleugnet, in diesem einen Punkte aber blieb er unerschütterlich, wenn er sich dadurch auch den Haß des hohen Adels zuzog. Sein 1859 erfolgender Sturz vollzog sich auch nicht deshalb, weil der Hof etwa zu freisinnigen Regierungsgrundsätzen überzugehen beabsichtigte, sondern weil die Opferung des bürgerlichen, dem Absolutismus dienenden Emporkömmlings vom Adel verlangt wurde und weil man durch seinen Rücktritt auch der öffentlichen Meinung eine Genugtuung bereiten wollte.

An der Spitze der aristokratischen Opposition gegen den gleichmachenden Absolutismus der Jahre 1849—1859 stand der Feldmarschall Fürst Alfred Windisch-Grätz. Abgesehen von seiner Überzeugung, es hieße den österreichischen Staat erschüttern, wenn der grundbesitzende Adel wirtschaftlich und sozial zu Schaden komme, hatte Windisch-Grätz gewichtige persönliche Gründe, dem Ministerium feindgesinnt zu sein. Der Ministerpräsident Schwarzenberg war zwar der Bruder seiner Frau, aber der begabtere, energische und rücksichtslose Schwager hatte ihn tief verletzt. Windisch-Grätz eroberte 1848 Wien und zog dann zur Unterwerfung Ungarns aus. Er nahm Pest ein, aber die unglückliche Auswahl der zumeist aristokratischen Offiziere seines Stabes, sein anfängliches vielwöchentliches Zögern, das dem von Kossuth geleiteten Aufstande Zeit zu Rüstungen gab, wie andere unglückliche Maßregeln wurden von dem ungarischen General Görgey so glücklich benutzt, daß die kaiserlichen Truppen nahezu ganz Ungarn dem Feinde überlassen mußten. Die Regierung gab Windisch-Grätz schuld an dem Mißerfolg, und nach einem gereizten Briefwechsel legte er das Kommando zurück, in tiefem Unwillen darüber, daß man ihn, der sich als Retter der Monarchie betrachtete, fallen gelassen hatte. Seitdem grollte er Schwarzenberg und noch schlechter stand er zum Minister des Innern, weil dieser mit an der Spitze der Märzrevolution gestanden hatte und weil der Fürst einem Manne dieser Art zutraute, er besorge trotz seiner äußerlichen Bekehrung zum Absolutismus doch die Geschäfte der Demokratie. Von Windisch-Grätz und noch mehr von seinen Gesinnungsgenossen, den Grafen Wolkenstein und Wurmbrand, gingen auch, da die Presse in Österreich geknebelt war, die bitteren Angriffe aus, die in der „Kreuzzeitung"[1]), wie in der Kölnischen „Volkshalle", den beiden konservativen Blättern Norddeutschlands, gegen die österreichische Regierung, besonders aber gegen Bach erhoben wurden; es wurde der Vorwurf ausgesprochen, daß sie die historischen Grundlagen des Reiches mißachteten und daß die Gliederung des Volkes nach Ständen leichtsinnig aufgelöst werde. Über diese Parteikämpfe ließ sich Herr v. Bismarck als Bundestagsgesandter in Frankfurt nach Möglichkeit unterrichten; er berichtete darüber auch nach Berlin und schreibt u. a. im Jahre 1852 (in einem nicht genauer datierten Briefe) an Manteuffel: „Die mir vorgelegten Briefe des Grafen Wurmbrand machen mir den Eindruck, daß der österreichische Adel dieser Partei bisher weniger mit dem Erlangen politischer Bedeutung als mit der Gereiztheit über und mit der Abwehr gegen die ihm zugefügten materiellen Verluste beschäftigt ist"[2]).

Im Februar 1850 machte Fürst Windisch-Grätz einen ernsten Versuch, den Sturz der Regierung herbeizuführen und an ihre Stelle ein aristokratisches Regiment zu setzen, wie es 1859 nach dem Rücktritte Bachs tatsächlich ans Ruder kam. Die Zeitungen berichteten zu jener Zeit über eine mögliche Ministerkrisis in Österreich, ohne jedoch Genaueres erfahren zu können; es zeigte sich jedoch, daß der Anschlag des Fürsten mißlang. Welche Schritte Windisch-Grätz 1850 sonst unternahm, ist mir unbekannt; der wuchtigste, von ihm geführte Angriff jedoch war jedenfalls die Denkschrift, die er am 22. Februar 1850 dem Kaiser Franz Josef in Angelegenheit der Grundentlastung unterbreitete. Man

---

[1]) So in einem Artikel am 13. Februar 1852.

[2]) „Anhang zu den Gedanken und Erinnerungen von Otto Fürst v. Bismarck." II, S. 45, 49.

konnte das Werk des Ministeriums nicht heftiger, bitterer, persönlicher bekämpfen, als es hier geschah: der Fürst, der Feldmarschall, der Eroberer Wiens urteilt nach vorhergehender ausführlicher Begründung über die Räte der Krone: „Es ist unmöglich, den Eindruck zu beschreiben, der den Freund des Rechtes bei solchen Erfahrungen trifft. Der hervorragende Kommunist hat noch nicht zu begehren gewagt, was Euer Majestät Regierung praktisch durchführt." Man kann annehmen, daß der Bruch zwischen den Fürsten Schwarzenberg und Windisch-Grätz erst von diesem Augenblicke unheilbar war. Fürstin Melanie Metternich, die Gemahlin des Staatskanzlers, berichtet in ihrem Tagebuche, daß ihr im Herbste 1851 aus der Verbannung wieder nach Wien zurückkehrender Gatte den Versuch gemacht habe, die Schwäger zu versöhnen; er fand den Gegensatz jedoch unüberbrückbar[1]).

Was ist es, das den sattelfesten Aristokraten so ganz aus der Fassung brachte und zu jenen Beschuldigungen gegen die kaiserliche Regierung antrieb? In allem Kampf der Stände und Klassen ist das ganze Recht niemals auf einer Seite und das Bewußtsein erlittener Unbill regt Leidenschaften auf. Diesem Eindrucke unterlag auch der Führer der altständischen Partei, wobei er Maß und Form vollständig außer acht setzte.

Nicht gegen das Prinzip der Grundentlastung erhebt er Widerspruch, wohl aber gegen die Art der Ausführung. Um seine Einwendungen zu verstehen, sind die den Gutsherren damals abgenommenen Rechte gruppenweise ins Auge zu fassen[2]).

Geringe Meinungsverschiedenheit bestand über die Befugnisse, die ohne Entschädigung aufgehoben wurden. Dahin gehörten alle Leistungen der Bauern, auf die der Gutsherr in seiner Eigenschaft als Obrigkeit Anspruch gehabt hatte. Da die Bestellung des rechtsgelehrten Amtmanns, der ihn zu vertreten hatte, Kosten verursachte, wurde hier wohl ein soziales, aber kein wirt-

---

[1]) Tagebuch der Fürstin Melanie Metternich in Metternichs nachgelassenen Schriften, 8. B.

[2]) Vgl. die amtliche Schrift „Die Grundentlastung in Österreich", Wien 1857, und das Werk „Geschichte der österreichischen Land- und Forstwirtschaft", Bd. I, besonders die Aufsätze von Karl Grünberg und Walter Schiff.

schaftliches Interesse des Grundadels verletzt. Nicht ganz so, aber ähnlich stand es mit dem Jagdrecht des Gutsherrn auf fremdem Grunde wie mit den Jagdfronden.

Die zweite Gruppe — und dies war die bei weitem wichtigste — betraf alle Fronden und sonstigen Lasten, die dem Bauern aus dem Untertansverbande erwuchsen. Hier wurde nicht eine volle Ablösung, sondern nur eine billige Entschädigung geleistet, wobei man u. a. so vorging, daß ein Tag Frondienst im Preise nicht höher geschätzt wurde als ein Tagdrittel freier Arbeit. Und von dieser Entschädigung hatten die Bauern in den deutschen Bundesländern wieder nur ein Dritteil selbst zu bezahlen; ein zweites übernahm das Kronland, das letzte Dritteil entfiel, weil der Grundherr von der früheren Einnahme Steuern an den Staat zu zahlen hatte und außerdem, weil ihm Kosten bei der Einhebung und Beaufsichtigung erwuchsen.

Fürst Windisch-Grätz beschwert sich nun bitter über die Nachteile, die den großen Grundbesitz durch diese Maßregeln trafen, und sieht in der zu geringen Entschädigung eine „Beraubung"; immerhin aber läßt er für die Aufhebung der Grundobrigkeit wie des Untertanenverbandes höhere Rücksichten gelten. Die volle Schale seines Zornes ergießt sich jedoch über die Regulierung der dritten Gruppe von Schuldigkeiten, die nämlich aus den Verhältnissen der Erbpacht (aus emphyteutischem Rechte) entsprangen. Man muß den Fürsten verstehen, um ihm gerecht zu werden. Damit, daß der seit alters her als Bauerngrund betrachtete Boden freies Eigentum des Landmanns werde, haben sich die Gutsherren Österreichs damals abgefunden, und sie wagten es auch nicht, gleich den preußischen Junkern unter Friedrich Wilhelm III., dafür Landentschädigung zu fordern. In Österreich hatte sich der im 18. Jahrhundert eingeführte Grundsatz längst eingelebt, Herrengut und Bauerngrund (Dominikal- und Rustikalgut) müßten strenge geschieden und dem Gutsherrn verboten sein, von seinem Bauern Grund zu kaufen — es wäre denn, daß er ihm wieder anderen, gleichwertigen Bodenbesitz dafür hintangab. Friedrich der Große wie Maria Theresia hatten es so bestimmt, in Preußen jedoch hatte dieser Bauernschutz schon von 1811 ab sein Ende genommen. Windisch-Grätz erstrebte also für seine Standesgenossen für die auf dem Rustikalgrund ruhenden Herrenrechte zwar eine höhere Geld-, aber nicht Landentschädigung. Anders aber stand es mit solchem ursprünglichen Dominikalgrund, der erst durch Erbpacht in bäuerliche Wirtschaft übergegangen war. Auch dafür war der Anstoß unter Maria Theresia gegeben worden, die auf Vorschlag eines der tüchtigsten Beamten ihrer Zeit, Franz Anton v. Raab, von 1775 an eine Reihe von Staatsdomänen in kleine Wirtschaften geteilt und hier Bauern angesiedelt hatte, die den Grund vererben und verkaufen konnten, wenn nur unter diesen Veränderungen der Erbzins pünktlich bezahlt wurde[1]). Schon nach zwei Jahren hatte die Kaiserin als „Grundfrau" über 5800 neue Wirte auf den Staatsgütern Böhmens angesetzt, und da die Krone Böhmen einen weitreichenden Einfluß auf die zahlreichen Städte des Königreiches übte, wurden auch auf deren Gütern die Hörigen vielfach zu freien Erbpächtern umgewandelt. Dieser Vorgang muß sich für die Grundherrschaften wirtschaftlich vorteilhaft erwiesen haben, denn viele von ihnen folgten dem Beispiele, so zwar, daß Fürst Windisch-Grätz die Anzahl der allein in Böhmen nach dem Raabschen System wirtschaftenden Bauernfamilien auf 100 000 anschlägt und daß amtlich festgestellt wurde, 1848 hätten auf 151 Dominien Böhmens Erbpächter nach dem Raabschen System bestanden.

Wem nun sollten diese Gründe bei der Grundentlastung zugesprochen werden? Das Gesetz vom 7. März 1849 gab darüber eine unzweideutige Antwort, indem es keinen Zweifel an dem Besitzrecht der Bauern aussprach, die das Land vielfach erst gerodet hatten und es jetzt bereits in der dritten Generation bewirtschafteten. Nur wurde dem Gutsherrn in diesem Falle nicht bloß wie in den früheren Belangen eine billige Entschädigung, sondern volle Ablösung für die Zinsen zugestanden. Wohl wurde auch hier von den Jahreszinsen ein Dritteil als Entgelt für die bisher gezahlte Steuer abgezogen, das übrige aber kapitalisiert und die Ablösungssumme voll ausbezahlt.

[1]) Vgl. Karl Grünberg, „Die Bauernbefreiung in Böhmen, Mähren und Schlesien", Bd. I, S. 290 ff.

Zudem mußte sie ganz von dem Bauern getragen werden, und der Staat oder das Kronland leistete keinen Beitrag.

Die Gutsherren nun, und insbesondere Fürst Windisch-Grätz fanden, daß dies ein grober Rechtsbruch sei. War es nicht genug, daß alles Rustikalgut, das als solches in dem unter Maria Theresia angelegten Kataster verzeichnet war, freies Eigen der Bauern wurde? Mit welchem Rechte ward ihnen auch Herrenland zugeteilt? Der Grundadel sträubte sich gegen diesen Sieg der revolutionären Ideen, er bezeichnete solche Verfügungen als baren, unter Staatsschutz sich breitmachenden Kommunismus.

So weit kann man den Fürsten Windisch-Grätz und seine Standesgenossen verstehen. Indessen ging er über diesen Anspruch noch hinaus und stellte in bezug auf emphyteutische Gründe noch höhere Ansprüche, indem er auf Kosten der Erbpächter Ersatz für die durch die Staatsbankerotte von 1811 und 1816 dem Grundadel zugefügten Schäden einforderte.

Man weiß, daß von 1799 an infolge der Franzosenkriege so viel Papiergeld ausgegeben wurde, daß dessen Wert unerbittlich, bis unter den fünften Teil der Silbermünze sank. Zuletzt mußte sich der Staat nur dadurch zu helfen, daß er sich durch das Finanzpatent von 1811 von der Einlösung seiner Papierschuld mit hartem Gelde lossprach; er stellte bloß in Aussicht, die Bankozettel wie 5 : 1 einzulösen. Dieses Sinken des Geldwertes schädigte aufs tiefste alle die, welche Einnahmen aus Schuldkapitalien und Zinsen besaßen; dagegen brachte es den Grundbesitzern in ihrer Eigenschaft als Hypothekenschuldner außerordentlichen Vorteil, der stellenweise einer vollständigen Grundentlastung gleichkam. Die Verhältnisse lagen mannigfach und tief verschlungen, im ganzen aber kann man sagen, daß jene Vorgänge den **Grundbesitzern** bedeutende Vorteile, dagegen dem beweglichen Besitz, also dem Bürgertum, schwere Nachteile brachten. Was den **Bauer** betraf, so übte die Preisrevolution auf die Mehrzahl von ihnen, die ihre Schuldigkeiten in Fronden und Bodenfrüchten entrichteten, **keine** Wirkung; soweit sie aber **Erbpächter** waren, schmolz ihr Schuldzins zwischen 1799 bis 1811 auf ein Minimum zusammen. Allerdings bestimmte das Finanzpatent von 1811, daß alle vor dem Jahre 1799 kontrahierten Schulden in ihrer vollen Höhe auch nach dem neuen Papiergelde (Wiener Währung) abzutragen seien. Hiermit wären also die Erbzinsen wieder auf ihre alte Höhe hinausgesetzt worden, wenn die Wiener Währung dem alten Münzgelde (Konventionsmünze) im Kurse gleichgeblieben wäre. Die Scheine der Wiener Währung sanken jedoch infolge neuer Papiergeldemissionen gleichfalls an Wert, und zuletzt wurde bei der endlich geglückten Ordnung der Umlaufsmittel der Kurs derselben auf zwei Fünftel der Konventionsmünze festgesetzt. Das Schlußergebnis war also, daß die Gutsherren zwar drei Fünftel an den vor 1799 kontrahierten Hypothekenschulden gewannen, ebensoviel aber an den fälligen Pachtzinsen der Erbpächter verloren. Alles in allem zogen aber die Gutsbesitzer in Österreich aus den Schwankungen des Geldwertes in jenen Tagen großen Gewinn, ja die soziale Stellung des Adels gegenüber dem aufstrebenden Bürgerstande wurde durch die Zerrüttung des Finanzwesens wesentlich gefestigt. Denn die Bildung beweglicher Kapitalien wurde im Verhältnisse zu anderen Staaten wohl um ein Menschenalter zurückgeworfen. Es springt in die Augen, daß die Erbpächter allerdings den größten Vorteil hatten, da sie sowohl durch das Sinken des Wertes ihrer Hypothekenschuld wie auch ihrer Pachtzinsen um nicht weniger als um drei Fünftel ihrer Schuldigkeiten entledigt wurden.

Indessen hatten sich diese Verhältnisse lange eingelebt, als die Revolution von 1848 über das Land brauste. Fürst Windisch-Grätz nun erinnert in seiner Denkschrift den Kaiser an den dem Grundadel durch die Bankozettelzeit verursachten Schaden und forderte jetzt vollen Ersatz. Er verschweigt vollständig, wieviel Vorteile seine Standesgenossen aus dem Sinken der Hypothekenschuld gezogen hatten, erklärt es jedoch für eine Beraubung, daß ihnen 1849 bei der Ablösung der Erbpachtzinsen nicht der ganze Betrag ersetzt wurde, auf den sie im 18. Jahrhundert kraft der emphyteutischen Verträge Anspruch erheben konnten. Daher sein Schluß: wenn eine Erbpacht nach dem Raabschen System 30 Gulden Konventionsmünze betrug, belief sie sich nach der Geldzerrüttung nur mehr auf 12 Gulden; da die Entschädigung für diesen Zins nach dem Gesetze vom 4. März 1849 nur zwei

Drittel betragen solle, so wurden nur 8 Gulden kapitalisiert; ja Windisch-Grätz berechnet in offenbar übertriebener Weise, daß dafür noch 5 Gulden an Steuern entfallen, sodaß die entschädigte Rente nur 3 Gulden betrage, der zehnte Teil somit dessen, was seinen Vorvätern ursprünglich zustand. Nach dieser an Sophismen reichen Rechnung kommt er zum Schlusse, daß die Regierung des Kaisers dem Grundbesitze gegenüber nach rohen, kommunistischen Grundsätzen vorgehe. Im Hintergrunde seiner Anklagen sieht man die Forderung auftauchen, an Stelle des angeblich revolutionären Ministeriums Schwarzenberg-Bach ein anderes zu setzen, das den politischen, sozialen und Geldansprüchen der Aristokratie gerecht werden solle. Das ist der geschichtliche und staatswirtschaftliche Hintergrund, von dem sich die dem Kaiser überreichte Denkschrift des Feldmarschalls vom 22. Februar 1850 abhebt.

Die Eingabe blieb ohne Wirkung. Der junge Kaiser, damals noch nicht 20 Jahre alt, folgte den Ratschlägen seines Ministeriums und blieb fest bei dem Entschlusse, in der Neuordnung der Bodenverhältnisse die Bahnen Maria Theresias und Josefs II. weiter zu beschreiten. Nicht bloß Regentenpflicht, auch die eigensten Interessen der Dynastie wiesen ihn und die Minister auf diesen Weg. Denn durfte man, während ganz Ungarn, Galizien und die italienischen Provinzen, sowie Wien und Prag noch unter Belagerungszustand und Kriegsgerichten standen, während die nationalen und demokratischen Parteien wohl niedergeworfen, aber lange nicht gebrochen waren, auch die Bauern des Reiches in Opposition treiben? Die Erhebung von 1848 war anfangs nur dadurch siegreich gewesen, daß sie dem Landvolk Befreiung von den Fronden versprach und brachte. Als diese Forderung erfüllt war, wandte sich der Bauernstand von der Revolution ab und kehrte zum gewohnten Gehorsam zurück. Im Jahre 1848 hatten sich die rumänischen, serbischen, kroatischen und slowakischen Bauern dem Kaiser zum Kampfe gegen den magyarischen Grundadel zur Verfügung gestellt. Konnte und durfte man sie den Ansprüchen ihrer früheren Herren überantworten?

So wurden die 1848 und 1849 erlassenen Gesetze im Geiste ihrer Urheber ausgeführt. Auch kamen die Grundherrschaften nicht zu kurz. In den Ländern des heutigen Cisleithaniens allein wurde ihnen ein Entschädigungskapital von etwa 290 Millionen Gulden ausbezahlt, und davon entfiel auf die Entschädigungsberechtigten Böhmens, für die Windisch-Grätz in erster Reihe das Wort nahm, die Summe von 54 222 182 Gulden.

Als der Absolutismus 1860 zusammenbrach, hatte er durch schlechte Finanzwirtschaft, Polizeiwillkür, Abschluß des Konkordats und Unterdrückung aller Volksregungen ein reiches Sündenregister angehäuft. Rühmlich aber war, was er auf dem Gebiete der inneren und der Justizverwaltung, wie durch die Bauernbefreiung geleistet hatte. Durch die Grundentlastung hat sich der Minister des Innern, Alexander Bach, ein nicht genug zu würdigendes Verdienst erworben.

* * *

Das Werk Bachs hatte zwar einflußreiche Gegner, doch nur im frondierenden Hochadel. Es gab aber auch in den Spitzen der Gesellschaft ernste Förderer der wohltätigen Reform. Vom Ministerpräsidenten Fürsten Schwarzenberg, der festen Stütze Bachs, muß dies nicht erst gesagt werden. Auch von einem Manne wie Erzherzog Johann war nichts anderes zu erwarten, da dessen Name mit der Erhebung des tiroler Landvolkes 1809 enge verknüpft ist; hat Johann doch auch als Reichsverweser zu Frankfurt nach bestem Wissen und Gewissen volkstümlich gewirkt. Es ist aber doch bemerkenswert, welche Wendung der Erzherzog dem Werke der Befreiung des Bauernstandes geben und wie folgerichtig er auf dem betretenen Wege fortschreiten wollte. Hierfür ist ein von ihm an Bach am 21. Februar 1851 gerichteter Brief bezeichnend. Auf seinem steierischen Gute zu Stainz war die Ablösung der bäuerlichen Lasten durch die staatliche Kommission veranschlagt worden und der Erzherzog ersuchte den Minister des Innern, dem Ergebnisse möglichst bald die amtliche Genehmigung zu erteilen. Nach Besprechung der Grundsätze, die den Prinzen bei der Freilösung geleitet hatten, geht er auf einen anderen Gegenstand über und dieser Teil des Briefes läßt seine Gestalt in besonders günstigem Lichte erscheinen. Man lernt ihn als Staatsmann kennen, der, was die Beherrschung der italienischen

Provinzen Österreichs betraf, bis zu den Wurzeln des Übels vordrang und den Mut besaß, zur Heilung eine umfassende Reform vorzuschlagen. Es war unendlich schwierig, das 1848 abgefallene und mit Waffengewalt zurückeroberte lombardisch-venezianische Königreich bei Österreich festzuhalten. Diese kranke Stelle ermutigte jeden Feind zum Angriff auf die Monarchie; immer mußte das in Italien liegende österreichische Heer fast mobilisiert zum Kriege bereitstehen. Und auch Welschtirol war schon damals durch Umtriebe der italienisch Gesinnten unterwühlt. Hier wie in der Lombardei und in Venezien waren außer der Intelligenz viele Signori, die Grundherren, die Träger des Widerstandes. Das Landvolk dagegen war auch in den italienischen Provinzen gehorsam und treu, da es die Milde der kaiserlichen Regierung und die gute Verwaltung zu schätzen wußte. Auch heute liegen in Welschtirol die Verhältnisse ähnlich, wie die an der Südfront kämpfenden österreichischen Soldaten von 1915 an immer aufs neue erfahren haben. Auf dieser Kenntnis der Tatsachen baute Erzherzog Johann seinen Plan auf. Er gab sich nicht der Hoffnung hin, der zum Abfall bereite Teil der Signori werde sich gewinnen lassen. Er mahnte vielmehr, gegen ihn einen entscheidenden Schlag zu führen, im Landvolke dagegen durch ein wohltätiges Geschenk die Treue zu Österreich zu befestigen. Johann machte den Vorschlag, die Bauern Oberitaliens und Welschtirols, die als Pächter der Herren wirtschafteten und als solche ihres Besitzes nie ganz sicher und froh werden konnten, mit dem Erbrecht an Haus und Hof auszustatten. Das wäre der allmähliche Übergang zu freiem Grundeigentum des Landwirtes gewesen; der Staat aber, der für seine Bauern so Großes geleistet hätte, würde eine fleißige und nützliche Schichte der Gesellschaft enge an sich gefesselt und alle Verführungskünste zuschanden gemacht haben.

Es gehört zu den merkwürdigsten Erscheinungen der Agrargeschichte Europas, daß der italienische Landmann heute fast noch unter denselben Rechtsverhältnissen lebt wie in der römischen Kaiserzeit. Der tapfere Bauernstand, dieser Pfeiler und Stolz der römischen Republik des Altertums, ging in den drei letzten Jahrhunderten vor Christi Geburt zugrunde und an seine Stelle trat verderbliche Latifundienwirtschaft. Mannigfach waren die

Ursachen, die wichtigste war wohl, daß mit der Ausbreitung des römischen Weltreiches Provinzen erobert wurden, in denen man wie in Ägypten Getreide weit billiger erzeugte als in Italien, so daß den Bauern des Kernlandes der Republik der Preis für die Ernte unterboten ward; zuletzt lohnte sich für den kleineren Grundbesitzer nicht mehr der Anbau von Brotfrucht, weshalb er wirtschaftlich verfiel. Sein Acker wurde von dem Kapitalisten, der ihm Geld geborgt und ihn ausgewuchert hatte, an sich gebracht. Von den freien Bauern wanderte der bessere Teil aus und ward in den Kolonien angesiedelt, so daß Spanien, Nordafrika und Gallien nach einiger Zeit romanisiert wurden; der Abhub aber der Landbevölkerung floß nach der Hauptstadt ab und sank zum Proletariat hinab, das durch Kornspenden des Staates ernährt werden mußte. Die großen Güter der Kapitalisten, der Senatoren und Ritter, wurden von Sklaven bewirtschaftet, zum guten Teil in Weiden umgewandelt, oder das Land verödete wie in der einst von fleißigen Händen bebauten Umgebung Roms. Diese Sklaven, meistens aus kleinasiatischen und syrischen, von Rom unterworfenen Völkerschaften stammend, sind die Urväter des heutigen italienischen Landvolks. Sie verwuchsen mit der Scholle, an die sie gefesselt wareu, betreuten das ihnen überwiesene Land und waren anfangs Hörige, deren Los in der römischen Kaiserzeit allgemach besser wurde. Die Dinge gestalteten sich so, daß die Grundherren aus der Besiedlung des Landes mit Fronbauern Vorteil zogen, daneben aber trug das Christentum zur Milderung der Sitten, besonders Sklaven gegenüber, das beste bei.

So erwuchs der heutige italienische Bauernstand. Er ist zum großen Teil ganz anderer Herkunft als die tapferen Latiner und Samniter, die sich zuerst bekämpften, um später unter Führung Roms gemeinsam die Welt zu erobern. Das italienische Landvolk ist unkriegerisch, aber, wenigstens in Ober- und Mittelitalien, an fleißige Arbeit gewohnt. Diese Bauern nun wirtschafteten während des ganzen Mittelalters unter den in der römischen Kaiserzeit entstandenen Rechtsverhältnissen, natürlich in mannigfaltigen wirtschaftlichen Lebenszuständen, aber immer als Hintersassen und Pächter zuerst des deutschen Adels

— der Goten, Langobarden, der Franken — dann der städtischen Patrizier, welche im Zeitalter der Renaissance die größeren und die kleineren Republiken lenkten. Es gibt im einzelnen natürlich zahlreiche Abweichungen von dieser Entwicklung, aber im großen und ganzen standen die Dinge durch Jahrhunderte so und stehen auch heute nicht viel auders. Das gilt auch für Welschtirol. Im deutschen Teile Tirols sitzt der Bauer als freier Eigner auf seinem Hofe, in den südlichen Landesteilen dagegen ist er Pächter auf dem Gut der Signori oder, wie sie auch genannt werden, der Possidenti, der Besitzer.

Die italienischen Bauern, coloni genannt, erhalten Haus und Hof zur Pacht nur auf eine Anzahl von Jahren und entrichten den Zins gemeinhin nicht in Geld, sondern in Naturalerträgnissen ihrer Arbeit. Die Bedingungen sind im Kolonatsverhältnisse verschieden. In Welschtirol wird im allgemeinen für fünf Jahre abgeschlossen und der Kolone hat dem Signore oder Possidente die Hälfte des Ertrages an Mais, die Hälfte bis zu zwei Drittel von der Weinlese zu überlassen. Dafür bezahlt der Eigentümer die Grundsteuer. Ist der Pachtvertrag abgelaufen, so wird er zwar in der Regel erneuert, kann aber auch aufgelöst werden. Dann zieht der Kolone mit seiner fahrenden Habe ab, in der das Vieh gewöhnlich den Hauptteil bildet, und versucht auf einem anderen Hofe sein Glück.

Diese Verhältnisse hatte Erzherzog Johann im Auge, als er 1851 dem Minister des Innern vorschlug, sich der unter unsicheren Rechtsverhältnissen wirtschaftenden Pächter der Lombardei, Venetiens und Welschtirols anzunehmen. Er knüpfte damit, ohne es in seinem Briefe an Bach zu erwähnen, an eine preiswürdige Tat der österreichischen Verwaltung unter Kaiserin Maria Theresia an, die ihm als Kenner der agrarischen Verhältnisse schwerlich fremd war. Damals wurde ein großer Teil der Staatsgüter Böhmens an Bauern zu Erbpacht verliehen, und da die Städte, die Klöster, die Grundherren mehrfach diesem Beispiele folgten, wurde ein Stand von persönlich freien, nur zu Zinsen verpflichteten Bauern geschaffen, welche zunächst nicht Eigentümer des Grundes waren. Aber auch das sind sie später geworden, da die vom Wiener Reichstage 1848 verfügte Grundentlastung bestimmte, daß — nach Entschädigung der Gutsherren — das betreffende Land den Erbpächtern zu Eigen übertragen werde. Daran ward in der Zeit des darauffolgenden Absolutismus festgehalten, und so sind die Enkel dieser früheren Erbpächter heute freie Bauern, die nach demselben Rechte leben wie die auf uralt bäuerlichem Grunde hausenden Landwirte.

Dieser Entwicklung folgend geht der Vorschlag des Erzherzogs dahin, die Zeitpächter Oberitaliens und Welschtirols zunächst zu Erbpächtern zu erheben und sie damit von der sie bedrückenden Unsicherheit zu befreien. An letztem Ende denkt er auch an die völlige Freilösung dieser Landwirte, denen es anheimgestellt werden soll, sich durch eine entsprechende Zahlung zu freien Eigentümern zu erheben. Die politischen Folgen einer derartigen Reform werden vom Erzherzog in das richtige Licht gerückt: sie wird und muß dem österreichischen Staate zum Heile gereichen.

Zum Verständnisse des ersten Teiles des Briefes des Erzherzogs sei noch einiges hinzugefügt. Er spricht darin unter anderem von den Ablösungen der Zinsen und Fronden, die auf seinen Gütern schon vor dem Jahre 1848 stattgefunden haben. Damit verhielt es sich folgendermaßen. Schon vor der Revolution stand es den Grundherren und den Bauern frei, sich über die Grundentlastung zu verständigen. Darüber enthielt ein 1798 erlassenes Gesetz entsprechende Weisungen, auch über die Berechnung der Ablösungssummen wurde näheres angeordnet. Es bestand aber dabei kein Zwang, so daß bis 1848 der frühere Gutsverband im allgemeinen aufrecht blieb. Wohlmeinende Gutsherren haben aber gerne mit ihren „Untertanen" das Notwendige vereinbart und so auf ihren Besitzungen die Grundentlastung freiwillig durchgeführt. Solche Verträge wurden auch mehrfach auf dem erzherzoglichen Gute zu Stainz geschlossen. Als nun 1848 von Staats wegen die ausnahmslose Lösung des Gutsverbandes verfügt, die Höhe der Entschädigungen festgesetzt und von Kommissionen im einzelnen berechnet wurde, ergab sich, daß die schon früher befreiten Bauern im Vergleiche zu den jetzt normierten Zahlungen mitunter mehr, mitunter weniger entrichtet hatten. Der Erzherzog ließ nun die vorliegenden Verträge von seinen Beamten prüfen und gab ihnen die Weisung: hatte einer der Verpflichteten seinerzeit weniger für die Ablösung entrichtet, so habe es dabei zu bleiben; war aber vom Bauern mehr gezahlt worden, so ließ ihm der Erzherzog den Überschuß herauszahlen, wozu er gesetzlich nicht verpflichtet war. Er wollte jedoch, wie er an Bach schrieb, auf seinen Besitzungen zufriedene Gesichter sehen. Deshalb erließ er den Verpflichteten auch einen Teil der ihm zugesprochenen Beträge, soweit es sich um frühere Erbschafts- und andere Gebühren handelte. Er verstand sich zu diesen Nachlässen, obwohl, wie er angibt, die Grundentlastung dem Gutsbesitzer große Opfer auferlege; er schlägt den dadurch erlittenen Verlust bei den großen Besitzern auf die Hälfte ihres Vermögens an und bemerkt, daß die kleineren Vermögen fast zerstört seien. Darin hat jedoch der Erzherzog unter dem ersten Eindrucke der 1848 eingetretenen Umwälzung fehlgegriffen, er teilte den in der Aristokratie herrschenden Irrtum. Tatsächlich haben die großen Güter nicht an Wert verloren; es zeigte sich vielmehr, daß der Wegfall der schlecht geleisteten Fronarbeit, für welche der Grundherr doch eine entsprechende Entschädigung erhielt, seiner Wirtschaft förderlich war. Die vom Erzherzog gehegte Besorgnis ist nicht eingetreten; daß er aber, trotzdem sie ihn beherrschte, redlich und eifrig an der Grundentlastung mitarbeitete, macht seinem Herzen alle Ehre.

Im Briefe des Erzherzogs, der hiermit zum Abdrucke gelangt, ist nur die altertümliche Rechtschreibung geändert, sonst ist er wortgetreu veröffentlicht. Im Jahre 1782 geboren, schreibt Johann zwar klar und bestimmt, aber in der Form ungelenk wie viele seiner hochstehenden Zeitgenossen. Man muß sich bloß an die Schreibweise Kaiser Wilhelms I. erinnern, der, obwohl fünfzehn Jahre jünger als Johann, sich auch nur schwerfällig mitteilen konnte. Ein heller Verstand ist aber unendlich wertvoller als ein glatter Stil. Der Brief lautet:

„Ihnen ist nicht unbekannt, wie sehr ich alles anwende, was die Schlichtung der Ablösung grundherrlicher Rechte befördern kann. Diese Bestrebungen waren auch nicht fruchtlos. Behörden und meine früheren Untertanen haben redlich mitgewirket, es handelt sich nun zu endigen und dadurch ein Beispiel aufzustellen, daß, wenn der Wille ernstlich ist und man billige Forderungen stelle, das Ziel erreichet wird. Um aber dieses vollkommen zu erreichen, wende ich mich an Sie und lege hier in Kürze bei, worauf es ankommt, mit der Bitte, den durch die Grundentlastungs-Landeskommission zu Graz dem hohen Ministerio zur Entscheidung vorgelegten Bericht der Distriktskommission zu Stainz (unter dem 11. September 1850, Zahl 116) günstig und bald entscheiden zu wollen. Ich will Friede und Ruhe und zufriedene Gesichter sehen, darum tue ich, was ich tun kann.

Ich habe meinen Beamten den Auftrag erteilt, auch die Operate über jene Gemeinden zu verfassen, mit welchen ich früher paktierte und wo die Verträge bestätiget sind, um zu sehen das Verhältnis, in welchem sich diese gutwilligen Menschen befinden. Ich gab die Erklärung, da, wo der Ablösungsbetrag vermöge der früheren Verträge niedriger stehet, denselben als gültig beizubehalten, da wo der Betrag höher ist, das Mehr zurückzuerstatten und dadurch die Willigen nicht zu strafen, sondern die Gleichförmigkeit zu bewirken. Dies gilt ebenfalls bei den Roboten, wo das durch die früheren Ablösungen eingegangene Geld unangegriffen entweder bei dem Grundbesitzer dargeliehen wurde oder in der Sparkasse lieget. Was die Rückstände betrifft, habe ich mich bei Laudemial und Mortuarien[1]) auf einen 15perzentigen Nachlaß erkläret, sub nomine Geschenk, damit es nicht von anderen angesprochen werden könne. Wird also meine Bitte erhöret, so kann längstens in zwei Monaten das Dominium Stainz im Reinen sein und ich die Freude haben, eine Sache erfüllet zu sehen, für welche ich seit Jahren schon vorgearbeitet hatte. Meine Gemeinde gehet gut, es sind die Besseren im Gemeinderat vereiniget.

---

[1]) Laudemien sind Gebühren bei der Übertragung von Liegenschaften, Mortuarien die Gebühren anläßlich eines Todesfalls. Diese Zahlungen flossen bis 1848 dem Gutsherrn zu. Auch sie wurden gelegentlich der Grundentlastung kapitalisiert und den Bezugsberechtigten abgelöst.

Nun zu etwas anderem. Wenn ich die Verhältnisse, in welchen wir leben, betrachte, so sehe ich noch keine Gewißheit dauernden Friedens. Österreich hat viel geleistet, aber es hat noch manchen sehr kranken Fleck, dem nicht zu trauen ist, namentlich ist dies der Fall mit Italien und Welschtirol. Täusche man sich nicht zu glauben, man könne diese Leute gewinnen. Alles Gute, was man ihm (ihnen) machet, wird nicht erkannt, ja selbst als Furcht ausgeleget, man wird ausgelachet. Nur solche Maßregeln können von Folge sein, welche, während sie die Kraft und das Ansehen jener lähmen, welche sie bisher inne haben, die große Zahl des Volkes gewinnen. Hat man (sich) nicht gescheuet, in den treuen deutschen Provinzen den großen Grundbesitzer um die Hälfte seines Vermögens unwiderruflich zu bringen, hat man viele Vermögen Kleinerer beinahe zerstöret, haben diese dem Vaterlande das Opfer gebracht, warum sollte nicht eine Maßregel gerecht sein, die das Vermögen der Besitzer weniger schmälert und in einem gesegneten Lande, und (aus) abhängigen gedrückten Menschen einen Bauernstand bildet, der daselbst gänzlich mangelt. Ich würde alle bestehenden Pachtungen zu unveränderlichen Erbpachtungen erklären, mit dem Beisatze, daß es dem Pächter freistehet, wenn er das Kapital erleget, das, was er bisher gepachtet, als Eigentum zu erwerben und dadurch alle Rechte eines freien Grundbesitzers in der Gemeindevertretung sowohl als in der Provinzialvertretung zu erwerben. Diese freie Lösung hätte ohne Unterschied sowie der Erwerb von größeren und kleineren Besitzungen stattzufinden. Die Folge dieser Maßregel wird die Signori lähmen und die anderen an Fürst und Regierung ketten. Dann komme man mit Maßregeln, welche Bezug auf die materiellen Interessen haben, und ich glaube, keinen Aufstand mehr befürchten zu dürfen. Auf die Länge gehet es nicht, ein so zahlreiches Heer zu halten und zugleich (den) Kampf gegen außen und Niederhalten im Inneren zu vereinigen. Ein kampfgeübtes und gerüstetes Heer gegen außen, eine Reserve, aber vorzüglich Institutionen im Inneren, dahin müssen wir, wollen wir nicht durch Finanzverhältnisse in eine Lage kommen, welche ich Ihnen nicht zu schildern brauche.

Meinen Brief übergebe ich unserem Statthalter, damit er sicher in Ihre Hände komme. Ich wünsche, daß wir ihn lange hier behalten mögen. Mögen diese Zeilen Sie recht wohl finden.

Ihr aufrichtigster

Johann.

Graz, am 24. Februar 1851."

Es ist nicht so gekommen, wie Erzherzog Johann wünschte und vorschlug. Die Pachtbauern Oberitaliens und Welschtirols leben noch nach demselben Agrarrecht wie zu seiner Zeit. Darauf sind die Unruhen zurückzuführen, die zwischen 1890 bis 1910 in der Lombardei und in der Romagna zeitweilig aufflammten. In Welschtirol liegen die Verhältnisse besser, da das Land seit jeher mit dem von freien Bauern bewohnten Deutschtirol verbunden war, somit vom Norden her unter günstigen Einflüssen steht. Nichtsdestoweniger sollte die Anregung des Erzherzogs jetzt aufs neue erwogen werden. Sie ist wieder zeitgemäß geworden. Eigentlich noch zeitgemäßer, denn die herrschende demokratische Strömung fordert immer größere Rücksicht auf das Wohl der arbeitenden Schichten. Zudem ist die nationalpolitische Sonderung überall schärfer geworden, auch in Welschtirol, wo auf dem flachen Lande eine Überzahl staatstreuer Elemente einer glücklicherweise nicht großen unzuverlässigen Gruppe gegenübersteht. Es wäre die richtige Erlösung, wenn der Bauer in den Eigenbesitz des von seinen Vorfahren und von ihm mit hingebendem Fleiße bebauten Ackers und Weinbergs gelangte, eine Erlösung ganz anderer Art, als die ihm von dem bundesbrüchigen Italien zugedacht war.

Anhang

Denkschrift des Fürsten Windisch-Grätz über die Grundentlastung

Allergnädigster Kaiser und Herr!

Ich sehe mich bemüssiget Euer Majestät in aller Unterthänigkeit ein Bild über die Durchführung der Grundentlastung im Königreiche Böhmen vorzulegen, wie sie die darüber in jüngster Zeit erflossenen Gesetze selbst vorschreiben, und erlaube mir zugleich, hieran die folgenden ehrfurchtsvollen Bemerkungen zu knüpfen.

Durch das Patent vom 7. September 1848 wurde die Untertänigkeit und das schutzobrigkeitliche Verhältnis samt allen diese Verhältnisse normierenden Gesetzen, sowie alle aus dem Unterthansverbande entspringenden Lasten und Dienstleistungen aufgehoben.

Für die aus dem persönlichen Unterthansverbande, aus dem Schutzverhältnisse, aus dem obrigkeitlichen Jurisdiktionsrechte und aus der Dorfherrlichkeit entspringenden Rechte und Bezüge kann keine Entschädigung gefordert — für jene Verpflichtungen aber, welche der Besitzer eines Grundes, als solcher dem Gutsherrn zu leisten hatte, sollte eine billige Entschädigung ausgemittelt werden. Eine aus Abgeordneten aller Provinzen zu bildende Commission sollte einen Gesetzentwurf bearbeiten, über die entgeltliche Aufhebung der in emphyteutischen Verträgen — über Teilung des Eigenthums begründeten Rechte und Bezüge, sowie über die in dem § 8 a, b, c, d, e aufzuhebenden Grundbelastungen und die dafür auszumittelnden Entschädigungen.

In dem Patente vom 4. März 1849, § 2, wurde ferner wiederholt angeordnet, daß in jedem Lande Landescommissionen bestellt werden sollen, die mit Beobachtung der eigentümlichen Verhältnisse der einzelnen Länder zu erheben und zu bestimmen hätten, welche Leistungen unentgeltlich aufzuhören haben, und für welche eine Entschädigung zu leisten ist.

Dabei wurde in § 5 angeordnet, daß die Leistungen aus emphyteutischen Verträgen entgeltlich aufzuheben sind, bis zu deren Ablösung aber in Wirksamkeit bleiben, und die Durchführung der Ablösung denen Landescommissionen zugewiesen sei. Diese Ausmittlungen sind jedoch nicht durch eine aus allen Provinzen abgeordnete Commission, sondern durch die K. Ministerial-Verordnung vom 27. Juni 1849 festgesetzt worden.

Diese Anordnung bestimmt hinsichtlich der auszumittelnden Entschädigungen einen anderen Maßstab für die aus dem Unterthansverhältnisse entspringenden Leistungen und einen anderen für die aus emphyteutischen und anderen Verträgen begründeten, wechselseitigen Rechte.

Uiber die Aufhebungen der eigentlichen unterthänigen Lasten läßt sich nach der einmal im Prinzip aufgehobenen Unterthänigkeit nichts mehr bemerken. Freilich hätte man dabei obrigkeitliches Recht und obrigkeitliches Vermögen einerseits — wie unterthänige Schuldigkeit und Vermögen des Unterthans andrerseits — genauer unterscheiden sollen, um die Anomalie zu vermeiden, daß ein obrigkeitlicher Besitzer, der auf Grundlage der öffentlichen — von Staatsbehörden geführten Bücher — ein darin mit Geld berechnetes, also ein wahres Vermögen vorstellendes Recht erkauft hat, jetzt mit einer ganz unverhältnismäßigen geringen Entschädigung sich zufrieden stellen soll, während der ehemalige Unterthan gegenüber seinen, von dem väterlichen Besitzthume abgefundenen Geschwistern und Verwandten eine reine Schenkung erhält.

Doch darüber möchte man — höhere Rücksichten beachtend — noch hinausgehen. Ganz anders verhält es sich aber mit der sogenannten

Ablösung der emphyteutischen Rechte und Verbindlichkeiten. Uiber diese herrscht nur Eine Stimme: die angeordnete Ablösung ist ein Hohn aller Gerechtigkeit, sie ist in einem civilisierten Staate eine moralische und politische Unmöglichkeit. Bei den in Böhmen bestehenden Verhältnissen lassen sich zunächst drei Classen derselben unterscheiden.

In die erstere Classe gehören die älteren emphyteutischen Verträge, die noch im vorigen Jahrhundert abgeschlossen worden sind, wozu auch alle Raabischen Verträge gerechnet werden.

Es ist bekannt, daß J. J. M. M. die Kaiserin Maria Theresia und Kaiser Joseph diese Verträge begünstigten, ja man könnte sagen, selbst mit Zwang beförderten.

Hunderttausend von Familien sind auf Grundlage derselben entstanden, und sie bilden eines der hauptsächlichsten Momente in der Entwicklung der Macht dieses Landes.

Viele Herren entäußerten sich damals ihres großen Grundvermögens und nahmen dafür höchst billige Zinse und einige kleinere Rechte an. Dieses Aequivalent bildete kaum einigen Entsatz für die mit der wachsenden Bevölkerung sich steigernde Patronats-Last.

Die Städte insbesondere, die indirect gezwungen wurden, ihres Grundbesitzes auf diese Art sich zu entäußern, behielten nur geringe Zinse und so viele kontraktmäßige Arbeitstage zu einem geringen Lohn, um kaum die Bedürfnisse der städtischen öffentlichen Anstalten damit zu bestreiten.

Wie wurden nun jene menschenfreundlichen Besitzer belohnt für ihre Willfährigkeit.

Im Jahre 1811 erschien das Finanzpatent sammt Gefolge. Statt werthvollem Gelde erhielten sie entwerthete Scheine, und obwohl sie später die Steuern von diesen im Hauptgenusse ihrer Emphyteuten stehenden Gründe in Conventionsmünze zu zahlen verhalten wurden, blieb ihr Zins sogenannte Wiener Währung, das ist Zweifünfteile dessen, was ihnen gebührte.

Nachdem nun die Zeit herangenaht, daß das Aufhören der Wiener Währung erwartet werden konnte, und die Obereigenthümer endlich zu ihrer vollen Bezahlung zu gelangen hoffen konnten, da macht die Regierung E. M. diese Hoffnung zu Nichte, sie versündiget sich durch das Patent vom 4. März und durch die Ministerial-Instruktion vom 27. Juni 1849 an der Heiligkeit des Eigenthums; sie begeht ein Verbrechen am Rechte, indem sie anordnet, daß der Zinsbetrag allgemein auf C.-Mze. reduzirt, also um Dreifünfteile gegen den ursprünglichen Betrag herabgesetzt, von diesem reduzirten Betrage Eindrittheil ganz gestrichen, von den übrigen Zweidrittheilen aber die Gegenleistungen, worunter auch die Steuern verstanden werden, in Abzug gebracht und der Überrest durch eine jährl. Rente berichtiget werde. Die Lohntage fallen ohne Entschädigung ganz weg, ebenso auch alle bedungenen Nebenrechte.

Was bleibt nun den Obereigenthümern? Ein Beispiel wird dieses zeigen.

Ein Emphyteut im Besitze einer emphyteutischen Grundbesitzung, die ihn und seine Familie nährt, hatte etwa 30 f. Zins zu zahlen; dem

Obereigentümer gebührte nebst diesem Zinse das Vorkaufsrecht, die Jagd auf seinem ehemaligen Grunde etc.

Diese letzteren Rechte verliert er nun ohne weiteres. Der Zins von 30 f. wird auf C.-Münze reduzirt mit 12 f., davon ein Drittheil gestrichen, von den übrigen Zweidrittheilen pro 8 f. die nun erhöhte Steuer von wenigstens 5 f. in Abschlag gebracht und für die übrigen 3 f. erhält der Obereigenthümer eine Rentenversicherung und den Zins selbst in Papieren, die schon gegenwärtig um 10% gegen klingende Münze zurückstehen. Der betreffende Obereigenthümer, der im vorigen Jahrhundert 30 f. werthvolles Geld bezog, davon — da die Steuer damals geringer war — wenigstens 25 f. als reinen Nutzen behielt, übrigens das Vorkaufsrecht und das Recht der Jagd hatte, wird nun dafür 3 t. entwerthetes Geld beziehen, und das soll eine Ablösung sein?

Auch im Großen liegt bereits ein entsetzliches Beispiel vor.

Das Damenstiftsgut Czerhenitz, ein raabisirtes Dominium im Kauřimer Kreise, ist bereits entlastet. Für den gesammten obrigkeitlichen Ackergrund, der im Fruchtgenusse der Unterthanen nach der Maierhofzerstücklung sich befindet und für alle obrigkeitl. Rechte, ist die Entschädigung mit 296 f. jährlicher Rente ermittelt worden, eine Rente, die heutzutage kaum dem Erträgnisse einer Bauernwirtschaft entspricht. Und dafür, daß die Czerhenitzer Unterthanen sich herbeiließen, in diese Rente einzugehen, erhielten sie noch eine Belobung von E. M. Regierung.

Es ist unmöglich, den Eindruck zu beschreiben, der den Freund des Rechtes bei solchen Erfahrungen trifft. Der hervorragendste Communist hat noch nicht zu begehren gewagt, was E. M. Regierung praktisch durchführt.

Was die zweite Klasse der emphyteutischen Verträge betrifft, die in neuerer Zeit, nachdem der Eindruck des Finanzpatentes von J. 1811 sich zu verlieren anfing, geschlossen worden sind, erscheinen sie gewöhnlich als rein zweiseitige Geschäfte, wobei Vortheil und Last genau abgewogen und festgesetzt wurde. Bei diesen erscheint der Abfall des einen Drittheils als reine Willkühr, die durch nichts sich rechtfertigen läßt.

Man behebt hier Verträge, die morgen wieder geschlossen würden, wenn die Grundbesitzer einfältig genug wären, noch einmal auf den Schutz der Gesetze zu vertrauen.

Eine dritte Gattung Emphyteuten sind endlich solche — gewöhnlich kleinere Besitzer — die einen obrigkeitlichen Grund, ein Erdäpfelland, eine Waldwiese etc., schon längere Zeit besitzen, ohne je einen förmlichen Contrakt abgeschlossen zu haben.

Sie zahlen oft gar keinen oder doch einen sehr geringen Zins und leisteten meistens Aushilfe in der Forstkultur.

Rücksichtlich dieser Art Emphytenten werden unzählige Rechtsstreite entstehen, da zu erwarten ist, daß die großen Grundbesitzer, die bisher als Obrigkeiten durch Gestattung der Benützung Gnade übten, nun diese Gründe zu ihrer eigenen gefährdeten Subsistenz einziehen werden.

E. M. können die Durchführung dieser Vorschriften nicht gestatten; denn sie sind rechtlich unmöglich, sie sind politisch höchst verderblich. Durch die Behebung derselben werden E. M. die Klasse der Höchstbesteuerten und der Städte wenigstens momentan beruhigen, Klassen, von deren Wahlen allein eine Majorität im Sinne der Ordnung und des Gesetzes auf den nächsten gesetzgebenden Versammlungen abhängen wird, die daher nicht in die Reihen der Opposition gedrängt werden dürfen.

Es sind übrigens Änderungen an diesen Vorschriften möglich, da sie mit dem am Reichstage berathenen Gesetze vom 7. September 1848 selbst im Widerspruche stehen, indem sie viel weiter gehen, als jenes Gesetz anordnet.

Zudem ist ja die Regierung nicht einmal berechtiget, den Obereigenthümer zu zwingen, seine auf Verträge begründeten Rechte gegen eine ganz unverhältnismäßige Entschädigung aufgeben zu müssen.

Kann nun die Ablösung der Urbarial-Lasten und Frohndienste in der angeregten Weise zu den so geringen und außer allem Verhältnis gestellten Entgelt nur mehr als eine Beraubung angesehen, als für eine Entschädigung erklärt werden, so dürfte — was die vertragsmäßigen Leistungen betrifft — der Regierung wohl selbst nicht einmal das Recht zustehen, solche wider den Willen der Bezugsberechtigten gegen eine überdies noch viel geringere und durchaus ganz unverhältnismäßige Ablösung — denenselben zu entreißen, weil die traurigen Folgen, die ein solches gewaltsames Eingreifen in die Privatrechtsverhältnisse auch für den allgemeinen Rechtszustand haben müßte, die Regierung weder zu rechtfertigen noch zu verantworten im Stande sein möchte — und hieraus nur die Auflösung aller gesellschaftl. Bande hervorgehen, sowie überhaupt jeder Rechtszustand über Besitz und Eigenthum in Frage gestellt sein würde.

Daß die Gutsbesitzer in Oesterreich, Steiermark und Krain ruinirt sind, ist leider bereits Gewißheit, denn die Entlastungsvorschriften für jene Provinzen sind offenbar Anordnungen zur Vertilgung des Eigenthums.

Einigen davon bleibt zwar noch eine schwache Hoffnung auf eine günstige Lösung der Servitutenfrage, nemlich der Holzungsrechte. Schlägt auch diese Hoffnung fehl, dann sind nebst dem Ruine der Gutsbesitzer auch die Wälder jener Provinzen für lange Zeit dem Verderben Preis gegeben.

E. M. werden zu spät erfahren, welch namenloses Unglück durch die angeregten Willkührakte über Tausende der angesehendsten Familien verbreitet wurde.

Zu allem diesen kommt noch, daß die eine Hälfte der Entschädigung dem betreffenden Lande aufgebürdet und das ganze Geschäft der Ein- und Auszahlung von Staatswegen geschehen soll. Sonach müssen die Berechtigten noch überdies beitragen, um sich zu entschädigen.

Die letztere Maßregel aber bewirkt eine solche Geschäftsvermehrung für die landesfürstlichen Behörden, eine so kostspielige Amtirung, Verrechnung und Kontrolle, daß man annehmen darf, die Regierung werde größere Kosten zu tragen haben, als die ausfallende Entschädigung überhaupt beträgt. Da nicht nur alle Gemeinden, sondern auch alle Bauern, ja selbst viele Häusler rücksichtl. der auf ihrem Grund erbauten Hinter-Häuser als Berechtigte erscheinen und eine besondere Einlage im Entschädigungs-Kataster erhalten müssen, so erwächst den Steuerämtern, die für alle diese unzähligen Berechtigten die Vorschreibung, Einhebung und Abfuhr der Entlastungsbeträge besorgen müssen, eine Last der Amtirung, die sie auch mit dem doppelten Personale nicht tragen könnten, und wofür die betreffenden Parteien nicht einmal dankbar sein können, da ihnen die eigene Einhebung, beziehungsweise Abzahlung jedenfalls leichter fällt als die Eintreibung mittelst Militair-Execution, wie es geschehen soll. Diese Einhebungsart muß geändert werden. Diejenigen, die sie vorschlugen, kannten die Tragweite nicht; sie versplitterten mehr durch die Form, als sie selbst in ihrem Sinn gewinnen.

Wenn aber schon einmal geändert werden muß, dann wird es gewiß Niemanden auffallen, wenn diese Vorschriften auch im Princip als gemeinschädlich aufgehoben und abgeändert werden.

Ich lege dieses Bild über die Grundentlastung mit den hier gegebenen allgemeinen Bemerkungen an den Stufen des a. h. Thrones Euerer Majestät zur a. h. Würdigung mit der ehrfurchtsvollen Bitte nieder, mich wegen der offenen und freimüthigen Sprache gnädigst entschuldiget halten zu wollen, mit der ich diese Betrachtungen in aller Unterthänigkeit a. h. Denenselben vorzulegen mich bestimmt gefunden habe.

In tiefster Ehrfurcht Euer Kais. K. Majestät allerunterthänigster

A. Windisch-Grätz mp.

Wien, 22. Februar 1850. F.-M. (Feldmarschall).

Mitteleuropäische Zollunionspläne 1849—1853

(Veröffentlicht 1910)

Die Männer, die nach 1848 an der Neugestaltung Österreichs arbeiteten und es zu einem deutschen Einheitsstaate umformen wollten, waren sich darüber klar, daß ihr Werk mit dem Anschlusse der Monarchie an das große Deutschland stehe oder falle. Darüber waren Fürst Schwarzenberg und Bach, Bruck und Schmerling einer Meinung. Losgelöst von seinem Mutterboden konnte Österreich weder die Magyaren noch die Slawen in dem einheitlichen Kultur- und Staatsbau festhalten. Es lag jedoch in dem ganzen Unternehmen ein fühlbarer Widerspruch. Denn nach der zentralistischen Verfassung vom 4. März 1849 wurden die westlichen Gebiete mit Ungarn, Galizien und Oberitalien zu einem Reiche verschmolzen, innerhalb dessen eine Scheidung zwischen den deutschen Bundesländern und den nichtdeutschen Erwerbungen nicht mehr bestand; ein gemeinsamer Reichstag, eine gemeinsame Verwaltung sollte sie alle umschlingen. Damit war es unmöglich gemacht, mit dem übrigen Deutschland einen festeren Verein einzugehen. Das war es, was die Fürsprecher der preußischen Vormacht in Deutschland als stärkstes Argument für die Bildung eines von Berlin zu organisierenden Bundesstaates anführten; immer kamen die preußischen Minister und Radowitz in ihren Verhandlungen mit der österreichischen Regierung darauf zurück. Sie erklärten, das deutsch-preußische Reich, das sie durch das Bündnis vom 26. Mai 1849 begründen wollten, wäre eine notwendige Folge der österreichischen Einheitsverfassung vom 4. März. Über diesen Widerspruch nun wollten die österreichischen Staatsmänner durch eine vollständige Umformung ganz Mitteleuropas hinwegkommen. Ihr

Plan ging von zwei Grundgedanken aus: Aufnahme der gesamten österreichischen Monarchie (Ungarn, Galizien und Oberitalien eingeschlossen) in den Deutschen Bund und daneben die Verschmelzung dieses ganzen Gebietes zu einer Handels- und Zolleinheit. Konnte dies durchgesetzt werden, so war es überflüssig, die uralte staatsrechtliche Grenzlinie zwischen Deutsch-Österreich und Ungarn auch fernerhin bestehen zu lassen. Die ganze Konzeption rührte von dem österreichischen Handelsminister Karl Ludwig Bruck her; doch lag es in der ganzen Auffassung des Fürsten Schwarzenberg, daß ihm der Eintritt Gesamtösterreichs in den Deutschen Bund das wichtigere war, während Bruck sich um so feuriger für die große deutsche Zolleinigung bemühte. Dieser letztere Plan war von Schwarzenberg mehr als Gegenschlag wider die preußischen Bestrebungen gedacht; die Nation sollte sehen, daß die österreichische Macht ihr eine wirtschaftspolitische Weltstellung zu bieten vermöchte, nicht eingeengt durch die Grenzen des preußischen Kleindeutschland. Hellen Sinnes bemächtigte sich deshalb der Minister des Äußern des ihm durch Brucks Ideenreichtum gebotenen, ihm selbst innerlich fernliegenden Gedankens[1]).

Die Gestalt und die Tätigkeit Brucks bedürfen keiner ausführlichen Schilderung; er vollbrachte während seiner kurzen Amtswirksamkeit als Handelsminister (November 1849 bis Mai 1851) ein der Gründung des deutschen Zollvereines fast ebenbürtiges Werk, indem die Zollschranken zwischen Österreich und Ungarn fielen und für das ganze Handelsgebiet an Stelle des Prohibitivsystems ein Tarif mit mäßigen Schutzzöllen eingeführt wurde. Völlig freier Verkehr innerhalb des Reiches sowie Eröffnung der Einfuhr für eine Reihe von Artikeln gestalteten Handel und Wandel in der Monarchie gründlich um.

[1]) Der obige Aufsatz ist, unwesentliche stilistische Änderungen abgerechnet, in der 1910 zuerst veröffentlichten Fassung abgedruckt. Alle Hinweise auf die in Angriff zu nehmende Schaffung von Mitteleuropa waren also bereits damals ausgesprochen. Vgl. auch des Verfassers Werk „Österreich von 1848 bis 1860" (1. Auflage 1908, 4. Auflage 1918). Band I S. 293—308. — Im Jahre 1916 erschien die gediegene Arbeit von Richard Charmatz „Minister Freiherr von Bruck" (Leipzig, S. Hirzel).

Noch war alles im Werden, noch standen die früheren Einrichtungen in Kraft, als dazu auch die Anregung zur Zolleinigung mit Deutschland gegeben wurde. Am 26. Oktober 1849 erschien in der amtlichen „Wiener Zeitung" ein im Ministerrat genehmigter Artikel, der den Zusammenschluß aller Ländergebiete zwischen der Nordsee und der Adria forderte. Bruck schlug eine stufenweise Herabminderung der Zwischenzölle in vier Perioden zu je drei Jahren vor, nach deren Schluß in Mitteleuropa keine Zollschranke mehr bestehen dürfe: nach Verlauf von zwölf Jahren also konnte das große Ziel erreicht sein. Kurze Zeit vor dieser Kundgebung führte Bruck auf dem Eisenbahnkongresse zu Wien ein Gespräch mit einem Delegierten aus dem Zollverein, dem er sagte: „Wir werden unseren Tarif etwas herabstimmen, Sie werden den Ihrigen etwas erhöhen und am Ende werden wir uns glücklich zusammenfinden." Das war schon deshalb ein kühnes Programm, weil der neue österreichische Zolltarif noch nicht einmal im Entwurf fertig war und erst 1851 eingeführt werden konnte; auch die Zollschranken zwischen Österreich und Ungarn fielen erst am 1. Oktober 1850. Der Handelsminister hoffte jedoch durch Schaffensmut und weil er in die Entwicklungsfähigkeit Österreichs unbedingtes Vertrauen setzte, über kurz oder lang mit seinen Entwürfen durchzudringen.

Das Leitmotiv Brucks war lauterer deutscher Patriotismus, aus seiner rheinischen Heimat mitgebracht, ein Gefühl, das sich mit der Treue zu seinem Adoptivvaterland Österreich redlich verband. Von der Loslösung der Monarchie aus dem Verbande mit Deutschland befürchtete er für beide Teile die schwersten Nachteile, so daß er mit Herz und Sinn zur großdeutschen Partei gehörte, deren hervorragendster Mann er war. Als Schöpfer und Direktor des Lloyds zu Triest hatte er die Handelsflagge Österreichs in der Levante zum Siege über jede andere geführt, und es war der Traum seines Lebens, die deutsche Nation wirtschaftlich zu einigen und so zu kräftigen, daß sie, wie der Artikel vom 26. Oktober 1849 besagte, zur industriellen Weltkonkurrenz mit jedem Nebenbuhler befähigt wäre, auch mit England, dessen Übergewicht von ihm als unternehmendem Handelsherrn schon in Triest schwer empfunden worden war. Den österreichischen

Industriellen, welche von der Zolleinigung mit Deutschland eine harte Konkurrenz befürchteten, war in dem Aufsatz der Vorteil des Zusammenschlusses ganz Mitteleuropas dargelegt und die Prophezeiung gewagt, daß Österreich dadurch Mittel- und Schwerpunkt des großen Weltverkehres werden müsse. Denn die Balkanhalbinsel wäre dann wirtschaftlich zu erobern und neuem Leben zuzuführen. Und noch weiter gingen die Entwürfe des nie rastenden Mannes: auch Italien wollte er in die Handelseinigung einbeziehen. Er betrachtete es nur als ersten Schritt hierzu, als die Herzogtümer Parma und Modena 1852 vermocht wurden, sich dem österreichischen Zollgebiet anzuschließen. In jenem Artikel war Brucks Grundanschauung ausgesprochen: alle politischen Fragen und damit auch die Einigung Deutschlands, so sagte er, seien von ihrer ökonomischen Basis aus zu lösen. Deshalb erschienen ihm auch alle rein politischen Angelegenheiten weniger wichtig, wie er auch die nationalen österreichischen Verwicklungen in ihrer Bedeutung zu unterschätzen geneigt war. Wäre nur erst die große Handelseinigung vollzogen, so würde dies das beste Mittel gegen die zentrifugalen Bestrebungen der Magyaren und Slawen der Monarchie werden. Ähnlich urteilte er über den die Gemüter entzweienden Gegensatz von Groß- und Kleindeutschland. Sein Kernsatz lautete: nach der handelspolitischen Einigung der deutschen Staaten würden sich die übrigen Dissonanzen und Verwicklungen von selbst lösen. Dieser ökonomische Idealismus war der Grundzug seiner ganzen Politik; aller Schwung seines Wesens und seine feurige Phantasie waren in diesen Dienst gestellt. Darin hatten seine Vorzüge wie seine Mängel ihre Wurzel.

Es war ein Sturzbad von Ideen, mit denen Bruck in seinen der Öffentlichkeit übergebenen Staatsschriften Deutschland überschüttete. Als erstes Hindernis stand diesen die Wirklichkeit oft überfliegenden Plänen die Besorgnis der österreichischen Fabrikanten im Wege, von der stärkeren deutschen Industrie überrannt zu werden. Daran waren Metternich und Kübeck schon früher gescheitert, als sie 1841 das System der österreichischen Einfuhrverbote zu beseitigen vorschlugen; der Staatskanzler wollte damals noch weiter gehen und den Eintritt Österreichs in den Zollverein vorbereiten. Die Industriellen wandten sich mit ihren Klagen und Sorgen an die Erzherzoge Ludwig und Franz Karl, welche engen Blickes den Reformplan vereitelten.

Die Folge davon war, daß Preußen nach wie vor im deutschen Zollverein die Führung behielt. Nach der Revolution von 1848 wehte jedoch ein frischer Luftzug durch die Monarchie, und da Bruck die nachdrückliche Unterstützung Schwarzenbergs besaß, konnte er mit der Tarifreform durchdringen. Die österreichischen Fabrikanten fanden sich damit ab, erhoben jedoch gegen die Handelseinigung mit Deutschland Widerspruch[1]). Eine Ausnahme bildeten die starken, keine Konkurrenz scheuenden Industrien; so sprachen sich die Tuchmacherzunft in Reichenberg und die Sensenfabrikanten Oberösterreichs für die Zollunion aus. Auch die ungarische Landwirtschaft erhoffte von ihr erheblichen Vorteil, wie aus dem Gutachten der Pester Handelskammer hervorgeht. Sonst gab es überwiegend Klagen und Bedenken, so in den Eingaben des niederösterreichischen Gewerbevereins und des Verbandes der böhmischen Industriellen, der beiden wichtigsten Korporationen dieser Art. Doch las man auch in den oppositionellen Denkschriften öfters den Gedanken, daß, falls die politischen Interessen der Monarchie die Zolleinigung mit Deutschland notwendig machten, man sich in das Unwillkommene und Unvermeidliche werde fügen müssen; nur wurde vor Übereilung gewarnt. Überhaupt gewann die Idee fortschreitend immer mehr Anhänger. Das Land besaß eine starke Regierung, fester Wille konnte ohne Zweifel durchgreifen.

Darüber also war hinwegzukommen. Dagegen war zu bedenken, ob sich die Zolleinigung auch technisch durchführen ließ: denn in Österreich und im Zollverein bestanden ganz verschiedene Tarifsysteme, Steuer-, Monopol- und Währungsverhältnisse. In Deutschland wurde ferner eingewendet, daß man sich auf die Grenzbewachung durch die österreichischen Zollbeamten nicht verlassen könnte: Beweis dafür der schwunghafte Schmuggel an den Grenzen. Auch war für die Verteilung der Zolleinnahmen schwer ein Schlüssel zu finden, da in den östlichen Gebieten der

[1]) Alfred Gärtner, „Zollverhandlungen zwischen Österreich und Preußen" (Straßburg 1908), S. 41—43.

Monarchie der Verbrauch an Kolonial- und Industrieprodukten verhältnismäßig gering war. Dazu das österreichische Tabakmonopol: ohne Zollschranken gegen Deutschland konnte es nicht aufrechterhalten werden. Und erst die Papiergeldwirtschaft in Österreich! Metallgeld war hier nicht im Umlauf und der schwankende Wert der Noten machte bei der Produktion wie beim Absatz eine streng kaufmännische Berechnung nicht möglich. Die Fabrikanten und Kaufleute Deutschlands trugen Bedenken, in dieses Börsenspiel hineingezogen zu werden. Dies letztere war der schwerste Mißstand, da über die übrigen Schwierigkeiten immerhin dadurch hinwegzukommen war, daß man zwar alle zwischen Deutschland und Österreich bestehenden Industrie- und Agrarzölle abschaffte, aber noch eine Zwischenzollinie zur Steuerausgleichung bestehen ließ, Einrichtungen, die auch innerhalb des Zollvereines mehrfach bestanden.

Ließ man sich durch dies alles nicht abschrecken, so war noch immer anzunehmen, daß Preußen sich dem Eintritte Österreichs in den Zollverein mit Macht widersetzen werde. Denn dann mußte es die handelspolitische Leitung mit Österreich teilen, während seine große Stellung in Deutschland seit zwanzig Jahren zum guten Teile auf dem Zollverein, seiner ruhmvollen Schöpfung, beruhte. Preußen hatte für sie ein namhaftes wirtschaftliches Opfer gebracht, indem es mit klugem Bedacht den Fabrikanten Sachsens und Süddeutschlands in seinen eigenen industrieärmeren, östlichen Ländern weite Absatzgebiete eröffnete. So war es der führende Staat im Zollverein geworden, von dem sich übrigens damals Nordwestdeutschland ferne hielt. Hannover und Oldenburg bildeten zusammen den Steuerverein; die drei Hansestädte, Mecklenburg und Holstein waren jeder einzelne Staat ein Zollgebiet für sich. Auf die Daner jedoch konnten diese Staaten nicht abgesondert bleiben. Während nun Preußen im allgemeinen eine schwächliche äußere Politik befolgte, entfaltete es in der Verteidigung seiner Machtstellung im Zollverein bemerkenswerte Geschicklichkeit und Zähigkeit. Hier hatten zu seinem Glücke praktische Männer die Leitung, indem an der Spitze des Handelsministeriums August von der Heydt stand, ein Bankier und Kaufmann aus der Rheinprovinz, der in Rudolf

Delbrück die beste Stütze besaß. Dieser war 1817 geboren, zählte also wenig über 30 Jahre, war aber bereits Vortragender Rat und die Seele der preußischen Handelspolitik. Ihnen erschienen die Pläne Brucks phantastisch, so daß sie sich nicht aus kühler Abwehr herauslocken ließen. Schon am 7. Dezember 1849 erklärte die preußische Regierung unter höflichen, der großen Idee gespendeten Redensarten, daß Preußen nicht auf die Zolleinigung eingehen könne; weiter als auf einen Handelsvertrag wollte man sich nicht einlassen.

Darauf nun antwortete Bruck mit einer umfassenden, vom 30. Dezember 1849 datierten Denkschrift. Sie ist an Gedankenfülle der vom 26. Oktober ebenbürtig, aber bestimmter in ihren Vorschlägen. Der deutschen Nation, so erwiderte er, genüge nicht eine Annäherung durch Handelsverträge, ihre wirtschaftlichen Bedürfnisse heischten vielmehr vollständige Verschmelzung der Zollgebiete. Die ganze Kläglichkeit des gegenwärtigen Zustandes — die Spaltung Deutschlands in drei größere Zollgebiete (Österreich, der Zollverein und der Steuerverein) wie in weitere fünf Fragmente — wird auseinandergesetzt, die demütigende Stellung der Nation zwischen den Weltmächten darauf zurückgeführt. Selbst der Tarif und die Einrichtungen des Zollvereines wären veraltet und bedürften einer Reform. Bruck fühlte aber, daß sein erster Vorschlag, die Zolleinigung durch vier Perioden des Überganges vorzubereiten, zu künstlich war. Er läßt ihn fallen und kündigt an, daß Österreich bereit wäre, nach einer einzigen Übergangszeit von wenigen Jahren die Einigung zu vollziehen. Zu diesem Zweck wäre es notwendig, einen Vertrag über die Einrichtungen zu vereinbaren, die in dieser Zwischenzeit gelten sollten.

Dazu empfiehlt er nun die Einsetzung einer ständigen, in Frankfurt tagenden Zollkonferenzkommission, beschickt von den deutschen Staaten, um alles Nähere zu vereinbaren und festzustellen. Österreich knüpfte an die in Frankfurt tagende, von den beiden Großmächten eingesetzte Bundeszentralkommission an und empfahl, diese bisher untätige Zentralgewalt sollte sich dadurch nützlich machen, daß von ihr die Einladung zu jener Zollkonferenz auszugehen hätte. Diese Konferenz oder Zollkommission nun müsse ständig tagen, weil nicht bloß Tarife vorzubereiten, sondern auch sonst einschneidende Verträge über Handel und Schiffahrt zu schließen wären, so besonders über Münze, Maß und Gewicht, über Post- und Eisenbahnwesen, durchwegs Maßnahmen, um die Einrichtungen der deutschen Staaten einander näher zu bringen[1]). Um dem Vorwurf zu begegnen, daß er allzuviel und in der Zeit Fernliegendes anstrebe, beschränkte sich Bruck darauf, der Zollkommission bloß die Vorbereitungen für die Übergangszeit anheimzustellen; Bestimmungen über die in fernerer Aussicht stehende endgültige Handels- und Zolleinigung wurden einer späteren Zeit vorbehalten. Durch diese Zurückhaltung war der bestrittenste Punkt aus dem Plane ausgeschaltet. Bruck kam damit der preußischen Note vom 7. Dezember einen Schritt entgegen, da auch in ihr die Neigung zu Verhandlungen ausgesprochen war. Nur wollte der österreichische Handelsminister eine engere Verbindung und einen reicheren Inhalt des Vertrages erzielen, als er von Preußen in Aussicht gestellt war, denn im weiten Hintergrunde wurden auch in dieser Denkschrift die Vorteile der Zolleinigung mit Wärme und eindringender Beredsamkeit auseinandergesetzt.

Nichts leichter als die Kritik des Bruckschen Programms, weil die Zolleinigung am Ende doch nicht zustande kam. Indessen ist daran festzuhalten, daß der preußisch-österreichische Handelsvertrag von 1853 ungefähr das enthielt, was Bruck in der Denkschrift vom 30. Dezember 1849 als erste Stufe vor der völligen Zolleinigung für notwendig erklärt hatte. Man darf auch nicht vergessen, daß Bruck gleichzeitig Reformen ins Werk setzte, welche für Österreich noch notwendiger und heilsamer waren. Es war den Leuten von der diplomatischen und der bureaukratischen Zunft anstößig, daß er sich mit seinen Denkschriften an die öffentliche Meinung früher als an die Regierungen wandte; Österreich sprach zuerst durch die Zeitungen und dann erst in diplomatischen

[1]) Diese und andere Vorschläge Brucks nehmen die von Friedrich List einige Jahre früher für den Zollverein gegebenen Anregungen auf. Vgl. „Friedrich Lists Gesammelte Schriften", herausgegeben von L. Häußer, Bd. I, S. 272, 307, 334. List hielt jedoch eine Vereinigung der beiden Zollgebiete noch nicht an der Zeit, nur deren Annäherung.

Noten. Indessen sind Cavour und Bismarck oft und mit Erfolg ebenso vorgegangen. Man hat ihn der Übereilung angeklagt, aber er würde mit größerem Recht Tadel verdienen, wenn er die Bewegung der Geister hätte vorübergehen lassen, ohne die Öffentlichkeit für die österreichischen Pläue zu gewinnen. Er war allerdings ein Optimist und seine Phantasie riß ihn weiter mit sich fort, als nach nüchterner Berechnung zu erreichen war. Indessen würde er ohne den in ihm lodernden Tatendrang auch seine wohlgelungenen Schöpfungen nicht vollbracht haben.

Es handelte sich der österreichischen Regierung darum, die öffentliche Meinung Deutschlands zu beeinflussen, und tatsächlich schlugen die Ideen Brucks tiefe Wurzeln in dem politischen Gedankenkreise der Nation. Die erste Eroberung war der Allgemeine Deutsche Verein zum Schutze vaterländischer Arbeit, der die angesehensten Fabrikanten im Norden und im Süden Deutschlands in sich schloß, welche über 200 000 Arbeiter verfügten. Im Namen des Vereines erklärte sich der Vorsitzende Fürst Felix v. Hohenlohe zugunsten des österreichischen Programmes, er versuchte auch, auf den zögernden niederösterreichischen Gewerbeverein im gleichen Sinne zu wirken. Ebenso Heinrich v. Gagern, und dies war um so wichtiger, weil er noch immer für das Haupt der preußischen Partei in Deutschland galt und bald darauf im Erfurter Parlament seine zu Frankfurt entfaltete Tätigkeit fortsetzte. Gagern war in der Politik Anhänger des preußisch-deutschen Bundesstaates, in der Zollangelegenheit jedoch für Aufnahme Österreichs. Überhaupt war man, zumal in Süddeutschland, von dem frischen Vorgehen Österreichs angenehm überrascht und nannte es umsichtig, entschieden und mutig. Es eröffne sich, so war in der „Allgemeinen Zeitung" zu lesen, eine bessere, Sieg und Wohlstand versprechende Zukunft. Überhaupt war dieses Blatt, damals das einflußreichste Deutschlands, Feuer und Flamme für die Zolleinigung, was für den Süden ausschlaggebend war; Hock, der an den Denkschriften Brucks den größten Anteil hatte, trug als Mitarbeiter der „Allgemeinen Zeitung" das Seinige dazu bei[1]). Im Februar

[1]) Diese Ansichten wurden in der „Allgemeinen Zeitung" etwas später von Schäffle und Peez vertreten und gepflegt. Vgl. die „Sechs handelspolitischen

1850 wurde Sektionsrat Lackenbacher, der eine gewandte Feder führte, von Wien nach Deutschland gesandt, um neue Verbindungen mit der deutschen Presse anzubahnen. Gegen diese Rührigkeit konnte der „Schwäbische Merkur" in Stuttgart, der die Vertretung des preußischen Standpunktes übernahm, nicht aufkommen. In den einzelnen deutschen Gauen waren die Ansichten geteilt. Der protestantische Norden hielt zum größten Teile zu Preußen; eine Ausnahme bildeten die Hansestädte, welche sich für das den Weltteil umspannende Programm Brucks aussprachen; das Votum Hamburgs wie das des bremischen Senators Duckwitz waren für ihn eine freudig empfundene Ermutigung.

Doch wurden von Seite Österreichs die Hebel vor allem im Süden angesetzt, weil die Regierungen von Bayern, Württemberg und ebenso von Sachsen die preußische Führung im Zollverein abzuschütteln gedachten. Dazu kam, daß die Industriellen dieser Länder mit dem mehr freihändlerischen Tarif des Zollvereines unzufrieden waren und dessen Hinaufsetzung forderten. Sie hofften nun, der Zusammenschluß mit Österreich werde dazu führen, daß sich der große mitteleuropäische Handelsbund durch energische Schutzzölle von den Industriestaaten des Westens abschließe. Diese Annahme wurde von Wien genährt und so wogte Rede und Gegenrede in Deutschland. Seit Joseph II. geschah es zum ersten Male, daß der öffentliche Geist der Nation von Österreich her befruchtet wurde. Freunde wie Gegner waren einig in der Anerkennung der Bedeutung Brucks, und wie er selbst aus den Schriften Friedrich Lists reiche Anregungen geschöpft hatte, so scharten sich die Anhänger des 1847 verstorbenen größten deutschen Nationalökonomen um ihn.

Es wäre ein vollständiges Mißverständnis der Politik Brucks, wenn man etwa glauben sollte, er habe feindselige Absichten

---

Briefe aus England" von Alexander Peez (Leipzig 1863), die zum Teile in dem Blatte erschienen waren. Diese anregende Schrift ist auch deshalb bemerkenswert, weil Peez damals Redakteur der „Reichenberger Zeitung" war, des Organs der nordböhmischen Industriellen; die Idee der Zolleinigung hatte also in deren Kreisen feste Wurzel gefaßt. Peez bekennt sich hier und anderwärts als Schüler Friedrich Lists.

gegen Preußen gehegt und es in seiner Machtstellung treffen wollen. Es lag ihm vielmehr im Sinne, eine Einigung mit Preußen herbeizuführen; auch zeigte es sich im weiteren Verlaufe deutlich, daß er beim Abschlusse des Handelsvertrages von 1853, besonders aber während des Krimkrieges mit der ihm eigenen Wärme alles Heil von dem Zusammengehen der beiden deutschen Großmächte erwartete. Während des Krimkrieges war er Vertreter Österreichs in Stambul und als solcher bekämpfte er, seine Stellung aufs Spiel setzend, das Mißtrauen der offiziellen österreichischen Politik gegen Preußen. Wenn ihm vorgehalten wurde, daß er mit seinem Einigungsplan auf die Zertrümmerung des Zollvereins ausgehe, so empfand er dies als Beleidigung. Auf derartige Ausstreuungen antwortete er im August 1850 mit kräftigen Worten. In den „Denkschriften des österreichischen Handelsministers" heißt es auf S. 262:

„Solche Verleumdungen finden ihre würdigste Antwort in dem, was Österreich in allen Staatsschriften der letzten Jahre ausgesprochen hat, nämlich, daß es den Zollverein als höchst wohltätig für seine Teilnehmer und als eine nach vollem Verdienst anzuerkennende Vorbereitung für eine gesamtdeutsche Zoll- und Handelsvereinigung im Geiste und Sinne der deutschen Bundesverträge und Volksbedürfnisse betrachte, und daß seine Schwächung oder Sprengung diese allgemeine Einigung auf Jahre hinaus verzögern, wenn nicht unmöglich machen würde.

Nicht zerstören wollen die österreichischen Vorschläge, sondern durch Österreichs und der Nordseestaaten Beitritt den Zollverein erweitern, zeitgemäß umgestalten und ausbilden. Freilich wollen sie demnach den jetzigen Zollverein in einem größeren aufgehen lassen, wo dann Preußen auf seine ausschließliche Hegemonie verzichten muß."

Kein Geringerer als Rudolf Delbrück stellte Bruck das Zeugnis aus, daß dies seine aufrichtige Meinung gewesen. Bruck kam, wie man richtig gesagt hat, „nicht als Kämpfer, sondern als Versöhner aller Interessen"[1]). Aus seinen Vorschlägen vom

[1]) Gärtner, S. 17.

30. Dezember erhellt deutlich, daß er die Führung Preußens im bisherigen Zollverein nicht in Zweifel zog, vielmehr anerkannte, daß es im Namen des Vereines zu verhandeln das Recht besäße. Wäre es nach dieser seiner ursprünglichen Absicht gegangen, so wäre die von ihm beantragte Zollkommission zu Frankfurt derart zusammengesetzt worden, daß Österreich, dann Preußen im Namen des Zollvereines, endlich der Steuerverein, also Hannover, Bevollmächtigte entsendet hätten. Dabei wäre auch Preußen zu seinem Rechte gekommen, da es für 26 Staaten das Wort geführt hätte[1]).

Bruck war jedoch nicht der Lenker der auswärtigen Politik und in diesem entscheidenden Punkte stieß er auf die entgegengesetzte Meinung Schwarzenbergs. Dem Fürsten galt Preußen als Feind, und auch das Projekt der Zollunion war ihm in erster Linie erwünscht, um dem von der preußischen Regierung (auf den 20. März 1850) nach Erfurt berufenen Deutschen Parlament Widerpart zu halten. Die Sache war ihm nicht um ihrer selbst, sondern mehr als Kampfmittel wichtig. Um den Deutschen mehr zu bieten als Preußen, deshalb entlehnte er der Gedankenwerkstätte Brucks die funkelnden Ideen, deren Verwirklichung er wohl selbst nicht für aussichtsreich hielt. Er aber war der mächtigste Staatsmann des Reiches und so formte er die Gedanken seines Amtsgenossen nach seinem Temperament um und paßte sie den Zielen seiner Diplomatie an.

Es stellte sich nun heraus, daß die Regierungen der deutschen Mittelstaaten mit dem österreichischen Programm wohl im ganzen einverstanden waren, daß ihnen jedoch Brucks Endvorschlag vom 30. Dezember 1849 wider den Strich ging. Sie lasen aus dieser Denkschrift heraus, daß sie bei der Zollkommission in Frankfurt ausgeschaltet sein sollten und daß Preußen eingeladen war, für den ganzen Zollverein das Wort zu führen. Da aber die kleineren Königreiche die Bundesgenossen der Schwarzenbergschen Politik bei der Niederringung Preußens waren, so hielt der Minister des Äußern es für notwendig, den Vorschlag Brucks umzubiegen.

[1]) „Es sei zweckmäßig," so heißt es in der Denkschrift, „in der Hauptsache nur die verschiedenen Zoll- und Handelsgebiete in den Zollkonferenzen vertreten zu lassen."

Er überschickte also dessen Denkschrift am 26. Jannar 1850 an die deutschen Höfe, gab ihr jedoch ein Begleitschreiben mit, in welchem nicht bloß Preußen für den Zollverein, sondern sämtliche deutsche Staaten eingeladen wurden, sich an der Zollkommission in Frankfurt zu beteiligen. Eine Separatverhandlung mit Preußen entfiel also, da die Mittleren, die Kleineren und die Kleinsten in gleicher Weise begünstigt waren. Dieselbe Eröffnung ging auch nach Berlin[1]).

Das war nun etwas anderes, als Bruck im Sinne lag. Schon technisch genommen war die Verhandlung jetzt unendlich erschwert. Denn wie sollten 35 Diplomaten das verschlungene Gewebe zustande bringen? Allerdings schmeichelte es den Mittelstaaten, sich umworben zu sehen, aber Preußen war abgestoßen. Wie konnte eine Großmacht seine Handelspolitik von Lippe-Detmold, Reuß und den anderen abhängig machen? Das Berliner Kabinett hatte jetzt einen tristigen Grund zur Ablehnung, einen besseren als früher. In einer Note vom 28. Februar 1850 erfolgte die endgültige Absage, in der Preußen gemäß den Verträgen für sich das ausschließliche Recht in Anspruch nahm, den Zollverein nach außen hin zu vertreten. Man gab zwar in höflichen Worten zu, die Zolleinigung wäre ein schönes Ziel und nicht aus den Angen zu verlieren. Indessen wurde die von Österreich beantragte Zollkonferenz oder Zollkommission abgelehnt, zur Erledigung der gemeinsamen Handelssachen für untauglich erklärt. Damit war die Sache abgetan, obwohl von verschiedenen deutschen Staaten, so von Bayern und Württemberg, gleichzeitig die Zustimmung zum österreichischen Vorschlage einlief. Sachsen bestritt außerdem das Recht Preußen, namens des Zollvereines das Wort zu führen.

Bruck sah die Wendung ungern, gab jedoch die Sache noch

---

[1]) Es ist auffallend, daß die Denkschrift Brucks vor ihrer Absendung nicht überarbeitet wurde, um diesen Widerspruch nicht sichtbar werden zu lassen. Der Gegensatz zwischen Schwarzenberg und Bruck geht aus den Schreiben Schwarzenbergs an den Gesandten in München, Grafen Thun, vom 16. Januar und 18. Februar, an den Bundeskommissär in Frankfurt, Freiherr v. Kübeck, vom 26. Januar, wie besonders aus der Note Schwarzenbergs an Bruck vom 19. Februar hervor. (Wiener Staatsarchiv.)

nicht verloren und benutzte eine von Delbrück zu Informationszwecken nach Wien unternommene Reise, um den halb abgerissenen Faden wieder anzuknüpfen. Der österreichische Minister ließ die dornige Frage der Frankfurter Zollkommission vorerst beiseite und schlug Delbrück zunächst Vorkonferenzen zur Feststellung des beabsichtigten Handelsvertrages vor. Es sollten außer Österreich und Preußen noch die Gesandten von Bayern, Württemberg und Sachsen zugezogen werden: so würde Preußen wenigstens die anderen 23 Staaten des Zollvereines vertreten haben. Delbrück geriet durch das loyale Angebot in Verlegenheit, da er die Absicht hegte, Österreich von vornherein den Anschluß an den Zollverein unbedingt zu verlegen. Bei einer Unterredung mit Schwarzenberg erhielt er übrigens einen ungünstigen Eindruck von dessen Absichten und so lehnte er nach vorheriger Beratung mit dem preußischen Gesandten, Grafen Bernstorff, den Antrag am 9. März 1850 ab.

Delbrück bewies dieselbe Unbeugsamkeit auch bei den Handelsvertragsverhandlungen von 1853 und 1865 und erntete dafür in seinem Vaterlande große Anerkennung als der Verteidiger und Retter des Zollvereines gegen den von Österreich beabsichtigten Einbruch. Sein Verdienst ist vom partikularistischen preußischen Standpunkt aus unbestreitbar. Aber kein geringerer als Bismarck fällte das Urteil, Delbrück wäre 1865 zu starr gewesen; er habe es bei König Wilhelm durchgesetzt, daß Preußen billige Wünsche Österreichs gegen den Rat Bismarcks ablehnte[1]). Faßt man die Weltstellung der deutschen Nation in ihrer Gesamtheit ins Auge, so war die Zolleinigung jedenfalls von hohem Werte. Es muß nicht erst ausgeführt werden, welche Aussichten sich dadurch für den Industrieexport Deutschlands nach dem Osten und Süden eröffneten. Dazu kommt, daß das 1879 zwischen Deutschland und Österreich geschlossene Bündnis einen reicheren Inhalt erhalten hätte, wenn die beiden Reiche nicht durch Zollschranken getrennt wären. Dadurch würden sich auch die inneren österreichischen Probleme vereinfacht haben, weil, wie Bruck stets hervorhob, Magyaren und Slawen dann leichter bei dem

---

[1]) Friedjung, „Kampf um die Vorherrschaft", Bd. II, Anhang Nr. 1.

einheitlichen Reiche festgehalten werden konnten. Die deutsche Nation gab durch die handelspolitische Trennung von Österreich ihre Siedelungen in Ungarn und Siebenbürgen preis und ließ deutsche Art und Sprache im Osten zertreten. Künftige Geschlechter werden, wenn überhaupt noch, mühsam wieder zurückgewinnen müssen, was damals unnötigerweise aufgegeben worden ist. Das besondere magyarische und slawische Interesse hat wohl dadurch gewonnen, wie ihm auch Österreichs Niederlagen von 1859 und 1866 zu Hilfe kamen. Dagegen trägt die habsburgische Monarchie als Gesamtheit schwer an diesen Verlusten und ist nur mit Mühe imstande, in ihrer eigenen Mitte die Zollspaltung hintanzuhalten.

Die Zollunion war 1850 jedoch nur dann zu erreichen, wenn Schwarzenberg höhere Dinge verfolgte als das Ziel, mit Hilfe der Mittelstaaten Preußen an die Waud zu drücken. So dachte auch Freiherr von Kübeck, dem eine reiche Erfahrung zu Gebote stand. Er war zwar Bruck nicht hold, was menschlich schon deshalb begreiflich war, weil diesem die Zollreform in Österreich auf den ersten Anlauf gelang, während er selbst sich durch Jahre vergebens um sie gemüht hatte. Kübeck verhielt sich auch kühl, fast ablehnend, selbst als Bruck durch einen Brief mit Ausdrücken hoher Verehrung um seine Unterstützung warb. Indessen gab er — in seiner Eigenschaft als österreichischer Bundeskommissär in Frankfurt — in einem Schreiben an Schwarzenberg die Großartigkeit der Gedanken der Denkschrift vom 30. Dezember 1849 zu, bemerkte aber sogleich, Pläne dieser Art ließen sich nur im Einvernehmen mit Preußen erreichen. Und in seinem Briefwechsel mit Metternich wies er mit Recht darauf hin, daß der Plan auf Zolleinigung sich nicht mit einer Politik vereinigen lasse, welche ein antipreußisches Bündnis zustande brachte. Überhaupt erschien dem alten Staatsmann in der hochstrebenden Politik der an der Arbeit befindlichen Generation vieles als lustig und selbst als leichtsinnig.

Zwischen Schwarzenberg und Bruck bestand ein eigenes Verhältnis. Der Fürst hatte von seinem Amtsgenossen eine hohe Meinung und dieser wieder schätzte zwar die politischen Fähigkeiten des Ministerpräsidenten, vermißte jedoch bei ihm den Blick für die Forderungen der Zeit[1]). Es gehört zu den rühmlichen Eigenschaften Schwarzenbergs, daß er Männer wie Bach und Bruck neben sich verwendete und sich ihrer reicheren Kenntnisse bediente. Indessen wurde er nie von ihnen abhängig; denn seine herrische Natur stieß alles ihm Fremde ungeduldig von sich. Die Gedanken anderer traten in sein Gehirn ein, um als Mittel für seine Machtzwecke herauszutreten. Wie sich Bach ihm anschmiegte und sich ihm zur Verfügung stellte, ist bekanut. Bei Bruck war es anders: hier war Schwarzenberg mehr der Empfangende, der die Anregungen des Handelsministers nach seiner Art verwertete. Bruck verlor sich leicht ins Weite und Allgemeine und scheiterte darum nicht selten an der harten Wirklichkeit der Tatsachen.

Nach außen wirkten der Minister des Äußern und der Handelsminister jedoch immer zusammen, und so erhielt die Welt den Eindruck kräftigen Vordringens der österreichischen Politik. Nicht bloß auf dem Gebiete des Zollwesens betrieb die österreichische Regierung die Einigung, sondern auch im Rechtsleben: schon vor der Revolution war von einer in Leipzig tagenden gemeinsamen Kommission eine deutsche Wechselordnung ausgearbeitet worden und Österreich beeilte sich, sie 1849 in allen seinen Ländern einzuführen; gleichzeitig trat es mit dem Antrag auf Schaffung eines gemeindeutschen Handels- und Seerechtes hervor. Am 6. April 1850 kam dann der deutsch-österreichische Postverein zustande, um die Einrichtungen der deutschen Staaten auf diesem Gebiete ähnlich zu gestalten. In allen diesen Dingen erkennt man den Blick und die Haud Brucks. Auch die innere österreichische Zollreform rückte vom Fleck: am 7. Juni 1850 erfloß die Verordnung, kraft der vom 1. Oktober an die ganze Monarchie ein einziges Zollgebiet bildete. Am 24. September desselben Jahres wurde der österreichische Zolltarif vom Handelsministerium im Entwurfe fertiggestellt und Bruck drängte auf seine sofortige Kundmachung; denn noch immer bestanden die alten Verbote der Einfuhr fremder Industrieprodukte in Kraft und man erwartete in Deutschland

[1]) Kübeck, „Tagebücher“ zum 25. Januar 1855.

ungeduldig die, wenn auch nur teilweise Öffnung der Grenzen. Im Ministerrate drang Bruck jedoch nicht durch, da man den Tarifentwurf infolge der Beschwerden der Fabrikanten noch einmal überprüfen wollte. Doch war in allem und jedem der Ernst sichtbar, mit dem Österreich die mitteleuropäische Zollreform betrieb. Ganz Deutschland widerhallte von dem durch Bruck entfachten geistigen Kampfe, und Schwarzenberg setzte durch seine Gesandten auch die Regierungen in Atem, indem er ihnen die Aussicht eröffnete, künftig größeren Einfluß auf die gemeinsamen Zollsachen zu gewinnen und sich der Bevormundung durch Preußen zu entziehen.

In Berlin wurde man unruhig und sann auf Abwehr. Die nächste Gefahr drohte von der Schutzzollpartei Süddeutschlands, die über die mäßigen Sätze des Zollvereinstarifes murrte und mit dem Anschluß an Österreich drohte, wenn Preußen ihr nicht willfahrte. Hier setzte also die preußische Regierung an, indem sie einen Entwurf auf Erhöhung der Zölle auf Garn und Gewebe vorlegte. Es war Delbrück, einem ausgesprochenen Freihändler, nicht leicht, über seine eigenen grundsätzlichen Bedenken hinwegzukommen; aber im Kampfe gegen Österreich rief er auch Beelzebub, also den Schutzzoll, zu Hilfe. Zur Beratung dieses Vorschlages lud das Berliner Kabinett eine Konferenz der Staaten des Zollvereines nach Kassel auf den 7. Juli ein. Das war ein Gegenzug wider Österreich: nicht bloß, daß die Monarchie von der Zusammenkunft ferne gehalten wurde, in den preußischen Entwurf waren auch Bestimmungen aufgenommen, welche die österreichische Industrie schwer treffen mußten. Bruck, ungehalten über diese Feindseligkeit, bezeichnete das Vorgehen als vertragswidrig, und es fiel ihm nicht schwer, den Stoß zu parieren. In der Einladung seitens Preußens war die Zolleinigung mit Österreich nicht einmal erwähnt; um so kräftiger brachte er sie der Konferenz in Erinnerung.

Die Zollvereinsverträge liefen Ende 1853 ab, dies war die letzte Frist, bis zu der die österreichischen Pläne reifen mußten. Es begann also von jetzt eine ununterbrochene Einwirkung des rührigen Wiener Kabinetts, um die Mittelstaaten zu der bestimmten Erklärung zu veranlassen, daß sie nur unter der Bedingung im

Zollverein bleiben würden, wenn Preußen in den Eintritt Österreichs willigte. Die Gesandten Österreichs bei den deutschen Höfen wurden von Schwarzenberg zum Sturmlauf angespornt, um wenigstens die vier Königreiche für den Wunsch Österreichs zu gewinnen. Da aber die Sprengung des Zollvereines die Mittelstaaten isolieren und wirtschaftlich schwer schädigen mußte, bot Österreich ihnen einen Ersatz: am 28. Juni 1850 faßte der Ministerrat den Beschluß, Bayern, Württemberg und Sachsen für diesen Fall aufs bestimmteste die Zolleinigung mit Österreich zuzusagen. Das war eine bedeutungsschwere, Österreich stark belastende Verpflichtung, da es seine weiten Gebiete der deutschen Industrie öffnete, ohne einen entsprechenden Gegenwert zu erhalten.

Gleichzeitig damit trat Bruck mit der dritten seiner berühmten Denkschriften, der vom 30. Mai 1850, vor die Öffentlichkeit. Sie ist die umfassendste und reichhaltigste von allen; den positiven Vorschlägen ist in der „Beleuchtung" eine ausführliche Begründung beigegeben, die einen vollständigen Überblick über die wirtschaftliche Lage und die Handelsverbindungen Deutschlands wie Österreichs zugleich mit Ausblicken auf die Zukunft enthält. Dieses wirtschaftliche Zeitgemälde ist ein ehrenvolles Zeugnis für die im österreichischen Ministerium tätigen geistigen Kräfte. Glänzende Aussichten wurden eröffnet, wenn einmal die 38 Millionen Bewohner Österreichs mit den 29 Millionen des Zollvereines und den 4 Millionen der Nordseegebiete ein einziges Handelsgebiet bilden würden.

Einige Stellen aus der Arbeit mögen als Proben hierher gesetzt sein[1]).

„Erst der ganz Deutschland und Österreich umspannende Verein wird nicht bloß die Elbe, Weser, Ems, Oder ungeteilt

[1]) Die Zitate sind dem Buche „Die Denkschriften des österreichischen Handelsministers" (Wien 1850) entnommen. Der Motivenbericht zu der Denkschrift vom 30. Mai (S. 95—256) ist ein vortrefflicher Überblick über Industrie und Handel Deutschlands, Österreich miteingeschlossen, in allen ihren Belangen. Alle diese Arbeiten wurden im August 1850 der Öffentlichkeit übergeben, und zwar mit einer Schlußbetrachtung (S. 257—282), die der stilistisch gelungenste Teil und offenbar von Biegeleben geschrieben ist.

und ganz sein nennen, er wird auch die Adria, wie die Nord- und Ostsee umschlingen; und das moralische Gewicht eines 70 Millionen umfassenden Bündnisses, das politische Gewicht eines Handelsgebietes, wie die Geschichte kein gleiches kennt, wird bald das übrige erringen, was ihm zur Erhaltung seiner welthistorischen Aufgabe noch fehlt. Indem dieser Zollbund nach innen den verbindenden Kitt zwischen die Fugen des Neubaues, in die Spalten der Interessen und der geographisch-historischen Verschiedenheiten eingießen wird, wird er nach außen uns befähigen, die jetzige Ungunst unserer Seelage zu überwinden und mittels einer Kriegsmarine, gestützt auf eine kräftig aufgeblühte Handelsflotte, unseren Handel selbständig zu entfalten, unsere Küsten und Seeplätze zu schützen ..."

„Oder wird man die wunderliche Zerrissenheit des mitteleuropäischen Landesgebietes für naturgemäß ausgeben wollen? ... Diese Zersplitterung beruht so wenig auf einem Naturgesetze, daß vielmehr eine einheitliche Handelspolitik und Gesetzgebung für keine andere Nation von gleich hoher Bedeutung sein würde."

Der Buchausgabe der drei Denkschriften, die im August 1850 erfolgte, wurden Schlußfolgerungen hinzugefügt, die sich stellenweise zu rednerischem Schwunge erheben. Es heißt dort:

„Mitteleuropa, im Innern durch keine Mautpfähle mehr gehindert, in keinen altfränkischen Schnürleib mehr eingeengt, mit seinen beiden großen Lungenflügeln dem gleichen Herzschlag gehorchend, es wird seine Brust, diese breite Brust Europas dann weit ausdehnen und mächtig aufatmen können."

Und dann S. 269:

„Das Kapital kennt keine Mainlinie und achtet nicht des politischen Dualismus. Unbekümmert um die inneren politischen Grenzscheiden streben die produktiven Potenzen, Handel und Intelligenz, nach Vereinigen, nach freiem Schaffen und Bewegen, nach Gleichheit des Gesetzes in Handelsrecht, Maß, Geld, nach Schutz des Verkehres und kräftiger Vertretung, nach zusammenfassender Leitung aller wirtschaftlichen Kräfte ..."

„Den kleinen Nachbarstaaten Holland, Belgien, der Schweiz

und Dänemark," so liest man weiter, „wird der Anschluß an dieses große Ganze zum Vorteil gereichen und sie werden ihn selbst suchen."

Der Schwerpunkt des Ganzen liegt jedoch nicht in dessen allgemeinen Betrachtungen, sondern in den positiven Vorschlägen, die, wenn auch niemals durchgesetzt, sowohl für die Anschauungen Brucks, wie auch dafür bezeichnend sind, was er seinem Meister Friedrich List verdankte. Die Denkschrift weist darauf hin, daß der Zollverein ein lockeres Gefüge sei und keine Zentralbehörde besitze. Hier wäre Abhilfe notwendig und deshalb wird in 14 Paragraphen die Verfassung des künftigen gewaltigen Handelsbundes festgelegt. Hauptsache wäre die Schöpfung eines gemeinsamen Handelsamtes in Frankfurt, als Teil der Bundesgewalt Großdeutschlands. Diese Handelszentralbehörde solle die Aufsicht üben nicht bloß über die Zollsachen, sondern über den gesamten Handel, über See- und Flußschiffahrt, Verkehrsmittel, Privilegien und Patente, Münze, Maß und Gewicht, über das für gemeinsam erklärte Konsulatswesen, über Auswanderung und Kolonisation. Dieses Handelsamt müßte ein statistisches Bureau und eine Zollkontrolls- und Rechnungskammer in sich schließen. Weiter sollte dem Mißstande abgeholfen werden, daß im Zollverein alle Angelegenheiten bloß von Beamten erledigt werden[1]). Deshalb wäre ein Handelsbeirat in Frankfurt einzusetzen, der von den wirtschaftlichen Korporationen aus ganz Deutschland, in erster Linie von den Handelskammern zu beschicken wäre. Damit schlug Bruck, seiner Zeit vorauseilend, eine Art Zollparlament vor. Nicht ohne Grund war in der „Allgemeinen Zeitung" zu lesen, die Denkschrift sei eine „mit der Wärme vollkommener Überzeugung vorgetragene Ansprache an die deutsche Nation, die erste dieser Art in der deutschen Geschichte". — Das alles erschien übrigens dem Keime nach schon in den früheren Denkschriften niedergelegt.

[1]) „Der Zollverein," so heißt es S. 100, „unterlag in allen Beziehungen einer schwerfälligen bureaukratischen Leitung. Man sah das seltsame Schauspiel eines Handelsstaates, der lediglich von Beamten gelenkt wurde und in welchem Gewerbe und Handel nichts dreinzureden hatten."

Neu war in der Denkschrift die Festsetzung des Zeitpunktes, in dem Österreich die Verschmelzung der Handelsgebiete anbot. Sie sollte am 1. Januar 1854 eintreten, unmittelbar nach Ablauf der bestehenden Zollvereinsverträge. An diesem Tage mußten alle trennenden agrarischen und industriellen Schutzzölle durch ganz Deutschland und Österreich fallen. Da aber die Finanzmonopole Österreichs und seine besonderen Steuerverhältnisse zu bedenken waren, so sollte dann noch bis auf weiteres eine Zwischenzollinie zum Steuerausgleich bleiben, wie sie auch früher und später zwischen anderen deutschen Staaten bestand[1]).

Im Fortstürmen riß Bruck einen immer größeren Teil auch der österreichischen Industriellen mit sich fort, obwohl die Zolleinigung ihnen nicht geringe Opfer zumutete. Er war aber der Überzeugung, daß sie, zu schärferem Wettbewerb genötigt, die Probe auch bestehen würden. Die Fabrikanten, so schrieb er an Kübeck, würden aus ihrer trägen Üppigkeit und die Kleinbürger aus ihrer Erstarrung gerissen werden. Seine Mitarbeiter im Handelsministerium Czörnig und Hock teilten die Ansicht, daß nach einer Zeit schwierigen Überganges sich alles in die neuen Verhältnisse finden werde. Man kann heute sagen, daß damit das Richtige getroffen war. Wie anders stünde es jetzt um die österreichische Volkswirtschaft, wenn der Sprung gewagt und wenn sie infolgedessen durch Deutschlands wachsenden Kapitalreichtum befruchtet worden wäre, Anteil bekommen hätte an dem mächtig aufblühenden Überseehandel des Deutschen Reiches.

Alles hing davon ab, ob der Widerstand Preußens überwunden werden konnte. Bruck mußte sich freilich sagen, daß seine letzten Vorschläge für das Berliner Kabinett unannehmbarer waren als die vom 30. Dezember 1849. Ging er doch jetzt bedeutend weiter, indem er die Leitung des deutschen Handels in die Hände der Bundesgewalt zu legen gedachte; damit

---

[1]) Es war folgende Bestimmung vorgeschlagen: „Im Inneren der gemeinschaftlichen Zollinie ist der Verkehr frei, mit alleinigem Vorbehalte der wegen innerer Verbrauchssteuern und Finanzmonopole bestehenden oder gestatteten Beschränkungen."

war der Machtstellung Preußens im Zollverein ein Ende gemacht, so daß es auch in Handelssachen immer mit der österreichischen Nebenbuhlerschaft zu rechnen gehabt hätte. An Stelle Berlins, der Hauptstadt des Zollvereines, trat dann Frankfurt als Sitz der gemeinsamen deutschen Handelsbehörde. Durfte die preußische Regierung darauf eingehen? Wer in Deutschland von der Notwendigkeit der preußischen Hegemonie überzeugt war, konnte den Zollverein nicht auf diese Art beiseite schieben lassen. Deshalb sträubte man sich auch in Berlin, ungerührt davon, daß durch die Zolleinigung der Nation reichere wirtschaftliche Entwicklung in Aussicht stand[1]). Es war eine Verkettung politischer und ökonomischer Verhältnisse wie im 16. Jahrhundert. Das zerbröckelnde Deutschland sah zur Zeit der Reformation untätig zu, wie der auf seine eigenen Kräfte angewiesene Hansabund dem Niedergange zueilte, wie dessen Faktoreien in England, Skandinavien und Rußland zugrunde gingen. Ähnliches widerfuhr nach 1866 den deutschen Kolonien in Ungarn und selbst in Böhmen: immer wieder brachen infolge der deutschen Uneinigkeit die alten Wunden am Körper der Nation auf.

Die Entwürfe Brucks wären also die reine Utopie gewesen, wenn er nicht mit hellem Verstand an einen Preis gedacht hätte, durch den Preußen zu gewinnen war. Der Herzenswunsch des Königs von Preußen und seiner Ratgeber bestand in der Oberleitung eines engeren Bundesstaates, zumal über die kleineren Staaten Norddeutschlands. Am 20. März 1850 sammelte Friedrich Wilhelm IV. seine Getreuen im Parlament zu Erfurt um

---

[1]) Damals fand die Zolleinigung noch nicht ein Hindernis in der Besorgnis der deutschen Landwirtschaft vor Überflutung mit ungarischem Getreide und Vieh. Zu jener Zeit exportierte Norddeutschland noch Bodenprodukte, und zwar besonders nach England. Die österreichische Monarchie dagegen hatte erst eine schwache Ausfuhr an Getreide und Vieh, da es in Ungarn noch an Verkehrsmitteln, Eisenbahnen und Straßen fehlte. Im Jahre 1847 hatte Österreich eine Gesamtausfuhr von 105,7 Millionen Gulden, davon an Getreide, Hopfen und Samen 7,3 Millionen Gulden, Schlacht- und Stechvieh 3,4 Millionen Gulden. Die Einfuhr an Bodenprodukten aus Deutschland (besonders in die Alpenländer und Böhmen) war größer, und zwar Getreide, Hopfen und Samen 4,8 Millionen Gulden, Schlacht- und Stechvieh 8,2 Millionen Gulden.

sich, und wenn auch nur die Abgeordneten aus 22 Staaten eintrafen, wenn auch die vier Königreiche sich versagten und später noch Kurhessen absiel, so konnte die „Verdickung" des engbrüstigen Preußen noch immer erreicht werden. Es ist nun bedeutungsvoll, daß, während Schwarzenberg die Entstehung dieses Bundesstaates mit Feuer und Schwert zu hindern beabsichtigte, Bruck hingegen zu einem Ausgleich auf diesem Felde bereit war. Die Denkschrift vom 30. Mai 1850 wägt Vor- und Nachteile der preußischen Bestrebungen mit vieler Unbefangenheit ab. Von seinem großdeutschen Standpunkte aus wollte Bruck zwar nichts davon hören, daß sich ein Deutsches Reich mit Ausschluß Österreichs bilde, wie es Friedrich Wilhelm IV. und Radowitz durch das Bündnis vom 26. März 1849 erstrebten. Das war für Bruck die Zerreißung Deutschlands, nicht seine Einigung. Der neue preußische Bundesstaat, so wird in der Denkschrift vom 30. Mai 1850 gesagt, dürfe es sich nicht herausnehmen, sich an Stelle des alten Bundes zu setzen. Anders aber, wenn Preußen Bescheideneres vorhätte, wenn es bloß einen Bund im Bunde schaffen und sich den Grundgesetzen des letzteren anbequemen wollte. Darauf konnte Österreich nach Brucks Ansicht eingehen, nur mußte es durch die Handelseinigung gegen weitere Spaltungen eine Bürgschaft erhalten. Der österreichische Handelsminister blickt nicht etwa mit Mißtrauen und Eifersucht auf das Wachstum der anderen deutschen Großmacht; er erklärte eine preußische Union, wenn sie sich innerhalb bestimmter Grenzen hielte, nicht etwa bloß für ein unwillkommenes, abweisbares Auskunftsmittel; er gibt zu, daß unter Umständen darin der Keim zu einer höheren Staatsbildung liegen könne, „zugleich ein beständiger Stachel für das ganze große Deutschlaud, die Bedürfnisse seines Volkes zu befriedigen[1])".

---

[1]) In den bisherigen Darstellungen wurde dieser Kernpunkt der Politik Brucks übersehen, daher die oft absprechenden Urteile über seine praktischen Fähigkeiten bei aller Anerkennung seiner genialen Anlagen. So auch bei A. Gärtner, in dessen Doktordissertation „Zollverhandlungen zwischen Österreich und Preußen" Bruck unaufhörlich geschulmeistert wird. — Gärtners spätere Arbeit „Der Kampf um den Zollverein" (Straßburg 1911) hält sich von diesem Fehler frei und steht auf einer höheren Warte.

Die beiden Hauptstellen finden sich auf S. 96 und 272 der beiden Denkschriften. Angesichts der Wichtigkeit des Gegenstandes seien sie hier wörtlich angeführt:

„Die Denkschrift tritt dem engeren Bündnisse vom 26. Mai 1849, sofern sich dieses auf Beseitigung von nachteiligen zerfahrenen inneren Verhältnissen beschränken will, nicht entgegen; nur soll es sich nicht anmaßen, seinerseits den neuen deutschen Bnud auf bloß völkerrechtliche Zwecke — Schutz nach außen und innen, Unabhängigkeit und Unverletzlichkeit seiner Glieder — beschränken, in jeder anderen Hinsicht aber als Bundesstaat mit Ausschluß Österreichs sich an Stelle des Bundes setzen zu wollen."

„Die Verhältnisse richtig aufgefaßt, muß mithin die Union sich der neuen Bundesverfassung unterordnen, deren Zustandekommen und freier Entfaltung in keiner Weise hinderlich sein und nur eventuell für die Zukunft, falls dennoch die Neugestaltung des Bundes einem nicht wahrscheinlichen Rückschlag erläge, den Keim einer höheren Staatsbildung in sich aufbewahren, worin zugleich ein beständiger Stachel für den Bund wirkte, die Bedürfnisse seiner Völker zu befriedigen."

Größer und freier konnte deutscher Sinn sich nicht über Gegenwart und Zukunft äußern. Wer so spricht, verdient einen Ehrenplatz unter denjenigen, die den Ideenschatz der Nation geprägt haben. Zu bemerken ist, daß der österreichische Handelsminister dies zu einer Zeit sagte, da Fürst Schwarzenberg es wegen der preußischen Union zum Bruche mit der anderen deutschen Großmacht kommen ließ. Bruck wahrte sich seine selbständige Meinung und bekannte sie öffentlich, ohne jedoch mit ihr durchzudringen.

Es zeigte sich bald, daß die Mittelstaaten, da sie durch ihren wirtschaftlichen Vorteil an den Zollverein gebunden waren, sich nicht zum Mauerbrecher für Österreich hergeben mochten. Sie wollten um Österreichs willen nicht die Schiffe hinter sich verbrennen, sich vielmehr die Rückkehr zu Preußen offen halten.

Danach war es ausgeschlossen, daß die mitteleuropäische Handelseinigung schon 1853, beim Ablaufe der Zollvereinsverträge, zur Tat werde. Somit änderte Bruck, ohne sein Ziel aus den Augen zu verlieren, seine Taktik. Man mußte, da gegen Preußen nichts auszurichten war, mit diesem Staate zu einer Einigung gelangen. Das war nicht etwa eine Inkonsequenz Brucks, da er, wie wir wissen, die antipreußische Politik Schwarzenbergs nie gebilligt und selbst auf dem Höhepunkte des Gegensatzes den Weg zum Frieden gezeigt hatte. In einer neuen Denkschrift, die aber nicht für die Öffentlichkeit, sondern nur zur Richtschnur für die österreichische Verwaltung bestimmt war — sie ist vom 26. Dezember 1850 datiert und für Schwarzenberg ausgearbeitet — mahnte er den Ministerpräsidenten aufs dringendste, bei den gerade beginnenden Dresdener Konferenzen sein Hauptaugenmerk auf die wirtschaftliche Einigung zu richten: Österreich solle sobald wie möglich einen Handelsvertrag mit Preußen schließen, in welchem unter allen Umständen die Zollunion als Endziel bezeichnet sein müßte.

Dieses Programm wurde von Bruck auch in seinem Grundgedanken durchgesetzt. Er verließ zwar kurz darauf, 23. Mai 1851, das Ministerium aus Gründen, die mit der Handelspolitik nichts zu tun hatten; er konnte sich nämlich mit dem Präsidenten des Staatsrates (Reichsrates) Freiherrn v. Kübeck über die Eisenbahn- und Finanzfragen nicht einigen und wich dessen immer mächtiger werdendem Einflusse. Bruck übernahm wieder die Stelle des Direktors des von ihm geschaffenen Österreichischen Lloyd in Triest; der Staat konnte jedoch auf eine Kraft wie die seinige nicht ganz verzichten, und er wurde berufen, über den mit Preußen abzuschließenden Handelsvertrag in Berlin zu verhandeln. Dieses Werk gelang ihm am 19. Februar 1853. Darin gestanden sich der Zollverein und Österreich die Herabsetzung ihrer Tarife in wichtigen Sätzen zu, während nach außen hin die höheren Zölle beibehalten wurden. Das war es, was Bruck immer gewünscht hatte, diese Vereinbarung galt ihm als verheißungsvoller Anfang für den großen Zollbund. Der Vertrag vom 19. Februar 1853 galt für die Zeit von 1854 bis 1866; es war darin ausdrücklich gesagt, daß vor Ablauf dieser Frist über die völlige Zolleinigung verhandelt werden solle.

Die Geschichte ist jedoch andere Wege gegangen. Deutschland hat sich nach 1866 von Österreich abgewendet und die Entwicklung des Weltverkehres brachte es mit sich, daß es einen steigenden Anteil am Seehandel gewann, England als Seemacht an den Leib rückte, dagegen seinen die Donau abwärts führenden Warenzügen nur eine Bedeutung zweiter Ordnung beimaß. Die Zukunft Deutschlands liege auf dem Wasser, verkündigte Kaiser Wilhelm; deutsche Kolonien und Faktoreien wurden in fernen Weltteilen angelegt, während die blühenden Siedelungen der deutschen Nation in Ungarn und auch in Böhmen auf Selbstverteidigung angewiesen blieben. Wird Deutschland jedoch in dieser wirklichen oder notgedrungenen Gleichgültigkeit seinen südöstlichen Kolonien gegenüber auf die Dauer verharren? Schwerlich. Wenn aber in späteren Zeiten eine neue Entwicklung Platz greift, dann werden die von Bruck ausgesäten Anregungen wieder zu Ehren kommen und sein Name soll neben den der größten deutschen Staatsmänner die längst verdiente Stelle finden.

Fürst Felix Schwarzenberg und Graf Albrecht Bernstorff

(Veröffentlicht 1912)

In dem diplomatischen Ringkampfe zwischen Österreich und Preußen, der mit der Übereinkunft zu Olmütz schloß, waren Schwarzenberg und Radowitz die Hauptpersonen; aber auch dem preußischen Gesandten in Wien, Graf Bernstorff, fiel als Sekundanten des einen Teils eine wichtige Rolle zu. Das umfassende Aktenmaterial, das über den großen Zwist in den Staatsarchiven zu Wien und Berlin aufgehäuft ist, wurde dem Verfasser dieser Studie mit dankenswertem Freisinn zur Benutzung überlassen; auf Grund dessen wird demnächst eine zusammenhängende Darstellung der Öffentlichkeit übergeben werden[1]). Doch konnte in das bereits im Drucke befindliche Buch nur dasjenige aufgenommen werden, was für die Aktion der beiden Regierungen von Belang ist. Da es nun nicht anging, in die Hauptarbeit auch eine ins Einzelne gehende Schilderung der Tätigkeit des preußischen Gesandten Grafen Bernstorff aufzunehmen, so würde vieles in dessen Wirken unklar bleiben. Diese Lücke soll durch den vorliegenden Aufsatz ausgefüllt werden. Wohl hat der Biograph Bernstorffs, K. Ringhoffer, manches über dessen Zusammenstöße mit dem Fürsten Felix Schwarzenberg mitgeteilt; da er aber nur aus dem Nachlasse Bernstorffs schöpfen konnte, so blieb vieles noch unaufgehellt[2]). Erst durch

---

[1]) Diese Darstellung ist seither im 2. Bande, 1. Abteilung des Werkes „Österreich von 1848 bis 1860" veröffentlicht worden.

[2]) K. Ringhoffer, „Im Kampfe um Preußens Ehre. Aus dem Nachlaß des Grafen Albrecht v. Bernstorff". Berlin 1906.

die Heranziehung der Akten in den beiden Staatsarchiven kann der historische Sachverhalt aufgeklärt werden.

I

Graf Albrecht v. Bernstorff, 1809 geboren, wurde während der Stürme des Jahres 1848 von dem Gesandtschaftsposten in München nach Wien versetzt. Seine konservative Gesinnung wie die Politik König Friedrich Wilhelms IV. wiesen ihm den Platz an, den er bei den steigenden Wirren in Österreich anfangs auch mit ernstem inneren Anteil einnahm. Eifrig verfolgte er den Kampf der Monarchie gegen die demokratische Erhebung wie gegen die nationale Revolution in Ungarn, begrüßte teilnahmsvoll jeden Erfolg der kaiserlichen Regierung und blieb dieser Auffassung auch in den Anfängen des zwischen Wien und Berlin aufsteigenden Zwistes treu. Wie alle preußischen Konservativen dieser Zeit konnte er sich die Lösung der deutschen Frage nur im Einvernehmen der befreundeten und verwandten Höfe denken. Würden sie ernstlich uneins, so befürchtete auch er den Sieg der Revolution. Dabei hielt er es für recht und billig, daß, wenn der Wiener Hof die Unterstützung Preußens wünschte, diesem Staate als Entgelt die Vormacht über Norddeutschland eingeräumt werde: darin war er straffer Patriot, und Unwille loderte in ihm auf, wenn man in Berlin vor Österreich schwächlich zurückwich.

Seine Stellung in Wien wurde in dem Augenblick schwierig, da Radowitz mit seinen Ideen im Rate des Königs durchdrang und aus dem engeren Deutschland einen festgefügten Bundesstaat mit parlamentarischen Formen schaffen wollte. Die Verfassung vom 28. Mai 1849, die dieser Union gegeben wurde, sagte ausdrücklich, daß das Berliner Kabinett ein Deutsches Reich mit Ausschluß Österreichs zu gründen beabsichtigte; und Preußen gewährte den von Aufständen bedrohten Fürsten Deutschlands nur unter der Bedingung Hilfe, daß sie sich dem neuen Reiche anschlossen.

Von Anfang an erklärte sich Bernstorff gegen diesen Plan. Er hatte, als die Sache noch im Werden war, schon am 26. April von Wien gemeldet, daß Österreich freiwillig niemals in den

Ausschluß aus Deutschland willigen werde. Wohl befand sich die habsburgische Monarchie durch die letzten Mißerfolge in Ungarn in einer schlimmen Lage, aber Bernstorff schreckte damals vor einem Bunde mit der Revolution, ob nun in Ungarn oder in Italien, zurück: eine solche Politik, so erklärte er, wäre für einen monarchischen Staat unmöglich. Da der Versuch Preußens, sich mit dem Frankfurter Parlament zu verständigen, infolge des „Souveränitätsschwindels“ der Versammlung wie auch der „teuflischen Verbindung“ der Erbkaiserlichen mit den Demokraten gescheitert war, so bliebe nur die Einigung mit Österreich. Dieses werde aber nie in einen parlamentarischen Bundesstaat unter Preußens Führung willigen. Dagegen wäre Schwarzenberg bereit, eine Ausdehnung der Macht Preußens in Norddeutschland zuzugestehen; das hatte ihm der österreichische Ministerpräsident ausdrücklich zugesagt. Wohl möglich, daß Österreich dann eine Entschädigung in Süddeutschland suchen werde.

Bernstorff war daher nicht mit der Sendung des preußischen Generals v. Canitz einverstanden, der (Anfang Mai) nach Wien den Entwurf der Verfassung vom 28. Mai und den Vorschlag einer ewigen und unauflöslichen Union des zu schaffenden Deutschen Reiches mit Österreich überbrachte.

In einer besonderen Denkschrift setzte er der preußischen Regierung seine Gründe auseinander. Er faud, daß die Krone Preußen nur verlieren könnte, wenn sie sich einem deutschen Reichstage mit dem Sitze in Frankfurt unterwürfe. Es war das ein Gesichtspunkt, der von der ganzen konservativen Partei, Bismarck eingeschlossen, geteilt wurde. Und im weiteren Verlaufe setzt Bernstorff, am 18. Juni, seiner Regierung auseinauder, man habe in Wien gute Gründe, sich der Aktion Preußens zu widersetzen. Denn Österreich könne als deutscher Staat nur dann erhalten werden, wenn es mit dem Mutterlande innig zusammenhänge. Auch befürchte man in Wien, daß ein deutsches Parlament, von Preußen einberufen, eine unwiderstehliche Anziehungskraft auf Deutsch-Österreich üben werde. Nochmals folgt sein Rat: Gründung bloß eines Norddeutschen Bundes, gegen den Schwarzenberg, wie er am 26. Juni 1849 berichtete, nichts einzuwenden habe.

In Berlin überwog jedoch der Einfluß des Generals Radowitz, und so kam Bernstorff in die mißliche Lage, eine Politik vertreten zu müssen, gegen die er sich in klaren Worten ausgesprochen hatte. Sein amtliches Pflichtgefühl ließ ihm keine Wahl, und bald trat ein persönlicher Grund hinzu, der ihn immer mehr von Österreich abdrängte. Schwarzenberg schlug nämlich, seitdem die österreichischen und die russischen Heere siegreich in Ungarn eindrangen, einen hochfahrenden Ton an, der den preußischen Gesandten verletzte. Der Bericht Bernstorffs vom 3. Juli 1849 bezeichnet diese Wendung. Der österreichische Ministerpräsident wollte nicht einen Augenblick den Glauben aufkommen lassen, als ob Österreich je die Verfassung vom 28. Mai anerkennen werde. Dies wollte er dem Berliner Kabinett, das sich in ganz anderen Hoffnungen wiegte, durch Bernstorff deutlich, selbst herbe sagen lassen. Es war die Form, die Bernstorff reizte und verletzte. Da Schwarzenberg auch Kriegsdrohungen hinwarf, trat Bernstorff ihm gleichfalls schroff entgegen. Er meldete nach Berlin, daß die von Schwarzenberg am 6. August 1849 nach Warschau unternommene Reise offenbar den Zweck verfolge, um die Unterstützung des Zaren gegen Preußen zu werben, und damit erwachte in Bernstorff mit einem Mal eine gewisse Teilnahme für die ungarische Nationalbewegung. Der Gesamteindruck seiner Gespräche mit dem österreichischen Ministerpräsidenten war der, „daß das tiefste Mißtrauen, Gereiztheit und Eifersucht gegen Preußen, sowie der Gedanke an die Möglichkeit eines ferneren Bruches überall bei dem Fürsten Schwarzenberg durchblicken". Bernstorff sieht jetzt schon eine süddeutsche Liga (Österreich, Bayern und Württemberg) gegen Preußen wirken; und wenn auch die Genossen des preußisch-deutschen Bundesstaates offiziell nicht abgesprungen waren, so wirkte, besonders in Hannover, die dynastische Diplomatie hinter dem Rücken der verantwortlichen Minister gegen Preußen. — Indessen verweigerte der Zar in Warschau dem Fürsten die gegen Preußen erbetene Hilfe, und so zerteilten sich wieder die den deutschen Horizont umlagernden Wolken. Bernstorffs Gesamturteil über Schwarzenberg war damals noch sehr günstig, in seinem Berichte vom 5. September heißt es: „Fürst Schwarzenberg ist, wie alle, die ihn seit längerer Zeit kennen, versichern, der unbeugsamste Charakter, der sich denken läßt, und das hat sich auch, seitdem er an der Spitze der Geschäfte steht, größtenteils zum Ruhm und zur Rettung der Monarchie bewährt."

Bernstorff setzte also seine Bemühungen, die beiden Kabinette näher zu bringen, unermüdlich fort. In der Verfassungsfrage ließ sich die Kluft nicht überbrücken; aber es gab ein engeres Gebiet, wo eine Einigung möglich war. Trotz seines inneren Zerfalls bestand der Deutsche Bund noch und besaß fünf Festungen (Mainz, Ulm, Rastatt, Landau und Luxemburg) mit gemeinsamen Besatzungen, Fonde zum Ausban dieser Plätze, eine vom Frankfurter Parlament gegründete kleine Bundesflotte, auch sonst manches Eigentum und daneben wieder Schulden. Diese gemeinsamen Angelegenheiten wurden früher vom Bundestag, dann vom Reichsverweser Erzherzog Johann verwaltet, dessen Amtswirksamkeit aber vom Berliner Kabinett seit der Auflösung der deutschen Nationalversammlung nicht mehr anerkannt wurde. Diese letztere Auffassung wurde von der österreichischen Regierung bestritten, und auch Bernstorff (Bericht vom 18. Juni 1849) saud, daß man darin in Berlin zu schroff war. Da schlug der Reichsverweser, amtsmüde geworden, selbst vor, man solle ihm die Sorge für die deutsche Zentralgewalt abnehmen, derart daß Österreich und Preußen zu diesem Zweck eine Bundeskommission in Frankfurt einsetzten. Im Sommer hatte Preußen, nach der Niederwerfung der Aufstände in Dresden und in Baden, den Anspruch auf alleinige Übernahme der Zentralgewalt erhoben. Da es aber damit nicht durchdrang, beschied es sich mit einer Zweiherrschaft — unter Ausschluß aller anderen deutschen Regierungen. Doch stellte es die Bedingung, Österreich solle bei diesem Anlasse den von ihm gegründeten Bundesstaat anerkennen, mindestens aber ihn in dem geplanten Abkommen erwähnen lassen. Das schlug Schwarzenberg jedoch als gefährlichen Vorentscheid ab. Er wieder forderte, daß Preußen den Rechtsbestand der Reichsverweserschaft Erzherzog Johanns solange anerkenne, bis ein Abkommen über die neue Zentralbehörde getroffen wäre. Nach längerer Unterhandlung wurde dies auch zugestanden, wogegen Österreich in einem anderen Punkte zum Teile nachgab.

Es stellte ursprünglich die Forderung nach dem Vorsitz in der zu bestellenden Bundeskommission, ließ aber davon ab, indem es zugab, daß, da nur Österreich und Preußen beteiligt waren, ein Vorsitz überflüssig wäre; man begnügte sich in Wien mit einem den Akten beigegebenen Vorbehalt des Präsidialrechts[1]). Auf dieser Grundlage kam am 30. September 1849 zwischen Schwarzenberg und Bernstorff ein Abkommen zustande, welches jedoch die Vollmachten der Bundeskommission auf die Zeit bis zum 1. Mai 1850 beschränkte, weil man hoffte oder zu hoffen vorgab, daß bis dahin eine Einigung über die definitive Verfassung Deutschlands zustande kommen werde. In manchem Belang war Preußen zurückgewichen, aber Bernstorff hegte die Ansicht, sein Erfolg läge darin, daß die Gleichberechtigung Preußens am Bunde anerkannt war, während Österreich sonst den Vorrang eingenommen hatte.

Dies nun betrachtete Bernstorff stets als einen Erfolg seiner diplomatischen Laufbahn, und deshalb nahm er es auf sich, den Vertrag vom 30. September auf eigene Verantwortung zu unterzeichnen, obwohl er damit seine Vollmachten etwas überschritt. Radowitz dagegen war mit dem Abschlusse unzufrieden, tadelte das Vorgehen Bernstorffs lebhaft und widerriet die Genehmigung des Vertrages in seiner vorliegenden Fassung. Der König war jedoch damit zufrieden, daß man überhaupt zu einer Einigung gelangt war. Als aber bei der feierlichen Übernahme der Zentralgewalt aus den Häuden des Erzherzogs und seines Ministeriums der Welt kund wurde, daß Preußen nachgegeben hatte, fühlte man in Berlin tiefes Mißbehagen und Radowitz sagte am 2. Dezember zum österreichischen Gesandten Prokesch, man solle in Wien anerkennen, „daß Preußen bloß aus Rücksicht für Österreich und für die Person des Erzherzogs sich Formalitäten unter-

[1]) In der Note vom 30. September (nicht in dem Vertrage selbst) nahm Österreich nicht den Vorsitz, sondern bloß die Führung der laufenden Geschäfte durch einen der von ihm ernannten Bundeskommissäre in Anspruch. Dann heißt es: „Indem der kaiserliche Hof sich für den gegebenen Fall und ohne Präjudiz für die Zukunft mit dieser Modalität begnügen zu wollen erklärt, glaubt er, seine Ansprüche durch einen ausdrücklich hier ausgesprochenen Vorbehalt derselben als hinlänglich gewahrt betrachten zu können."

ziehe, die ihm im höchsten Grade unangenehm wären und es genugsam kompromittierten".

II

Die Einigung über die deutsche Zentralbehörde blieb Stückwerk, da Preußen um ihretwegen nicht auf seine eigentlichen Pläne verzichtete und im Verwaltungsrate des Bundesstaates am 19. Oktober den Beschluß fassen ließ, Wahlen für den nächsten deutschen Reichstag auf den Jänner 1850 auszuschreiben. Da sich aber alle übrigen Königreiche von dieser Aktion ausschlossen, galt das Beginnen des Berliner Kabinetts für eine Herausforderung; denn ein deutsches Parlament ohne die Mittelstaaten und ohne Österreich mußte ein Werkzeug in der Haud Preußens werden.

Die österreichische Regierung antwortete deshalb mit einem geharnischten Protest. Vergebens bemühte sich Bernstorff, den Fürsten Schwarzenberg davon abzubringen, weil dies doch ein Streich ins Wasser wäre: die Wahlen würden trotzdem stattfinden. Schwarzenberg ließ sich aber nicht abhalten, und der von ihm damals eingeschlagene Weg ist ein guter Beleg für seine politische Methode.

Zuerst erhielt Prokesch am 16. November den Auftrag, an die preußische Regierung die ernste Frage zu richten, ob sie auf dem bisherigen Gange ihrer Politik beharre. Sollte die Antwort bejahend ansfallen, woran nicht zu zweifeln war, so hatte der Gesandte dem preußischen Minister des Äußern den Entwurf einer ihm gleichzeitig aus Wien übersendeten Protestnote vorzulegen. Die Absicht war, die in Berlin noch immer gehegte Annahme zu zerstören, daß Österreich schließlich doch noch einleuken werde. Deshalb war die Note von einer Schärfe des Tones, wie er in Schriftstücken zu friedlichen Zeiten und an eine befreundete Regierung ganz ungewöhnlich ist.

Prokesch erfüllte den Auftrag, wenn er auch Schwarzenberg nicht verhehlte, daß er die Note aus sachlichen und formellen Gründen zu herb finde.

Das Berliner Kabinett antwortete auf diesen Vorstoß mit einer sehr ruhig gehaltenen Depesche. Preußen, so wurde erklärt, könne von seiner Politik nicht abgehen, weil dies ein Treubruch gegen seine Genossen vom Mai 1849 wäre. Österreich würde das Recht zu einem Proteste nur dann besitzen, wenn die Reichsverfassung den Verträgen zuwiderliefe, was aber nicht der Fall sei. Prokesch fand diese Antwort furchtsam, auch erhielt er aus seinen Gesprächen mit Radowitz, Brandenburg und dem neuen Minister des Äußern Schleinitz den Eindruck eines Rückzuges Preußens. Man versprach nämlich, die Österreich anstößigen Ausdrücke Reichsverfassung und Reichsoberhaupt mit bescheideneren Bezeichnungen zu vertauschen. Überhaupt, so berichtete er, leugne das Berliner Kabinett die Absicht des Ausschlusses Österreichs aus Deutschland und betone immer, es wolle nur eine engere Union innerhalb des Deutschen Bundes bilden. Radowitz habe ihm nachdrücklichst beteuert, König Friedrich Wilhelm bestreite Österreich nicht den Anspruch auf die erste Stelle in Deutschland. Und Prokesch zog aus all dem den Schluß, es ließe sich auf dieser Grundlage die Einigung über die künftige Verfassung Deutschlands erzielen.

All dies machte jedoch auf Schwarzenberg keinen Eindruck. Das waren für ihn nur Worte, um Österreich einzuschläfern und unterdessen weiter an dem preußischen Bundesstaate zu bauen. Die von Preußen gegebene Zusage, die Reichsverfassung in den Ausdrücken zu mildern, genügte ihm nicht, er wollte der ganzen Reichs- oder Bundesgründung den Garaus machen.

Prokesch erhielt deshalb am 28. November den Auftrag, die Protestnote in aller Form zu überreichen: einige an ihr angebrachten Änderungen änderten nichts an ihrer rauhen Fassung. Es hieß also darin: das preußische Unternehmen an sich sei vertragswidrig, da Änderungen an der deutschen Bundesakte nur mit Zustimmung a l l e r deutschen Regierungen gestattet seien. Und weiter: dieser (später nach Erfurt berufene) Reichstag bedeute für die sich abseits stellenden Staaten eine Gefahr und Bedrohung. Österreich spricht also den Beschlüssen der Versammlung im voraus jede Geltung und Wirksamkeit ab. Sollte durch die Wahlen die Ruhe und Ordnung in Deutschland gestört werden, dann werden wir, so lautete eine Kraftstelle, genötigt sein, „diesen Gefahren mit aller Entschiedenheit und uns zu Gebote stehenden Macht entgegenzutreten".

Als nun trotzdem die Wahlen zu der nach Erfurt berufenen deutschen Reichsversammlung ausgeschrieben wurden, sah das Wiener Kabinett darin die Absicht, eine volkstümliche Propaganda gegen die außerhalb des Bundesstaats stehenden Regierungen ins Werk zu setzen und betrieb als Gegenschlag einen Bund mit den vier königlichen Mittelstaaten. Bernstorff sah, wie an diesem Gewebe eifrig gesponnen wurde, wirkte jedoch nach wie vor an einer Verständigung der beiden Großmächte, damit Österreich, so setzte er auseinander, nicht ganz von den antipreußischen Mittelstaaten ins Schlepptau genommen werde. Aus seinen Gesprächen mit dem österreichischen Handelsminister Bruck entnahm er, daß dieser nebst einigen seiner Amtsgenossen nicht mit dem scharfen Vorgehen Schwarzenbergs gegen Preußen einverstanden war; in einem längeren Berichte vom 5. Februar 1850 entwickelte Bernstorff daher die Grundlinien eines Abkommens mit Österreich. Man entnimmt aus verschiedenen seiner Meldungen, daß er die bundesstaatliche Politik Preußens auch jetzt ebensowenig billigte wie früher und manche der in Berlin ergriffenen Maßregeln als überflüssige Herausforderung ansah. Dazu rechnete er die Berufung der Reichsversammlung und mehr als einmal stellt er die Punkte fest, bei denen man auf die Unnachgiebigkeit Österreichs gefaßt sein mußte. Das Wiener Kabinett, so wiederholt er in dem Bericht vom 5. Februar, werde den engeren Bund unter gewissen Bedingungen anerkennen, wenn er nämlich auf Norddeutschland beschränkt bliebe und wenn er weiter nicht die „Attributionen" des weiteren Bundes aufsauge, wenn er also nicht den Anspruch erhebe, das „Deutsche Reich" mit Ausschluß Österreichs zu bilden. Preußen müßte also auf Baden und Hessen-Darmstadt verzichten und sich auf die Mainlinie beschränken. Auf dieser Grundlage wäre dann der weitere Bund mit einem Direktorium von sieben oder acht Mitgliedern (je zwei Stimmen für Österreich und Preußen) zu bilden. Die eigentliche Exekutive sei den Großmächten allein anzuvertrauen. All dies und auch eine Art Volksvertretung am Bunde wäre beim Wiener Kabinett zu erreichen, wenn

Preußen das Zugeständnis machen wollte, daß Österreich mit der Gesamtmonarchie in den Deutschen Bund und in den Zollverein treten dürfe. Da man auf diesem Wege die volle Gleichberechtigung Preußens mit Österreich am Bunde erringe, so empfiehlt Bernstorff eine derartige Politik. Bei Schwarzenberg selbst werde dies alles auf Hindernisse stoßen, aber die gemäßigtere Fraktion des österreichischen Ministeriums wäre bereit, auf ein derartiges Abkommen einzugehen. Man erkennt in diesen Vorschlägen die Frucht der Gespräche Bernstorffs mit Bruck, der ähnliche Ideen während seines ganzen Lebens verfocht. Nur fühlte sich Bernstorff dadurch beunruhigt, daß auch Bruck für Hannover eine besondere Stellung in Norddeutschland wünschte, wodurch Preußen von der Nordsee ausgeschlossen bliebe.

Man liest unter dem Berichte vom 5. Februar von der Hand König Friedrich Wilhelms IV. die Worte: „Ich wünsche, Herrn v. Radowitz' Urteil über Graf Bernstorffs Vorschläge kennen zu lernen." Radowitz nun konnte sich mit diesem Gesamtplane nicht befreunden, da er die preußisch-deutsche Union nicht aufgeben wollte und beim König die Hoffnung nährte, er werde schließlich seinem Staate die Oberhoheit über ganz Deutschland, von Österreich abgesehen, erringen. So wurde das deutsche Parlament für den 20. März nach Erfurt berufen und durch die Note vom 28. Februar der Eintritt in eine deutsche Zollkonferenz abgelehnt, welche die Zolleinigung mit Österreich zum Gegenstande haben sollte. Auf der anderen Seite schlossen sich Bayern, Sachsen und Württemberg enge an Österreich an, indem sie am 27. Februar den „Vierkönigsbund" vereinbarten, auch wurde der Radowitzschen Verfassung vom 23. Mai ein großdeutscher Verfassungsentwurf entgegengesetzt.

Obwohl nun Bernstorff in Berlin nicht durchdrang und obschon das herrische Auftreten Schwarzenbergs ihm auf die Nerven ging, setzte er seine Bemühungen fort. Der 1. Mai 1850 nahte heran und damit gingen die Vollmachten der in Frankfurt provisorisch eingesetzten Bundeskommission zu Ende. Der preußische Gesandte hatte an der Schöpfung dieser einstweiligen Zentralbehörde mitgearbeitet und betrachtete sie als Keim zu einem kräftigen Gebilde deutscher Einheit, für die er warmen Sinnes eingenommen war. Er wünschte deshalb, und die preußische Regierung mit ihm, die Erhaltung der Behörde. Er wußte noch nicht, daß Schwarzenberg entschlossen war, ihr das Grab zu schaufeln. Denn die Mittelstaaten, besonders Bayern, wollten sich den Ausschluß von der Frankfurter Zentralgewalt auch provisorisch nicht länger gefallen lassen, und die österreichische Regierung ging auf ihre Wünsche ein. Schwarzenberg, zu schärferem Vorgehen gegen Preußen entschlossen, eröffnete daher den Kabinetten von München und Dresden, daß er die Bundeskommission fallen lassen wolle, dagegen die Absicht hege, den eingesargten Frankfurter Bundestag wieder aufleben zu lassen. Das war nun ein gegen Preußen beabsichtigter Schlag.

III

Die Stellung Bernstorffs wurde noch dadurch erschwert, daß die Mißhelligkeiten im preußischen Kabinett immer mehr zunahmen. Die Minister des Äußern, des Innern und des Krieges, Schleinitz, Manteuffel und Stockhausen, wirkten für den Ausgleich mit Österreich und für das Fallenlassen der Unionspläne, Radowitz und der Ministerpräsident Graf Brandenburg wollten an dem Errungenen festhalten. Daher der Widerspruch zwischen den Regierungshandlungen und den Äußerungen insbesonders des Ministers des Äußern. Am 25. Februar ging eine Note nach Wien ab mit der Beteuerung, die Berufung des Erfurter Parlaments wäre „eine häusliche Angelegenheit" der verbündeten Staaten, ohne die Absicht einer Propaganda über ihren Kreis hinaus; freilich wurde auch betont, daß Preußen von seinem guten Recht auf Schaffung eines besonderen Bundesstaates nicht abgehen könne. Anders und beinahe unterwürfig äußerte sich der Minister des Äußern zu Prokesch. Er streckte vor Österreich förmlich die Waffen, indem er ihm zur selben Zeit sagte: „Die Lossagung Hannovers vom Bündnisse vom 26. Mai, der ohne Zweifel diejenige Sachsens folgen werde, gebe Preußen freie Hand, den Weg der Verständigung mit Österreich zu betreten. Die Verfassung vom 28. Mai könne nicht mehr festgehalten werden, das sei klar. Das Bündnis müsse entweder auseinanderfallen oder in Schaum sich auflösen oder es müsse in sich so umgewandelt werden, daß es in dem großen Bunde als Glied desselben stehen könne .... Durch Hannover (nämlich durch den Austritt dieses Landes aus dem Bundesstaate) sei nunmehr ein Novum eingetreten, das man mit wahrem Vergnügen ergreife. Nur mit Österreich zusammen ließen sich die Geschicke Deutschlands regeln. Das sei immer seine Überzeugung gewesen."

Diesen Worten des Herrn v. Schleinitz entsprachen jedoch nicht die Taten, denn nicht der Minister des Äußern lenkte die Aktion, sondern Radowitz. Er wurde damals zum Vorsitzenden im Verwaltungsrate des neuen Bundesstaates ernannt und diese Körperschaft ließ sich den Austritt Hannovers nicht gefallen, sondern klagte beim Schiedsgericht des Bundes wegen Bruches des Bündnisses vom Mai 1849; und ebenso wurde einige Wochen später gegen Sachsen vorgegangen, weil es erklärte, das für ein Jahr geschlossene Bündnis nach seinem Ablauf nicht mehr erneuern zu wollen. Kein Wunder, daß Schwarzenberg über diese krausen Vorgänge verstimmt war, und er machte seiner üblen Laune in einem Gespräche mit Bernstorff Luft, über das dieser am 23. Februar berichtete. Schwarzenberg habe ihm gesagt: „Ich bin überzeugt, daß Sie bona fide sind in dem, was Sie mir sagen, und in den Versicherungen, die Sie mir im Auftrag Ihrer Regierung geben. Was soll ich aber dazu sagen, wenn in allen Ihren Depeschen versichert wird, daß Preußen den alten Bund heilig halten und nichts tun will, was demselben zuwiderläuft, während alle Handlungen hiermit im direktesten Widerspruche stehen? Wie soll ich da noch irgendein Vertrauen zu Ihrer Regierung haben, noch irgendeinen Glauben in dasjenige setzen, was Ihr Kabinett sagt?"

In dieser Stimmung trafen ihn die von Bernstorff überbrachten neuen Vorschläge Preußens, welche erzielen wollten, daß die Vollmachten der Frankfurter Bundeskommission verlängert würden. Der Gesandte wurde darin durch einen von Berlin geschickten Vermittler, den nassauischen Hofrat Forsboom-Brentano unterstützt, der auch in Wien wohlgelitten war. Bernstorff fand den Fürsten in schlechter Laune, da die Vorlagen der preußischen Regierung an das Erfurter Parlament den Anspruch Preußens auf Vorherrschaft im engeren Deutschland — wenn auch mit großen Abschwächungen — aufs neue erhoben. In einer Unterredung vom 8. April 1850 überhäufte der österreichische Ministerpräsident den Gesandten mit Vorwürfen über die Unzuverlässigkeit seiner Regierung, welche stets versöhnliche Worte nach Wien richte, die jedoch im Gegensatz zu ihren Handlungen stünden.

„Er, Graf Bernstorff, und Herr v. Schleinitz gäben Zusicherungen, die zur selben Stunde nicht nur durch die Herren v. Radowitz und Carlowitz, durch den Verwaltungsrat und wie alle die Gewalten des Tages heißen mögen, sondern auch durch die tatsächlichen Vorgänge in Berlin und Erfurt auf das entschiedenste widerlegt werden. Unter solchen Umständen könne keine Verständigung zustande kommen, wenn man nicht einmal zu beurteilen vermöge, auf wessen Wort zu bauen sei, wer regiert und wer die Bürgschaft für die Erfüllung einzugehender Verbindlichkeiten übernimmt und auch zu leisten in der Lage ist[1]).“

Als man nun auf die Sache einging, ergab es sich, daß es den beiden Diplomaten auf ganz andere Dinge ankam. Schwarzenberg eröffnete dem Gesandten seine Absicht auf Berufung der Frankfurter Bundesversammlung in der vor 1848 geltenden Form, lud das Berliner Kabinett ein, an der Einladung teilzunehmen, und eröffnete dem Gesandten zugleich, daß, falls dies nicht bald geschehe, Österreich allein vorgehen werde. Bernstorff erklärte sich bereit, diese Aufforderung nach Berlin zu übermitteln und für sie einzutreten; er wollte aber den Fürsten bestimmen, der Frankfurter Bundesversammlung eine gemeinsame Vorlage der beiden Großmächte zu unterbreiten, um eine den Wünschen Preußens entsprechende Exekutivbehörde einzusetzen. Hier jedoch stockte die Einigung. Schwarzenberg wies nämlich, wie Bernstorff in einem ausführlichen Briefe vom 12. April meldet, alles „unbedingt von der Hand, was direkt

---

[1]) Dieser Bericht über das mit Bernstorff geführte Gespräch findet sich in den Weisungen Schwarzenbergs für Prokesch vom 8. April.

oder indirekt einer Anerkennung des engeren Bundes oder des Bündnisses vom 26. Mai — auch nur als Tatsache gleichkommen konnte".

Außerdem bestand der Fürst darauf, daß in dem künftigen Zentraldirektorium nicht bloß die Großmächte, sondern auch die vier Königreiche und die beiden Hessen vertreten sein sollten; und jeder dieser Mittelstaaten hätte für eine ihnen zugewiesene Gruppe die Stimme zu führen gehabt[1]). Dadurch wollte Österreich die Kleinstaaten von Preußen loslösen und unter die Vormundschaft der Mittleren stellen, welche in Österreich ihre Stütze gegen den preußischen Unitarismus sahen.

Bernstorff konnte natürlich nicht in den Vorschlag Österreichs willigen, stellte dem eine andere, den Kleinstaaten günstigere Stimmenverteilung entgegen, berichtete jedoch am 12. April nach Berlin, er hege die Hoffnung, Schwarzenberg werde von seinem Gruppensystem am Ende wohl abgehen; zum Schlusse ergeht er sich in patriotischen Betrachtungen, daß, wenn man überhaupt zum Ziele gelange, Uneinigkeit und Verderben von Deutschland abgewendet wäre. Man versteht, wenn man den Bericht über die Unterhandlung liest, nicht ganz, was Bernstorff zu diesem Optimismus berechtigte, der seinem Herzen mehr Ehre machte als seiner politischen Einsicht. Er war sich der Tiefe des Gegensatzes nicht ganz bewußt, wie er denn sonderbarerweise „einen beispiellosen Eigensinn" Schwarzenbergs darin sieht, daß er auf die Lossagung Preußens von der Reichsverfassung vom 28. Mai bestand. Als ob ein Mann, wie der österreichische Ministerpräsident, je darüber hinwegkommen konnte, daß

[1]) Aus dem Berichte Bernstorffs vom 12. April geht hervor, daß Sybel (Begründung des Deutschen Reiches I, S. 364) sich im Irrtum befindet, wenn er bemerkt, daß Schwarzenberg die preußischen Vorschläge mit einiger Modifikation annahm. — Nach dem österreichischen Vorschlage sollte das Direktorium aus elf Stimmen bestehen. Davon entfielen je drei auf Österreich und Preußen, eine auf Bayern — welche Staaten bloß für sich votierten. Dagegen sollten Württemberg, Sachsen, Hannover und die beiden Hessen an der Spitze je einer Gruppe stehen. Württemberg stimmte auch für Baden, Luxemburg-Limburg und Liechtenstein; Sachsen für die thüringischen Fürstentümer, wie für Anhalt, Reuß und Schwarzburg, Hannover für ganz Nordwestdeutschland usw.

Preußen die habsburgische Monarchie aus seinem Deutschen Reiche ausschloß!

Daraus ergab sich nun der erste ernste persönliche Zusammenstoß zwischen den beiden Diplomaten. Denn Schwarzenberg betrachtete die Sache nach dieser Verhandlung für gescheitert und die Berichte des österreichischen Gesandten aus Berlin ließen in ihm keinen Zweifel aufkommen, daß Preußen die von Forsboom überbrachten österreichischen Vorschläge ablehnen werde. Daraufhin und als das Erfurter Parlament im April 1849 die Verfassung vom 28. Mai 1848 zum Beschlusse erhob, ging das Wiener Kabinett auf eigene Faust vor, und ohne auf Preußen Rücksicht zu nehmen. Am 19. April erging ein Rundschreiben an alle deutschen Regierungen — mit Ausnahme Preußens — mit der Ankündigung, Österreich werde die Berufung der Frankfurter Bundesversammlung in Angriff nehmen.

Bernstorff war über seinen diplomatischen Mißerfolg tief verstimmt und noch mehr durch einige Wendungen der österreichischen Note. Besonders dadurch, daß es dort hieß, Bernstorff hätte sich nicht der Berufung des Frankfurter Bundestages widersetzt, sondern dabei nur ein Preußen schonendes Verfahren für wünschenswert erklärt. Der Gesandte bestritt diese Angabe aufs heftigste und richtete an Schwarzenberg einen erregten Brief, in dem er es als Verletzung seiner Ehre bezeichnete, daß er „Schonung" für Preußen verlangt haben sollte.

Die ruhige und gemessene Antwort Schwarzenbergs erklärt und begründet darauf den von ihm gebrauchten Ausdruck.

Die Folge des Zwischenfalls war, daß von da ab in das Verhältnis der beiden Männer ein Bruch kam. In einem Briefe Bernstorffs nach Berlin wird Schwarzenberg der Vorwurf eines hinterhaltigen, unwahren Verhaltens gemacht. Damit schießt Bernstorff, wenn man die Aktenlage ernst prüft, übers Ziel. Es läßt sich, wiewohl die Berichte der beiden beteiligten Personen vorliegen, heute nicht mehr feststellen, wer im einzelnen recht gehabt hat. Schwarzenberg mag die Sache leicht genommen, manches nur so hingeworfen haben, was der auf peinliche Korrektheit Wert legende norddeutsche Diplomat für aussichtsvolle Zusage hinnahm. In der Sache selbst ist der Unterschied in ihren

Berichten über das geführte Gespräch nicht übermäßig groß. Aber Bernstorff fühlte sich in seinem Ehrgefühl schwer verletzt.

Nicht bloß persönlich, auch sachlich spitzten sich die Gegensätze darauf immer mehr zu, denn Schwarzenberg blieb bei der Bedingung, daß Preußen zunächst und vor weiteren Schritten die Aufhebung der Verfassung vom 28. Mai zusichere. Es machte keinen Eindruck auf ihn, als Bernstorff ihm entgegenhielt, dies wäre gegen die Ehre des Königs von Preußen, der sich seinen Bundesgenossen gegenüber für die Einigung auf dieser Grundlage verpflichtet hatte. Darauf erwiderte Schwarzenberg, ein solches Argument wäre im diplomatischen Verkehr unwirksam; denn es sei ebenso ein Ehrenpunkt des Kaisers von Österreich, die Stellung der Monarchie innerhalb Deutschlands zu wahren — auf diese Art könnte man sich nicht näher kommen.

IV

So stockten die Verhandlungen. Da wurde Bernstorff am 8. Juli 1850 durch neue Eröffnungen des Fürsten überrascht, in denen dieser — wahrscheinlich infolge russischer Einflüsse — eine neue annehmbare Formulierung vorbrachte. Er bestand zwar nach wie vor auf dem Fallenlassen der den Anstoß bildenden Verfassung, erklärte aber, daß er gegen die Bildung eines engeren Bundes nichts einzuwenden hätte, woferne sich dieser in den Rahmen des weiteren Bundes einordnete. Das war nichts Neues. Indessen ging er noch weiter und bot Preußen den Wechsel des Vorsitzes in dem weiteren Bunde an, sowie eine Teilung der Zentralgewalt nach gleichem Rechte. Damit hätte er die Mittelstaaten beiseite geschoben, aber er nahm es auf sich, ihnen die Sache im guten oder schlimmen annehmbar zu machen. Nun hatte Bernstorff immer auf dieses letzte Ziel hingearbeitet und war bereit, auf solche Bedingungen hin — man nannte sie die sechs Punkte, von denen noch die Rede sein soll — einzuschlagen. Als Gegner der Radowitzschen Ideen würde er keine Bedenken getragen haben, auch in die verlangte Aufhebung der Maiverfassung zu willigen. Aber obwohl er in diesem Sinne nach Berlin schrieb und zur Annahme riet, stieß er abermals auf den Widerspruch des Generals v. Radowitz und mußte dem

Fürsten Schwarzenberg die Antwort überbringen, daß die gestellte Vorbedingung unannehmbar sei.

Nun hätte man glauben sollen, daß, da sich Schwarzenberg und Bernstorff sachlich so weit nahe gekommen waren, auch ihr persönliches Verhältnis besser werden konnte. Der Unstern des Grafen Bernstorff wollte jedoch, daß er gerade aus diesem Anlasse erst recht in eine unheilbare Verwicklung mit dem österreichischen Ministerpräsidenten geriet.

Die preußische Regierung hatte Bernstorff nach der Ablehnung der Vorschläge Schwarzenbergs die Weisung gegeben, die zu nichts führenden Unterhandlungen amtlich nicht weiter fortzusetzen. Aber der Gesandte rastete nicht und benützte dritte Personen, um den Faden dennoch weiterzuspinnen. Das war in erster Linie jener nassauische Hofrat Forsboom, der freilich schon im April damit kein Glück gehabt hatte. Dieser verhandelte mit dem Fürsten persönlich, doch trat er auch mit dem niederländischen Gesandten Baron Heeckeren in Verkehr, der die weitere Vermittlung übernahm. Da Bernstorff mit Heeckeren selbst nicht in Verbindung trat, so war es Forsboom, der dem preußischen Gesandten das Ergebnis überbrachte[1]). Von ihm kam nun eine höchst willkommene Kunde. Demgemäß wäre Schwarzenberg einen entscheidenden Schritt entgegengekommen und hätte sich zu den angenehmsten Eröffnungen herbeigelassen. Er erklärte sich, so berichtete Forsboom, bereit, die sechs Punkte, wie sie früher zur Sprache gekommen waren, zur Grundlage der Aussöhnung zu machen; dabei schwieg Schwarzenberg über die von ihm früher in den Vordergrund gestellte Bedingung der Auflösung der Union, so daß der Stein des Anstoßes ganz aus dem Wege geräumt worden wäre. Das meldete Bernstorff gleich am 19. August dem König und sprach die Hoffnung aus, nun werde sich die Verständigung endlich erzielen lassen. Es war nun freilich merkwürdig, daß Schwarzenberg sich plötzlich eines anderen besonnen haben sollte, ohne daß dafür ein rechter Grund erkennbar wurde. Bernstorff aber glaubte den beiden

---

[1]) Das geschah durch einen Brief Forsbooms vom 19. August 1850, der dem Berichte Bernstorffs vom 25. September beigelegt ist.

Vermittlern das, was er wünschte, und fügte in dem Briefe an den König hinzu, wie er sich freue, daß die Zerrissenheit und Ohnmacht Deutschlands jetzt ein Ende nehmen werde. Er war immerhin so vorsichtig, hinzuzufügen: „In bezug auf jene privaten Mitteilungen habe ich nur noch alleruntertänigst zu bemerken, daß ich zwar keine vollständige Gewähr für ihre Zuverlässigkeit übernehmen kann und will, daß ich aber ebensowenig Grund habe, daran zu zweifeln." Er bittet nach all dem um die Zustimmung des Königs, nach deren Eintreffen er mit dem Fürsten selbst amtlich verhandeln werde. Entsprechend dem Briefe Forsbooms berichtete er weiter über Äußerungen Schwarzenbergs, die dahin gingen, es wäre wünschenswert, daß die preußische Union sich nur auf Norddeutschland erstreckte. Baden könne jedoch vorläufig von preußischen Truppen besetzt bleiben, die badischen Truppen durch gewisse Zeit in preußischen Garnisonen gehalten werden. Ebenso nachgiebig hätte sich Schwarzenberg über die preußischen Militärkonventionen mit Braunschweig und den anderen Staaten ausgesprochen.

Man steht hier vor einem Rätsel. War Schwarzenberg über Nacht ein anderer geworden? Mußte Bernstorff nicht bei dem Übermaß der angeblich erzielten Vorteile stutzig werden? Das war aber nicht der Fall, und auf seine Empfehlung hin wurde die Sache in Berlin willig aufgenommen. Schon am 22. August machte der Minister des Äußeren Freiherr v. Schleinitz dem österreichischen Gesandten Mitteilung über die Sache mit dem Beifügen, das Berliner Kabinett nehme „die österreichischen Vorschläge", so drückte er sich aus, als Basis[1]) an. Da Prokesch-Osten von Wien her ohne Kenntnis der Angelegenheit blieb, hörte er Schleinitz aufmerksam an und erstattete an demselben Tage eine Meldung an Schwarzenberg, in der er über die Äußerung des preußischen Ministers folgendes berichtete: „Daß man über die Gesamtverfassung zwischen hier und Wien sich verstehen werde, darüber lasse ihm (Schleinitz) ein Schreiben des Grafen Bern-

[1]) Die preußische Regierung ließ unvorsichtigerweise gleich darauf in der „Schlesischen Zeitung" mitteilen, neue versöhnliche Vorschläge seien aus Wien eingetroffen. Dies wäre, so rühmte das Blatt, das Ergebnis der Festigkeit des Berliner Kabinetts.

storff keinen Zweifel. Der Graf glaube zu wissen, daß Euer Durchlaucht zu folgenden Punkten sich verstehen:

1. Exekutive für Österreich und Preußen;
2. der Bundestag mit Vertretung der einzelnen Staaten nach dem alten Stimmenverhältnis im Plenum und engeren Rat;
3. keine Volksvertretung am Bunde;
4. Alternat des Präsidiums zwischen Österreich und Preußen.

Dazu komme noch preußischerseits die Zustimmung zum Eintritt der Gesamtmonarchie und die volle Bereitwilligkeit zu gemeinsamen Maßregeln über Zoll- und Handelseinigung. Es würde nun das Prinzip der Unierung festgehalten werden, und zwar auf Basis der Gesamtverfassung."

Es war begreiflich, daß die preußische Regierung gern auf diese Bedingungen einging; enthielten doch drei von den oben angeführten Punkten reine Zugeständnisse Österreichs, während der vierte (Fallenlassen einer Volksvertretung am Bunde) mit den staatlichen Interessen Preußens nichts zu tun hatte. Allerdings war als Gegenleistung 5. der Eintritt der österreichischen Gesamtmonarchie in den Bund und dann 6. das Entgegenkommen bei dem Streben nach Zolleinigung ausgesprochen. Der Wandel in der Auffassung des österreichischen Kabinetts erschien so auffallend, daß der König, wie Gerlach (Denkwürdigkeiten I, S. 522) mitteilt, der Ansicht war, man müsse doch erst eine amtliche Bestätigung durch das Wiener Kabinett abwarten. Es war eben — dies geht auch aus den Worten des Königs hervor — immerhin möglich, daß bei der Übermittlung der österreichischen Mitteilung durch zwei bis drei Hände ein Irrtum eingetreten sein mochte.

Aber Bernstorff wußte noch mehr zu melden, und hier erhält die Sache einen fast abenteuerlichen Anstrich. Lassen wir seinen Bericht an den König vom 22. August sprechen:

„Der Fürst Schwarzenberg hat vorgestern an eine der Mittelspersonen, deren ich in meinem alleruntertänigsten Bericht Nr. 95 gedacht habe, sein dreifaches Ehrenwort als Ministerpräsident, als Minister des Äußeren und als Fürst Schwarzenberg gegeben, daß, wenn er irgend eine ostensible Sicherheit erhielte, das

E. K. M. Regierung die von mir unterm 19. d. M. bezeichneten vier Punkte annähme, er sogleich in vertraulicher Weise seine vollständigen Absichten, inbetreff der weiteren Gestaltung Deutschlands, mitteilen würde. — Der Fürst hat hinzugefügt, er werde noch acht Tage warten ... Wie mir bestimmt versichert wird, ist er niemals so versöhnlich gestimmt gewesen als diesen Augenblick!"

Somit hätte Fürst Schwarzenberg einem nicht genau bezeichneten Vermittler in der Angelegenheit sein dreifaches Ehrenwort gegeben. Das ist an sich auffallend, da derartige feierliche Eidschwüre im diplomatischen Verkehr nicht Sitte sind und der Fürst keinen Anlaß hatte, diesmal eine Ausnahme zu machen. Man sieht den Zweck der Feierlichkeit nicht ein: denn der Inhalt des Ehrenwortes ist ärmlich, da nur gesagt war, Schwarzenberg verpflichte sich, sofort Vorschläge über die definitive Verfassung des Deutschen Bundes zu machen, sobald die preußische Regierung jene sechs Punkte annähme. Es erschien bei den großen von ihm angeblich gemachten Zugeständnissen nicht zweifelhaft, daß man in Berlin zustimmen werde; der österreichische Ministerpräsident mußte also nicht erst Eide schwören, um das andere Kabinett für den neuen Gang der Dinge zu gewinnen. Einigte man sich über die vier oder vielmehr sechs Punkte, so war damit auch die Grundlage der künftigen Verfassung Deutschlands gegeben.

Unmittelbar darauf, am 25. August, verließ Schwarzenberg Wien, um sich nach Ischl zu begeben, wo man den Besuch des russischen Kanzlers Grafen Nesselrode und des russischen Gesandten in Berlin, Baron Meyendorf, bei Kaiser Franz Josef erwartete. Schwarzenberg und Nesselrode waren sechs Tage in Salzburg, Ischl und Linz zusammen, wo hauptsächlich zwei Angelegenheiten zur Sprache kamen. Der Fürst wollte sich der Unterstützung Rußlands gegen Preußen in der deutschen Verfassungsfrage versichern, wogegen Nesselrode den deutschen Mächten zumutete, Holstein wieder Dänemark zurückzugeben und so der Erhebung der Herzogtümer ein Ende zu machen. Der österreichische Ministerpräsident stellte sich Rußland geschmeidig zur Verfügung und erklärte, der Bundestag werde binnen kurzem mit der Exekution gegen das aufständische Holstein vorgehen. Trotzdem erreichte er nicht alles, was er anstrebte. Rußland blieb in den deutschen Angelegenheiten bei seiner neutralen Haltung und sagte nicht einmal zu, in Frankfurt einen Gesandten zu beglaubigen, weil es Preußen nicht geradezu verletzen wollte. Übrigens trennten sich die beiden Minister im besten Einvernehmen und Nesselrode sagte in Wien zum päpstlichen Nuntius, er sei mit Schwarzenberg sehr zufrieden.

Während des Ischler Aufenthalts erhielt Schwarzenberg den Bericht des Freiherrn v. Prokesch vom 22. August, in welchem von den angeblichen Vorschlägen Österreichs die Rede war. Er war erstaunt, sich als Autor eines Programms bezeichnet zu sehen, welches den von ihm unverrückt eingehaltenen Standpunkt in einem wichtigen Belang verleugnete. Er konnte es nicht fassen, daß man ihm znmutete, er verzichte mit einem Mal auf das Fallenlassen der Verfassung vom 28. Mai. In dieser Stimmung fand ihn Forsboom in Ischl. Bernstorff hatte nämlich das nach seiner Ansicht warme Eisen geschmiedet und schickte Forsboom zu Schwarzenberg, um ihm sagen zu lassen, das Berliner Kabinett habe die vier Punkte angenommen. Der Fürst empfing den Vermittler in der schlechtesten Laune, überhäufte ihn mit Vorwürfen, weil er in seinem Übereifer von österreichischen Vorschlägen gesprochen hatte, und hielt ihm vor, das Wiener Kabinett habe nie daran gedacht, sich mit der Verfassung vom 28. Mai zu befreunden. Forsbooms Bericht über die Unterredung wurde von Bernstorff nach Berlin weiter gegeben[1]). Trotzdem aber blieb der Gesandte noch immer in der früheren Täuschung, wußte auch mitzuteilen, Nesselrode und Meyendorf hätten die vier Punkte trefflich gefunden, so daß die Sache in guten Händen wäre. In seinem Optimismus fügte er hinzu: „Unsere Stellung ist in diesem Augenblick gut und Schwarzenberg ist jedenfalls in der Klemme. Möge er sehen, wie er herauskommt.“ Bernstorff glaubte eben fest an das, was ihm über das Ehrenwort des Fürsten erzählt worden war.

[1]) Brief an Schleinitz vom 1. September und Bericht an den König vom 3. September.

Sofort nach seiner Rückkehr nach Wien beeilte sich Schwarzenberg, die preußische Regierung aus ihrer irrigen Annahme zu reißen. Damit wurde Prokesch beauftragt. In dem Briefe des Ministers an den Gesandten sprach er wegwerfend über Forsboom, „diesen wohlgesinnten, aber sehr beschränkten Volontärdiplomaten", der ihm nach Ischl nachgereist sei, um seinen diplomatischen Triumph zu vervollständigen. Er habe ihm bei jener Unterredung kräftig seine Meinung gesagt und „bat ihn dringend, seiner politischen Tätigkeit wenigstens in Wien zu entsagen". Das war deutlich genug. Dem eifrigen nassauischen Hofrat war also der Stuhl vor die Türe gesetzt, ein Verfahren, welches keinen Zweifel darüber läßt, daß Forsboom mehr behauptet hatte, als Schwarzenberg je bieten konnte.

Dasselbe erfuhr Bernstorff, als er sich am 2. und dann am 3. September zu Schwarzenberg begab. Der österreichische Minister erklärte die vier Punkte zwar für annehmbar, jedoch nur unter dem immer gemachten Vorbehalt: Aufgeben der Unionsverfassung. Alle Kunst der Überredung, die Bernstorff anwandte, um Schwarzenberg umzustimmen, war vergeblich. Bernstorff geriet darüber in große Aufregung. Er war vor seiner Regierung bloßgestellt, da er auf die Aussagen Forsbooms hin in Berlin die schönsten Aussichten eröffnet hatte. Noch immer hielt er daran fest, seine Mittelsmänner wären glaubwürdig und Schwarzenberg hätte seinen Standpunkt willkürlich geändert. Er schrieb also dem König am 4. September, er sei mit Unwillen erfüllt „über dieses ewige Zurückkommen auf Forderungen, die Schwarzenbergs Eigensinn und seine Eigenliebe bewiesen". In heftigen Worten machte er seiner Erbitterung Luft und erzählte dem König: „Ich habe Schwarzenberg gesagt, daß die Person, mit welcher er vorzugsweise verhandelt hat, erklärt habe, daß er sein Ehrenwort gegeben habe, sofort in weitere Verhandlungen einzugehen, wenn Preußen die vier Punkte angenommen habe, daß er also kompromittiert sei, wenn er diese Person, die er sehr begünstigt, nicht förmlich Lügen strafe. Er hat hierauf sein Ehrenwort geleugnet und ist bei seiner Forderung stehen geblieben." Bernstorff betrachtete es also als Eigensinn und Eigenliebe, daß Schwarzenberg unter keiner Bedingung von der Gründung eines engeren deutschen Bundes mit Ausschluß Österreichs hören wollte. Bei solcher Auffassung ist seine zornige Erregung begreiflich.

In der Unterredung mit Bernstorff bezeichnete Schwarzenberg das ganze Mißverständnis als Intrigue, angezettelt von einer der zwei Mittelspersonen. Forsboom kann der Fürst nicht damit gemeint haben, da er dessen bona fides in seinem Briefe an Prokesch hervorhob. Es war also Heeckeren, den er damit beschuldigte.

Die Sache war aber doch ernst geworden, da Schwarzenbergs Ehrenwort in Frage gestellt wurde. Deshalb hatte er Prokesch am 3. September genau unterrichtet und in seinem Briefe Forsboom von den Rockschößen abgeschüttelt[1]). Mit diesem Schreiben begab sich Prokesch-Osten zum Generaladjutanten des Königs Gerlach und zum preußischen Ministerpräsidenten und las es ihnen vor, so daß das Spinngewebe der Diplomatie Forsbooms zerriß.

Über diese Besuche berichtete Prokesch nach Wien, und zwar zuerst am 4. September über das Gespräch mit Schleinitz, wo es heißt: „Das ganze Schreiben (Schwarzenbergs) klärt mich vollständig über den Stand auf. Seltsam, daß sich Freiherr von Schleinitz, als er mir von den von Österreich zugestanden sein sollenden Punkten sprach, Mühe gab, in mir den Gedanken nicht aufkommen zu lassen, daß da H. Forsboom im Spiele sei. Graf Bernstorff habe Euer Durchlaucht Beistimmung zu diesen vier Punkten, sagte er, nicht von Euer Durchlaucht selbst, aber aus ganz sicherer Quelle, und er wisse nur so viel, daß diese Quelle nicht H. Forsboom sei, was ihn beruhigte. Ist er getäuscht? — hat er gelogen? Ich weiß es nicht.“ Und ähnlich der Bericht Prokeschs vom 7. September über das Gespräch mit dem Ministerpräsidenten Grafen Brandenburg.

Bernstorffs Bericht vom 19. August über die hoffnungreiche Wendung in Wien war von der preußischen Regierung nach Petersburg zur Einsicht für den Zaren gesendet worden, weil

---

1) Das Schreiben Schwarzenbergs ist am Schlusse dieser Abhandlung abgedruckt.

man ihm den guten Willen Preußens zur Verständigung beweisen wollte. Der preußische Gesandte General von Rochow erfüllte den Auftrag, mußte aber am 9. September melden, daß der Zar sich gegen den Bericht Bernstorffs skeptisch verhalte. „Allerhöchderselbe legte nämlich sehr wenig Gewicht auf die durch dritte Hand gemachten Eröffnungen des Fürsten Schwarzenberg an den Grafen Bernstorff und wollte im Gegenteil aus gleichzeitigen Äußerungen des k. k. Ministerpräsidenten entnehmen, daß eine Ausgleichung der Differenzen zwischen Preußen und Österreich noch viel weiter entfernt liege . . ." Der Zar zeigte sich also darin weitsichtiger als Bernstorff. Nesselrode meldete einige Tage später, Schwarzenberg wolle nicht von der Bedingung des Fallenlassens der Unionsverfassung abgehen, was der russische Kanzler allerdings nicht billigte.

Nach all dem war Bernstorff durch seine Gutgläubigkeit in eine unangenehme Lage geraten; hatte sich doch die Aktion seiner Agenten und Unteragenten als windig erwiesen. Er setzte sich heftig zur Wehr und schrieb am 9. September an den König einen Bericht voll der schwersten Beschuldigungen gegen Schwarzenberg. „Ich kann Euerer Majestät," so heißt es darin, „die bestimmte Versicherung geben, daß dies" (die Darstellung des Fürsten) „falsch ist und daß der Fürst ohne jede Bedingung die vier Punkte angenommen hatte, sowie daß die Mittelperson, mit welcher ich verhandelt habe, sich meiner Überzeugung nach keine Unwahrheit hat zu Schulden kommen lassen." Aber bei näherer Befragung durch die preußische Regierung kam der Gesandte noch mehr ins Gedränge. Er hatte bisher die zweite Mittelsperson nicht genannt, sondern nur von der Vermittlung durch Privatpersonen gesprochen[1]). In dem Berichte vom 25. September 1850 mußte er den Namen des Hintermannes Forsbooms nennen, und das war, wie wir wissen, der niederländische Gesandte Baron Heeckeren. Weshalb die anfängliche Zurückhaltung Bernstorffs, weshalb die Versicherung,

[1]) Der Bericht an den König vom 19. August erwähnt die bestimmt formulierten Punkte, „welche der Fürst Schwarzenberg durch Vermittlung von Privatpersonen, die für die Aufrichtigkeit und das Worthalten des Fürsten einstehen, als solche bezeichnet hat, welche er . . . anzunehmen bereit ist".

er habe mit Heeckeren nicht selbst verhandelt? Der Schlüssel findet sich in einem Bericht Bernstorffs vom 28. Dezember 1849. Darin nennt er Heeckeren einen Intriganten und die Quelle der Verleumdungen gegen Preußen, als ob es deutschen Boden an Frankreich abtreten wolle, um dessen Hilfe gegen Österreich zu gewinnen. Die ganze Stelle lautet: „Als eine andere Quelle so schamloser Verleumdungen gegen Preußen, wie jener Artikel (der Österreichischen Reichszeitung) sie enthält, bezeichnet man den Euerer Exzellenz als Intrigant bekannten niederländischen Gesandten Baron Heeckeren, dem kein Mittel zu schlecht ist, um sich da, wo er beglaubigt ist, angenehm zu machen und seiner durch Mangel an persönlicher Achtung geschwächten Stellung eine Art von Wichtigkeit und einen gewissen Einfluß zu verschaffen, welcher hier in neuerer Zeit leider nicht so abgewiesen wird, wie er es verdient und wie es früher geschehen ist."

Und dem also gezeichneten Manne hatte Bernstorff die Märe von dem dreifachen Ehrenworte Schwarzenbergs geglaubt! Dieser hatte auch sofort auf Heeckeren als den Urheber der Intrige hingewiesen. Am 25. September 1850 kommt Bernstorff nochmals in einem Berichte auf die Sache zu sprechen, verteidigt Forsboom gegen die Beschuldigung einer absichtlichen Täuschung und fügt hinzu: „Wenn jemand in der Sache unwahr gewesen ist, wie es keinem Zweifel unterliegt, so sind es der Fürst Schwarzenberg und der Baron Heeckeren, beide oder einer von beiden. Daß sie jetzt die Schuld einem dritten aufzubürden versuchen, liegt in der Natur solcher Charaktere." Dieser neue bösartige Ausfall auf Schwarzenberg verhüllt nur schlecht, daß Bernstorff durch die kritiklose Aufnahme aller Zwischenmeldungen Hauptschuld an der Verwirrung trug. Ihm selbst war ein Possen gespielt worden; die Beschuldigung eines gebrochenen Ehrenwortes muß doch auf besserem Grunde beruhen als auf dem von Bernstorff geführten Zeugen. Sein Bericht verdient somit keinen Glauben, und das muß auch die Ansicht Sybels gewesen sein, der die Unterhandlung Forsbooms zwar in seine Darstellung aufnimmt, aber über das gegebene und gebrochene Ehrenwort schweigend hinweggeht.

Es bleibt noch ein Wort über Heeckeren zu sagen. Bernstorff

hatte schon am 11. Juli 1850 nach Berlin gemeldet, Heeckeren sei von seiner Regierung mit der Vermittlung zwischen Österreich und Preußen beauftragt worden, „oder behauptet wenigstens, dazu beauftragt zu sein". Um nun Näheres über diesen Gegenstand festzustellen, wandte sich der Verfasser dieses Aufsatzes an die niederländische Regierung mit der Bitte, ob sich in den Berichten Heeckerens nach dem Haag etwas darüber fände. Darauf ward ihm durch den Generalsekretär im niederländischen Ministerium des Äußern am 18. August 1910 die Antwort, daß in den Berichten Heeckerens vom Juli und August 1850 nichts über seine Vermittlung zwischen den beiden deutschen Großmächten gemeldet ist. Es ist aber sonst aus den preußischen Staatsakten bekannt, welche Zwecke Heeckeren damals verfolgte. Er war im Auftrage seiner Regierung bemüht, die Loslösung Limburgs vom Deutschen Bunde zu betreiben. Er mag es deshalb vielleicht für zweckdienlich erachtet haben, die Verwirrung in Deutschland zu steigern, um, wenn nicht den Austritt Luxemburgs (das eine Bundesfestung war), so wenigstens den Limburgs aus dem Deutschen Bunde herbeizuführen.

Bernstorff war durch sein diplomatisches Mißgeschick so angegriffen, daß seine Gesundheit darunter litt; er erkrankte ernstlich und nahm am 16. September 1850 Urlaub zu einer Reise nach Italien, von der er erst nach einem Monat auf seinen Posten zurückkehrte. Seine Erbitterung blieb jedoch groß. Vor Antritt seines Urlaubs schickte er nach Berlin einen Bericht, in dem er über den Fürsten Schwarzenberg die schlimmsten Dinge sagte. Er sprach von seiner zunehmenden Halsstarrigkeit, von seiner Unzuverlässigkeit im Verhandeln, von dem Abnehmen seiner geistigen Fähigkeiten und machte auf die Gefahr aufmerksam, die daraus entstehen müsse, daß die Geschicke „einem anscheinend unzurechnungsfähigen Staatsmanne" anvertraut seien. Dieses Schreiben ist in der Biographie Bernstorffs von Ringhoffer abgedruckt; es wäre aber im Interesse des Gesandten besser gewesen, wenn dies unterlassen worden wäre. Denn der Brief beweist, daß Bernstorff seinen Gegner in abenteuerlicher Weise unterschätzte. Wenn es aber wahr gewesen sein sollte, daß die geistigen Gaben Schwarzenbergs bereits im Abnehmen begriffen waren, so reichten sie doch noch vollständig hin, um über Bernstorffs Diplomatie einen vollständigen Triumph davon zu tragen. Der Fürst aber behandelte Bernstorff nach ihrem heftigen Zusammenstoße ironisch und sagte ihm auf die Mitteilung, er werde demnächst auf einige Wochen verreisen, im höflichsten Tone: „Das ist mir lieb, da höre ich eine Zeitlang nichts von der deutschen Frage[1]).

V

Die Verbitterung Bernstorffs äußerte sich auch darin, daß er von dieser Zeit an in seinen Berichten das düsterste Bild von den inneren Zuständen Österreichs entrollte. Wahres und Falsches ist dabei durcheinander gemischt, insbesondere Ungarn als Land geschildert, in dem ein chaotischer Zustand der Verwaltung herrsche und wo man auf einen Aufstand gefaßt sein müsse. So in dem Bericht vom 29. September 1850, in dem die aus der Luft gegriffene Mitteilung gemacht ist, auch die Deutschen und die Slowaken Ungarns wären so unzufrieden, daß sie sich aus Opposition bei der Volkszählung als Magyaren bekannt hätten; dadurch seien nicht weniger als 10 Millionen Magyaren gezählt worden. Dem gegenüber genügt es zu bemerken, daß die erste Volkszählung während des Absolutismus überhaupt erst 1857 stattfand. Solche Unrichtigkeiten sind doch zu stark.

Nach seiner Rückkehr aus Italien fand Bernstorff die Spannung vergrößert und sein patriotisches Herz war tief bekümmert über die traurigen Folgen der von ihm niemals gebilligten preußischen Politik. Sein ganzer Zorn aber kehrte sich gegen die österreichische Regierung, welche unerbittlich auf ihrem Wege weiterschritt; indessen lagen die Dinge doch derart, daß sie so handelte, wie er selbst in seinen früheren Berichten vorausgesagt hatte. Vom 18. Oktober 1850 an berichtet er fortlaufend über die offenkundig kriegerischen Absichten nicht bloß Schwarzenbergs, auch des Kaisers. Am 20. Oktober setzt er auseinander, Österreich wäre geneigt, „sich wie ein leichtsinniger, bankrotter Spieler in einen Krieg zu stürzen". Bedenke man die Lage in Italien und Ungarn, „so gehöre der jugendliche Leichtsinn eines

[1]) Bernstorffs Bericht vom 9. September.

zwanzigjährigen Herrschers und der unvertilgbare Eigensinn, ja ich möchte sagen, die tiefe Immoralität eines Mannes wie der Fürst Schwarzenbergs dazu", um solches in Angriff zu nehmen. Die Mehrzahl der Minister, so behauptet er, wären gegen die Politik Schwarzenbergs eingenommen und wünschten eine Verständigung, aber sie wagten nicht zu widersprechen. Indessen sei vorauszusehen, daß die kaiserliche Armee sich, abgesehen vom „Abfall ungarischer und italienischer Regimenter", unter kriegstüchtigen Generalen gut schlagen werde. Und am 27. Oktober wiederholte er, daß der österreichische Ministerpräsident den Krieg wünsche. Deshalb möge Preußen Holstein opfern, um Rußland von Österreich abzuziehen. Nur so könne man „die furchtbaren, von allen Seiten sich auftürmenden Gefahren für Preußen beseitigen und Österreichs falsche, gehässige und rachedürstende Pläne vernichten". Jedenfalls müsse Preußen energisch rüsten. „Denn es ist offenbar auf die möglichste Schnelligkeit und Geheimhaltung, ja auf hinterlistige Täuschung Euer Königlichen Majestät Regierung, mit einem Worte auf Überrumpelung und plötzliche Erdrückung Preußens abgesehen."

Diese düstere Auffassung der österreichischen Politik, welche, wie schon aus Sybels Darstellung, noch mehr aber aus der Korrespondenz Schwarzenbergs hervorgeht, mit den Tatsachen nicht übereinstimmt, gipfelt in dem seltsam moralisierenden Herzenserguß vom 2. November: „Es ist eine tiefe, unauslöschliche Schmach für Österreich, zwei andere große europäische Mächte gegen Preußen zu Hilfe gerufen zu haben, anstatt seine vermeintlichen Rechte allein in ehrlichem Kampfe gegen diese an sich schon so viel kleinere Macht zu verfechten." So kindlich urteilte der preußische Gesandte über die pflichtgemäßen Anstrengungen Schwarzenbergs, sich den Beistand Rußlands und die Neutralität Frankreichs zu sichern. Es ergab sich von selbst, daß Bernstorff Ende Oktober seiner Regierung eine Denkschrift übersandte, in der er einen Kriegsplan entwirft und dabei einen Aufstand in Ungarn in Rechnung zieht[1]).

---

[1]) Die Denkschrift ist zum größeren Teil bei Ringhoffer, S. 138—142, abgedruckt.

Unmittelbar darauf wurde Bernstorff zur Berichterstattung nach Berlin berufen oder, wie man vielfach glaubte, um das durch den Rücktritt Radowitz' erledigte Amt eines Ministers des Äußeren zu übernehmen. Wenigstens schreibt er am 7. November an das Ministerium in Berlin, es möge von einem derartigen Vorschlag an den König Abstand nehmen, da sein schlechter Gesundheitszustand ihm die Annahme des Amtes nicht gestatten würde. Er erkrankte zu dieser Zeit wieder, konnte die Reise nach Berlin nicht unternehmen und mußte sich in seinem Amte bis zum 15. November durch den Legationsrat Rosenberg vertreten lassen. Ob man in Berlin wirklich an seine Berufung ins Ministerium dachte, läßt sich nicht entscheiden; es wäre dies aber im Widerspruch mit der Absicht des Königs gestanden, einen Krieg gegen Österreich und Rußland zu vermeiden.

Manteuffel übernahm damals die Leitung der äußeren Geschäfte, um durch Nachgiebigkeit den Frieden zu erhalten. Bernstorff war jedoch damit nicht einverstanden, er wollte lieber einen Waffengang als die Demütigung Preußens. Wieder, so in dem Bericht vom 15. November, mahnt er zum Mißtrauen gegen die Friedensversicherungen Schwarzenbergs und warnt vor einer Abrüstung. Und am 18. November fügt er hinzu: „Alle wohlmeinenden Ratschläge der wenigen Männer, welche es (in Wien) wagen, ihre Ansicht offen auszusprechen und die Wahrheit zu sagen, prallen an der Unzugänglichkeit des Kaisers für andere Ratschläge als die des Fürsten Schwarzenberg und an dem tyrannischen Eigensinn dieses letzteren ab." General Schönhals wäre in Ungnade gefallen, weil er sich gegen Schwarzenberg ausgesprochen habe.

Dem Fürsten Schwarzenberg waren die Gesinnungen Bernstorffs bekanut und auf die Nachricht hin, Bernstorff könne Minister werden, schrieb er am 6. November an Prokesch: „Es wäre kein Glück, wenn Graf Bernstorff wirklich das Portefeuille der auswärtigen Angelegenheiten erhalten sollte. Er ist reizbar und heftig und hat bei solchen Anlagen in diesen letzten zwei Jahren der Galle so viel hier angesammelt, daß er die Geschäfte kaum mit Unbefangenheit zu behandeln vermöchte und schwerlich der Mann wahrer Versöhnung wäre. Geben Sie dies dem Frei-

Herrn v. Manteuffel reiflich zu erwägen." Und am 16. November schreibt er nach einem scharfen Ausfall auf den Legationsrat v. Rosenberg: „Auch Graf Bernstorff hat sich in den letzten Wochen so verfahren, daß er, seinem eigenen Gefühle nach, hier nicht mehr ersprießlich wirken kann. Er sitzt zuhause, sieht niemand und sagt sich krank. Ich weiß aber, daß seine Gesundheit nichts zu wünschen übrig läßt."

In diesem Punkte jedoch hatte Schwarzenberg unrecht, wie u. a. aus einem von Bernstorff nach Berlin gesandten Krankheitszeugnisse Professor Oppolzers erhellt. Schwarzenberg fügt dann am 18. November hinzu: „Trachten Sie, daß man uns vom Grafen Bernstorff befreie. Der Mann kann hier nur mehr verderben, er geht nicht aus seinem stets verschlossenen Hause heraus, empfängt aber hier und da einige neugierige Kollegen, denen er die absurdesten Dinge sagt. Er und sie erzählen ganz ernsthaft, daß Feldmarschall Graf Radetzky dringend vom Kriege abrate, daß Feldmarschalleutnant Graf Clam sich weigere, ein Kommando in Böhmen zu übernehmen, daß eine große Anzahl Generale ihre Übersetzung nach Italien verlangten, um nicht gegen Preußen Krieg zu führen usw. Ferner lesen sie die alten und neuen Relationen über die Ermordung der französischen Agenten bei Rastatt und fragen, wie sie es anstellen sollen, um nicht dem gleichen Schicksal zu verfallen — kurz ihre Reden und ihr Benehmen sind ein solches Kompositum von Bosheit, Dummheit und Angst, daß die Berichterstattung eines derartigen Gesandten nur großes Unheil und wirkliche Gefahr bringen kann."

Man sieht, Schwarzenberg und Bernstorff hegten jeder über den andern die schlimmste Meinung. König Friedrich Wilhelm nun ebenso wie Manteuffel waren der Ansicht, Bernstorff übertreibe, und der erstere sprach zu seinem Generaladjutanten Gerlach von Bernstorffs „wahnsinnigem Mißtrauen gegen Schwarzenberg". Deshalb wurde Graf Westphalen mit einer besonderen Sendung nach Wien betraut, und dieser berichtete nach einem Gespräche mit Schwarzenberg, am 24. November, folgendes: „Das österreichische Kabinett, und mit ihm die öffentliche Meinung und der größte Teil der Armee betrachtet einen Krieg mit Preußen als ein in seinen Folgen unberechenbares

Ereignis — es will und sucht aufrichtig eine Verständigung mit Preußen, noch kürzlich schien ihm eine Verständigung schon erreicht — und es hält sie auch in diesem Augenblick noch für möglich und selbst für leicht erreichbar, wenn Preußen in der kurhessischen und holsteinischen Angelegenheit an der bereits verabredeten Übereinkunft festhält, seinen in bezug hierauf gegebenen, Österreich genügenden Zusicherungen treu bleibt." Schwarzenberg, so fügte Westphalen hinzu, mache ihm den Eindruck der Offenheit und werde nur dann für den Krieg sein, wenn die kurhessisch-holsteinische Sache nicht geregelt werde. „Österreich will den Krieg nicht, unternimmt ihn unter jenen Voraussetzungen aber gewiß; es ist jetzt schon dazu gerüstet." Hier ist wirklich der Kern der Absichten Schwarzenbergs herausgeschält: seine Versicherung, Österreich werde Frieden halten, wenn die Preußen Kurhessen räumten, war aufrichtig, wie der Gang seiner Politik deutlich beweist. Man kann der Meinung sein, daß der österreichische Ministerpräsident dabei weit über das Notwendige hinausging und daß er sich mit der Auflösung der Union hätte zufrieden geben sollen: es ist jedoch Tatsache, daß er durch seine Kriegsdrohungen dies und nicht mehr durchsetzen wollte.

Als nun der König eine Zusammenkunft zwischen Schwarzenberg und Manteuffel zu Olmütz vorschlug, verlangte der österreichische Minister, daß zuvor Kassel von den Preußen geräumt werde. Nur mit Mühe erreichte Bernstorff in einer längeren Unterredung, daß Schwarzenberg noch einmal dem Kaiser Franz Josef Bericht erstatte, und dieser fällte die Entscheidung, sein Ministerpräsident habe die Reise nach Olmütz jedenfalls anzutreten; hier erst wäre über die Räumung zu verhandeln. Mit gutem Recht nimmt Bernstorff für sich das Verdienst in Anspruch, zur Erhaltung des Friedens beigetragen zu haben. Er war aber in einem schweren Irrtum befangen, als er seiner Mutter am 29. Dezember 1850 schrieb: „Daß übrigens Schwarzenberg mich weder für einen ‚Radowitzianer', noch für einen ‚Revolutionär' hält, davon kannst Du überzeugt sein, und daß er mir kurz vor der großen Katastrophe ein ganz besonderes Vertrauen schenkte, davon habe ich die unzweideutigsten Beweise in der Hand . . . Es ist hier notorisch, daß niemand so gut wie ich mit Schwarzenberg verhandeln kann ..." Und Manteuffel gegenüber rühmte er sich, daß niemand bei Schwarzenberg das erreicht hätte, was ihm gelungen war, nämlich dessen Reise nach Olmütz. Welch abenteuerliche Selbsttäuschungen!

Bei der Zusammenkunft Schwarzenbergs und Manteuffels gab Preußen in der kurhessischen Sache nach, so daß Österreich einen stattlichen Erfolg davontrug. Bernstorff empfand es als Zurücksetzung, daß er nicht zugezogen wurde, aber er billigte den Abschluß. Am 30. November telegraphierte er nach Berlin: „Man ist hier allgemein erfreut über die durch die Olmützer Konferenzen eröffnete Aussicht auf einen friedlichen Ausgleich. Man hofft um so mehr, daß Euere Majestät die von dem Staatsminister von Manteuffel mit dem Fürsten Schwarzenberg vereinbarten Punkte genehm halten werden, als sie für Preußen bedeutend vorteilhafter sind, als das Ergebnis der Warschauer Konferenzen es war und ein gemeinschaftliches Handeln der beiden deutschen Großmächte dadurch wieder möglich wird." Dieser Ratschlag Bernstorffs war ebenso durch seinen Wunsch nach einem Ausgleich eingegeben, wie durch die Überzeugung, daß das mit Rußland und den deutschen Mittelstaaten verbündete Österreich militärisch Preußen überlegen war.

Bernstorffs Tage in Wien waren gezählt. Am 6. Dezember 1850 meldete Westphalen, es sei ihm peinlich, berichten zu müssen, Schwarzenberg spreche sich dahin aus, „daß Graf Bernstorff sein und des kaiserlichen Kabinetts Vertrauen nicht besitze, daß es im Interesse beider Regierungen liege, denselben auf dem hiesigen Gesandtschaftsposten durch einen anderen Diplomaten zu ersetzen". Der Fürst hatte dies, wie er Westphalen unterrichtete, schon in Olmütz zu Manteuffel gesagt. Ohne daß Bernstorff wußte, war seine Abberufung in Berlin eine beschlossene Sache; denn da man Hand in Hand mit Österreich gehen wollte, war der reizbare, Schwarzenbergs Geist und Charakter gleich mißgünstig beurteilende Diplomat nicht auf seinem Platze. Der Gesandte verschlechterte seine Position noch durch seine nächsten Berichte nach Berlin, wo man über ihren Inhalt wohl ebenso den Kopf geschüttelt haben wird, wie wir es heute tun müssen. Denn er war, als Schwarzenberg durch den

Rückzug Preußens in der hessischen und holsteinischen Frage zur Höhe emporstieg, der merkwürdigen Ansicht (Bericht vom 18. Dezember), daß Schwarzenberg nicht mehr das volle Vertrauen des Kaisers genieße, daß der zum Präsidenten des Reichsrates (Staatsrates) berufene Freiherr von Kübeck auch auf die äußere Politik Einfluß üben werde. Schwarzenberg hätte in den Fragen des Bundesrechts so viele Fehler begangen, daß man das Bedürfnis fühle, den Rat auch sachkundiger Männer zu hören. Bruck und Schmerling wären mit Schwarzenberg nicht einverstanden, und sie hofften auch Bach zu sich hinüberzuziehen. Justizminister Schmerling strebe nach dem Portefeuille des Äußern. Doch müsse es dahingestellt bleiben, ob der Kaiser eine Veränderung eintreten lassen werde, obwohl dessen Vertrauen in Schwarzenberg erschüttert sei. — Diese Schilderung steht mit der Sachlage im Widerspruch. Daß Schmerling sich geschmeichelt haben sollte, Schwarzenberg zu stürzen, ist nicht glaubhaft, da der Sieg der von ihm vertretenen liberalen Politik in diesem Zeitpunkte ganz ausgeschlossen war; tatsächlich erhielt Schmerling einen Monat später die Entlassung.

Es dauerte nicht lange, daß der Gesandte erfuhr, er werde Wien verlassen müssen, ohne vorerst einen anderen Posten zu erhalten. Dadurch wurde seine tiefe Mißstimmung über die österreichische Politik noch verschärft. In einem seiner letzten Berichte vom 5. April 1851 weiß er wieder über Bruck das Schlimmste zu sagen. Der Handelsminister strebe nach dem Portefeuille der Finanzen, um die Spekulationen, durch die er sich bereichere, mit noch größerem Erfolge fortzusetzen. Ebensowenig stichhaltig ist die Behauptung desselben Berichtes, daß das Verbleiben Bachs im Ministerium deshalb nicht möglich wäre, da alle seine Organisationsversuche „sich als vollkommen unausführbar und unfruchtbar erweisen". Nun konnte man dem Minister des Innern sehr viel vorwerfen; daß er aber als Mann der Verwaltungsorganisation in Österreich nicht seinesgleichen besaß, davon mußte ein Beobachter der Dinge doch bereits eine Ahnung haben.

Graf Bernstorff war seiner Aufgabe als Widerpart Schwarzenbergs nicht gewachsen. Doch ist, um ihm gerecht zu werden, festzustellen, daß er erst gegen Ende seiner Wiener Gesandtschaft versagt hat. Denn von 1848 an bis zum August 1850 zeigt er sich als ernsten, klaren Berichterstatter, der mit einer festumschriebenen Auffassung des Verhältnisses Preußens zu Österreich seiner Regierung gute und positive Ratschläge gab. Er weicht nie von der Linie ab, die er sich gezogen: Zweiherrschaft in Deutschland ist sein Ziel. Unaufhörlich erneuert er dazu seine Anstrengungen. Als er jedoch im August 1850 von einem schweren Mißerfolge betroffen wurde, brach er förmlich zusammen. Wahrscheinlich waren seine Irrtümer schon damals Vorboten der Erkrankung, die ihn gleich darauf heimsuchte. Von diesem Augenblick an verliert er das Gleichgewicht und ist von solchem Haß gegen Schwarzenberg und von solchem Mißwollen gegen die anderen damals in Wien maßgebenden Männer erfüllt, daß er die Dinge immer durch trübe Gläser sieht. Offenbar verkehrte er seitdem nur mehr mit den Männern der aristokratischen Opposition, welche, mit dem Fürsten Windisch-Grätz an der Spitze, Schwarzenbergs selbstwilliges, rücksichtslos durchgreifendes Regiment aufs heftigste bekämpften. In diesem Sinne nannte Schwarzenberg ihn geringschätzig einen Aristokraten, was sonst im Munde des Fürsten nicht ein Tadel gewesen wäre. Doch muß hinzugefügt werden, daß jene Entgleisungen Bernstorffs nur eintraten, wenn es sich um Urteile über Personen handelte; über die Kernfragen der deutschen Politik dagegen dachte er mit sicherer Schätzung der von Preußen zu stellenden Ansprüche. Hält man sich die Umstände vor Augen, unter denen er im August 1850 ganz aus dem Gleichgewicht geriet, so wird man seine Berichte mit Nutzen lesen, sie jedoch für die innere österreichische Politik seit jenem Zeitpunkte lieber gar nicht verwerten. Bei aller Anerkennung seiner guten Eigenschaften muß das Gesamturteil doch dahin lauten, daß er nicht aus dem Holze geschnitzt war, um die Vorherrschaft Preußens in Deutschland mitbegründen zu können.

Schwarzenberg an Prokesch

(Aus dem Wiener Staatsarchiv)

Wien, den 3. September 1850.

Lieber Freund! Ich habe Ihre Briefe und Expeditionen erhalten und entspreche einstweilen privatim Ihrem Wunsche, nähere Aufklärungen über den jetzigen Stand der Dinge zwischen Berlin und Wien zu erhalten.

Was man Ihnen in Berlin als österreichische Vorschläge mitgetheilt hat, verdient diese Bezeichnung nicht; es ist eine Forsboom'sche Intrigue und bis jetzt noch nichts weiter.

Besagter Dilettant-Diplomat kam vor längerer Zeit nach Wien, gab vor, mit speziellen Weisungen von Seite hochgestellter Männer versehen zu seyn und ließ mich durch eine 3te Person fragen, ob man hier auf eine direkte Verständigung mit Preußen eingehen würde?

Auf meine, im Allgemeinen bejahende Antwort wurden mir durch die besagte 3te Person die bewußten vier Punkte, deren genaue Fassung mir nicht einmal mehr recht erinnerlich ist, vorgelegt; es sind ungefähr dieselben, die wir vor Monaten als Basis des zu bildenden Interims vorgeschlagen hatten und welche damals in Berlin abgelehnt worden waren.

Auf die Anfrage: ob wir nun diese vier Punkte als Grundlage der Vorschläge für das zu bildende Definitivum betrachten wollen? — antwortete ich, daß allerdings aus diesen vier Punkten etwas Nützliches zu machen wäre.

Diese Äußerung wurde Hr. Forsboom hinterbracht. Von dem, was dieser wohlgesinnte aber sehr beschränkte Volontär-Mittelman aus meinen Worten gemacht hat, habe ich erst durch Ihren Brief vom 22. Kenntniß erhalten. Es scheint, daß Hr. Forsboom auch Graf Bernstorff über die Bedeutung meiner Äußerung irre geführt hatte, denn aus den Depeschen, die er mir gestern mitgetheilt hat, ersehe ich jedenfalls, daß man in Berlin von österr. Vorschlägen spricht. Hr. Forsboom ist mir sogar nach Ischl nachgereist, um seinen dipomatischen Trumpf zu vervollständigen. Inzwischen hatte mir Ihr Schreiben vom 22ten über die allzu sanguinische Auffassung meiner Worte in Berlin Aufschluß gegeben. Ich sagte Hr. Forsboom meine Meinung mit aller Aufrichtigkeit und empfahl ihm dringend, seiner politischen Thätigkeit wenigstens in Wien zu entsagen.

Nun steht die Sache so: — Unser Wunsch mit Preußen zu einer Verständigung zu gelangen, ohne welche eine definitive und vernünftige Constituirung Deutschlands nicht zu erreichen ist, bleibt immer derselbe. Wie aber dies Ziel mit den Männern, welche die preußische Politik leiten, wenn sie nicht andere Wege einschlagen, zu erreichen ist, kann ich mir nicht klar machen. — Unser Mißtrauen ist so groß, daß ich in der Bereitwilligkeit, auf unsere sogenannten Vorschläge einzugehen, noch nichts anderes sehen kann, als die Absicht, den Bundestag zu hintertreiben und Zwietracht zwischen uns und unsere Bundesgenossen zu säen. — Die Union ist auf halbem Wege zwischen Erfurt und Berlin, mit dem Ridicule einer Reichsverfassung behaftet, liegen geblieben; das fühlt man in Berlin so gut wie anderswo. So lange man es aber nicht sagt, daß man ohne dieser (!) Verfaßung den Weg mit uns gehen will, glauben wir nicht an den ernstlichen Willen einer Verständigung mit Oesterreich. —

Die Union mit ihrer Propaganda und mit ihren revolutionären Keimen und Gelüsten wird unserer Ansicht nach immer noch en reserve gehalten, um bei gelegener Zeit damit hervorzutreten. In der Praxis ist die Union an ihrer Absurdität gescheitert. In der Theorie wird sie aber festgehalten und damit auf bessere Zeiten gewartet. Daß inzwischen die Revolution aus diesem Festhalten an ihrem Frankfurter Kinde neue Hoffnung und neue Kraft schöpft, kümmert den Schauspieler Radowitz nicht. Er hat sich eingebildet, in dieser Rolle zu glänzen; er hört das Pfeifen im Publicum nicht und hofft noch vor dem Falle des Vorhanges auf Applaus und Blumenkrone.

Ich bedauere Graf Bernstorff, der ein ganz ehrlicher Mann und vom besten Willen beseelt ist, hier aber mit dem bis jetzt noch unbesiegten Mißtrauen gegen Berlin zu kämpfen hat.

Unsere Bereitwilligkeit, auf das preuß. Begehren der Mitverwaltung des Bundeseigentums einzugehen, ist vielfach falsch aufgefaßt worden. Man hat darin eine Scheu vor ernsten Verwicklungen oder europäischen Complicationen gesehen. Man hat in großen Combinationen den Grund unserer Nachgiebigkeit gesucht. Sie selbst, lieber Freund, scheinen sich dieser Ansicht zuzuneigen. Das ist ein Irrthum. Suchen Sie die Gründe unseres Vorgehens in Nichts anderem, als in dem Wunsche, alle jene Rücksichten gegen Preußen an den Tag zu legen, welche mit dem Festhalten an unserem Recht und an unseren Prinzipien vereinbar sind. Ich weiß, daß unsere ängstliche Alliirten mehr darin sehen wollen; es ist aber unrichtig.

Daß die preuß. ministeriellen Blätter hierüber in die Siegestrompette gestoßen haben und Preußens festem Auftreten und energischer Sprache die Ehre hievon zuschreiben, ist dem dortigen Treiben angemessen. Uibrigens wünsche ich im Interesse beider Mächte, daß man sich in Berlin des Uibermuthes in Worten, der sogar manchmal in Drohungen ausartet, enthalten möge. Es kann nichts gutes dabei herauskommen; auf unsere Nerven macht das keinen Eindruck, und wie man an der Spree sagt: „bange machen gilt nicht." —

Wir sind, wie gesagt, zur Verständigung bereit, und so bald man uns die Uiberzeugung giebt, daß die Union vom 26ten Mai definitiv beiseite gelegt ist, läßt sich aus uns viel machen. So lange das nicht der Fall, sehen wir in der Union einen Hinterhalt, aus der uns später in den Rücken gefeuert werden soll. Unter solchen Umständen führt ein vorsichtiger Mann seine Truppen einen anderen wenn auch weniger bequemen Weg.

Ich habe 6 Tage mit Graf Nesselrode in Salzburg, Ischl und Linz zugebracht und habe Ursache, mit dem Resultate unserer Besprechungen zufrieden zu seyn. Das Nähere schreibe ich mit dem nächsten Curier.

Ihre Frau, die ich leider ein einziges Mal in Ischl gesehen, habe ich wohl verlassen.

Entgegnung auf den Angriff eines ungarischen Historikers[1])

(Veröffentlicht 1918)

Die ungarischen Historiker regen sich jedesmal auf, wenn in die jenseits der Leitha üppig wuchernde Legendenbildung hineingeleuchtet wird. Eine große Anzahl österreichischer Geschichtsforscher und Staatsrechtslehrer sind aus diesem Grunde Gegenstand von Angriffen geworden, die sich zwar nicht durch Gründlichkeit und Scharfsinn, wohl aber durch größere oder geringere Grobheit auszeichneten. Zu den weniger groben gehört die von Professor Angyal gegen mich in einer österreichischen und einer ungarischen Zeitschrift geführte Polemik. Wohl wird der in meinem Werke „Österreich von 1848 bis 1860" gegebenen Darstellung die „ernste Grundlage", überhaupt „jede Berechtigung" abgesprochen, wohl wird mir „ungenügende Sachkenntnis" vorgehalten. Das ist nun zwar unter normalen Verhältnissen genug an Abkanzelung seitens eines Kritikers, der offenbar mit dem Gefühle der Überlegenheit auf einen kleinen Mann seines Faches hinabsieht. Immerhin ist mit Angyal noch eine Auseinandersetzung möglich, anders als mit seinen Landsleuten, unter denen einer seiner historischen Kollegen an der Budapester Universität sich durch solche Maßlosigkeit der Sprache hervorgetan hat, daß ich eine Entgegnung für überflüssig hielt.

[1]) Der Professor der Geschichte an der Budapester Universität David Angyal ließ in der ungarischen historischen Zeitschrift „Századok" einen gegen mich gerichteten Aufsatz erscheinen und veröffentlichte darauf eine etwas abgeschwächte Übersetzung in der ersten Nummer von „Österreich, Zeitschrift für Geschichte", die in Wien herausgegeben wird. Während ich sonst auf Angriffe nicht zu erwidern pflege, schien es mir notwendig, diesmal eine Ausnahme zu machen, da die ungarischen Rechtsfiktionen sogar in einem österreichischen Organ Eingang gefunden hatten.

Zwischen Anghal und mir besteht in zwei Fragen eine Meinungsverschiedenheit; und in beiden Fällen ist der Sachverhalt ziemlich einfach. Das eine Mal handelt es sich um die Ernennung des Grafen Ludwig Batthyany zum Präsidenten des gleichzeitig eingesetzten parlamentarischen Ministeriums in Ungarn, eine Maßregel, die am 17. März 1848 nicht durch den Kaiser und König Ferdinand, sondern durch den Palatin Erzherzog Stefan erfolgte. Der Revolutionssturm, der im März 1848 durch Europa fegte, trieb den Erzherzog in die Arme der von Batthyany und Kossuth geleiteten Partei. Stefan eilt nach Wien und fordert von der Regierung die Einsetzung eines selbständigen ungarischen Ministeriums, er droht mit seinem Rücktritt vom Amte, wenn die Forderung nicht bewilligt wird. Erzherzog Ludwig und die Staatskonferenz, die statt des Kaisers Ferdinand die Staatsgeschäfte führen, sind über die Haltung des Palatins außer sich und überhäufen ihn mit Vorwürfen. Er sieht deren Berechtigung ein und bittet den Erzherzog Ludwig nach dem Berichte eines ungarischen Zeugen vor der Konferenz um Entschuldigung, erklärt jedoch, nicht mehr zurück zu können. Darauf erhält er ein vom 17. März 1848 datiertes kaiserliches Reskript, in welchem gesagt ist, der Kaiser sei „geneigt", dem Verlangen zu willfahren, der Palatin wird also aufgefordert, „zu diesem Zwecke ... vollkommen geeignete Personen vorzuschlagen". Es wird aber die Bedingung gestellt, daß zuvor entsprechende Gesetzesvorschläge erstattet werden, um den Wirkungskreis des einzusetzenden ungarischen Ministeriums von dem der gemeinsamen Behörden abzugrenzen.

Das ist so durchsichtig wie möglich, und man sollte denken, daß nach der Veröffentlichung des kaiserlichen Reskripts ein Zweifel über die Natur der Verhandlungen des Palatins mit der Staatskonferenz nicht auftauchen konnte.

Nach dieser Verhandlung geschah aber etwas ganz anderes, als die Staatskonferenz voraussehen konnte. Der Palatin kehrt nach Preßburg zurück, erklärt die Bewilligung eines ungarischen Ministeriums für erfolgt und ernennt einfach den Grafen Batthyany zu dessen Präsidenten. Fortgerissen von den Führern der Bewegung, welche den schwachen Mann benützen, um sich der Gewalt zu bemächtigen, wartet der Erzherzog die ins Auge gefaßte Auseinandersetzung zwischen der Reichs- und der Landesgewalt nicht ab, sondern schafft durch die Erneunung eines Ministerpräsidenten eine fertige Tatsache.

Das oben angeführte Reskript vom 17. März ist nur eines der Aktenstücke, die mir zur Beurteilung des Erzherzogs zur Verfügung standen. Eine Reihe von Dokumenten sind in der von mir benützten Denkschrift enthalten, welche den Titel trägt „Auszug aus den hohen Konferenzverhandlungen", die Abtrennung Ungarns von der Zentralverwaltung betreffend[1]). Diese Zusammenfassung ist, wie schon aus dem Titel hervorgeht, nicht eine in Vorschlägen gipfelnde Denkschrift, sondern wirklich nur ein Auszug aus den Beratungen der Staatskonferenz, in welche die wichtigsten Dokumente wörtlich hinübergenommen sind. Der Auszug wurde im August 1848 angefertigt und ersetzt uns, so lange die Protokolle der Staatskonferenz nicht zugänglich sind, diese mit einer gewissen Vollständigkeit.

Trotz dieses klaren Sachverhalts bestreitet Anghal meine Darstellung, bestreitet insbesondere, daß der Palatin seine Vollmachten überschritten habe, obwohl dies in dem erwähnten Auszuge ausdrücklich als die Überzeugung der Staatskonferenz festgestellt ist. Der Palatin habe vielmehr vollständig gesetzlich gehandelt, es könne ihm also nicht vorgehalten werden, daß er einen revolutionären Akt gesetzt habe. Alles sei fein säuberlich und im Geiste der geltenden ungarischen Verfassung vor sich gegangen. Anghal bringt absolut kein neues Material vor und benützt ausschließlich die Dokumente und Berichte, die auch mir zugänglich waren. Ich gebe nunmehr seine Argumente wieder.

1. Professor Anghal beruft sich auf den Bericht, den der Palatin dem Landtag über seine Reise nach Wien erstattete, insbesondere auf dessen Worte, die besagen, er ernenne den Grafen Batthyany „den ich Seiner Majestät zu diesem Zwecke n a m h a f t g e m a c h t h a b e" — und diese drei Worte sind auch von Anghal im Drucke gesperrt. Triumphierend wendet er sich gegen

---

[1]) Dieser Aktenauszug befindet sich in der Registratur des österreichischen Ministeriums des Innern.

meine Darstellung und bemerkt, daß der Palatin also den Hof mit der Ernennung Batthyanys nicht überrascht habe. Diese Entdeckung ist nur für Angyal neu. Es war nie zweifelhaft, daß der Palatin den Grafen in Wien namhaft gemacht hatte, war er doch auch zu *diesem* Zwecke nach Wien gereist. Nicht darauf kommt es an, daß er Batthyany *genannt* hatte, sondern ob er die Vollmacht erhielt, ihn als Ministerpräsidenten einzusetzen. Das Überraschende war, daß der Erzherzog sich nicht an die im Reskript des Kaisers ausgesprochene Weisung gebunden glaubte. Wenn irgend ein Ministerpräsident seinem Monarchen eine Persönlichkeit *vorschlägt*, so folgt daraus nicht sein Recht, dem Parlament sofort mitzuteilen, der Betreffende sei zum Minister ernannt.

2. Das Reskript vom 17. März enthält eine Vollmacht zugleich mit deren Begrenzung. Wenn also der Palatin in seinem Bericht an den Landtag die Behauptung aufstellt, er habe von Seiner Majestät außerdem eine besondere Vollmacht erhalten, so könnte dies höchstens seitens des Kaisers Ferdinand mündlich bei persönlicher Rücksprache geschehen sein. Aber auch das ist unglaubwürdig, auf jeden Fall jedoch nichts bedeutend. Denn der schwachsinnige Kaiser gab bei mündlichen Vorschlägen jedermann recht und bei diesem Staatsakte ersten Ranges war nur die schriftliche Ausfertigung ausschlaggebend. Der Palatin kann eine vollgültige Ermächtigung, die dem kaiserlichen Reskript widersprach, nicht nach Preßburg mitgebracht haben.

3. Angyal führt weiter aus, daß dem Palatin offenbar für diesen Fall die königliche Gewalt übertragen war und beruft sich hiebei auf den Wortlaut des Gesetzartikels III aus dem Jahre 1848. Aber Herr Professor Angyal! Dieser Gesetzartikel, der Kern der 1848-Verfassung, erhielt die königliche Sanktion, wie männiglich bekannt, erst am 7. April d. J. und auf Grund dessen war der Palatin allerdings berechtigt, in Abwesenheit des Königs von Ungarn in dessen Befugnisse, auch bei Ernennung des Ministerpräsidenten, einzutreten. Am 17. März jedoch, dem Tage der Einsetzung Batthyanys, waren die Verfassungsgesetze noch nicht sanktioniert, höchstens im ersten Entwurfe fertig. Das weiß Angyal so gut wie irgend einer — deshalb ist seine Argumentation, um einen gelinden Ausdruck zu gebrauchen, unerlaubt.

Die Staatskonferenz ist die natürliche Richterin darüber, was mit dem kaiserlichen Reskript gemeint war und ob es vom Palatin eingehalten oder überschritten wurde. Diese hohe Körperschaft aber fällte das Urteil, daß der Palatin sich über seine Vollmachten hinweggesetzt habe. Die ungarischen Parteiführer wußten eben die ihnen günstige Sachlage geschickt zu benützen, um sich in den Sattel zu schwingen: in revolutionären Zeitläuften kommt es auf etwas mehr oder weniger Verfassungsmäßigkeit nicht an. In den Augen der Magyaren war das kein Fehler und es soll mit ihnen darüber auch nicht gerechtet werden. Nur wolle man uns mit der Behauptung verschonen, daß sich die Männer der Bewegung im März 1848 wie die verfassungsmäßigen Musterknaben benommen haben.

Angyal legt des weiteren großes Gewicht darauf, daß es auch nicht ungesetzlich war, als der neue Ministerpräsident Batthyany — gleichfalls ohne die Vollmacht des Königs abzuwarten — dem Landtage zwei seiner künftigen Ministerkollegen namhaft machte und diesen sofort eine gewisse Befugnis zuwies. Mein Kritiker beruft sich darauf, daß der damalige Vertrauensmann des englischen Botschafters, namens Blackwell, diesen Vorgang nur als „Bruch der Etiquette" bezeichnete; die Maßregel sei, so meint Angyal, nicht eine Gesetzesübertretung, sondern höchstens „eine überflüssige Formverletzung" gewesen. Sehr vorsichtig ausgedrückt! Es springt aber in die Augen, daß in Verfassungsfragen eine Formwidrigkeit zugleich den Inhalt des Gesetzes trifft. Indessen soll ein derartiger Zwirnsfaden meine Erörterung nicht aufhalten, da ich auch in meinem Buche diesen Umstand nicht in den Vordergrund gestellt habe. Bei diesem Anlasse aber wirft mir Angyal „ungenügende Sachkenntnis" vor in betreff des Übergangs der Regierung von der Hofkanzlei an das verantwortliche Ministerium. Indessen führt er zur Begründung nur allbekannte Tatsachen an, die in meiner Erzählung nur deshalb nicht vorkommen, weil ich sie nicht anschwellen lassen wollte. Meine Darstellung widerspricht jedoch jenen Tatsachen in keinem Punkte.

* * *

Auch die zweite der von Angyal aufgeworfenen Streitfragen betrifft nicht den historischen Sachverhalt, sondern etwas von ihm Abgeleitetes: das Urteil nämlich des Historikers über die Moral und die Verfassungsmäßigkeit in den Handlungen einer der Persönlichkeiten des Jahres 1848, des Grafen Ludwig Batthyany. Der Banus von Kroatien Jellačić hatte die Waffen gegen Ungarn ergriffen mit der Erklärung, er müsse die Einheit der Monarchie und die Rechte der Krone gegen magyarische Übergriffe verteidigen. Batthyany begibt sich darauf nach Innsbruck, wo sich der Kaiser und das ganze Hoflager befinden; hier stößt er beim Bruder des Herrschers Erzherzog Franz Karl und bei den übrigen Mitgliedern der kaiserlichen Familie auf Unentschlossenheit, wie man sich zwischen den streitenden Parteien verhalten solle; da nimmt er Audienz beim Kaiser und erwirkt von ihm, der die Tragweite der Maßregel auch nicht im entferntesten beurteilen kann, am 10. Juni den Erlaß einer Proklamation, durch welche Jellačić abgesetzt und gewissermaßen geächtet wird. Als Jellačić hierauf in Innsbruck anlangt, kann kein Mitglied der kaiserlichen Familie von der Sache gewußt haben; denn der Banus wird vom Kaiser und dem Hofe in Ehren empfangen und mit noch größeren Ehren verabschiedet; erst auf der Heimreise erfährt er im Pustertal aus der Zeitung, er sei abgesetzt und den Ungarn geopfert. Gleiche Überraschung am Hofe zu Innsbruck; man muß annehmen, daß der nichts ahnende Kaiser von dem, was er unterschrieben hatte, auch seinem Bruder und den Ministern nichts erzählt hatte — waren doch viele andere Unterschriften in gleicher Weise von ihm unter wichtige Dokumente gesetzt worden!

Da Angyal die Darstellung in meinem Buche, die zum Teil auf neuen Quellen beruht, „vertrauenswürdig" nennt, so beschränkt sich unser Zwiespalt auf die verschiedene Beurteilung Batthyanys. Herrn Professor Angyal gefällt dessen Handlungsweise, mir mißfällt sie gründlich. Darüber mit ihm zu streiten, wäre überflüssig. Denn er tritt nicht so sehr als Historiker, denn als nationaler Advokat auf den Plan, mich aber reizt die Rolle des Staatsanwalts nicht im mindesten. Schon in meinem

Buche stellte ich fest, daß die Proklamation vom 10. Juni formell rechtsgültig war, weil man den Kaiser nicht förmlich entmündigt hatte. Dennoch war das Vorgehen Batthyanys unerlaubt: mit demselben Rechte dürfte ein ungarischer Ministerpräsident seinem in Fieberphantasien liegenden König ohne Anfrage bei dessen Arzt und dessen Familie die Zustimmung zu folgenreichen Staatsakten entreißen. Ob dies dem ungarischen Staatsrecht entsprechen würde, darüber lasse ich mich in keine Erörterung ein, denn in dessen Geheimnisse ist außer den magyarischen Juristen und Politikern bisher noch kein irdisches Auge gedrungen. Wohl aber ist festzustellen, daß in Byzanz, auch zur Zeit der Unmündigkeit Ludwigs XIV., ebenso unter den ihrer Sinne nicht völlig mächtigen Zaren, wie Peter III. und Paul I., ähnliches geschehen ist und daß Vorgänge dieser Art immer Palastintriguen genannt worden sind.

Da ich moralische Urteile über historische Vorgänge nur ungern abgebe und auch dann nur zurückhaltend, so ist in meinem Buche auch bloß gesagt, daß, wenn Batthyany, was sehr wahrscheinlich ist, der Audienz beim Kaiser kein Mitglied der Dynastie zuzog, „die Unterschrift von dem Kaiser erschlichen war". Dieser Ausdruck erregt dem ungarischen Historiker die Galle und er tut meine Charakteristik Batthyanys damit ab, daß er sie eine „grundlose Hypothese" nennt. Es wäre vergeblich, einen magyarischen Patrioten über die Taten eines nationalen Heros zu einer diesem ungünstigen Auffassung zu bestimmen. Ich möchte mich auf die moralische Kennzeichnung der Handlungsweise Batthyanys auch deshalb nicht näher einlassen, weil meinem Gefühle nach schärfere Worte als in meinem Buche gebraucht werden müßten. Als Historiker befolge ich den Grundsatz, moralische Urteile nur insoweit abzugeben, als sich die Geschichtsdarstellung zu den Ansichten der Zeitgenossen, in erster Linie der beteiligten Personen, in ein Verhältnis setzen muß. Wenn diese sich zu ihren Handlungen durch die sittliche Auffassung einer Tat bestimmen ließen, so kann es der Historiker nicht vermeiden, auch auf Motive solcher Art sorgfältig einzugehen.

In dem vorliegenden Falle stand die Sache so, daß Batthyany

aufrichtig überzeugt war, Jellačić sei ein Hochverräter und müsse mit allen formell gestatteten Mitteln unschädlich gemacht werden. Auf der anderen Seite war die Entrüstung der kaiserlichen Familie wohl begründet. Sie sah sich hintergangen, denn Jellačić war, als er seine Sache zu Innsbruck in einer Art von Reichsversammlung führte, durch die genannte Proklamation insgeheim bereits als Hochverräter verurteilt. Dem Grafen Batthyany ist seine Tat nie vergessen worden, und im letzten Grunde liegt in den Vorgängen dieser Art die Ursache zu dem über ihn verhängten Todesurteil und zu dessen Vollstreckung, obwohl es feststeht, daß er Hochverrat nicht begangen hat und ungerecht zum Tode verurteilt war. Historisch genommen, ist es weniger wichtig, ob die kaiserliche Familie und die Männer ihres Vertrauens in ihrem Urteil über Batthyany moralisch im Rechte waren, als welche Folgen aus ihrer Auffassung über den Gang der Dinge erwuchsen. Die kaiserliche Familie hatte den Eindruck, daß selbst Batthyany, der Mann, der im Sommer 1848 auf dem rechten Flügel der nationalen Partei stand, sich über die Rücksicht auf die Dynastie ohne Bedenken hinwegsetzte, sobald Ungarns wirkliche oder vermeintliche Rechte in Frage standen; sie mußte also dazu gelangen, bei Jellačić Schutz zu suchen. Die Vorgänge in Innsbruck haben mithin den nächsten Anstoß zum Bürgerkrieg gegeben. Aber weiter: die Audienz Batthyanys beim Kaiser erwies die zwingende Notwendigkeit, Ferdinand I. zur Abdankung zu bewegen und einen Herrscher auf den Thron zu setzen, der mit eigenen Augen sehen, mit eigenen Sinnen prüfen und entscheiden konnte.

Erörterungen dieser Art fallen eigentlich nicht in den Bereich der Geschichtswissenschaft. Aber Angyal ist als Publizist und Anwalt aufgetreten und ich mußte ihm notgedrungen auf dieses Gebiet folgen. Für die Geschichte ist aus solchem Meinungsstreit nicht viel zu gewinnen. Das zeigte sich mir, als ich mich fragte, was aus den Darlegungen Angyals in die vierte Auflage des ersten Bandes meines Werkes hinüberzunehmen wäre, die ich soeben abschließe[1]). Es ergibt sich nun, daß wegen der

[1]) Diese vierte Auflage ist im Sommer 1918 erschienen.

Kritik Angyals oder wegen meiner Entgegnung auch nicht ein Wort an der Darstellung geändert werden muß. Der Historiker hat die Ereignisse und ihren inneren Zusammenhang zu durchforschen, und das alles bleibt unberührt, ob die Männer der Revolution von 1848 heute den ungarischen Patrioten in idealem Lichte erscheinen oder nicht.

Der österreichisch-ungarische Ausgleich von 1867

(Veröffentlicht 1917)[1])

Die Niederlage von 1866 deckte die schweren Schäden des österreichischen Staatslebens auf und stürzte die öffentliche Meinung in tiefe Entmutigung. Die Prophezeiungen des baldigen Zerfalls des Reiches trafen jedoch nicht ein, und seine noch nicht erloschene Lebenskraft bekundete sich in überraschend schneller Erholung. Österreich brach nach Königgrätz nicht zusammen wie Preußen nach Jena, wie Frankreich bei Waterloo; seine im Norden überwundene Kriegsmacht war nach den Siegen über Italien bei Custoza und bei Lissa noch immer achtunggebietend. Das Reich war so bündnisfähig wie je: schon 1867 bewarben sich gleichzeitig Preußen und Frankreich um seine Freundschaft, und der Zar ließ durch den Prinzen Thurn und Taxis nach Wien sagen, er sei bereit, die Erinnerung an den Krimkrieg zu vergessen und sich dem Wiener Kabinett zu nähern. Venezien zwar mußte abgetreten werden, aber es wäre auch bei einem anderen Verlaufe des Krieges auf die

---

[1]) Seit dem Erscheinen dieses Aufsatzes (im August- und im Septemberheft der „Preußischen Jahrbücher" 1917) ist Österreich-Ungarn aus den Fugen geraten. Nicht abzusehen ist, wohin auch in Ungarn die Entwicklung drängt. Ich bringe den Aufsatz dennoch im ganzen in der ursprünglichen Gestalt wieder zum Abdruck, da er nicht in einer politischen Absicht geschrieben war, sondern das Entstehen und die Wirksamkeit des Ausgleiches von 1867 historisch erfassen sollte. Da seither, was 1917 Gegenwart war, Vergangenheit geworden ist, so sind einige auf die Lage der Dinge vor dem Weltkriege bezügliche Bemerkungen weggelassen. Im Übrigen behielt die Arbeit die ursprüngliche Fassung. Sollten sich darin doch die Zustände nach 1867 möglichst treu spiegeln, und durch die Stürme der folgenden Zeit änderte sich nichts an den historischen Tatsachen.

Dauer nicht festzuhalten gewesen. Tiefer wurde die Zerreißung der uralten Verbindung mit Deutschland empfunden, aus dessen Mutterboden Österreich viel geistige, politische und militärische Nahrung gezogen hatte. Tränen entströmten den Augen des Referenten über die deutschen Angelegenheiten im österreichischen Ministerium des Äußern, Freiherrn von Biegeleben, während er den dem Kaiser zu erstattenden Vortrag über den Austritt aus Deutschland niederschrieb. Nur der eine Trost ließ sich geben, daß Österreich damit auch einer schweren Bürde entledigt wurde, der Pflicht der Verteidigung Deutschlands gegen Westen, wofür durch drei Jahrhunderte viel edles Blut geflossen war. Die Beherrschung Deutschlands und Italiens ging über die Kräfte der Monarchie, welche, so oft sie auch militärisch die Probe bestand, dieser Aufgabe schon finanziell nicht gewachsen war. Von jetzt ab war Österreich seinen nächsten Pflichten zurückgegeben.

Ernennung Beusts zum Minister des Äußern

Noch aber nahm das Haus Habsburg seinen Ausschluß aus Deutschland nicht als endgültige Tatsache hin. Zu schmerzlich war der Verzicht auf die erste Stelle unter den deutschen Fürsten, nachdem 21 Herrscher seit Rudolf von Habsburg die deutsche Königskrone, 15 von ihnen die römisch-deutsche Kaiserkrone getragen hatten. Der verwundete Stolz lehnte sich gegen den Richterspruch von 1866 auf. Der unfertige Zustand Deutschlands erweckte im habsburgischen Kaiserhause die Hoffnung, es werde sein Erstgeburtsrecht doch noch zur Geltung bringen. Es schien den Erfahrungen einer tausendjährigen Geschichte zu widersprechen, daß die deutschen Stämme sich auf die Dauer dem König von Preußen unterordnen würden. In der Hofburg lockte die Aussicht auf einen Bund mit Frankreich, mit dessen Hilfe ein Waffengang gegen Preußen gewagt werden könne. Das war der Grund, weshalb Kaiser Franz Josef am 30. Oktober 1866 den Freiherrn Ferdinand von Beust mit der Leitung der auswärtigen Angelegenheiten betraute. Unter den Ministern der Mittelstaaten, welche die preußische Vorherrschaft bekämpft hatten, war Beust der fähigste; fortan hatte er für dieselbe Sache auf einem weiteren Schauplatze mit größeren Mitteln zu wirken. Er entwickelte dem Kaiser: wohl werde in Norddeutschland die preußische Macht kaum mehr zu erschüttern sein, aber so viel könnte Österreich erzielen, daß die Süddeutschen sich ihm anschlössen. Kaiser Franz Josef ergriff diesen Gedanken mit aller Lebhaftigkeit, und Beust ging sofort daran, die zersprengte großdeutsche Partei zu sammeln, um sie im gegebenen Falle zum Kampfe aufzubieten.

Beust wußte noch nicht, daß Bismarck ihm bereits durch den im August 1866 erfolgten Abschluß der Verteidigungsbündnisse mit den süddeutschen Staaten zuvorgekommen war. Als er unmittelbar vor seiner Ernennung zum österreichischen Minister nach München reiste, um den Boden zu prüfen, stieß er beim bayerischen Ministerpräsidenten Freiherrn von der Pfordten auf unbedingte Ablehnung. Dieser hatte das geheime Bündnis mit Preußen geschlossen und nahm Beust alle Hoffnung auf die Durchsetzung seiner Pläne. Er drang in ihn, in seiner neuen Stellung nicht eine Politik des Hasses und der Rache zu befolgen, auch nicht zu vergessen, daß er ein Deutscher sei, demnach von der Zuflucht zu einem französischen Bündnis abzusehen. Solche Absichten stellte Beust in Abrede, aber Pfordten durchschaute ihn. Er teilte dem preußischen Gesandten Prinzen Reuß den Inhalt des Gespräches mit und knüpfte daran die schwerwiegende Bemerkung: Kaiser Franz Josef habe die an sich „unbegreifliche" Wahl Beusts zu seinem Minister nur getroffen, weil er vom Gefühl der Rache beseelt sei und für sie „ein brauchbares Werkzeug" benötige. Daß Pfordten richtig gesehen, geht aus den Urteilen von Amtsgenossen und Gehilfen Beusts hervor. In diesem Sinne äußerte sich der ungarische Hofkanzler Mailath Anfang Februar 1867; und einer der Räte Beusts im Ministerium des Äußern, Baron Orczy, vertraute in den ersten Tagen des deutsch-französischen Krieges, am 10. August 1870, seinem Tagebuch den gewichtigen Satz an: „Ich bin immer mehr davon überzeugt, daß Beust, als er 1866 die Leitung der äußeren Angelegenheiten übernahm, das Versprechen gegeben, Rache an Preußen zu nehmen." Diese Zeugnisse stimmen darin überein, daß seine

Aufgabe ihm von der Hofburg gesetzt wurde, so daß er nur der Vollstrecker des Willens des Kaisers war. Daraus folgte auch, daß er sich nur so lange im Amte halten konnte, als die Hoffnung auf Vergeltung an Preußen bestand. Dann war seine Uhr abgelaufen[1]).

Gründe für den Ausgleich mit Ungarn

Nach dem Kriege von 1866 war Franz Josef I. von Empfindungen beseelt wie Kaiserin Maria Theresia nach dem Verluste Schlesiens. Sie aber konnte den herben Schlag nie verwinden, während Franz Josef, kühler geartet, sich mit den Jahren in die neue Lage schickte und zuletzt mit der norddeutschen Macht völlig aussöhnte. Dem leidenschaftlichen Fühlen der stolzen Herrscherin wäre dies unmöglich gewesen; Franz Josef dagegen überwand, da das Wohl seines Reiches Entsagung forderte, seine Abneigung und blieb dem neuen Bunde bis an sein Lebensende treu. Bis 1871 jedoch lebte und webte er in dem Gedanken der Vergeltung an Preußen, so zwar, daß nicht bloß seine äußere, sondern auch seine innere Politik unter diesem Zeichen stand. Je nachdem der Kaiser annahm, die Magyaren oder die Deutschen oder die Slawen würden sich williger gegen die preußische Vorherrschaft in Deutschland aufbieten lassen, zog er zwischen 1866 und 1871 die einen oder die anderen zur Regierung heran. Das war das Dauernde im Wechsel.

Nach den trüben Erfahrungen von 1866 sann der Kaiser zudem auf Mittel, um die Kräfte des Reiches neu zu beleben und dessen Völker zu höherem geistigen Dasein zu erwecken. Zwei Dinge waren notwendig: das Einströmen modernen Geistes und die Versöhnung mit Ungarn. Das Gerüst der militärischen, politischen und finanziellen Verwaltung war an vielen Stellen schadhaft geworden, eine Auslösung der Stützbalken notwendig. Dann aber wollte sich die Regierung nicht länger durch die Opposition Ungarns lähmen lassen. Für den Ausgleich sprach auch der natürliche Wunsch des Kaisers, das politisch kräftigste

[1]) Die Äußerungen Pfordtens und Orczys finden sich bei Eduard v. Wertheimer „Graf Julius Andrassy", I, S. 241 und 242.

seiner Völker enge mit seinem Hause zu verbinden. Darin bestärkte ihn seine Gemahlin, die sich von dem freien und stolzen Wesen der Magyaren angezogen fühlte. Kaiserin Elisabeth lebte des Glaubens, daß ihrem Gatten wie ihrem Sohne nur von einem unzufriedenen Ungarn ernste Gefahr im Innern erwachsen könne. Aus diesem Gefühle heraus formte sich ihr das zukünftige politische Bild der Monarchie, von ihrer feinen Hand sind darin manche Linien eingezeichnet. Sie mahnte zur Versöhnung selbst um den Preis ansehnlicher Opfer. Der Kaiser, diese Stimmung teilend, entschloß sich zu größeren Zugeständnissen, als bei zähem Beharren hätten gemacht werden müssen. Es war das Schicksal der Donaumonarchie, für die ungarische Opposition dagegen ein Glücksfall, daß Franz Josef den Ausgleich beschleunigte, um freie Hand gegen Preußen zu haben. Würden sich Habsburg und Hohenzollern früher zusammengefunden haben, so wären Österreich manche auf Kosten der Einheit des Reiches gebrachten Opfer erspart worden.

Audienz Deaks beim Kaiser

Erleichtert wurde dem Kaiser der Entschluß durch die Staatsklugheit des Führers der ungarischen Opposition. Deak wurde am 19. Juli, zwei Wochen nach der Schlacht bei Königgrätz, nach Wien berufen und bestärkte den Herrscher in der Absicht, bald mit Preußen Frieden zu schließen und sich dann mit Ungarn zu vergleichen. Auf die Frage, was Ungarn jetzt verlange, erwiderte Deak: dasselbe und nicht mehr als v o r der Schlacht bei Königgrätz. Die Antwort klang ebenso edelmütig, wie sie politisch wohlerwogen war; hatte doch Deak vordem nach dem Hochziele gestrebt, und eben dieses Höchste vermeinte er jetzt auch durchsetzen zu können. Es zeigte sich, daß der Kaiser erwog, ob der ungarischen Parlamentsmehrheit nicht ein Ministerium zu entnehmen wäre; er fragte Deak, ob er an dessen Spitze zu treten bereit sei. Selbstlos lehnte dieser ab und empfahl den Grafen Julius Andrassy, den er auch sonst den providentiellen ungarischen Staatsmann nannte. Der Kaiser, noch tief bekümmert über die Niederlage seines Heeres, richtete sich an der festen Zusage Deaks auf, das ungarische Volk werde treu zu ihm stehen; er rechnete es ihm hoch an, daß er, obwohl augenblicklich der Sieger, maßvoll und ehrerbietig gesprochen hatte.

Indessen zeigten sich, sobald in nähere Unterhandlungen eingegangen wurde, noch große Schwierigkeiten. Der ungarische Reichstag hatte im März 1866 eine große Kommission von 67 Mitgliedern eingesetzt, um die Bedingungen des Ausgleichs zu beraten, und diese Körperschaft betraute mit der Ausarbeitung des Entwurfes einen engeren Ausschuß von 15 Abgeordneten. Aus dessen Schoße ging ein Entwurf hervor, der das eigentliche Lebenswerk Deaks zu nennen ist. Hier waren die Ergebnisse seines Nachdenkens über das Verhältnis Ungarns zu Österreich niedergelegt, und diese „gewaltige Urkunde", wie sie von seinen Bewunderern genannt wurde, war am 25. Juni 1866 von dem Fünfzehner-Ausschusse mit großer Mehrheit angenommen worden. Sie war das Hohelied des Dualismus: vorgreifend sei bemerkt, daß diese Akte die Grundlage des XII. Gesetzartikels vom Jahre 1867 geworden ist, des Fundamentalgesetzes der österreichisch-ungarischen Reichsverfassung. Es bestehen aber zwischen dem Entwurfe Deaks und dem Gesetze selbst bemerkenswerte Unterschiede, eben die, über welche die Minister des Kaisers und die ungarischen Parteiführer nach der Schlacht von Königgrätz erst monatelang verhandeln mußten, bevor sie sich einigten. Ursprünglich forderten Deak und seine Freunde die unveränderte Annahme der Fünfzehner-Vorlage. Noch mehr: sie verlangten die sofortige Einsetzung eines parlamentarischen Ministeriums in Ungarn, indem sie angaben, nur unter dieser Bedingung dafür einstehen zu können, daß die Mehrheit des Reichstages auf die vollständige Unabhängigkeit des Landes verzichten und den von Deak festgelegten Grundsätzen beitreten werde. Dies der Standpunkt Andrassys, als er im August 1866 in Wien mit den österreichischen Ministern verhandelte. Er glaubte, jetzt werde sich das Eisen nach dem Wunsche seiner Freunde formen lassen, denn noch stand das preußische Heer in Böhmen. Indessen eröffnete ihm Ministerpräsident Belcredi und der aus Rom berufene Botschafter Hübner, daß der Kaiser zwar willens sei, die Regierung Ungarns einem besonderen

Ministerium zu übertragen, jedoch erst, wenn an der Fünfzehner-Akte die notwendigen Änderungen vorgenommen seien. Darunter befand sich die unbedingte Anerkennung der militärischen Kommandogewalt des Monarchen sowie die Zusage, daß Ungarn in die gemeinsame Behandlung der Staatsschuld, des Zollwesens, der indirekten Steuern und Monopole willige. War doch über diese Angelegenheiten 1848 der Zwist ausgebrochen, der zur Revolution und zum Abfall Ungarns führte. Darauf erwiderte Andrassy, daß schon der Fünfzehner-Entwurf die notwendigen Bürgschaften biete; der Kaiser möge Ungarn vertrauen, dann werde das Land unter einem nationalen Ministerium den Bedürfnissen des Reiches vollauf Rechnung tragen. Auf mehr wollten er und Deak sich nicht einlassen. Indessen erhielt er die endgültige Antwort: zuerst die Revision der Fünfzehner-Akte, dann erst ein nationales Ministerium. So kamen die Unterhandlungen ins Stocken.

Die Januar-Konferenz 1867

Kurze Zeit darauf trat Beust ins Ministerium. Im Sinn und Auftrage des Kaisers betrieb er den Ausgleich mit ausnehmendem Eifer. Er wirkte mit dem Argument, daß Österreich erst nach der Befriedigung Ungarns bündnisfähig sein werde. Indessen mußte er, da er in den verwickelten staatsrechtlichen und finanziellen Fragen ein Neuling war, die Einzelarbeiten dem Ministerpräsidenten Belcredi und seinen Kollegen überlassen. Diese hatten durch ihr kühles Versagen immerhin erreicht, daß Deak und Andrassy jetzt in der Form einlenkten und erklärten, sich in Unterhandlungen über den Inhalt der Ausgleichsgesetze einlassen zu wollen. In der Hauptsache zwar blieben sie fest, aber sie wollten hören und erwägen, was man in Wien im einzelnen verlangte. In der Akte des Fünfzehner-Ausschusses war von den Ungarn als klugen Geschäftsleuten einiges aufgeschlagen worden, so daß ein gewisser Nachlaß gewährt werden konnte. Somit legte das österreichische Ministerium seine Einwendungen und Forderungen in einer Staatsschrift nieder, welche sich in der Hauptsache auf den Boden des von Deak entwickelten ungarischen Staatsrechtes stellte, was also den Sieg Ungarns bedeutete; doch waren die Herrscherrechte des Kaisers und der wirtschaftliche Zusammenhang der zwei Teile der Monarchie bestimmter hervorgehoben. Diese Denkschrift übergab der ungarische Kanzler dem Grafen Andrassy, dem bedeutet wurde, das Gebotene sei anzunehmen oder die Sache wäre fallen zu lassen. Die ungarischen Parteiführer hatten diese Sprache schon oft gehört und rechneten darauf, auch dies sei nicht das letzte Wort der Hofburg. So kam es zu entscheidenden Konferenzen, die zwischen dem 9. und 13. Jannar 1867 im Ministerium des Äußern zu Wien stattfanden. Bevollmächtigte des Kaisers waren neben Belcredi und Beust auch die zwei Ungarn des kaiserlichen Ministeriums, Majlath und Sennyey, während für den ungarischen Reichstag Graf Andrassy, Baron Eötvös und Graf Lonyay das Wort führten.

Die Einigung gelang. Die Verhandlung ging in der Art vor sich, daß der Fünfzehner-Entwurf zugrunde gelegt ward und Punkt für Punkt die Vorschläge der österreichischen Minister besprochen wurden. Das Werk Deaks ging aus dieser letzten Feuerprobe im ganzen unversehrt hervor. Was daran anders geformt wurde, sollte noch, wie die ungarischen Unterhändler sich vorbehielten, Deak zur Prüfung vorgelegt werden.

Zur richtigen Beurteilung des Ausgleichwerkes genügt jedoch nicht die Kenntnis, wie der XII. Gesetzartikel vom Jahre 1867 entstanden ist. Denn es mußten nicht bloß die gemeinsamen Angelegenheiten geregelt werden, was durch jenen Gesetzartikel geschah; es war auch sonst die dem Kaiser Ferdinand 1848 abgerungene Verfassung zu ändern, da durch ihre Bestimmungen die königliche Gewalt zum Kinderspott geworden war. Auch auf diese Revision legte die Krone wert. Indessen erklärte der Kaiser: er begnüge sich zunächst mit der Einigung über die gemeinsamen Angelegenheiten; habe sie stattgefunden, so könne die innere Regierung Ungarns einem nationalen Ministerium übertragen werden, dessen Aufgabe die Durchsicht der revolutionären Gesetze sein werde. In welcher Art dies geschehen solle, darüber handelte eine zweite Staatsschrift der Hofburg. Es wurde versichert, daß, sobald deren Inhalt von Deak und Andrassy gebilligt worden wäre, der Ernennung Andrassys zum

Ministerpräsidenten nichts im Wege stehe. Vertrauen wurde mit Vertrauen erwidert[1]).

Die zwei strittigen Hauptfragen

So gelang, insoferne geschriebene Gesetze dem nie rastenden Leben die Bahn vorzuschreiben vermögen, die Lösung der zwei Hauptprobleme der ungarischen Politik. Es handelte sich einerseits um die Abgrenzung der Rechte des Königs von denen des Reichstages, sodann um die Österreich und Ungarn gemeinsamen Angelegenheiten. Über diese zwei Gebiete hatten der König und der ungarische Adel während der letzten Jahrhunderte oft miteinander gehadert, doch sich immer wieder vertragen, da die Einigung in Beider Vorteil lag. Der Adel konnte die Regierung des Landes gegen die von unten aufstrebenden Schichten der Gesellschaft nur behaupten, wenn er durch die königliche Gewalt gedeckt war; und dem König lag viel daran, eine Österreich und Ungarn umspannende Zentralgewalt aufzurichten. Dies war notwendig, da das Donaureich sich militärisch sonst nicht gegen seine Feinde behaupten konnte. Großmacht oder Zerfall — es gab für die Monarchie kein Drittes. Diese Notwendigkeit beherrschte das öffentliche Leben Ungarns.

Im Jahre 1867 wurde die Einigung in der Weise erzielt, daß auf den zwei strittigen Gebieten eine Art Austausch stattfand. Majestätsrechte hier, gemeinsame Angelegenheiten dort: Zug um Zug ging der Ausgleich vor sich. Nun legten die Minister des Kaisers das größte Gewicht auf dessen Machtbefugnisse, während sie sich in Reichssachen den staatsrechtlichen Ansprüchen Ungarns anbequemten. Da sie in letzterem Belang das Programm Deaks einfach übernahmen, so machte das ungarische Parlament seinerseits keine Schwierigkeiten, aus den revolutionären Gesetzen das Anstößige zu streichen. Dadurch kam der

[1]) Die zwei Denkschriften der kaiserlichen Regierung sind mitgeteilt in dem Werke Konyis „Deak Ferencz beszédei" (Reden Franz Deaks), Bd. 4, S. 163—169 und S. 310—314, die erstere in ungarischer, die zweite in deutscher Sprache. Das Werk Konyis ist durch die zahlreichen darin abgedruckten Dokumente die Hauptquelle für die Geschichte des Ausgleiches.

Reichsgedanke zu Schaden, der königlichen Gewalt aber wurden größere Einbußen erspart. Allerdings lassen sich diese zwei Gebiete des öffentlichen Rechtes nicht völlig sondern, sie fließen vielfach ineinander, ohne jedoch ganz ineinander aufzugehen. Zum Verständnisse mögen zwei Beispiele dienen. Das eine ist die militärische Kommandogewalt des Kaisers und Königs: offenbar kam der straffe Oberbefehl des Herrschers auch der Reichseinheit zu gute. Anders stünde es mit einem kräftigen Zentralparlament, wenn ein solches wie 1849 und 1861 wieder in Frage stünde. Eine derartige Einrichtung würde dem Einheitsgedanken dienen, aber der Krone wäre sie nicht erwünscht, weshalb sie auch nach 1866 davon Abstand nahm. Hausmacht und Reichsgewalt gingen in der Donaumonarchie gewöhnlich Hand in Hand, ohne daß sie zusammengeworfen werden dürfen. Man muß die zwei Faktoren auseinanderhalten, um die 1867 gewählte Lösung zu verstehen. Nur so gewinnt man auch Einblick in die vielverschlungene Geschichte Österreich-Ungarns während der dem Ausgleiche folgenden Zeit.

Die Rechte des Königs

Faßt man alle einschlägigen Bestimmungen zusammen, den XII. Gesetzartikel von 1867 wie die Revision der revolutionären Gesetze, weiter die späteren Vereinbarungen zwischen den Parlamenten der zwei Staaten, so kam es zu folgender Machtverteilung in Ungarn. Mit den Rechten des Königs sei begonnen.

Dem Kaiser und König blieb, was auch vor 1848 Gesetz gewesen war, die Verfügung über die bewaffnete Macht und die Leitung der auswärtigen Angelegenheiten. Zwar behielt der Reichstag — gleichfalls nach der alten Verfassung — die jährliche Bewilligung der Rekruten wie die Gesetzgebung über die Wehrpflicht. Das waren gewichtige Befugnisse, aber die alsdann geformte Armee hatte ausschließlich dem Herrscher zu gehorchen. Der XII. Gesetzartikel von 1867 bestimmt ausdrücklich, daß der Monarch „in der einheitlichen Leitung, Führung und Organisation des Heeres" unbeschränkt ist. Ein königliches Heer also, nicht ein Parlamentsheer. Wirklich haben sich bis zum Ende des 19. Jahrhunderts politisch-parlamentarische Einwirkungen auf die Armee nicht geltend machen können. Als 1905 über die Kommandogewalt des Königs ein Verfassungsstreit anhob, besaß der Kaiser auch an den ungarischen Truppen festen Rückhalt. An diesem Damm zerstäubte bis zum Weltkrieg die parlamentarische Sturmflut.

Ebenso wurde die Führung der auswärtigen Angelegenheiten durch den Ausgleich nicht berührt. Sie werden von dem gemeinsamen Minister des Äußeren besorgt, der sich nach den Weisungen des Herrschers richtet. Wohl besitzt der ungarische wie der österreichische Ministerpräsident das Recht, auf die äußere Politik den gebührenden Einfluß geltend zu machen, der je nach der Persönlichkeit des Würdenträgers größer oder geringer ist. Indessen steht die Entscheidung dem Kaiser zu. Außer den Ministern für das Äußere und für das Kriegswesen gibt es noch einen gemeinsamen Minister, den für die Finanzen. Diese drei hohen Beamten erscheinen weder in der österreichischen noch in der ungarischen Volksvertretung, sondern bloß in den Delegationen, also den Ausschüssen der zwei Parlamente. Sie sind dadurch dem parlamentarischen Getriebe fast ganz entrückt und bleiben im Amte, auch wenn hüben oder drüben der Leitha ein Kabinettswechsel eintritt. Alle diese Umstände wirken zusammen, um die Machtstellung des Königs zu sichern.

Die Verfügung über die Armee

Das war die 1867 vereinbarte Ordnung der Dinge. Es wäre aber irrig anzunehmen, daß dies Alles ganz so in der „gewaltigen Urkunde" vorgesehen worden sei, die der Fünfzehner-Ausschuß des ungarischen Reichstags auf Vorschlag Deaks angenommen hatte. In Bezng auf das Heerwesen war das nicht der Fall. Es sei nachdrücklich hervorgehoben, daß erst die Januarkonferenzen von 1867 darüber Klarheit brachten. Angesichts der hohen Wichtigkeit der Sache muß ins einzelne eingegangen werden[1]). Der maßgebende Paragraph 11 hätte nach dem Beschlusse des Fünfzehner-Ausschusses lauten sollen:

„Indem die in den Kreis des Kriegswesens gehörenden verfassungsmäßigen Herrscherrechte Seiner Majestät unversehrt aufrecht bleiben, wird das, was sich auf die einheitliche Leitung, Führung und innere Organisation des ganzen Heeres und so auch des ungarischen Heeres bezieht, als unter gemeinsame Verfügung gehörend betrachtet."

Gegen diesen Vorschlag erhoben die österreichischen Minister drei Einwendungen: 1. Es geht aus dem Ausdruck „gemeinsame Verfügung" nicht hervor, daß die oberste Kommandogewalt dem Kaiser zustehe. Es ließe sich in der Tat denken, daß darunter die Verfügung durch die Delegationen zu verstehen wäre. 2. Der Ausdruck „ungarisches Heer" für die ungarischen Regimenter der gemeinsamen Armee sei anstößig, rufe die Vorstellung einer Zweiteilung der kaiserlichen Armee hervor. 3. Unversehrte verfassungsmäßige Aufrechterhaltung der Herrscherrechte — was wolle das besagen? Wo sind diese Rechte verzeichnet? In dieser Unklarheit lag eine Gefahr. „Verfassungsmäßig" waren nach der Rechtsanschauung Deaks und Andrassys auch die Gesetze von 1848. Nach diesen aber war der Monarch in seiner Kommandogewalt sehr beengt. Er durfte die ungarischen Truppen außerhalb der Grenzen ihres Vaterlandes nur verwenden, wenn einer der verantwortlichen ungarischen Minister seine Gegenzeichnung gab; und an diese Unterschrift war der Herrscher auch bei der Ernennung für militärische Stellen gebun-

[1]) Über diese Vorgänge stellt das Buch von Iwan Zolger „Der staatsrechtliche Ausgleich zwischen Österreich und Ungarn" (Leipzig 1911) das bisher veröffentlichte Material vollständig zusammen. Die Arbeit ist ein fortlaufender, jedes Wort des ungarischen Ausgleichsgesetzes erklärender Kommentar. — Viel Aufklärung findet sich auch in den Arbeiten Edmund Bernatziks, sowohl in den Anmerkungen zu seiner Ausgabe der „Österreichischen Verfassungsgesetze" (2. Aufl., Wien 1911), wie in seinen zwei Abhandlungen in der „Österreichischen Zeitschrift für öffentliches Recht", 2. Jahrgang, Heft 2, dann Heft 5 und 6.

den. So im Paragraph 8 des III. Gesetzartikels vom Jahre 1848. Auf derartige beschränkte Herrscherrechte konnte sich die Krone nicht einlassen.

Das Verlangen der kaiserlichen Minister ging also dahin,

daß die Führung, Leitung und Organisation dem Kaiser unbedingt zugesprochen werde,

daß im Gesetze zu sagen sei, dieses Recht des Herrschers gehöre zu dessen verfassungsmäßigen Rechten,

endlich daß der Ausdruck „Ungarisches Heer" entfalle.

Die zwei ersten Forderungen wurden von den Anwälten der Krone ohne Einschränkung durchgesetzt, was sie mit Recht als großen Erfolg betrachteten. In bezug auf den dritten Punkt einigte man sich auf eine Mittellinie. Die Worte „Ungarisches Heer" blieben stehen, wurden aber dadurch abgeschwächt, daß hinzugefügt wurde: „als ergänzender Bestandteil des gesamten Heeres".

Daß die kaiserlichen Minister im letzteren Punkte nachgaben, ist um so erstaunlicher, als die von ihnen beanstandeten Worte gegen die ursprüngliche Absicht Deaks in die Fünfzehner-Vorlage Aufnahme gefunden hatten. Sie waren im Ausschusse von den Anhängern der Zerschlagung des gemeinsamen Heeres vorgeschlagen worden, weil die Worte auch in den älteren ungarischen Gesetzen von 1715 bis 1802 — seitdem freilich nicht mehr — vorkamen. Dagegen erhob Deak zuerst Einwendungen und sagte: „Was ist das, das ungarische Heer? Ein solches hat es nie gegeben, weder im Gesetze, noch in der Praxis. Bloß von ungarischen Regimentern war die Rede." Er wolle kein abgesondertes Heer vorschlagen. „Im Heere ist Einheit notwendig" und auf den Zwischenruf: „Sie ist nicht notwendig!" antwortete er: „Das wäre Personalunion! Sprechen wir das aus und der Fluch wird auf uns fallen. Daran soll die Unterhandlung nicht scheitern."

Da Deak jedoch immer bemüht war, der national-magyarischen Auffassung Rechnung zu tragen, gab er der Minderheit des Ausschusses nach und willigte in die Aufnahme jenes Ausdruckes in den Entwurf. Indessen betrachteten er und noch mehr Andrassy dies wie manches andere im Fünfzehner-Entwurfe als Gegenstand des Tausches für die in Wien zu pflegenden Verhandlungen; noch am 2. September 1866 stellte er im Gespräche mit den österreichischen Ministern die Weglassung der gefährlichen Worte in Aussicht. Es gehört zu den schweren, von Belcredi und Beust gemachten Fehlern, daß sie trotz dieses Sachverhaltes nicht auf der Streichung der Worte bestanden, sondern sich auf einen schlechten Vergleich einließen; vergebens hatte Kriegsminister John seine warnende Stimme erhoben. Der schließlich mit den ungarischen Unterhändlern vereinbarte Wortlaut ist unklar und erwies sich als verderblich. Er hat wie die ganze verworrene Fassung des Paragraphen 11 Anlaß zu unendlichem Wortstreit gegeben[1]).

Paragraph 11 erhielt also in deutscher Übersetzung folgenden Wortlaut:

> „Infolge der verfassungsmäßigen Herrscherrechte Sr. Majestät in betreff des Kriegswesens wird alles dasjenige, was auf die einheitliche Leitung, Führung und innere Organisation der gesamten Armee und sonst auch des ungarischen Heeres als eines ergänzenden Teiles der gesamten Armee bezug hat, als der Verfügung Sr. Majestät zustehend anerkannt."

Die ganze Fassung hat etwas Gequältes, so daß der Paragraph völlig nur bei Kenntnis der ganzen Vorgeschichte verständlich ist. In der Hauptsache wurde also vereinbart: der Kaiser und König verfügt unbeschränkt auch über die ungarischen Truppen und eine Gegenzeichnung seiner Ernennungen findet selbst bei der Honvedarmee nicht statt, weder durch den gemeinsamen Kriegsminister, noch durch einen der ungarischen Minister. Indem die Führer der ungarischen Opposition in diesem Hauptpunkte nachgaben, war das eigentliche Ausgleichshindernis aus dem Wege geräumt.

Das Ausgleichsgesetz enthält keine ausdrückliche Bestimmung über die Landwehr (die Honveds), weil dieser Teil der bewaffneten Macht nicht zu den gemeinsamen Angelegenheiten gehört. In den Januarkonferenzen wurde, so scheint es, nicht bestritten,

---

[1]) All dies geht aus den Reden und Dokumenten hervor, die bei Konyi abgedruckt sind, aus denen Zolger, S. 111—116, das Wesentliche heraushebt.

daß die Honvedarmee ein ungarischer Organismus sei, indessen stellten die kaiserlichen Minister vor, daß es praktisch wäre, deren Verwaltung dem gemeinsamen Kriegsministerium anzuvertrauen, innerhalb dessen es eine besondere Abteilung für die österreichische und die ungarische Landwehr geben könnte. Auch damit war Andrassy mit den zwei andren Wortführern Ungarns einverstanden. Deak jedoch erhob Einspruch. In den übrigen Punkten gab er, wenn auch widerstrebend, nach, in dieser Hinsicht aber ließ er sich nicht überzeugen, und die beiden Staaten der Monarchie erhielten außer dem gemeinsamen Kriegsministerium je ein Ministerium für Landesverteidigung.

Aber wohlgemerkt: durch die gesonderte Verwaltung der ungarischen Landwehr wird der Kommandogewalt des Herrschers kein Eintrag getan. Er verfügt über die Honvedtruppen in demselben Umfange wie über das gemeinsame Heer.

Sonstige Revision der 1848er Gesetze

So viel über die Organisation der Armee. Der Ausgleich von 1867 trug aber auch anderen Wünschen der Krone Rechnung. Gewisse ihr abträgliche Bestimmungen wurden aus den 1848er Gesetzen ausgemerzt. Die ungarische Parlamentsmehrheit gab zu, daß der Reichstag von 1848 zu weit gegangen war. Hatte Deak doch über die Vorgänge während der Revolution noch in jenem Jahre das Urteil gefällt: „Man könnte glauben, daß die bisherigen Ereignisse meiner Überzeugung und meinen Wünschen gemäß geschehen sind; mit einem betrunkenen Menschen aber kann man nicht sprechen, und der Reichstag ist betrunken."

Am anstößigsten war dasjenige, was in der 1848er Verfassung über die Rechte des Palatins, des Stellvertreters des Königs, gesagt ist. Wenn der König nicht selbst im Lande weilte, war dem Palatin „die vollziehende Gewalt mit voller Gewalt" übertragen. Das ging so weit, daß in Abwesenheit des Königs nicht dieser, sondern sein Stellvertreter den Ministerpräsidenten zu ernennen hatte. Diese Seltsamkeit des ungarischen Staatsrechtes entfiel, indem fortan kein Palatin wieder eingesetzt wurde. Außerdem war im III. Gesetzartikel der 1848er

Verfassung bestimmt, daß der vom König oder vom Palatin ernannte Ministerpräsident die anderen Mitglieder des ungarischen Ministeriums „zur Bestätigung“ in Vorschlag bringt. Auch das wurde abgeschafft und das königliche Recht auf Besetzung aller Ministerposten voll anerkannt. Endlich verzichtete das ungarische Parlament auf jenen gefährlichen Paragraphen der 1848er Gesetze, an dem sich wie an einer Rakete die große Rebellion entzündet hatte. Danach durfte der König den Reichstag weder vertagen noch auflösen, bevor dieser über das nächstjährige Budget Beschluß gefaßt hatte. Nun hatte Kaiser Ferdinand am 3. Oktober 1848 den Reichstag aufgelöst, worauf dieser mit Berufung auf jene Gesetzesstelle seine Sitzungen trotzig fortsetzte und alle Macht an sich riß. Im Jahre 1867 wurde dem König das ihm 1848 entzogene Recht in der Hauptsache zurückgegeben. — So wurde das Verhältnis der zwei Gewalten geordnet.

Parlaments- und Adelsregierung in Ungarn

Das Wesen der ungarischen Verfassung besteht darin, daß in den gemeinsamen Angelegenheiten der König, in der inneren Regierung des Landes dagegen das Parlament das Übergewicht besitzt. Wie dort die Macht des Königs jede andere überschattet, so hier die des Reichstags. Das Recht der Gesetzgebung ist nach dem Wortlaute der Verfassung in allem und jedem zwischen dem König und den beiden Häusern des Parlaments gleich verteilt; indessen liegt der Schwerpunkt der i n n e r e n Regierung im parlamentarischen Ministerium, in der Volksvertretung und in der vom Adel besorgten Komitatsverwaltung. Der König ernennt die Minister und auf deren Vorschlag die Obergespäne, die Verwaltungschefs der Komitate; sonst besitzt er keine Handhabe zur Einwirkung auf die Administration. Der Reichstag ist das Herz Ungarns, von dem der Umlauf des stürmisch durch den Volkskörper kreisenden Blutes geregelt wird.

Spricht man von dem Wirkungskreise des Reichstags und der Komitate, so sind das nur Deckworte für die Macht des Adels. Denn in den Komitaten werden sämtliche Beamte — mit Ausnahme des Obergespans — gewählt und nicht ernannt, es hängt also alles von dem Wahlrecht ab, und dieses verbürgt bis auf den heutigen Tag den nur wenig begrenzten Einfluß des Adels.

Bis zum Jahre 1848 herrschte der Adel unumschränkt, da — von den nicht zahlreichen Städten abgesehen — ausschließlich seine Mitglieder das Wahlrecht und die Wahlfähigkeit für den Reichstag wie in den Komitaten besaßen. Der Adel war außerordentlich zahlreich, denn von den 14 Millionen Einwohnern, die Ungarn mit seinen Nebenländern 1848 besaß, waren über 600 000 adelig. Die Magnaten und die Gentry — letztere früher in Ungarn der Mittelstand genannt — bildeten das Rückgrat; die große Masse des Kleinadels bestand aus Bauern oder war vollkommen besitzlos. Es gab ganze Dörfer, in denen sich jedermann adeliger Herkunft rühmen durfte. Diese Unterschichte wurde der Bundschuh-Adel genannt, da dessen Mitglieder sich den Luxus von Stiefeln nicht gönnen konnten[1]).

Durch die Revolution wurde das Privileg des Adels abgeschafft, was aber in den Komitaten nur dem Namen, nicht der Sache nach erfolgt ist. Früher fand die Wahl der Beamten und der Reichstagsmitglieder in den großen Komitatsversammlungen statt, an denen oft Tausende von Adeligen teilnahmen: das war für die aufstrebenden Talente die große Schule der Beredsamkeit und der politischen Taktik. Die 1848 und später eingeführten Gesetze, welche in dem von 1886 den Schlußstein fanden, schafften das Wahlprivileg des Adels ab; auch wurde der Schwerpunkt der Verwaltung aus den Komitatsversammlungen in den Komitatsausschuß verlegt. Dieser wird zur Hälfte von den Zensuswählern bestellt, zur Hälfte besteht er aus den Höchstbesteuerten des Komitats, denen also eine Virilstimme zukommt. Kein Adeliger verlor jedoch, wenn er

[1]) Es gehörte zu den Privilegien des Adels, daß seine Angehörigen bei Volkszählungen nicht mitgezählt werden durften. Daher beruhen die statistischen Angaben auf Schätzungen und Berechnungen, so auch die bei A. Fenyes „Ungarn im Vormärz" (Leipzig 1851), S. 63, der zu der Ziffer von 617 521 Adeligen unter 14 Millionen Einwohnern für die Zeit vor 1848 gelangt. Ungefähr dasselbe Verhältnis der Adeligen zu den Nichtadeligen geht aus den Ziffern bei Martin v. Schwartner „Statistik des Königreichs Ungarn" (Ofen 1809, 2. Aufl.), S. 110, 111 hervor.

auch gar keine Steuer zahlte, sein Wahlrecht; es ging aber nicht mehr auf seine Kinder über, wenn sie besitzlos waren. Die Veränderung bestand also darin, daß der sehr zahlreiche Kleinadel seine politische Bedeutung einbüßte. Dagegen waren der Groß- und der Mitteladel von jetzt ab die Träger der Verwaltung; denn in dem 1867 vorwiegend agrarischen Ungarn stellten fast nur diese zwei Klassen die Höchstbesteuerten. Auf Kosten des Kleinadels, also eines immerhin demokratischen Elements, stiegen die Magnaten und die Gentry empor. Ihnen schloß sich das bewegliche Kapital an, dessen Wachstum dem öffentlichen Leben Ungarns den plutokratischen Stempel aufprägte; daher auch die von den wohlhabenden Juden gespielte Rolle. Somit regieren in Ungarn jetzt 5000 bis 6000 Familien. Daran wird nicht viel durch die Tatsache geändert, daß bei der Wahl in das Abgeordnetenhaus — anders als in den Komitaten — alle Zensuswähler gleichberechtigt sind. Denn die von der Oligarchie bestellten Komitatsbeamten legen die Wählerlisten an, leiten die Wahl; Umtriebe und Bestechungen tun das übrige, um das Durchdringen eines demokratischen Bewerbers unendlich zu erschweren. Ganz rücksichtslos aber wird der Widerspruch der nichtmagyarischen Nationalitäten niedergehalten: infolgedessen besteht nur ein kleiner Bruchteil des Abgeordnetenhauses aus Söhnen der übrigen Nationalitäten, obwohl diese mehr als die Hälfte der Einwohner des Landes in sich schließen. Dagegen gewähren die nach unten fest zusammenhaltenden Adelsfraktionen einander bis zu einem gewissen Grade freies Spiel, da sich die ganze Gesellschaftsklasse solidarisch fühlt. Der Reichstag ist seinem Wesen nach die Vertretung und zugleich das stärkste Machtmittel der herrschenden magyarischen Oberschichte[1]).

Von der sicheren Burg der Komitatsverwaltung greift die Adelsherrschaft auch auf die Städte und Dorfgemeinden über. Wohl besteht lokale Selbstverwaltung, aber nur in engen, durch das Gesetz von 1886 gezogenen Grenzen. Danach sind in allen Gemeinden (Budapest und Fiume machen eine Ausnahme) die Vertretungskörper zur Hälfte aus den höchstbesteuerten In-

[1]) Daran hat sich auch durch die Wahlreform von 1917 nichts Wesentliches geändert.

wohnern (gleichfalls mit Virilstimmen), zur Hälfte aus gewählten Mitgliedern zusammengesetzt. Daraus würde folgen, daß in den Städten dem Großbürgertum der maßgebende Einfluß gesichert ist. Indessen liegt die Verwaltung vorwiegend beim Magistrat oder in den Dörfern beim Vorstand; die Beamten aber, Bürgermeister, Magistratsräte, Notäre, Buchhalter und so fort, werden von der Gemeindevertretung nicht frei gewählt. Diese ist vielmehr an den Dreiervorschlag gebunden, der von den Komitatsbehörden (Vizegespan und Oberstuhlrichter) gemacht wird. So ist unter dem täuschenden Anschein der Gemeindeautonomie das ganze Land bis zum kleinsten Dorfe hinab von aristokratischem Einfluß übersponnen. Er erstreckt sich bis zum letzten Gemeindeschreiber, dem sogenannten Dorfnotär[1]).

Zu Ämtern, Ehrenstellen, zu Staats- und Gemeindelieferungen kann nur gelangen, wer sich der herrschenden Schichte zugesellt oder ihr dient. Diese ist politisch klug und weitherzig, sie versteht es, Männer von Ehrgeiz und beachtenswerter Begabung, wenn sie auch den unteren Schichten oder einer fremden Nationalität entstammen, an sich zu ziehen. So kommt die aufsteigende Klassenbewegung der Adelsherrschaft zu gute, so baut sich die magyarische Gesellschaft auf, geeint durch Standes- und wirtschaftliche Interessen. Der ungarische Adel, geschult durch die vielhundertjährige Herrschaftsübung, hat sich auch nach der Zeit Deaks und Andrassys auf der früheren politischen Höhe erhalten. Aus seinen Reihen ging eine auffallend große Zahl von politischen Taleuten hervor, welche, von Liebe zum Vaterlande beseelt, diesem große Dienste geleistet haben, gleichzeitig aber darauf ausgingen, ihre Klasse und ihre Nationalität zur Geltung zu bringen. Leitstern ist immer die Herrschaft der magyarischen Rasse über die anderen Volksstämme.

Der Sinn des Ausgleiches von 1867 ist also die Teilung der Macht zwischen Krone und Adel, so daß dem König die Verfügung über das Heer und die auswärtigen Angelegenheiten zusteht, wofür dem grundbesitzenden Adel die innere Verwaltung

---

[1]) Das Obige nach dem Buche von Rudolf Springer (eigentlich Dr. Karl Renner) „Grundlagen und Entwicklungsziele der österreichisch-ungarischen Monarchie" (Wien und Leipzig 1906), S. 75—87.

und die ökonomische Ausnützung der Hilfsquellen des Landes überlassen wurde. Die zwei vertragschließenden Teile sind dabei gut gefahren, zu Schaden aber kam die Reichseinheit, auf deren Kosten der Ausgleich geschlossen wurde.

Die Delegationen

Beim Ausgleich von 1867 ging das kaiserliche Ministerium von der Ansicht aus, daß alles, was der Macht der Krone zu gute käme, auch der Einheit des Reiches fromme. Dagegen setzte die Regierung sich nicht für ein Zentralparlament ein, einerseits weil die ungarische Reichstagsmehrheit unter keinen Umständen eingewilligt hätte, dann aber auch, weil Ministerpräsident Belcredi dem Walten einer gemeinsamen Volksvertretung sonderlichen Wert nicht beimaß. Es wurde also ausgemacht, daß die Gesetzgebung auch über die gemeinsamen Angelegenheiten nicht durch ein Zentralorgan, sondern vom österreichischen Reichsrate und vom ungarischen Reichstage gesondert zu besorgen sei. Nur für die Bewilligung des gemeinsamen Budgets wurde ein Organ geschaffen, die von den zwei Parlamenten zu wählenden Delegationen.

Jede dieser Körperschaften besteht aus 60 Mitgliedern, immer 40 aus der Volksvertretung, 20 aus dem Oberhause gewählt. Sie beraten und beschließen gesondert; nur wenn sie sich über eine Ziffer des Staatshaushaltes nicht einigen können, treten sie zusammen und stimmen, ohne jedoch eine gemeinsame Beratung pflegen zu dürfen, als einheitlicher Körper ab. Dieses stumme Zentralparlament — stumm, weil die Ungarn behufs Wahrung ihrer staatlichen Selbständigkeit die gemeinsame Beratung ablehnten — war ein Einfall des Grafen Andrassy. Er wollte das Bedürfnis geordneter Budgetierung mit den nationalen Vorurteilen seiner Landsleute in Einklang bringen: auf einem Spazierritt kam ihm der gloriose Gedanke einer bloßen Abstimmungsmaschine.

Die Blutleere des Delegationskörpers brachte einen eigentümlichen, ursprünglich nicht beabsichtigten Vorteil. Die gemeinsamen Minister erscheinen nicht in den Parlamenten, bloß in den genannten Ausschüssen und vertreten hier ihre Politik. Da die Delegationen nur durch wenige Wochen im Jahre tagen, da jede von ihnen zu einem Drittel aus Mitgliedern des Oberhauses besteht, so führen die gemeinsamen Minister ein verhältnismäßig ruhiges Dasein. Selten, daß sich ein Ungewitter über sie entlädt. Das ist jedoch nebensächlich. Von Wichtigkeit aber ist, daß die gemeinsamen Minister in beiden Staaten der Monarchie dem Parteitreiben fast ganz entrückt sind. Die Wellen der Erregung müssen sehr hoch gehen, um auch sie zu ergreifen. Die gemeinsamen Minister haben mit ihren Amtsgenossen in den Vereinigten Staaten die Ähnlichkeit, daß beide nicht im Parlament erscheinen. Auch in der Union setzt das Staatsoberhaupt die Minister, die bloß seine Gehilfen und bloß ihm verantwortlich sind, nach eigenem Ermessen ein und ab. Auch in den Vereinigten Staaten kommt es der Verwaltung zu gute, daß sie von dem Wechsel der Parlamentsmehrheiten nicht berührt wird.

Parität der zwei Staaten der Monarchie

Zu den großen Errungenschaften Ungarns gehört die durch den Ausgleich festgesetzte Gleichwertigkeit der zwei Staaten der Monarchie. Österreich und Ungarn leisten zwar ungleich viel an Blut und Geld, aber bei der Bewilligung des gemeinsamen Budgets zählen ihre Stimmen gleich. Für die von den Delegationen bewilligten Ausgaben werden zunächst die Außenzölle der Monarchie verwendet. Da diese nicht entfernt ausreichen, wird der größte Teil der Summen von den beiden Staaten nach einem Schlüssel eingezahlt, der alle zehn Jahre festgesetzt wird. Können sich die zu diesem Berufe gewählten Deputationen der zwei Parlamente nicht einigen, so wird die Quote vom Kaiser bestimmt. Diese Quote wurde 1867 nach dem Verhältnis 70 : 30 vereinbart, was damals den Steuerleistungen der zwei Staaten entsprach. Ungarn zahlte also 30 vom Hundert und erhielt 50 Prozent der Stimmen in den Delegationen.

Die Bevölkerungszahl der zwei Staaten verhielt sich 1867 wie 56 zu 44 und danach wurde auch die zur Armee ausgehobene Mannschaft aufgeteilt. Da aber Österreich 70 vom Hundert zu den Kosten der Armee beitrug, so zahlte es ein gutes Stück Geld für die Erhaltung auch der ungarischen Truppen. Die Rechnung ist sehr einfach: da Ungarn, wenn es die von ihm gestellten Mannschaften aus Eigenem erhalten müßte, nicht 30, sondern 44 Prozent zu bezahlen hätte, so ersparte es nach der 1867 festgesetzten Quote fast ein Drittel an seinem Heeresbudget. Seither wurde die Militärgrenze mit 1 200 000 Einwohnern in Ungarn einverleibt, später, im Jahre 1907, die Quote nach dem Verhältnisse von 63,6 zu 36,4 festgesetzt.

Der wirtschaftliche Ausgleich

Die bisher besprochenen Einrichtungen müßten der gemeinsamen Sache nicht notwendigerweise zum Schaden gereichen. Man könnte sagen: sobald nur für die Verteidigung der Monarchie ausreichend gesorgt ist, geht es nicht an die Nieren, in welchem Verhältnis die Kosten hierfür aufgebracht werden. Es war für die westliche Reichshälfte schmerzlich, benachteiligt zu sein, die Regierung der Monarchie hätte aber darunter nicht unbedingt leiden müssen.

Der eigentliche Schaden des Ausgleichs liegt in den wirtschaftlichen Abmachungen, vor allem darin, daß sie für eine kurze Frist, zehn Jahre, geschlossen wurden und insgesamt der Kündigung unterlagen. In der Formel: „Österreich-Ungarn eine Monarchie auf Kündigung" ist die Verderblichkeit dieser Organisation insofern übertrieben, als das Grundgesetz, Gesetzartikel XII des Ausgleichs, ständige Geltung hat und nur mit Zustimmung des Monarchen abgeändert werden kann. Wohl aber unterliegt die Quote und, was viel bösartiger gewirkt hat, auch das Zollbündnis der zwei Staaten der Kündigung: und diese von Grund aus fehlerhafte Bestimmung war die Quelle unermeßlichen Streites, die Ursache des Sinkens des Ansehens der Monarchie im Auslande.

Beim Eintritt in die Januarkonferenz 1867 hatte die österreichische Regierung eine bessere Lösung im Auge. In dem vom Kaiser den ungarischen Unterhändlern übergebenen Vorschlage war der Kreis der gemeinsamen Angelegenheiten ausgedehnt

1. auf die Handelspolitik, 2. auf indirekte Steuern und Monopole, 3. auf das Seerecht und die Grundprinzipien der Post- und Telegraphenverwaltung, 4. auf die sich über beide Staaten erstreckenden Eisenbahnlinien, 5. auf das Münzwesen und den Geldfuß. Über diese Gebiete sollte, genau wie über das Heerwesen, auf Grund vorher vereinbarter Gesetze verfügt werden, die Verwaltung hatte gemeinsam zu sein[1]). Bei einer solchen Ordnung der Dinge wäre ein gemeinsames Handelsministerium, ferner die Ausgestaltung des Reichsfinanzministeriums notwendig gewesen. Das zweite dieser Ämter hätte außer über den Ertrag der Zölle auch über die indirekten Steuern und Monopole verfügt. Das Reich würde ausreichende eigene Einnahmen gehabt haben, nicht von den Beiträgen der zwei Staaten abhängig gewesen sein.

Diese Organisation wurde vom österreichischen Handelsminister Freiherrn von Wüllerstorf vorgeschlagen, der, aus der Kriegsmarine hervorgegangen, klare Einsicht auch in Handelssachen besaß. Da geschah etwas, was bis heute nicht aufgehellt ist, da zwei nicht übereinstimmende Berichte vorliegen. Nach einer Mitteilung war vorgeschlagen worden, Wüllerstorf solle den Januarkonferenzen zugezogen werden, Belcredi aber vereitelte es. Er wollte rasch zum Ende gelangen und sich, so scheint es, vom Handelsminister nicht stören lassen. Nach dem eigenen Berichte Wüllerstorfs dagegen war es Beust, der sich bei seiner oberflächlichen Kenntnis der Verhältnisse für eine unerfreuliche Lösung gewinnen ließ[2]). Belcredi und Beust führten für Österreich mit dem ungarischen Grafen Lonyay die Unterhandlung, einem Manne tüchtiger Sachkenntnis, der dann auch Finanzminister im Kabinett Andrassy geworden ist. Schon am zweiten Tage der Januarkonferenzen ließ die österreichische Regierung ihr ursprüngliches Programm fallen, für das sie sich also ernstlich nicht eingesetzt haben kann. Eine andere Organisation wurde gewählt, an der Lonyay den Hauptanteil hatte. So entstanden die Paragraphen 62, 64, 65, 66 und 67 des ungarischen Ausgleichgesetzes, die in der Akte des Fünfzehner-Ausschusses

---

[1]) Zolger, S. 238—245.

[2]) Wüllerstorf-Urbair, „Vermischte Schriften“, S. XX und 630.

fehlen. Eine Umbildung also des Werkes Deaks. Das ist neben den geänderten Bestimmungen über das Heerwesen die zweite wesentliche Abweichung von der „gewaltigen Urkunde".

Am wichtigsten war die Vorschrift über die künftige Handelspolitik. Der Fünfzehner-Ausschuß hatte bloß erklärt: der Reichstag sei zum Abschluß eines die zwei Staaten verknüpfenden Zoll- und Handelsbündnisses bereit. Bei den Januarkonferenzen wurde dies angenommen (Paragraph 59), dann aber im Paragraph 62 imperativ festgesetzt, daß ein „Zoll- und Handelsbündnis abzuschließen sein wird". Dies nun ist die Grundlage der Handelspolitik der Monarchie geworden. Weiter: die Gesetzgebung über die indirekten Steuern wird einverständlich nach denselben Grundsätzen geregelt (Paragraph 63), der Ertrag der Zölle wird für die gemeinsamen Ausgaben verwendet (Paragraph 64), über die auf beide Länder sich erstreckenden Eisenbahnlinien werden gemeinschaftliche Verfügungen getroffen (Paragraph 65). Endlich: Münzwesen und Geldfuß sollen gleich sein (Paragraph 66).

Das war immerhin eine Verbesserung der Arbeit des Fünfzehner-Ausschusses und damit ist eine gemeinsame Handelspolitik auch nach 1867 möglich geworden. Es blieb aber noch der Mißstand der zeitweiligen Kündigungen des Zollbündnisses; zudem waren die indirekten Steuern, wenn sie auch nach denselben Grundsätzen aufgelegt wurden, nicht mehr gemeinsame Einnahmen, sondern flossen getrennt in die Kassen der zwei Staaten. Im ganzen wurde die Organisation gewählt, die Lonyay schon im Sommer 1866 vorgeschlagen hatte. Wüllerstorf fand, daß die Lösung ungenügend, das Reichsinteresse preisgegeben war. Er wollte von der Zentralisation der Handelssachen und ihrer Leitung durch einen gemeinsamen Minister nicht abgehen. Der charaktervolle Mann bat deshalb um seine Entlassung und wurde in seinem Entschlusse bestärkt, als er Gelegenheit fand, mit Lonyay und Andrassy — allzuspät — über die Sache zu sprechen. Von ungarischer Seite wurde er wegen seiner Haltung angefeindet: Lonyay spottete, er habe sich um jede der Vollmachten seines Amtes so gewehrt, als ob ihm ein Zahn ausgezogen würde. Indessen dachte Wüllerstorf nur an das

Ganze und Allgemeine, er hat den Jammer der österreichisch-ungarischen Handelspolitik der Zukunft vorausgeahnt.

Über seine Verhandlung mit Andrassy gibt er folgenden Bericht: „Als ich von Seiner Majestät beschieden wurde, nach Ofen zu kommen, um möglicherweise den gemeinsamen Angelegenheiten einiges in volkswirtschaftlicher Richtung zu retten, damit der Riß kein allzu großer, nicht eine Kluft werde, die man später nicht überbrücken könnte, hielt Graf Andrassy gegenüber meinen Ausführungen über die Notwendigkeit gemeinsamen Vorgehens in den großen volkswirtschaftlichen Fragen große Reden, die in dem Satze gipfelten, daß, entgegen den allgemeinen Anschauungen, eben durch eine vollständige Trennung der materiellen Interessen beider Teile diese Interessen gefördert würden, was ich natürlich mit Hinweis auf die Geschichte und auf das Wesen der Volkswirtschaft und des Handels und Verkehrs bestritt. Er sprach lange über alles Mögliche, konnte aber niemals Tatsächliches zur Begründung seiner Behauptungen beibringen, so daß ich oft halbe Stunden lang mit dem Bleistifte in der Hand wartete, um mir Schlagworte zur Entgegnung aufzeichnen zu können. Seine Reden waren vollständige Phrasen, gut vorgebracht und zusammengestellt, ermangelten aber aller und jeder Sachkenntnis. Ich gab es endlich auf und erklärte Seiner Majestät, daß ein Ausgleich, wie ich ihn mir dachte, in volkswirtschaftlicher Beziehung mit Ungarn nicht zu erzielen sei. Ich mußte die Waffen vor der Macht strecken, die Andrassy und das nationale Magyarentum errungen hatten."

Im April 1867 erhielt Wüllerstorf die erbetene Entlassung, um als Vizeadmiral wieder in der Kriegsflotte tätig zu sein.

So trat die neue Organisation in Kraft. Die unaufhörlichen Kündigungen, Fallfristen und Verhandlungen über einen neuen Ausgleich würden einen ganz unerträglichen Zustand geschaffen haben, wenn die ökonomischen Bedürfnisse beider Staaten nicht stärker gewesen wären als die Fehler der Gesetzgebung. Österreich und Ungarn bilden nach wie vor ein einziges Zollgebiet; Münze, Maß und Gewicht sind gleich; die indirekten Steuern werden nach denselben Grundsätzen ausgelegt; die Monopole sind dieselben; Post- und Telegraphenwesen, der Betrieb der

Eisenbahnen werden übereinstimmend geordnet; es gibt auch nur eine Art von Banknoten. Es besteht also die Ordnung der Dinge, welche zum guten Teil durch den Absolutismus zwischen 1849 und 1860 begründet worden war. Die Maschine von damals knarrt und ächzt, aber sie läuft. Die Einheit, welche von den großen Ministern Schwarzenberg, Stadion und Bruck geschaffen wurde, hat sich auf ökonomischem Gebiete ebenso erhalten wie auf militärischem, wenn auch unter der Herrschaft gesondert erlassener österreichischer und ungarischer Gesetze.

Ernennung des ungarischen Ministeriums

Das Ergebnis der Januarverhandlungen wurde der Verabredung gemäß noch Deak, dem „Weisen der Nation", zur Durchsicht vorgelegt. Er nun fand, die ungarischen Unterhändler wären zu nachgiebig gewesen[1]). Anfangs weigerte er sich, die Vereinbarung vor dem Reichstag zu vertreten; nur so viel werde er erklären, daß es sich immerhin empfehle, durch die unwillkommenen Zugeständnisse die Wiederherstellung der Verfassung zu erkaufen. Seine staatsrechtlichen Bedenken machten Andrassy ungeduldig, der ihm im Freundeskreise den Spitznamen des „Advokaten" beilegte. Indessen wich Deak den Vorstellungen der Freunde, nur beharrte er, wie wir wissen, darauf, daß ein eigenes ungarisches Landesverteidigungsministerium eingerichtet werde, wie er auch in bezug auf die gemeinsamen Eisenbahnlinien eine andere Fassung durchsetzte. Sonst gab er nach: sagte ihm doch sein staatskluger Sinn, daß für Ungarn Großes und wohl das Möglichste errungen war. Als auch Kaiser Franz Josef den Ergebnissen der Verhandlung seine Zustimmung gegeben hatte, wurde der 67er Ausschuß des Reichstages einberufen und ihm das Fünfzehnerelaborat unterbreitet, welches mit den vereinbarten Änderungen am 9. Februar 1867 angenommen wurde.

Damit war Gewähr geboten, daß auch die Vollversammlung des Reichstages die notwendigen Abänderungen der

[1]) Das folgende nach dem Tagebuch Lonyays, dessen wichtigste Stellen Konyi in sein Werk aufgenommen hat: „Deák Ferencz beszédei" IV, S. 125 ff.

1848er Verfassung genehmigen werde. Die Bedingung, unter welcher der Kaiser die Einsetzung eines besonderen ungarischen Ministeriums zugesagt hatte, war erfüllt, die Versöhnung zwischen dem König und der Nation eine Tatsache. Am 17. Februar wurde das verantwortliche Ministerium ernannt. Deak blieb seinem Vorsatze treu und nahm in imponierender Selbstlosigkeit kein Staatsamt an, Graf Julius Andrassy trat an die Spitze des Ministeriums. Gleichzeitig wurde die Komitatsverwaltung wieder hergestellt: Ungarn verfügte selbständig über sich selbst.

Die Motive Kaiser Franz Josefs

War bei größerer Zähigkeit der österreichischen Regierung nicht Besseres zu erzielen? Mußten wirklich überhastete Bestimmungen angenommen werden, durch welche die Monarchie alle zehn Jahre in Verwirrung gestürzt wurde? Beust war in den letzten Wochen Antreiber gewesen, Belcredi, der anfangs gebremst hatte, gab zuletzt in den Januarkonferenzen Volldampf, da er sich der bestimmten Willensmeinung des Kaisers gegenüber sah, also nichts mehr hindern konnte und besorgen mußte, überrannt zu werden. Indessen war seine Gefügigkeit fruchtlos. Denn als zur Sprache kam, in welcher Art der vereinbarte Ausgleich in der westlichen Reichshälfte einzuführen wäre, ob mit Hilfe der von Belcredi begünstigten Slawen oder aber durch eine deutsche Parlamentsmehrheit, entschied sich der Kaiser auf den Rat Andrassys für die Deutschen; Belcredi wurde aus dem Sattel geworfen und sein Nebenbuhler Beust am 7. Februar 1867 österreichischer Ministerpräsident[1]).

[1]) Das Wirken des Grafen Belcredi beim Ausgleiche von 1867 ist bereits früher von mir (Monatsschrift „Deutsche Worte“, Wien 1889, 1. Heft) gekennzeichnet worden. L. Eisenmann bestreitet (Le compromis Austro-Hongrois, Paris 1904, S. 453—454) meine Auffassung und behauptet, Belcredi hätte das Ergebnis der Januarkonferenzen für so ungünstig erachtet, daß er den Entwurf der österreichischen Volksvertretung vorlegen und durch sie Verbesserungen veranlassen wollte. Wenn Eisenmann recht hätte, so würde Belcredi, der bei den Verhandlungen auf österreichischer Seite die Hauptperson gewesen war, sich selbst Lügen gestraft haben. Das kam ihm nicht in den Sinn, er wollte nur das Ausgleichsgesetz, so unvollkommen es auch

Zwei Gründe bestimmten den Kaiser zur Eile. Der eine lag auf dem Felde der äußeren Politik: er glaubte damit am besten eine zweite Abrechnung mit Preußen vorzubereiten. Als die Entscheidung Anfang Februar fiel, sagte der ungarische Hofkanzler Majlath, der Andrassy ebenso Platz machen mußte wie Belcredi dem Freiherrn von Beust: er könne sich die Sache nicht anders erklären, als daß Beust dem Kaiser die Aussicht auf die französische Allianz vorgespiegelt habe, die eine militärische Revanche für die nächste Zukunft möglich mache. Das ist der Kern der Sache. Abgesehen davon war der Kaiser von dem Wunsche beseelt, sich endlich zum König von Ungarn krönen zu lassen. Denn nach der Verfassung war er bisher nur der Erbkönig (rex hereditarius), erst nach der Krönung wurde er rex legitimus. „Beust," so äußerte sich Belcredi in seinen Aufzeichnungen, „stellte Seiner Majestät die rascheste Beendigung der Verfassungswirren in Aussicht. Der Krönung in Ungarn, welcher Kaiser und Kaiserin schon mit Ungeduld entgegensahen, stünde sodann kein Hindernis mehr im Wege[1])." Schärfer wurde dies vom Freiherrn von Hauer, dem letzten Chef der absolutistischen

---

nach seiner Ansicht war, vor der Sanktion durch den Kaiser dem „außerordentlichen" österreichischen Reichsrate vorlegen. Sollte diese Körperschaft, so setzte er im Ministerrate vom 1. Februar 1867 auseinander, den Ausgleich ablehnen, dann müßte er seine Entlassung nehmen, der Kaiser würde danach die Freiheit der Entschließung haben („Die Kultur" VII, 294, Wertheimer, „Graf Andrassy" I, S. 267). Somit war Belcredi nur über die Art des Vorgehens anderer Ansicht als Beust und Andrassy. Der eigentliche Grund seiner Ersetzung durch Beust lag in der Frage des Aufbaus Westösterreichs. — Der Irrtum Eisenmanns rührt daher, daß er den Verlauf der Januarkonferenzen und die von Belcredi dabei gespielte Rolle nur obenhin behandelt. Das ist eine Lücke in seinem verdienstlichen Werke. — In vollständiger Unkenntnis der Januar-Verhandlungen befand sich Hugo Traub in dem Aufsatze über Belcredi in „Österreich. Zeitschrift für Geschichte" (Juliheft 1918); daher seine Versicherung, Belcredi habe aus Prinzipientreue dem Dualismus nicht zustimmen können (Seite 304). Er schloß aber doch mit Andrassy und Lonyay den Ausgleich von 1867 ab und zog sich dann sehr ungerne von der Staatsleitung zurück. Der Aufsatz Traubs, der Belcredi „einen großen Mann" nennt, enthält eine ganze Anzahl ähnlicher Mißverständnisse.

[1]) Die Worte Majlaths und Belcredis finden sich in den „Fragmenten" aus dem Nachlasse des Staatsministers Grafen Richard Belcredi" in der Zeitschrift „Die Kultur", VII (Wien 1906), S. 200 und 287.

Verwaltung Ungarns — er war 1860 zurückgetreten — ausgedrückt, indem er 1867 in einem Briefe sagte, der Umschwung sei durch das Krönungsfieber, febris coronitialis, herbeigeführt worden. Unter den hohen Beamten Österreichs überwog die Mißbilligung der übergroßen Nachgiebigkeit gegen Ungarn. So äußerte sich auch der frühere Präsident des Staatsrats, Freiherr von Lichtenfels, der, vom Kaiser um seine Ansicht befragt, erwiderte: er hätte es verstanden, wenn der Ausgleich vor dem Kriege mit Preußen geschlossen worden wäre, um Ungarn für den Kampf zu gewinnen, jetzt sei das Opfer zu groß. Der Kaiser jedoch gab sich der Erwartung hin, Ungarn werde folgerichtig bei dem nächsten Waffengange mit Preußen alle seine Kräfte zur Verfügung stellen. Es sollte jedoch anders kommen, denn Andrassy als ungarischer Ministerpräsident hat 1870 alles getan, um zu verhindern, daß die Monarchie dem französischen Kaiser zu Hilfe eile.

Die juristischen Mängel des Ausgleichsgesetzes

Die Unvollkommenheit des ungarischen Ausgleichsgesetzes wurde durch dessen hilflose juristische Form gesteigert. Das kam von der Art seines Zustandekommens, nicht von dem geistigen Unvermögen seiner Schöpfer. Die grundlegende Arbeit des Fünfzehner-Ausschusses war nämlich nicht als Gesetzentwurf gedacht, Deak hatte sich nur die Aufgabe gesetzt, „den Grundriß (vázlat) eines Vorschlags“ zu verfassen; er selbst nannte sein Werk bei der Veröffentlichung „Gutachten in Sachen der gemeinsamen Angelegenheiten“. Daher die weitschweifige historische Einleitung, daher die Aufnahme von Motiven in viele der Paragraphen. Ursprünglich war beabsichtigt gewesen, auf dieser Grundlage die Einigung mit Österreich zu suchen und dann erst den endgültigen Gesetzestext festzustellen. Als aber das schwierige Staatsgeschäft im Januar 1867 abgemacht war, besorgte Andrassy, daß die Herstellung einer besseren Fassung neue weitwendige Verhandlungen notwendig machen werde. Wohl hatte der Kaiser Ende Januar seine Unterschrift unter das Ergebnis der Konferenzen gesetzt, es war aber nicht unmöglich, daß er später in einem und dem anderen Punkte bedenklich würde. Es empfahl sich für die Ungarn, die Ernte rasch unter Dach zu bringen. Dazu kam ein anderer, vielleicht noch stärkerer Beweggrund. In das „Gutachten" des Fünfzehner-Ausschusses war viel hineingeheimnist worden, was Ungarn günstiger war, als bei geringerer Sachkunde ins Auge fiel: das aber würde sich bei der Umgießung in eine streng juristische Form verflüchtigt haben. Diese Falten und Untiefen konnten, wenn das ungarische Staatsrecht später wieder zur Erörterung kam, sowohl zur Verteidigung wie zur Begründung neuer Ansprüche dienen. Es wäre Zeit genug gewesen für die Umarbeitung, denn das Ministerium Andrassy wünschte, bevor der Ausgleich dem ungarischen Reichstag vorgelegt werde, die Zustimmung des kroatischen Landtages und verhandelte durch Wochen mit ihm — doch ohne Erfolg. Auch hegte Deak, der selbst ein tüchtiger Jurist war, Bedenken gegen die Formlosigkeit des Ausgleichs, wie er vorlag. Erst im April gab er dem Drängen Andrassys nach, der sich über das Juristische kavaliermäßig hinwegsetzte und Beust ohne Mühe auf seine Seite gebracht hatte. Man strich also einiges gar zu Weitschweifige aus der Vorlage, behielt aber im ganzen die brüchige Fassung bei. In dieser Form wurde der Gesetzartikel XII am 29. Mai 1867 mit 209 gegen 89 Stimmen vom Reichstage angenommen; am 12. Juni 1867 erfolgte die königliche Sanktion. Deak hätte besser getan, fest zu bleiben. Unter der vorsintflutlichen juristischen Form des Ausgleichs litt sein Ruf als Gesetzgeber und was schlimmer war: sie war schuld an viel unerquicklichem Streit zwischen Ungarn und seinem König, zwischen Ungarn und Österreich[1]).

Staatsrechtliche Mißstände

Eine andere Seltsamkeit des Ausgleichs bestand darin, daß er dem österreichischen Reichsrat erst am 17. Juni 1867 vor-

[1]) Dies ist nach den Quellen die Entstehung des XII. Gesetzartikels, wogegen die Angaben bei Wertheimer, „Graf Julius Andrassy" I, S. 289, und bei Fournier, „Österreich-Ungarns Neubau", S. 156 und 162 auf mündlicher, in diesem Falle ungenauer Überlieferung beruhen. Es ist nicht richtig, daß der Gesetzartikel XII auf einer von Andrassy für den Kaiser gemachten Aufzeichnung der Ergebnisse der Januarkonferenzen beruht.

gelegt wurde, als er in Ungarn bereits Gesetz geworden war. Über dieses Vorgehen waren Beust und Andrassy schon im Januar einig geworden. Die österreichische Volksvertretung nun brachte den Rohstoff des ungarischen Gesetzes in die Formen europäischer Jurisprudenz, aber die also beschlossene Fassung weicht in der Sache, noch mehr in der Form vom Gesetzartikel XII ab, besonders was den Wirkungskreis der Delegationen betrifft. Wieder eine Ursache späterer Weiterungen. Das Natürlichste wäre gewesen, wenn sich das österreichische und das ungarische Parlament über den Ausgleich verständigt hätten, indessen legten die ungarischen Staatsmänner Wert bloß auf das Einvernehmen mit der Krone und überließen es dieser, sich mit dem Wiener Parlament auseinanderzusetzen. Einer der hervorragendsten Männer Deutschösterreichs, Moritz von Kaiserfeld, hatte im Herbst 1866 Deak anbieten lassen, seine Freunde wollten mit ihm auf Grund der Fünfzehnerbeschlüsse in Verhandlungen treten. Das wurde von Deak abgelehnt. Er und seine Partei zogen es vor, statt von Volk zu Volk sich mit der Krone zu verständigen. Als ihnen dies gelang, schritten sie über Österreich hinweg. Dies gilt von dem eigentlichen Grundgesetz, dagegen fanden über die Höhe der Quote, über das Zoll- und Handelsbündnis, über die Staatsschuld Vereinbarungen zwischen den zwei Volksvertretungen statt. Durch das unmittelbare Abkommen mit der Kroue, während der österreichische Reichsrat beiseite geschoben wurde, haben die Magyaren Großes erreicht und sich die führende Stellung unter den Volksstämmen der Monarchie gesichert.

Es besteht somit kein ausdrückliches politisches Bündnis, kein geschriebener Grundvertrag zwischen den zwei Staaten. Wohl haben im Laufe des Jahres 1867 das ungarische Ministerium wie die Hauptparteien des ungarischen Parlaments den Vertragscharakter des Verhältnisses zwischen Österreich und Ungarn anerkannt. Später, gegen Ende des Jahrhunderts, ist der Hunger der Magyaren nach voller Selbständigkeit gestiegen, und ihre Wortführer behaupteten, es bestehe ein politischer Vertrag nur zwischen Ungarn und seinem König, nicht zwischen Ungarn und Österreich. Die politische Mode wechselt eben, und Grundsätze, die von Deak und Andrassy anerkannt worden waren, wurden von ihren Söhnen und Nachfolgern verleugnet[1]).

Im Ausgleich von 1867 wurde der Monarchie der Name „Reich" gelassen, die zwei Teile sind in dem Gesetz als Staaten behandelt. Der Ausdruck „Reich" (birodalom) kommt in diesem Sinne im XII. Gesetzartikel viermal vor, dreimal in der Einleitung, einmal im Paragraphen 8. Der linke Flügel des ungarischen Parlaments erhob gleich damals gegen die Bezeichnung Einspruch, aber Deak wies darauf hin, daß sie auch in den 1848er Gesetzen angewendet ist, und fügte hinzu: „Um die Rechte Ungarns müßte es schlecht bestellt sein, wenn man aus einem Worte, welches der Reichstag so oft gebraucht hat, Folgerungen zur Beeinträchtigung jener Rechte ziehen könnte[2])." Dabei blieb es. Andrassy als Ministerpräsident erhob auch keine Einwendung, als Beust am 23. Juni 1867 zum Reichskanzler erhoben wurde. Noch mehr: bei der Feststellung des neuen Namens für das alte Österreich vereinbarte er mit der österreichischen Regierung, daß es fortan „österreichisch-ungarische Monarchie" oder „österreichisch-ungarisches Reich" heißen solle: das darüber handelnde Allerhöchste Handschreiben vom 14. November 1868 wurde im Wiener wie im Budapester Amtsblatt veröffentlicht. Noch durch Jahre nannten sich die betreffenden hohen Beamten „Reichskriegsminister" und „Reichsfinanzminister". Erst später begann der Feldzug gegen das Wort Reich, es wird auf Verlangen Ungarns nicht mehr für die Monarchie angewendet.

Über das viele Einzelne hinweg forscht der Blick nach dem Allgemeinen, nach der Bedeutung des Ausgleichs von 1867 für das große Spiel der europäischen Kräfte. Da steht nun an erster Stelle die Tatsache der Versöhnung des Hauses Habsburg mit Ungarn, soweit es von den Magyaren beherrscht ist. Seitdem ging der Königsglaube wieder als starke Woge durch das Gemüt des magyarischen Volkes. Staatsrechtlichen Hader hat es auch später gegeben, aber in jedem Zusammenstoße mit auswärtigen

---

[1]) Žolger, S. 252—295.

[2]) Žolger, S. 105. Dieser Autor widmet der Sache eine längere Untersuchung.

Mächten stand Ungarn treu zu seinem König, in einer Linie mit Österreich.

Es wäre ein Irrtum zu glauben, daß die Lebensdauer eines Grundgesetzes von seiner moralischen Höhe oder von seiner technischen Rundung abhängt. Viel wichtiger ist, daß es der möglichst treue Ausdruck der im Staate wirkenden Kräfte ist. Verschiebt sich das Kräfteverhältnis, so vollzieht sich durch Reformen oder durch Revolutionen eine Änderung der Gesetze. Die Verfassung von 1867 entsprach genau der tatsächlichen Verteilung der Macht zwischen der Krone und dem Adel und sicherte diesen zwei Faktoren ihren Besitzstand; sie aber sind zusammengenommen so stark, daß eine Auflehnung gegen sie hoffnungslos wäre. Krone und Adel haben sich bei dieser Ordnung der Dinge wohl befunden und besaßen kein Bedürfnis nach einer Änderung. Sie schützten also das Werk von 1867 gegen die Anfechtungen, die von den nichtmagyarischen Volksstämmen Ungarns kamen wie gegen die in Österreich erhobenen Bedenken. Die herrschende Oberschicht des Landes schöpfte aus der vereinbarten Verfassung den nicht hoch genug anzuschlagenden Vorteil, daß die königliche Gewalt die Magyarisierung des Landes geschehen ließ und förderte. Die vom König bestellten Obergespäne und, was vielleicht noch wichtiger ist, die von ihm ernannten Erzbischöfe und Bischöfe waren und sind, da sie dem König von den Ministern vorgeschlagen werden, die besten Gehilfen in der Niederhaltung der anderen Nationalitäten. Dadurch erstarkte das magyarische Element, und dies in solchem Grade, daß es im 20. Jahrhundert auch die militärischen Vorrechte des Herrschers anzutasten den Entschluß fand. Deak, Andrassy und ihre Mitarbeiter jedoch haben sich dessen weislich enthalten, sie sorgten vielmehr dafür, daß die 1867 geschaffene Ordnung der Dinge sich einlebe.

Deak wurde von seinem Volk in hohen Ehren gehalten, auch von denjenigen, die noch mehr für Ungarn zu erringen für möglich hielten. Mehr als zwei Drittel des Abgeordnetenhauses standen in dem 1866 gewählten Reichstag auf seiner Seite und zum Programm der Realunion mit Österreich; von der Minderheit waren 94 Anhänger der Personalunion, der Führung Ghyczys und

Koloman Tiszas folgend; bloß 20 Abgeordnete bekannten sich zu Kossuth, also zur Losreißung von Österreich. Von den linksstehenden Elementen wurde behauptet, Österreich und das Haus Habsburg wären durch die Niederlagen von 1859 und 1866 so geschwächt, daß Ungarn ihnen das Gesetz unbedingt auferlegen könnte. Deak aber besaß ein richtigeres Gefühl für die in der Monarchie waltenden Kräfte; er wußte, was der Krone zugemutet werden konnte und was ihr nicht abzuzwingen war. Ebenso besaß er eine klare Vorstellung davon, daß auch im Interesse der Magyaren das Reich stark erhalten werden müsse, um sich der Angriffe von außen zu erwehren. In dieser Erkenntnis, und nicht etwa notgedrungen, willigte er in die Erhaltung und Pflege der gemeinsamen Armee. Wenn er dennoch um jedes Wort im Ausgleichsgesetze feilschte, so geschah es, weil er ganz in den Vorstellungen des alten ungarischen Staatsrechtes eingesponnen und nicht frei von der Sorge war, das Heer könne von der Hofburg wieder einmal gegen Ungarn aufgeboten werden. Das machte ihn ängstlich, während Graf Andrassy kühnen Sinnes dem Wandel der Zeiten wie dem Genius seines Volkes vertraute. Diesen Unterschied ihrer Charaktere hat Deak einmal, als Andrassy nach einer zwischen ihnen aufgetauchten Meinungsverschiedenheit mißmutig von ihm ging, halb im Ernst, halb im Scherz mit den Worten gekennzeichnet: „Weshalb Graf Andrassy ungehalten war? Sehen Sie: er ist ein genialer Mann und ich — ich bin n u r weise."

Deak schätzte die Macht der Krone und Österreichs hoch ein und warnte die Ungeduldigen immer, dem magyarischen Volke nicht allzuviel zuzutrauen. Während des Krieges von 1866 unterhielt der nachmalige Ministerpräsident Tisza (der Ältere) Verbindungen mit Kossuth und dem Ausland, während Deak streng loyal blieb. Nicht bloß aus Anhänglichkeit an die Dynastie, sondern ebenso weil er wußte, wie hart Ungarn einen Aufstand würde büßen müssen. Als ihm die Hitzköpfe dies verargten, sagte er ihnen: „Ihr wißt nicht, wie stark Österreich ist. Wenn Ungarn sich erhebt, macht Franz Josef Frieden mit Preußen und schlägt mit seiner Armee mühelos den Aufstand nieder." Diese Einsicht in die Macht des Reiches hatten Deak und seine Gesinnungsgenossen aus der Erfahrung ihres Lebens geschöpft. Sie sahen die Rebellion von 1849 zusammenbrechen, sie waren Zeugen, daß Österreich stark genug war, Ungarn bis 1867 niederzuhalten; zwei verlustvolle Kriege mußten über die Monarchie wegfluten, um sie zum Nachgeben zu nötigen. Diese Eindrücke bestimmten Deak zum Einlenken, nachdem er in der berühmten Adresse des ungarischen Landtags von 1861 die Personalunion gefordert hatte. Er wich schon vor Königgrätz um ein Stück zurück und erkannte an, daß nicht bloß die Person des Monarchen, sondern auch andere organische Einrichtungen dem Reiche gemeinsam bleiben müßten. So lange die Generation lebte, welche die Niederwerfung Ungarns von 1848 erlebt hatte, war diese Überzeugung in Ungarn vorherrschend; sie blieb den 1867 der Krone gemachten Zusagen treu, um nicht neues Unheil über das Land heraufzubeschwören. Da ebenso Kaiser Franz Josef sein Wort mit anerkennenswerter Treue hielt, so blieb bis ins 20. Jahrhundert der Dualismus in seinen Hauptbestimmungen aufrecht.

9

Die Donaumonarchie als einheitliches Zollgebiet

(Veröffentlicht 1915)[1])

Der stärkste Pfeiler der Macht- und Verteidigungstellung Österreich-Ungarns ist die Armee, aber neben ihr ist die Einheit des Zollgebietes als Kraftelement nicht zu unterschätzen. Denn durch sie wuchs die Monarchie ökonomisch zusammen, und das wurde zur Voraussetzung des Widerstandes gegen die rings dräuenden Gefahren. Denkt man sich dieses Band zerrissen und treibt Ungarn neben Österreich eine gesonderte oder ihm gar feindselige Handelspolitik, so wäre auch eine gemeinsame äußere Politik so gut wie ausgeschlossen. Der gemeinsame Minister des Äußern kann sich nicht spalten und nicht gleichzeitig die widerstreitenden Wünsche und Programme des einen und des anderen Staates dem Auslande gegenüber vertreten. Alles nun, was auf die Machtstellung der Monarchie Bezug hat, besitzt ebenso Wichtigkeit für das übrige Europa. Dahin gehört auch das Werden und Wachsen der Zolleinheit der Monarchie, wofür bisher eine zusammenfassende Geschichtsdarstellung nicht vorhanden war. Diese ist jetzt von Rudolf Sieghart gegeben, dessen Buch somit ebenso große historische wie politische Wichtigkeit besitzt. Das Werk ist fast ganz aus den Akten gearbeitet, und diese gediegenen Vorstudien sind zu einer runden Darstellung vereinigt. In den letzten, der Gegenwart zueilenden Abschnitten erhebt sich das Buch zu echt historischem Stil, was bei der Nüchternheit und teilweisen Brüchigkeit des zusammengetragenen Stoffes bemerkenswert ist. Hier spricht ein Mann, der in hohen amt-

[1]) Für diesen Aufsatz gilt sinngemäß das auf Seite 135 Anm. Gesagte. Er ist jedoch so abgedruckt, wie er 1915 veröffentlicht wurde.

lichen Stellungen an der Regierung des österreichischen Staates beteiligt war, somit Einblick in viele geheimen Vorgänge hatte und als Leiter eines der stärksten wirtschaftlichen Konzerne Mitteleuropas den praktischen Blick erwarb, um in den Einzelheiten der ökonomisch-politischen Entwicklung immer das Wesen der Sache festzuhalten. Daß der Verfasser die Zeit gewann, ein in jüngeren Jahren begonnenes Werk mitten unter großen Geschäften zu Ende zu führen, spricht für seine Elastizität und Arbeitskraft[1]).

Wie im übrigen Europa schlossen sich auch in der habsburgischen Monarchie die einzelnen Gebietsteile und Provinzen durch Zollschranken voneinander ab, doch 1775 wurden diese, soweit die Kronländer des eigentlichen Österreich mit Ausnahme Tirols in Betracht kommen, aufgehoben, eine Zolleinigung, zu der Frankreich bekanntlich erst 1789 gelangte. Ungarn aber und seine Nebenländer waren auch weiter ein getrenntes Zollgebiet; sie bildeten, seitdem Josef II. Siebenbürgen mit Ungarn zollpolitisch vereinigte, einen Block für sich. Daß dies die ökonomische Entwicklung hemmte und der Einheit der Monarchie zuwiderlief, erkannte Josef II. wie Fürst Kaunitz, der in einem Gutachten von 1781 die Zolleinheit den „großen Endzweck" nannte, den man stets vor Augen haben und worauf man „durch die Hinwegräumung der in Ungarn noch entgegenstehenden Hindernisse ununterbrochen" hinarbeiten solle; dies „wäre eine der wichtigsten und notwendigsten Deliberationen".

Zwischen Österreich und Ungarn bestand zu jener Zeit eine doppelte Zollinie, da die Einfuhr in jeden der beiden Reichsteile besonders besteuert war. Der Zolleinheit stand ein unübersteigliches Hindernis dadurch im Wege, daß in den zwei Ländern völlig verschiedene Steuersysteme bestanden. Vor allem: der ungarische Adel war von allen Staatssteuern befreit, zahlte von seinen ungeheueren Besitzungen zu diesem Zwecke nicht einen Kreuzer Steuer. Das gehörte zu der ungarischen Adelslibertät, und dieses Privileg mußte Kaiser Leopold II. 1791 ausdrücklich anerkennen, nachdem ein guter Teil der Reformen

---

[1]) Dr. Rudolf Sieghart, „Zolltrennung und Zolleinheit. Die Geschichte der österreichisch-ungarischen Zwischenzollinie". Wien 1915, Manzsche Buchhandlung.

Josefs II. fallen gelassen worden war. Da in Ungarn Getreide und Vieh billiger produziert werden konnten, wurde im Interesse der österreichischen Landwirtschaft bei der Einfuhr nach Österreich ein Ausgleichszoll erhoben. Die kaiserliche Regierung wäre bereit gewesen, diese Abgabe abzuschaffen, falls der ungarische Adel auf sein Privileg verzichtet hätte, was bei diesem aber nicht zu erreichen war. Dazu kam, daß in Ungarn weder das Tabakmonopol, noch Verbrauchssteuern auf Fleisch, Wein und gebrannte Flüssigkeiten, noch manche andere in Österreich eingehobene Abgaben bestanden. Um nun den ganz unzureichenden Beitrag Ungarns zu den gemeinsamen Angelegenheiten zu erhöhen, wozu der Landtag seine Zustimmung verweigerte, wurden auf den Import ungarischer Produkte österreichische Eingangszölle gelegt, wozu der Kaiser als Beherrscher Österreichs natürlich berechtigt war. Vielleicht hätte Ungarn durch eine von Reformeifer erfüllte Regierung zu einer Besserung dieses mißbräuchlichen Zustandes bestimmt werden können — vielleicht! Aber dieser Eifer fehlte dem Fürsten Metternich vollständig, der bei seiner aristokratischen Staatsauffassung nicht willens war, sich mit dem Volke gegen den ungarischen Adel zu verbinden, um dessen dem Reiche schädliche Herrschaft zu brechen. Es blieb also alles beim alten, bis die Revolution von 1848 auf diesem wie auf vielen anderen Gebieten gründliche Heilung brachte.

Es gehört nun zu den Paradoxien des Verhältnisses Ungarns zu Österreich, daß derselbe ungarische Adel, der bis wenige Jahre vor der Revolution im Landtage jede Reform der Steuer- und Handelspolitik unmöglich machte, unaufhörlich über die Benachteiligung Ungarns Beschwerde führte. Er ist in seinen Vorwürfen gegen die Gesetzgebung Josefs II. insofern im Recht gewesen, als der Kaiser die österreichischen Einfuhrzölle auf ungarische Agrarprodukte im ganzen bestehen ließ, dagegen den ungarischen Einfuhrzoll auf die aus dem Westen kommenden Kunstprodukte aufhob: das war ein Geschenk für die österreichische Industrie, welche Josef in jeder Weise begünstigt und tatsächlich mächtig gefördert hat. Da aber nach seinem Tode die frühere, seit 1754 bestehende Zollordnung wiederhergestellt wurde, so konnte später auch diese Klage nicht erhoben werden. Überhaupt sind die staatswirtschaftlichen Beschwerden Ungarns in jener Zeit schon wegen der Geringfügigkeit des Handelsverkehrs zwischen den beiden Reichshälften auf ein richtiges Maß zurückzuführen. Die ganze Ausfuhr österreichischer Waren nach Ungarn betrug unter Josef II. nicht ganz 10 Millionen Gulden, wofür 260 000 Gulden Eingangszoll gezahlt wurden; Ungarn führte 13 Millionen Gulden aus, wofür an der österreichischen Grenze 380 000 Gulden zu entrichten waren.

Anders stellten sich die Dinge im 19. Jahrhundert, als diese Ziffern infolge der erfreulichen wirtschaftlichen Entwicklung kräftig emporschnellten. Damit stieg das Interesse Ungarns an dem Fallen der österreichischen Zollschranken. Darauf nun hat der ungarische Landtag in den vier Jahrzehnten seit 1802 wiederholt gedrungen. In erster Linie verlangte er die vollständige Zolleinigung: wenn diese aber sich nicht verwirklichen ließe, dann wenigstens eine Gleichstellung der Zölle hüben und drüben, so daß ungarische Einfuhren nach Österreich nicht höher verzollt werden sollten als umgekehrt. Eine kluge Regierung hätte diese Wünsche als Ausgangspunkt zur Reform des ungarischen Steuerwesens nehmen sollen. In Wien aber hielt man jeden derartigen Versuch für vergeblich, infolgedessen blieb alles beim alten. Es ist zu bemerken, daß auch Ludwig Kossuth in den Anfängen seiner politischen Laufbahn das Fallen der Zollschranken zwischen Österreich und Ungarn anstrebte, wogegen er den Eintritt der Gesamtmonarchie in den deutschen Zollverband schon damals bekämpfte, weil er davon das Einströmen deutscher Elemente und Gefahren für die Selbständigkeit Ungarns fürchtete.

Die frühere Richtung der handelspolitischen Vorstellungen in Ungarn änderte sich aber mit einem Schlage, als der große Bahnbrecher des Deutschen Zollvereins, Friedrich List, 1840 sein Buch „Das nationale System der politischen Ökonomie“ erscheinen ließ. Bei dem hochgespannten nationalen Selbstbewußtsein der Magyaren fielen seine Ideen von der ökonomischen Erziehung eines Landes durch den Schutzzoll auf fruchtbaren Boden: Kossuth und seine Partei formten sofort das Programm eines selbständigen, auch gegen Österreich abzuschließenden Wirtschaftsgebietes, mit so hohen Zollschranken, daß sich unter deren Schutz eine selbständige Industrie entwickeln könnte. In dem Buche Sieghart's ist dieser Abschnitt einer der wirkungsvollsten; er legt die Wurzeln des jetzigen handelspolitischen Programms der Kossuthpartei sowohl nach der rein ökonomischen wie nach der ideologischen Seite bloß und liefert so einen wichtigen Beitrag zur Geschichte der habsburgischen Monarchie.

Kossuths ökonomische Projekte scheiterten an den wirtschaftlichen und politischen Grundtatsachen, auf denen der Bau Mitteleuropas beruht. Er gab, indem er die Zerschlagung der Monarchie betrieb und zu diesem Behuf die Rebellion von 1848 auf 1849 entflammte, ganz gegen seine Absicht den Anstoß zur Vollendung der zollpolitischen Einheit der Monarchie. Denn das 1849 bis 1860 in Österreich herrschende System mit seinem polizeilichen und kirchlichen Druck hatte zwar einen reaktionären Einschlag, es war aber, was die wirtschaftlichen Angelegenheiten betrifft, ein aufgeklärter Absolutismus. Die Krone und ihre hervorragenden Ratgeber, in erster Linie Fürst Schwarzenberg und Bruck, benutzten den Sieg der Monarchie über die ungarische Revolution zur ökonomischen Verschmelzung der beiden Staaten. Das gesamte österreichische Steuersystem wurde auf die Länder jenseits der Leitha übertragen und dadurch die Voraussetzung geschaffen zu einer der heilsamsten Taten, von denen die Wirtschaftsgeschichte Mitteleuropas zu erzählen weiß, zur Herstellung der Zolleinheit der Monarchie. Mit der Steuerfreiheit des Adels hatte schon die Revolution aufgeräumt, die österreichische Regierung führte auch die Befreiung des Bauers von allen Fronden und Diensten durch, legte im ganzen Königreich Grundbücher an und ließ moderne Luftströme durch das in einer halbmittelalterlichen Wirtschaftsverfassung versunkene Land fegen. Die beste Kritik dieser Reformen lieferte das 1867 zur Selbständigkeit gelangte Ungarn. Dessen Regierung warf zwar die politischen Einrichtungen, die Österreich gebracht hatte, vollständig um, ließ aber die neu geschaffene Wirtschaftsverfassung bestehen, sowohl das einheitliche Zollgebiet, wie das Tabakmonopol, wie das gesamte neue Steuersystem: das Finanzwesen des jetzigen ungarischen Staates beruht nicht auf alten nationalen Institutionen, sondern auf dem von österreichischen Beamten und Staatswirten aufgerichteten Werke. Mit großer Feinheit ist das von Sieghart ausgeführt, wenn er auch in dem sein Werk durchwehenden Geiste der Versöhnung alles vermeidet, was die Empfindlichkeit der Magyaren verletzen könnte.

Denn Sieghart beabsichtigt nicht bloß die Aufhellung von zum Teil dunklen Gebieten, sondern verfolgt das politische Ziel der Gewinnung des öffentlichen Geistes in Ungarn, um die schwer errungene, in den letzten Jahrzehnten wieder angefochtene Zolleinheit zu erhalten und zu befestigen. Das Schlußkapitel seines Buches ist wohl das Beste, was zu diesem Behufe bisher geschrieben worden ist. Die Beweisführung geht von gewissen in Ungarn hochgehaltenen ökonomischen Vorstellungen aus und zeigt unwiderleglich, welche Vorteile Ungarn aus dem jetzigen Zustande zieht. In dieser Absicht macht Sieghart dem ungarischen Standpunkte auch manche Zugeständnisse, zu der sich eine straffe Auffassung des bestehenden Verhältnisses nicht immer bequemen wird. Erreicht der Verfasser jedoch seinen Zweck, so wird man ihm auch in diesen Punkten nicht entgegentreten wollen. Aber auch abgesehen davon, muß die Sammlung des Tatsachenmaterials wie dessen Verarbeitung als bemerkenswerte Leistung anerkannt werden.

10

Österreich-Ungarn und Rußland 1908

(Veröffentlicht 1909)

I

Zu den großen Ergebnissen des 19. Jahrhunderts gehört die Abdrängung der Russen von der Balkanhalbinsel. Unsere Väter und Großväter standen unter der fast abergläubischen Befürchtung, daß das Vordringen der Zarenmacht gegen Bulgarien und Serbien unaufhaltsam sei; wenn das Gespenst des Panslawismus heraufbeschworen wurde, so fühlte der politische Kannegießer nicht bloß Österreichs und Deutschlands, sondern auch Englands, das Kribbeln der Gänsehaut. Heute wirkt das Wort nur mehr in Ungarn als Schrecknis oder besser gesagt als Vorwand, wenn in einem politischen Prozesse Slowaken oder andere Slawen des Hochverrats beschuldigt sind und überwiesen werden sollen. Die von Rußland her drohende Gefahr ist so groß wie die jetzige oder künftige Stärke der Armee, die es zum Vorstoße gegen Mitteleuropa aufbieten kann; es wird bei den West- und Südslawen immerhin auf Sympathien, nicht aber auf wirksame Waffenhilfe rechnen. Das ist der Eindruck, den Europa am Schlusse der vier Eroberungszüge gegen die Türkei 1811, 1828, 1854 und 1877 erhielt, welche, ob nun siegreich oder verlustvoll, doch immer wieder zur Herausgabe der auf dem Balkan gemachten Eroberungen führten; die Niederlagen in der Mandschurei haben nur das Siegel auf diese historischen Akten gesetzt. Ob der Spruch der Weltgeschichte endgültig ist, ob die russische Nation nicht in 30 oder 50 Jahren zu einem neuen Schlage ausholen wird — wer möchte darüber eine Prophezeiung wagen? Gewiß ist, daß unsere Generation nicht mehr unter dem Drucke atmet, den die Gegner des mächtigen Zaren Nikolaus und dann die Zeitgenossen Andrassys und Disraelis fühlten, denen die Abwehr des Panslawismus als eine ihrer Lebensaufgaben erschien.

Eigentlich enthüllte schon der Beginn des Krimkrieges die militärische Natur des Problems. Alle Landwege zur Balkanhalbinsel werden von Österreich-Ungarn beherrscht und können jeden Augenblick gesperrt werden. Wohl scheint den Russen der Durchmarsch durch Rumänien freizustehen, falls dieser unabhängige Staat seine Zustimmung gibt, tatsächlich aber ist der Durchzug und das Vordringen über die Donau unmöglich, so lange die österreichisch-ungarische Armee das zur Eroberung der Balkanhalbinsel ausgesandte russische Heer im Rücken fassen kann. Dies erfuhr zu seinem Mißgeschicke Zar Nikolaus I. im Jahre 1854 zu Beginn des Krimkrieges. Als er, ohne Österreich zu berücksichtigen, nach Besetzung der Moldau und Walachai in Bulgarien einfiel, wurde er durch die Drohungen des Wiener Kabinetts, wie durch die Aufstellung eines Heeres von 250 000 Mann in Galizien im Spätsommer 1854 zur Räumung aller Balkangebiete gezwungen. Aus dieser schlimmen Erfahrung schöpfte sein Sohn Alexander II. die Lehre, daß Rußland einen Türkenkrieg nur wagen dürfe, wenn es sich der Neutralität der Donaumonarchie versichert hätte. Bevor der Zar also 1877 die Türkei angriff, ließ er sich mit dem Wiener Kabinett in Unterhandlungen ein und erkaufte seine Zustimmung in aller Form. In seiner lehrreichen Schrift „Wie wir zu Bosnien kamen" konnte Fournier den Inhalt dieser Verträge bekanntgeben. Am 15. Januar 1877 kam in der Königsburg zu Ofen eine Konvention zwischen dem Wiener und dem Petersburger Kabinett zustande, kraft deren „die Zeit und die Mittel der militärischen Okkupation Bosniens und der Herzegowina" in die Wahl der Donaumonarchie gestellt wurden. Und als die Russen vor Konstantinopel standen, mit dem heißen Wunsche, von Europa die Zustimmung zu Bulgariens Losreißung vom Osmanischen Reiche zu erwirken, enthüllte Andrassy dem russischen Abgesandten Ignatiew den Preis, den Österreich-Ungarn fordern müßte, falls das als russischer Vasallenstaat gedachte Bulgarien bis ans Ägäische Meer ausgedehnt werden sollte. Dann, so entwickelte

Graf Andrassy, sei es mit Bosnien und der Herzegowina nicht getan. Rußland müsse zustimmen, so berichtet Fournier offenbar aus den Staatsakten, daß innerhalb der österreichischen Sphäre eine autonome türkische Provinz „Mazedonien" mit Saloniki als Hauptstadt entstehe, mit welcher Stadt eine unter österreichischer Kontrolle erbaute Eisenbahn die Verbindung herzustellen hätte, während eine Zollunion die Balkanländer des Westens mit Österreichs merkantilen Interessen verknüpfen müßte. Unter dieser Bedingung könnte Rußland in Bulgarien freie Hand behalten. Weitumfassend also waren die Pläne des Ministers des Äußern; er wollte den ganzen Westen der Balkanhalbinsel, Albanien, Altserbien und Mazedonien wirtschaftlich und damit auch politisch enge an Österreich-Ungarn anschließen. Zunächst nahmen die Dinge einen anderen Verlauf; Rußland mußte sich infolge der Kriegsdrohungen Englands mit einem verkleinerten Bulgarien begnügen, so daß auch Andrassy — nach seiner Empfindung und Absicht nur vorläufig — sich mit Bosnien und der Herzegowina zufriedengeben mußte. Damit wird in seiner ganzen Bedeutung das Wort klar, das er bei seiner Rückkehr vom Berliner Kongreß an Kaiser Franz Josef richtete: „Jetzt sind Euer Majestät die Tore zum Orient geöffnet."

Bald mußte Rußland erfahren, daß ihm auch die magere Beute aus dem Feldzuge von 1878 entglitt. Denn sein Schmerzenskind Bulgarien lehnte sich gegen den Wohltäter auf und Fürst Ferdinand behauptete sich trotz des ihm vom Zaren gegebenen Befehls zum Thronverzicht im Besitze der Macht. Dazu kam noch, daß Rußland es sich sagen lassen müßte, es habe seine „serbischen Brüder" auf dem Berliner Kongreß kläglich im Stiche gelassen. Das Petersburger Kabinett hatte vor dem Krieg die Herzegowina einmal Österreich-Ungarn, ein andermal Montenegro als Köder hingehalten, dem Fürstentum Serbien wieder den Besitz Altserbiens in entfernte Aussicht gestellt. Indessen war Österreich-Ungarns Neutralität während des Krieges zu wichtig und seine guten Dienste auf dem Berliner Kongresse so gar nicht zu entbehren, daß Rußland darob die slawischen Brüder und Vettern im Stiche ließ. Montenegro mußte sich mit einem Gebietszuwachse vornehmlich durch albanische Gebiete zufrieden geben. Schlimmer noch erging es Serbien, das wie ein lästiger Bittsteller abgewiesen wurde, als sich sein Ministerpräsident Ristitsch auf dem Kongresse zur Mahlzeit meldete. „Setzen Sie sich mit dem Grafen Andrassy ins Einvernehmen!" war die Auskunft, die ihm vom Grafen Schuwalow zuteil wurde. Andrassy nahm sich des kleinen Nachbars an, und da er nichts von Bosnien herausgeben wollte, setzte er es wenigstens durch, daß Serbien im Südosten, also gegen Bulgarien hin, eine Vergrößerung erhielt. Vier Kreise mit Nisch und Pirot wurden ihm zugeschlagen, gegen den Wunsch Rußlands, welches diese zum Teil bulgarischen Landstriche seinem Schützling zugedacht hatte. Dieser von der Donaumonarchie Serbien erwiesene Dienst wurde von dem Fürsten, späteren König Milan, nie vergessen, und seine Dankbarkeit stieg, als Österreich-Ungarn nach Serbiens Niederlage durch den Bulgarenfürsten Alexander (1885) sich abermals Milans annahm und dem Sieger Halt gebot. Ohne diese Hilfe wären jene vier Kreise Serbien wieder abgenommen worden.

Durch ein Menschenalter dauerte die vom Grafen Andrassy im Westen des Balkans aufgerichtete Ordnung der Dinge. Bosnien und die Herzegowina galten unwiderruflich als Besitz der Monarchie, und ungestört konnte der oberste Verwalter des Landes, Benjamin von Kallay, sich seinem Friedenswerke widmen. Eine bosnische Frage bestand nicht mehr. König Milan schloß sich enge an Österreich an, und ihm schwebte, wie der Ministerpräsident seines Sohnes, Wladan Georgewitsch, bezeugt, der Gedanke vor, Serbien solle zur Monarchie in ein Verhältnis treten wie Bayern zum Deutschen Reiche. Wohl wird behauptet, daß er durch Jahrgelder bei Österreich festgehalten wurde, aber tiefer noch wirkte bei ihm die Überzeugung, daß Serbien von Rußland stets ausgenutzt und stets im Stiche gelassen worden war. „Rußland kann die Serben überhaupt nicht leiden," so äußerte er sich, „sie sind ihm zuviel Westler, zuviel Revolutionäre, und Rußland hat die serbische Nation immer als bequemes Kleingeld zur

Begleichung seiner Rechnungen mit Österreich benutzt[1]."

Graf Andrassy hinterließ seinen Nachfolgern in dem Bündnisse mit Deutschland ein Rüstzeug, welches von ihnen nur behutsam verwertet wurde; Haymerle, Kalnoky und Goluchowski wußten damit für die Zwecke der Orientpolitik Österreich-Ungarns keinen rechten Gebrauch zu machen. Es soll dem Grafen Kalnoky allerdings unvergessen bleiben, daß er, als Rußland 1887 den letzten seiner Versuche machte, Bulgarien zur Unterwerfung zu bringen und einen russischen Fürsten — aus dem Hause Dadian von Mingrelien — als seinen Vasallen einzusetzen, kraftvoll widerstand und in seinen diplomatischen Noten, wie in seiner großen, vor den Delegationen gehaltenen Rede den Grundsatz aufstellte, Österreich-Ungarn werde das einseitige Protektorat Rußlands über Bulgarien unter keinen Umständen zulassen. Damals wich Rußland ebenso wie im Winter auf 1909 vor der Drohung eines gegen Österreich-Ungarn und Deutschland zu führenden Krieges zurück, und so erwies das Donaureich auch Bulgarien einen nicht hoch genug zu schätzenden Dienst. Wohl war dies ein schöner diplomatischer Erfolg Kalnokys, indessen war doch nur etwas Negatives erreicht, und die 1881 wie 1884 mit Rußland bezüglich Bosniens getroffenen, bedingungsweisen Vereinbarungen führten nicht zu dem erwünschten Ziel der Anerkennung der österreichischen Souveränität über die neuen Provinzen. Erst Graf Aehrenthal verstand es, das Bündnis mit dem Deutschen Reiche fruchtbringend und ergebnisreich zu gestalten.

Was immer in der Geschichte vollbracht wurde, stets mußten Mut und Charakter mindestens so viel dazu beitragen, als der ersinnende und ordnende Verstand. Dieser weist dem Reiter den richtigen Weg bis zum Graben, aber ohne den kühnen Sprung kann das Hindernis nicht genommen werden.

Graf Aehrenthal lieferte im Sprechen wie im Handeln immer wieder den Beweis, daß er im kühlen und klaren Aufbau einer politischen Gedankenreihe nicht leicht übertroffen werden kann;

---

[1]) Dr. Wladan Georgewitsch, „Die serbische Frage", S. 61.

und wenn er selbst von irgend einem Politiker etwas Günstiges sagen will, so gebraucht er mitunter die Redensart: „Il a la tête bien meublée.“ In seinem Kopfe war alles in Ordnung, als er mit Iswolskij und Tittoni über die Bedingungen verhandelte, unter denen Österreich-Ungarn die Annexion aussprechen könnte. Methodisches Denken war, wenn man Kalnokys Leben und Wirken verfolgt, auch dessen Stärke, und Aehrenthal bezeichnet ihn deshalb in dankbarer Erinnerung an stetes Wohlwollen als seinen Lehrer im diplomatischen Wirken. Was Aehrenthal jedoch von seinen Vorgängern nach Andrassy auszeichnet, das ist der feste Zugriff, mit dem er den Augenblick benutzte; und es war sehr merkwürdig zu beobachten, mit welch unerschütterlicher Zähigkeit und Gelassenheit er unter allen Gefahren des letzten Winters das Erfaßte festhielt und es sich weder entgleiten noch abringen ließ. Graf Andrassy war, wie sein Sohn, der spätere Minister des Innern, erzählt, mit der Führung der Geschäfte durch seine nächsten Nachfolger nicht einverstanden, weil er sie für zaghaft hielt; Kalnoky, so meinte er, habe offenbar nicht das Vertrauen in die Kraft und Leistungsfähigkeit der Monarchie. Davon nun war Graf Aehrenthal so ganz erfüllt, daß er mit ruhigem Bedacht in das hohe Spiel der letzten Krise eintrat und es zu Ende führte.

II

Es ist für die Staatskunst Aehrenthals bezeichnend, wann und bei welcher Gelegenheit er den lang gehegten Plan der Gewinnung der vollen Oberhoheit über Bosnien durchzuführen beschloß. Da die „Times“ in einem (Juli 1909) veröffentlichten Artikel bereits die Enthüllung brachte, daß Iswolskij selbst durch ein am 19. Juni 1908 an Aehrenthal gerichtetes Schreiben unserem Reiche Bosnien anbot, da also die Londoner Gegner des österreichischen Ministers selbst das beste zu seiner Rechtfertigung vorbrachten, so kann auch an dieser Stelle von dem wundesten Punkte der Iswolskijschen Politik gesprochen werden. Weshalb die „Times“ dem russischen Minister diese Unannehmlichkeit bereiteten, darüber sind nur Vermutungen möglich. Am wahrscheinlichsten ist, daß vor allem das Interesse des Blattes dafür sprach, mit einer interessanten diplomatischen Enthüllung nicht länger als notwendig zurückzuhalten. Das kann jedermann nachfühlen, der jemals in der Presse zu wirken berufen war. Derjenige, der in den „Times" den Zusammenhang der Dinge aufdeckte, leistete dem Blatte einen erheblichen Dienst.

Iswolskij wurde zwar in dem letzten diplomatischen Feldzuge überwunden, er ist aber deshalb als Mann von Geist und Kenntnissen nicht zu unterschätzen. Ein Diplomat, der im europäischen Vertragsrecht zu Hause ist wie wenige und dazwischen in den Mußestunden seiner amtlichen Tätigkeit höhere Mathematik treibt, ist kein alltäglicher Kopf. Ob er jedoch zum Bahnbrecher auf dem Gebiete der äußeren Politik berufen ist, läßt sich nach seinen Leistungen billigerweise bezweifeln, und just diesen Meisterberuf erwählte er sich vom ersten Tage seiner Ministerschaft an. Er fand, als er ins Amt trat, Rußland militärisch zu Boden liegend und von der Revolution zerrissen vor; doch war das Reich dank dem seit 1897 mit Österreich-Ungarn herrschenden Einverständnisse an seiner Westgrenze unbedingt gesichert und konnte infolge der Neutralität Deutschlands wie Österreich-Ungarns seine Truppen nach Bedarf im fernen Osten verwenden. Diese Mitgift schlug jedoch Iswolskij nicht gebührend hoch an. Es war vielmehr das Ziel seines Ehrgeizes, sich England zu nähern, die uralten Feindseligkeiten zwischen dem Walfisch und dem Leopard zu beendigen und eine aktive Balkanpolitik zu treiben. Und dies alles, obwohl England während des Mandschurischen Krieges mit Japan in festem Bündnis gestanden hatte und diese Allianz 1905 erneuerte. Aber Iswolskij war stets anglophil gewesen, nahm an englischen Sitten und Moden Gefallen; und da das Londoner Kabinett mit Vergnügen auf seine Absichten einging, kam im August 1907 der wichtige Vertrag zwischen den beiden Mächten zustande, durch welchen die Teilung der Einpflußsphären in Asien beschlossen wurde; auf der ganzen großen Linie wurden die Grenzen abgesteckt, so zwar, daß Nordpersien den Russen zufiel, das persische Küstenland den Briten. Der Vertrag war für das Zarenreich günstig, und mit Stolz konnte Iswolskij auf einen ansehnlichen Erfolg hinweisen. Er hatte aber noch etwas anderes

Höheres im Auge. Rußland trug es schwer, daß seinen Kriegsschiffen die Durchfahrt durch den Bosporus und die Dardanellen verwehrt ist; man empfand es im ganzen Reiche qualvoll, daß, während die Ostseeflotte unter Rojestwenskij zum Kampfe gegen Japan ausbrach, die anderen Panzer tatenlos im Schwarzen Meer bleiben mußten. Gleich nach dem Augustvertrage 1907 klopfte Iswolskij in England an, ob denn die neuen Freunde daselbst nicht ein Einsehen hätten und Rußland diese Fessel abnehmen wollten. Es scheint, daß er Entgegenkommen fand, und so ließ er das Senkblei auch in Wien fallen. Da nun faßte Aehrenthal die Gelegenheit bei der Stirnlocke und stellte seine Bedingung: Ja, aber nur, wenn Rußland in die endgültige Lösung der bosnischen Frage willige.

Das alles war unverbindlich und recht unsicher, zumal gerade zu dieser Zeit Mißhelligkeiten zwischen Wien und Petersburg entstanden. Iswolskij rückte nämlich in der Behandlung des mazedonischen Problems von Aehrenthal ab, indem er zwar die mazedonische Justizreform zuerst mit der österreichisch-ungarischen Regierung vereinbarte, dann aber nicht, wie es seit den Abmachungen von Mürzsteg Brauch war, den Entwurf an alle beteiligten Staaten sendete; er behielt sich vielmehr vor, ihn noch zuvor mit seinen neuen Freunden, den Engländern, einer Durchsicht zu unterziehen. Damit war dem langjährigen Zusammengehen des Wiener und Petersburger Kabinetts in der mazedonischen Frage praktisch ein Ende gemacht. Aehrenthal hielt sich seinerseits für berechtigt, ohne Vorwissen Iswolskijs mit der Pforte die viel besprochene Abmachung, den Bau der Sandschakbahn betreffend, zu schließen. Darob Aufflammen des Unwillens in Petersburg, was von London aus emsig geschürt wurde. Indessen beruhigte man sich in Petersburg, weil Iswolskij zur Durchführung seines Dardanellenplanes des Wiener Kabinetts, wie überhaupt des Dreibundes bedurfte. Im Juni 1908 fand die Zusammenkunft zwischen dem Zaren und König Eduard zu Reval statt, und ein, allerdings nicht verläßlicher Bericht besagt, daß Iswolskij auch hier auf die Sache zu sprechen kam; er muß die Angelegenheit so weit gefördert haben, daß er sich in aller Form an Aehrenthal wandte und an diesen das von den „Times" bereits erwähnte Schreiben vom 19. Juni 1908 richtete, welches einen Österreich-Ungarn überaus willkommenen Vorschlag enthielt. Er erhob weiter keine Einwendung gegen den Bau der Sandschakbahn, verlangte aber dafür, daß auch die von den Serben gewünschte Adriabahn in Angriff genommen werde. Und was wichtiger war: er schlug ein Zusammenwirken vor, um Rußland die Durchfahrt durch die Dardanellen, der Donaumonarchie dagegen die Souveränität über Bosnien und die Herzegowina zu verschaffen. Die Politik Iswolskijs ging, wie man sieht, schon damal im Zickzackkurs, da er unmittelbar nach dem heftigen Zank über die Sandschakbahn dem Wiener Kabinett eine unendlich freudige Überraschung bereitete. Damit reichte er Aehrenthal den kleinen Finger, den er, wie er meinte, immer noch zurückziehen konnte. Der österreichische Minister aber ergriff die ganze Hand und ließ sie nicht mehr los, bis das russische Kabinett im April 1909 zur Annexion Bosniens seine uneingeschränkte Zustimmung gab.

Zu Buchlau eröffnete Aehrenthal im September Herrn Iswolskij die Absicht des Kaisers Franz Josef, den im nächsten Monate zusammentretenden Delegationen die Souveränitätserklärung vorzulegen. Iswolskij machte allerdings den Vorbehalt, daß eine europäische Konferenz die Abänderung des Berliner Vertrages vornehmen solle, die zur Erreichung der Absichten Österreich-Ungarns notwendig war; und auf derselben Konferenz sollte auch die Dardanellenfrage im Sinne Rußlands erledigt werden.

Beide Staatsmänner waren mit dem erzielten Ergebnisse zufrieden und jeder von ihnen setzte die ihm geeignet scheinenden Maßregeln ins Werk. Freilich in ganz verschiedener Weise. Iswolskij reiste nämlich langsam und behaglich zur Zusammenkunft mit Tittoni, hielt sich etwa eine Woche in Italien auf, sprach den König Viktor Emanuel auf einem seiner Schlösser und langte, da er sich der Zustimmung der Mächte des Dreibundes versichert hatte, in aller Ruhe am 3. Oktober in Paris an. Unterdessen betrieb Aehrenthal mit Feuereifer sein Werk und setzte durch die Proklamation des Kaisers Franz Josef vom 5. Oktober die Welt in allgemeines Erstaunen. Er schuf eine fertige Tatsache, während Iswolskij noch in den langwierigen Vorbereitungen steckte.

Als Iswolskij in Paris und darauf in London mit seinen Plänen herausrückte, fand er die Stimmung der englischen Regierung vollständig geändert. Man sagte ihm, daß, nachdem die Türkei durch den Sieg der Jungtürken am 24. Juli ein konstitutioneller Staat geworden sei, die Regierung König Eduards ihre frühere, doch nur gegen die Tyrannei Abdul Hamids gerichtete Politik gründlich ändern müsse und Bedenken trage, der ihr befreundeten jungen Türkei den Zwang zur Lösung des Dardanellenvertrages aufzuerlegen. Dies war der offizielle Grund der Zurückhaltung Englands. Es gab aber noch tiefer liegende Motive für die vollzogene Wandlung. Das Verbot der Durchfahrt durch die Dardanellen für die Kriegschiffe aller Nationen besitzt für England seit Eröffnung des Suezkanals erhöhte Bedeutung. Auch im Kriegsfalle bleiben die Dardanellen gesperrt und die russische Panzerflotte des Schwarzen Meeres ist dadurch verhindert, der englischen Mittelmeerflotte die Herrschaft über den Kanal streitig zu machen. Nun ist die Bedeutung Konstantinopels für England seit der reichen Entwicklung von Handel und Schiffahrt im Großen Ozean und seit der Eröffnung Japans und Chinas weit in den Hintergrund getreten. Für England ist der Besitz des Suezkanales wichtiger als die Offenhaltung Konstantinopels als Freihafen.

Bei den Besprechungen mit den europäischen Kabinetten hatte Iswolskij übrigens das Gegenargument in Betracht gezogen, es könne für Europa nicht gleichgültig sein, wenn sich Rußland nach Aufhebung des Dardanellenvertrages in den Besitz Konstantinopels setze. Die Bürgschaft, welche Rußland dafür bieten kann, daß es keine Eroberungszwecke verfolge, besteht darin, daß die Durchfahrt nur unter bestimmten Vorsichtsmaßregeln erfolgen soll. Wenn z. B. ausgemacht wird, daß innerhalb 24 Stunden immer nur e i n fremdes Kriegschiff die Dardanellen passieren könne, oder daß ein zweites Kriegschiff erst dann in die Meerenge hineindampfen dürfe, sobald das vorhergehende auf der anderen Seite ins freie Meer gelangt sei, so kann Konstantinopel nicht durch einen Handstreich in Besitz genommen werden. Diese Modalitäten sind schon bei früheren Verhandlungen zur Sprache gekommen und auch diesmal bot Rußland ähnliche Bürgschaften. Es war aber alles vergebens. König Eduard und seine Minister empfingen Iswolskij mit rauschenden Ehren, erklärten aber, sie seien durch den Vertragsbruch Österreich-Ungarns aufs tiefste empört und wollten nichts von neuartigen Abänderungen früherer Verträge wissen. Mit patriotischer Hingebung stellte sich die englische Presse ihrer Regierung zur Verfügung, fiel mit dem Vorwurfe von Vertragsbruch und Räuberei über das Wiener Kabinett her, und alles wurde daran gesetzt, um in Iswolskij die Überzeugung zu erregen, er sei von Aehrenthal mißbraucht und getäuscht. Das Natürliche wäre gewesen, wenn er seinen englischen Freunden erklärt hätte, er müsse darauf bestehen, daß nach dem gelungenen Streich Österreich-Ungarns auch Rußland zur Erfüllung seiner Wünsche gelange, und wenn er den Engländern gedroht hätte, er werde vollständig von ihnen abschwenken und sich aufs festeste mit dem Dreibunde verbinden, falls sie ihm in der Dardanellenfrage nicht Unterstützung liehen. Wenn sie sich ihm versagten, so mußte er mit der Kündigung seiner Freundschaft drohen. Ein Mann von starken Nerven und überlegener Tatkraft hätte in London undiplomatisch mit der Faust auf den Tisch geschlagen und rund heraus erklärt: „Wenn Ihr mich nicht in der Dardanellenfrage unterstützt, so pfeife ich auf Euere Freundschaft." Iswolskij ist aber viel zu gebildet, um sich eines so unzarten Ausdruckes zu bedienen und ließ sich von den englischen Staatsmännern überreden und mit fortreißen, zumal die ganze Atmosphäre des öffentlichen Lebens in London erfüllt war von der allersittlichsten Entrüstung über den österreichischen und bulgarischen Vertragsbruch[1]).

Damit begann das Duell zwischen dem österreichischen und dem russischen Minister, welches endlich dazu führte, daß Aehren-

---

[1]) Über die leitenden Motive der englischen Politik vgl. den Aufsatz von Alexander v. Peez, „England und der Kontinent" in der „Österreichischen Rundschau" vom 1. August 1909. Diese Arbeit des über 80 Jahre alten, verehrten Verfassers ist einer der besten politischen Aufsätze der deutschen Literatur.

thal seinem Kollegen mitteilen ließ, er werde, wenn das Petersburger Kabinett mit seinen Feindseligkeiten fortfahre, dessen schriftliche Aufzeichnungen über die bosnische und die Dardanellenangelegenheit der Öffentlichkeit übergeben; konnte er es sich doch nicht länger nachsagen lassen, daß er die Regierung des Zaren getäuscht und Iswolskij durch zweideutige Redensarten überrumpelt habe. Man kann sich denken, daß die Kluft zwischen den beiden Kabinetten noch vertieft worden wäre, wenn Aehrenthal sich zur Notwehr hätte entschließen müssen. Die Freunde der Politik Aehrenthals sahen nicht ohne Sorge einem solchen, im diplomatischen Verkehr ungewöhnlichen Schritte entgegen. Einer derjenigen, die seinem Vorgehen volles Vertrauen entgegenbrachten und dabei seiner Furchtlosigkeit auch den kräftigsten Akt der Selbstverteidigung zumnteten, äußerte ihm gegenüber Bedenken, ob durch die Veröffentlichung der Bogen nicht überspannt werde; Aehrenthal aber antwortete mit lapidarer Kürze: „Seien Sie unbesorgt, die D r o h u n g hat genügt."

Als Serbien auf dem Höhepunkt der Krisis durch unerhörte Herausforderungen Österreich-Ungarn zum Kriege reizte, mußte man in Wien erwägen, ob Rußland sich stark genug fühlen werde, der Monarchie in den Arm zu fallen, mit dem der kleine Nachbarstaat gezüchtigt werden sollte. Das lag nun bei der Zerrüttung des russischen Heer- und Finanzwesens nicht gerade im Bereiche der Wahrscheinlichkeit; es erhob sich deshalb die Frage, ob Rußland und England es vorziehen würden, Österreich-Ungarn durch Anerkennung der Annexion zu beschwichtigen oder es zu einem, voraussichtlich siegreichen Feldzuge gegen Serbien zu drängen. Zumal in Petersburg erschrak man vor der Möglichkeit, das österreichische Heer könnte Belgrad besetzen und erobernd bis in die Mitte der Balkanhalbinsel vordringen, ohne daß Rußland einzugreifen vermöchte; die Südslawen hätten dann die Ohnmacht des Zarenreiches erkannt und Österreich-Ungarn als ihrem Gebieter gehuldigt. Diese Aussicht war zu peinlich; man gönnte dem Donaureiche nicht den Sieg auf dem Schlachtfelde und zog es vor, einen solchen durch die Anerkennung der Annexion überflüssig zu machen. Um aber den diplomatischen Erfolg ganz und voll einzuheimsen, mußte das

Wiener Kabinett den Eindruck hervorrufen, daß es ohne den eingestandenen Rückzug Rußlands und Englands, ohne die völlige Unterwerfung Serbiens und Montenegros unbedingt zu den Waffen greifen werde. Diese herbe Entschlossenheit sprach aber aus jedem Worte, aus jeder Miene des österreichischen Ministers des Äußern. Weil man ihm zutrauen mußte, daß er der Mann sei, das Eisen in die Wagschale zu werfen, erkaufte man den Frieden lieber durch das Gold der Anerkennung der Souveränität Kaiser Franz Josefs. Die Gegner Österreich-Ungarns glauben damit billiger hinwegzukommen, als wenn es auf dem Kriegspfade des Prinzen Eugen von Savoyen einherschritte.

11

Die Zusammenkunft Aehrenthals und Iswolskijs 1908

(Veröffentlicht 1913)

Im mährischen Schlosse Buchlau, dem Eigentum des Grafen Berchthold, verkündigt eine Gedenktafel, daß hier Aehrenthal und Iswolskij am 16. September 1908 über die europäischen Angelegenheiten beraten haben. Die Zusammenkunft sollte um die beiden Reiche das Baud der Verständigung schlingen und augenscheinlich wurde dieser Zweck auch erreicht. Es war aber für Jahre hinaus der letzte Versuch dieser Art, und gerade hier wurde der Grund zu der argen Entfremdung zwischen den Kabinetten von Wien und Petersburg gelegt, die fortdauerte und Ursache steigender Rüstungen wie lange währender Kriegsgefahr wurde. Darin bestand die große geschichtliche Bedeutung des Ereignisses, das sich auf mährischem Boden abspielte.

Bis zur Fahrt nach Buchlau konnte der russische Minister des Äußern, Alexander Iswolskij, der 1906 sein Amt übernommen hatte, auf ansehnliche Erfolge zurückblicken. Die Weltgeschichte schien für ihn zu arbeiten. Die Handelseifersucht Großbritanniens auf Deutschland und seine Besorgnisse vor dem Wachstum der deutschen Flotte hatten zur Folge, daß das englische Kabinett die Freundschaft Rußlands suchte. König Eduard VII. war der eifrigste Förderer des Gedankens, ein festes Einvernehmen zwischen England, Frankreich und Rußland zustande zu bringen; der Vertrag von Petersburg vom 31. August 1907 zwischen dem britischen und dem russischen Weltreiche schlichtete den Streit um ihre Interessengebiete in Asien; und endlich bei der Zusammenkunft zu Reval am 9. und 10. Juni 1908 trafen der König von England und sein Staatssekretär

Hardinge mit dem Zaren und Iswolskij auch Verabredungen über die Balkanhalbinsel, besonders über das Schicksal Mazedoniens, dem eine autonome Regierung zugedacht war. Die Gunst der politischen Lage ermöglichte es Rußland, wieder entscheidend in die Welthändel einzugreifen, obwohl es durch den unglücklichen Krieg gegen Japan und durch die Revolution im Innern aufs tiefste erschüttert war.

Es war nicht etwa Iswolskijs überlegene Staatskunst gewesen, wodurch diese Wendung herbeigeführt wurde, aber das ohnehin starke Selbstbewußtsein des russischen Ministers wurde durch sie noch gesteigert. Der englisch-deutsche Gegensatz zeitigte Früchte, die er schier mühelos einheimsen konnte; er jedoch fühlte sich als Sieger und zu noch größeren Dingen angeregt und berufen. Nicht, daß sein Intellekt gering anzuschlagen war. Er hatte eine ehrenvolle diplomatische Laufbahn (in Rom beim Vatikan, in Japan und in Belgrad) hinter sich und seine schönen Kenntnisse in der Geschichte, besonders aber im internationalen Vertragsrechte wurden auch von seinen Gegnern anerkannt. Es fehlten ihm aber die entscheidenden Eigenschaften zu einem Manne der Tat: er war weder geradlinig im Denken, noch kräftig und zielgerecht im Wollen. Seine Eitelkeit spielte ihm manchen Streich und verleitete ihn zu Plänen, deren Ausführung über seine Kräfte ging. Erlitt er dann einen Mißerfolg, so schob er dies auf Neid und Bosheit anderer und verlor damit sein seelisches Gleichgewicht. Mit Aehrenthal war er im Winter auf 1908 in argen Streit geraten, weil dieser, ohne ihn zu verständigen, mit der Pforte einen Vertrag über den Bau der Sandschakbahn, des Mittelstückes zwischen der bosnischen und der mazedonischen Linie, geschlossen hatte. Die Sache besaß indessen keine weitreichende internationale Wichtigkeit, und Rußland unterhielt, obwohl der Stachel noch in der Wunde steckte, auch fernerhin gute Beziehungen zum Wiener Kabinett. Das empfahl sich um so mehr, als Iswolskij von einem weitreichenden Gedanken erfüllt war, durch den er sich ein Ruhmesblatt in der Geschichte seines Vaterlandes zu verdienen hoffte. Er sann auf die Öffnung des Bosporus und der Dardanellen für die russischen Kriegschiffe, denen die Durchfahrt auf Grund früherer Verträge, besonders des Pariser Friedens von 1856, verschlossen war. Die Einsperrung der russischen Flotte im Schwarzen Meer hatte sich während des Krieges mit Japan als ein nationales Unglück erwiesen. Denn während die russische Ostseeflotte zum Kampf auf Tod und Leben nach dem Stillen Ozean auszog, mußten die Kriegschiffe im Schwarzen Meer untätig das gewaltige Ringen in der Tsuschimabai geschehen lassen.

Hier wollte der Minister Wandel schaffen. Was alle Staatsmänner seines Landes seit Gortschakow vergebens angestrebt hatten, mußte endlich Alexander Petrowitsch Iswolskij gelingen. Dabei konnte er wohl auf den guten Willen Frankreichs rechnen, mußte aber die Abneigung Albions in Anschlag bringen, das den russischen Kriegsschiffen den Weg ins Mittelmeer und damit besonders nach Ägypten zu versperren für richtig fand. Um England williger zu stimmen, wollte Iswolskij zuerst den Dreibund auf seine Seite bringen. Nun waren von dessen Genossen Deutschland und Italien mit Rußland befreundet, während Österreich-Ungarns Eifersucht immer rege blieb. Es war also notwendig, sich mit dieser Macht ins Einvernehmen zu setzen und dies besonders deshalb, weil das Berliner Kabinett dem Wiener in allen Balkandingen den Vortritt ließ und gewiß nicht ohne Verabredung mit Österreich-Ungarn auf die Änderung des Dardanellenvertrages eingegangen wäre. Iswolskij faßte also den Stier bei den Hörnern und setzte sich über seinen Herzenswunsch mit Aehrenthal in Verbindung. Um jedoch die Zustimmung Österreich-Ungarns zu gewinnen, mußte ein Kaufpreis gezahlt werden. Zufällig reiste ein auf Urlaub gehender österreichisch-ungarischer Diplomat unmittelbar nach der Zusammenkunft von Reval nach Österreich, und Iswolskij bat ihn, Überbringer des Vorschlages zu sein, es wären über ein Doppeltes Unterhandlungen zu eröffnen: über die Öffnung der Meerengen für Rußland, und als Entgelt über die Einverleibung nicht bloß Bosniens und der Herzegovina, sondern auch des Sandschaks in Österreich-Ungarn. Wohlgemerkt, auch den Sandschak wollte Iswolskij bei diesem Anlasse dreingeben. Dies alles war in einer Art Denkschrift niedergelegt (der technische Name für ein solches

Aktenstück ist Aide mémoire), die, wie Aehrenthal später feststellen ließ, vom 19 Juni datiert war. Es lag etwas Sprunghaftes darin, daß Iswolskij noch vor wenigen Monaten den Bau der Bahn nach Novibazar für unstatthaft erklärt hatte und jetzt den ganzen Sandschak Österreich-Ungarn überlassen wollte. Aber das war, wie seine spätere Politik bewies, nicht die am meisten überraschende Paradoxie seiner ministeriellen Wirksamkeit.

Diese Eröffnung war für die Lenker der Geschicke der habsburgischen Monarchie ein wahres Labsal. Es bestanden zwar schon frühere Abmachungen mit Rußland, welche die Einverleibung Bosniens ermöglicht hätten; zum ersten Male hatte das Petersburger Kabinett seine Zustimmung im Vertrage vom 15. Januar 1877 ausgesprochen, durch den es sich der Neutralität Österreich-Ungarns in dem bevorstehenden Kriege gegen die Türken versichern wollte. Aber in Wien zögerte man bisher aus Rücksicht auf die der Pforte gegebenen Versprechungen mit dem Zugreifen. Jetzt schien der richtige Augenblick gekommen. Das Wiener Kabinett hegte jedoch nicht die Absicht, das Anerbieten Iswolskijs in dessen vollem Umfange anzunehmen. Es richtete sein Augenmerk nur auf Bosnien und die Herzegowina, dagegen wurde auf den Sandschak kein Wert gelegt. Daß sich dies sehr bald als verhängnisvoller Fehler erwies, muß nicht erst gesagt werden. Übrigens hätte Österreich-Ungarn, wenn es sich des ganzen Sandschaks bemächtigen wollte, erst einen Krieg mit der Türkei führen müssen, da es nur in drei Orten der Provinz das Mitbesatzungsrecht besaß. Es waren militärische Gründe, welche zum Verzicht auf den zwischen Serbien und Montenegro eingekeilten und deshalb schwer haltbaren Sandschak führten — die Militärs haben jedoch Gelegenheit gehabt, die Folgen des von ihnen damals abgegebenen Gutachtens bitter zu beklagen.

Genug: die weiteren Verhandlungen zwischen Wien und Petersburg bezogen sich nur auf Bosnien und die Herzegowina und anderseits auf die Meerengen; sie dauerten auch fort, nachdem die Revolution in der Türkei am 24. Juli 1908 zum Siege der jungtürkischen Partei und zur Einsetzung eines Parlaments geführt hatte. Die Regierungen der beiden Großmächte hegten keine hohe Meinung von der verjüngenden Kraft des parlamentarischen Systems und von der Wiedergeburt des zerrütteten türkischen Reiches. Sie konnten übrigens um so leichter an einer Verständigung arbeiten, als Iswolskij sich im August zur Kur in Karlsbad einfand; eine Zusammenkunft der beiden Minister ließ sich also leicht bewerkstelligen.

Da erhob sich eine Schwierigkeit, die in den Personen lag. Noch bestand die Verstimmung zwischen Aehrenthal und Iswolskij, die im Winter nicht bloß wegen der Sandschakbahn, sondern auch wegen der mazedonischen Angelegenheiten entstanden war. Der österreichische Minister faud, daß sein russischer Kollege, wie er sich ausdrückte, „nachtragerisch" war. Es entstand die Etikettefrage, ob Aehrenthal nach Karlsbad kommen oder Iswolskij einen Besuch in Wien machen solle. Deshalb schlug der Botschafter Graf Berchtold ein Auskunftsmittel vor: er wollte die beiden Staatsmänner als Gäste auf sein mährisches Schloß bitten, hier konnten sie gewissermaßen auf neutralem Boden die persönlichen Mißhelligkeiten begleichen und sich dann über eine gemeinsame Aktion einigen. Das wurde angenommen und Berchtold lud, damit die Zusammenkunft nicht allzu streng einen politischen Charakter trage, sondern sich eher wie ein gesellschaftliches Ereignis abspiele, auch einige andere Gäste, so den ihm befreundeten Grafen Lützow, österreichischen Botschafter beim König von Italien, nach Buchlau ein. Am 15. September nachmittags langte Freiherr von Aehrenthal an, begleitet von seinem Sektionschef Grafen Esterhazy und seinem Kabinettschef Baron Gagern. An demselben Abend erschien Iswolskij, der Herrn Demidow von der russischen Botschaft in Wien mitbrachte.

Der nächste Tag, es war ein Mittwoch, wurde gänzlich den Staatsgeschäften gewidmet. Nach dem ersten Frühstück begegneten sich die Minister im Garten und traten sofort in die Verhandlungen ein. Um zehn Uhr begaben sie sich ins Schloß und setzten das Gespräch in einem traulichen, mäßig großen Gemache fort. Sie waren allein und derart vertieft, daß, als um ein Uhr zur Mahlzeit gerufen wurde, sie um etwas Aufschub baten. Nach dem Speisen nahmen sie den Faden wieder bei einem Spaziergang auf, den sie gemeinsam im Walde machten. Zurückgekehrt, waren sie noch in ernstem Gespräch begriffen. Im ganzen hatten sie etwa sechs Stunden verhandelt und kamen zum Abschlusse. Jeder für sich berichtete dann kurz dem Hausherrn, was geschehen war, und dieser erhielt den Eindruck, die Verständigung wäre gelungen. Kurz vor sechs Uhr abends kehrte Aehrenthal nach Wien zurück, während Iswolskij noch bis zum nächsten Morgen in Buchlau verweilte.

Eine wichtige unmittelbare Quelle für den Verlauf und das Ergebnis der Zusammenkunft sind die anonymen Aufsätze, welche, von den beiden Ministern veranlaßt, ein Jahr später in der Londoner Zeitschrift „The Fortnightly Review" erschienen sind. In dem ersten vom September 1909, der den Titel führt „Baron Aehrenthal and M. Izvolsky: Diplomatic Enigmas" und, scheinbar anspruchslos, mit den Worten „Vox et praeterea nihil" gefertigt ist, erhob der russische Minister gegen Aehrenthal in heftigen Ausdrücken den Vorwurf, dieser hätte ihn getäuscht. — Darauf ließ der österreichische Minister im November desselben Jahres mit einem Aufsatz antworten, der sehr gelassen über die Zusammenkunft berichtet; er trägt die Aufschrift: „M. Izvolsky and Count von Aehrenthal. A Rectification" und ist mit den Worten gezeichnet: „Vox alterae partis". Natürlich widersprechen sich die Angaben der zwei Artikel, da die beiden Minister in diesem Zeitpunkte bereits durch die diplomatische Fehde über die Annexion veruneinigt waren, in der Iswolskij eine vollständige Niederlage erlitt. Bei vorsichtiger Abwägung der beiden Berichte kann darin nur dasjenige als verbürgt angesehen werden, worin sie übereinstimmen, und allenfalls noch, was in dem einen vorgebracht und in dem andern nicht widersprochen ist. Nach dieser Methode wurde auch in dem bereits Gesagten vorgegangen.

Über die Dardanellenfrage ist in beiden Aufsätzen verhältnismäßig rasch hinweggegangen, offenbar weil sie zur Zeit der Veröffentlichung noch ebenso ungelöst war wie heute. Iswolskij ließ den Gegenstand bloß berühren, Aehrenthal jedoch die Tatsache feststellen, daß die Öffnung der Meerengen das die russische

Regierung beherrschende Motiv war. Wie übrigens längst bekannt ist, kam Aehrenthal seinem Kollegen in Buchlau auf halbem Wege entgegen. Er hatte nichts gegen die Durchfahrt russischer Kriegschiffe einzuwenden, wofern nur Konstantinopel nicht gefährdet würde. Die Sicherheit der türkischen Hauptstadt konnte jedoch dadurch gewährleistet werden, daß man sich an die für den Suezkanal geltenden Bestimmungen als Muster hielt. Nun kann gemäß dem bestehenden internationalen Recht die Wasserstraße von Suez von allen Kriegschiffen zur Durchfahrt benutzt werden mit der Beschränkung, daß immer nur je ein Schiff derselben Nation passiert und sich nicht länger als 24 Stunden darin aufhält. Dadurch soll ein Handstreich auf den Kanal unmöglich gemacht werden. Diese Anordnung wurde, so hat man später erfahren, zu Buchlau im allgemeinen auch auf die Meerengen bei Konstantinopel übertragen, vorausgesetzt, daß die Türkei und die übrigen Großmächte einer Abänderung des Dardanellenvertrages in diesem Sinne zustimmten.

Trotz der vereinbarten Beschränkung war der für Rußland erzielte Vorteil nicht gering; denn das klägliche Schauspiel von 1905, die Teilung der russischen Flotte in kämpfende und müßige Schiffe, mußte sich fernerhin nicht wiederholen. — Dafür gab Iswolskij nochmals die Einwilligung der russischen Regierung zur Einverleibung Bosniens und der Herzegowina, während Aehrenthal erklärte, daß Österreich-Ungarn auf den Sandschak zu verzichten gedächte.

So war zu Buchlau alles abgemacht, wenigstens schien es so. Es blieb jedoch eine Lücke, die bald darauf wie ein Haarriß in einer Wölbung gewirkt hat, der sich immer mehr erweitert, bis das tropfenweise sickernde Wasser zuletzt durch die Öffnung flutet. Es fehlte in der Verabredung eine feste, auch schriftlich niedergelegte Bestimmung, w a n n Österreich-Ungarn mit seiner Aktion zu beginnen das Recht hätte. Aehrenthal behauptete später wiederholt und mit dem stärksten Nachdruck, er hätte zu Buchlau ausgesprochen, die Annexion werde noch v o r dem Zusammentritte der Delegationen vorgenommen werden müssen; und für deren nächste Tagung war schon der Oktober desselben

Jahres in Aussicht genommen. Iswolskij dagegen wollte von dieser Zeitbestimmung nichts gehört haben. Es ist aber möglich, daß Aehrenthal absichtlich flüchtig — etwa in einem Zwischensatze — über den Zeitpunkt sprach, und daß Iswolskij sich nicht, wie es seine Pflicht gewesen wäre, gründlich und ernsthaft nach den Absichten des Wiener Kabinetts erkundigte. Aehrenthal mag gedacht haben, es wäre nicht seine Sache, dem russischen Minister Unterricht in der Führung einer weltwichtigen Unterhandlung zu geben. Auch lag es in seiner Art, im Bewußtsein seiner diplomatischen Überlegenheit den schwächeren Gegner zu umgarnen und niederzuringen. Doch legt Iswolskij, ohne es zu wollen, selbst Zeugnis für die Korrektheit des Vorgehens Aehrenthals ab; denn er ließ in dem erwähnten Aufsatze mitteilen, sie wären übereingekommen, daß der österreichische Minister ihm vor der bosnischen Aktion noch einmal schreiben solle, und er bekennt, bei seiner Ankunft in Paris am 3. Oktober die vereinbarte Mitteilung erhalten zu haben. Nun wurde die Proklamation Kaiser Franz Josefs mit der Annexionserklärung erst am 5. Oktober unterzeichnet und am nächsten Tage kundgemacht. Würde Iswolskij also das Vorgehen des Wiener Kabinetts für übereilt oder gar für vertragswidrig angesehen haben, so hätte er drei bis vier Tage Zeit zu einem Proteste gehabt; die Wirkung wäre gewiß nicht ausgeblieben, ein Aufschub mußte erfolgen. Er aber schwieg — und erst eine Woche später ließ er sich bei seinem Besuche in London durch König Eduard und dessen Minister umstimmen, dann erst atmete er Feuer und Flamme gegen die Unaufrichtigkeit Aehrenthals wie gegen das vertragsbrüchige Österreich. Er klammerte sich daran, daß zu Buchlau besprochen worden war, die Annexion werde, da sie eine Änderung des Berliner Friedensvertrages in sich schloß, die formelle Anerkennung durch die Mächte, etwa auf einer europäischen Konferenz, finden müssen. Er verweigerte also gleich seinen englischen und französischen Freunden die Zustimmung zur Annexion, die er Österreich-Ungarn doch selbst entgegengetragen hatte, reizte Serbien und Montenegro zum Widerstand auf und stürzte sich in eine wilde Gegnerschaft zu Aehrenthal, die verdienterweise für ihn mit einer diplomatischen Niederlage endigte.

Er entfesselte in diesem Kampfe auch alle panslawistischen Kräfte, erregte jedoch die äußerste Erbitterung dieser seiner Bundesgenossen, als er sich schließlich doch zur Anerkennung der Annexion genötigt sah. Deshalb spottete der gegen ihn gerichtete Aufsatz der „Fortnightly Review", es ergehe ihm jetzt wie dem Aktäon der griechischen Sage, der von der erzürnten Jagdgöttin in einen Hirsch verwandelt und darauf von seinen Hunden zerfleischt wurde; auch Iswolskij habe sich nach Buchlau völlig geändert und sei znletzt von den eigenen Hunden zerrissen worden.

Alfred v. Arneth

(Veröffentlicht 1890)[1]

Nicht allzu viele Geschichtschreiber hat Österreich hervorgebracht, wiewohl die Geschicke dieses Staates durch tausend Fäden mit der Historie des gesamten Weltteiles verknüpft sind. Dem Boden des Donaustaates entquillt das Leben reicher als sinnvolle Betrachtung darüber; er brachte mehr Dichter als Geschichtschreiber hervor, er war fruchtbar an großen Tonkünstlern, während die Deutschen sich vorwiegend mit dem Studium der Philosophie beschäftigten; in dem jungen Parlament des Staates überwog oft das Talent des Redners das des Politikers. Gering ist die Anzahl der Führer, die uns kundigen Sinnes in die Tage der Vorzeit begleiten. Die Schicksale der Reformation in Österreich wie die Gegenreformation, die den Staat erst schuf, die Türkenkriege, durch welche sich Österreich die Dankbarkeit Europas erwarb, Josefs **II.** erhabene Gestalt, Metternich und Gentz, sie alle harren noch der Darstellung, die der Größe des Gegenstandes würdig wäre. Unter der kleinen Schar von Genossen, deren Lebensarbeit die Geschichte Österreichs erschloß, nimmt Arneth durch sein Werk über Maria Theresia, durch seine wahrhaft vornehme Gelehrtengestalt, durch den Mut und den Ernst, mit dem er sich den größten Aufgaben widmete, durch seine liebenswürdigen menschlichen Eigenschaften eine hervorragende Stellung ein. Ihn feiert in diesen Tagen, in welchen

[1]) Arneth wurde am 10. Juli 1819 geboren und starb am 30. Juli 1897. — Der obige Aufsatz erschien zu einem festlichen Anlasse, bald nach seinem 70. Geburtstage zur Feier seiner fünfzigjährigen Tätigkeit im Staatsdienst. Damals lag seine Selbstbiographie „Aus meinem Leben" (zwei Bände, Wien 1891 und 1892, als Manuskript gedruckt) noch nicht vor.

sich sein Eintritt in das österreichische Staatsarchiv, dem er jetzt als Direktor vorsteht, zum fünfzigsten Male jährt, sein dankbares Vaterland. Das geschichtskundige Deutschland kennt seinen Wert und zahlreiche Festesgrüße gelangen von deutschen Forschern wie von deren Vereinigungen an den Mann, der als Präsident der Wiener Akademie der Wissenschaften zu den Vorstehern der Gelehrtenrepublik zählt.

In den glücklichsten Verhältnissen ist Alfred Ritter von Arneth emporgewachsen. Der Name seiner Mutter wird gefeiert sein, so lange die Jugend Deutschlands sich Theodor Körners erinnern wird. Denn sie war die Braut des Dichters, als er in Kampf und Tod gegen den Landesfeind auszog. Antonie Adamberger, die Tochter einer Schauspielerin, war selbst ein gefeiertes Mitglied des Burgtheaters, als Körner ihr sein Herz weihte, sein Stück „Toni" nach ihr benannte und ihr edles Herz als seinen Wegweiser zur sittlichen Veredlung pries. Vier Jahre nach dem Tode des Dichters reichte Antonie Adamberger ihre Hand einem trefflichen jungen Gelehrten, der, wie Körner, als Freiwilliger gegen Napoleon gedient hatte. Josef von Arneth studierte in Wien Archäologie unter der Leitung des Abbé Neumann, des Direktors des kaiserlichen Antikenkabinetts, als ihn 1813 der Ruf zu den Waffen traf; zwei Jahre diente er als Offizier der österreichisch-deutschen Legion. Heimgekehrt versammelte er einen Kreis von jungen Männern aus den ersten aristokratischen Familien Österreichs um sich und gab ihnen Unterricht in seiner Wissenschaft. Seitdem verband ihn mit dem Hause des Fürsten von Dietrichstein ein Band gegenseitiger Freundschaft; die Stadion, Lanckoronski und andere, später in hohen Staats- und Hofämtern tätig, waren seine Schüler. Arneth supplierte zwischen 1824 und 1828 die Professur für österreichische Geschichte an der Wiener Universität und gab damals als Grundlage seiner Vorlesungen eine „Geschichte des Kaisertums Österreich" heraus. Er wurde an das Münz- und Antikenkabinett berufen und als einer der gründlichsten Kenner des Altertums zu dessen Direktor, dann zum Leiter der kaiserlichen Kunstsammlungen ernannt. Sein großer lateinischer Katalog der 26 000 Stücke zählenden Münzsammlung wurde nicht gedruckt, wohl aber eine größere Zahl anderer Werke über Numismatik und Archäologie, über die Gold- und Silberarbeiten des Cinquecento, über die Goldarbeiten des Benvenuto Cellini. Sein Plan, 1833 entworfen, einen eigenen Museumsneubau für alle kaiserlichen Sammlungen zu schaffen, kam erst dreißig Jahre später unter günstigeren Verhältnissen zur Ausführung; auch sein Vorschlag, die Räume der kaiserlichen Burg um den Josefsplatz ausschließlich zu einer Stätte der Kunst umzugestalten, deren Mittelpunkt die Hofbibliothek sein sollte, und diesen geweihten Raum mit einer Akademie der Wissenschaften in Verbindung zu setzen, fand unter der nüchternen Verwaltung jener Tage nicht die verdiente Beachtung. Selbst seine bedeutende soziale Stellung, die Verbindung mit dem Hofe und dem Adel — Antonie von Arneth war von der Gemahlin Kaiser Franz' I. stets hoch geschätzt und übernahm das Vorsteheramt einer Anstalt zur Erziehung von Soldatenkindern — vermochte die Pedanterie der Verwaltung jener Tage nicht zu überwinden.

In die Seele seines Sohnes, des Historikers, fielen also die schönsten Eindrücke, die hier unbewußt fortwirkten; denn Alfred von Arneth hatte bis nach der Vollendung seiner Universitätsstudien noch keine Vorahnung seines künftigen Berufes, sondern glaubte sich für die juristische und Beamtenlaufbahn bestimmt. Die Gymnasialstudien betrieb er zugleich mit seinem um ein Jahr älteren Bruder, der später ein angesehener Arzt wurde, in dem trefflichen Benediktinerstifte von Kremsmünster in Oberösterreich; um nicht hinter dem Bruder zurückzubleiben, kam er frühzeitig an die Universität und hörte hier die vorgeschriebenen philosophischen und juristischen Studien. Eine tiefe Herzensneigung, die ihn damals erfaßte, spornte ihn an, rasch die Prüfungen zu bestehen, um so bald wie möglich ein kleines Amt im Staatsdienst anzutreten. Bald war er am Ziele; er trat im September 1840 als Konzeptspraktikant in die Kameralgefällsverwaltung, dann aber am 27. Dezember 1840, also erst einundzwanzig Jahre alt, in das Staatsarchiv ein. Aber er verblieb vorerst nicht in dem Wirkungskreise, in welchem er später als Leiter segenvoll tätig sein sollte, sondern er erhielt schon 1841 eine soeben erledigte Offizialstelle in der Staatskanzlei. Metternich war sein oberster Chef, jedoch stand der junge Beamte gar weit von dem Mittelpunkte der Geschäfte und konnte sich nur in kleinen Arbeiten, oft untergeordneter Natur, bemerkbar machen. Bald fand er, daß seine Begabung ihn mehr dazu hinziehe, Geschichte zu schreiben, als sie selbst zu machen. Der ernste Vater hatte nur zögernd die Einwilligung zu der frühen Heirat seines Sohnes gegeben. Um den Zoll der Dankbarkeit abzustatten, ging dieser nach der Ehe auf den Wunsch des Vaters ein, die zweite Auflage von dessen Geschichte Österreichs zu besorgen. Diese war tüchtig angelegt, aber schon veraltet; der Verfasser hatte über seinen numismatischen Studien dem Fortgange der historischen Wissenschaft nicht immer folgen können. Das Werk der Pietät lohnte sich überraschend reich für den noch ungeschulten Historiker, der sich einer so schwierigen Aufgabe unterzog. Lebhaftes Interesse ergriff ihn, je mehr er sich in seine Arbeit vertiefte. Er war genötigt, die Quellen zu durchforschen, die großen Historiker der neueren Zeiten zu Rate zu ziehen. So reifte in ihm der Entschluß, sich dem Dienste Klios zu widmen. Arneth hatte eigentlich kein strenges Studium in diesem Fache durchgemacht; ungewöhnlicher Fleiß aber und gesunder Blick füllten die Lücken aus. Anregung fand er in dem Kreise unterrichteter Männer, welche in seiner Familie verkehrten. Der Historiker Chmel, der die Zeiten Kaiser Friedrichs III. mit großem Erfolge durchforschte, wohnte im Hause seiner Eltern und erwies sich, wenn auch oft quälerisch, als Förderer; durch seines Vaters Bruder, der jahrzehntelang an der Spitze des Chorherrenstiftes von St. Florian stand, wurde er mit Jodok Stülz, dem oberösterreichischen Historiker, befreundet. So entstand 1853 das erste Buch Arneths, das einen der älteren Waffengefährten des Prinzen Eugen von Savoyen, Guido von Starhemberg, zum Helden hatte. Dem Studium des 18. Jahrhunderts blieb er seit dieser Zeit treu.

Vorerst riß ihn das Jahr 1848 aus solch stiller Arbeit. Ein niederösterreichischer Wahlbezirk sandte ihn in das Frankfurter Parlament. Seine gemäßigte Denkweise, seine Erziehung, die gesamten Eindrücke seines Lebens wiesen ihn in das Zentrum, und so trat er dem Klub des Augsburger Hofes bei, wo er Führer und Genossen an Wilhelm Beseler, dem Vizepräsidenten der Versammlung, Robert Mohl, G. Rießer, Biedermann und anderen fand. Sie waren zunächst in der Frage der Verteilung der Macht zwischen der staatlichen Autorität und dem Volke einig; doch als es zur Entscheidung kam, wer die höchste Gewalt üben solle, Habsburg oder Hohenzollern, trat die Spaltung ein. „Erst als es zur Oberhauptsfrage kam," erzählt Heinrich Laube in seiner Geschichte des ersten deutschen Parlaments, „konnten auch hier die Österreicher nicht mehr alle beim Vereine erhalten werden, und auch einer der liebenswürdigsten von ihnen, der schlanke und wahrhaft ‚gentile' Arneth aus Wien, ein gesunder Kopf und gesundes Herz, mußte ausscheiden." Schon hatten also die anmutigen und vornehmen Formen Arneths dem jungen Manne Freunde gewonnen. Eifrig wirkte Arneth gegen die Annahme der Paragraphen 2 und 3 der Reichsverfassung, welche verlangten, daß Österreich, wenn zum Bunde mit Deutschland entschlossen, die engere staatliche Verbindung mit Ungarn lösen müsse und zu seiner Osthälfte bloß im Verhältnisse der Personalunion stehen dürfe. Diesem Gegenstande galt auch seine Rede vom 20. Oktober, in der er im Interesse Deutschlands gegen die „Zerreißung" Österreichs Verwahrung einlegte. „Am ersten Tage der Debatte," so berichtet Laube, „sprachen zahlreiche Österreicher, unter ihnen ein Schoßkind der Paulskirche, Arneth von Wien. Ihm persönlich hätte man gern die verlangten Modifikationen gewährt." Als österreichischem Zentralisten stand ihm eben die Erhaltung des bestehenden österreichischen Einheitsstaates — so warm er auch für sein Deutschtum fühlte — höher als die ideale deutsche Einheit. Als die österreichische Verfassung vom März 1849 seine Idee zu verwirklichen schien, da hielt Arneth, ihr beistimmend, sein weiteres Wirken in der Paulskirche nicht mehr für ersprießlich. Er und Würth waren die ersten Österreicher, die aus der Paulskirche schieden. Arneth kehrte zu seinem Amt, in dem Fürst Felix Schwarzenberg der oberste Leiter war, und zur Geschichtschreibung zurück.

Als erste reifere Frucht seines Fleißes gab er 1858 und 1859 das Werk „Prinz Eugen von Savoyen" in drei Bänden heraus, eine gefällige Arbeit, der aber noch die schärferen Umrißlinien, die erschöpfende Charakteristik der mithandelnden Personen fehlen. Dann aber, als er am 15. Januar 1860 das Ministerium der äußeren Angelegenheiten verließ und zum Vizedirektor des Staatsarchivs ernannt wurde, ging er an sein Haupt- und Lebenswerk, die „Geschichte Maria Theresias", welches zehn Bände umfaßt. Seiner vorsichtigen und bescheidenen Natur widerstrebte es, sich sogleich zu verpflichten, die gesamte, schier unabsehbare Arbeit auf jeden Fall zu vollbringen. Deshalb trat er zunächst mit der ersten Abteilung „Maria Theresias erste Regierungsjahre" hervor, die in drei Bäuden (1863, 1864 und 1865 erschienen) die Zeit von 1740 bis 1748 umfaßte. „Ob es mir", so schrieb er in der Einleitung dieses Teilwerkes, „je vergönnt sein wird, in der Schilderung der Regierung Maria Theresias bis zum Endpunkte derselben zu gelangen, liegt in dem unergründlichen Schoße der Zukunft verborgen." Der Vorsatz war um so kühner, als er sich zugleich mit der Absicht trug, die gesamte Korrespondenz der Kaiserin in einem Sammelwerk herauszugeben.

Da trat unerwartet um diese Zeit der französische Forscher Feuillet de Conches mit einem Briefwechsel unter dem Titel „Louis XVI, Marie-Antoinette et Madame Elisabeth" (zwei Bände, Paris 1864) und Graf Paul Vogt von Hunolstein mit seiner „Correspondance inédite de Marie-Antoinette" (Paris 1864) hervor. Alles war entzückt über die graziösen Briefe und Billette, welche die junge Marie Antoinette an ihre Mutter und ihre Geschwister aus Paris geschrieben haben sollte: sie enthielten eine geistvolle, selbst pikante Schilderung des Pariser Hoflebens, sie hätten von einer reifen Dame des Faubourg St. Germain unserer Tage geschrieben sein können. Arneth hielt es unter diesen Umständen für seine Pflicht, die Briefsammlung „Maria Theresia und Marie Antoinette" [1]) herauszugeben. Sie beruht teils auf den Originalen, teils auf den Abschriften, welche der Kaiserin Privatsekretär vor der Absendung ihrer Briefe angefertigt hatte. Diese Veröffentlichung bewies, ohne daß Arneth in der Vorrede auch nur mit einem

[1]) Ihr Briefwechsel während der Jahre 1770—1780. Paris, Jung-Treuttel. Wien 1865, Braumüller.

Worte gegen Feuillet de Conches und gegen den Grafen von Hunolstein polemisiert hätte, aufs schlagendste die Unechtheit ihrer Sammlungen. Jene waren einem sehr geschickten Fälscher zum Opfer gefallen, welcher die Memoiren der Madame de Campan, sowie die gleichzeitige „Gazette de Paris“ zu seinen Zwecken verarbeitet hatte, sonst aber mit dem Einzelnen der Zeitgeschichte nicht ganz vertraut war. Arneths Marie Antoinette schreibt nicht so angenehm und prickelnd, sondern natürlich und ungezwungen; zuerst wie ein fünfzehnjähriges Kind, das auf fremden Boden verpflanzt wird, erst später reifer und bestimmter. Im ersten Briefe aus Paris nennt sie die Dubarry geradewegs „la créature la plus sotte et la plus impertinente du monde“. Als ihr Maria Theresia Klugheit im Betragen rät, auch Unabhängigkeit von dem scharfen Urteil ihrer Tanten über das Hofleben, entfährt der jungen, stolzen Seele die natürliche Antwort: sie sei zwar intim mit den Tanten, aber in Ehrensachen lasse sie sich von niemandem bestimmen. Diese Briefe sind nicht so literarisch, wie die bei Feuillet und Hunolstein, aber sie sind echt. Unschwer konnten Sybel[1] und andere den zwingenden Beweis führen, daß bloß der deutsche Forscher die Wissenschaft durch seine Briefsammlung bereichert hatte.

Dieser Veröffentlichung folgten dann sieben weitere Bände Briefsammlungen aus dem Familienkreise Maria Theresias, welche als wertvolle Gaben eigentlich nur neben Arneths Hauptarbeit über die Geschichte der Kaiserin herauskamen, dessen zehnter und letzter Band 1879 erschien. In Arneths Wesen liegt eine gewisse Frische und Kühnheit, die ihn antrieb, sich an die größte Aufgabe zu wagen. Dadurch unterscheidet er sich von anderen Mitstrebenden: hellen Blickes ging er, unbeirrt um den wissenschaftlichen Formalismus, der manche tüchtige Historiker zeitlebens zu bescheidenen Einzelforschungen verurteilt, dem großen Ziele zu. Ihm, dem warmherzigen Großösterreicher, lag es nahe, die Epoche zu bearbeiten, welche Männern seiner Überzeugung als Idealbild bewußten und doch maßvollen Strebens gilt. Es ist keine Phrase, wenn er von jener Zeit

[1]) „Die Briefe der Königin Marie Antoinette“, später in seine „Kleinen historischen Schriften“ Bd. 2 aufgenommen.

behauptet, daß bei ihrer Darstellung „die schönste Aufgabe der Geschichte, durch Erforschung der Vergangenheit die Lehrerin der Gegenwart zu sein, vorzugsweise erfüllt wird". Während der Parteikämpfe der Tage, in denen er schrieb, wurde das historische Recht bald von den Ungarn, die ihre alte Verfassung wieder erringen wollten, bald von den Tschechen, bald von den Polen angerufen: er arbeitete und schrieb für das geschichtliche Recht des österreichischen Staates, der berufen war, die Sonderinteressen der Teile seinen hohen Zwecken unterzuordnen. Indem das politisch bedeutendste Geschichtswerk, das während der Geburtswehen der österreichisch-ungarischen Verfassung erschien, aufs deutlichste die historische Notwendigkeit und das wirkliche Werden einer Zentralgewalt und einer Zentralverwaltung in der Monarchie nachwies, leistete Arneth seinem Vaterlande und seinen deutschen Stammesgenossen einen wertvollen Dienst. Dies geschah nicht aufdringlich, nicht etwa durch überflüssige Betrachtungen, sondern durch die Mitteilung lauterer Wahrheit aus bisher unbenutzten Quellen. Es gibt unter seinen Zeitgenossen Historiker, denen die Kraft des Stils, die Kunst der Charakteristik und der Verknüpfung der Begebenheiten in höherem Maße zu Gebote steht; dennoch hat kaum einer zur Aufhellung einer Geschichtsperiode mehr getan, als er. Was deutsche, französische und englische Historiker über das Zeitalter Friedrichs des Großen geschrieben haben, war lückenhaft, bis Arneth die Auffassungen Maria Theresias, Kaunitz' und Josefs II., um welche sich ein Sagenkreis — und zwar oft ein unfreundlicher — gewoben hatte, aus den Quellen feststellte. Für seine Landsleute aber hatte sein Werk einen Wert, der über dessen historischen Gehalt noch hinausgeht. Sie finden darin zugleich die Darstellung der Anfänge fast all der Einrichtungen verzeichnet, unter denen sie leben. Denn Maria Theresia schuf eine Reihe von Zentralbehörden des Reiches, sie legte die Grundlage zum modernen Schulwesen, sie befahl die Kodifizierung des Rechts, sie gab dem Heere seine festere, einheitliche Form. Für den österreichischen Politiker ist deshalb dieses zehnbändige Werk ein Nachschlagewerk von unschätzbarer Bedeutung. Arneth ist Historiker und Staatsmann zugleich; kein Zweig des Staats- und Kulturlebens ist seinem weiten Gesichtskreise entrückt. Nicht so sehr durch seine Form, wenn sie auch durch wohltuende Ruhe und Schlichtheit, durch verständiges Maß anspricht, als durch den wohlgeordneten Materialienschatz seines Inhalts gehört es zu den schönen historischen Leistungen unserer Zeit. Man rühmt den Architekten des 17. Jahrhunderts, welche nicht mehr in den Formen der klassischen Zeit gebaut haben, ein seltenes Talent für Raumverteilung, für großzügige Anordnung der Wohnpaläste der italienischen Fürsten nach. Alles findet in diesen weiten Anlagen seinen natürlichen Platz: Prunkgemächer, Arbeitsräume, die Wohnungen der Beamten und des Gesindes, die Galerie und die Bibliothek. Ebenso in Arneths Geschichte Maria Theresias. Die Anordnung des Stoffes ist so übersichtlich, daß, wer das umfangreiche Werk einmal liebevoll durchgearbeitet hat, nach Jahren, nach Jahrzehnten sich in seinem Baue wieder zurechtfindet und jede wichtigere Teildarstellung mit Leichtigkeit nachschlägt.

Was ihn an Maria Theresia anzog, war das weise Maßhalten in staatlichen Reformen. Oft wurde er gefragt, ob er nicht jetzt noch in der vollen Rüstigkeit des Schaffens auch Josefs II. Leben und Geschichte bearbeiten wolle. Er lehnte es ab mit der Begründung, daß der Geschichtschreiber dieses Monarchen genötigt wäre, manche pietätvolle Tradition aus dem Andenken des hochgesinnten Kaisers wegzuwischen, dessen Feuergeist sich nie den Tatsachen anbequemen wollte. Besonnenes Vorwärtsschreiten ist auch in Arneths politischem Leben der Wegweiser. Er war und blieb in allen Wechselfällen ein treuer Anhänger der deutsch-liberalen Partei; wacker stand er — im Kampfe gegen den Bund der Slawen und Klerikalen — zu seinen freier gesinnten deutschen Landsleuten. So hielt er es, als er 1861 in den niederösterreichischen Landtag und von diesem in den Landesausschuß gewählt wurde, dem er bis 1870 angehörte, so auch als er 1869 auf Lebenszeit in das Herrenhaus berufen wurde. Um so eindringlicher konnte er noch in seiner Rede vom 20. Mai 1890 die Klerikalen davor warnen, sich mit den Slawen gegen das Deutschtum zu verbinden, wobei er ihnen sein Glaubensbekenntnis vorhielt: „Ich halte mich selbst für einen guten Katholiken und bin wenigstens bestrebt, die religiösen Pflichten eines Katholiken nach besten Kräften zu erfüllen." Aus derselben Gesinnung heraus verfocht er im Herrenhause die Aufrechterhaltung der freisinnigen Schulgesetze. Als sie entstanden, hatte er stets für das vorsichtigste Maß in der Reform gestimmt. So empfahl er im niederösterreichischen Landtage 1870 dringend, durch das Gesetz dem katholischen Pfarrer eine Stelle im Ortsschulrate anzuweisen, um die Geistlichkeit mit der neuen Schulverfassung zu versöhnen; er setzte lieber sein Mandat als Landtagsmitglied aufs Spiel, als daß er sich dem damals durch die Verkündigung des Unfehlbarkeitsdogmas entfesselten Ansturme wider die Kirche anschloß; er wußte als Historiker sehr gut, wie bald dem Kulturkampfe der Rückstoß folgen werde. Ganz besonders bezeichnend für ihn ist die Herrenhausrede vom 4. Juni 1881, in welcher er der Aufforderung der Partei Taaffes an die deutschen Zentralisten, sie möchten aus Versöhnlichkeit ihren Standpunkt verlassen, entgegenhielt: „Mit der Versöhnlichkeit ist es ein eigen Ding. Ich kann den Wunsch nach Versöhnlichkeit nur dort als berechtigt anerkennen, wo früher Feindseligkeit geherrscht hat. Wir alle sind uns bewußt, von jeder Feindseligkeit frei zu sein. Politische Gegnerschaft ist noch keine Feindseligkeit, und die politische Gegnerschaft wird durch Versöhnungsprogramme niemals aus der Welt geschafft werden dürfen. Ich sage es offen, eine vollständige Verwirklichung des Versöhnungsprogrammes würde nichts anderes als ein kolossaler Schiffbruch der edelsten politischen Tugend, der standhaften Überzeugungstreue sein. Wir sind nicht unversöhnlich, aber wir sind Gegner; Gegner jedoch, die jedem friedlichen Entgegenkommen von Ihrer Seite das gleiche Recht widerfahren lassen werden."

Eine bahnbrechende Tätigkeit entfaltete Arneth als Direktor des Haus-, Hof- und Staatsarchivs, welche Stelle ihm als Nachfolger des Hofrats Erb am 28. Mai 1868 übertragen wurde. Als Mann der Wissenschaft brach er vollständig mit dem System der Geheimtuerei, welches bis zu seiner Verwaltung herrschte. Niemals hatte, bevor er die neuen Anordnungen traf, eines der großen Staatsarchive in Europa die Weitherzigkeit walten lassen, die Arneth bekundete. Dies äußerte sich selbst in nebensächlichen Einrichtungen: so viel uns bekannt ist, ist das Wiener Archiv bis jetzt das einzige, das auch Sonntags zugänglich ist; die fremden Forscher, welche oft nur kurze Zeit in Wien weilen können, sollen sie, wie Arneth wünscht, vollständig ausnützen können. Man kennt das Urteil, das Ranke in der Einleitung zur „Geschichte der Päpste" über die Bedeutung der Wiener Sammlungen für die europäische Geschichte fällt. Aber selbst dieser große Geschichtschreiber fand früher bei der Benützung der Archive Hindernisse. Man wollte ihm damals nicht Einsicht in die Briefe Marie Antoinettes gewähren. Besonders kleinlich fand er es, daß Hofrat Erb ihm die Berichte über den Rücktritt des älteren Wilhelm Pitt versagte, obwohl Arneth als Vizedirektor sein Begehren unterstützte. Ranke verließ erzürnt das Staatsarchiv; in der Empörung seines unbefriedigten Forschereifers legte er, wiewohl von kleiner Statur, irrtümlich des stattlichen Arneth Winterkleid an und eilte von dannen; erst viele Stunden später vermochte man nach langem Suchen des vermißten Rockes in der Wohnung eines anderen Historikers habhaft zu werden, bei dem Ranke sich gerade über die bureaukratische Engherzigkeit der Archivleitung beklagte. Rankes Briefe, später von Dove veröffentlicht, sind ein Zeugnis, für wie erfreulich der berühmte Geschichtschreiber Arneths Erhebung zum Wiener Archivdirektor hielt. Als ihm in München die Mitteilung wurde, die Schätze des Archivs ständen ihm offen, erklärte er, jetzt müßten alle Dinge zurücktreten; seine Reise nach Wien sei das Nächste und Wichtigste. Und gleiche Förderung gewährte Arneth jedem, dem Kenner wie dem Anfänger. Sein edler Sinn aber tritt hervor, wenn ein Forscher dieselben Wissensgebiete bearbeitet wie er selbst. Dann hält er es für Ehrensache, ihm alles und jedes, auch was er selbst gerade zur Veröffentlichung vorbereitet, vorzulegen. So trat er für Hocks „Geschichte des österreichischen Staatsrates" die schöne Denkschrift „Maria Theresia über die Politik ihrer Vorfahren und die Minister ihrer Jugend" ab, die er eben für den vierten Band seines Werkes verarbeitete.

Einem Manne solchen Wertes und solcher Leistungen, der Güte mit Weltklugheit vereinigt, dessen Formen mehr den

Staats- und Hofmann, als den nie arbeitsmüden Gelehrten erraten lassen, konnte die verdiente Anerkennung nicht versagt bleiben. Sein Monarch ehrte ihn so hoch wie seine Mitbürger. Seit 1879 bekleidet er das Amt eines Präsidenten der Akademie der Wissenschaften, 1880 ward ihm die Würde eines Geheimen Rates zuteil. Erfrischend wirkt die Spannkraft seines Wesens, die noch zu schönen Hoffnungen auf weitere wissenschaftliche Leistungen berechtigt. Wenn die Leitung des österreichischen Staates wieder den deutschen Politikern zurückgegeben wird, steht Arneth in erster Reihe unter den Männern, denen die höchsten Regierungsämter unter Billigung der Patrioten aller Parteien übertragen werden können. Arneth zählt 71 Jahre, aber seine Biographie ist heute noch lange nicht vollständig zu schreiben; denn auf zahlreichen ihrer Blätter werden sicherlich noch manche der Wissenschaft wie dem Staate geleisteten Dienste zu verzeichnen sein.

Anton Springer als österreichischer Historiker

(Veröffentlicht 1891)[1])

Für die Österreicher ist es stets ein bittersüßes Gefühl, wenn einer der Ihrigen sich an den Hochschulen des Deutschen Reiches als Forscher oder Lehrer im Wettstreit mit den Besten ebenbürtig erweist. Denn zu dem Stolz auf den Sohn seines Stammes tritt zumeist der Vorwurf gegen den eigenen Staat, daß er den wackeren Sproß nicht festzuhalten vermochte, seine Gaben den schier unendlichen politischen und geistigen Aufgaben der großen Heimat nicht dienstbar zu machen wußte. Anton Springer, den Kunsthistoriker, ehrte das wissenschaftliche Deutschland, als er tiefbetrauert ins Grab sank. Was er daneben für die Geschichte und Politik des österreichischen Staates bedeutet, wie er ein Meister war auf einem Gebiete, auf dem schier jeder Schritt unüberwindlichen Schwierigkeiten begegnet, kann ganz und voll nur dann gewürdigt werden, wenn sein Leben im Zusammenhang mit den Umwälzungen betrachtet wird, welche seit 1848 über den Boden Österreich-Ungarns dahingefahren sind.

Auf der Grenzscheide deutschen und slawischen Wesens, zu Prag, wurde Springer 1825 geboren. Der Sohn des Altgesellen in der klösterlichen Brauerei von Strahow wurde nach eigener Wahl gelehrten Studien bestimmt. Die Schätze der Klosterbibliothek wurden ihm gerne geöffnet, und Exners, des Herbartianers, tiefernstes Lehren und Walten an der Prager Universität wirkten in ihm nach, auch als er sich später der Hegelschen Philosophie zuwandte. Es trieb ihn nach anderen Stätten der Bildung;

[1]) Springer wurde am 13. Juli 1825 geboren und starb am 31. Mai 1891. Der obige Aufsatz erschien unmittelbar nach seinem Tode und vor der Veröffentlichung seiner Selbstbiographie „Aus meinem Leben" (Berlin 1892).

er trotzte dem damals in Österreich bestehenden Verbote, ohne besondere Erlaubnis deutsche Universitäten zu besuchen, und mit unerschöpflichem Fleiße, zugleich mit früh gereistem Urteil lernte und arbeitete er an den Universitäten von München, Berlin und Tübingen.

Heimgekehrt in seine Vaterstadt, glühender politischer Ideale voll, ergriffen ihn die Wogen der Revolution von 1848. Aber der starke Schwimmer durchschnitt sie, ohne seinen wissenschaftlichen Studien untreu zu werden, und eröffnete als Dozent, dreiundzwanzig Jahre alt, seine Vorlesungen. Der enthusiastische junge Lehrer begeisterte seine Hörer. Seine eindringende freie Beredsamkeit war etwas Unerhörtes in den Mauern, in welchen die Professoren bis 1848 nach den von ihnen der Regierung vorgelegten Heften ihre Lehraufgabe hatten vortragen müssen. Er war der erste Privatdozent, der sich überhaupt an einer österreichischen Universität hatte niederlassen dürfen, und nicht unpassend eröffnete er die Reihe seiner Vorlesungen mit der Geschichte des Revolutionszeitalters. Fast wäre es nach einigen Tagen zu einem wirklichen Aufstand gekommen, denn einer der älteren Lehrer sah mit Neid auf den stürmischen Zulauf zu den Vorträgen des jungen Dozenten; er beschloß also, seine Vorlesungen in dem großen Saale fortzusetzen, in welchem Springer notdürftigen Raum für seine zahlreichen Hörer fand. Als diese sich einstellten, sahen sie den Saal besetzt. Der Sturm der allgemeinen Entrüstung machte den alten Herrn erzittern, der den Saal mit der Versicherung verließ, er wolle den Hörern ihren geliebten Springer nicht rauben. Die Vorlesungen wurden kurze Zeit darauf herausgegeben, und man staunt über die Fülle des historischen Materials, das Springer beherrschte, über die Vielseitigkeit der Bildung des jungen Mannes auf dem Gebiete der Politik und Philosophie, der wirtschaftlichen und sozialen Entwicklung. Die Zeit von 1789 bis 1840 wird mit einer Sicherheit vorgetragen, daß man noch heute den starken Band mit Gewinn durchliest. Weitschauend ahnt der Geschichtschreiber bereits die Gewalt des vierten Standes und sieht die soziale Reform, die des Eigentums und der Produktionsverhältnisse, erstehen. Im Kerne läßt sich dem, was er über Saint-Simon, Fourier und den englischen Chartismus sagt, wenig hinzufügen.

Ebenso wie die geschichtlichen Studien fesseln ihn die politischen Verhältnisse. Der Gegensatz zwischen Absolutismus und Mitwirkung des Volkes an der Staatsleitung war in Böhmen durch den auflodernden Streit zwischen Deutschen und Slawen überwuchert. Und wie mächtig regte sich damals die nationale Empfindung in dem sich sammelnden Slawentum Prags! Der nüchterne, langsame Deutsche begann sich gerade auf seine Nationalität zu besinnen, als der Aufmarsch der slawischen Partei bereits fertig war. In prunkvollen Aufzügen, in dem ernsten Straßenaufstand vom Juni 1848, in politischen und literarischen Führern, in Palacky, dem Historiker, in Šafařik, dem Philologen, in Rieger, dem Redner, trat Springer eine fesselnde Welt entgegen. Bald sollte Springer durch seine Verlobung mit der Tochter des Rechtsanwaltes Pinkas, eines Führers der gemäßigten slawischen Partei, enger mit diesem Kreise verbunden werden.

Springer hat später selbst bezeugt, daß er erst in Prag, ergriffen von der Stärke der slawischen Bewegung, die Anschauung gewann, Österreich könne nur förderalistisch, nur mit Berücksichtigung der Slawen als staatenbildenden Faktors regiert werden. Sein erster Zeitungsartikel in einem Prager Blatte wirkte noch für die Beschickung des Frankfurter Parlaments. Bald aber faßte er Österreich als Welt für sich, welche sich gesondert von Deutschland aufzubauen habe. Und so kam er zu Ergebnissen, welche ihn vorerst von der Mehrzahl seiner deutschen Landsleute in Österreich seitwärts führten. Voll warmer deutscher Empfindung, fühlte er sich doch berufen, Fürsprecher auch der nationalen Wünsche seiner slawischen Mitbürger zu sein. Palacky und Rieger nahmen den feurigen jungen Gesinnungsgenossen mit Freuden in ihren Kreis auf. Freilich waren auch im deutschen Lager die Dinge noch nicht geklärt, denn den überzeugten Zentralisten standen besonders unter den deutschen Demokraten manche Freunde des föderalistischen Systems gegenüber. Mit Fischhof und Schuselka, deren doktrinären Liberalismus der frühgereifte junge Gelehrte nicht teilte, verband ihn damals noch die gleiche Auffassung von der Natur des österreichischen Staates. Es konnte nicht anders sein, als daß er, von diesen Ausgangspunkten vorschreitend, schließlich zu der Forderung kam; Österreich solle aus Deutschland ausscheiden und Preußen die Führung Deutschlands überlassen. Als Niederschlag der zahlreichen durchgreifenden Zeitungsartikel, die er damals in böhmische Blätter schrieb, erschien 1849 seine Schrift: „Österreich nach der Revolution". Sie ist die geistvollste Verteidigung, welche das föderalistische System in Österreich je gefunden hat; für dieses tritt sie nicht bloß im Namen der slawischen Völker, sondern auch als Protest der Freiheit gegen den markauszehrenden Zentralismus ein. Nicht ohne Befremden findet man Springer hier vollständig in den Reihen der tschechischen Politiker, denen er vom Standpunkte der Gerechtigkeit auch als Deutscher beipflichtet. Sie allein hätten während der Revolution treu zu Österreich gestanden, während Deutsche und Magyaren in einseitiger Entwicklung des nationalen Gedankens sich von Österreich loszusagen begannen. Bedauerlicherweise hätte man 1848 nicht zuerst die Landtage einberufen, bevor der Reichstag den Aufbau des Staates begann. Es sei ein großer Fehler gewesen, daß die Deutschen ihre Vertreter nach Frankfurt sandten: dadurch mußte die Verfassungsarbeit in Wien und in Kremsier leiden. Aber so bestimmt er auch den slawischen Föderalisten beipflichtet — man bemerkt, wie die theoretische Vorliebe für die Ideen der Selbstverwaltung ihn weit über seine ursprüngliche Absicht fortreißt — so zeigt sich doch schon in dieser Schrift der Punkt, wo er sich früher oder später von Palacky und Rieger trennen mußte: er zollt der Verfassung, welche der Ausschuß des Kremsierer Reichstages ausarbeitete, uneingeschränktes Lob. Sie aber war, was die Abgrenzung der Vollmachten des Zentralparlaments und der Landtage betrifft, ein staatskluges Kompromiß, bei welchem die deutschen Zentralisten ihre Grundansicht durchsetzten. Palacky und Rieger hatten sich dieser Fassung bis zum Schlusse widersetzt, doch die gemäßigten Tschechen, voran Dr. Pinkas, für die Vermittlung gewirkt. Wo es also auf die praktische Fassung der lebhaft vorgetragenen Lieblingsgedanken Springers ankam, rechnete er mit den Tatsachen, mit den unabweisbaren Bedürfnissen des Großstaates, der sich nicht in siebzehn selbständige Staaten zerschlagen lassen durfte. Grundgedanke der Schrift ist aber doch das Motto, das er ihr vorsetzt: L'unité ne s'improvise pas.

Springer hatte schon 1849 seine Vorlesungen an der Universität einstellen müssen, weil die Regierung seine Verteidigung des Rechtes der Völker auf Revolution mit Mißmut bemerkte. Er unternahm eine Reise nach Deutschland und England. In London traf ihn der Ruf Palackys, gemeinsam mit Augustin Smetana die Redaktion der „Union", eines zur Verteidigung des Föderalismus gegründeten Blattes, zu übernehmen. Smetana, der in schwerer Gewissensbedrängnis das Kreuzherrnkloster in Prag, wo er als Priester wirkte, verlassen hatte, war der beste Genosse, den sich Springer wünschen konnte. Er nahm den Antrag an, aber bald ward das Blatt unterdrückt, denn die Reaktion duldete keine selbständige politische Lebensregung. Zumal die nachdrückliche Verteidigung von Preußens natürlichem Rechte auf die Führung in Deutschland erregte bitteres Ärgernis.

Mit gleicher Freudigkeit wie den Studien über Geschichte und Politik hatte sich Springer inzwischen der Kunstgeschichte gewidmet. Sein politisches Bedürfnis war vorerst befriedigt und er verließ deshalb sein Vaterland, wo sich alle Aussichten für ihn verschlossen, um sich in Bonn als Privatdozent für Kunstgeschichte niederzulassen. Ein neuer ehrenvoller Wirkungskreis eröffnete sich hier dem zum Manne gereiften Forscher; eine Reihe bedeutender Werke und die Dankbarkeit Tausender von Schülern, die seinen begeisterten Worten in Bonn, dann in Straßburg und in Leipzig lauschten, sind das Denkmal, das er sich selbst gesetzt hat.

Unablässig aber verfolgte er aus der Fremde die Schicksale seiner österreichischen Heimat, welche er als siebenundzwanzigjähriger Mann verlassen hatte. Er fand sich am Rhein in der Überzeugung bestärkt, daß Preußen zur Führung in Deutschland berufen sei; noch in Prag hatte er viel mit dem Nationalökonomen Makowiczka verkehrt, einem der vier Österreicher, welche in der Paulskirche für das Kaisertum der Hohenzollern gestimmt hatten. Bald wuchs er so innig mit seiner neuen Heimat zusammen, daß er in seinen späteren Werken und besonders Journalartikeln von Österreich doch nur als von befreundetem Ausland sprach. Aber es gab niemanden, der so gründlich, so unverdrossen die Geschicke der österreichischen Monarchie verfolgte. Hier aber gingen in den nächsten Jahren große Veränderungen vor sich. Der Absolutismus versuchte Österreich zentralistisch zu regieren, Schmerling übernahm nach dessen Schiffbruch die Erbschaft. Eine durchgreifende Klärung der staatsrechtlichen Anschauungen der Deutschen Österreichs trat ein. Die Idee des einheitlichen Staates nahm von ihrem Geiste ausschließlich Besitz. Über Ungarns Stellung gab es Meinungsverschiedenheiten; daß aber die übrigen Lande als e i n Staat zu regieren seien und daß bloß diese Organisation den einzelnen Teilen des deutsch-österreichischen Stammes die Bürgschaft einer freien nationalen Entwicklung gebe, wurde allgemeine Überzeugung. Die deutschen Demokraten von 1848, ursprünglich zumeist Föderalisten, schlossen sich fast ausnahmslos dieser Entwicklung an, nur wenige von ihnen mochten sich nicht dareinzufügen. Es ist das staatsmännische Verdienst Antons von Schmerling, daß er, 1861 ans Ruder kommend, den deutsch fühlenden Adel und die vorwiegend deutsche Bureaukratie enge mit den liberal-demokratischen Elementen, mit dem deutschen Bürgertum, verband, während sich alle diese Elemente 1848 bis 1861 vielfach feindselig oder doch kalt gegenübergestanden hatten. Links und rechts fielen von dieser starken Gemeinschaft die Späne ab; einerseits die konsequenten Föderalisten wie Fischhof, dann rechts die Klerikalen, welche sich durch den Josefinismus der von Schmerling geeinigten Partei abgestoßen fühlten.

Das alles vollzog sich in den zehn ersten Jahren von Springers Aufenthalt in Norddeutschland. Wie anders wurden die Dinge, als er vorberechnet hatte! Nun aber ergriffen ihn die Tatsachen so mächtig wie die meisten seiner deutschen Genossen in der Heimat. Er mußte zwar nicht Partei ergreifen, aber er fühlte sein Urteil über Österreich doch geändert, geläutert. Er war aber weit entfernt von den Irrtümern, welchen sich der augenblicklich siegreiche Zentralismus in Österreich hingab, er hütete sich vor der Geringschätzung nationaler Ideen, welche die herrschende Lehrmeinung auf dem Altare der Staatseinheit opfern wollte. Dem starren Doktrinär der Schmerlingschen Schule war damals slawisches oder magyarisches Nationalgefühl so unbequem wie das deutsche: diese natürlichen Empfindungen sollten sich dem abstrakten Staatsgedanken bedingungslos fügen.

In diesem Flusse seiner politischen Anschauungen über Österreich, noch voll von den starken Eindrücken seiner Prager Zeit, aber innerlich weit über sie hinausgewachsen, faßte Springer den Entschluß, für die Sammlung der Staatengeschichte der neuesten Zeit die Geschichte Österreichs von 1815 bis 1850 zu schreiben. Dahlmann war es, der ihn unaufhörlich drängte, seine reichen Kenntnisse auf diesem Gebiete in einem abschließenden Werke niederzulegen. Die zwei stattlichen Bände erschienen 1863 und 1865. Sie sind weitaus das bedeutendste Werl, das bis zu jenen Tagen über Österreichs innere Geschichte geschrieben wurde; und auch die österreichische Geschichtschreibung der späteren Zeit hat nur wenig seinesgleichen, denn nur einem weitausschauenden Geiste, wie dem Springers, war der Überblick über die politischen, wirtschaftlichen und literarischen Entwicklungen möglich. Schon die Sprachkenntnisse des Autors sind anerkennenswert, es wird sich nicht so bald ein anderer Schriftsteller mit ihm messen können. Magyarische, tschechische, kroatische, italienische, rumänische Quellen, Zeitschriften, Landtagsverhandlungen sind von ihm mit Sicherheit benützt. Aber noch mehr als dies. Kein Deutscher vor ihm hatte sich so liebevoll und unbefangen in das geistige Leben all der Nationen vertieft, welche der österreichische Staat vereinigt. Und inmitten dieser verwirrenden Mannigfaltigkeit schreitet der Geschichtschreiber, die Einheit der Komposition festhaltend, rasch und sicher vorwärts. Zumal im zweiten Bande, der die vorbereitenden Ursachen der Revolution von 1848 und 1849, dann diese selbst behandelt, ist seine Schilderung, abgesehen von den noch immer dunkeln Vorgängen am kaiserlichen Hofe, nicht umgeworfen worden. Es wurde später eine unendliche Masse von Daten in zahlreichen Memoiren und insbesondere in den Werken Helferts veröffentlicht, aber die großen Züge in den national-politischen Kämpfen dieser Zeit sind von ihm mit festem Griffel festgehalten worden.

Freilich stehen neben diesen Vorzügen manche Eigenheiten, die untrennbar sind von Springers ganzem Wesen und von seinem politischen Werdegang. Ihm war es nicht gegeben, in ruhigem, epischem Flusse der Darstellung Menschen und Dinge auf den Leser wirken zu lassen. Seine starke Subjektivität rügt, tadelt und mäkelt auf jedem Blatte an den historischen Erscheinungen; er kritisiert und zergliedert unaufhörlich den Staat, während er dessen Geschichte schreiben will, und läßt deshalb Unebenheiten, an denen Österreich ohnedies reich ist, noch unharmonischer erscheinen. Seine lebhafte journalistische Ader ergießt sich nicht selten in paradoxen Charakteristiken, in Vergleichen und Seitenhieben, welche der Darstellung wohl Leben verleihen, aber der Würde des historischen Stiles nicht immer entsprechen. Etwa wie Schlosser ist er ohne Zögern zu einem abschließenden, unwiderruflichen sittlichen Urteil über die Menschen in jedem Augenblicke bereit. Was außerdem die Wirkung des Buches in Österreich abschwächte: er schreibt, wiewohl Österreicher von Geburt, über diesen Staat wie ein Fremder, wohl mit dem Interesse, welches der Schriftsteller stets an seinem Stoffe nimmt, selten aber mit der inneren Wärme, welche naturgemäß von dem Werke des Landsmannes erwartet wurde. Gewiß ist es eine Verkennung, wenn man Springer antiösterreichische Gesinnung zuschreibt; jede Seite des Buches ist ein Zeugnis der Erkenntnis des Verfassers, daß Österreich im europäischen Staatensystem unentbehrlich ist. Aber da er noch fester in seiner Überzeugung geworden war, daß Deutschland nur nach dem Ausschlusse Österreichs sich zu seinem Heile neu erbauen könne, da er sich auf das innigste mit dem großen deutschen Vaterlande verwachsen fühlte, erschien ihm Österreich während der Kämpfe zwischen der großdeutschen und der engeren nationalen Idee doch als eine störende Macht. Es lag ihm besonders nach seinen Jugendeindrücken nahe, in seiner Darstellung hervorzuheben, daß man österreichisches Wesen mißverstehe, wenn man nicht einsehen wolle, wie es mit fremdem slawischen Wesen durchtränkt sei. Und gerade weil oder obwohl der große Wert seines Buches in der vollen Würdigung der fremden Volkscharaktere liegt, weil er sich hier weit unbefangener erwies als die meisten seiner Landsleute:

deshalb fühlten sich viele von ihnen doch schmerzlich davon berührt, daß er den vollen Glanz der Darstellung nicht auf das fallen läßt, was deutscher Geist unter Maria Theresia und Josef II., was die reiche literarische und politische Entfaltung der Deutschen Österreichs im 19. Jahrhundert für das Reich geleistet haben. Und so fand das Werk in jeder Beziehung zwiespältige Aufnahme in Österreich. Denn die Tschechen wieder fühlten sich getäuscht und gereizt, daß ihr früherer Kampfgenosse einen ganz veränderten politischen Standpunkt gewonnen hatte, von dem aus ihre Ansprüche bei sonstiger gerechter Würdigung ihres Volkstums stellenweise anmaßend erscheinen.

Springer hatte die Heimat verlassen unzufrieden mit dem Gange der Dinge. Aber er blieb Österreicher schon durch den Pessimismus, mit welchem er die vaterländischen Zustände auffaßte. Unverkennbar steht die Einleitung seines Werkes einigermaßen im Widerspruche mit der übrigen Erzählung. Dort bekennt er sich zu der historischen und politischen Notwendigkeit des Bestandes der Monarchie. Aber die zwei darstellenden Bände malen die österreichischen Verhältnisse doch fast überall grau in grau. Wenn Maria Theresia und Josef II. den Staat wirklich so fehlerhaft organisiert haben sollen; wenn Erzherzog Karl gar so unbedeutend war als Reformator des Heerwesens und als Feldherr; wenn Aspern bloß einen „Soldatensieg" bedeutete, ohne das Verdienst der Führung und der Organisation; wenn endlich Österreich, das zwischen 1792 und 1814 viermal die Waffen zur Verteidigung Europas erhob, trotz der entgegenstehenden Zeugnisse des Freiherrn vom Stein, der Madame de Rémusat und Napoleons I. selbst (der nach Wagram zum Fürsten Johann Liechtenstein sagte: „Ihr seid verteufelt stark; ihr wißt nicht, wie stark ihr seid"), so leer war an patriotischem Gesamtgefühl und an innerer Schwungkraft — dann ist eigentlich unverständlich, wie die Monarchie die Napoleonischen Kriege besser aushalten konnte als Preußen, unerklärlich, daß sie so viel Spannkraft behielt, um nach 1848 Deutschland und Italien abermals unter ihre Oberleitung zu zwingen. Es würde zu weit führen, sollte die Auffassung Springers von dem Österreich des 18. Jahrhunderts hier einer eingehenden Kritik unterzogen werden. Aber hervorzuheben ist, daß er sich über die Folgen der Reformtätigkeit Josefs II. nicht ganz klar war. Er teilt mit vielen Erzählern jener Ereignisse den weitverbreiteten Irrtum, daß Josef II. auf seinem Sterbebett in dem tief schmerzlichen Entsagungsdekrete vom 28. Januar 1790 alle seine Reformen zurückgenommen habe. Tatsächlich aber spricht Josef hier nur von seinen Neuerungen in Ungarn und Belgien, in welchen Ländern er aber doch die Aufhebung der Leibeigenschaft und das Toleranzdekret bestehen läßt. Für die Kernländer der Monarchie, für die deutschen, slawischen und italienischen Provinzen blieb sein Lebenswerk aufrecht, was auf die Klugheit Leopolds II. zurückzuführen ist, der bloß die Vorwerke dem Drängen des Adels preisgab. Die Reform der Agrarverfassung, die Regelung des Verhältnisses zwischen Staat und Kirche, die Neuschöpfung der österreichischen Bureaukratie, die volle Germanisierung der gelehrten Schulen, welche vordem lateinisch gewesen waren, die Handels- und Industriepolitik blieben die festen Fundamente des Staates durch die zwei nächsten Menschenalter. Sie haben sich unter den Kämpfen gegen Napoleon, während der Staat Friedrich des Großen zusammenstürzte, trotz mancher Mängel so übel nicht bewährt. Indem nun Springer die Zustände Österreichs nach Josef II. in voller Zerrüttung und in tiefem Verfalle schildert, ergibt sich in seiner Auffassung ein seltsamer unerklärlicher Widerspruch. Daraus ergab sich anderseits, daß gerade die Abschnitte des Buches die volle Meisterschaft geschichtlicher Darstellung zeigen, welche den Verfall und die Vertrocknung des Staatslebens in der zweiten Hälfte der Regierung Franz I. schildern. Insbesondere die Charakteristik dieses Fürsten und seiner Regierungsmethode ist vortrefflich; Metternichs Wesen und Wirken, das Walten der Staatskonferenz, welche statt Ferdinands I. den Staat lenkte, sind voll Leben und Treue vorgeführt. Und noch heute, nachdem eine ganze Bibliothek über die Geschichte der österreichischen Finanzen entstanden ist, da Pillersdorf, Beer, Mülinen, Kramar und andere vieles in helleres Licht gesetzt haben, ist Springers Darstellung durch ihre Übersichtlichkeit beachtenswert. Die Wirkungen des Bankrotts von 1811 hat niemand gleich eindrucksvoll geschildert. Und dabei muß, was insbesondere die Revolution von 1848 und 1849 betrifft, hervorgehoben werden, daß er durch Dornen und Gestrüpp fast immer den Weg sich selbst zu bahnen hatte, daß er keine Vorgänger besaß, daß er die Ereignisse zum ersten Male gruppieren und runden mußte.

So erscheint sein Werk, je mehr der Jahre dahingehen, immer reifer, und auch was an ihm befremdet, erklärt sich aus dem Entwicklungsgange des Mannes. Er hielt es ebenso in der Kunstforschung für das Höchste, den Zusammenhang aufzudecken zwischen der Entfaltung der Talente und zwischen den Bewegungen der Zeit. Deshalb vielleicht hat er wärmer und gerechter über die Tschechen Kolar und Havlicek, über den Kroaten Ljudevit Gaj geurteilt, als über viele seiner deutschen Landsleute; denn jene stürzten sich in den Strom des politisch-literarischen Lebens, während Ferdinand Raimund und Franz Grillparzer sich abseits davon in selbstgeschaffener Welt zur Gestaltung poetischer Werke erhoben. Wer aber möchte zweifeln, daß das Lebenswerk dieser deutschen Dichter höher steht! Springer jedoch spricht noch schablonenhaft über Grillparzers „berüchtigte" Ahnfrau und über die „Versuche Raimunds, durch ungesunde sentimentale Zutaten die alte Zauberposse zu würzen". Er als Sohn des helläugigen, nüchternen, kritischen deutsch-böhmischen Stammes hat zu scharf die traumhaft unentschlossene Art der Vettern im österreichischen Donautale beurteilt, das Weben der Phantasie in ihnen nicht empfunden. Da er vorwiegend deren politische Geschichte schrieb, mußte er auf Schritt und Tritt gewahren, daß jene Eigenschaften ihre staatliche Entwicklung beeinträchtigen. Begreiflich genug, daß sich seiner männlichen Natur, seiner fröhlichen Kraft nicht selten Ungeduld bemächtigte über die Zauderer.

Als Geschichtschreiber war Springer nicht verpflichtet, in der Schilderung der Ereignisse das lösende Wort für die Beilegung der inneren Zwistigkeiten zu finden, welche bestanden, während er sein Werk schrieb. Springer vermied es, durchblicken zu lassen, wie er sich Ungarns Stellung zur Monarchie, wie er sich die Einfügung der slawischen Stämme in die Verfassung des Reiches dente. Dadurch freilich fehlt dem Werk der politische Gedankenmittelpunkt, den wir ungern vermissen; denn während wir in Springers Buch unaufhörlich die Kritik des politischen Verhaltens von Personen und Parteien verfolgen, quält uns das Gefühl, daß der Verfasser nicht auch ein klares Wort spricht über die künftige Gestaltung der Dinge, wie sie ihm vorschwebt. Nur gegen den Schluß des Werkes spricht er noch schärfer als in seiner früheren Schrift die Anerkennung des Verfassungsentwurfes aus, den der Ausschuß des Kremsierer Reichsrates vorlegte. Scharf verurteilt er jetzt die Hartnäckigkeit, mit welcher sich die Eifrigen unter den Tschechen, Palacky voran, der Aufrichtung eines starken Zentralparlaments im westlichen Staate widersetzten. Er läßt deutlich durchblicken, daß die Zerreißung Westösterreichs, sei es nach Provinzen, sei es nach nationalen Gruppen, unmöglich sei. Aber die innere Rundung des Buches wird dadurch beeinträchtigt, daß es nicht aus einer geschlossenen Staatsauffassung heraus geschrieben ist.

Es zeigte sich übrigens, daß Springer in den nächsten Jahren nach dem Erscheinen seines Werkes sich der Politik seiner deutschösterreichischen Landsleute immer verwandter fühlte. Nach Königgrätz siegte Deak vollständig über Schmerling, was Ungarns Stellung zum Reiche betraf; aber in Österreich selbst blieben die Grundgedanken der Verfassung von 1861 in Geltung, in der Art, daß deren Revision im Jahre 1867 die Autonomie der Länder im Rahmen des einigen Staates erweiterte und somit ein festes Bollwerk gegen föderalistisches Übermaß schuf. Springer schrieb, als das Ministerium Hohenwart 1871 diese gedeihliche Entwicklung störte, in der Wochenschrift „Im Neuen Reich" eine Reihe scharfer Artikel, in denen er zwar den Deutschen die von ihnen begangenen Fehler vorhielt, aber aufs treueste für seine Stammesgenossen eintrat. Dann, als 1873 durch Einführung der direkten Reichsratswahlen der Schlußstein gelegt wurde, mahnte er eifrig zur Gründung einer konservativen Partei in Österreich: das Errungene festzuhalten, schien ihm wichtiger als eilige Verbesserung. Als 1879 der Rückschlag erfolgte, stand er mit ganzem Herzen zu seinen Stammesgenossen. Er kam ihnen 1885 durch die letzte seiner Österreich behandelnden Veröffentlichungen zu Hilfe. Von seinem Schwiegervater Pinkas, der 1865 als angesehenes Mitglied der tschechischen Partei starb, hatte er eine Abschrift der Protokolle des Verfassungsausschusses des Kremsierer Reichstages erhalten. Er gab sie jetzt heraus, weil, wie er sagte, sie ein Beichtspiegel seien für die österreichischen Völker, niedergelegt in den vertraulichen Sitzungen jener Kommission. So wie früher hebt er den großen Wert dieser Verfassungsarbeit hervor, welche nach seinem Urteil die späteren Gesetzgebungen an Wert übertraf und nur, wie er zugab, den einen Fehler besaß, daß sie der österreichischen Aristokratie keinen verfassungsmäßigen Einfluß zugestand, was den tatsächlichen Machtverhältnissen in Österreich so sehr widersprach. Er macht insbesonders aufmerksam, daß diese Verfassung durch die Einrichtung von Kreistagen in den gemischtsprachigen Provinzen und auch durch andere Anordnungen die nationalen Reibungsflächen vermindern wollte. Das sei der Glanzpunkt des Entwurfes. In der Einleitung zu diesem Buche findet Springer die wärmsten Töne der Teilnahme für die damals in einen harten Kampf um ihre Nationalität verwickelten Deutschen Österreichs; sie konnten ihn seitdem mehr als je den ihrigen nennen, der ihnen das politische Rüstzeug schmieden half. Er war ihr angesehenster Fürsprecher im Deutschen Reiche. In der Vollreife seiner Entwicklung gelangte er zu erfreulicher Übereinstimmung mit den politischen Zielen des deutsch-österreichischen Stammes.

Wie sich wohl das innere Leben Springers gestaltet haben würde, wenn er nicht genötigt gewesen wäre, Österreich zu verlassen? Noch viel inniger wäre es verwoben worden mit den äußeren und inneren Schicksalen seiner Stammesgenossen, und in dem Mutterboden hätte er als nationaler Historiker stärkere volkstümliche Töne angeschlagen. Selbst dem kräftigsten Manne schlägt es nicht zum Heile an, wenn er aus dem heimatlichen Boden gerissen wird. Seinen Landsleuten wäre er gewiß noch mehr geworden, als sie schon jetzt in ihm verehren: er war durch seine fortstürmende Beredsamkeit, durch seltene Bildung zu einem ihrer Führer wie geschaffen, und seine reiche Kenntnis, das feine Verständnis für die Bildungsbedürfnisse der anderen Stämme des Reiches hätten die Deutschen vor manchen Irrtümern bewahrt. Aber auch so hat er als Historiker das Beste geleistet, was sie zu seiner Zeit über ihre Geschichte im 19. Jahrhundert besaßen. Zudem, wer kann ermessen, wie wichtig es gerade für seine Schöpfungen auf dem Gebiete der Kunstforschung war, daß er in der ruhigeren Atmosphäre deutscher Universitätsstädte volle innere Sammlung gewann? Sein Vaterland aber hätte jedenfalls die Verpflichtung gehabt, ihm eine Stätte an seiner vornehmsten Hochschule zu bereiten. Springer selbst hat es später als Glück empfunden, daß er, dem politischen Treiben in Österreich entrückt, der Biograph Raffaels, Michelangelos und Dahlmanns werden konnte. Die Dankbarkeit für dieses sein Lebenswerk ist auch in seinem österreichischen Vaterlande stärker als das Bedauern, daß die politischen Gaben Springers nicht, wie er in seiner Jugend selbst wünschte, in einer großen öffentlichen Wirksamkeit zur Geltung gekommen sind.

14

Josef Alexander Freiherr v. Helfert

(Veröffentlicht 1914)

Der Vater des österreichischen Historikers dieses Namens war Josef Helfert, Professor des römischen und des kanonischen Rechts an der Prager Universität. Er erzog ihn, wie er in seinen Erinnerungen aus dem Elternhaus erzählte, streng aber liebevoll und faßte für ihn die diplomatische Laufbahn ins Auge. Der junge Helfert war jedoch mehr für die Tätigkeit des Gelehrten geboren; er machte seine Studien zu Prag, erlangte daselbst 1842 das juristische Doktorat und wurde im Jahre darauf Assistent an der Lehrkanzel seines Vaters. Für kurze Zeit vertauschte er diese Stelle 1847 mit der eines Assistenten an der Lehrkanzel für römisches und kanonisches Recht am Theresianum in Wien; noch im selben Jahre erfolgte dann seine Ernennung zum supplierenden Professor jener Fächer an der Universität zu Krakau. Er wäre wohl, da er mehrere Schriften juristischen Inhalts veröffentlichte und auch das Handbuch seines Vaters über Kirchenrecht aufs neue herausgab, noch weiter Jurist, besonders des kanonischen Rechtes geblieben, wenn das Revolutionsjahr 1848 nicht auch in seinem Leben Epoche gemacht hätte.

Der deutschböhmische Wahlkreis Tachau entsendete ihn in den österreichischen Reichstag, in dem er sich mit jugendlichem Eifer betätigte. Nach Erziehung und Neigung war er streng konservativ und monarchisch gesinnt, dabei ein gläubiger Katholik, wenn auch gegen Andersdenkende nicht unduldsam; so warf er sich der herrschenden Strömung entgegen und ging in der Verfechtung der Staatsautorität wider die Revolution so entschieden vor wie irgend jemand. Er hielt es für unrecht, bei der auch von ihm gebilligten Aufhebung der den Bauern obliegenden

Fronden und Giebigkeiten die Grundbesitzer zu benachteiligen, und trat am 24. August in nachdrücklicher Rede für deren Entschädigung ein. Die Feindseligkeit der demokratischen Linken, die er sich auch sonst durch seine Haltung, so durch seine Rede gegen Ungarn am 19. August, zuzog, beantwortete er mit gleicher Münze. Ebendadurch lenkte er die Aufmerksamkeit der Männer auf sich, die ihren Beruf in der Wiederherstellung der Staatsautorität sahen, besonders des Grafen Franz Stadion, der nach der Revolution die Seele der Organisation des Reiches zu werden bestimmt war. Stadion übernahm im Kabinett Schwarzenberg das Ministerium des Innern und die Leitung des Unterrichts; gleichzeitig erfolgte die Ernennung Helferts zum Unterstaatssekretär im Unterrichtsministerium (13. November 1848). Es war für den erst achtundzwanzigjährigen Mann ein unerwartet rascher Aufstieg. Er blieb aber auch weiter Mitglied des Reichstags und bekämpfte als solcher in seiner Rede vom 16. Januar 1849 die vorgeschlagene Fassung der Grundrechte, besonders die Abschaffung des Adels, und am 3. März die Trennung des Staates von der Kirche.

Als Unterstaatssekretär hatte Helfert Anteil an der Vorbereitung zur Reform des österreichischen Unterrichtswesens; doch geht auch aus seinen „Erlebnissen und Erinnerungen" hervor, daß der eigentliche Bahnbrecher und Schöpfer nicht er, sondern Franz Exner, sein ehemaliger Lehrer der Philosophie an der Prager Hochschule, gewesen ist. Anfangs hatten die leitenden Staatsmänner die Absicht gehabt, das Ministerium des Unterrichts Helfert zu übertragen, und er selbst hegte die Hoffnung, es werde dazu kommen. Indessen lenkte sich die Aufmerksamkeit der Regierung auf den Grafen Leo Thun, der am 28. Juli 1849 zum Minister für Kultus und Unterricht ernannt wurde. Thun trat mit einem gewissen Vorurteil gegen Helfert ins Amt, so daß dieser beinahe befürchtete, seine Stellung wäre erschüttert. Exner aber sprach ihm warm das Wort, so daß Thun ihn schätzen lernte; so bahnte sich das wünschenswerte Verhältnis zwischen dem Minister und seinem Unterstaatssekretär an. —

Zunächst bearbeitete Helfert die kirchenpolitischen Angelegenheiten, wofür ihm als früherem Lehrer des kanonischen Rechts die Kenntnisse zur Verfügung standen. Dabei nun zeigte es sich, daß, so treu er auch zur katholischen Kirche hielt, er nicht im Sinne hatte, die Rechte des Staates preiszugeben. Damals verlangten die Bischöfe von der Regierung in Eingaben, die in der Hauptsache von dem späteren Kardinal Rauscher herrührten, die vollständige Aufhebung der von Josef II. erlassenen kirchenpolitischen Gesetze; sie bekämpften besonders das Placetum regium, dann die Beschränkung der geistlichen Gerichtsbarkeit wie des Klosterwesens. Helfert, dem das Referat in dieser bedeutsamen Angelegenheit übertragen war, legte seine Ansicht in mehreren Denkschriften dem Unterrichtsministerium dar (November, Dezember 1849). Darin willfahrte er wohl bezüglich des Unterrichtswesens den Bischöfen; dagegen empfahl er betreffs der geistlichen Gerichtsbarkeit, des Klosterwesens und des Placetum regium einen Mittelweg. Am wichtigsten war, daß er die Kundmachung von päpstlichen Bullen und bischöflichen Hirtenbriefen nicht völlig freigeben wollte, sondern daran festhielt, sie müssen vor ihrer Veröffentlichung der Staatsbehörde vorgelegt werden. Es sollte von der bisher notwendigen Erlaubnis der Regierung abgesehen werden, aber ihr das Verbot vorbehalten sein. Es scheint, daß der Minister sich damals im Einverständnisse mit seinem Referenten befand; aber unter der Einwirkung Rauschers, dann des Kardinals Schwarzenberg wandte er sich immer mehr der streng kirchlichen Richtung zu. Helfert sah sein Gutachten beiseite geschoben, denn durch die Kaiserlichen Verordnungen vom 18. und 23. April 1850 wurde die Josefinische Gesetzgebung vollständig aufgehoben; so war der Weg zum Abschlusse des Konkordats von 1855 frei gemacht. Es scheint, daß Helfert dieser letzten Weudung ferne stand. In seinen „Erlebnissen und Erinnerungen" hob er fünfzig Jahre später hervor, daß er 1849 die Rechte des Staates schärfer wahren wollte, und er legte auch sonst Wert darauf, daß seine, einen mittleren Weg empfehlenden Gutachten nicht vergessen wurden.

Wie sich diese Dinge immer verhalten mögen, jedenfalls war Helfert weiterhin im Ministerium für Kultns und Unterricht vorzugsweise auf einem anderu Gebiete, dem der Volksschule, tätig, widmete sich ihrer Verwaltung aufs eifrigste und veröffentlichte daneben 1859—1861 das dreibändige Werk „System der österreichischen Volksschule", welches die Geschichte dieser Institution seit Maria Theresia, deren Statistik, wie die einschlägigen Gesetze und Verordnungen enthält.

Am 21. Oktober 1860 trat die wichtige Änderung ein, daß, den ungarischen und slawischen Gegnern der Staatseinheit zu Gefallen, das Ministerium für Kultus und Unterricht als Reichsbehörde aufgelöst und seine Cisleithanien betreffenden Angelegenheiten dem Staatsministerium zugewiesen wurden. An die Spitze der also gebildeten Abteilung wurde am 21. Oktober 1860 Helfert mit dem Titel eines „Leiters des Ministeriums für Kultus und Unterricht" gestellt. In dieser Stellung blieb er unter den Staatsministern Goluchowski und Schmerling bis zum Jahre 1863. Unterdessen machte die liberale Strömung große Fortschritte, eine neue Ordnung der Dinge bereitete sich vor, die später in der freisinnigen Verfassung der Volksschule von 1869 verwirklicht wurde. Helfert als Fürsprecher des Einflusses der Kirche auf die Schule stand im Wege, und er war auch nicht der Mann, sich gegen seine Überzeugung dem Liberalismus anzuschmiegen, dem er religiös wie politisch abgeneigt war. Bei der neuen Organisation der Leitung des Unterrichtswesens 1863 schied er daher aus dem Ministerium. Wohl wurde er im selben Jahre zum Präsidenten der Zentralkommission für Erforschung und Erhaltung der Baudenkmale ernannt, aber seine Tätigkeit in der Staatsleitung war damit zu Ende, obwohl für eine Kraft wie die seinige zum Besten der Verwaltung eine Stelle hätte gefunden werden sollen. Seine Verdienste waren übrigens dadurch anerkannt worden, daß er 1854 in den Freiherrnstand erhoben und 1861 zum Geheimen Rat ernannt wurde.

Siebenundfünfzig Jahre blieb er dann nur in losem Verbande mit der Staatsverwaltung, und dieser lange Zeitraum war vornehmlich geschichtlichen Studien und Arbeiten gewidmet. Noch im Amte befindlich, hatte er auf diesem Gebiete einiges veröffentlicht, so die beiden anonym erschienenen Bücher „Mailand und der lombardische Aufstand März 1848" (Prag 1854), dann „Aus Böhmen nach Italien März 1848" (Wien 1861), ferner unter seinem Namen eine Studie über „Huß und Hieronymus" (Prag

1853). In der letzteren ist seine Stellung zur böhmischen Frage im Keime erkennbar. Er nimmt an dem nationalen Aufschwunge der Tschechen und an ihrer Literatur sympathischen Anteil, wenn er sich auch nicht zu ihnen zählt, warnt aber vor Übertreibungen und vor Wiedererweckung der revolutionären Erinnerungen aus der Hussitenzeit. Auch hatte er eine Schrift „Über Nationalgeschichte und den gegenwärtigen Staud ihrer Pflege in Österreich" (Prag 1853) herausgegeben, in der er einige Anregungen zum Betrieb der historischen Forschung in Österreich gab. Als er 1860 zum Präsidenten des österreichischen Volksschriftenvereins gewählt wurde, ergriff er die Gelegenheit, für die praktische Ausführung seiner Ideen zu wirken; er gab hier die Anregung zur Schaffung einer „Österreichischen Geschichte für das Volk", für welche er das Programm entwarf und deren Ausarbeitung er überwachte. Nach seinem Entwurf wurde diese österreichische Geschichte zwischen 1864 bis 1882 in zwanzig Bänden herausgegeben. Er selbst schrieb für die Sammlung den Schlußband, der die Zeit der Befreiung von der Herrschaft Napoleons 1812 bis 1815 umfaßte. Trotz der guten Absicht gelang es nicht, ein wahrhaft volkstümliches Werk ins Leben zu rufen, was schon durch dessen großen Umfang ausgeschlossen war. Auch wußten die wenigsten der gelehrten Mitarbeiter den Ton fürs Volk zu treffen, wobei Männer wie Huber und Krones, Gindely und Zeißberg an Sachkunde nichts zu wünschen übrig ließen.

Daneben widmete Helfert seine Kraft eigenen Werken auf zwei Stoffgebieten, vor allem über die österreichische Revolution von 1848. Diese Bücher waren es, die ihm allseits einen geachteten Namen verschafften. Sein Bienenfleiß ist ebenso anzuerkennen wie sein Streben, über die Vorgänge in allen politischen und nationalen Lagern Licht zu verbreiten. Er selbst hatte die Zeit als tätiger Mitarbeiter durchlebt, kanute nahezu alle Personen, die in Österreich an den Ereignissen teilgenommen hatten, und sparte nicht Zeit noch Mühe, sich bei ihnen Rat und Kenntnis zu holen. Er selbst besaß eine überaus reichhaltige Sammlung von Büchern, Broschüren, Gedichten, Kupferstichen, Bildern, Zeitschriften über die Geschichte seiner Zeit, eine der größten

Kollektionen, die von einem Privaten in Österreich zusammengebracht worden sind; er erstattete über sie in seiner Schrift „Sammlung Helfert" (Wien 1898) willkommenen Bericht. Auch kam ihm zugute, daß ihm, der Exzellenz, amtliche Quellen, besonders die Akten des Ministeriums des Äußern, zur Verfügung standen, welche anderen Forschern noch lange verschlossen blieben. Ebenso eröffneten ihm viele aristokratische Familien ihre Archive, im Vertrauen auf seine hohe soziale Stellung wie auf seine konservative Gesinnung.

So entstand sein Hauptwerk „Geschichte Österreichs vom Ausgange des Wiener Oktoberaufstandes 1848", welches, wiewohl es nur vom Oktober 1848 bis März 1849 reicht, sechs Bände umfaßt; die politischen und nationalen Kämpfe wie die Maßregeln der Regierung werden bis in die Einzelheiten erzählt. Der erste Band „Die Belagerung und Einnahme Wiens Oktober 1848" und der zweite „Die Revolution und Reaktion im Spätjahr 1848" erschienen im Jahre 1869. Der dritte, 1872 veröffentlicht, enthält „Die Thronbesteigung des Kaiser Franz Josef I."; der vierte Teil (in drei Bände zerfallend, von 1875 bis 1886 erschienen) benennt sich „Der ungarische Winterfeldzug und die oktroyierte Verfassung". Er selbst erklärt es in der Einleitung des letzten Bandes für unmöglich, volle Unparteilichkeit walten zu lassen, wo das Herz mitbeteiligt ist; er bekennt sich zu dem Urteile eines ihm wohlwollenden Kritikers, daß die ihn „erfüllende kaiserliche Parteiansicht auch überall in seinem Werke zutage tritt". Er ist schwarz-gelb bis ins Innerste und steht auf seiten derjenigen, die es noch 1848 verstanden haben, die tief erschütterte Kaisergewalt wieder aufzurichten: Windisch-Grätz und Jellačić, Schwarzenberg und Stadion sind seine Helden, auf die er doch zu günstiges Licht fallen läßt. Den Männern der Revolution dagegen ist er oft nicht gerecht geworden, und so wohlwollend auch seine Persönlichkeit war, so klingt aus seinen eigenen Erfahrungen manche Bitterkeit nach. Er war aber keineswegs ein Schmeichler, wie besonders aus dem Bande hervorgeht, in welchem er den Winterfeldzug der kaiserlichen Armee in Ungarn schildert, wobei er die unzureichenden Maßregeln des Fürsten Windisch-Grätz und seines Hauptquartiers beleuchtet. Die Familie des Feldmarschalls war damit unzufrieden, und es ergaben sich Schwierigkeiten wegen der ferneren Benutzung ihres Archivs. Dies wie andere Umstände bestimmten Helfert, die Erzählung, die er ursprünglich bis zur Niederwerfung des ungarischen Aufstandes August 1849 hatte führen wollen, früher zu schließen. In seiner Gesamtauffassung ist er nicht etwa ein grundsätzlicher Gegner der Revolution von 1848, sondern erkennt an, daß eine Staatsumwälzung unumgänglich notwendig war, um an die Stelle der feudalen Staatsordnung eine moderne zu setzen. In der bereits erwähnten, 1886 erschienenen Einleitung des Schlußbandes schrieb er die Worte nieder: „Die Hauptgrundlagen der neuen Gestaltung der Dinge, die aus den Wirren und Kämpfen des Jahres 1848 hervorgegangen waren, sind doch in der kurzen Zeit des Rückstauens nie ganz verrückt worden, bis sie nach einer neuen Schule des Unglücks zu abermaliger und nun hoffentlich dauernder Geltung gelangten." Deshalb hielt er auch die 1851 verfügte Aufhebung der Verfassung für einen Fehler und bezeichnete diese Maßregel im vertrauten Gespräch als „den ersten Wortbruch". Er zog es vor, über die Epoche von 1849—1860 nur gelegentlich zu schreiben, offenbar um über die Reaktion nicht die Verurteilung aussprechen zu müssen.

Jenes umfangreiche Werk steht im Mittelpunkt einer großen Anzahl von Veröffentlichungen, die dem Revolutionsjahr galten. Es lag eine Art Huldigung für dieses Ereignis darin, daß er es nach allen Seiten literarisch auszuschöpfen bemüht war. Zunächst seien zwei selbständige Publikationen erwähnt, die verdienstvollen Bücher „Die Wiener Journalistik im Jahre 1848" (Wien 1877) und „Der Wiener Parnaß im Jahre 1848" (Wien 1882), das letztere eine Sammlung von Zeitgedichten, die später in Geschichtsbüchern wie in Zeitungen stets aufs neue benutzt wurde, ohne immer zitiert zu werden. Diese und andere Veröffentlichungen gingen neben einer schier endlosen Reihe von Aufsätzen her, die er in Zeitschriften, Almanachen und Jahrbüchern drucken ließ. Sie erschienen in früheren Jahren gewöhnlich im „Österreichischen Volks- und Wirtschaftskalender" und in den „Abendstunden", bis er im Jahre 1877 die Redaktion des vom Österreichischen Volksschriftenverein herausgegebenen

„Österreichischen Jahrbuches“ übernahm. Bis an sein Lebensende wurde das Jahrbuch so ziemlich in jedem Bande mit seinen umfänglichen Beiträgen bereichert, die dann meistens auch im Sonderabdruck erschienen sind. Es lag in der Natur der Sache, daß mit fortschreitenden Jahren die Art seiner Darstellung weniger lebendig wurde, zumal es ihm vor allem um die Veröffentlichung des Stoffes zu tun war, der ihm aus dem Nachlasse seiner absterbenden Zeitgenossen zufloß. Mehr und weniger Wichtiges ist mit gleicher Ausführlichkeit behandelt, so daß für den Leser der Gewinn nicht im Einklange mit dem Umfange dieser Schriften steht. Doch verdienen die Abhandlungen über „Die konfessionelle Frage 1848 in Österreich“ (Österreichisches Jahrbuch 1882—1889), dann die „Skizzen aus dem Leben des Grafen Thun“ (Österreichisches Jahrbuch 1891—1894), die aber leider nur bis zur Ministerschaft Thuns reichen, ferner die Biographie des Statthalters Alois Fischer (Wien 1885) Beachtung. Frisch und anschaulich dagegen sind die „Erlebnisse und Erinnerungen“ geschrieben, die noch später zu erwähnen sind.

Da er also auch über die Zeit vom März bis Oktober 1848, die seinem genannten Hauptwerke vorherging, so viel gesammelt hatte, faßte er im höchsten Greisenalter den Entschluß, die vielen Dutzende von Büchern, Aufsätzen und Feuilletons zu einem einheitlichen Werke zusammenzufassen, welches die Zeit bis zum Oktober 1848 schildern sollte. Er war siebenundachtzig Jahre alt, als er den ersten Band der „Geschichte der österreichischen Revolution“ (Freiburg und Wien 1907) erscheinen ließ. Er nahm ursprünglich an, mit zwei Bänden auszukommen; aber der zweite, 1909 erschienene, reicht nur bis zu den Ereignissen des Mai. In der Einleitung zu diesem Buche sagt der ins neunzigste Lebensjahr gehende Verfasser, er gedenke noch einen dritten Band herauszugeben und fügt hinzu: „Vorbereitet ist nahezu alles, ausgearbeitet der weitaus größte Teil . . ., nötig ist dazu freilich die Erhaltung meines Augenlichtes, mit dem es leider nicht zum besten bestellt ist. . . . Vorlesenlassen und Diktieren kommen bei meiner Art zu arbeiten nicht in Betracht.“ Indessen nahm, bevor das Werk vollendet war, der Tod die Feder aus seiner unermüdlichen Hand. Wenn er sich nun auch in diesem seinem letzten Werke nach allem, was er geschrieben hatte, öfters wiederholt, so wird das von ihm gebotene Material nicht unterschätzt werden dürfen. Das Buch ist mit einer für sein hohes Alter überraschenden Lebendigkeit geschrieben, es ist in dem Urteil über die demokratische Partei und ihre Mitglieder milder als seine früheren Arbeiten. Man möchte glauben, er habe das Bedürfnis verspürt, ein versöhnendes Wort über manchen zu sagen, mit dem er in früheren Jahren streng ins Gericht gegangen war.

Das zweite Arbeitsgebiet, auf dem sich Helfert als Historiker betätigte, war die Zeit des ersten Napoleon, immer mit Beziehung auf Österreich und dessen Kaiserhaus. Auch hier ist es vor allem der fleißig gesammelte Stoff, durch den seine Arbeit Wert erhalten. Am frischesten ist das erste der Bücher dieser Gruppe geschrieben „Maria Louise, Erzherzogin von Österreich, Kaiserin der Franzosen" (Wien 1872). Aus der Einleitung erfährt man, daß er sich mit der Absicht trug, eine Geschichte des Wiener Kongresses zu schreiben, wozu es jedoch nicht gekommen ist. In der Schrift „Der Rastadter Gesandtenmord" (Wien 1874) verteidigt er die österreichische Regierung gegen den Vorwurf der Mitschuld an diesem Verbrechen. In seinen Arbeiten über Maria Karolina, die Tochter der Kaiserin Maria Theresia, versuchte er das Bild dieser Königin von den Flecken zu reinigen, was ihm allerdings nur zum Teil gelungen ist. Dahin gehören die umfangreichen Bücher „Königin Karolina von Neapel und Sizilien im Kampfe gegen die französische Weltherrschaft 1790—1814" (Wien 1878), dann „Fabrizio Ruffo. Revolution und Gegenrevolution von Neapel November 1798 bis August 1799" (Wien 1882), endlich die Untersuchung „Maria Karolina von Österreich, Königin von Neapel und Sizilien. Anklagen und Verteidigung" (Wien 1884). An diese Reihe schließt sich dann „Napoleons Fahrt von Fontainebleau nach Elba" und „Joachim Murat. Seine letzten Kämpfe und sein Ende". Eine etwas spätere Periode behandeln die Bücher: „Gregor XVI. und Pius IX. Oktober 1845 bis November 1846" und das ebenso ganz aus den Akten geschöpfte Werk „Kaiser Franz I. von Österreich und die Stiftung des lombardo-venetianischen Königreiches", ersteres 1895, letzteres 1901 erschienen. Diese Liste würde auf das Drei- oder Vierfache anschwellen, sollten auch die in Zeitschriften und Jahrbüchern gedruckten umfangreicheren Aufsätze Helferts aufgezählt werden. Er hat übrigens auch seiner Vaterstadt Prag und dem Lande Böhmen manche historische Studie gewidmet. Seine Werke und Schriften bilden zusammengenommen eine stattliche Bibliothek; und dabei hat er, wenngleich im einzelnen Irrtümer nicht ausgeschlossen sind, nie oberflächlich gearbeitet, auch nicht mit fremdem Wissen geprunkt; nur ist er zu oft überflüssig in die Breite gegangen. Liest man vieles auch mit geringerem Nutzen, so wird doch dem Autor Anerkennung nicht versagt verden dürfen.

Nnn könnte man glauben, Helfert hätte, in seine historischen Studien vergraben, die Gegenwart aus den Augen verloren. Das ist aber nicht der Fall. Er verfolgte die politischen Vorgänge in Österreich aufmerksam und legte seine Ansichten über sie in einer großen Anzahl von Schriften nieder. Bei seinem Gegensatze zum Liberalismus hielt er sich zu der Partei des Grafen Hohenwart und beteiligte sich 1870 und 1871 lebhaft an den Unterhandlungen, durch welche mit Hilfe der Tschechen eine Mehrheit im Reichsrate gebildet werden sollte. Dadurch kam er in Widerstreit zu den um ihre Sprache und Nationalität schwer ringenden Deutschen Böhmens; deshalb und weil er später während des Ministeriums Taaffe den slawisch-klerikalen „Eisernen Ring der Rechten" in jeder Weise unterstützte, war er durch Jahrzehnte Gegenstand lebhafter Angriffe. Er selbst war der Abstammung nach ein Deutscher und hatte die tschechische Sprache nur so weit inne, um ein einfacheres Gespräch führen und die Literatur verfolgen zu können; wie er selbst sagte, war er nicht imstande, sich tschechisch schriftlich gut auszudrücken. Aber sein national-deutsches Gefühl war ebenso schwach wie sein österreichischer Patriotismus lebendig. Sein einziger Sohn war mit einer Dame aus tschechischer Familie verheiratet, die nach dem frühen Tode ihres Gatten die drei Enkel des Historikers in der tschechischen Nationalität erzog, zu der sie sich auch weiter bekennen. Das ist der Weg, den nicht wenige deutsche Familien in Böhmen gegangen sind, darunter auch manche aristokratischen

Häuser. Im Herrenhause, zu dessen lebenslänglichem Mitgliede Helfert 1881 ernannt wurde, gehörte er der Rechten an; ihr Kern war vom tschechisch-feudalen Hochadel gebildet, dessen Politik Helfert immer unterstützte.

Die Vielseitigkeit seiner politischen Interessen ist schon aus den Titeln seiner einschlägigen Schriften ersichtlich, von denen nur die etwas umfangreicheren genannt sein mögen: „Österreich und die Nationalitäten" (Wien 1850), „Episteln eines Narren und Rat eines Klugen" (anonym) (Wien 1851), „Nach dem Reichsrate" (anonym) (München 1860), „Die sprachliche Gleichberechtigung in der Schule und deren verfassungsmäßige Behandlung" (Prag 1861), „Rußland und Österreich" (Wien 1870), „Ausgleich und Verfassungstreue 1871 bis 1873" (Leipzig 1873), „Die böhmische Frage in ihrer jüngsten Phase" (Prag 1873), „Revision des ungarischen Ausgleichs" (Wien 1875), „Bosnisches" (Wien 1878), „Trias" (Wien 1884), „Zur Reform der rechts- und staatswissenschaftlichen Studien in Österreich" (Wien 1887), „Zur Klärung der böhmischen Frage" (Wien 1900). Diese Schriften haben nicht durchgeschlagen, vielleicht wegen der Leidenschaftslosigkeit in Auffassung und Schreibweise, oft auch wegen ihrer Ausführlichkeit. Ohne tief einzudringen, zeigt der Autor doch eine verständige, nüchterne Art, sich die Probleme zurechtzulegen; seine Vaterlandsliebe leuchtet immer durch. Dieser Teil seiner Schriftstellerei wird ihn jedoch kaum überleben und wohl nur von Forschern über die Geschichte seiner Zeit zu Rate gezogen werden, selten von Politikern und Publizisten.

Seine zahlreichen Ämter und Ehrenstellen versah Helfert mit gewissenhaftem Ernst. Das ist auch durch Jahrzehnte der von ihm geleiteten „Zentralkommission für Erforschung und Erhaltung der Baudenkmale" zugute gekommen, bis ihn sein hohes Alter verhinderte, deren umfassenden Aufgaben in allen Teilen zu folgen. In der langen Zeit seiner Präsidentschaft (1863 bis 1910) fallen — ich folge hier der Aufzählung in dem Nachrufe Josef Hirns — die Aktionen zur Restaurierung von Österreichs berühmten Denkmälern: Stefansdom, Veitsdom, Triester Dom, Stiftskirche Klosterneuburg, Kreuzgang in Brixen und Millstatt, Burg Karlstein usw., ferner die Ausgrabungen auf den alten römischen Kulturstätten Aquileja, Brigantium, Carnuntum, Pötovio und in erster Linie des berühmten Kaiserpalastes in Spalato. „Unter seiner redaktionellen Oberleitung," fährt Hirn fort, „erschienen durch fast fünfzig Jahre die großen, gehaltreichen Schriftenserien der Zentralkommission: Jahrbücher, Mitteilungen, Archivberichte u. dgl. In die Diskussion über die wichtigsten, in die Denkmalpflege einschlägigen Fragen griff er ein mit seinen Abhandlungen über „Staatliche Fürsorge für Denkmale der Kunst und des Altertums", über „Österreichische Kunsttopographie", über „Staatliches Archivwesen", über „Öffentliche Obsorge für Gegenstände der Kunst und des Altertums nach dem neuesten Staude der Gesetzgebung in den verschiedenen Kulturstaaten", über „Die Herstellung des Riesentores von St. Stefan und die Wiener Sezession", in seinem mit dem witzigen Titel versehenen Buche „Eine Geschichte von Toren" und in seiner Festschrift anläßlich des fünfzigjährigen Wirkens der Zentralkommission. Denselben hohen Zielen dienten seine Darlegung über die „Aktion des Herrenhauses in Angelegenheit des staatlichen Archivwesens" und seine im Herrenhause eingebrachten Gesetzentwürfe, betreffend den „Schutz der Baudenkmale und den Schutz des Diokletianischen Palastes".

Viel verdankt ihm die Wiener Leo-Gesellschaft, die sich zum Mittelpunkte des wissenschaftlichen Lebens unter den gläubigen Katholiken Wiens entwickelt hat. Er war einer ihrer Gründer und seit 1892 bis zu seinem Tode ihr erster Präsident. Daß er in der Gesellschaft nicht zu den Eiferern, sondern zu den vermittelnden Persönlichkeiten gehörte, geht aus dem Nachruf hervor, der im Tätigkeitsbericht des Vereinsvorstandes für das Jahr 1910 dem verdienten Präsidenten gewidmet ist. Es heißt dort u. a.: „Sein weitgespannter Blick und sein versöhnlicher Geist waltete bei der Leitung ihrer Geschäfte mit Sachkenntnis und mit jener Milde, die auch Widerstrebende gewinnt ... Helfert war kein stürmischer Vorwärtsdränger, ihm lag besser die ruhig, aber rastlos voranstrebende Arbeit, die an Erfolgen fast weniger wie an der Arbeit selbst sich erfreut: das war auch der Sinn, wie er seine leitende Tätigkeit hier wie anderwärts erfaßte und ausübte."

Die eigentlichen Ultramontanen können an seiner Auffassung des Verhältnisses von Staat und Kirche, wie sie oben geschildert ist, nicht Gefallen gefunden haben. Seine unabhängige Gesinnung geht auch aus dem Aufsatze hervor, den er im Jahre vor seinem Tode dem Philosophen Bernard Bolzano widmete (in den Publikationen der Böhmischen Gesellschaft der Wissenschaften 1909). Hier stellt er aus den Akten die eigentliche Ursache der Verfolgung Bolzanos, des edlen katholischen Priesters und Professors an der Prager Universität, fest. Bolzano zog sich den Unwillen des Pfarrers an der Wiener Burgkapelle Frint zu, weil er sich in seinen Vorlesungen über Religionsphilosophie nicht an das Lehrbuch Frints hielt und, darob zur Rechenschaft gezogen, an diesem Buche freimütige Kritik übte. Vergebens war die Fürsprache des Erzbischofs von Prag und anderer sonst maßgebender Persönlichkeiten, die für die Rechtgläubigkeit und Frömmigkeit Bolzanos einstanden. Frint, der Gewissensrat des Kaisers Franz, bestimmte diesen zur Absetzung Bolzanos, dem auch verboten wurde, irgend etwas drucken zu lassen. Daß gerade Helfert all dies aktenmäßig belegte, daß er ein Urteil abgab, dem jeder Feind staatlichen und kirchlichen Despotismus beistimmen wird, gereichte dem neunundachtzigjährigen Greise zu hoher Ehre.

Helfert starb fast neunzigjährig nach einer Krankheit von wenigen Tagen; seine Rüstigkeit bis ins höchste Alter war ebenso bewunderungswürdig wie seine Arbeitslust. Sah man ihn in öffentlichen Bibliotheken oder in Archiven arbeiten, so bot er das Bild geistiger Sammlung und der Hingabe an die Sache. Seine Beweglichkeit in Rede und Gebärden tat der Würde seines Auftretens keinen Eintrag. In den konservativen und klerikalen Kreisen genoß er die höchste Verehrung, aber auch seine politischen Gegner, mit denen er in früheren Jahren oft zusammengeraten war, waren in der ehrenden Anerkennung seines Charakters, zu dessen Zierden Bescheidenheit gehörte, durchaus einig. Bemerkenswert war auch das Wohlwollen und die selbstlose Unterstützung, die er den historischen Arbeiten von Männern zuwendete, die ganz anderen Anschauungen huldigten als er; die meisten der österreichischen Forscher über die Geschichte des

19. Jahrhunderts sind ihm zum Danke verpflichtet. Auch war er in der literarischen Polemik nie verletzend, stets überwogen die sachlichen Gesichtspunkte. Sein Gebiet war die Detailforschung, immer leitete ihn strenge Wahrheitsliebe. Was der Wirkung seiner Bücher im Wege stand, das war ihre Ausführlichkeit, die Überladung mit Einzelheiten, von denen er keine unter den Tisch fallen zu lassen sich entschließen konnte. Das war zu bedauern, da er doch einen lebhaften Stil schrieb, auch gut charakterisierte; er war pedantisch nur in der Stoffüberfülle, nicht etwa in der Form der Darstellung. Er nimmt in der Geschichte der deutschen Historiographie eine bescheidene Stelle ein, dagegen einen bemerkenswerten Platz in der österreichischen Kulturgeschichte seiner Zeit. Bezeichnend für ihn ist seine hohe Schätzung der Bedeutung der Märzrevolution von 1848, aber auch seine strenge Verurteilung der Ausschreitungen, zu denen es seit dem Sommer dieses Jahres kam. Sobald die Bewegung an Thron und Altar rührte, wurde sie ihm widerwärtig. Seine Freunde nannten ihn einen „Patriarchen" der Revolution, sein Herz gehörte jedoch den Bändigern dieser Erhebung.

Helfert hat in dem Aufsatze „Im Elternhause" (Wiener Zeitschrift „Die Kultur", Jahrgang 1906, S. 451—465) seine Knabenzeit geschildert und seinem Vater in Klars Jahrbuch „Libussa" (Prag 1856) eine Biographie gewidmet. — Seine „Erlebnisse und Erinnerungen" („Die Kultur", Jahrgänge 1900—1905) umfassen die Zeit vom Oktober 1848 bis Ende 1850. — Daneben enthalten alle seine Bücher über die Wiener Revolution auch Beiträge zu seiner eigenen Wirksamkeit, besonders der dritte Band der „Geschichte Österreichs vom Ausgange der Oktoberrevolution". Endlich ist das von ihm herausgegebene Heft mit den Daten aus seinem Leben zu erwähnen „Sechzig Jahre im Staatsdienst und in der Literatur 1841/42—1901/02. Als Manuskript für Freunde".

Der Österreichische Volksschriftenvereiu gab in seiner „Bücherei als erstes Heft heraus „Dem Andenken Helferts" (Brixen 1911,

Tyrolia). Darin besonders „Helferts Wirken und Schaffen" von Hofrat Universitätsprofessor Dr. Josef Hirn. — Der knappe, Helfert in der Leo-Gesellschaft gehaltene Nachruf findet sich in der „Kultur", Anhang zum Jahrgang 1911.

Helfert hat bei Lebzeiten Vorsorge für seinen literarischen Nachlaß getroffen. Auf seine Bitte gestattete Kaiser Franz Josef, daß Helferts Papiere nach seinem Tode der kaiserlichen Fideikommiß-Bibliothek zur Aufbewahrung übergeben werden sollten, was auch geschehen ist. Gemäß seiner Verfügung darf der handschriftliche Nachlaß erst zehn Jahre nach seinem Tode der Benutzung zugänglich gemacht werden. Er enthält unter anderem seine Tagebücher und seine sorgfältig aufbewahrte Korrespondenz, so daß daraus wichtige Beiträge zur österreichischen Geschichte seiner Zeit zu erwarten sind.

Wilhelm Alter und seine Enthüllungen über den Krieg von 1866

(Veröffentlicht 1913)[1])

In der Nacht zum 17. Januar 1913 gab sich der Wiener Schriftsteller Wilhelm Alter in Salzburg selbst den Tod, in hinterlassenen Briefen Furcht vor Wahnsinn als Beweggrund seiner Tat bezeichnend. Er war etwa sechsunddreißig Jahre alt und hatte sich in den letzten Jahren durch eine Reihe aufsehenerregender Veröffentlichungen auf historischem Gebiete bemerkbar gemacht. Die erste war der von der „Deutschen Rundschau" im Oktober 1910 gebrachte Aufsatz: „Deutschlands Einigung und die österreichische Politik". Dann folgten die in derselben Zeitschrift veröffentlichten Arbeiten: „Feldzeugmeister Benedek im Feldzug von 1866" (Januar 1911) und endlich: „Die auswärtige Politik der ungarischen Revolution 1848/49"; die letzte dieser Publikationen erschien darauf auch selbständig als Buch (Berlin, Gebrüder Paetel, 1912). Alle diese Arbeiten sind gewandt geschrieben, sprachen für des Verfassers gute historische Kenntnisse, vor allem aber wirkten sie durch die Aufschließung von ganz neuen historischen Quellen. Insbesondere erhob der Aufsatz über Benedek den Anspruch, die bisherige Geschichtsdarstellung von Grund aus umzukehren. Danach wären die Niederlagen Österreichs 1866 auf ein Ränkespiel schlimmster Art zurückzuführen, wobei die Drähte von der Wiener Hofburg aus gelenkt worden und Benedeks höchste

---

[1]) Dieser Aufsatz wurde zuerst im Anhange zum zweiten Bande des „Kampfes um die Vorherrschaft" veröffentlicht und zwar in der neunten, hierauf auch in der zehnten Auflage. Da er somit in den ersten acht Auflagen nicht enthalten ist, wird er hier wieder abgedruckt.

militärische Gehilfen die verräterischen Werkzeuge gewesen wären. Das Aufsehen wuchs, als der junge Schriftsteller gleichzeitig mit dem erwähnten Buche über die ungarische Revolution von 1849 auch mit einem umfangreichen Werke unter dem Titel: „Feldzeugmeister Benedek und der Feldzug der k. k. Nordarmee 1866" hervortrat. Diese Arbeit berief sich auf Dokumente, die bloß Alter zugänglich gewesen sein sollen (das Tagebuch des Feldmarschalleutnants Tegetthoff, des Bruders des Admirals, Briefe von Generalen und Staatsmännern aus dem Jahre 1866), sowie auf Mitteilungen eines hochgestellten alten Offiziers. In diesem Werke werden die geheimsten Dinge enthüllt, vor allem die Gespräche, die Kaiser Franz Josef und Erzherzog Albrecht mit Benedek geführt hätten. Seitenlang gehen auch die Berichte über die Reden, die Benedek und andere Generale bei den militärischen Beratungen im März 1866 gehalten haben sollen; Tag für Tag, fast Stunde für Stunde werden alle Erörterungen und ergreifenden Zusammenstöße Benedeks mit seinem Generalstabschef Freiherrn von Henikstein und mit dem Chef seiner Operationskanzlei General Krismanič (26. Juni bis 1. Juli 1866) erzählt. Das Buch erregte allgemeine Aufmerksamkeit, und wiewohl sich auch warnende Stimmen erhoben, wurde Alter, zumal in reichsdeutschen Blättern, Lob und Dank für den von ihm gewährten Einblick in die bisher ängstlich gehüteten Geheimnisse gezollt. Neben Benedek erschien, wie Hagen neben Siegfried, der in der Wiener Hofburg waltende Lügengeist, der allein den edlen Helden zu Falle gebracht hätte. So urteilt ein Aufsatz im „März" vom 28. Dezember 1912, wo Kaiser Franz Josef des häßlichsten Vorgehens gegen Benedek angeklagt wurde.

Aber die Quellen für diese wunderbaren Enthüllungen — waren sie echt? Hielten die Angaben Alters einer näheren Prüfung stand?

Darüber sollen die folgenden Feststellungen Aufschluß geben. Hierbei wird die punktweise Anordnung gewählt, um die Tatsachen durch sich selbst sprechen zu lassen. Diese Form der Darstellung erleichtert dem Leser auch das selbständige Urteil.

1. Als Alter dem Herausgeber der „Deutschen Rundschau", Herrn Dr. Julius Rodenberg, im Herbst 1910 seinen Aufsatz über den Feldzug von 1866 übersendete, suchte er die von ihm gebrachte Darstellung dadurch glaubhaft zu machen, daß er behauptete, ihm wären Aufzeichnungen eines Adjutanten Benedeks, des späteren Feldmarschalleutnants Eugen von Müller, vorgelegen. Er habe sie von dessen Sohn, einem Beamten in hoher Stellung, erhalten, dessen Name jedoch, um eben diese Stellung nicht zu gefährden, geheim gehalten werden müsse. So wurde mir von Dr. Rodenberg zwei Jahre später in einem am 24. Januar 1913 geschriebenen Briefe mitgeteilt. Damit nun schien über den Krieg von 1866 eine Quelle allerersten Ranges aufgedeckt. Denn Eugen Müller (der später geadelt wurde und 1891 starb) war aus dem Adjutanten Benedeks dessen nächster Freund geworden, vor dem der Feldzeugmeister keine Geheimnisse kannte und dem er auch in seinem Testament die Sichtung seiner Papiere anvertraute. Eugen von Müller bewahrte dem Auftrage Benedeks gemäß stets tiefes Schweigen über dessen Verhältnis zu Kaiser Franz Josef und zu Erzherzog Albrecht; jetzt aber hätte er aus dem Grabe heraus Zeugnis abgelegt. — Nun aber erwies sich die Angabe Alters später als Erdichtung. Nicht bloß, daß er sie selbst, wie sich zeigen wird, fallen ließ; auch der Sohn Eugen Müllers hat die Angabe Alters bestimmt in Abrede gestellt. Er veröffentlichte in der „Neuen Freien Presse" und in der „Zeit" vom 31. Januar 1913 ein Schreiben, dessen wichtigste Sätze lauten:

„Der Name Wilhelm Alter ist mir erst durch den ‚Feldzeugmeister Benedek im Feldzug 1866' betitelten Aufsatz der von J. Rodenberg herausgegebenen ‚Deutschen Rundschau' (Januarheft 1911) bekannt geworden. Ich habe Herrn Wilhelm Alter weder vorher noch auch nachher persönlich gekannt und auch niemals mit ihm einen, sei es mündlichen, sei es brieflichen, unmittelbaren oder auch nur mittelbaren Verkehr gehabt. Ich habe Herrn Wilhelm Alter weder ein Tagebuch, noch tagebuchartige oder irgendwelche andere Aufzeichnungen anvertraut, besitze auch nichts dergleichen, habe niemals derartiges besessen, und es ist mir auch völlig unbekannt und gänzlich unglaubhaft, daß derartige, auf meinen Vater zurückgehende Aufzeichnungen überhaupt existieren. ...

Hochachtungsvoll

Dr. phil. Eugen Freiherr von Müller,

Praktikant an der k. k. Universitätsbibliothek Wien."

2. Nach dem Erscheinen des Benedek-Aufsatzes in der „Deutschen Rundschau" schickte mir Alter einen Sonderabdruck. Ich kannte den Verfasser nicht und erfuhr erst jetzt, daß er Redakteur der „Wiener Allgemeinen Zeitung" war. Ich dankte für den Empfang und lud ihn ein, mich zu besuchen. Bevor dies geschah, pflog ich Rücksprache mit dem Grafen Friedrich von Beck, der von 1881 ab bis vor wenigen Jahren Generalstabschef der österreichisch-ungarischen Armee war und im Aufsatze Alters eine hervorstechende Rolle spielte. Danach wäre Beck es gewesen, der — als Flügeladjutant des Kaisers am 1. Juli 1866 im Hauptquartier Benedeks eingetroffen — die schmählichen Ränke der Generale Henikstein und Krismanič und so die Ursachen der Niederlagen der österreichischen Armee aufgedeckt hätte. Auf meine Anfrage nun erklärte mir Graf von Beck, daß alle ihn betreffenden Enthüllungen Alters Erfindungen sind. Nie habe er die Generale Henikstein und Krismanič verhört, niemals etwas von ihrem verräterischen Treiben gegen Benedek erfahren, nie der (von Alter dramatisch geschilderten) Szene beigewohnt, bei der Benedek die beiden Generale niederzuschlagen drohte. Diese Aussage des Grafen von Beck wurde von mir schriftlich zur Kenntnis Wilhelm Alters gebracht. Darauf erhielt ich von ihm einen vom 13. Jannar 1911 datierten Brief, in welchem er mir zunächst für meine Einladung dankte, der er in einem späteren Zeitpunkt Folge leisten werde, da er jetzt als Berichterstatter seines Blattes nach Budapest reisen müsse. Dann fuhr er, meine Warnung kurz abweisend, fort:

„Übrigens überrascht mich der Widerspruch des Grafen Beck nicht. Ich habe Grund zu der sicheren Annahme, daß die im Druck befindlichen Tagebücher des verstorbenen Königs von Sachsen manche Angabe meiner Quelle bestätigen und abweichende Ausführungen des Grafen Beck vielleicht nicht unerheblich dementieren werden."

Wieso Alter von dem Inhalte der Tagebücher des Königs von Sachsen etwas wußte — die übrigens auch später nicht im Druck erschienen sind — war ebenso rätselhaft wie das übrige.

3. Einige Zeit später (es wird im März 1911 gewesen sein) erhielt ich den angekündigten Besuch Alters. Ich sprach unverhohlen meine Bedenken gegen die Echtheit seiner Quelle aus und fragte ihn, ob er mir seine Gewährsmänner für die Aufsätze über Österreichs Politik 1870 und über Benedek nennen könnte. Er erwiderte: Nur für den ersten: die Briefe Beusts, die er verwertet und teilweise wörtlich zitiert hatte, seien ihm von dem Wiener Advokaten Dr. Neumann zur Benutzung anvertraut worden, dem Sohne des Rechtsanwalts des Grafen Beust. Dagegen müsse er in bezug auf die Aufzeichnungen aus dem Hauptquartier Benedeks Schweigen bewahren; er habe darüber eine bindende Zusage gemacht. Als ich die naheliegende Frage stellte, ob Alter etwa aus den Papieren des vertrauten Freundes Benedeks, Eugen von Müller, geschöpft habe, erwiderte er verneinend; nicht Müller sei sein Gewährsmann. Ich war damals übrigens noch nicht in Kenntnis des Umstandes, daß Alter dem Herausgeber der „Deutschen Rundschau" gerade Müllers Aufzeichnungen als Quelle angegeben hatte. Unsere Unterredung verlief übrigens sachlich und in einwandfreien Formen; sie endigte mit der Zusage Alters, er werde mir das Geheimnis sofort enthüllen, sobald er der Pflicht der Diskretion entbunden sei.

4. Noch im Jahre 1911 ließ der Direktor des k. u. k. Kriegsarchivs in Wien, General der Infanterie E. von Woinovich, eine Schrift als Manuskript, also nicht für den Buchhandel, drucken: „Benedek und sein Hauptquartier im Feldzuge 1866" (Wien 1911). Darin ist aus den Akten des Kriegsarchivs der Nachweis geführt, daß zahlreiche Angaben in dem Aufsatze Alters den Tatsachen widersprechen. Mitteilungen dieser Art könnten unmöglich von einem Kampfgenossen und Vertrauten Benedeks herrühren. Auch Hans Delbrück sprach in den „Preußischen Jahrbüchern" ähnliche Zweifel aus.

5. Unterdessen hatte Alter für das von ihm geplante größere Werk über den Krieg von 1866 einen Verleger gefunden, und zwar die Buchhandlung Gebrüder Paetel in Berlin, bei der auch die „Deutsche Rundschau" erscheint. Um sich dieses Verlages zu versichern, schrieb Alter an dessen Chef, Herrn Dr. Georg Paetel, einen Brief, von dessen Inhalt mich dieser später, am 25. Januar 1913, in Kenntnis setzte. Danach, so teilte mir Dr. Paetel mit, hatte ihm Alter am 3. November 1911 geschrieben, „daß er das in seinen Händen befindliche Tagebuch, das dereinst im Wortlaut als Memoirenwerk veröffentlicht werden sollte, an der Hand der Feldakten des Kriegsministeriums, der Akten des Auswärtigen Amtes und der gesamten Literatur nochmals genau kontrolliert habe, und er nehme nur jene Angaben in sein Werk auf, für die sich in aktenmäßiger Weise zum mindesten der Wahrscheinlichkeitsbeweis erbringen ließe. Gleichzeitig beschwerte er sich über die Hindernisse aller Art, die ihm nach dem Erscheinen des ersten Benedek-Artikels in der ‚Deutschen Rundschau' bei der Benutzung der Archive des Kriegsministeriums und des Auswärtigen Amtes in den Weg gelegt wurden und die ihm die Arbeit in jeder nur möglichen und denkbaren Weise erschwerten". So weit Dr. G. Paetel.

Infolge dieser Angaben Alters kam auch der Vertrag mit dem Verlag Gebrüder Paetel zustande. Nun aber stellte sich später heraus, daß Alter auch in diesem Punkte die Unwahrheit schrieb. Im Wiener Kriegsarchiv wurde 1913 amtlich erhoben, daß Wilhelm Alter dort niemals Forschungen angestellt hatte, und von dessen Direktor wurde weiter beim Wiener Staatsarchiv Nachfrage gehalten. Auch hier erfolgte die formelle Auskunft, daß Alter nie in die das Jahr 1866 betreffenden Akten Einblick erhalten hatte. So bekundet ein an mich gerichteter Brief des Generals von Woinovich vom 14. Februar 1913. Es ist also eine Erdichtung, daß Alter die Angaben des „Tagebuchs" mit den Akten verglichen habe, Erdichtung natürlich auch, daß ihm nach dem Erscheinen des ersten Benedek-Artikels in den beiden genannten Archiven Schwierigkeiten gemacht wurden.

6. Im Sommer 1912 erhielt ich von dem Verleger des „Kampfes um die Vorherrschaft in Deutschland" die Mitteilung,

eine neue Auflage des Werkes (es war die neunte) sei notwendig geworden. Ich ging an die Arbeit und benutzte ebenso wie für die früheren Ausgaben die inzwischen erschienenen historischen Arbeiten. Dazu gehörte auch der Aufsatz Alters. Ich hatte allen Grund, ihn für bedenklich zu halten; aber es war notwendig, Alter nochmals um Auskunft zu ersuchen, zumal da bekannt geworden war, in Bälde werde sein angekündigtes zusammenfassendes Werk über Benedek erscheinen. Ich schrieb ihm also, ob er jetzt in der Lage wäre, mir seinen Gewährsmann zu nennen. Darauf erhielt ich einen vom 29. Juli 1912 datierten Brief, in dem es unter anderem heißt:

„Infolge geänderter Umstände bin ich jetzt in der angenehmen Lage, der Öffentlichkeit den Namen des Autors des von mir benutzten Tagebuches, den ich Ihnen bei unserer seinerzeitigen Unterredung vorenthalten mußte, bekanntzugeben. Es ist das der 1881 verstorbene Feldmarschalleutnant Karl von Tegetthoff, 1866 als Oberst Chef des Evidenzbureaus der Nordarmee. Die im Feldzuge selbst aufgezeichnete erste Handschrift des Tagebuches ging nach dem Selbstmorde des Verfassers in den Besitz des Erzherzogs Albrecht über, ebenso wie die im Besitze des Feldmarschalleutnants von Tegetthoff befindlichen Aufzeichnungen des Admirals Tegetthoff, über deren spurloses Verschwinden Bettelheim in der letzten Nummer der „Österreichischen Rundschau" spricht. Ich benutzte die zweite, aus dem Jahre 1872 stammende Niederschrift, die eine ziemlich eingehende Darstellung des Feldzuges liefert und, da sie an einigen Stellen gegen das Generalstabswerk polemisiert, vermutlich zur Drucklegung bestimmt war. Das Heft hatte Feldmarschalleutnant von Tegetthoff vor Antritt jener Reise, auf der er Selbstmord beging, meinem nun verstorbenen, mit ihm eng befreundeten Vater übergeben, mit dem gemeinsam er durch fast zehn Jahre an der Konstruktion eines Repetiergewehres und eines Schnellfeuergeschützes arbeitete. Es befindet sich jetzt als Erbstück im Besitze meines ältesten Bruders."

Dies war eine wichtige Mitteilung. Karl von Tegetthoff war als Chef des Kundschaftsbureaus in der Lage, vieles aus dem innern Getriebe des Hauptquartiers zu wissen. Neu war allerdings, daß er zu den engsten Vertrauten Benedeks gehört hätte. Nun hegte ich die Absicht, gleich im ersten Bande der 9. Auflage in einem kritischen Exkurse zu begründen, weshalb ich die Enthüllungen des Aufsatzes Alters ablehnen zu sollen glaubte. Dies mußte jetzt unterlassen werden, bis das Buch vorlag und Tegetthoff als Gewährsmann selbst das Wort ergriff. Da aber der erste Baud der neuen Auflage schon im Herbst 1912 erscheinen mußte, begnügte ich mich, darin (in den Anmerkungen auf Seite 174 und 481) kurz festzustellen, daß ich den Aufsatz Alters auf Grund der von General von Woincvich erhobenen Bedenken nicht zu benutzen in der Lage war. Das Endurteil behielt ich mir — bis nach dem Erscheinen des Werkes Alters — für den zweiten Band vor.

Übrigens enthielt der Brief Alters wieder eine Angabe, die Zweifel erregen mußte. Er bezog sich nämlich auf einen Aufsatz Anton Bettelheims in der „Österreichischen Rundschau" vom 15. Juli 1912: „Beiträge zur Biographie Tegetthoffs" (des Admirals), in welchem auf die bedauerliche Tatsache hingewiesen war, daß nicht festzustellen sei, wo sich der Nachlaß des Siegers von Lissa befinde. Alter, der sich der Kenntnis von so viel Geheimem rühmte, wußte auch hier Auskunft zu geben: die Aufzeichnungen beider Brüder Tegetthoffs wären in den Besitz des Erzherzogs Albrecht gekommen. Das war so interessant, daß die Direktion des Kriegsarchivs sofort Erkundigungen im Archiv des Erzherzogs Friedrich, des Neffen und Erben Albrechts, einzog, ob daselbst wirklich ein Tagebuch Karls von Tegetthoff aus dem Jahre 1866 liege. Aber obwohl Erzherzog Friedrich, der von dem Aufsatze Alters Kenntnis hatte, aus Interesse an der Angelegenheit den Auftrag gab, genaue Nachforschungen zu pflegen, faud sich von einem Schriftstück dieser Art nichts in seinem Archiv vor. Dies wurde mir damals auch bekanntgegeben.

7. Schon als die Aufsätze Alters in der „Deutschen Ruudschau" erschienen, aus welchen seine Schrift über 1848/49 entstand, war in den einleitenden Sätzen behauptet, der Stoff zu der Darstellung sei zum Teil den englischen Staatsakten entnommen, aus denen ihm sein Freund, Dr. Rudolf Wirther, Auszüge besorgt hätte. Nun ergab eine Erkundigung in London,

daß ein Herr dieses Namens weder von der österreichisch-ungarischen, noch von der deutschen Botschaft eine Einführung bei einer englischen Archivverwaltung erhalten hatte — und ohne eine solche Einführung seitens einer Gesandtschaft wird in England einem Fremden die Benutzung eines Staatsarchivs nicht gestattet. — Ob ein Geschichtsforscher namens Dr. Wirther sich wirklich in London aufgehalten hat, konnte nicht festgestellt werden. Trotz mehrfacher Anfragen war nichts über ihn zu erfahren, weder in Wien oder Prag, wo Alter die Universität besucht hatte, noch in London; auch findet sich sein Name weder in Kürschners noch in einem anderen Schriftstellerlexikon, auch nicht in den Jahresberichten für Geschichtswissenschaft oder im Hinrichsschen Katalog. Ebensowenig ist er den Studiengenossen Alters bekannt, die um Auskunft ersucht wurden.

8. Noch ist, wenn auch nur kurz, der im Oktober 1910 in der „Deutschen Rundschau“ erschienene Aufsatz Alters: „Deutschlands Einigung und die österreichische Politik“ zu besprechen, für welchen der Verfasser Briefe Beusts an die österreichischen Diplomaten Metternich, Apponyi und Vitzthum benutzt haben wollte. Es ist bereits (unter Punkt 3) erwähnt, daß Alter mir Anfangs 1911 auf die Frage, woher ihm die Korrespondenz Beusts bekannt wäre, antwortete, er habe sie von dem Wiener Rechtsanwalt Dr. Neumann erhalten, dem Sohne des Advokaten Beusts. Mit Dr. Neumann befände er sich in Verbindung, weil dieser Verwaltungsrat der Elbemühl-Gesellschaft sei, der Unternehmung, welcher auch die „Wiener Allgemeine Zeitung“ gehört, in der Wilhelm Alter beschäftigt war. Als ich mich nun nach dem Tode Alters vergewissern wollte, welche Bewandtnis es mit diesem Gewährsmanne habe, schrieb ich an den Hof- und Gerichtsadvokaten Dr. Eduard Neumann, von dem mir gesagt wurde, er gehöre der Leitung der Elbemühl-Gesellschaft an. Von ihm erhielt ich die Auskunft, er sei wohl nicht Verwaltungsrat, aber Rechtskonsulent der Gesellschaft. Doch habe er Alter niemals historische Dokumente, auch nicht Briefe Beusts anvertraut; sein Vater sei übrigens nicht Advokat, sondern Kaufmann gewesen. Da es nun einen zweiten Advokaten desselben Namens in Wien gibt, den Reichsratsabgeordneten Dr. Wilhelm Neumann, legte

ich ihm dieselbe Frage vor, und auch er wußte nichts von der Sache; er habe Alter nicht persönlich gekannt; sein Vater, so schrieb er weiter, sei zwar Advokat gewesen, aber nicht der Beusts.

9. Im Herbst 1912 erschien das von mir mit Spannung erwartete Werk Alters über den Krieg von 1866. Es konnte von mir nicht mehr hinausgeschoben werden, zu seinen Enthüllungen Stellung zu nehmen, da ich, wie erwähnt, in der neuen Auflage des „Kampfes um die Vorherrschaft" (Band II) seine Darstellung benutzen oder aber begründen mußte, warum sie unglaubwürdig ist. Von den im vorhergehenden aufgezählten Aufklärungen über die Arbeitsmethode Alters war mir zu jener Zeit nur ein kleiner Teil bekannt, aber schon das Gehörte berechtigte zu großem Mißtrauen. Außerdem aber überraschte mich der Widerspruch zwischen seinem an mich am 29. Juli 1912 gerichteten Schreiben und der vom August desselben Jahres datierten Vorrede seines Werkes. Mir hatte Alter geschrieben, daß er nur eine Überarbeitung des Tagebuches Tegetthoffs benutzt hätte, in der Vorrede aber und in zahlreichen Anmerkungen des Buches war das Tagebuch selbst als Quelle genannt. Der Brief sagte, das von Alter benutzte Heft wäre zuerst das Eigentum seines Vaters gewesen (der schon 1897 mit dem Tode abgegangen war) und jetzt das seines ältesten Bruders — die Vorrede dagegen, daß der frühere Besitzer Anfang 1912 gestorben wäre. Aus all dem zog ich den Schluß auf die Unzuverlässigkeit Alters, und da sein Buch bei genauer Prüfung eine Fülle von Unmöglichkeiten enthielt, arbeitete ich den kritischen Aufsatz für den zweiten Band der neuen Auflage endgültig aus. Mit dem Herausgeber der „Österreichischen Rundschau", Regierungsrat Dr. Glossy, kam ich überein, daß die Rezension am 1. Januar 1913 auch in dieser Zeitschrift erscheinen sollte. Sie wurde sofort in Satz gelegt. Die Veröffentlichung war dringend geworden, da eine große Anzahl von Rezensionen das Buch Alters als eine der wichtigsten Enthüllungen über die neueste österreichische Geschichte begrüßte und da das Unwahrscheinlichste daran als historische Wahrheit verbreitet und kommentiert wurde. Das Buch war so gewandt, stellenweise so packend geschrieben, daß sich auch unterrichtete Leser

gewinnen ließen. Unverkennbar war die Begabung des Verfassers und seine große Kenntnis der einschlägigen Literatur. Doch konnte mein Urteil über die Natur seiner Quellen dadurch ebensowenig beeinflußt werden wie durch das mir in dem Buche überreich gespendete Lob.

10. Bevor meine Rezension in der „Österreichischen Rundschau“ erschien, trat ein Zwischenfall ein, mit dem die verhängnisvolle Wendung im Leben Alters anhebt. Mitte Dezember 1912 erhielt ich den Besuch des Herrn Dr. Julius Szeps, des Chefredakteurs des „Wiener Fremdenblatt“ und der „Wiener Allgemeinen Zeitung“. Bei dieser Gelegenheit bat ich Dr. Szeps, Wilhelm Alter mitzuteilen, daß eine sein Buch ablehnende Rezension von mir im nächsten Heft der „Österreichischen Rundschau“ erscheinen werde; es würde sonst den Anschein erweckt haben, als ob ich ihn unversehens angreifen wollte. Chefredakteur Szeps verständigte also Alter von meiner Absicht, worauf dieser mich schriftlich um eine Unterredung ersuchte. Ich willigte ein, und sein Besuch bei mir fand am 17. Dezember 1912 statt.

Dieses Zusammentreffen — das zweite und letzte, das ich überhaupt mit Alter gehabt habe — verlief ebenso ruhig wie das frühere. Er fragte mich um meine Ansicht über sein Buch; ich sagte ihm, daß ich seinen Fleiß und seine Gewandtheit anerkennen müsse, aber ich entwickelte ihm auch alle Bedenken, die in der bereits im Bürstenabzug vor mir liegenden Rezension niedergelegt waren. Er war betroffen, gestand zu, das Tagebuch enthalte offenbare Irrtümer, meinte aber, dies wäre doch kein Grund gegen dessen Echtheit. Dann wies ich ihn auf den Widerspruch zwischen den Angaben seines am 29. Juli 1912 an mich gerichteten Briefes und dem Inhalt seiner Buchvorrede hin. Wer denn die Persönlichkeit in hoher amtlicher Stellung sei, die anfangs 1912 gestorben wäre und deren Tod ihm die Nennung des Namens Tegetthoffs ermöglicht habe? Seine Antwort war, dies sei sein Bruder Hermann gewesen, Vizesekretär im Finanzministerium, auf dessen amtliche Laufbahn er früher hatte Rücksicht nehmen müssen. Die Stelle eines Vizesekretärs, so wandte ich ein, sei doch nicht eine hohe amtliche Stellung. Darauf räumte er ein, in diesem Punkte sich aus Eitelkeit ungenau ausgedrückt zu haben.

Sonst aber beharrte er auf der Erzählung, daß das Tagebuch durch Tegetthoff selbst in seine Familie gekommen wäre, zuerst an seinen Vater, dann an seinen ältesten Bruder. Er selbst hätte es schon als Student gelesen, ohne noch zu wissen, daß es einmal von ihm einem Werke zugrunde gelegt werden würde. Ich machte ihn aufmerksam, daß über die Herkunft des Tagebuchs doch ein Zweifel möglich wäre. Ich selbst hätte mich, wie ihm bekannt war, gleichfalls einmal täuschen lassen und der Öffentlichkeit Dokumente aus einer serbischen Quelle vorgelegt, die mir von dem österreichisch-ungarischen Ministerium des Äußern zur Benutzung übergeben wurden; diese Schriftstücke hätten sich zum guten Teil als unecht erwiesen. Ob ihm nicht auch dasselbe widerfahren sein konnte? Um meine Zweifel zu zerstreuen, erklärte er sich bereit, mir das Heft mit dem Tagebuch vorzulegen, und nicht bloß dieses, sondern auch die Briefe des Feldmarschalleutnants Tegetthoff an seinen Vater. Diese Briefe werde er in den allernächsten Tagen bringen, das Tagebuch etwas später. Es befinde sich nämlich augenblicklich in Berlin bei dem Herausgeber der „Deutschen Rundschau", Dr. Julius Rodenberg, von dem er es erst zurückerbitten müsse. Dann könnte ich auch dieses Schriftstück gründlich prüfen.

Damit erklärte ich mich einverstanden und ebenso, daß meine Rezension, deren Aufnahme bereits, wie erwähnt, für das Heft der „Österreichischen Rundschau" vom 1. Januar 1913 in Aussicht genommen war, vorerst nicht erscheinen solle.

11. Es verging eine Woche, ohne daß Alter sich gezeigt oder ein Lebenszeichen von sich gegeben hätte. Die Korrektur des zweiten Bandes des „Kampfes um die Vorherrschaft" begann, und ich mußte endlich darangehen, den Text der neuen Auflage festzustellen — sei es mit Berücksichtigung, sei es unter Ablehnung der Enthüllungen Alters. So gedrängt, schrieb ich an Dr. Rodenberg nach Berlin, stellte ihm die Sachlage dar und bat ihn, das Heft mit den Aufzeichnungen Tegetthoffs Herrn Alter zurückzustellen, da ich es dringend benötigte. Mein Erstaunen war groß,

als ich ein vom 28. Dezember 1912 datiertes Schreiben Rodenbergs erhielt, das mit den Worten begann:

„In umgehender Beantwortung Ihres werten Schreibens ... beeile ich mich, Ihnen mitzuteilen, daß das Tagebuch, das Sie zu erhalten wünschen, sich weder in meinen Händen, noch in denen des Chefs der Firma Paetel befindet ... Hiernach tut es mir sehr leid, Ihnen nicht dienen zu können; unbegreiflich aber bleibt mir, wie Herr Alter Sie auf uns verweisen konnte."

Das war aber nicht alles. Um volle Klarheit zu gewinnen, wandte ich mich durch eine zuverlässige Persönlichkeit an den mir persönlich unbekannten ältesten Bruder Wilhelm Alters, der laut dessen Schreiben vom 29. Juli 1912 die Aufzeichnungen Tegetthoffs vom Vater geerbt haben sollte. Es war dies Herr Karl Alter, Oberbaurat im österreichischen Eisenbahnministerium. Ihm ließ ich die Bitte vortragen, mir Einblick in das Schriftstück zu gewähren, dessen Eigentümer er sei. Darauf erfolgte die höfliche Auskunft, er würde Herrn Dr. Friedjung gerne gefällig sein, aber er habe mit dem Tagebuch nichts zu tun. Er wisse jedoch, daß es seinem Bruder zur Benutzung überlassen worden sei, der es bereits zurückgestellt haben dürfte. Im Verlaufe des Gespräches war von einer Dame als Besitzerin des Tagebuches die Rede, der Witwe eines hochstehenden Offiziers, doch ohne daß deren Name genannt wurde.

Nnu war die lang ausgesponnene Täuschung aufgedeckt. Unwahr also, daß Tegetthoff das Tagebuch dem Vater Alters anvertraut, unwahr, daß dieser es schon als Student gelesen hatte, unwahr endlich, daß es als Erbstück das Eigentum des Oberbaurats Karl Alter geworden war.

Auffallend war allerdings, daß Alter sich mit kindlichen Ausreden behalf, wie mit der, das Schriftstück befände sich in Berlin in den Händen Rodenbergs. Wenn er noch vorgegeben hätte, es läge irgendwo in fernen Landen, wohin es gegen irgendwelche Nachstellungen gerettet werden mußte! Seine Erfindungen waren derart, daß sie bei der ersten Nachfrage aufgedeckt werden konnten. Diese Sonderbarkeit, die mir damals unerklärlich schien, wurde später in das richtige Licht gerückt, als ich nach seinem Tode erfuhr, daß er früher einmal von geistiger Erkrankung heimgesucht war. Damals aber war mir dieser Umstand unbekannt, und ich war über die Komödie der Täuschungen entrüstet. Ich schrieb ihm also am 1. Januar 1913 einen Brief, in dem ich ihm seinen Mangel an Wahrhaftigkeit vorhielt und mit den Worten schloß: „Nach alledem ist mein Glaube an die Existenz des Tagebuches als einer Geschichtsquelle auf den Nullpunkt gesunken."

12. Darauf lief von Alter ein Schreiben ein, datiert vom 3. Januar, das eine einzige demütige Bitte um Entschuldigung war und in dem von ihm wieder eine andere Angabe über die Herkunft des Tagebuches vorgebracht wurde. Dieser Brief lautet unter Weglassung der für den Sachverhalt unwichtigen Stellen folgendermaßen:

„Sehr geehrter Herr Doktor!

Ihr Schreiben vom 1. l. M., dessen Ton mich tief getroffen hat, so sehr ich auch zugestehen muß, daß Sie nach den von Ihnen gesammelten Indizien dazu durchaus berechtigt sind, veranlaßt mich zu Erklärungen, die Sie allerdings von mir nicht verlangen, die aber trotzdem entgegenzunehmen ich Sie bitte.

Es ist wahr, ich habe Ihnen gegenüber die Unwahrheit gesprochen, wie Sie sich in Ihrem Schreiben schonend ausdrücken. Aber ich bitte Sie, mich trotzdem nicht rundweg zu verurteilen, sondern meine Erklärung — von einer Verteidigung kann ja keine Rede sein, und eine solche beabsichtige ich auch gar nicht — unbefangen anhören zu wollen. Sie waren selbst journalistisch tätig, kennen die in der Wiener Journalistik herrschenden Verhältnisse und wissen, wie sehr einem hier die Mißgunst und die Intrigue der sogenannten Kollegen das Leben verbittert. Speziell ich, der ich aus der Provinz nach Wien gekommen bin und den Trust auf diese Weise gebrochen habe, hatte und habe jetzt noch meine Existenz gegen allerlei Quertreibereien hart zu verteidigen. Ob das geeignet ist, Vertrauensseligkeit zu erwecken, überlasse ich Ihrer Beurteilung ... Und weiter haben mich schmerzliche Erfahrungen gelehrt, den Einblick in mein Material fremden Personen prinzipiell zu versagen und Dritte diesbezüglich auf falsche Fährten zu leiten. Ich sehe nun ein, daß mich dieses Vorgehen Ihnen gegenüber um jeden wissenschaftlichen Kredit gebracht hat und daß ich einen schlimmeren Fehler gar nicht hätte begehen können. Aber ich habe im Leben so wenig verständnisvolles Entgegenkommen und uneigennützige Förderung erfahren, daß ich daran gewöhnt worden bin, Dritten mit Mißtrauen gegenüberzustehen. Ich sehe ein, daß dieses Mißtrauen, das ich auch Ihnen gegenüber nicht zu überwinden vermochte, für einen Mann Ihres Ranges eine Beleidigung und Kränkung ist, und ich bitte Sie deshalb um Entschuldigung. ...

Zum Meritum erlaube ich mir zu bemerken, daß die Mitteilungen, die Sie von meinem Bruder Karl empfangen haben, richtig sind, mit der Modifikation, daß das Tagebuch, an dessen Authentizität zu zweifeln ich keine Ursache habe, in mein Eigentum übergegangen ist, wobei ich auf Grund schriftlichen Vertrags die Verpflichtung übernahm, der betreffenden Dame die Hälfte des Ertrags aller auf das Tagebuch basierten schriftstellerischen Arbeiten abzutreten. Alle anderweitigen Angaben, die ich machte, sind falsch."

Zum Schlusse des Briefes bat mich Alter, Rücksicht darauf zu nehmen, daß er nach dem Geschehenen in Gefahr war, seine Stelle bei der „Wiener Allgemeinen Zeitung" zu verlieren. Er ersuchte mich deshalb um meine Verwendung bei Dr. Szeps und endigte mit den Worten: „Ausschließlich in dieser Beziehung bitte ich Sie um Schonung, sonst in keiner anderen."

13. Ich erwiderte Alter am 4. Jannar mit einem Briefe, in dem es unter anderem heißt:

„Ich bin bereit, Herrn Dr. Szeps aufzusuchen und ihm zu sagen, daß es mich schmerzlich berühren würde, wenn meine pflichtgemäßen Nachforschungen nach den Quellen Ihres Buches zu einer Schädigung Ihrer bürgerlichen Existenz führten. Meiner menschlichen Teilnahme können Sie sicher sein, wenn ich auch als Geschichtsforscher Schonung nicht üben darf. Herr Dr. Szeps ist eine wohlwollende Natur und wird auch, abgesehen von meiner Verwendung, es vermeiden wollen, Sie für Ihre Verirrung büßen zu lassen. Ich setze allerdings voraus, daß die Zeit der Mystifikationen und Decknamen vorüber ist und daß Sie den Namen der geheimnisvollen Dame nennen, von der Sie das Tagebuch erhalten haben, daß Sie ferner das betreffende Schriftstück mir oder einem Kreise bewährter Geschichtsforscher zur Prüfung vorlegen. Die Echtheit des Tagebuches ist ausgeschlossen — es ist an Ihnen, Ihre bona fides zu erweisen, wie auch, in welcher Weise Sie der Getäuschte geworden sind ..."

14. Als Antwort lief von Wilhelm Alter folgender Brief ein, den ich im Wortlaut hierher setze:

Wien, 5. Jänner 1913.

Sehr geehrter Herr Doktor!

Ihr wohlwollendes Schreiben, für das Sie meinen ergebensten Dank genehmigen wollen, habe ich soeben erhalten, und ich beeile mich, Ihnen mitzuteilen, daß ich den Weg zu meiner Rehabilitierung, beziehungsweise zum Beweis meiner bona fides, den Sie mir weisen, gehen werde. Das Spielen mit Decknamen usw. soll ein Ende haben, und ich hoffe, daß ich imstande sein werde, Ihnen nach Abschluß der ganzen Aktion gerade in die Augen zu sehen.

Ich erkläre mich also hiermit bereit, mein gesamtes Material zur sachverständigen Untersuchung vorzulegen, und zwar einem Kollegium von Historikern, dessen Zusammensetzung ich hiermit in Ihre Hände lege. Ich erkläre von vornherein, jede von Ihnen aufgestellte Liste zu akzeptieren, und äußere diesbezüglich nur den einen Wunsch, daß dem Kollegium auch ein Militärhistoriker angehören möge, da ja, wie Sie wissen, mein Buch in der militärischen Fachpresse am heftigsten angegriffen wurde.

Der Kommission werde ich folgende Dokumente vorlegen:

1. das Tagebuch nebst den in meinem Buch erwähnten Beilagen;

2. die in meinem Buch erwähnten Briefe diverser Offiziere, wie Tegetthoff, Gablenz, Lang usw.;

3. die gesamte Korrespondenz, die ich diesbezüglich mit einer Reihe von Persönlichkeiten führte, und zwar nicht nur die vollzählig in meinem Besitz befindlichen Briefe der betreffenden Personen, sondern auch, soweit sie eben noch vorhanden sind, meine an dieselben gerichteten Schreiben;

4. den von mir mit der „geheimnisvollen Dame", wie Sie sie nennen, abgeschlossenen Vertrag.

Ob ich in der Lage sein werde, auch den „hochgestellten alten Offizier", dessen Mitteilungen in meinem Buch eine große Rolle spielen, vor das Kollegium zu zitieren, kann ich heute natürlich noch nicht sagen; zum mindesten werde ich tristige Beweise seiner Existenz erbringen.

Falls Sie bezüglich des Untersuchungsmaterials noch weitere Wünsche haben, so wollen Sie mir dieselben freundlichst bekanntgeben.

Ich stelle in der ganzen Sache nur die eine Bedingung, daß das von Ihnen einzuberufende Kollegium sein Urteil in ein ausführliches schriftliches Gutachten zusammenfasse und mir das Recht — ich bemerke ausdrücklich: das Recht, nicht das ausschließliche Privilegium — der Publikation dieses Gutachtens erteile.

Das gesamte Material werde ich Ihnen übergeben. Dasselbe befindet sich aber — und ich hoffe, Sie werden das nicht wieder als ein „Spiel mit Decknamen" auffassen — nicht vollständig in meinem Besitz; ich brauche also Zeit zur Beschaffung der fehlenden Stücke, und ich bitte Sie, mir deshalb eine Frist von zwei bis drei Wochen zu gewähren, aber nicht weniger als zwei Wochen. Ich bitte Sie, das genaue Datum des Ablaufes dieser Frist selbst fixieren zu wollen, was für mich bindend sein wird. Selbstverständlich werde ich mich dem Kollegium auch zur persönlichen Einvernahme zur Verfügung halten, wobei nur auf meine Redaktionsstunden — $1/2$10 Uhr vormittags bis 5 Uhr nachmittags — Rücksicht genommen werden müßte.

Schließlich bitte ich Sie noch, Herrn Dr. Szeps umgehend davon Mitteilung machen zu wollen, daß ich mein gesamtes Material einem Sachverständigen-Kollegium vorlegen werde. Hätte ich das Ihnen gegenüber vor $1^1/_2$ Jahren getan, wäre mir manche bittere Lehre erspart geblieben. Ob mein Material als Geschichtsquelle bewertet werden kann, das zu entscheiden, muß ich Ihnen überlassen, aber betreffs meiner bona fides kann ich dem Urteil des Kollegiums ruhig entgegensehen.

Mit vorzüglicher Hochachtung Ihr ergebener

Wilhelm Alter.

15. Der von Alter in diesem Briefe ausgesprochene Wunsch, ich möchte seinem Chef Dr. Szeps davon Mitteilung machen, daß er sein Material einer Kommission von Historikern vorzulegen zugesagt habe, wurde von mir sofort erfüllt. Ich begab mich zu Dr. Szeps, legte ihm die Sache dar und bat ihn, so lange nichts in der Angelegenheit zu tun, bis die Kommission ihr Votum abgegeben habe; hoffentlich werde sie entscheiden können, daß Alter selbst einer Täuschung zum Opfer gefallen sei. Dr. Szeps stimmte mir bei, um so mehr, als er von Alter als dem Redakteur seines Blattes nur Gutes melden konnte, seine Umsicht und Sorgsamkeit lobend hervorhob und sein Erstaunen darüber ausdrückte, daß der anscheinend besonnene junge Mann sich in seinen Angaben über das Tagebuch so weit verirren konnte.

Wenn ich mich bei Dr. Szeps verwendete, so geschah dies aus den in meinem Briefe vom 4. Januar angegebenen Gründen persönlicher Natur, nicht aber, weil ich der neuen Angabe Alters bezüglich des Tagebuchs größeren Glauben beimaß. Immer mehr bestärkte sich in mir die Annahme, das Tagebuch und wohl auch die anderen Dokumente würden niemals zum Vorschein kommen. Denn Alter, so äußerte ich mich schon damals Freunden gegenüber, hatte doch das stärkste Interesse daran, nicht erst zwei bis drei Wochen mit der Vorlage seiner Dokumente zu warten; er mußte den Verdacht der Fälschung dadurch zerstreuen, daß er entweder mir, oder, wenn er mir mißtraute, seinem Chefredakteur oder sonst Freunden alles, was sich in seinen Händen an Dokumenten befand, unverweilt vorlegte. Dazu hätte er seit seiner mir am 17. Dezember erteilten Zusage reichlich Zeit gehabt.

Ich schrieb ihm also am 10. Januar, daß meine Rezension am 15. Januar in der „Österreichischen Rundschau“ erscheinen werde, und bemerkte weiter: „Ich werde einige Historiker, darunter einen Militär, ersuchen, sich mit der Sache zu befassen, und Ihnen die Namen so bald wie möglich bekanntgeben. Gleichzeitig lade ich Sie ein, das Tagebuch und die einschlägigen Schriftstücke bis zum 25. Jänner 1913 bei dem k. u. k. Kriegsarchiv (Wien, Stiftskaserne) zu deponieren. Daß Sie mir, entgegen der von Ihnen am 17. Dezember 1912 gemachten Zusage, das

Tagebuch noch nicht vorgelegt haben, macht mich immer bedenklicher ... Ihr Brief vom 5. Jänner hat den unangenehmen Eindruck Ihrer Geständnisse vom 3. Jänner noch verstärkt. Aber ich will, um die Humanität nicht zu verletzen, Ihnen ermöglichen, das zu Ihrer Rechtfertigung Dienende vorzubringen. Wiewohl, wie ich Ihnen geschrieben habe, mein Glaube an die Echtheit des Tagebuches auf den Nullpunkt gesunken ist und ich von der Wertlosigkeit Ihrer Enthüllungen überzeugt bin, wünsche ich sehr, es möge Ihnen gelingen, Ihre bona fides zu erweisen."

16. Und nun setze ich die beiden letzten Briefe, die ich vor Alters Todesfahrt nach Salzburg von ihm empfing, im Wortlaut hierher:

I.

Wien, 11. Jänner 1913.

Sehr geehrter Herr Doktor!

Gemäß Ihrer Verfügung werde ich mein gesamtes Material bis zum 25. Jänner l. J. im k. u. k. Kriegsarchiv deponieren und ich danke Ihnen sowohl für Ihre Fürsprache bei Herrn Dr. Szeps als für Ihre Bereitwilligkeit, die Untersuchungskommission einzuberufen. Wieso mein Schreiben vom 5. l. M. den unangenehmen Eindruck meines Briefes vom 3. ds. noch verstärkt hat, ist mir unklar, da ich ja darin den Weg beschritten habe, den Sie als den einzig möglichen bezeichnet haben. Sollte ich Sie dadurch verletzt haben, daß ich nicht Ihnen allein, sondern einer Kommission mein Material vorzulegen mich bereit erklärt habe, so bitte ich Sie deshalb um Entschuldigung. Es lag mir vollkommen fern, Ihnen irgendwie nahezutreten, und ich bin bereit, jedem anderen Modus, den Sie etwa vorziehen sollten, zuzustimmen.

Daß die Kommentare, welche diverse deutsche Blätter, zuletzt der „März", an meine Darstellung knüpften, willkürlich und in dieser selbst in keiner Weise begründet sind, ergibt sich aus einer unbefangenen Prüfung meiner Ausführungen, in denen ich mich nicht um eine Belastung, sondern im Gegenteil um eine Erklärung und Rechtfertigung des Kaisers bemühte.

Ich habe zwar das Recht verwirkt, Sie zu bitten, mit Ihrer endgültigen öffentlichen Verurteilung meines Buches und meiner Person bis zu dem Ergebnis der Untersuchung meines Materials zuzuwarten, aber ich bitte Sie dennoch, Ihrer Kritik die Erwähnung des Umstandes einfügen zu wollen, daß ich mein Material zur sachverständigen Begutachtung vorlegen werde.

Mit vorzüglicher Hochachtung ergebenst

Wilhelm Alter.

II.

Wien, 13. Jänner 1913.

Sehr geehrter Herr Doktor!

Hiermit erlaube ich mir mitzuteilen, daß ich morgen abends in meiner Angelegenheit eine kleine Reise antrete, von der ich Sonntag, den 19. ds., nach Wien zurückkehren werde.

Ich bringe Ihnen das zur Kenntnis, damit, falls Sie in der Zwischenzeit an mich irgendeine Mitteilung richten sollten, aus meinem Stillschweigen keine falschen Schlüsse gezogen werden.

Hochachtungsvoll ergebenst

Wilhelm Alter.

Darauf teilte ich Alter am 15. Jannar mit, daß sich außer mir folgende Herren bereit erklärt hatten, an der Kommission zur Prüfung der Dokumente teilzunehmen: General der Infanterie E. von Woinovich, Direktor des k. u. k. Kriegsarchivs, Oberst von Hoen, dann die Professoren Fournier und Přibram. Ich fügte noch hinzu, daß ich seinen Wunsch erfüllt und am Schlusse meines Aufsatzes seine Bereitwilligkeit erwähnt hatte, das Tagebuch Tegetthoffs einem Kreise von Fachmännern vorznlegen.

17. Dieser letzte Brief ist wohl nicht mehr in die Hände Alters gelangt, da er sich am Tage der Absendung bereits in Salzburg befand. An diesem 15. Januar hatte er schon den Entschluß gefaßt, seinem Leben ein Ende zu machen, und er führte ihn in der Nacht vom 16. zum 17. Januar aus. Nichts in seinen bisher an mich gerichteten Schreiben deutete dieses furchtbare Ende auch nur mit einem Worte an. Vom 15. Januar, aus Salzburg, ist

der Brief datiert, in welchem er mir seinen bevorstehenden Tod anzeigte. Abgesendet wurde dieses Schreiben laut seiner Verfügung nach seinem Tode und traf mich am 18. Januar vormittags in Wien. Der Brief besteht aus einem längeren Hauptteil und einem kürzeren Postskriptum. Durch das ganze Schriftstück weht ein glühender Haß gegen mich: dieses Gefühl wird indessen nicht von ihm auf die Vorkommnisse der letzten Wochen zurückgeführt, er habe es, so schreibt er, von dem Augenblick an gehegt, als ich ihm Anfang 1911 meine Zweifel an dem Wert seiner Enthüllungen ausgesprochen hatte. Die entscheidende Stelle dieses letzten Briefes lautet:

„Sie erinnern sich vielleicht noch unserer ersten Unterredung nach dem Erscheinen meines ersten Benedek-Artikels in der ‚Deutschen Rundschau‘; damals traten Sie mir ohne die Maske der Loyalität und des Wohlwollens gegenüber, die Sie später annahmen, damals erkannte ich in Ihnen meinen Feind, der mich als Konkurrenten haßte, damals faßte ich den Entschluß, Ihnen mein Material unter gar keinen Umständen in die Hände zu liefern. Ich wollte Sie an der Nase herumführen, um Sie, wenn Sie den vernichtenden Schlag gegen mich führen zu können glaubten, durch Publikation meines Materials bloßzustellen. In dieser Beziehung habe ich mich verrechnet, denn ich hielt Sie nicht für fähig, bei meinem Chef gegen mich zu intrigieren. In dieser Beziehung sind Sie mir überlegen. Ich räume das Feld, aber Sie sollen mein Material nicht benutzen, und ich werde Ihnen auch nicht den Gefallen tun, es im Kriegsarchiv für alle Zeiten verschwinden zu lassen. Ich habe mein Material einem meiner ehemaligen Lehrer, den ich als edlen und uneigennützigen Mann und wahren Freund kenne, übergeben, er wird meine Verteidigung übernehmen."

Im Postskriptum des Briefes teilt mir Alter mit, daß er nach dessen vollendeter Niederschrift meine Kritik in der „Österreichischen Rundschau" gelesen habe (das betreffende Heft wurde am 15. Januar in Wien ausgegeben und kam wohl am nächsten Tage nach Salzburg) und schließt mit folgenden Sätzen:

„Ich verzichte darauf vor meinem Tode, vor der Öffentlichkeit das document humain, das Sie mit Ihrer Kritik lieferten, in gebührender Weise zu charakterisieren. Ich will einen Mann, für den ich einst nur Hochachtung und Bewunderung hatte, nicht, wie Sie es mit mir tun, coram publico mit Kot bewerfen. Ich verzeihe Ihnen. Mögen Sie Ihres ‚Sieges' froh werden!"

Wilhelm Alters Tod und die ihn begleitenden Umstände haben mich aufs tiefste ergriffen. Nicht etwa, daß ich mich durch seinen Vorwurf, ich hätte ihn als meinen Nebenbuhler betrachtet und wäre deshalb gegen ihn aufgetreten, irgendwie getroffen fühlte. Es war mir aber schmerzlich, daß er meine leider nur zu notwendigen Nachforschungen, durch welche das von ihm aufgeführte Gebäude zusammenstürzen mußte, als Ursache seines Unglücks ansah. Alter hat die Schuld, zuerst die „Deutsche Rundschau", dann den Paetelschen Verlag und damit auch die Öffentlichkeit irregeführt zu haben, schwer gebüßt, unendlich schwerer, als seine Verfehlung notwendig machte. Es war ihm gelungen, die Aufnahme seiner Arbeiten in eine der ersten deutschen Revuen zu erwirken, einen angesehenen Verlag und den Beifall zahlreicher Rezensenten in der deutschen Presse zu gewinnen. Als nun nach so vielen Erfolgen die Wendung des Rades eintrat, wurde er von ihr überrascht und zermalmt. Er fürchtete für seine Stellung innerhalb der Wiener Presse, vielleicht auch, daß er durch den von ihm hintergangenen Verlag zur Rechenschaft gezogen würde. So brach er zusammen. Wohl hatte Julius Rodenberg recht, als er mir am 18. Januar 1913 schrieb, der Selbstmord Alters habe ihn erschüttert, aber nicht überrascht: „Denn aus diesem Netze von Unwahrheiten und Widersprüchen war kein Entrinnen mehr möglich. Heute frage ich mich, wie ich mir die Fälschungen dieses Unglücklichen erklären soll, der sonst in seiner Korrespondenz mit mir den besten Eindruck gemacht hat. War es das krankhafte Verlangen, Sensatiou zu erregen, das ihn auf diese verhängnisvolle Bahn und endlich, da kein anderer Ausweg blieb, zum Selbstmord führte, ganz ähnlich, wie den Engländer Chatterton, der mit gleichem Geschick seine Zeitgenossen getäuscht hatte?"

Dazu kam noch ein Bedeutungsvolles. Alter würde nicht auf so untaugliche und unzulängliche Mittel verfallen sein, er würde nicht mit solcher Kühnheit das Unglaublichste gewagt haben, wenn sein Geist nicht schon seit langem vom Wahnsinn gestreift gewesen wäre. Er selbst fürchtete noch zuletzt dessen Ausbruch, ähnlich wie er schon 1902 von geistiger Krankheit erfaßt war. Nur so lassen sich auch die Worte seines letzten Schreibens erklären, er habe mich durch zwei Jahre hinters Licht geführt in der Absicht, mich zu einem Angriff auf ihn zu verlocken und mich dann durch Veröffentlichung seiner Dokumente bloßzustellen. Dieser merkwürdige Plan hat wohl nie bestanden — er hätte nur gefaßt werden können, wenn Alter beweiskräftige Dokumente besessen und die Absicht gehabt hätte, sie vorzulegen. So aber wollte er sich vielmehr durch eilige und unglückliche Ausflüchte meinen Fragen entziehen. Die Verrworrenheit seines Gedankenganges geht auch aus seinem letzten Briefe unverkennbar hervor.

18. Ein weiterer Beweis für den anormalen Geisteszustand Alters ergab sich nach seinem Tode, als es notwendig wurde, auch den Quellen seiner Schrift „Die auswärtige Politik der ungarischen Revolution 1848/49" nachzugehen. Es wurde bereits (Punkt 7) erwähnt, daß über die Person seines Mitarbeiters Dr. Rudolf Wirther ein seltsames Dunkel schwebt. In der Einleitung zu der Schrift Alters wird zunächst einem Dr. jur. et phil. Wendelin H r d l i c z k a für den mit Rat und Tat geleisteten Beifall gedankt und dann fortgefahren:

„Nächst ihm hat den größten Anteil an dem Gelingen meines Werkes mein Jugendfreund und Studiengefährte Herr Dr. phil. et jur. Rudolf V. W i r t h e r, der, obzwar selbst durch umfangreiche und schwierige Forschungen in den Londoner und Pariser Archiven vollauf in Anspruch genommen, sich mit Hingebung der Aufgabe widmete, mir für meine Arbeit das notwendige Aktenmaterial aus den Archiven der Auswärtigen Ämter von Paris und London zu beschaffen."

Nun sind in dem Buche Alters ungedruckte Depeschen Lord Palmerstons an den englischen Gesandten in Wien Lord Ponsonby zitiert und ebenso zahlreiche Berichte eines Sir Hudson, englischen Gesandten in Turin, immer mit dem Vermerk, daß die Schriftstücke dem Archiv des Auswärtigen Amtes in London entnommen seien. Zur Prüfung dieser Hinweise mußten von mir die englischen Blaubücher jener Zeit herangezogen werden, und zwar die über die ungarischen wie die über die italienischen Angelegenheiten; denn Palmerston ließ 1851 dem Parlament ein großes Aktenmaterial über seine Politik vorlegen. Bei diesem Vergleich ergab sich ein Doppeltes. In Alters Darstellung war die „Correspondence relative to the affaires of Hungaria 1847—1849“ benützt, aber außer den hier aufgenommenen Depeschen Palmerstons waren andere ungedruckte, zum Teil auch im Wortlaut mitgeteilt. Diese letzteren enthielten in der Sache nichts Neues, waren aber in einem so grobschlächtigen Tone und so beleidigend für die österreichische Regierung geschrieben, daß sich der Verdacht ihrer Unechtheit aufdrängte. Dies gilt besonders für die Weisungen Palmerstons an Ponsonby vom 22. August und 10. September 1849 (Seite 215 und 218 der Alterschen Schrift). Noch auffallender war ein anderer Umstand. Der Name Sir Hudson, dessen Berichte aus Turin Alter an zahlreichen Stellen heranzieht, kommt in dem Blaubuche über die italienischen Angelegenheiten nicht vor; immer erscheint Abercromby als Gesandter in Turin. Woher also jener Name?

Der Tatbestand war aber durch zwei Umstände noch verwickelter. Zunächst dadurch, daß sich durch Umfragen herausstellte, nicht ein unauffindbarer Dr. Wirther, wohl aber ein auch sonst bekannter Geschichtsforscher, Dr. Eugen W a w r z k o w i c z (später in Lemberg), habe Alter durch Nachforschungen im englischen Staatsarchiv, dem Record Office, unterstützt. Weshalb Alter in der Einleitung seines Buches diesen Rollentausch zwischen Wirther und dem daselbst gleichfalls genannten Dr. Wawrzkowicz vornehmen läßt: dies zu erklären, reicht mein Scharfsinn nicht aus. — Weiter ist zu bemerken, daß die beiden Bedenken erregenden Briefe Palmerstons an Ponsonby bereits in dem Buche E. Ashleys „Viscount Palmerston“, Band II, S. 104 und 107 (London 1879), abgedruckt sind; Alter beruft sich aber nicht auf Ashleys Werke, sondern auf das oben genannte Archiv.

Ich wandte mich also mit diesen Fragen durch Vermittlung des englischen Historikers G. P. Gooch an die Leitung des britischen Staatsarchivs und erhielt eine aufklärende Auskunft, für die ich hiermit meinen besten Dank sage.

Der Archivar, Herr Hubert Hall, teilte am 12. Februar 1913 Herrn G. P. Gooch mit:

„I have ascertained, for certain, that Dr. R. Wirther did not come to the Record Office to work on the period 1849/50, or apparently for any other period, in propria persona sua as the records say: neither can I find that he employed an agent for this purpose — a proceeding which would have been irregular and improper. (Ich habe als sicher festgestellt, daß Dr. Wirther nicht in das Record Office gekommen ist, um über die Periode von 1849/50 oder über eine andere Periode in propria persona sua zu arbeiten, wie das Register sagt, noch kann ich finden, daß er einen Stellvertreter in dieser Absicht verwendete — ein Vorgehen, das unregelmäßig und unschicklich gewesen wäre.)"

Ganz erstaunlich aber war die unter dem amtlichen Stempel des Record Office erteilte Antwort des Herrn Archivars Horace Headlam, dem ich die Schrift Alters über 1848/49 gesendet hatte. Ich setze seinen Brief im Wortlaute hierher:

29. Febr. 1913.

Dear Sir,

Mr. Hall has asked me to reply to your letter to him. I have examined the correspondence which passed between Lord Palmerston and Lord Ponsonby (not Posonby, as it appears in the pamphlet) in the years 1848/9 and agree with you that the despatches quoted bei Herr Alter are fabrications. In any case, I can find nothing corresponding to them.

Nor does there appear to have been any person called Hudson in the British Diplomatic Service at that time.

In fact, the pamphlet, in so far as it relates to this country, appears to entirely valueless and misleading.

In order to work at the correspondence at all, Herr Rudolf Wirther would have had to receive the permission of the Foreign office, which he does not appear to have done.

I am, Dear Sir, yours faithfully

Horace Headlam.

(Geehrter Herr, Mr. Hall hat mich gebeten, Ihren Brief an ihn zu beantworten. Ich habe die zwischen Lord Palmerston und Lord Ponsonby (nicht Posonby, wie es in der Schrift heißt) in den Jahren 1848—9 geführte Korrespondenz geprüft und stimme mit Ihuen darin überein, daß die von Herrn Alter zitierten Depeschen Erfindungen sind. Auf keinen Fall kann ich etwas ihnen Entsprechendes finden.

Auch kommt im britischen diplomatischen Dienst dieser Zeit augenscheinlich keine Person namens Hudson vor.

Tatsächlich stellt sich die Schrift, so weit sie sich auf dieses Land bezieht, als völlig wertlos und irreführend heraus.

Um über die Korrespondenz überhaupt arbeiten zu können, hätte Herr Rudolf Wirther die Erlaubnis vom Auswärtigen Amt einzuholen gehabt, was er augenscheinlich nicht getan hat.

Ich bin, geehrter Herr, Ihr aufrichtiger Horace Headlam.)

Man hat es also hier mit absonderlichen Manipulationen Alters zu tun. Vor allem ist es wohl sicher, daß es einen G e s c h i c h t s f o r s c h e r Dr. Rudolf V. Wirther nicht gibt. Von Schriftstücken, die in dem bekannten Buche Ashleys über Palmerston entlehnt sind, wird behauptet, sie seien dem Record Office entnommen, wo sie sich jedoch nicht befinden.

Endlich tritt als englischer Gesandter in Turin Hudson auf, dessen Berichte aus den Jahren 1848 und 1849 Alter anführt. So Seite 53, 55, 56, 59, 67, 112, 118, 120, 121 des Buches „Die auswärtige Politik der ungarischen Revolution 1848/1849" (Berlin 1912). Nun ist es wohl ein Irrtum des Archivars Horace Headlam, daß im britischen diplomatischen Dienst dieser Zeit keine Person namens Hudson vorkomme. Herr Headlam hätte richtiger sagen sollen, daß es in den Jahren 1848 und 1849 keinen Gesandten dieses Namens in Turin gab. Sir James Hudson war vielmehr von 1843—1851 in Rio de Janeiro tätig und wurde erst 1851 zum Gesandten in Turin ernannt, wo er bis 1863 wirkte. Dies ist aus seiner Biographie in der National Biography zu ersehen. Die Zitate Alters aus Hudsons Briefen müssen also Mißtrauen erwecken wie die anderen Ausführungen aus dem britischen Staatsarchiv, mit denen sein Buch ausgeschmückt ist.

Auffallend ist, daß Alter sich mit der Benützung von Quellen brüstet, über die man bei einer einfachen Anfrage Auskunft zu erhalten und die man als unecht zu erkennen vermag. Nur bei anormaler Geistesbeschaffenheit konnte dieser Versuch gewagt werden und nur von Jemandem, der selbst nie Archivstudien gemacht hatte, dem überhaupt der wissenschaftliche Betrieb fremd war. Das geschah aus Großmannssucht, um sich der Kenntnis handschriftlicher Dokumente zu berühmen. Durch diese Manie ließ sich der unglückliche Mann bestimmen, seine an sich tüchtigen Studien mit archivalischen Hinweisen zu verbrämen und zu verunzieren.

Es bleibt noch die Frage, wie es mit den Dokumenten Alters über den Feldzug von 1866 steht. Sein Selbstmord allein würde nicht ausschließen, daß ihm irgendeine Vorlage zur Verfügung stand. Aber die näheren Umstände des traurigen Falles nötigen zu der Annahme, daß solche Dokumente entweder nicht existieren oder doch so beschaffen waren, daß er selbst nicht viel von ihrer Beweiskraft hielt. Denn das Nächstliegende wäre gewesen, sie der von ihm angerufenen Kommission vorzulegen und diese zu einem Spruche zu bestimmen, durch den der Verdacht einer Fälschung von ihm genommen wurde. Aus meinen an ihn gerichteten Briefen ging hervor, daß dies auch mir der willkommenste Abschluß der peinlichen Angelegenheit gewesen wäre. Die Kommission hätte sich gerne überzeugen lassen, daß er in der Hauptsache selbst der Betrogene war. Er verzweifelte jedoch offenbar an der Möglichkeit dieses Ausganges. Vielleicht war ihm irgendein wertloser Aufsatz in die Hände gefallen, für den er zuerst Eugen Müller, später Karl von Tegetthoff als Verfasser hinzuerfand. Erst nach seinem Tode wurde bekannt, daß auch seine Behauptungen, er hätte die Archive der Ministerien des Krieges und des Äußeren in Wien, ferner das des Auswärtigen Amtes in London zu Rate gezogen, Vorspiegelungen waren. Er sah voraus, was Alles die Kommission bei näheren Anfragen aufdecken werde. Das bevorstehende Erscheinen meines kritischen Aufsatzes war ein ihn beunruhigender Begleitumstand — die Ursachen seines Selbstmordes liegen jedoch tiefer.

Die Versicherung seines letzten Briefes an mich, er habe die Dokumente über 1866 einem seiner ehemaligen Lehrer vermacht und dieser werde seine Verteidigung übernehmen, ist an sich nicht glaubwürdiger als alle seine anderen Angaben. Es läßt sich allerdings nicht mit voller Bestimmtheit voraussagen, ob nicht ein bisher unbekannter Freund Alters einen Versuch dieser Art machen werde. Übrigens hat Alter den Namen seines künftigen Verteidigers nicht genannt, und bisher hat sich noch niemand gemeldet, obwohl das Schweigen eines etwa vorhandenen Vertrauensmannes Alters eine grobe Verletzung der Pflicht gegen den Toten wäre. Auch von seiner Familie ist nichts öffentlich mitgeteilt worden, was darauf schließen ließe, daß sich in seinem Nachlasse Schriftstücke gefunden hätten, die zu seiner Entlastung dienen könnten. Am ehesten vermöchte über Alters Arbeitsmethode sein Schwager, Herr Schanda, Auskunft zu geben, da er — laut der Einleitung zu dem Benedek-Buche — die Karten für dieses Werk gezeichnet hat.

Die Untersuchung des Falles Alter bietet ein psychologisches, gewiß auch ein pathologisches Interesse, aber für die Geschichte des Jahres 1866 bringt sie keinen Beitrag. Man hat es mit einer Weiterbildung der Benedek-Legende zu tun, die auch dem Roman der Gräfin Salburg: „Der Königsglaube" zugrunde gelegt ist; Alter ist weiter gegangen, er hat jene Überlieferung mit den historischen Zeugnissen verschmolzen und gab so eine neue Darstellung der Geschichte des Krieges von 1866. Man hat die Frage aufgeworfen, ob Alter etwa von der Gräfin Salburg, die mit dem Neffen Benedeks, Freiherrn Franz von Krieg, vermählt ist, Material für seine Darstellung erhalten habe. Obwohl ich dies für ausgeschlossen hielt, wandte ich mich an die Verfasserin des „Königsglaubens" und erhielt in einem Briefe vom 24. Februar 1913 die Auskunft: „In Beantwortung Ihrer geschätzten Zuschrift teile ich Ihnen mit, daß ich Herrn Alter nicht gekannt habe, nicht wußte, wo und wer er war und ihm kein Material gab. Ich gebe überhaupt nie Material über Benedek ab, da mir viele Wege offen stehen, selbst zu sagen, was es mir zu sagen drängt." Ebenso versicherte mich Baron Krieg, er habe von Alter erst nach dem Erscheinen des Benedek-Aufsatzes gehört.

Es ist also klar, daß Alter sich einfach an den Roman der Gräfin Salburg gehalten hat, in der Annahme, durch ihn die Lösung eines historischen Rätsels gefunden zu haben. Wahrscheinlich hat der Unglückliche zuletzt selbst an die innere Wahrheit des von ihm entworfenen phantastischen Gemäldes geglaubt, ein Wahn, der sich bei dem Einspinnen in den Gegenstand und bei seinem gestörten geistigen Gleichgewicht leicht einstellen konnte.

Es wird auch in Zukunft gläubige Gemüter geben, die trotz alledem darauf bestehen werden, Alter habe aus beachtenswerten Quellen geschöpft und Benedek sei daran gescheitert, daß die aus Wien eingetroffenen Befehle ihm eine Kriegführung vorschrieben, die seiner besseren Einsicht widersprach. Nun werden in Zukunft noch manche Beiträge zur Geschichte des Jahres 1866 veröffentlicht werden, und dann wird die Geschichtschreibung die Ergebnisse der bisherigen Forschung revidieren müssen. Was aber mit Bestimmtheit abgewehrt werden muß, das ist der Einbruch von Phantasie und Willkür in die Wissenschaft, und damit hat man es bei den angeblichen Enthüllungen Alters zu tun.

Heinrich Friedjung.

Erklärung des Grafen Beck.

Da Alter in seinem Buche eine Szene geschildert hatte, der Friedrich von Beck 1866 im Hauptquartier Benedeks beigewohnt haben soll, sah sich der damalige Flügeladjutant des Kaisers veranlaßt, zum Zwecke der Aufbewahrung im k. und k. Kriegsarchiv eine Erklärung abzugeben, die mit seiner Erlaubnis hiermit zum Abdrucke gelangt. Sie lautet:

„Die Angaben Alters auf Seite 363 Alinea 2 von ‚Nun aber forderte von Beck von Benedek Aufklärung usw.‘ bis zum Schlusse sind unrichtig, d. h. völlig erfunden.

Es ist daher auch nicht wahr, daß Krismanič und Henikstein am Vormittag des 1. Juli vor Benedek und Beck zitiert und einem strengen Verhöre unterzogen wurden. Ebenso ist es mir unbekannt, daß diese Generale jemals gestanden hätten, zwischen dem 26. Juni und 1. Juli eigenmächtig, ohne und gegen den Befehl des Armeeoberkommandanten, Anordnungen zum Vormarsche gegen den Prinzen Friedrich Karl getroffen zu haben.

Desgleichen ist es unwahr, daß sich bei diesem Verhöre herausgestellt hat, die beiden Generale hätten am Morgen des 28. Juni trotz der bestimmten Weisungen Benedeks den Angriff auf den preußischen Kronprinzen verhindert, worüber Benedek so erregt wurde, daß er den General Krismanič kriegsrechtlich behandeln lassen wollte.

Ebenso ist die Behauptung frei erfunden, daß Benedek die Generale Henikstein und Krismanič mit dem Säbel bedroht habe und daß Beck und der auf den Lärm herbeigeeilte Adjutant Müller den rasenden Armeekommandanten mit Mühe beschwichtigten.

Wien, am 21. Februar 1913.

Gf. Beck.
G. d. I.

Beilage

Nachstehend folgt im wörtlichen Abdruck der von mir am 15. Januar 1913 in der „Österreichischen Rundschau" veröffentlichte Aufsatz, von dem oben wiederholt die Rede ist. Daraus ergeben sich gewisse Wiederholungen, doch ist der genaue Wiederabdruck zur Feststellung des Tatbestandes notwendig.

Die neuen Enthüllungen über den Feldzug von 1866

Eine erstaunliche Fülle von Büchern ist in den letzten Jahren über den Krieg von 1866 veröffentlicht worden. Als der erste Band des „Kampfes um die Vorherrschaft in Deutschland" 1897 erschien, lag außer den Generalstabswerken auch nicht eine zusammenfassende Geschichte des großen Ereignisses vor; jetzt vergeht kein Jahr, ohne daß der Büchermarkt vollständige Erzählungen oder Untersuchungen im einzelnen oder taktisch-strategische Beiträge bringt. Das wäre an sich erfreulich, wenn nicht andere Abschnitte der neueren österreichischen Kriegsgeschichte daneben zu kurz kämen. Über den Feldzug von 1859 wissen wir im wesentlichen nicht mehr, als was die offiziellen Werke des österreichischen, preußischen, französischen und italienischen Generalstabs vor Jahrzehnten zu berichten für gut fanden. Auch Radetzky und Heß werden zugunsten Benedeks vernachlässigt, auf den allein sich das historische und psychologische Augenmerk richtet. Es ist wahr, daß die Kämpfe von 1866 für die Entwicklung Europas von größerer Wichtigkeit geworden sind als die von 1848 und 1849 in Italien; auch fesselt das unglückliche Schicksal Benedeks mehr als das seiner Vorgänger an der Spitze der österreichischen Heere. Vor zwei Jahren erschien das gediegene dreibändige Werk des Freiherrn Moriz v. Ditfurth „Benedek und die Taten und Schicksale der k. k. Nordarmee 1866", in dem ein Teilnehmer und scharfer Beobachter der Kämpfe das Wort ergreift. Vor einigen Monaten ist Wilhelm Alter mit dem Buche „Feldzeugmeister Benedek und der Feldzug der k. k. Nordarmee 1866" (Berlin 1912, Gebrüder Paetel) hervorgetreten. Mit Fleiß und Geschmack ist darin aus den bisherigen Darstellungen alles zusammengetragen, was seinen Helden in günstige Beleuchtung rücken kann; die lebendige Erzählung will die etwas scharfe aristokratenfeindliche Tendenz glaubhaft machen. Das Buch Alters ist ein neuer Beleg für die Teilnahme, welche das Schicksal Benedeks immer wieder erregt.

I.

Diese Anerkennung der von Alter geleisteten Arbeit muß aber eine wichtige Einschränkung erleiden. Das Lob bezieht sich nicht auf diejenigen Teile seines Werkes, auf die er selbst den größten Wert legt und durch die er seiner Annahme nach die letzten Zusammenhänge in dem verhängnisvollen „Zusammen- und Widerspiel von Diplomatie und Heeresleitung" aufdeckt. Dies ist zuerst in einem Jannar 1911 in der „Deutschen Rundschau" veröffentlichten Aufsatze desselben Autors geschehen. Nach dieser seiner Darstellung ist die Kriegführung Benedeks durch Verschulden der in Wien erteilten, seine Befehle durchkreuzenden Weisungen zusammengebrochen. Hinter seinem Rücken und entgegen der ihm vom Kaiser erteilten Zusicherung erhielten seine nächsten Gehilfen, der Generalstabschef v. Henikstein und der Chef der Operationskanzlei Gideon v. Krismanič, Vorschriften über die Kriegführung, auf Grund deren sie die ihnen von Benedek erteilten Anordnungen ins Gegenteil verkehrten. Während sein gesunder Soldatenverstand ihm sagte, das beste wäre, am 28. Juni den deutschen Kronprinzen anzugreifen, benützten seine treulosen Untergeneräle ein heftiges Unwohlsein, das ihn tags zuvor lähmte, zur Ausgabe von Befehlen, die das Entgegengesetzte, nämlich den Vormarsch der Hauptarmee gegen das Heer des Prinzen Friedrich Karl, ins Werk setzten. Niederlagen der einzelnen Korps sind hiervon die Folge. Von Wien aus wird der Flügeladjutant des Kaisers, Oberstleutnant von Beck, zur Berichterstattung ins Hauptquartier geschickt, und da kommt das Gewebe von Fälschungen zutage. Beck stellt ein Verhör mit den zwei Generälen an und als Benedek den Zusammenhang der Dinge erfährt, wollte er, so heißt es im „Deutschen Rundschau"-Aufsatze, „in sinnloser Wut über diese Enthüllungen Henikstein und Krismanič mit dem Säbel niederschlagen, und nur mit Mühe gelang es v. Beck und dem herbeigeeilten Adjutanten v. Müller, den Rasenden zu beruhigen". Darauf werden die beiden Schuldigen — die es doch eigentlich nicht sind, da sie nur nach höheren Befehlen gehandelt haben — ihrer Stellen enthoben.

Es ist also ein verbrecherisches Treiben — man kann es nicht anders ausdrücken — durch welches das Schicksal der Nordarmee und Österreichs besiegelt wird. Die Vorgänge sind nicht weniger schlimm, als das von Prokopius in seiner Geheimgeschichte dargestellte Wirken des Kaisers Justinian und seines unglücklichen Feldherrn Belisar. Aber auf welcher Grundlage beruht jene völlige Umkehrung dessen, was bisher als Geschichte des österreichischen Hauptquartiers von 1866 galt? Wenn der Gewährsmann Alters Glauben verdient, dann würde ich keinen Anstand nehmen, wichtige Partien in meinem Werke „Der Kampf um die Vorherrschaft in Deutschland" aufs neue umzuarbeiten. Das ist bereits in den fortschreitenden Auflagen geschehen, so oft durch wichtige Publikationen, wie der Denkwürdigkeiten Bismarcks, der Denkschriften Moltkes und anderer Bücher, neue Einblicke gewonnen wurden. Alter überhäuft meine Arbeit mit vielem Lobe, er weist mir unter den österreichischen Historikern einen vornehmen Rang an: es würde mich also keine Selbstüberwindung kosten, auch seinen Forschungen Rechnung zu tragen. Aber wie ist seine Hauptquelle geartet und kann sie Anspruch auf Glaubwürdigkeit erheben?

In dem in der „Deutschen Rundschau" veröffentlichten Aufsatze erklärt Alter, seinen Bürgen nicht nennen zu können, weil „nach den testamentarischen Bestimmungen des verstorbenen Gewährsmannes die wichtigsten, von ihm speziell bezeichneten Teile seiner Aufzeichnungen, welche die letzten Geheimnisse des Jahres 1866 enthüllen, ebenso wie sein Name der Öffentlichkeit erst preisgegeben werden dürfen, wenn auch die beiden letzten noch lebenden Zeugen der Ereignisse des Jahres 1866 nicht mehr unter den Lebenden weilen". Das klingt sehr geheimnisvoll und um so verlockender, als unter diesen beiden letzten Zeugen wohl Kaiser Franz Josef und der ehemalige Generalstabschef Graf Friedrich v. Beck zu verstehen sind. Darauf vergingen anderthalb Jahre und das vorliegende Buch Alters erscheint, in dessen Einleitung der früher verschwiegene Gewährsmann doch genannt wird: es soll der 1881 verstorbene Feldmarschalleutnant Karl v. Tegetthoff sein, der Bruder des Admirals, der den Feldzug von 1866 bekanntlich als Oberst und Chef des Kundschaftsbureaus im Hauptquartier Benedeks mitmachte; dessen Tagebuch aus dem Feldzuge hätte Alter vorgelegen. Seltsam! Besteht denn nicht mehr das im Testament Tegetthoffs ausgesprochene Verbot der Nennung seines Namens? Leben denn nicht noch „die beiden letzten Zeugen" der großen Ereignisse? In der vom August 1912 datierten Einleitung des Buches ist für diesen Widerspruch eine Erklärung versucht; es heißt hier: „Der frühere Besitzer des Tagebuches, der — er schläft seit Anfang dieses Jahres den ewigen Schlaf — in hoher amtlicher Stellung sich befand, war aus naheliegenden Gründen zur allergrößten Zurückhaltung verpflichtet, weshalb ich früher genötigt war, Anfragen nach der Person des Verfassers des Tagebuches teils ausweichend, teils mit Nennung eines Decknamens zu beantworten." „Ausweichend — das ist begreiflich, die Nennung eines Decknamens hingegen ist bedenklich.

Die Sache ist recht unklar und sie wird es noch mehr durch die Art der von Alter für gut gehaltenen Benützung des Tagebuches. Nirgends spricht meines Erinnerns dieses Dokument selbst in seinem Werke, immer wird es nur indirekt und willkürlich herangezogen. Willkürlich, denn dieselben Dinge werden in dem „Rundschau"-Aufsatze und in dem Buche mit bedenklichen Abweichungen erzählt. Ebenso auffallend ist, daß aus dem Tagebuche Tegetthoffs nichts über dessen eigene Tätigkeit während des Feldzuges mitgeteilt wird. Und doch leistete Tegetthoff als Chef des Kundschaftsbureaus im Feststellen des Aufmarsches, der Gliederung und der Angriffsrichtung der preußischen Heere vortreffliche Dienste, wie ich aus den Akten des Kriegsarchivs festgestellt und an verschiedenen Stellen meines Werkes erwähnt habe. Davon aber ist in den wortreichen Hinweisen Alters aus dem Tagebuch keine Rede. Ebensowenig weiß Alter dem, was über den Ritt Tegetthoffs auf das Gefechtsfeld von Nachod (28. Juni), sodann über dessen Besichtigung der Stellung südlich von dem Elbeknie bei Pardubitz (2. Juli) bereits früher bekannt war, aus dem Tagebuch Neues hinzuzufügen. Alter zitiert es zwar auch über diese Ereignisse, ohne jedoch über die bereits bekannten Tatsachen hinauszugehen. Es ist (S. 483 und 489) ferner mitgeteilt, daß Tegetthoff dem Feldzeugmeister Benedek seine Aufzeichnungen zur Verfügung stellte, als dieser in den Wochen nach dem Feldzuge ein für den Kaiser bestimmtes Memorandum ausarbeitete; und diese Denkschrift Benedeks soll von Tegetthoff dann dem Generaladjutanten des Kaisers, Grafen Crenneville, übergeben worden sein.

Über die militärische Tätigkeit Tegetthoffs — diesen Eindruck erhält man — weiß das Alter vorliegende Dokument nichts zu erzählen. Man hätte es also mit einem Tagebuch zu tun, das über die Erlebnisse desjenigen, der es geführt hat, übermäßig schweigsam ist, dagegen über die anderer Personen bis in die Einzelheiten Bescheid weiß.

II.

Erstaunlich genau ist das „Tagebuch“ über die Umstände unterrichtet, unter denen Benedek im März 1866 entgegen seinen eindringlichen Bitten und Vorstellungen zum Oberbefehlshaber der zu bildenden Nordarmee ernannt wurde. Es berichtet haarklein über die von Benedek mit dem Kaiser, mit dem Erzherzog Albrecht, mit dem Grafen Crenneville geführten Gespräche; es gibt die Reden wieder, die von Generälen und Ministern in den entscheidenden, unter Vorsitz des Kaisers stattgehabten Beratungen gehalten wurden. Benedek muß offenbar nach jeder seiner Unterredungen den Obersten v. Tegetthoff berufen und ihm Wort für Wort die geheimsten Dinge erzählt haben. Wie sehr dies jedoch gerade Benedek widerstrebt hätte, muß nicht erst begründet werden. Die Angaben des „Deutschen-Rundschau“-Aufsatzes wurden gleich nach ihrem Erscheinen von einem der berufensten Kritiker, dem Direktor des k. u. k. Kriegsarchivs General der Infanterie v. Woinovich, an der Hand der ihm zur Verfügung stehenden Akten durchgeprüft und die Unzuverlässigkeit jener Quellen in vielen Einzelheiten nachgewiesen. Dies ist in der Schrift: „Benedek und sein Hauptquartier im Feldzuge 1866“ geschehen, die 1911 als Manuskript gedruckt wurde, und gelegentlich auch in dem Aufsatze, der das Werk des Freiherrn von Ditfurth über den Krieg von 1866 behandelt und ins Dezemberheft 1911 der „Österreichischen Rundschau“ aufgenommen ist. Seither nun ist das Buch Alters „Feldzeugmeister Benedek“ erschienen und dessen Erzählungen enthalten weitere Belege für die Unechtheit, ich will nicht sagen des Tagebuches, jedenfalls aber seiner von Alter benutzten Fassung.

Es läßt sich nämlich Schritt für Schritt nachweisen, daß die Erzählungen des Tagebuches sich an die Berichte in meinen Büchern: „Der Kampf um die Vorherrschaft in Deutschland“ und „Benedeks nachgelassene Papiere“ anbahnen und sie oft wörtlich wiedergeben; sie gehen nur darüber hinaus und berichten über Dinge, die bei den der Verhältnisse Kundigen Staunen und Kopfschütteln erregen müssen. Es ist seltsam, daß der Freund und Kampfgenosse Benedeks schon 1866 Redewendungen notiert haben soll, die sich in einem Geschichtswerke finden, das dreißig Jahre nach der Schlacht von Königgrätz gedruckt wurde. Der Gewährsmann Alters bedient sich nur einer von der meinigen abweichenden Methode. Es ist selbstverständlich, daß ich mich strenge an die Berichte der Personen gehalten habe, die entweder von Benedek selbst oder von anderen mithandelnden Männern Mitteilungen erhalten hatten. Besonders vorsichtig berichte ich also über die bedeutsamen Unterredungen, welche Benedek mit dem Kaiser und mit Erzherzog Albrecht geführt hat; denn da ich keinen Augenzeugen dieser Gespräche gekannt habe, so konnte und durfte ich nicht mit dem Anspruch auftreten, deren Gang und Datum nach Tag und Stunde feststellen zu wollen. Der Gewährsmann Alters geht auders vor. Er weiß genau, was von dem in meinen Büchern Erzählten sich Tag für Tag abgespielt hat. Ihm ist also genau mitgeteilt, was der Kaiser und Benedek am 6. März 1866 miteinander gesprochen haben sollen und wie die Unterredung Benedeks mit Erzherzog Albrecht am selben Abend verlief. Dann wird auf den 7. März ein genau wiedergegebenes Gespräch des Feldzeugmeisters mit dem Generaladjutanten des Kaisers, auf den 8. März früh ein mit Erzherzog Albrecht, dann auf 12 Uhr desselben Tages ein mit dem Kaiser geführtes verlegt. Nur ist es — abgesehen von gewissen Einschüben — bis auf die Ausdrücke dasselbe, was schon im „Kampf um die Vorherrschaft" zu leseu ist.

Ein Beispiel wird am deutlichsten die Methode kennzeichnen, nach der bei Abfassung des „Tagebuches" vorgegangen wurde. Auf S. 255 des ersten Bandes des „Kampf um die Vorherrschaft" (8. Auflage) ist erzählt:

„In der ungeschminkten Redeweise, die den österreichischen Offizieren der alten Schule eigen war, soll Benedek dem Kaiser gesagt haben, daß er in Oberitalien, wo er als Hauptmann mappiert hatte, jeden Baum bis Mailand kenne, aber was Böhmen betreffe, so wisse er nicht einmal, wo die Elbe fließt. Wenn der Kaiser ihm Italien lasse, so verbürge er ihm den Besitz Venedigs; im Norden stehe er für nichts gut; er könne wohl die Violine spielen, aber er verstehe nicht die Flöte zu blasen."

Von diesen Aussprüchen ist im „Kampf um die Vorherrschaft" gesagt, daß Benedek sie zum Kaiser gemacht haben *soll*, auch sind sie in indirekter Rede angeführt. Die verschiedenen Wendungen dieser Aussprache Benedeks habe ich nicht aus einer einzigen Quelle geschöpft; manche derselben überlieferte mir die Witwe Benedeks, andere Feldmarschalleutnant Freiherr von Fischer, der leitende Kopf bei der Abfassung des österreichischen Generalstabswerkes über 1866. Sie sind mit Vorsicht zusammengestellt, mehr zur Charakteristik Benedeks dienend, ohne Anspruch auf unzweifelhafte Genauigkeit.

Anders das angebliche Tagebuch Tegetthoffs. Es weiß, daß diese Worte gerade in der Audienz beim Kaiser gebraucht wurden, zu der Benedek am 8. März um 12 Uhr mittags befohlen war. Hier erbittet sich Benedek die Erlaubnis, die Gründe seiner Ablehnung ausführlich darzulegen. Dann fährt das Buch Alters, sich auf das Tagebuch beziehend, auf S. 141 fort:

> „Auf das zustimmende Nicken des Kaisers erklärte Benedek nun in der mehr urwüchsigen als hoffähigen Redeweise der österreichischen Offiziere wörtlich, daß er für den Kriegschauplatz im Norden ein Esel sei, im Süden aber glaube, von Nutzen sein zu können. In Oberitalien, wo er als Hauptmann mappiert, als Oberst und als Feldmarschalleutnant gekämpft habe, kenne er jeden Stein und jeden Baum bis Mailand, in Böhmen wisse er kaum, wo die Elbe fließe." (Hier folgt eine nicht in meinem Buche vorkommende Einschaltung. Dann fährt Alter fort:) „Er könne wohl die Violine spielen, aber er verstehe nicht die Flöte zu blasen; in Böhmen sehe er sein Fiasko voraus, für seinen Sieg in Italien aber setze er seinen Kopf zum Pfande." (Darauf noch ein Satz, der dem Tagebuch allein gehört und in meinem Buche nicht vorkommt.)

Nun beruft sich Alter an dieser Stelle seines Buches nicht bloß auf das Tagebuch, sondern auch auf meine Darstellung und verarbeitet diese seine beiden Vorlagen ineinander; dabei werden die von mir überlieferten Worte Benedeks durch das Tagebuch auf Tag und Stunde für beglaubigt hingestellt.

Also: entweder bin ich mit übermenschlicher Sehergabe ausgestattet und habe geahnt, welche Worte Benedek am 8. März 1866 um 12 Uhr mittags zum Kaiser geäußert hat, oder aber meine Darstellung wird in aller Gemütsruhe abgeschrieben. Das erstere wäre für mich schmeichelhafter, aber die Wahrscheinlichkeit spricht für das letztere.

Indessen möchte ich auf dieses bedenkliche Zusammentreffen allein nicht den Beweis der Unechtheit des Tagebuches aufbauen. Durchschlagender ist ein anderer Umstand. Alter erzählt in seinem Buche S. 153 ziemlich ausführlich, daß Benedek in den Märztagen 1866 den ihm bekanntlich durch Erzherzog Albrecht empfohlenen General Krismanič in Wien näher kennen gelernt habe, daß es zu einer Besprechung kam, bei der Krismanič mit der größten Sicherheit die Aussichten eines Krieges in Deutschland erörterte, wodurch er Benedek so sehr für sich gewann, daß dieser überzeugt war, in ihm den richtigen Mann gefunden zu haben, und dem Erzherzog für die vortreffliche Wahl dankte. Unmittelbar danach, am 14. März, kommt es zu einem Marschallsrate. Lange Reden werden daselbst gehalten, besonders von Henikstein, Benedek und Esterhazy (S. 154 bis 156); aber auch Krismanič ergreift das Wort und entwickelt die Gründe, die dafür sprechen, die Nordarmee nicht in Böhmen, sondern bei Olmütz aufzustellen. Es heißt bei Alter S. 155:

„Nun meldete sich Krismanič: Die Versammlung des Heeres bei Olmütz habe vor allem den Vorteil, daß die Preußen es kaum wagen würden, angesichts der an der schlesischen Grenze stehenden österreichischen Armee durch einen Einmarsch in Böhmen Schlesien einem österreichischen Einfall preiszugeben. Eine bei Olmütz in Konzentrierung begriffene Armee ziehe eo ipso die preußische Hauptmacht nach Südschlesien und schreibe der preußischen Heeresleitung von vornherein die Konzentrierung ihrer Streitkräfte in einem bestimmten Raume vor; dadurch werde auch Böhmen degagiert, so daß die Möglichkeit gegeben sei, den nordböhmischen Bergkessel durch ein starkes Korps, das an der sächsischen Armee einen Kampfgenossen fände, gegen den Überfall einer preußischen Heeresabteilung zu decken ... Nun aber nahm Benedek das Wort und erklärte ..."

Das alles ist sehr, sehr interessant, jedoch innerlich nicht wahrscheinlich und, insbesondere was Krismanič betrifft, völlig unwahr, einfach und frei erfunden. Es ist dem Gewährsmanne Alters unbekannt gewesen, daß Krismanič sich in diesem Zeitpunkte nicht in Wien befand, also nicht mit Benedek eine Unterredung haben und ebensowenig eine Rede im Marschallsrate halten konnte. Darauf hat der Sohn des Generalmajors Krismanič und auch General v. Woinovich schon nach dem Erscheinen des „Rundschau“-Aufsatzes hingewiesen, was aber Alter bei der Bearbeitung seines Buches nicht bekannt war oder von ihm nicht beachtet worden ist [1]). Um alle Zweifel auszuschließen, wurden mir auf meine Bitte vom k. u. k. Kriegsarchiv zwei Aktenstücke zur Verfügung gestellt, die den Beweis liefern, daß sich Krismanič zur Zeit der in Rede stehenden Beratungen noch auf seinem Posten als Brigadekommandeur zu Conegliano im Venezianischen befand; daß seine Empfehlung durch Erzherzog Albrecht in seiner Abwesenheit erfolgte; endlich daß Krismanič gerade am 14. März, dem Tage, an dem er in Wien jene schöne Rede gehalten haben soll, erst nach Wien berufen wurde, und zwar zu einer „möglicherweise länger andauernden kommissionellen Beratung“. Demgemäß meldet Krismanič erst am 19. März aus Conegliano an das Armeekommando in Verona, daß er infolge des ihm gewordenen Auftrages das Brigadekommando an seinen Stellvertreter übergeben und am 21. März nach Wien abgehen werde. Somit geht der Bericht des Tagebuches, soweit darin Neues gesagt ist, in eitel Dunst und Rauch auf; das Wahre daran steht schon in den von Alter benutzten Büchern.

Die beiden Schriftstücke aus dem Kriegsarchiv folgen hier im wörtlichen Abdrucke, und zwar der Befehl des Kriegsministers Franck vom 14. März an Benedek, den ihm untergebenen Generalmajor Krismanič (nebst zwei anderen hohen Offizieren) nach Wien zu senden, wie die Meldung des Letzteren, daß er am 21. März nach Wien abgehen werde.

---

[1]) Der Aufsatz „Über das Benedek-Problem“ (erschienen in „Danzers Armeezeitung“ am 15. Februar 1912) ist mit E. v. K. gezeichnet und rührt von dem einige Monate später verstorbenen Feldmarschalleutnant Em. v. Krismanic her. Vgl. E. v. Woinovich, „Benedek und sein Hauptquartier“, S. 11.

K. k. Kriegsministerium.
C. K. Nr. 787.

An

Seine des Herrn k. k. wirkl. Geheimen Rates, Feldzeugmeisters, Armeekommandanten, kommandierenden Generals &c., &c.
Ludwig Ritter v. Benedek,
Exzellenz.

Wien, am 14. März 1866.

Ich bin Allerhöchst beauftragt, den Generalmajor Gideon Ritter v. Krismanič und Hochdero Generaladjutanten Obersten Ferdinand Kříž zu einer in Wien statthabenden, möglicherweise länger andauernden kommissionellen Beratung einzuberufen und beehre mich sonach, Euer Exzellenz zu ersuchen, dieselben so bald als nur tunlich nach Wien abzusenden.

Weiteres habe ich Euer Exzellenz mitzuteilen, daß über Allerhöchsten Befehl der Feldmarschalleutnant Freiherr v. Wetzlar, welcher, wie Hochdenselben bekannt, eventuell zum Truppenkommandanten im Küstenlande und in Istrien bestimmt ist, behufs der Orientierung in den verschiedenen Verhältnissen eine Bereisung dieser beiden Territorialgebiete, beziehungsweise eine Inspizierung der militärischen Punkte vorzunehmen hat.

Euer Exzellenz wollen daher an den genannten Feldmarschalleutnant die erforderlichen Weisungen, und zwar: auch in der Richtung erlassen, daß hierbei jedes Aufsehen möglich vermieden werde, gleichzeitig aber dem Feldmarschalleutnant Hartung über die Ursache und den Zweck der Reise des Feldmarschalleutnants Freiherrn v. Wetzlar die nötigen Anweisungen geben.

Dem ebengenannten Feldmarschalleutnant, daun dem Generalmajor Ritter v. Krismanič und Obersten Kříž bewillige ich auf Dauer der vorerwähnten Mission, respektive Kommandierung nebst der Aufrechnung der reglementmäßigen Fahrtauslagen auch jene der charaktermäßigen Diäten.

Franck FML.

2.

K. k. Truppenbrigadekommando GM. Ritter v. Krismanič.
ad Nr. 178 Res.
Adjt.

An das hohe k. k. Armeekommando Verona.

Conegliano, am 19. März 1866.

In Gemäßheit des hohen Erlasses dto. Wien, vom 14. d. M. Präs. Nr. 15 Res., beehre ich mich die gehorsame Anzeige zu erstatten, daß ich nach Übergabe des aufhabenden Brigadekommandos ad interim, dann des hiesigen Militärstationskommandos an den Herrn Oberst Baron Böck, sowie unter gleichzeitiger Erstattung der diesfälligen Meldung an das vorgesetzte hohe Armee-Korpskommando, am 21. d. M. nach Wien abgehen werde.

Krismanič GM.

Es scheint, daß die Darstellung im „Kampf um die Vorherrschaft" die unschuldige Veranlassung der Stilübungen war, durch welche die Reden des Generals Krismanič und der anderen Teilnehmer des Marschallsrates vom 14. März zur Kenntnis der Nachwelt gebracht worden sind. Es war mir selbst früher unbekannt gewesen, ob Krismanič den Märzberatungen in Wien beiwohnte oder nicht; deshalb findet sich darüber in den ersten acht Auflagen meines Werkes nichts, wohl aber widme ich bei diesem Anlasse den strategischen Lehrmeinungen des Generals einen Abschnitt. Das „Tagebuch" scheint nun aus den letzteren geschlossen zu haben, Krismanič wäre in Wien gewesen und daraus dürfte der Bericht des „Tagebuches" erwachsen sein. Ob nun diese meine Vermutung begründet ist oder nicht, jedenfalls ist die Glaubwürdigkeit des „Tagebuches" Tegetthoffs völlig erschüttert, der Bericht über die Gespräche wie über die strategischen und politischen Beratungen erweist sich als Phantasie. Dabei mag unentschieden bleiben, ob dieses sogenannte Tagebuch auf einem echten Kern beruht und ob es bloß durch einen bedenklichen Geschichtsfreund mit Hilfe meiner Bücher über den Krieg von 1866 aufgeputzt worden ist. Darüber kann erst dann entschieden werden, wenn Alter das „Tagebuch" durch sachkundige

Forscher prüfen und Echtes von Unechtem scheiden läßt. Das kann noch wichtig und interessant werden. Wie die Dinge jetzt liegen, ist dieses „Tagebuch" in hohem Grade verdächtig, und nichts, was daraus von Alter herausgehoben ist, darf in eine ernste Darstellung aufgenommen werden.

III.

Der Schwerpunkt der Alterschen Darstellung liegt, wie schon im Eingange dieses Aufsatzes gesagt ist, in seinem Bericht über die Vorgänge im Hauptquartier der Nordarmee in den denkwürdigen Tagen vom 26. Juni bis zum 2. Juli. Damals spielten sich die Begebenheiten ab, welche, wenn sie sich wirklich so zugetragen hätten, eine Verdammung des damaligen Regierungssystems und insbesondere der Generäle Henikstein und Krismanič begründen würden. Diese beiden Männer wären einer Kette von Schurkereien schuldig; sie mißbrauchten das Vertrauen Benedeks, hinderten die Ausführung des von ihm ins Auge gefaßten Angriffes auf den preußischen Kronprinzen, fälschten seine Befehle und trotzten seinem Zorne; als Benedek sie vors Kriegsgericht stellen will, mit Stockprügeln bedroht, später sogar mit dem Säbel niederschlagen möchte, weisen sie zu ihrer Deckung Befehle aus Wien vor, durch welche der Armeekommandant entwaffnet und niedergeschmettert wird.

Was ist nun an diesem Gewebe von Torheit und Treulosigkeit Wahres? Das bereits mit so viel Unmöglichkeiten belastete „Tagebuch" kann als Zeugnis überhaupt nicht herangezogen werden. Auch widerspricht sich Alter, wie wir noch sehen werden, in seinen auf das „Tagebuch" sich beziehenden Mitteilungen derart, daß man nicht einmal genau weiß, was darin steht.

Es sind nun in der Darstellung Alters zwei Dinge zu unterscheiden: zunächst der Bericht über Benedeks vortrefflichen Plan, sich am 28. Juni auf das Heer des Kronprinzen zu werfen, und dann die von seinem Generalstab angewendeten Schliche, um seine Absicht zu vereiteln.

Es ist nun bereits von früher her bekannt, daß der Armeekommandant wirklich gerade den Kriegsplan erwog, der nach dem

Urteil der Mehrzahl der Kritiker des Feldzuges Aussichten auf den Sieg eröffnete. Insbesondere Wilhelm Du Nord, 1866 Generalstabshauptmann in dem von Tegetthoff geleiteten Evidenzbureau, hat in seinem lehrreichen, 1906 erschienen Aufsatze „Letzter Rückblick auf den Feldzug in Böhmen" (in der in Prag erschienen „Deutschen Arbeit", Juliheft 1906) darüber anziehend berichtet und diese Stelle wurde von mir in den darauffolgenden Ausgaben des „Kampf um die Vorherrschaft" benutzt, wie sie auch in dem Buche Alters angeführt ist.

Ein anderes ist, ob Benedek von seinem Vorhaben durch die von Alter erzählten ergreifenden Umstände abgebracht wurde. Dem steht die Auffassung der Offiziere seines Hauptquartiers entgegen, auf deren Aussagen meine Darstellung aufgebaut ist; sie geht dahin, daß Benedek, angesichts der seine Kräfte übersteigenden Aufgaben, seinem eigenen Urteil mißtraute und sich dem Rate des selbstbewußten Krismanič unterordnete. Alter dagegen schildert ihn als das Opfer der zwischen Wien und den Generälen Henikstein und Krismanič laufenden Ränke. Rätselhaft ist nun, wie Benedek, der nach dem „Tagebuch" mit dem Kaiser einen förmlichen, schriftlich vom Herrscher genehmigten Vertrag geschlossen hätte, durch den ihm der unbeschränkte Oberbefehl übertragen wurde, der Schwächling gewesen sein soll, sich von seinen militärischen Ratgebern an der Nase herumführen zu lassen und sich dann dem Diktat aus Wien zu unterwerfen. Es ist ebenso unwahrscheinlich, daß jener Vertrag geschlossen wurde, wie daß Henikstein oder Krismanič vom Kaiser Vollmachten erhalten hätten, durch welche sie in den Stand gesetzt wurden, den unter den schwersten Drohungen ausgesprochenen Weisungen Benedeks zu trotzen.

Von dem Knalleffekt in den Enthüllungen ist bereits in den einleitenden Bemerkungen dieses Aufsatzes die Rede, die Hauptstelle aus dem „Rundschau"-Aufsatze wird dort wörtlich angeführt. Die Pikanterie wird noch dadurch erhöht, daß der Oberstleutnant v. Beck, also ein noch lebender Zeuge, eine der Hauptpersonen in der Szene gewesen sein soll, in der die Schandtaten Henikstein und Krismaničs enthüllt wurden und Benedek mit dem Säbel gegen sie vorging. Die Unwahrscheinlichkeit des Vorgangs springt in die Augen. Gleich nach Veröffentlichung des „Rundschau"-Aufsatzes wurde Friedrich v. Beck, jetzt Graf v. Beck, begreiflicherweise mehrfach befragt, was denn an den Enthüllungen Alters Wahres sei. Er nun antwortete jedesmal, er habe nie etwas Derartiges erlebt, sei auch nie Zeuge eines Verhörs mit Henikstein und Krismanič gewesen. Graf v. Beck ermächtigte den General der Infanterie E. v. Woinovich, in seiner oben angeführten Schrift diese seine Erklärung zur öffentlichen Kenntnis zu bringen, sprach in demselben Sinne auch mit mir und bezeichnete die Erklärung über seine Teilnahme an jener Szene als Erfindung. Graf v. Beck hat seine Erinnerungen niedergeschrieben, die nach seinem Tode veröffentlicht werden sollen; er hatte die Güte, mir den Abschnitt über seine Sendung ins Hauptqurtier der Nordarmee (1. und 2. Juli) vorzulesen, und nichts von den Alterschen Angaben ist darin auch nur angedeutet. Darauf habe ich Herrn Wilhelm Alter von der Unglaubwürdigkeit der Erzählung des „Tagebuches", besonders von dem bestimmten Einspruche des Grafen v. Beck in Kenntnis gesetzt.

Diese Eröffnungen des Grafen v. Beck wurden mir zu der Zeit gemacht, in der Wilhelm Alter noch an der Herausgabe seines Buches arbeitete. Er aber erklärte mir, durch den Einspruch des Grafen v. Beck in seiner Überzeugung von der Echtheit des Tagebuches nicht erschüttert zu sein. Indessen muß er doch etwas bedenklich geworden sein, denn in seinem Buche ist die Erzählung des in Frage stehenden Auftrittes sehr abgeschwächt. Nicht Beck stellt das Verhör an (der Oberstleutnant mit zwei Generälen!), sondern Benedek selbst; der Vorgang wird nüchtern erzählt und dann S. 363 gesagt: „In begreiflicher Erregung wollte Benedek Krismanič und den Grafen Sternberg unverzüglich nach Kriegsrecht behandeln lassen, und nur mit Mühe gelang es, den Rasenden zu beschwichtigen." Vom Niederschlagen mit dem Säbel ist keine Rede mehr. Das „Tagebuch" muß also auch bei Alter an Kredit etwas eingebüßt haben.

Es geschieht nicht zum ersten Male, daß Benedek als Opfer von Ränken hingestellt wird. Dies ist schon in dem Roman der

Gräfin Edith Salburg geschehen, in dem 1906 erschienenen „Königsglauben". Die Verfasserin durfte in einem Roman ihrer Phantasie die Zügel schießen lassen; auch hatte sie ein besonderes Motiv, die Gestalt Benedeks in verklärendem Lichte zu zeigen; ist sie doch die Gemahlin des Neffen des Feldzeugmeisters, des Freiherrn Franz v. Krieg, der Benedek besonders nahestand. In dem Roman tragen die Personen durchsichtige Decknamen: Benedek heißt Ludwig Sieger, Henikstein und Krismanič sind zu einer Person, dem General Silowitz, verschmolzen; und dieser steht, um Sieger-Benedek zu verderben, im Bunde mit dessen Neider und falschem Freunde Grafen Wartenberg, dem illegitimen Bruder des Königs — hinter Wartenberg verbirgt sich unter einem dünnen Schleier Erzherzog Albrecht. Der Generalstabschef Silowitz benutzt, ganz wie es im angeblichen Tagebuch Tegetthoffs geschieht, eine historisch verbürgte Krankheit Benedeks (27. Juni), um die vom Feldherrn am Tage vorher gegebenen Weisungen zu durchkreuzen. Ausführlich wird geschildert, wie Silowitz, den Weisungen aus Wien folgend, die Ausgabe des Befehls Benedeks, die Korps gegen den Kronprinzen zu dirigieren, hinausschiebt. In aufregenden Gesprächen dringt der kranke Feldherr auf Gehorsam; Silowitz weicht aus, bis Ludwig Sieger-Benedek ihn seines Amtes als Generalstabschef entsetzt. Da zieht Silowitz ein Dekret aus der Brusttasche, vom König unterschrieben, durch welches dem Feldherrn aufgetragen wird, sich den Ratschlägen seines vermeintlichen Untergebenen zu fügen. Und zum Überfluß weist Silowitz auch ein eben eingetroffenes Telegramm vor, in dem die Armee den Befehl erhält, sofort an die Ser (Iser) zu marschieren, während die Korps Lenz (Gablenz) und Ring (Ramming) die Wacht an den Pässen gegen den preußischen Kronprinzen übernehmen sollen. (Auch dieses Telegramm spielt in dem Alterschen „Tagebuch" eine Rolle.)

In dem Roman der Gräfin Salburg wickelt sich also alles so ab wie in der Geschichtserzählung Alters. Nur daß Gräfin Salburg den General Sieger-Benedek männlich und würdig reden und handeln läßt, während er bei Alter ein Polterer ist, der seine Untergebenen stets bedroht, ihnen aber immer nachgibt.

In dem Motiv, weshalb von Wien aus das Verkehrte befohlen und mit Hartnäckigkeit festgehalten wird, stimmen Roman und „Tagebuch" überein: In der Hofburg nimmt man das höchste Interesse an dem Schicksal des braven sächsischen Armeekorps und dringt deshalb auf Vereinigung der österreichischen Hauptarmee mit dieser Truppe, die sich unter dem Kronprinzen Albert von Sachsen bereits in Bedrängnis befindet. Die militärischen Bedenken Benedeks müssen schweigen und so wird der Sieg über den preußischen Kronprinzen aus der Hand gegeben.

Diese ganze Erzählung, so erfahre ich von berufener Seite, war bereits zu Lebzeiten Benedeks in dessen Wohnorte Graz im Umlauf, und so mag sie in irgendeiner Weise ihren Weg in das „Tagebuch" des Obersten Karl v. Tegetthoff gefunden haben. Übrigens ist der Roman der Gräfin Salburg auch Alter bekannt und er macht über ihn die sachgemäße Bemerkung, daß er „die Benedek-Legende, wie sie in Österreich lebt, dichterisch verwertete". Nichts anderes ist aber auch in dem von Alter benutzten „Tagebuch" geschehen.

IV.

Noch verdienen die Abweichungen des Inhalts des „Deutschen-Rundschau"-Aufsatzes und des Buches Alters eine kurze Untersuchung. Von einer derselben war bereits die Rede. Die anderen sind prinzipiell von noch größerer Wichtigkeit. In dem Aufsatz wird Benedek zum Schweigen und zur Unterwerfung unter sein Schicksal dadurch bestimmt, daß Henikstein ein Schriftstück hervorzieht, „das auch Benedek als maßgebend anerkennen mußte". Maßgebend konnte für ihn nur ein Befehl des Kaisers sein. In dem Buche jedoch wird die Schuld dem Kaiser abgenommen und die Verantwortung vollständig dem Generaladjutanten Grafen Crenneville aufgeladen. Dieser letztere greift zweimal in die tragische Handlung ein. Das erstemal durch ein angeblich am 27. Juli, 5 Uhr 30 Minuten nachmittags eingetroffenes Telegramm mit dem Wortlaute: „Prekäre Lage 1. Korps und Sachsen macht schleunigste Offensive gegen die Iser dringend notwendig. Bitte in diesem Sinne zu wirken und auher zu berichten. Crenneville." Alter verneint die Frage, ob Crenneville mit Wissen und im Auftrage seines kaiserlichen Herrn gehandelt habe, „mit nahezu absoluter Gewißheit“, weil in der Depesche „jeder sonst übliche Hinweis auf einen Allerhöchsten Auftrag fehlt“. Dann folgt noch eine andere Depesche Crennevilles, eingetroffen am 28. Juni morgens, durch welche die Katastrophe des 28. Juni besiegelt wird. „Auch in dieser Depesche fehlte,“ so berichtet Alter auf S. 301, „wie ausdrücklich festgestellt werden mag, jede Berufung auf einen Allerhöchsten Auftrag, so daß mit nahezu absoluter Gewißheit angenommen werden kann, Graf Crenneville, der würdige Nachfolger des im Kriege 1859 zu so trauriger Berühmtheit gelangten Grafen Grünne, habe ausschließlich aus eigenem Antrieb gehandelt; vielleicht bona fide den Intentionen seines kaiserlichen Herrn zu entsprechen, keinesfalls aber im Auftrag desselben.“ Schön! Kaiser Franz Josef wird also verständigerweise aus dem Spiele gelassen, wie es überhaupt völlig unglaubwürdig war, er hätte ohne Wissen Benedeks dessen Stellvertreter Henikstein mit geheimen Instruktionen ausgerüstet. Eine solche Handlungsweise kann dem Kaiser mit Hinblick auf seine gesamte Regententätigkeit nicht zugemutet werden.

Graf Crenneville aber soll sich eine so gefährliche Eigenmächtigkeit erlaubt, soll hinter dem Rücken Benedeks mit den beiden Generälen konspiriert haben? Weder die Entschlossenheit noch die Gewissenlosigkeit hiezu lag in der Natur des Generaladjutanten, der ein korrekter Soldat war. Solange das Tagebuch nicht als echt erwiesen ist, muß die ganze Erzählung abgelehnt werden.

Von den zwei Depeschen Crennevilles wurde die erste, weniger wichtige, nach der Mitteilung Alters von diesem im Wortlaute benutzt. Ihr Original, so erfahren wir, liege beim Tagebuch mit dem Vermerk, daß Henikstein sie dem Verfasser des Tagebuches „für den Fall, daß ihm ein Unglück zustoßen sollte“, zur Aufbewahrung übergeben, aber nicht mehr zurückgefordert habe (S. 275 Anm.). Über das zweite Telegramm erklärt der Verfasser des Tagebuches, es selbst gesehen und gelesen zu haben; Benedek habe es später mit seinen gesamten Papieren verbrannt (S. 301 Anm.). Nun ist der Wortlaut des ersten Telegramms derart, daß es ganz gut von Crenneville an

Henikstein gesendet werden konnte. Der Ton ist rücksichtsvoll: Henikstein wird nur gebeten, für den Vormarsch gegen Friedrich Karl zu wirken; den Entschließungen des Armeekommandanten ist nicht vorgegriffen. An sich spricht nichts gegen die Echtheit des Schriftstückes. Schade, daß nicht auch der Wortlaut der zweiten Depesche vorliegt. Es ist aber nach dem, was Alter in seinem Buche von ihr erzählt, unbegreiflich, daß Benedek durch sie aus dem Gleichgewicht gebracht wurde. Er soll zusammengebrochen sein, weil Crenneville es wagte, ihm eine Vorschrift zukommen zu lassen. So scharfsinnig wie Alter werden doch Benedek und Henikstein auch gewesen sein und erkannt haben, daß hier ein kaiserlicher Befehl nicht vorlag. Deswegen hätte Benedek den Feldzug nicht verlieren müssen. Gerade wenn die im Wortlaut abgedruckte erste Depesche echt ist, leidet die Erzählung Alters an einer Unbegreiflichkeit um die andere.

Es ist weiter auch rätselhaft, weshalb die Hofburg und Benedek nach der Enthüllung der Freveltaten der beiden Generäle die Rollen tauschen. Nach den im amtlichen Generalstabswerke veröffentlichten und auch von Alter übernommenen Depeschen besiehlt der Herrscher am 1. Juli die Abberufung Heniksteins; Benedek aber legt für ihn ein Fürwort ein und empfiehlt ihn zum Kommandanten des ersten Armeekorps. Der Kaiser aber besteht auf seinem Befehl und es bleibt bei dem Abgange Heniksteins nach Wien. Die Gutmütigkeit Benedeks nach dem, was ihm angetan worden, ist unwürdig, die Strenge des Kaisers wieder unbegreiflich, sofern Henikstein in seinem Sinne gehandelt hätte. Noch wirrer werden die Dinge, wenn man das Verhalten Benedeks vor seinen militärischen Richtern heranzieht. Vor ihnen hat Benedek alle Schuld auf sich genommen; in dem aus den Kriegsakten vor einigen Jahren veröffentlichten Schreiben des unglücklichen Feldherrn an Erzherzog Albrecht vom Ende Juli 1866 heißt es in demselben Sinne:

„Alle Dispositionen und Befehle im abgewichenen Teile des ungeschickt geführten Feldzuges der Nordarmee sind teils von mir unterschrieben, teils in meinem Namen erlassen worden, sonach trifft mich die alleinige Schuld.

Ich aber glaube es mit der korrekten Gesinnung und bescheidenen Haltung eines unglücklichen oder auch ungeschickten Armeekommandanten unvereinbar, sich in militärwissenschaftliche oder militäradvokatische Rechtfertigung einzulassen, sondern erkläre mich hiermit in Bausch und Bogen schuldig und gewärtige jede Strafe, die ein Kriegsrecht oder ein Allerhöchster Machtspruch über mich zu verhängen für gut befinden wird, und werde welche immer Strafe mit Dank annehmen." [1])

Diese ergreifenden, auch von Alter zitierten Worte machen Benedek alle Ehre, aber nur, wenn Henikstein und Krismanič korrekt gehandelt und sich bei der Herausgabe der Befehle mit ihm ins Einvernehmen gesetzt haben — was ohne Zweifel geschehen ist. Haben sie ihn jedoch betrogen, wie das „Tagebuch" behauptet, dann deckt Benedek mit einer lammsähnlichen Gutmütigkeit und durch eine Lüge die Schurkereien seiner Untergebenen. Das aber ist der historische Benedek nicht, der zwar geschwiegen und gelitten hat, um dem Staate und der Armee nicht zu schaden; zu einer Lüge jener Art hätte er sich nicht hergegeben.

In allen diesen Belangen ist der Roman der Gräfin Salburg innerlich wahrer; die Einheit des Charakters Ludwig Siegers ist von ihr festgehalten, wenn auch die Vorgänge den historischen Verhältnissen nicht entsprechen. Wilhelm Alter aber versucht ein Kompromiß zwischen dem angeblichen Tagebuch des Obersten v. Tegetthoff und den im Kriegsarchiv erliegenden, bereits publizierten Akten; auch um das Zeugnis des Grafen Beck sucht er herumzukommen. So gerät er in Widersprüche, besonders in solche zwischen der von ihm in der „Deutschen Rundschau" und der in seinem Buche gegebenen Erzählung.

V.

Noch einige Streiflichter auf die Entstehungsart des „Tagebuches". Ich möchte hierbei nicht den Nachdruck auf die zahlreichen Irrtümer legen, die ihm vom General v. Woinovich nachgewiesen wurden. Denn die Antwort läge nahe, daß auch in einem echten Tagebuche Fehler und Irrtümer vorkommen

[1]) (Ritter v. Steinitz) „Die Donauverteidigung" (Wien 1907), S. 108.

können. Es gibt aber Dinge, die ein Militär, ein Freund und Vertrauter Benedeks einfach nicht geschrieben haben kann. So, wenn in dem „Deutschen-Rundschau“-Aufsatz erzählt wird, Benedek habe Mitte März, als er sich endlich in sein Schicksal fügte und den Oberbefehl gegen Preußen annahm, das Verlangen gestellt, „sich sofort in die Mitte seiner Armee zu begeben, um die Rüstungen persönlich zu überwachen“ („Deutsche Rundschau“, Januarheft 1911, S. 70). Es wurde Alter bereits vorgehalten, daß es Mitte März noch keine Nordarmee gab, sondern daß deren Regimenter damals noch in den Friedensgarnisonen lagen. Erst Ende April erflossen die Marschbefehle. Das hätte Tegetthoff doch sicher gewußt.

Wie sich das Tagebuch frühere Veröffentlichungen nutzbar macht, um den Bericht über die gefälschten Befehle des Generals Krismanič glaubhaft zu machen, geht aus folgendem Beispiel hervor. In den Akten des k. u. k. Kriegsarchivs befindet sich auch das Konzept des von Benedek am 28. Juni, 6 Uhr abends, erlassenen Generalbefehls, den auch das Generalstabswerk veröffentlicht hat; darin ist der Vormarsch gegen die Armee des Prinzen Friedrich Karl vorgeschrieben. Der Entwurf dieses Befehls, von einem der Offiziere des Hauptquartiers niedergeschrieben, wurde von Krismanič als Chef der Operationskanzlei revidiert, und von dessen Hand sind die Worte eingesetzt: „da ich (nämlich Benedek) meine Absicht, gegen die Iser abzurücken, noch festhalte“. Es war des Amtes des Generals Krismanič, solche ihm notwendig scheinende Ergänzungen vorzunehmen, vorausgesetzt, daß sie von Benedek gebilligt wurden. Alter nun weiß mit Sicherheit zu berichten, daß jener Einschub wieder eine Fälschung ist und daß Krismanič den Armeekommandanten, der das Umgekehrte gewollt und angeordnet hatte, einfach betrog. General v. Woinovich, der sich als Direktor des Kriegsarchivs das besprochene Aktenstück vorlegen ließ, ist sehr überrascht, daß Alters Gewährsmann davon weiß, der Einschub rühre von der Hand des General Krismanič her. Es ist aber dem Direktor des Kriegsarchivs entgangen, daß das Aktenstück auch mir vorlag und daß der entscheidende Umstand schon in meinem Werke erwähnt und kommentiert ist (in allen

Auflagen, in der 8. im 2. Band, S. 109). Während ich aber nichts Auffallendes in dem Einschub gefunden habe und auch jetzt der Ansicht bin, er sei Benedek bekannt gewesen, belehrt uns das „Tagebuch", Benedeks Absichten seien hier durch eine frevelhafte Eigenmächtigkeit des Chefs der Operationskanzlei durchkreuzt worden.

Es läßt sich sogar annähernd feststellen, welche von den Auflagen meines Werkes dem Tagebuch als Vorlage gedient haben wird. Da bei dem Erscheinen des „Kampfes um die Vorherrschaft", 1897 bis 1898, noch viele Waffengefährten Benedeks lebten, so erhielt ich zunächst eine Reihe von Ergänzungen und Berichtigungen, an denen die 4. und die 5. Auflage des Werkes besonders reich sind. Jene Quellen versiegten mit dem allmählichen Absterben der Generation, so daß die nächsten Auflagen vorwiegend nur durch die Benutzung neu erschienener Bücher bereichert werden konnten. Die Form und Fassung des Tagebuches weist auf die späteren Auflagen meines Werkes von der fünften an, die 1901 erschienen ist, als Quelle hin. Die daselbst verzeichneten Ergänzungen und Berichtigungen sind benutzt; was darin noch ungenau ist, findet sich, wie erwähnt, auch im „Tagebuch". Doch muß diese meine Vermutung eine wichtige Einschränkung erfahren. Da der Wortlaut des „Tagebuches" nicht von Alter zitiert wird, so läßt sich dessen Text und Alters eigene Darstellung nicht auseinanderhalten. Es muß nicht erst gesagt werden, daß eine völlig genaue Quellenkritik erst dann möglich sein wird, wenn das „Tagebuch" im Wortlaut veröffentlicht ist.

* * *

Die Gerechtigkeit gebietet festzustellen, daß die Arbeitsmethode Alters eine andere ist, wenn sein „Tagebuch" als Quelle verwertet wird und wenn er sich auf die zuverlässigen Angaben in den amtlichen Dokumenten und in der historischen Literatur stützt. In letzterem Falle stellt er sorgsam den Stoff zusammen und zeigt in der Erzählung wie in der Charakteristik Sicherheit und Gewandtheit. Mit Interesse folgt man seiner lebendigen, wenn auch nicht selbständigen Darstellung. Wie aber das „Tagebuch" seinen Einfluß geltend macht, ist er wie hypnotisiert und verliert den Maßstab für Menschen und Tatsachen.

Er wäre nicht der erste Forscher, der einem Irrtum zum Opfer gefallen ist, wie ja auch ich in einem bekannten Fälle Schriftstücke für echt gehalten habe, die sich später als zweifelhaft herausstellten. Alters Enthüllungen sind auch manchem sachkundigen Leser glaubhaft vorgekommen. Der frühere deutsche Generalstabschef Graf v. Schliessen ließ sich anfangs von ihnen bestechen und schrieb, sich auf sie beziehend, einen Aufsatz mit einer Charakteristik Benedeks [1]). Dies alles soll Alter zugute gehalten werden.

Voraussetzung für eine solche günstigere Beurteilung seines Vorgehens ist jedoch, daß er mit seinem „Tagebuch" und den anderen von ihm genannten, ihm zur Verfügung stehenden Vorlagen vor die Öffentlichkeit tritt und sich nicht länger hinter einem Geheimnis verbirgt. Er zitiert — abgesehen von einigen, wie es scheint, weniger belangreichen Schreiben von Militärs aus der Zeit von 1860 auf 1870 — auch Briefe Beusts an den sächsischen Diplomaten Vitzthum, in denen manche merkwürdige Angabe enthalten sein soll. Keiner dieser Briefe ist in seinem Buche abgedruckt, sondern ganz nach Alters Wahl sind Tatsachen angeführt, deren Richtigkeit nicht kontrolliert werden kann.

Dieses Verfahren ist unstatthaft. Es macht auch einen bösen Eindruck, daß Alter mitteilt, er habe früher auf an ihn gerichtete Anfragen nach seinem Gewährsmann statt Tegetthoff einen Decknamen vorgeschoben. Mir selbst machte er keine derartige Angabe, aber ein Brief, in dem er mir (am 29. Juli 1912) Tegetthoff als Verfasser nennt, enthält so auffallende Mitteilungen, daß ich, wenn ich sie mit der Vorrede seines Buches vergleiche, zu Schlüssen kommen muß, die für ihn ungünstig sind. In jenem Brief an mich heißt es:

„Infolge geänderter Umstände bin ich jetzt in der angenehmen Lage, der Öffentlichkeit den Namen des Autors des von mir benutzten Tagebuches, den ich Ihnen bei unserer seinerzeitigen Unterredung vorenthalten mußte, bekanntzugeben. Es ist das der 1881 verstorbene Feldmarschalleutnant Karl v. Tegetthoff, 1866 als Oberst Chef des Evidenzbureaus

[1]) Er ist in den „Vierteljahrsheften für Truppenführung und Heereskunde", VIII. Jahrgang 1911, Heft 2, erschienen.

der Nordarmee. Die im Feldzuge selbst aufgezeichnete erste Handschrift des Tagebuches ging nach dem Selbstmorde des Verfassers in den Besitz des Erzherzog Albrecht über, ebenso wie die im Besitze des Feldmarschalleutnants v. Tegetthoff befindlichen Aufzeichnungen des Admirals Tegetthoff, über deren spurloses Verschwinden Bettelheim in der letzten Nummer der „Österreichischen Rundschau" spricht. Ich benutzte die zweite, aus dem Jahre 1872 stammende Niederschrift, die eine ziemlich eingehende Darstellung des Feldzuges liefert und, da sie an einigen Stellen gegen das Generalstabswerk polemisiert, vermutlich zur Drucklegung bestimmt war. Das Heft hatte Feldmarschalleutnant v. Tegetthoff vor Antritt jener Reise, auf der er Selbstmord beging, meinem nun verstorbenen, mit ihm eng befreundeten Vater übergeben, mit dem gemeinsam er durch fast zehn Jahre an der Konstruktion eines Repetiergewehres und eines Schnellfeuergeschützes arbeitete. Es befindet sich jetzt als Erbstück im Besitze meines ältesten Bruders."

Dieser Brief steht nicht im Einklang mit der in der Vorrede seines Buches gemachten Angaben; denn hier behauptet er, diejenige Person, die das Tagebuch aus dem Vermächtnisse Tegetthoffs erhielt, habe sich in hoher amtlicher Stellung befunden, ihm jedoch „in liebenswürdigster Weise" das Heft anvertraut; dort aber ist gesagt, sein eigener Vater habe schon zu Lebzeiten Tegetthoffs von ihm selbst das Dokument bekommen. Und weshalb behauptet er in seinem Buche konsequent, ihm sei das Tagebuch selbst vorgelegen, während er nach dem Briefe an mich nur eine Umarbeitung benutzt haben will?

Das sind Widersprüche, von deren Aufhellung der wissenschaftliche Ruf Wilhelm Alters abhängt. Wenn er sich eines Mißgriffes schuldig gemacht hat, so ist ein offenes Bekenntnis der würdigste Ausweg. Es kann verlangt werden, daß er sein Tagebuch veröffentlicht oder es wenigstens einem Kreise unbefangener Forscher zur Prüfung unterbreitet. Seine anderen in der „Deutschen Rundschau" abgedruckten Arbeiten über Beust, dann über die äußere Politik der ungarischen Revolutionsregierung von 1848 sind gleichfalls gewandt geschrieben, zeigen dieselbe Neigung zu halber Aufschließung und halber Verschleierung seiner Quellen. Man wird auch diese Arbeiten nur dann für probehaltig ansehen, wenn die Zweifel an der Herkunft des Tegetthoff-Tagebuches zerstreut sind.

Nachwort

(zum Aufsatz in der Österreichischen Rundschau)

Der obige Aufsatz war bereits Mitte Dezember zur Veröffentlichung bestimmt und lag in diesem Zeitpunkt schon im Bürstenabzug vor, als sich die Notwendigkeit neuer Nachforschungen über das „Tagebuch" herausstellte. Hierbei ergab sich, daß die oben angeführte schriftliche Mitteilung des Herrn Wilhelm Alter, das „Tagebuch" wäre von Feldmarschalleutnant von Tegetthoff seinem Vater übergeben worden und hierauf als Erbstück in den Besitz seines ältesten Bruders übergegangen, unwahr ist. In der Familie Alters wurde dies in Abrede gestellt, dagegen mitgeteilt, das Schriftstück wäre ihm von der Witwe eines hohen Offiziers zur Benutzung anvertraut worden. Herr Wilhelm Alter, darüber zur Rede gestellt, beantwortete diese Anfrage in einem am 3. Januar an mich gerichteten Schreiben, in dem er mich wegen der „Mystifikation" um Entschuldigung bat und hinzufügte:

> „Zum Meritum erlaube ich mir zu bemerken, daß die Mitteilungen, die Sie von meinem Bruder Karl empfangen haben, richtig sind, mit der Modifikation, daß das Tagebuch an dessen Authentizität zu zweifeln ich keine Ursache habe, in mein Eigentum übergegangen ist, wobei ich auf Grund schriftlichen Vertrags die Verpflichtung übernahm, der betreffenden Dame die Hälfte des Ertrags aller auf das Tagebuch basierten schriftstellerischen Arbeiten abzutreten."

Der ganze Vorgang beweist die Unzuverlässigkeit des Herrn Alter.

Wie es sonst in dem „Tagebuch" und mit der Dame steht, die es seiner Angabe nach geliefert hat, soll von einem Kreise von

Historikern geprüft werden, denen er das „Tagebuch" und die anderen darauf bezüglichen Schriftstücke in zwei bis drei Wochen vorzulegen in Aussicht stellt.

Über den weiteren Verlauf der Angelegenheit wird der Öffentlichkeit seinerzeit berichtet werden. Schon jetzt aber steht fest, daß, mag Herr Alter auch, was zu wünschen ist, seine bona fides nachweisen, seine Enthüllungen keinen Glauben verdienen.

Wien, 9. Januar 1913.

Dies meine Rezension in der „Österreichischen Rundschau", die, wie aus Alters oben veröffentlichtem Schreiben vom 15. Januar 1913 hervorgeht, von ihm gelesen wurde, als er den Selbstmord bereits beschlossen hatte. Er hat es vorgezogen, sie unbeantwortet zu lassen. Es ist mir die traurige Genugtuung geworden, daß sich nach seinem Tode herausstellte, mein Urteil über die Natur seiner handschriftlichen Quellen sei noch immer nicht so strenge gewesen, wie diese es verdienten. Die Angelegenheit ist genügend aufgehellt, und es darf wohl gesagt werden: Wilhelm Alter hat ins Grab **kein** Geheimnis mitgenommen, das für die Geschichte des Jahres 1866 von Belang sein könnte.

Wien, im März 1913.

16

Graf Bernhard v. Rechberg

(Veröffentlicht 1899)

Unter den fünfzehn Ministern, die im 19. Jahrhundert die auswärtigen Angelegenheiten der habsburgischen Monarchie leiteten, gab es nicht weniger als sieben, die nicht österreichischen Familien angehörten. Diese Ministerreihe aus der Fremde (Stadion, Metternich, Ficquelmont, Wessenberg, Buol, Rechberg und Beust), deren Mehrzahl „aus dem Reiche" stammte, waltete ihres Amtes fast ununterbrochen zwischen 1806 bis 1870, mit den kurzen Unterbrechungen 1848 bis 1852 und 1864 bis 1866. Der sechste in dieser Folge gehört dem schwäbischen Geschlechte der Rechberg an, deren Stammsitz, der Hohenrechberg, sich unmittelbar neben dem Hohenstaufen erhebt. Der Besitz der Rechberg erstreckte sich über Württemberg und Bayern, so daß dem jeweiligen Haupte der Familie Sitz und Stimme in der ersten Kammer beider Staaten zustand. Der spätere Minister, 1806 geboren, war ein zweiter Sohn; sein älterer Bruder, Graf Albert, erbte das väterliche Fideikommiß, während der jüngere zur Beamtenlaufbahn in Bayern bestimmt wurde, in die er nach Vollendung der rechts- und staatswissenschaftlichen Studien an den Universitäten zu Straßburg und München eintrat. Aber ein Duell mit unglücklichem Ausgange, an dem er als Sekundant beteiligt war, erregte den Unwillen König Ludwigs gegen ihn und so trat er in den aussichtsreicheren österreichischen diplomatischen Dienst. Er begann seine Laufbahn 1829 als Attaché bei der Gesandtschaft zu Berlin und wurde 1830 als Legationssekretär zur Botschaft nach London versetzt, wo er unter Baron Wessenberg und Graf Apponyi arbeitete. Verhältnismäßig jung wirkte er von 1833 durch drei Jahre als Geschäftsträger in

Darmstadt, wurde hierauf in der Staatskanzlei zu Wien beschäftigt, gehörte dann den Gesandtschaften in Brüssel und Stockholm an, bis er 1843 zum Gesandten am brasilianischen Hofe ernannt wurde. Vier Jahre blieb er jenseits des Weltmeers, wo er sich mehr mit handelspolitischen und Kolonialfragen als mit Politik zu beschäftigen hatte. Als er Ende 1847 nach Wien zurückkehrte, sah er bei seiner Reise durch München die gegen Lola Montez gerichteten Unruhen und erstattete dem Fürsten Metternich Bericht über die drohenden Vorzeichen der Revolution. Indessen glaubte sich der Staatskanzler sicher und wurde unversehends am 13. März 1848 durch die Erhebung Wiens überrascht. Metternich mußte Wien verlassen und fand in Feldsberg, einem Schlosse des Fürsten Liechtenstein in Niederösterreich nahe an der mährischen Grenze, für kurze Zeit Zuflucht. In diesen gefahrvollen Tagen stellten sich dem gestürzten Staatskanzler zwei seiner Untergebenen zur Verfügung; „Baron Karl v. Hügel und der gute Rechberg," so schrieb die Gemahlin des Fürsten dankerfüllt in ihr Tagebuch, „der doch niemals von uns besonders begünstigt worden war, standen uns beide gleich mutvoll und treu zur Seite. Hügel blieb bei uns und traf alle möglichen Vorsichtsmaßregeln, Rechberg blieb bei den Kindern." Hügel brachte den Fürsten und seine Gemahlin zu Wagen nach Feldsberg, wohin ihnen Rechberg mit den Kindern auf der Eisenbahn folgte. Aber auch hier war für die Flüchtlinge nicht des Bleibens, da der Gemeinderat von Feldsberg den Fürsten aufforderte, binnen vierundzwanzig Stunden das Stadtgebiet zu verlassen. Im Reisewagen Rechbergs, der neben dem Kutscher Platz genommen hatte, fuhren sie nach Norden und gelangten dann auf der Eisenbahn nach Olmütz; hier aber ließen der Festungskommandant und der Erzbischof den Fürsten wissen, daß sie nicht für die Ruhe in der Stadt zu bürgen vermöchten, wenn er Olmütz beträte. So ging die Flucht weiter durch Böhmen und Sachsen, über Magdeburg und Hannover nach Holland, wo Metternich von dem König und der Regierung des Landes ehrenvoll aufgenommen wurde. Erst als Rechberg die Flüchtlinge im Haag in Sicherheit wußte, verließ er Metternich und kehrte mit dessen Briefen an die kaiserliche Familie nach Wien zurück.

Als Fürst Felix Schwarzenberg im November 1848 die Zügel der Regierung ergriff, beschäftigte er Rechberg anfänglich im auswärtigen Amte, ernannte ihn aber schon am 22. März 1849 zum Bevollmächtigten bei der Frankfurter Zentralgewalt. Diesen Posten hatte soeben Schmerling unwillig verlassen, weil das Ministerium ihn nicht in seine Absichten eingeweiht und ihn wie alle Welt durch Verkündigung der zentralistischen österreichischen Verfassung vom 4. März 1849 überrascht hatte. Es war dies für die großdeutsche Partei im Frankfurter Parlament ein harter Schlag wie für Schmerling, ihren Führer, gewesen, da sich Österreich dadurch selbst aus Deutschland ausschaltete. Schmerling nahm Rechberg deshalb mißlaunig auf, und dieses erste unfreundliche Zusammentreffen war entscheidend für das Verhältnis der beiden Männer, das sich später zu offener Feindseligkeit steigerte. Rechberg sah in Frankfurt die Erwählung des Königs von Preußen zum Deutschen Kaiser und dann den Zerfall des ersten deutschen Parlaments. Von Frankfurt heimgekehrt, arbeitete Rechberg wieder im Ministerium an den deutschen Geschäften. Der Konflikt zwischen Österreich und Preußen verschärfte sich, als bayrische Truppen mit Zustimmung Österreichs nach Kurhessen geschickt wurden, um den an seiner Verfassung festhaltenden Volksstamm unter die Herrschaft des Kurfürsten zu beugen, während Preußen die „Strafbayern" an der Besetzung des Landes hindern wollte. Rechberg wurde im November 1850 zum Bundeskommissar in Kurhessen ernannt, mit dem Auftrage, die Exekution gegen das auf seinem guten Rechte beharrende Volk zu leiten. Diese mißliche Aufgabe wurde ihm aber auf seine Bitte bald abgenommen und ihm selbst die bedeutende Stellung eines Gesandten in Konstantinopel zugedacht; im Juni 1851 wurde er zum Internuntius ernannt, ohne jedoch dieses Amt anzutreten. Den ehrenwerten Grund, weshalb er es ausschlug, erfahren wir aus einem Briefe Bismarcks nach Rechbergs eigener Mitteilung. „Er geht nicht nach Konstantinopel," schreibt Bismarck im Juni 1852 aus Wien, „weil man sich geweigert hat, ihm das dortige korrumpierte Subalternpersonal — Testa usw. — zu opfern." Schon früher hatte sich unter den Frankfurter Diplomaten die Nachricht verbreitet,

Rechberg wäre als Nachfolger des Grafen Thun zum Präsidenten des Bundestags bestimmt, und Bismarck berichtete aus Frankfurt am 23. April 1852 nach Berlin: „Graf Rechberg wäre nach allem, was ich höre, Herrn v. Prokesch entschieden vorzuziehen, als ein zwar leidenschaftlicher, aber gerader und ehrliebender Mann." Indessen hatte Bismarck das Mißvergnügen, bald darauf doch Prokesch als Vertreter Österreichs neben sich zu sehen. Die persönliche Bekanntschaft Bismarcks und Rechbergs datiert von dem Besuche des ersteren in Wien, und aus diesem Anlaß entwirft der preußische Diplomat von Rechberg eine für diesen sehr günstige Schilderung. Er lernte ihn im Hause des alten Fürsten Metternich kennen. „Ich hatte ihn anders gedacht," schreibt er vertraulich an Minister Manteuffel, „seine brillentragende Erscheinung hält etwa die Mitte zwischen Robert Goltz" (dem späteren preußischen Gesandten in Paris) „und dem Hofdrucker Decker, und er sieht mehr wie ein Kammergerichtsrat aus als wie ein Diplomat. Er war sehr entgegenkommend und mitteilend für mich und gefällt mir sonst ganz gut; aber auch er glaubt, der deutsche Bund würde durch die offizielle Adoption der schwarzrotgoldenen Farbe Kräfte gewinnen und solche der Demokratie entziehen." Die letztere Bemerkung erinnert daran, daß Bismarck damals noch, auch in Äußerlichkeiten, ein konservativer Heißsporn war.

Der Tod des Fürsten Schwarzenberg (5. April 1852) erhob den Grafen Buol-Schauenstein zum österreichischen Minister des Äußeren. Der neue Vorgesetzte war Rechberg nicht sympathisch, wie viele seiner ungünstigen Bemerkungen über Buol bewiesen. Er fühlte sich im diplomatischen Dienste unbehaglich: die Botschaft in Konstantinopel hatte er ausgeschlagen, für Frankfurt aber war ihm Herr v. Prokesch vorgezogen worden, oder wie Bismarck gerüchtweise im November 1852 zu melden wußte, Rechberg hatte das Amt mit dem Bemerken abgelehnt, es sei ein Posten, wo man leicht den Hals brechen könne. Vermutlich war das wenig freundliche Verhältnis zu Buol der Grund, weshalb Rechberg jetzt für einige Zeit in die innere Verwaltung übertrat. Am 7. September 1853 wurde er dem Feldmarschall Grafen Radetzky zur Seite gesetzt, um die Verwaltung des lombardisch-venetianischen Königreiches zu leiten; der Sache nach war er Statthalter, doch führte er nur den bescheidenen Titel eines Zivilladlatus des Feldmarschalls, dem die Stellung eines Generalgouverneurs blieb. Die österreichische Regierung war zu dieser Einrichtung veranlaßt, weil sie endlich daran gehen mußte, das 1848 in den italienischen Provinzen eingeführte militärische Regiment durch eine bürgerliche Verwaltung zu ersetzen. Radetzky persönlich war milde gesinnt, aber der Belagerungszustand lastete schwer auf den durch das Schwert zurückeroberten Provinzen, und mancher hohe Offizier verschärfte durch harte Maßregeln die durch die Verhältnisse gebotene Strenge. Begreiflicherweise war der alte Feldmarschall über die Einschränkung seiner Vollmachten ungehalten; er schrieb seiner Tochter, er habe das Land mit seinen Offizieren und wenigen Zivilbeamten billiger regiert als Rechberg mit dem großen, ihm beigegebenen Beamtenstabe. Indessen stand das Ansehen des alten Helden so fest, daß er sich bei seiner Klugheit mit den neuen Verhältnissen abfand; seine Umgebung dagegen geriet in scharfe Konflikte mit Rechberg, der seine Amtswirksamkeit nicht einschränken lassen mochte und darin den Weisungen des Ministers des Innern, Alexander Bach, entsprach; diesem aber war mit Recht daran gelegen, den über Italien und Ungarn verhängten Belagerungszustand aufheben zu lassen. Rechberg war lebhaft und aufbrausend und stieß mit dem ebenso temperamentvollen Benedek, dem Generalstabschef des Feldmarschalls, so heftig zusammen, daß der Verkehr zwischen beiden überhaupt unmöglich wurde.

Zu dieser Zeit — es war der Höhepunkt des Krimkrieges — war die äußere Politik Österreichs vor schwierige Aufgaben gestellt, denen Graf Buol nicht gewachsen war. Wohl war es zunächst ein Erfolg, daß Österreich im April 1854 die preußische Regierung und den deutschen Bund zum Abschlusse eines Verteidigungsbündnisses bestimmte, das auch die außerdeutschen Gebiete des Kaiserstaates gegen feindliche Angriffe sicherte. Nun ging Buol, der die Erwerbung der Moldau und der Walachei für Österreich ins Auge gefaßt hatte, einen Schritt weiter, sagte dem tief verletzten Zaren die 1849 befestigte Freundschaft auf und schloß im Dezember 1854 ein Bündnis mit den Westmächten.

Preußen war nicht zuvor verständigt worden; Buol hoffte jedoch, den König Friedrich Wilhelm und den deutschen Bund zum Beitritte zu bestimmen. Er täuschte sich, da Preußen über das geheime Spiel Österreichs ungehalten war und nicht mit Rußland in Krieg geraten wollte; heftiger noch widersprachen zu Frankfurt die Gesandten der Mittelstaaten. Da Österreich in diesem Augenblicke — wir kennen bis heute noch nicht die entscheidenden Vorgänge am Wiener Hofe — vor den Konsequenzen zurückschrak und den Westmächten nicht den von ihnen erwarteten bewaffneten Beistand leistete, so hatte sich diese Zickzack-Politik der Reihe nach in Widerspruch mit sämtlichen Großmächten gesetzt; Bismarcks Abneigung gegen Österreich faßte in dessen Unzuverlässigkeit tiefe Wurzeln und er wurde der entschiedenste Gegner einer Unterstützung seiner Orientpolitik durch Preußen. Bismarcks Widerwille steigerte sich noch durch die täglichen Zusammenstöße mit Prokesch, dessen Charakter er in seinen geheimen Berichten ungünstig beurteilte. Unter diesen Umständen stiegen die Aussichten für einen angesehenen Diplomaten wie Rechberg, und er wurde im Februar 1855 nach Frankfurt geschickt, vorerst bloß um Prokesch zu vertreten. Wie angesehen er schon damals war, beweist das Gerücht, das Bismarck am 18. September des Jahres nach Berlin meldete: in Wien stehe ein Ministerwechsel bevor und Rechberg werde als Nachfolger Buols genannt. Indessen kam es zunächst nicht dazu. Prokesch kehrte im Sommer vorübergehend auf den Frankfurter Posten zurück, wurde aber bald darauf nach Konstantinopel versetzt und Rechberg am 12. Oktober 1855 endgültig zum Präsidenten des Bundestages ernannt.

Damit tritt Graf Rechberg als historische Figur unmittelbar neben Bismarck, und dessen lebensvolle Schilderungen der diplomatischen Kämpfe zu Frankfurt rücken die Persönlichkeit und das Wirken des österreichischen Gesandten in das hellste Licht. In den Berichten Bismarcks aus Frankfurt setzte sich der große Staatsmann ein literarisches Denkmal sondergleichen, aber auch sein Widersacher kommt dabei nicht zu kurz; selten ist wohl einem Staatsmann durch einen politischen Gegner in seinem Greisenalter eine gleich hohe Genugtuung widerfahren wie ihm durch die Veröffentlichung der Frankfurter Depeschen Bismarcks.

Anfänglich übertrug Bismarck seine Abneigung gegen die österreichische Politik auf ihren damaligen Vertreter, und der günstige Eindruck, den dieser bei ihrem Zusammentreffen in Wien gemacht hatte, trat in ihm zurück. „Ich halte Rechberg," so schreibt er am 28. Februar 1855, „für ebenso schlimm (wie Prokesch) in seiner politischen Richtung und dabei für geschickter und energischer." Er traute dem neuen Bundespräsidenten sogar einen „Staatsstreich" in seinem Amte zu, in der Absicht, die Mittelstaaten der österreichischen Politik gefügig zu machen. Aber schon nach der ersten Unterredung schwand dieses Mißtrauen Bismarcks.

Es ist hier die Stelle, um Rechbergs Grundanschauung über die Aufgaben der österreichischen Politik darzulegen. Er war, was die auswärtigen Angelegenheiten betraf, von der Richtigkeit der Politik des Fürsten Metternich überzeugt, und hierin hatte vermutlich seine persönliche Anhänglichkeit an den Staatskanzler ihren Grund. Auch nach Rechbergs Ansicht sollte Österreich das Bündnis mit Preußen und Rußland pflegen, da bloß auf diese Weise seine stets angefochtene Herrschaft über Italien behauptet und Ungarn niedergehalten werden konnte. Deshalb widerriet er jedem allzu kühnen Ausgreifen seines Staates, weil er sich dadurch in Deutschland Preußen entfremden oder auf der Balkanhalbinsel mit Rußland zusammenstoßen müsse. Somit billigte er schwerlich die Machtpolitik des Fürsten Schwarzenberg in Deutschland in ihrem ganzen Umfange, Buols Eroberungspläne im Osten verurteilte er offen als zu gefährlich.

Es macht nun seinem Charakter und seinem Unabhängigkeitssinne alle Ehre, daß er diese Politik ebenso bei Kaiser Franz Josef vertrat, wie er sie offenherzig im Verkehr mit Bismarck entwickelte. Er gewann dadurch den preußischen Gesandten, der am 5. März 1855 an Manteuffel meldete: „Ich habe eine lange Unterredung mit dem Grafen Rechberg gehabt, bei welcher das Entgegenkommende der politischen Ansichten, die er aussprach, meine Erwartungen übertraf. Wenn er aufrichtig gegen mich gewesen ist, und ich habe bisher keinen Grund, daran zu zweifeln, so kann ich ihn, nach seiner Auffassung der Beziehungen zu Preußen, kaum der gegenwärtig in Wien herrschenden Richtung zuzählen. Seiner Meinung nach hat Österreich gegenwärtig die Aufgabe, sich mit Preußen zu verständigen, und auf diese Weise für beide eine gesicherte Stellung zwischen den Weltmächten[1]) zu gewinnen." „Rechbergs Verhalten," besagt der Bericht Bismarcks vom 25. März 1855, „kann ich fortwährend nur loben, er läßt mit sich reden, ohne zu deklamieren und zu zanken." Natürlich konnte er Bismarcks hohe Ansprüche auf die Geltung Preußens in Deutschland nicht ganz befriedigen, und das im Naturell des preußischen Gesandten wurzelnde Mißtrauen fand bald, wenn auch nur vorübergehend, neue Nahrung. Es ärgerte Bismarck, daß Rechberg sich „leider" nicht bloß zu ihm, sondern auch zu den übrigen Gesandten in ein Verhältnis des Vertrauens setzte, besonders aber, daß er mit dem Vertreter Bayerns, Herrn v. Schrenck, seinem Jugendfreunde, weite einsame Spaziergänge machte. Bald ist ihm der gewandte Rechberg so unbequem, daß er ausruft: „Ich sehne mich mitunter nach Prokeschs Rückkehr; er war ein viel wünschenswerterer Gegner. Wollen wir uns und können wir uns mit Österreich verständigen, so ist Rechberg weit vorzuziehen und Prokesch gar nicht möglich. Rechberg sagt mir täglich, es müsse wieder dahin kommen, daß gar nichts am Bunde verhandelt werde, worüber vorher nicht Einigkeit zwischen Berlin und Wien erzielt sei." Rechberg sei wohl katholisch, aber sein Katholizismus sei überwiegend „politischer Natur". Der neue Gesandte besaß nach demselben Zeugnisse in den großen europäischen Fragen eine selbständige Auffassung, so daß er „nicht zu den Eingeweihten des letzten Gedankens der Politik des Wiener Kabinetts zu gehören scheint. Sein von dem Grafen Buol wesentlich verschiedener Standpunkt und die zwischen beiden seit dem Tode des Fürsten Schwarzenberg schon herrschende Verstimmung erkläre dies leicht." All dieses Lob wie der Tadel des wachsamen, eifersüchtigen Nebenbuhlers sind gleich ehrenvoll für Rechberg. Dieser schmeichelte seinem Chef Buol nicht im entferntesten; „mit Frau v. Brints, der Schwester des Grafen Buol" (die in Frankfurt eine bedeutende gesellschaftliche Stellung einnahm), „steht er in offener Fehde". Alles Frühere zusammenfassend findet

[1]) Die Wendung „zwischen den Westmächten" bei Poschinger ist wohl ein Lese- oder Druckfehler.

Bismarck, das Mißtrauen der Mittelstaaten gegen die österreichische Orientpolitik würde schwinden, wenn Graf Rechberg oder Graf Thun an der Spitze der Geschäfte in Wien stünden.

In dem Gange der Buolschen Politik mißbilligte Graf Rechberg nicht zum mindesten die Feindseligkeit gegen Rußland, denn bekanntlich zog sich Österreich den Vorwurf der Undankbarkeit seitens Rußland zu, ohne die Feindseligkeit des Kaisers Napoleon bannen zu können. Rechberg hielt denn auch nicht mit seinem Tadel der Note zurück, durch die Buol im Januar 1856 Rußland zur Unterzeichnung des Friedens nötigte.

Unter diesen Umständen hielt es Graf Rechberg um so notwendiger, daß Österreich sich wenigstens mit Preußen verbinde, und er befürwortete im Dezember 1855 bei Buol die Absendung des österreichischen Unterstaatssekretärs Werner nach Berlin zur Schlichtung der Streitigkeiten mit der preußischen Regierung. Als er den Auftrag erhielt, den Bundestag zum Anschlusse an die Rußland einschüchternde Politik Österreichs zu bestimmen, erkannte er, daß sich weder Preußen noch die Mittelstaaten würden gewinnen lassen, und es gelang ihm, mit Bismarck eine vermittelnde Formel zu vereinbaren, welche im wesentlichen auch vom Bunde angenommen wurde.

Rechberg ging aber in seinen Bemühungen noch weiter. Er arbeitete im Jahre 1856 eine für Kaiser Franz Josef bestimmte Denkschrift aus, in der Absicht, dadurch eine Änderung der österreichischen Politik Preußen gegenüber anzubahnen. Die Eifersucht der beiden Großmächte, so führt er aus, habe zur Folge gehabt, daß den an sich ohnmächtigen Mittelstaaten Deutschlands eine Vermittler- und Schiedsrichterrolle zugefallen sei, die sie doch nur unter Anlehnung an Frankreich festhalten könnten. Der Bund, das war der Grundgedanke der Denkschrift, sei nicht stark genug, um die Zwietracht seiner beiden Hauptmächte und das Werben um die Stimmen der Kleinen zu ertragen. Als Rechberg Herrn v. Bismarck von dem Inhalt seiner Arbeit verständigte, äußerte er zugleich unverhohlen, daß er fürchte, in Wien auch diesmal wie gewöhnlich einer kurzen und unmotivierten Ablehnung zu begegnen. Auch wußte er, daß er auf den Widerspruch des Herrn v. Biegeleben stoßen werde, der im österreichischen Ministerium des Äußern das Referat über die deutschen Angelegenheiten führte. Wir begegnen hier zum ersten Male dem Manne, der für Rechbergs späteres Wirken bedeutsam und verhängnisvoll werden sollte. Rechberg gab sich keiner Täuschung darüber hin, daß eine Besserung nicht zu erwarten sei, wofern Biegeleben nicht seines wichtigen Referates enthoben würde.

Es ist bisher nicht bekannt geworden, welche Aufnahme diese Denkschrift in Wien fand. Sehr bald erkannte man indessen in Österreich, wie gefährlich für Österreich die Vereinsamung sei, in der es sich nach dem Krimkriege befand. Deshalb wurde Rechberg 1857 nach Stuttgart gesandt, um König Wilhelm von Württemberg zu bestimmen, zwischen Kaiser Franz Josef und dem Zaren, dem Neffen des Königs, zu vermitteln; indessen hatte, wie zu erwarten stand, die Bemühung des Königs keinen Erfolg. Dem Berliner Kabinett gegenüber aber verharrte die österreichische Politik auf der betretenen Bahn. Graf Rechberg wurde von Wien aus angewiesen, Preußen in jeder Weise entgegenzuwirken und die Mittelstaaten für Österreich zu gewinnen. Er mußte nach seinen Instruktionen handeln und so entspann sich ein merkwürdiges Verhältnis zwischen dem österreichischen und dem preußischen Gesandten. Sie bekämpften sich mit allen Mitteln der Diplomatie, wobei Rechberg als Präsident der Versammlung und Vertreter der führenden Macht sich in einer günstigeren Stellung befand; es gelang ihm auch, nahezu in allen Fragen eine Mehrheit um sich zu sammeln. Aber so groß auch der Unwille war, der darob die Seele des stolzen und reizbaren, zum Herrschen geborenen und jetzt zurückgedrängten Bismarck erfüllte, so mußte er anerkennen, daß Rechberg sich loyaler Mittel bediente und dieses Buhlen um die Gunst der Mittelstaaten innerlich für schädlich hielt.

Das Verhältnis gegenseitiger Achtung zwischen Bismarck und Rechberg blieb unverändert, auch als Österreich den König Friedrich Wilhelm IV. durch seine Feindseligkeit in der Neuenburger Frage tief kränkte. Der König wollte die Eidgenossenschaft zur Freilassung der Führer der preußenfreundlichen Partei Neuenburgs zwingen, denen man den Prozeß gemacht hatte, und er sah sich hierbei von Österreich im Stiche gelassen, von Napoleon III. dagegen klüglich unterstützt. Rechberg machte in vertraulichen Äußerungen kein Hehl aus seiner Niedergeschlagenheit über die Irrtümer des Wiener Kabinetts, Buol der Unfähigkeit anklagend. Bei diesem Anlaß scheint sich die Szene abgespielt zu haben, die Bismarck später erzählte. Rechberg kam zu ihm, um ihm eine von Wien aus eingelangte Weisung zu zeigen, des Inhalts, er habe für einen Antrag Preußens in dieser Angelegenheit zu stimmen. Bismarck las einen Teil des ihm vorgelegten Schriftstückes und bemerkte sofort: „Hier muß ein Irrtum vorgefallen sein.“ Rechberg sah ins Blatt hinein und erschrak; er hatte Bismarck aus Versehen eine andere Depesche aus Wien lesen lassen, in der er angewiesen wurde, für den preußischen Standpunkt zu stimmen, aber gegen ihn zu wirken. „Beruhigen Sie sich,“ sagte Bismarck, „Sie haben mir den Brief nicht geben wollen, also haben Sie ihn mir nicht gegeben, also ist sein Inhalt mir völlig unbekannt.“ (Wahrscheinlich handelte es sich hierbei um die Depesche, die von Bismarck in seinem Berichte vom 25. Dezember 1856 erwähnt wird; es ist dies ein geheimes Rundschreiben des Wiener Kabinetts an die süddeutschen Höfe, in dem ihnen geraten wird, den Durchmarsch preußischer Truppen gegen die Schweiz nicht zu gestatten, Preußen in dieser Angelegenheit vielmehr an den Bund zu verweisen.)

Schroff traten sich sodann die beiden Diplomaten in der Rastatter Festungsfrage gegenüber. Der Großherzog von Baden hatte insgeheim eingewilligt, daß Österreich eine Besatzung in die Bundesfestung lege, und erst hinterher wurde die Zustimmung des Bundes verlangt. Mit Eifer betrieb Rechberg das ihm aufgetragene Geschäft, wiewohl Bismarck ihn an seinen eigenen Grundsatz erinnerte, Österreich und Preußen sollten sich stets einigen, bevor sie etwas an den Bund brächten. Immer lebhafter wurden die Klagen Bismarcks über die übrigen Gesandten, die, wie er behauptet, sich „gegen klares Recht“ aus persönlichen Rücksichten zu Parteizwecken mißbrauchen lassen. Bismarck legte am 29. Jannar 1858 Manteuffel gegenüber das Bekenntnis ab: „Es ist für den preußischen Gesandten am Bunde nicht leicht, den österreichischen und den anderweitigen antipreußischen Einflüssen gegenüber den persönlichen Beistand auch nur eines einzigen seiner Kollegen zu gewinnen."

Diese Reibungen und Zusammenstöße hätten, wie bekannt, beinahe zu einem Duell zwischen den beiden Gesandten geführt. Der Streit zwischen ihnen wurde einmal so heftig, daß Rechberg nicht mehr Herr seines hitzigen Temperaments blieb und ausrief: „Ich werde Ihnen meine Sekundanten schicken!" „Wozu die Umstände," erwiderte Bismarck, „Sie haben ja wohl Pistolen, dann machen wir die Sache sogleich in Ihrem Garten ab. Während Sie das Schießgerät zurechtmachen, schreibe ich einen Bericht über den Handel, den ich eintretenden Falles nach Berlin zu schicken hätte." Bismarck setzte sich wirklich nieder, schrieb den Bericht und ersuchte Rechberg, ihn zu lesen. Dessen Eifer hatte sich indessen abgekühlt; er meinte: „Alles recht, aber uns deshalb die Hälse zu brechen, wäre doch über die Maßen töricht." Bismarck erklärte sich ganz einverstanden. So der Bericht, den der Reichskanzler später gerne zum besten gab und den Sybel in der obigen Form wiedergibt. Nach einer anderen Fassung hätte der bayerische Gesandte Herr v. Schrenck zwischen den beiden Männern vermittelt und die Sache ins reine gebracht. Das Obige aber ist die Darstellung Bismarcks. In hohem Alter kam Graf Rechberg dem Verfasser dieses Aufsatzes gegenüber zweimal auf die Sache zu sprechen, gab die Richtigkeit der Erzählung zu, ließ sich aber auch über den Anlaß des Streites aus. Danach handelte es sich um den vor die Bundesversammlung gebrachten Antrag, den schleswig-holsteinischen Offizieren, die 1848 bis 1850 gegen Dänemark gekämpft hatten, einen Ruhegehalt seitens des Bundes zu gewähren. Am Tage der Abstimmung hatte Rechberg noch keine Instruktion aus Wien in Händen und es lag ihm, um das Ansehen Österreichs in Deutschland zu wahren, alles daran, die Entscheidung hinauszuschieben, damit sein Staat nicht als Gegner der schleswig-holsteinischen Sache erscheine. Er bat Bismarck um die persönliche Gefälligkeit, der Vertagung der Sache zuzustimmen. Dieser, so erzählt Rechberg weiter, ging anscheinend auf seinen Wunsch ein; der österreichische Gesandte war deshalb unliebsam überrascht, als sein Kollege in der Sitzung trotzdem die Verhandlung der Angelegenheit betrieb, so daß Rechberg der Versammlung eröffnen mußte, er habe kein Recht zuzustimmen. Nach der Sitzung machte ihm Rechberg heftige Vorwürfe, und der Wortwechsel wurde so lebhaft, daß der hitzige österreichische Gesandte den preußischen zum Zweikampfe herausforderte.

So weit Rechberg. In den veröffentlichten Aktenstücken finden sich zwei Fälle, in denen die beiden Diplomaten wegen der Pensionsfrage hart auseinander stießen. (Poschinger, Preußen im Bundestag, 3. Teil, S. 119 und S. 201.) Es bleibe dahingestellt, wie weit Graf Rechberg, der beinahe neunzig Jahre alt war, als er die Dinge mir gegenüber so darstellte, sich auf sein übrigens ungewöhnlich frisches Gedächtnis verlassen konnte.

Während dieser kleinlichen und ärgerlichen Streitigkeiten zwischen den deutschen Großmächten bereitete Napoleon III. den Krieg gegen Österreich vor, und Kaiser Franz Josef durchschnitt die im Frühjahre 1859 gepflogenen Scheinverhandlungen durch die Absendung des Ultimatums an den sardinischen Hof. Graf Buol, der von dem Schritte des Kaisers nicht früher verständigt worden war, gab hierauf seine Entlassung und an seine Stelle trat am 17. Mai 1859 Graf Rechberg als Minister des Äußern. Mitten in einer großen europäischen Krise sollte er seine Kräfte erproben. Da unmittelbar darauf am 4. Juni die für Österreich unglückliche Schlacht bei Magenta geschlagen wurde, stand Rechberg in den schwierigsten Verhältnissen. Er war Zeuge, wie tief die Nachricht von der Niederlage seinen Meister in der Diplomatie, den fünfundachtzigjährigen Fürsten Metternich, erschütterte; bald nach ihrem Einlaufe fiel der Staatskanzler in Gegenwart Rechbergs, der gerade bei ihm zu Besuche war, in eine tiefe Ohnmacht; obwohl er sich wieder erholte, waren seine Kräfte bald aufgezehrt, eine Woche darauf verschied er. Nach der Schlacht von Magenta übernahm Kaiser

Franz Josef den Oberbefehl in Italien, wohin ihm bald Rechberg folgte. Im Hauptquartier zu Verona traf Rechberg unter den Generalen, die er während seiner lombardischen Statthalterschaft kennen gelernt hatte, auch Benedek, und der Minister machte vornehmen Sinnes den entscheidenden Schritt zur Versöhnung. Rechberg sandte dem noch immer grollenden Benedek ein Schreiben, in dem es hieß: „Wir stehen beide in dieser ernsten Zeit auf der Bresche. Ich fühle das Bedürfnis, mein verehrtester Herr Feldmarschalleutnant, Ihnen herzlichst die Hand zu geben und die Bitte auszudrücken, frühere Irrungen, die zwischen uns stattgefunden haben, in dem gemeinschaftlichen Kampfe für unseren Kaiser und das Vaterland der Vergessenheit zu weihen. Unter der kleinen Schar der Erprobten darf unter so bedrohlichen Verhältnissen kein anderes Gefühl als das der brüderlichen Freundschaft zum gemeinsamen Einstehen für das Recht und die gute Sache bestehen." Freudig schlug Benedek in die dargebotene Hand ein, zwischen den beiden Männern war alles beglichen.

Die Hoffnungen Österreichs wurden durch die zweite Niederlage bei Solferino am 24. Juni niedergeschlagen, so daß Kaiser Franz Josef bei der Zusammenkunft mit Napoleon zu Villafranca in den Frieden willigte. Die Lombardei war der Preis, den Österreich zahlen mußte

Die nächste Folge der Niederlage war der Fall des Absolutismus in Österreich. Offenkundig war, daß die Teilnahme der Völker Österreichs am Staate durch den Widerwillen gegen das bisherige System zurückgedrängt wurde; hatte Napoleon doch vor dem Kriege sogar mit der Erhebung Ungarns gegen die österreichische Herrschaft gerechnet. Graf Rechberg teilte die Ansicht derjenigen, die meinten, der Druck müsse gemildert, der Einfluß des Klerus eingeschränkt, Ordnung in die Finanzen gebracht werden. Wohl war er streng konservativ gesinnt und hielt eine starke Regierung wie die Aufrechterhaltung des österreichischen Einheitstaates für notwendig, aber er war verständig genug, um einzusehen, daß die Einführung konstitutioneller Formen und die Versöhnung mit Ungarn unabweislich war. In diesem mäßigenden Sinne wirkte er schon vor seiner Abreise ins Hauptquartier. Er knüpfte, wie es heißt durch Baron Josika, Verbindungen mit dem konservativen Adel Ungarns an, der, wenn auch streng monarchisch gesinnt, doch gleichfalls gegen das herrschende absolutistische System in Opposition stand. Noch von Verona aus erließ der Kaiser auf Rat Rechbergs am 15. Juli ein Manifest des Inhalts, daß die Regierung zeitgemäße Verbesserungen in der Gesetzgebung und in der Verwaltung für notwendig halte. Im Zuge dieser Politik lag es, daß Rechberg nach der Rückkehr des Kaisers in Wien beim Minister des Innern Alexander Bach erschien und ihm ankündigte, der Kaiser wünsche, er und der Polizeiminister Kempen hätten ihre Entlassung zu nehmen. Die Befestigung der Stellung Rechbergs zeigte sich darin, daß er im August 1859 zum Vorsitzenden im Ministerrate ernannt wurde und zu seinen bisherigen Pflichten auch das Amt eines Ministers des kaiserlichen Hauses übernahm. Das wichtige Ministerium des Innern ward dem Grafen Goluchowski, bisher Statthalter in Galizien, anvertraut; etwas später wurde, um den Magyaren ein Zeichen des Einlenkens zu geben, die Abberufung des Erzherzogs Albrecht aus Ungarn, der bisher Zivil- und Militärgouverneur gewesen war, verfügt und an seine Stelle der Ungar Benedek gesetzt. Es entsprach aber nicht Rechbergs Ansichten, daß Goluchowski Vorbereitungen traf, um den einzelnen Provinzen Österreichs weitgehende Selbständigkeit zu gewähren. Rechberg war vielmehr damit einverstanden, daß im Dezember 1860 Schmerling berufen wurde, um den Einheitsstaat aufrecht zu erhalten, gleichzeitig jedoch verfassungsmäßige Formen einzuführen. Infolge dieser Veränderung überließ Rechberg dem Erzherzog Rainer das Amt des Ministerpräsidenten in dem Kabinett, in dem Schmerling als Staatsminister die innere Politik leitete, während Rechberg Minister des Äußern und des kaiserlichen Hauses blieb. Wiewohl sein persönliches Verhältnis zu Schmerling nicht das beste war, ließen sich die Dinge anfangs gut an.

Die äußere Politik Österreichs wurde durch die Ereignisse in Italien beherrscht. Die Volksabstimmungen in Mittelitalien übertrugen dem König Viktor Emanuel die Herrschaft über diese Gebiete, und Garibaldi unternahm seinen Siegeszug durch

Sizilien und Neapel. Die mächtige Volksbewegung, die letzten Endes auch gegen Österreich gerichtet war, hätte von keinem österreichischen Minister eingedämmt werden können. Als einziges günstiges Ergebnis dieser Ereignisse sah Rechberg es an, daß Lord Palmerston, der die Befreiung Italiens unterstützt hatte, seit der Abtretung Nizzas und Savoyens an Frankreich von Mißtrauen gegen Napoleon erfüllt wurde und sich Österreich näherte. Zwischen Palmerston und Rechberg entspann sich ein geheimer Briefwechsel, in dessen Verlaufe der englische Minister den Grafen Rechberg mit den Eroberungsplänen Napoleons bekannt machte, die ihm aus Papieren bekannt waren, welche Palmerston um einen hohen Preis von einem ehemaligen Sekretär Napoleons gekauft hatte. Der Briefwechsel der beiden Minister ging durch die Hände des Staatsrats Klindworth, eines Abenteurers, der gleichzeitig stets im Solde mehrerer Regierungen stand; offiziell konnte Palmerston als Führer der liberalen Partei sich nicht der konservativen Politik Österreichs nähern, wie denn auch England die erste Großmacht war, die das Königreich Italien anerkannte.

Ebenso unfruchtbar mußte die deutsche Politik Österreichs bleiben, da sie auf die Aufrechterhaltung seines Einflusses in Deutschland gerichtet war, ohne daß Österreich dem deutschen Volke die ersehnte Einigung bieten konnte. Weitreichende Pläne lagen eben nicht im Sinne Rechbergs, der die Fäden der Metternichschen Politik weiterspann und eine Verständigung mit Preußen herbeiführen wollte. Rechberg setzte sich nur ein enges Ziel: die Erhaltung des 1815 in Deutschland geschaffenen Zustandes. In diesen Bemühungen sah er sich unaufhörlich gehemmt, da sein Einfluß im Kabinett des Kaisers Franz Josef sehr häufig durch den anderer Ratgeber durchkreuzt wurde. Nicht einmal in seinem eigenen Ministerium war seine Autorität unerschüttert. Sein Stellvertreter, Freiherr v. Meysenbug, blieb franzosenfreundlich und wirkte deshalb für die Versöhnung mit Kaiser Napoleon; wichtiger aber war, daß der bereits erwähnte Referent für die deutschen Angelegenheiten, Freiherr v. Biegeleben, die preußenfreundliche Richtung Rechbergs mißbilligte und die Aufnahme der großdeutschen Politik seitens Österreichs befürwortete. Biegeleben fand, so oft er in glänzend geschriebenen Denkschriften solche weitfliegende Entwürfe vertrat, williges Gehör bei Kaiser Franz Josef, so daß der Einfluß des geistvollen und gelehrten Hofrates den des Grafen Rechberg zeitweilig in den Hintergrund drängte. Rechbergs Persönlichkeit war nicht kräftig genug, um sich im Rate Kaiser Franz Josefs durchzusetzen. Das waren Schwankungen und Schwierigkeiten, die sich unter der Regierung Kaiser Franz Josefs auch später oft einstellten.

Es war freilich schwierig genug, zu einem besseren Verständnisse mit Preußen zu gelangen, da das liberale preußische Kabinett Hohenlohe die Absicht hegte, die Aufmerksamkeit des Volkes von dem Militärkonflikt im Innern dadurch abzulenken, daß es wieder mit dem Plane der Bildung eines engeren deutschen Bundes unter Führung Preußens hervortrat. Dieser Gedanke war in der Note Bernstorffs, des Ministers des Äußeren, vom 20. Dezember 1861 formuliert und das kräftigere Auftreten Preußens kam auch darin zum Ausdrucke, daß es am 29. März 1862 einen freihändlerischen Handelsvertrag mit Frankreich schloß und die Staaten des Zollvereins vor die Wahl stellte, der Abmachung beizutreten oder den Zollverein zu verlassen.

Selbst wenn Rechberg den Wunsch gehegt hätte, trotz dieser Versuche Preußens einem diplomatischen Zusammenstoße mit dem Nebenbuhler aus dem Wege zu gehen, so wäre ihm dies bei dem verletzten Stolze des Wiener Hofes nicht möglich gewesen. Zudem hatte mit dem Eintritte Schmerlings in das österreichische Kabinett die großdeutsche, antipreußische Richtung einen entschlossenen Vertreter gefunden, der sich auf das festeste mit Hofrat Biegeleben verband. Übrigens empfand Rechberg angesichts des Vorgehens Preußens zu lebhaft, was er seiner Stellung als Nachfolger Metternichs und Schwarzenbergs schuldig war, um sich von dem diplomatischen Feldzuge gegen Preußen auszuschließen; nur daß er, anders als Schmerling, vor dem offenen Bruche zurückscheute. In diesem Spiel der Kräfte war ihm Schmerling vorerst überlegen, da er eine kühne, von Selbstvertrauen erfüllte Natur war, die öffentliche

Meinung in Österreich und Süddeutschland für sich hatte und damit auch den Kaiser gewann.

In der Zollvereinsfrage errang Preußen einen vollen Sieg, da die deutschen Mittelstaaten die Verbindung mit Preußen notwendig hatten und dem Vorschlage des Wiener Kabinetts, Anschluß an Österreich zu suchen, mißtrauten; sie traten somit dem Handelsvertrage mit Frankreich bei. Glücklicher war Rechberg in der Abwehr der preußischen Note vom 20. Dezember 1861. Er bestimmte die Königreiche Bayern, Württemberg, Sachsen und Hannover sowie die Höfe von Darmstadt und Nassau, einen mit Österreich gemeinsamen Schritt zu unternehmen; am 2. Februar 1862 erging eine identische Note dieser Staaten an Preußen, in welcher der Plan eines engeren Deutschlands unter Führung Preußens in scharfen Wendungen zurückgewiesen wurde. Österreich ging aber noch weiter und legte seinerseits zu Frankfurt einen Bundesreformplan vor, welcher den Wünschen der großdeutschen Partei entgegenkam. Es sollte ein Bundesdirektorium und eine Versammlung von Delegierten aus allen deutschen Staaten eingesetzt werden; auch beantragte Österreich die Ausarbeitung eines ganz Deutschland gemeinsamen Zivilprozesses und Obligationenrechtes.

Dieser Gegenzug war zwar in Deutschland volkstümlich, begegnete aber dem Mißtrauen der deutschen Höfe; diese wollten sich der österreichischen Führung so wenig anvertrauen wie der preußischen und brachten den Vorschlag des Wiener Kabinetts am Bundestage zu Fall.

Schmerling und Biegeleben rieten darauf dem Kaiser, die günstige Stimmung in Deutschland zu benutzen und sämtliche deutsche Fürsten zur Beratung einer neuen Bundesverfassung nach Frankfurt einzuladen. Rechberg wurde in diesen Plan erst eingeweiht, als die Vorbereitungen zur Ausführung bereits im Zuge waren. Er war ebenso betroffen durch die ihm widerfahrene Zurücksetzung wie innerlich überzeugt, daß der Fürstentag ohne bestimmtes Ergebnis bleiben werde; denn da zu einer Änderung der deutschen Bundesverfassung Einmütigkeit notwendig war, so wäre Preußen, selbst wenn es allein stand, in der Lage gewesen, die Annahme der Bundesreform zu verhindern. Der Minister des Äußern aber hielt es auch für untunlich, es zu einem Bruche mit Preußen zu treiben. Deshalb bot er dem Kaiser seine Entlassung an, die jedoch nicht angenommen wurde. Bei der jetzt folgenden Beratung über den dem Fürstentage vorzulegenden Reformplan bemühte sich Rechberg, die weitergehenden und kühneren Entwürfe Schmerlings und Biegelebens abzuschwächen. Er drang damit durch, ebenso mit dem Verlangen, daß er und sein Rat Biegeleben, nicht aber Schmerling den Kaiser nach Frankfurt begleiten sollten. Auch dies erreichte er, sehr zum Schaden der ganzen Unternehmung, da ihre Ausführung damit ihm, dem Pessimisten, anvertraut wurde. Das Ergebnis des Fürstentages entsprach allerdings seinen Erwartungen. Angesichts des Widerspruchs, zu dem Bismarck, wenn auch nach aufreibenden Kämpfen, seinen König bestimmte, wäre die Annahme des österreichischen Reformplanes nur durch einen Krieg mit Preußen zu erzwingen gewesen, vor dem Österreich jedoch zurückschreckte. Bei der darauffolgenden Zusammenkunft Rechbergs mit den Ministern der Mittelstaaten wollte er sie dazu bestimmen, wenigstens einen Beginn des neuen Bundes zu machen, indem sie unter Beiseitelassung Preußens sich mit Österreich auf Grundlage des Frankfurter Entwurfes einigten. Allein die Minister lehnten, um der Unabhängigkeit der Mittelstaaten nichts zu vergeben, diesen Vorschlag ab, so daß Rechberg von ihnen mit der Drohung schied: „Wenn ihr es so haben wollt, mit Preußen können wir uns auch verständigen."

Auf diesem Gebiete wie auch in der polnischen Frage gaben die Ereignisse der vorsichtigeren, oder wenn man will, zaghafteren Politik Rechbergs recht. Als in Russisch-Polen 1863 der Aufstand aufflammte, hielt er es für unklug, sich mit England und Frankreich zu verbinden, um Rußland zur Befriedigung der nationalen Wünsche der Polen zu zwingen. Der französische Botschafter in Wien, Gramont, hatte den Auftrag, bei Rechberg anzuklopfen, ob Österreich bereit wäre, sich mit den Westmächten zur Herstellung Polens zu verbinden; Österreich müßte allerdings in diesem Falle Galizien abtreten, wofür es durch die Überlassung der Moldau und der Walachei entschädigt werden sollte. In Wien herrschte in manchen Kreisen Stimmung für die Unterstützung der polnischen Wünsche, freilich mit dem Hintergedanken, das befreite Polen werde sich doch an Österreich anlehnen, voraussichtlich unter dessen Schutz stellen müssen; so kam es, daß die österreichischen Behörden in Galizien anfänglich keine Hindernisse machten, wenn aus Galizien bewaffnete Insurgentenbanden nach Russisch-Polen ausbrachen. Rechberg aber hielt diese neue Feindseligkeit gegen Rußland doch für zu gefährlich, zumal angesichts der Unzuverlässigkeit Napoleons. Daher seine Antwort an Gramont: Die Zumutung an Österreich, einen Krieg zu führen, um eine Provinz zu verlieren, sei doch merkwürdig, da man doch sonst nur zum Schwerte greife, eine solche zu erobern.

Rechbergs Gedanke war, die Karte Europas solle möglichst wenig geändert werden. Hatte es sich doch schon in Italien gezeigt, daß der Gedanke, die Nationalitäten in geschlossene Staaten zu vereinigen, sich in seiner Konsequenz gegen die österreichische Monarchie kehrte. Daher seine vorsichtige Behandlung der deutschen Frage, daher auch sein Widerstand gegen den Plan, den Ausgleich mit Italien durch die freiwillige Abtretung Veneziens anzubahnen. Schmerling dagegen war solchen Ideen nicht abhold, da Österreich seiner Ansicht nach sodann in Deutschland kräftiger hervortreten könnte. Im Rate des Kaisers stimmte vornehmlich der Finanzminister Ignaz v. Plener für den Verkauf Veneziens, um den zerrütteten Finanzen aufzuhelfen. Infolge dieser widersprechenden Einflüsse zeigte die österreichische Politik bedenkliches Schwanken, für welches man Jahrzehnte hindurch den Grafen Rechberg verantwortlich machte; seitdem aber die inneren Zusammenhänge besser gekannt sind, weiß man, daß die Widersprüche vor allem dadurch herbeigeführt wurden, daß Kaiser Franz Josef gleichzeitig verschiedenen Ratgebern Gehör gab und sich nicht entschließen konnte, sich einer vorherrschenden Gedankenrichtung anzuvertrauen.

Offenbar mußte Rechberg, indem er den 1815 aufgerichteten Stand der Dinge verteidigen und nicht an ihn rühren wollte, immer wieder auf den Grundgedanken der Metternichschen Politik zurückkommen, enge mit Preußen verbunden zu bleiben. Es war Rechberg deshalb höchst willkommen, als sich mit dem Tode des Königs Friedrich VII. von Dänemark die Aussicht eröffnete, in der schleswig-holsteinschen Frage Hand in Hand mit Preußen zu gehen. Sein Programm in dieser Angelegenheit war in zwei Sätze zusammenzufassen: Festhalten an den Verträgen, insbesondere an dem Londoner Protokoll von 1852, welches den Dänen den Besitz von Schleswig-Holstein aufs neue zusicherte; gleichzeitig aber kräftige Maßregeln gegen Dänemark, um es zu zwingen, die in denselben Verträgen ausgesprochene Selbstverwaltung Schleswig-Holsteins unangetastet zu lassen. Er war erfreut, sich mit Herrn v. Bismarck zu begegnen, der anfangs dieselben Ziele zu verfolgen schien. Vergebens bemühte sich Rechberg, auf die dänische Regierung einzuwirken, damit sie auf die Einverleibung Schleswigs in den dänischen Einheitsstaat verzichte und die selbständige Stellung der Herzogtümer nicht antaste. Wohl gewann er den dänischen Gesandten in Wien für seinen Standpunkt, aber das Ministerium in Kopenhagen weigerte sich, die Forderungen der beiden deutschen Großmächte zu bewilligen, und so sah Rechberg wider Willen Österreich in den Krieg mit Dänemark hineingezogen. Konnte doch die Monarchie nicht zurückbleiben, da Preußen erklären ließ, es werde nötigenfalls allein seine Truppen in Schleswig-Holstein einrücken lassen, um das von den beiden deutschen Großmächten vereinbarte Programm durchzusetzen. Das aber wollte Österreich als deutsche Präsidialmacht nicht zulassen, da die Deutschen die Befreiung Schleswig-Holsteins sonst Preußen allein verdankt hätten.

Bei diesem Gange seiner Politik hatte Rechberg es auf das bestimmteste abgelehnt, den deutschen Mittelstaaten beizutreten, die das Erbrecht König Christians VIII. von Dänemark auf Schleswig-Holstein nicht anerkannten und entgegen den Verträgen den Herzog Friedrich von Augustenburg für den rechtmäßigen Erben erklärten. Rechberg folgte der Führung Preußens auch darin, daß er der Mehrheit am Bundestage in dieser Frage auf das schroffste entgegentrat; die Mittelstaaten fühlten sich tief verletzt, als Österreich und Preußen sie nötigten, ihre Truppen aus Holstein abziehen zu lassen. Damit erlebte Bismarck den ersten seiner Triumphe: die Trübung des nahen Verhältnisses Österreichs zu den Höfen von Bayern und Sachsen. Beust, der sich schon 1859 mit der Hoffnung getragen hatte, das Amt eines österreichischen Ministers des Äußern zu erlangen, bekämpfte Rechberg von jetzt ab lebhaft, so daß dieser sich bestimmt fand, über ihn bei König Johann von Sachsen Beschwerde zu führen. Rechberg mußte übrigens, bevor der Feldzug gegen Dänemark begann, darauf bedacht sein, den Siegespreis Schleswig-Holstein nicht ohne weiteres dem preußischen Nebenbuhler zufallen zu lassen. Aber er scheiterte mit der Absicht, Preußen vor dem Feldzuge zu einer Abmachung zu bestimmen, welche Österreich sichern sollte. Alles, was er durchsetzte, war, daß ausgemacht wurde, über die Zukunft Schleswig-Holsteins solle nach dem Kriege nur mit Zustimmung beider Mächte verfügt werden dürfen. Bismarck nahm mit Recht keinen Anstand, dies zuzusagen, denn bei der größeren Nähe Preußens mußten die eroberten Herzogtümer in seinen Machtbereich fallen.

Dies ist der Punkt, von dem aus die Politik Rechbergs in Österreich, aber auch in den deutschen Mittelstaaten auf das heftigste angegriffen wurde; man warf ihm damals wie später vor, er habe die für Österreich günstigere Lösung, die Schaffung eines unabhängigen Mittelstaates in Schleswig-Holstein, preisgegeben. Insbesondere Schmerling, der seit dem Mißlingen des Frankfurter Fürstentages vom Kaiser Franz Josef bei den Entscheidungen über die deutschen Geschäfte nicht selten übergangen wurde, behauptete, es sei ausschließlich Schuld des Ministers des Äußern, daß das Wiener Kabinett sich den Mittelstaaten entfremdet und doch nicht vor der Überrumpelung durch Bismarck gesichert habe. Je hartnäckiger die Dänen waren, desto sicherer fiel die Ernte Preußen zu: da sie selbst nach ihren ersten Niederlagen nicht in die Selbständigkeit Schleswig-Holsteins, wenn auch unter der Oberhoheit des dänischen Königs, einwilligen wollten, mußte der Krieg fortgesetzt werden, bis die Eroberung der Herzogtümer beendet war. Rechberg war somit weiter geführt worden, als er ursprünglich gehen wollte, aber er nahm noch immer an, es werde eine Einigung mit Preußen erzielt werden können. Bei der Zusammenkunft König Wilhelms mit Kaiser Franz Josef zu Schönbrunn im August 1864 trat der König wirklich noch nicht mit der Forderung der Annexion hervor, ja er machte sogar das Zugeständnis, er habe die Einverleibung Schleswig-Holsteins in Preußen nicht ins Auge gefaßt. Das freundschaftliche Verhältnis, das nach den gemeinsamen Siegen zwischen den Herrschern von Österreich und Preußen bestand, benutzte Rechberg zu Schönbrunn, um zu einer Abmachung zwischen den beiden Staaten zu gelangen, wonach sie einem Angriffe Frankreichs gemeinsam entgegentreten würden. Aber auch jetzt zeigte sich die geringe Autorität Rechbergs über die hohen Beamten seines Ministeriums: Biegeleben weigerte sich in seinem Mißtrauen gegen Preußen, an der Formulierung der Verabredung teilzunehmen.

Sichtbar war, daß Preußen die größeren Vorteile aus dem gemeinsamen Feldzuge eingeheimst hatte. Rechberg wollte seine Ankläger dadurch zum Verstummen bringen, daß er auch für Österreich einen Gewinn aus dem Verhältnisse mit Preußen in Sicherheit brachte. Dies hätte bei den Verhandlungen über den Handelsvertrag mit dem Zollverein zu geschehen. In dem 1853 für zwölf Jahre abgeschlossenen Vertrage war ausgemacht worden, daß nach Ablauf dieser Frist Österreich der Eintritt in den Zollverein freistehen solle. Mit Rücksicht auf die nicht genügend entwickelte Industrie Österreichs war aber der Anschluß dieses Staates auch im Jahre 1865 nicht möglich und das Wiener Kabinett begehrte nun, daß bei der Erneuerung des Vertrages jene Klausel wieder aufzunehmen sei; Schmerling zumal erklärte, das Fallenlassen der Bestimmung wäre eine Niederlage und bedeutete die endgültige Ausschließung Österreichs aus dem deutschen Handelssystem. Da Rechberg Herrn v. Bismarck erklärte, er werde, wenn er dieses Zugeständnis nicht zu erringen vermöge, aus dem Ministerium gedrängt werden, wirkte Bismarck auf König Wilhelm in seinem Sinne ein; er fand jedoch bei den Fachministern, die unter dem Einflusse Delbrücks standen, entschiedenen Widerspruch. Auf dieser Seite wollte man nichts von weitaussehenden Zusagen an Österreich wissen. Rechberg, seinen Sturz voraussehend, versuchte in einem denkwürdigen Briefwechsel mit Bismarck, die Umstimmung des preußischen Kabinetts herbeizuführen. „Wir verfolgen," so schrieb er am 6. September 1864, „die Aufgabe, mehrjährige Differenzen und Kämpfe der Vergessenheit zu übergeben, die Folgen derselben in der Stimmung der Bevölkerung zu verwischen und das Bewußtsein der beiderseitigen Vorteile einer österreichisch-preußischen Allianz zu erwecken." Und am 17. September dringender: „Sie wissen, daß ich mich der Aufgabe, die wiedergewonnene Einigkeit Österreichs und Preußens auch für die Zukunft festzuhalten, mit ganzer Seele widme." Wenn Preußen Wert auf diese Allianz lege, müsse es eine Politik befolgen, bei welcher sich Österreich in dem Bündnisse heimisch fühlen könne; er mahnte Bismarck daran, dieser selbst habe ihn oft auf die Zeit vor 1848 aufmerksam gemacht, in der ganz Deutschland der gemeinsamen Leitung Österreichs und Preußens folgte. Unterdessen kam es im österreichischen Ministerium zur Entscheidung; Schmerling im Vereine mit Biegeleben und mit Zustimmung des Gesandten in Paris, des Fürsten Metternich, wirkte für die Abwendung von Preußen und für das Zusammengehen mit den liberalen Mittelstaaten, selbst für einen Anschluß an die Westmächte, um an ihnen eine Stütze gegen Preußen und Rußland zu finden.

Rechberg hatte sich in dem Kampfe wider Schmerling mit seinem Ministerkollegen Esterhazy verbunden und sie hatten schon im Sommer daran gedacht, Schmerling zu stürzen und an seine Stelle den Grafen Belcredi zu setzen. Jetzt aber erwies sich Schmerling noch als der Stärkere, zumal er auf die diplomatischen Mißerfolge Rechbergs hinweisen konnte. Er setzte es durch, daß zu der entscheidenden Ministerberatung auch Biegeleben eine Einladung erhielt, ohne daß Rechberg davon in Kenntnis gesetzt war. Sein Untergebener legte nun im Gegensatze zu der Politik des Ministers den Entwurf einer schroff gehaltenen Note vor: der Ministerrat beschloß, die Verhandlungen mit Preußen über den Handelsvertrag wegen Verweigerung jener Klausel abzubrechen; Rechberg opponierte zwar, wurde aber überstimmt. Auf die Kunde dieses Vorganges, von der Bismarck im Pyrenäenbade von Biarritz erreicht wurde, drang er aufs neue in Depeschen und Berichten in König Wilhelm, die Sache nicht auf die Spitze zu treiben und Rechbergs Verbleiben im Amte zu ermöglichen. Der König stand jedoch unter dem Einflusse Delbrücks und versagte seine Zustimmung zur Erneuerung des Paragraphen 25 des Handelsvertrages; er meinte, wenn der Einfluß Schmerlings in Wien wirklich so mächtig sei, so werde er auch durch das an sich unbedeutende Zugeständnis in der Zollfrage nicht einzudämmen sein. Als diese Entscheidung fiel, erklärten Schmerling wie Rechberg dem Kaiser Franz Josef, ihr gleichzeitiges Verbleiben im Amte sei nicht mehr möglich, und der Kaiser nahm, da er noch nicht zum Bruche mit dem liberal-zentralistischen System Schmerlings entschlossen war, das Entlassungsgesuch des Ministers des Äußern an. Dieser hatte in der entscheidenden Ministerratssitzung noch die Erklärung zu Protokoll gegeben, daß das schroffe Auftreten gegen Preußen folgerichtig zum Bruche und selbst zum Kriege führen müsse.

Es ist bezeugt, daß Bismarck viele Jahre später das Urteil fällte: „Es war durchaus verkehrt, den Artikel 25 nicht zu bewilligen und damit Rechberg aus dem Amte zu treiben. Er hätte alles aufgeboten den Krieg mit Preußen zu verhüten." Diese Auffassung wurde von Rechberg bis an seinen Tod vertreten, vorerst mußte er aber bei seinem Scheiden mit Bedauern sehen, daß Biegeleben einen immer steigenden Einfluß gewann. Tatsächlich hatten schon während seiner Amtswirksamkeit dessen Ratschläge in den deutschen Geschäften stets den Ausschlag gegeben. Nach dem Rücktritte Rechbergs betrieb er eifrig die Abwendung von Preußen, die Kandidatur des Herzogs von Augustenburg und den Bund mit den deutschen Mittelstaaten. Als aber der Krieg von 1866 über seine Politik das Endurteil fällte, hatte Rechberg die schmerzliche Genugtuung, daß Biegeleben ihm bekannte, er habe sich von irrigen Voraussetzungen leiten lassen. Rechberg selbst bezeichnete, so oft er auf diese

Dinge zu sprechen kam, als sein Ziel die Aufrichtung eines Schutz- und Trutzbündnisses mit Preußen, durch welches Österreich imstande gewesen wäre, seine Herrschaft in Ungarn und in Venezien festzuhalten. Er war der Ansicht, daß eine solche Allianz durch die friedliche Abtretung der österreichischen Rechte auf Schleswig-Holstein nicht zu teuer erkauft gewesen wäre.

Man kann Rechberg nicht das Zeugnis versagen, daß er die Kräfte Österreichs richtiger abgeschätzt halte als die meisten seiner Kollegen und Nebenbuhler. Aber er besaß nicht die Kraft der Persönlichkeit, die zur Durchsetzung einer Idee und zur Gewinnung der Menschen notwendig ist. Er war als Minister im Auswärtigen Amte mehr der Mitberater als der Lenker. Die Politik, die er nach außen hin vertreten sollte, war allezeit ein schwächliches Kompromiß zwischen seiner eigenen Ansicht und der seiner Gegner. Deshalb hatte König Wilhelm wohl keine klare Vorstellung von den Zielen Rechbergs und legte auf dessen Verbleiben im Amte keinen Wert. Noch weniger Einblick in seine Absichten besaß damals die öffentliche Meinung. Anders wären die Dinge gestanden, wenn er die Entschlossenheit gehabt hätte, vor der Reise des Kaisers zum Frankfurter Fürstentage auf seinem Rücktritte zu bestehen; nach dem Mißlingen des Entwurfes wäre er der Mann gewesen, den die Welt als Vertreter der Allianz mit Preußen hätte gelten lassen müssen. Ihn hätte man berufen, sobald es notwendig war, Zerwürfnisse mit Preußen zu schlichten und den Frieden aufrechtzuhalten. So aber hatten seine Zeitgenossen den Eindruck schwächlichen Schwankens in seiner Politik. Verschärft wurde das ungerecht harte Urteil über ihn dadurch, daß er, der doch unaufhörlich zwischen Klippen lavieren mußte, ein hitziges, aufbrausendes Naturell besaß; er ereiferte sich leicht und vertrat, da er seinen amtlichen Standpunkt nur zu oft wechseln mußte, nacheinander verschiedene Richtungen. Er war in allen diesen Dingen gegenüber der geschlossenen Persönlichkeit seines Gegners Schmerling im Nachteil. Schmerling benutzte zudem seine Stellung als leitender Minister und seine Verfügung über die geheimen Fonds der Regierung dazu, um in der Presse seine Ideen vertreten zu lassen. Nicht selten wirkte er dabei Rechberg entgegen und in dem letzten, entscheidenden Augenblicke des Kampfes entfesselte er in den Zeitungen einen Sturm gegen seinen Kollegen, dem er alle Mißerfolge der äußeren Politik Österreichs zur Last legte.

Am Tage seiner Entlassung, am 27. Oktober 1864, erhielt Graf Rechberg den Orden des goldenen Vließes, eine Auszeichnung, die ihm zugleich sagte, der Kaiser wolle die von ihm befürwortete Politik auch weiter verfolgen. Tatsächlich wurde nicht ein Mann der Schmerlingschen Richtung sein Nachfolger, etwa Biegeleben, der dies erwartet zu haben scheint; vielmehr schlug der abtretende Minister noch seinen Nachfolger, den Grafen Mensdorff, vor. Der Kaiser wünschte sogar, dieser solle auch weiterhin in wichtigen Fällen Rechberg um Rat angehen. Bald aber wurde Rechberg durch die größten Ereignisse in den Hintergrund gedrängt. Die Schlacht von Königgrätz entschied über den Wettbewerb der beiden Großmächte und damit auch über die Politik Rechbergs und Biegelebens. Als Rechberg kurze Zeit darauf im österreichischen Herrenhause für den unglücklichen Krieg verantwortlich gemacht wurde, fühlte er sich bestimmt, sich dagegen in dieser Körperschaft zu verteidigen.

Rechberg überlebte seinen Austritt aus dem Staatsdienste um fünfunddreißig Jahre. In hohem Alter wurde ihm durch die Veröffentlichung der Frankfurter Berichte Bismarcks die Freude zuteil, daß sein politischer Ruf durch das Urteil seines großen Zeitgenossen wiederhergestellt ward. Er zog sich fast ganz zurück und im letzten Jahrzehnt seines Lebens verließ er sein Schlößchen Kettenhof zu Schwechat bei Wien überhaupt nicht mehr. Der reizende Rokokobau, tief in einem stillen Garten, in den der Lärm der großen Dreherschen Brauerei nur von ferne hereinschallte, beherbergte ihn, einige treue Diener und seine Erinnerungen, mit denen er Besuchern gegenüber nicht kargte. Zuletzt wurde es ganz stille um ihn, da die Genossen seiner Jugend und seines Mannesalters alle in kühler Erde ruhten. Als die Zeitungen 1896 meldeten, Graf Goluchowski habe ihm zu seinem neunzigsten Geburtstage die Glückwünsche des österreichischen Ministeriums des Äußern überbracht, erfuhren die meisten Menschen zu ihrem Erstaunen, daß er noch lebe. Wie er wiederholt versicherte, unterließ er die Aufzeichnung von Memoiren; es widerstrebe ihm, so sagte er, so manchem sonst ehrenwerten Manne, mit dem er hart zusammengeraten war, übers Grab Ungünstiges nachzusagen. Obwohl körperlich ganz zusammengeschrumpft, nahm er doch fast bis an seinen Tod, der am 26. Februar 1899 erfolgte, an den öffentlichen Ereignissen lebhaften geistigen Anteil.

Wertheimers Graf Julius Andrassy

(Veröffentlicht 1913)

Die Erwartungen, die Wertheimer durch den ersten Band seiner großen Biographie Andrassys erregte, sind durch die beiden Schlußbände des Werkes übertroffen worden[1]). Sie umfassen die Jahre seiner Wirksamkeit im Ministerium des Äußern 1871 bis 1879 und sind der wichtigste Beitrag zur diplomatischen Geschichte dieser Zeit, der bisher das Licht der Welt erblickt hat. Wertheimer ist Professor an der ungarischen Hochschule zu Preßburg und hat sein Werk gleichzeitig in deutscher und ungarischer Sprache herausgegeben. Dank seiner seltenen Arbeitstüchtigkeit konnte er im Lanfe mehrerer Jahre umfassende Archivstudien machen und sie in eine abgeschlossene Darstellung gießen. Die Komposition ist übersichtlich, und dieser Vorzug, der bei der Mannigfaltigkeit des behandelten Stoffes — man denke nur an die verwickelten inneren Verhältnisse Österreich-Ungarns — doppelt anerkannt werden muß, läßt die nicht geringen Bedenken gegen die Formgebung zurücktreten. Jeder folgende Band übertrifft den vorhergehenden an Leben und Farbe; und wenn der erste vorwiegend den ungarischen Standpunkt des Verfassers erkennen läßt, was in Österreich sehr bemerkt worden ist, so gewinnt Wertheimer im Fortschreiten immer mehr den universellen Maßstab. So hat sich auch sein Held mit der Zeit höher entwickelt und ist zuletzt, beim Abschlusse des mitteleuropäischen Bündnisses, neben Bismarck getreten. Als Andrassy zuerst in die Balkanwirren eingreifen mußte,

1) Graf Julius Andrassy. Sein Leben und seine Zeit. Nach neuen Quellen von Eduard v. Wertheimer. Bd. 2 und 3 (Stuttgart 1913, Deutsche Verlagsanstalt).

zeigte er noch vielfach Unsicherheit im Handeln; er lehnte zunächst die vom Kaiser Franz Josef und Erzherzog Albrecht gewünschte Erwerbung Bosniens ab, experimentierte mit der Türkei, mochte bald mit Rußland, bald mit England politische Geschäfte machen: allgemach aber erhebt er sich im Entwurf und Handeln zu seltener staatsmännischer Höhe. Wie sich die Russen, die seit dem Herbst 1876 den Einmarsch in die Türkei planen, zu den für Österreich-Ungarn günstigen Teilungsverträgen herbeilassen müssen, wie sie nach ihrem Siege das Wiener Kabinett um den zugesagten Preis prellen wollen und wie Andrassy, auf die Unterstützung Deutschlands bauend, sie mit eisernem Griffe festhält: das ist eine schöne politische Leistung und wird im Werke Wertheimers aus österreichischen und deutschen Staatsakten wie nach den Papieren ungarischer Staatsmänner übersichtlich dargestellt.

Hiebei hat sich für die Donaumonarchie die Weitherzigkeit gelohnt, mit der die Regierung dem Verfasser den Einblick in wichtige Staatsakten gewährte. So ist der in Österreich oft gemachte Fehler vermieden, daß man fremden und feindseligen Historikern die Prägung der geschichtlichen Überlieferung überließ, worauf erst ein halbes oder ein ganzes Jahrhundert verstreichen mußte, bis durch die Öffnung der Archive die Beweggründe und die Methode auch der österreichischen Politik bekannt wurden. Dadurch daß Wertheimer den Historikern der anderen Länder in der Benützung der Wiener und Berliner Staatsakten voranschritt, ist Österreich-Ungarn in die Vorhand gekommen und alle späteren Darsteller werden mit seinen Angaben und seiner Auffassung rechnen müssen. Man hat bei aller Hochschätzung, die Andrassy seit jeher innerhalb und außerhalb seines Vaterlandes genoß, nicht gewußt, mit welch großer Klugheit er Personen und Dinge schob und lenkte: die Diplomatie des Habsburgerreiches, die unter Kaunitz, Metternich und Felix Schwarzenberg Hervorragendes leistete, erscheint auch unter Andrassy auf anerkennenswerter Höhe. So hat sich Wertheimer um Österreich-Ungarn großes Verdienst erworben, was innerhalb der schwarz-gelben Grenzpfähle mehr hätte anerkannt werden sollen, als es geschehen ist. Denn nachdem Ährenthal dem ungarischen Historiker Einblick in die Schätze seines politischen Archivs gewährt hatte, stieß sich der Minister unbegreiflicherweise an gewissen Stellen im ersten Bande des Werkes, in denen die Dinge nicht so erscheinen, wie höfische Rücksicht für richtig fand. Infolgedessen wurden dem Forscher neue Akten vorenthalten. Zum Glück hatte Wertheimer bereits die Dokumente über die ganze ministerielle Tätigkeit Andrassys durchgearbeitet, bevor er an die Veröffentlichung des ersten Bandes ging. Dank dieser Vorsicht ist die verspätete Engherzigkeit der Regierung ohne schädlichere Folgen geblieben. Seltsamerweise hat sich damit genau der Vorgang wiederholt, der mir gegenüber beim Durchforschen der Akten des Kriegsministeriums für die Geschichte des Jahres 1866 befolgt worden ist: zuerst weitherziges Vertrauen, dann kurz vor dem Schluß der Arbeit ängstliche Sperre. Möge es jedoch Wertheimer auch weiterhin so ergehen wie mir; denn nach dem Erscheinen meines Werkes ist unter der Leitung des damaligen Direktors des Kriegsarchivs, Generals v. Woinowich, ein Umschwung zum Besseren eingetreten, der allen meinen späteren Arbeiten zugute gekommen ist. Hoffentlich werden sich ihm dann wieder Archivschränke öffnen, aus denen hervorgeht, daß durch die vollständige Klarlegung aller Vorgänge die österreichische Politik in günstigerem Lichte erscheint als früher.

Folgerichtiger war die Förderung, die Wertheimer von der deutschen Reichsregierung erfuhr. Es war Reichskanzler Fürst Bülow, der dem Historiker die wichtigsten Quellen eröffnete, was sich aus dem großen Interesse des Fürsten für geschichtliche Studien von selbst erklärt. Unter dessen Nachfolger im Reichskanzleramt ist es bei der früheren Anordnung geblieben. So geschieht es, daß wir aus der Biographie des Grafen Andrassy auf Grund der Korrespondenz Bismarcks mit seinem Kaiser und mit seinen Mitarbeitern zum ersten Male genau erfahren, welchen Gang die weltgeschichtlich wichtige Unterhandlung des Jahres 1879 genommen hat. Es ist erstaunlich und fast ergreifend zu lesen, mit welch unendlicher Mühe Bismarck den alten Kaiser für das Bündnis mit Österreich-Ungarn gewann. Dies ist der Abschnitt des Werkes, der in Deutschland am meisten Beachtung verdient und auch gefunden hat. Man erfährt hier unter anderem, daß die ganze Fassung und Formung des Bündnisvertrages von 1879 vorwiegend auf Andrassy zurückgeht, wenn auch die Arbeit des deutschen Staatsmannes wegen des Widerstrebens Kaiser Wilhelms mühevoller gewesen ist. Bismarck schlug ein Bündnis vor, durch welches Österreich-Ungarn zur Waffenhilfe auch gegen Frankreich verpflichtet gewesen wäre; in Wien aber wünschte man bloß Sicherung gegen einen Angriff von Rußland her, und so wurde ausgemacht, daß sich die Bundesgenossen gegenseitig Bürgschaft gegen diese Gefahr und für den Fall gaben, daß einer von ihnen von zwei Seiten angegriffen würde. Aus direkten Mitteilungen Bismarcks ist übrigens bekannt, daß ihm noch höhere Ziele vorschwebten: ein unauflösliches, von den Parlamenten der alliierten Staaten bekräftigtes Bündnis. Darüber aber fand Wertheimer nichts in den ihm zur Verfügung stehenden Quellen: es bleibt also künftigen Forschern noch Nachlese genug.

Die Vorsicht, mit der Wertheimer sich möglichst an die Akten hält, bringt es mit sich, daß er nur das Verbürgte über die Ursache wiedergibt, weshalb Andrassy sich nach seinen großen Erfolgen dennoch vom Amte zurückzog, weshalb er in den noch folgenden elf Jahren seines Lebens den Geschäften ferne blieb. Wertheimer gewährt aus leicht erklärlichen Gründen keinen völligen Einblick in das intime Verhältnis des großen Ministers zu seinem Herrscher. Leider war es nicht so geartet wie das Bismarcks zu Kaiser Wilhelm. Denn der Kaiser von Österreich ließ sich durch anderweitige Einflüsse, insbesondere durch seine militärische Umgebung, ferner durch seinen Jugendfreund Grafen Taaffe dazu bestimmen, einem Wechsel in der Leitung des Ministeriums des Äußern mit einer gewissen Kühle entgegenzusehen. Andrassy war müde, seine Gesundheit nicht die beste, aber die langwierige, nervenanspannende Verhandlung Andrassys über das Bündnis mit Deutschland beweist, daß er völlig Herr seiner Kräfte war; und diese seine glänzendste Tat gelang ihm, nachdem seine Entlassung schon angenommen war und feststand. Seine Gesundheit konnte sich durch einen längeren Urlaub wieder herstellen lassen; aber bei Hofe sah man seinen Rücktritt schon deshalb nicht ungern, weil hier beschlossen war, Österreich durch den Grafen Taaffe mit Hilfe der Slawen gegen die Deutschen regieren zu lassen; und das würde Andrassys Billigung nicht gefunden haben. Wallenstein wurde seines ersten Kommandos enthoben, weil er zu groß geworden war; gegen Andrassys loyales Wesen konnte Mißtrauen nicht rege werden — aber nicht alle Herrscher unterordnen sich wie Kaiser Wilhelm der überlegenen Geisteskraft eines genialen Ratgebers. Als Andrassys Nachfolger Haymerle 1881 starb, wäre der ungarische Staatsmann gerne wieder ins Amt getreten; es wurde ihm jedoch nicht angeboten, wie er es verlangen durfte. Der Kaiser sagte damals: für stürmische Zeiten ist Andrassy der richtige Mann, für ruhigere Tage dagegen Graf Kalnoky. Das ehrenwerte Mittelgut erhielt den Vorzug vor dem bahnbrechenden Geist, der mit nahezu revolutionärer Energie das Donaureich zu einem Bündnisse mit den zwei Mächten verknüpft hatte, von denen es aus Deutschland und aus Italien verdrängt worden war.

18

Graf Gustav von Kalnoky

(Veröffentlicht 1900)

Auf einer mäßigen Anhöhe oberhalb des Marktfleckens Lettowitz in Mähren erhebt sich, in das fruchtbare Gelände hinauslugend, das gleichnamige Schloß, der Geburtsort des Grafen Kalnoky. Die Familie stammt aus Siebenbürgen, wo die ältere Linie des Geschlechts vor wenigen Jahren ausstarb; die Herrschaft Lettowitz kam erst durch die Ehe des Großvaters des späteren Ministers mit der Erbtochter des Grafen Blümegen, eines Ministers der Kaiserin Maria Theresia, an seine jetzigen Herren. Der Vater Kalnokys vermählte sich mit der Erbtochter der Grafen Schrattenbach, die ihm das Gut Prödlitz zubrachte.

Aus ihrer östlichen Heimat wohl brachten die Kalnoky das Reiterblut mit, welches den künftigen Diplomaten ebenso wie seine beiden Brüder bestimmte, sich dem Dienste in der österreichischen Kavallerie zu widmen. Dahin zielte auch die Erziehung im väterlichen Hause, wo eine Reihe rasch wechselnder Hofmeister, unter denen sich kurze Zeit auch der Benediktiner Beda Dudik, der Geschichtschreiber seiner mährischen Heimat, befand, den Knaben die Anfänge der Bildung beibrachten. Was ihm in der Jugend nicht geboten war, holte Kalnoky später mit eifriger Lernbegierde nach; aber als er am 31. Oktober 1849, kaum siebzehnjährig, in die Armee eintrat, war er vor allem ein trefflicher Reiter, der es bald, am 1. Januar 1852, zum Oberleutnant brachte. Eine seltene Gelenkigkeit des Körpers und unermüdliche Übung befähigten ihn zu den gewagtesten Reiterstücken, eine Gabe, die er durch den Unterricht in dem Wiener militärischen Reitlehrinstitut erhöhte. Hier sah ihn, als er gerade eine Probe seiner Kunst zu Pferde ablegte, Kaiser Franz

Josef zum ersten Male; und scherzhaft bemerkte der Kaiser viele Jahre später: „Noch nie lernte ein Monarch seinen Minister des Äußeren in der Situation kennen, wie ich den Grafen Kalnoky. Ich kam gerade dazu, wie er zu Pferd ein Saltomortale machte." Indessen befriedigte diese Tätigkeit den jungen Offizier, der ernste Studien zu treiben begann, nicht, und es erwachte in ihm die Absicht, sich der Diplomatie zuzuwenden. Seine Vorgesetzten jedoch wollten ihn der Kavallerie erhalten, und es wurde ihm, wenn er bliebe, schon mit einundzwanzig Jahren die Beförderung zum Rittmeister wie die Stelle eines Lehrers in dem kaiserlichen Reitinstitut in Aussicht gestellt; auch verhielt sich der Minister des Äußern, Graf Buol, anfänglich gegen seinen Wunsch ablehnend. Eines Tages aber faßte er bei einer Parade auf dem Glacis zu Wien aus einem unbedeutenden Anlasse den endgültigen Entschluß; er ritt unmittelbar von der Übung in das Ministerium des Äußern, übergab sein Pferd in dem stillen, vornehmen Hofe einem über sein ungewohntes Gebaren erstaunten Diener und stieg die Treppen hinauf, um seine Bitte durch persönliche Vorstellungen zu unterstützen. Er setzte seine Absicht durch, erhielt jedoch von seinen militärischen Vorgesetzten nicht den erbetenen einjährigen Urlaub; so mußte er sich, während er vormittags Dienst tat, nachmittags zur Diplomatenprüfung vorbereiten, die er im Juli 1854 ablegte. Nach kurzer Vorschule bei der Gesandtschaft in München (Oktober 1854 bis Juni 1856) und in Berlin (bis Dezember 1859) kam er als Legationssekretär nach London, wo eine zwölfjährige Tätigkeit seine Anschauungen und sein Wesen entscheidend formte; hier rückte er 1866 zum Legationsrat vor.

Er war ein systematischer Kopf und so arbeitete er an seiner Erziehung nach einer festen Methode, um die Lücken seiner Bildung zu ergänzen: er beschäftigte sich der Reihe nach mit der Geschichte und Literatur jedes der europäischen Staaten, bis er genügend in den Stoff und gleichzeitig in die betreffende Sprache eingedrungen zu sein glaubte; dann wandte er sich dem nächsten Studium zu. Er war ein starker Leser und Arbeiter, und so fand er Zeit, auch ein Talent zu üben, das mehreren Mitgliedern seiner Familie eigen war: er zeichnete und malte mit Feinheit, wobei sich sein Urteil als Bilderkenner und Liebhaber an den reichen Kunstschätzen Londons schärfte. Humoristische Stoffe behandelte er geschmackvoll mit dem Stift und mit dem Pinsel; eine Reihe solcher Blätter stellt die Erlebnisse und betrüblichen Erfahrungen eines österreichischen Staatsangehörigen dar, der bemüßigt ist, seine Angelegenheit auf der Botschaft zu London zu betreiben. Dazu hatte er eine Neigung für schöne und seltene Drucke, deren er in Berlin und London eine kleine, aber ausgewählte Sammlung zustande brachte; später sah er sich veranlaßt, diesen Besitz in Paris versteigern zu lassen. Aus dem reichen gesellschaftlichen Leben Londons brachte er die Gemessenheit und äußere Kälte mit, welche später an ihm so oft befremdeten. Den fremden Diplomaten, die nach London kamen, wurde damals als Lehre mitgegeben, die englische Aristokratie lasse sich am ehesten durch einen gewissen Hochmut des Ausländers imponieren, auf den sie ja gerne von oben herabsah; Kalnoky mußte sich keinen Zwang antun, um diesen äußeren Schein zu erwecken.

Im diplomatischen Dienst errang er sich bald Anerkennung, da sein Chef, der etwas ängstliche Botschafter Graf Apponyi, ein Mann der alten Schule, an seinem Legationsrate die beste Stütze hatte. Die von diesem in Vertretung Apponyis geschriebenen Berichte machten im Auswärtigen Amte zu Wien durch ihre Sorgfalt und phrasenlose Bestimmtheit den besten Eindruck. Kaiser Franz Josef selbst sprach sich damals zu dem älteren Bruder Kalnokys anerkennend über sie aus. Neben Kalnoky wirkte zu jener Zeit Ernst v. Plener, der spätere Führer der deutschen Linken, als Legationssekretär; die beiden Männer schlossen sich, wiewohl Kalnoky neun Jahre älter war, enge aneinander, da sie sich bei dem Ernst ihres Wesens und der Gründlichkeit der von ihnen betriebenen Studien gegenseitig förderten.

Im April 1871 sandte Beust den bereits erprobten jungen Diplomaten nach Rom und betraute ihn als außerordentlichen Gesandten und bevollmächtigten Minister mit der Leitung der Botschaft beim Päpstlichen Stuhle. Die Beziehungen zur Kurie gestalteten sich infolge der von Österreich vollzogenen Lösung des Konkordats unfreundlich. Graf Kalnoky, in streng konservativen Anschauungen aufgewachsen, stimmte nicht ganz mit der Politik des Nachfolgers Beusts, des Grafen Andrassy, überein, und es trat bald eine Art Bruch zwischen ihnen ein, da, wie es heißt, der Minister eine bestimmtere Haltung in den schwebenden Fragen verlangte, Kalnoky jedoch gegenüber dem Römischen Stuhle eine versöhnliche Haltung für angezeigt hielt. Der Gegensatz spitzte sich schärfer zu, der Gesandte reichte seine Entlassung ein und wurde 1872 in Disponibilität versetzt. Wohl wurde er im Februar 1874 zum Gesandten in Kopenhagen ernannt, dem damaligen Auslugposten der europäischen Diplomatie, von wo bei den verwandtschaftlichen Beziehungen der dänischen Königsfamilie zu den Höfen von St. Petersburg und London viel zu sehen und zu berichten war; indessen stellte sich zwischen ihm und seinem damaligen Chef niemals volles Einverständnis her, wiewohl Graf Andrassy ohne weiteres zugab, er gehöre zu seinen verläßlichsten Mitarbeitern. Noch mehr erkannte dies der Kaiser an, der einmal an dem Rande eines Berichtes Kalnokys die Bemerkung machte: es sei schade, daß eine solche Kraft nicht voll ausgenützt werde.

Als nun im Juli 1879 der Botschafter in St. Petersburg, Freiherr v. Langenau, erkrankte und bei dem drohenden Zusammenstoße der österreichischen und russischen Politik auf der Balkanhalbinsel ein Interregnum zu St. Petersburg untunlich schien, schlug Andrassy dem Grafen Kalnoky, der sich damals zufällig in Wien befand, vor, er solle provisorisch die Leitung der Botschaft mit dem Range eines Gesandten übernehmen; doch machte er kein Hehl daraus, daß er nicht die Absicht habe, ihn endgültig auf diesem Posten zu lassen. Kalnoky willigte mit dem Bemerken ein, er ergreife gerne die Gelegenheit, die russischen Verhältnisse eine Zeitlang von der Nähe aus zu beobachten. Damals war die Stellung Andrassys bereits ins Wanken gekommen. Er trat unmittelbar nach Abschluß des Bündnisses mit Deutschland, im Oktober 1879 vom Amte zurück; sein Nachfolger, Freiherr v. Haymerle, war mit Kalnoky eng befreundet, schlug dessen Fähigkeiten hoch an, und so ergab es sich von selbst, daß er bereits im Januar 1880 zum Botschafter in St. Petersburg ernannt wurde. Ebenso wie die übrigen Leiter der österreichisch-ungarischen Missionen im Auslande verabschiedete sich

Kalnoky von seinem zurücktretenden Chef durch ein Schreiben (vom 20. Oktober 1879), von welchem Graf Andrassy sagte, es sei das Gescheiteste von allen gewesen, die er aus diesem Anlasse erhalten hatte. Wiewohl die beiden Männer persönlich nicht zum Besten standen, sind doch die Worte hoher Anerkennung, die Kalnoky dem scheidenden Minister, dem Schöpfer des Bündnisses mit Deutschland, der zudem Bosnien dem Reiche erworben hatte, widmete, ohne Zweifel aufrichtig gemeint und wohlverdient. Er bedauert zuvörderst, daß Andrassy „an dem Entschlusse festgehalten habe, die mit so großem Glanze an der Spitze der Monarchie eingenommene Stellung zu verlassen, in welcher, um nur die eine nicht hoch genug anzuschlagende Leistung hervorzuheben, Euer Exzellenz in schlagender Weise die für das Reich so wichtige Frage gelöst haben: ob bei unserer dualistischen Gestaltung eine Großmachtspolitik, eine einheitliche Aktion überhaupt möglich sei. .... Lange schon hat der Kaiserstaat nicht das Ansehen und den Einfluß genossen, wie seitdem Euer Exzellenz, gestützt durch das feste Vertrauen des Kaisers, in der gewandten und zielbewußten Hand die Leitung des Staates konzentriert haben". Eine Großmachtspolitik — so fährt er dann fort — sei die Bedingung für das Gedeihen der Monarchie. „Fehlt der Impuls zu einem gemeinsamen Ziele, der treibende Staatsgedanke, der die vielfältigen heterogenen Elemente in einer bleibenden Bewegung erhält, so tritt eine faule Stagnation ein, die selbst zur Zersetzung führen kann." Sodann gibt Kalnoky einem Gedanken Ausdruck, der ihn bis an seinen Tod beschäftigte, wenn auch die Umstände die Ausführung verhinderten. „Für eine Großmachtspolitik jedoch ist eine stramme, einheitliche oberste Leitung unentbehrlich, und zwar als bleibende verfassungsmäßige Institution Wir brauchen einen Reichskanzler. — Es wäre ja nicht notwendig, daß dadurch der dualistischen Gestaltung, der selbständigen Stellung der beiden Reichshälften irgendwie nahegetreten werde, dieselbe sollte im Gegenteil dadurch befestigt werden, daß ein Reichskanzler das Reichsinteresse zu wahren habe und dafür verantwortlich gemacht werden kann. .... Die Zukunft birgt manch ernste Gefahren. Österreich-Ungarn braucht sie nicht zu fürchten, wenn es einig und entschlossen ist im Wollen und im Handeln. Treten die Gefahren näher, so muß die Führung des Reiches einer Hand anvertraut werden. Und dann ergibt sich der Reichskanzler von selbst." Graf Kalnoky spricht die Hoffnung aus, es werde dem Grafen Andrassy dereinst beschieden sein, der Träger dieser Reform zu werden. Noch viele Jahre später äußerte Kalnoky, wiewohl sich sein Gegensatz zu Andrassy später noch verschärfte, die Ansicht, gerade er wäre der geeignete Mann gewesen, die staatsrechtliche Entwicklung der Monarchie in solcher Weise abzuschließen. Als er selbst Minister wurde, ließen nähere Sorgen die Ausführung des Planes nicht zu, obwohl er sich damit immer wieder beschäftigte.

Als Botschafter in St. Petersburg empfand Kalnoky die Abneigung Gortschakows gegen die Politik Österreich-Ungarns, welches auf die im Berliner Vertrage vorgeschriebene Räumung der Balkanhalbinsel von den russischen Truppen bestand. Schon damals bereitete der russische Kanzler die Verbindung Rußlands und Frankreichs gegen die Zentralmächte vor. Der österreichisch-ungarische Botschafter verfolgte nun stets die Politik, auf der Ausführung des Berliner Vertrages zu bestehen, dabei jedoch die Empfindlichkeit Rußlands möglichst zu schonen; es war und blieb das Ziel seiner Wirksamkeit, ein friedliches Abkommen mit der nordischen Macht zur Lösung der Balkanfrage zu vereinbaren, und dies um so mehr, als er im Jahre 1880 bei der Durchreise nach Petersburg den Fürsten Bismarck in Berlin sprach und sich von der entschiedenen Absicht des Kanzlers überzeugte, die Verbindung mit Rußland zu pflegen und sie nur ungern und im äußersten Notfalle dem Bündnisse mit Österreich zu opfern. Während der Mission Kalnokys in St. Petersburg kam ein wichtiger diplomatischer Akt zustande, an dem er hervorragenden Anteil nahm; zwischen Österreich-Ungarn und Rußland wurde ein Abkommen getroffen, in dem sie sich unter Zusicherung ihrer friedlichen Absicht bedeutungsvolle Zugeständnisse machten; der Wiener Hof versprach, der Vereinigung Bulgariens und Ostrumeliens zuzustimmen, „si elle se faisait par la force des choses“; dagegen wurde es Österreich-Ungarn freigestellt, Bosnien und die Herzegowina der Monarchie förmlich einzuverleiben, wenn sie dies für angezeigt fände. Zudem wurde in bezug auf einen strittigen Punkt des Meerengenvertrages eine Rußland günstige Auslegung vereinbart.

Der Minister des Äußern, Freiherr v. Haymerle, wurde nach kurzer Amtstätigkeit am 10. Oktober 1881 durch einen jähen Tod hinweggerafft. Kurz vorher hatte Kalnoky einen Urlaub zum Besuche Wiens erhalten; er machte aber jetzt davon keinen Gebrauch, um nicht den Anschein zu erwecken, als bewerbe er sich um die Stelle des Ministers. Bald erhielt er jedoch ein amtliches Schreiben, er sei zum Nachfolger Haymerles bestimmt. Er antwortete, er fühle sich zwar durch seine siebenundzwanzigjährigen Erfahrungen im auswärtigen Dienste und seine Kenntnisse der europäischen Höfe dem diplomatischen Teile dieser Aufgabe gewachsen, doch gebe er zu bedenken, daß er den inneren Angelegenheiten des Reiches durch seine lange Abwesenheit fernstehe, daß er keine Stütze in den Parlamenten, keine Anlehnung an die maßgebenden Parteien besitze; für das Lösen innerer Konflikte bringe er nicht die nötigen Fähigkeiten mit. Der Kaiser ließ diese Bedenken nicht gelten, und er wurde am 20. November 1881 mit dem Amte eines Ministers des kaiserlichen Hauses und des Äußern und mit dem Vorsitz im gemeinsamen Ministerrate betraut.

In der ersten Periode seiner Amtswirksamkeit — bis zur Vertreibung des Fürsten Alexander von Bulgarien (November 1881 bis August 1886) — war seine Bemühung vorzugsweise darauf gerichtet, das Bündnis mit Deutschland zu befestigen und einem Konflikte mit Rußland vorzubeugen. Er fand auf dem Balkan eine ungünstige Lage vor: den Sultan noch aufgeregt über den Verlust Bosniens; Serbien und Montenegro erbittert darüber, daß durch den Anfall Bosniens an Österreich die Gründung eines großserbischen Staates unmöglich gemacht war; Bulgarien unzufrieden, weil Österreich-Ungarn nebst England bewirkt hatte, daß dem jungen Staate im Berliner Vertrage die engsten Grenzen gezogen wurden. In Rumänien war die Aktionspartei noch immer stark und von Haß zumal gegen Ungarn erfüllt; wagte doch der Bürgermeister von Jassy 1883 in Gegenwart des Königs einen Trinkspruch auszubringen, in dem mit Hinblick auf die von Rumänen bewohnten Gebiete Österreich-Ungarns die Hoffnung ausgesprochen ward, diese Perlen würden einst das Diadem des rumänischen Königs schmücken. Allgemach besserte sich die Lage Österreich-Ungarns, nicht zum wenigsten durch die zähe Geduld und ruhige Festigkeit Kalnokys. Es gelang zuerst, den 1882 zum König erhobenen Beherrscher Serbiens an Österreich heranzuziehen. Bald näherte sich auch König Karol von Rumänien den Zentralmächten und half die Aktionspartei in seinem Lande beschwichtigen; anläßlich der Reise des Königs nach Berlin und Wien im August 1883 nahm die Annäherung Rumäniens an Deutschland und Österreich-Ungarn festere Formen an. Außerdem erhob sich der Konflikt zwischen Rußland und Alexander von Bulgarien zu großer Schärfe. Hier aber ging Kalnoky mit größter Vorsicht zu Werke. Er enthielt sich jeder Förderung oder Begünstigung des Battenbergers, ging darin bis zur äußersten Grenze der Nachgiebigkeit gegen Rußland und beruhigte so die Empfindlichkeit des Zaren, der den 1881 abgeschlossenen und 1884 abgelaufenen Vertrag mit Österreich-Ungarn für drei Jahre verlängerte.

Die Kritiker der Politik Kalnokys setzten bei der bulgarischen Frage an und hoben hervor, er verzichte ohne Not auf alle Selbständigkeit in der orientalischen Frage und verlasse damit den Weg, den Graf Andrassy mit der Okkupation Bosniens betreten hatte. Kalnoky aber ließ sich, um Österreich-Ungarn vor einem Kriege mit Rußland zu bewahren, von seiner Politik der Vertragstreue nicht abdrängen. Freilich konnte Österreich-Ungarn die gewünschte Frucht, die förmliche Einverleibung Bosniens, nicht pflücken, da Rußland aus Abneigung gegen den unabhängig gesinnten Fürsten Alexander von Bulgarien die Vergrößerung seines Landes durch Ostrumelien nicht zugeben wollte; und damit entfiel auch die Österreich zugesagte Gegenleistung.

Mitten in diese schwankenden Zustände fiel der Staatsstreich von Philippopel (18. September 1885), der die Vereinigung Ostrumeliens mit Bulgarien erzielte. Das war eine Verletzung des Berliner Vertrages. Unter dem ersten Eindrucke dieses unerwarteten Ereignisses erwachte in Wien wie in Petersburg das Mißtrauen, man habe von der anderen Seite die Revolution gefördert. Bald stellte sich heraus, daß Rußland auf dem Balkan eine empfindliche Schlappe erlitten hatte. Das Wiener Kabinett aber, um jede Zweideutigkeit zu vermeiden, erklärte sich, obwohl die Schaffung eines unabhängigen Bulgariens dem österreichischen Interesse entsprach, aufs Bestimmteste gegen den revolutionären Akt. Kalnoky blieb sorgfältig auf der Linie der korrekten Auslegung des Berliner Vertrages und nannte in der Rede vom 7. November 1885 die Führer der großbulgarischen Bewegung Streber, deren Vorgehen, wenn verallgemeinert, die Anarchie auf der Balkanhalbinsel zur Folge haben müsse. Als dann König Milan unklug genug war, sich zum Schützer der Autorität des Sultans und des auf dem Balkan bedrohten Gleichgewichtes aufzuwerfen, und Bulgarien angriff, wurde er von Österreich-Ungarn vor dem Losschlagen gewarnt. Doch sah Milan die ausgesprochene Zuneigung des Wiener Kabinetts auf seiner Seite und wurde auch nach der bei Slivnitza erlittenen Niederlage nur durch die Autorität Österreich-Ungarns vor einer Demütigung durch Bulgarien bewahrt. Der österreichisch-ungarische Gesandte in Serbien, Graf Khevenhüller, erschien im Lager Alexanders und verlangte im Namen Kaiser Franz Josefs, daß der Bulgarenfürst seinen Siegeszug auf serbischem Gebiete einstelle und die Waffen niederlege.

Die Politik Kalnokys fand nun einen entschiedenen Gegner an dem Grafen Andrassy. Dieser mit weitreichenden Entwürfen beschäftigte Staatsmann betrachtete die Okkupation Bosniens lediglich als den Beginn einer ausgreifenden Orientpolitik Österreich-Ungarns und hielt eine solche für wesentlich gefördert durch den Bund mit Deutschland. Er hatte beim Rücktritte vom Amte angenommen, er werde nochmals zur Leitung der auswärtigen Angelegenheiten berufen werden, eine Hoffnung, die sich allerdings beim Tode Haymerles nicht erfüllte. Der Kaiser äußerte sich, die Gaben Andrassys und Kalnokys abwägend, dahin, der ungarische Staatsmann sei geeigneter, in einer Zeit zu wirken, da ein politischer Knoten zerhauen werden müsse, Kalnoky dagegen, wenn ein solcher behutsam zu lösen sei. Jetzt, im Herbste 1886, reichte Andrassy eine Denkschrift über die orientalische Frage ein, die herben Tadel gegen die Politik Kalnokys aussprach. Er fand, daß seine zwei Nachfolger sich die Freiheit des Handelns durch das mit Rußland geschlossene Übereinkommen eingeengt hätten. Solche Abmachungen mit Rußland seien nach seiner Ansicht ganz zu vermeiden, da Österreich dadurch gehindert werde, seine Ziele auf der Balkanhalbinsel mit Kraft zu verfolgen. Wenn die Monarchie, die sich ja auf Deutschland stützen könne, ihre Interessen mit Nachdruck, und ohne gerade Rußland herauszufordern, wahre, so werde sich dieses bescheiden müssen und ebensowenig wie 1878 es auf einen Waffenkampf ankommen lassen. Jetzt sei der Augenblick zum Handeln gekommen; wäre es doch für Österreich-Ungarn höchst wertvoll, daß Bulgarien seine Verbindung mit Rußland gelöst habe, um sich selbständig zu machen. In solchen Bestrebungen seien die Balkanstaaten auf das kräftigste zu unterstützen; indem Österreich-Ungarn auf diese Weise als Hort der Unabhängigkeit des Balkans auftrete, werde es dessen Völkerschaften enger an sich knüpfen.

Diesen Einwendungen begegnete Kalnoky durch die Erinnerung an die Tatsache, daß auch Andrassy seine Erfolge durch Vereinbarungen mit Rußland vorbereitet hatte, vorerst durch das seit 1871 gepflegte sogenannte Dreikaiserbündnis und später durch die Abmachung von 1876, auf Grund deren Rußland den Angriff gegen die Türkei wagen, Österreich-Ungarn aber die Erwerbung Bosniens in Angriff nehmen konnte. Die Politik der Nachfolger Andrassys bewege sich auf derselben Linie. Kalnoky versicherte übrigens, daß, wenn Rußland sich je über die Verträge hinwegsetzen sollte, es auch ihm an Festigkeit in der Abwehr nicht fehlen werde. — Es wäre verlockend, des näheren auszuführen, wie bei dieser Aussprache der zwei hervorragenden Staatsmänner die verschiedenen Methoden erwogen wurden, nach denen die Politik der Monarchie im Orient geführt werden konnte: entweder im Einvernehmen mit Rußland oder aber in kühnem Ausgreifen auf der Balkanhalbinsel, wodurch freilich die Gefahr eines Krieges nahegerückt wurde.

Sehr bald fand Kalnoky Gelegenheit zu beweisen, daß auch er volle Energie aufbiete, sobald Rußland in den Interessenbereich Österreich-Ungarns übergriff. Als Fürst Alexander von Bulgarien durch russische Söldlinge gefangen gesetzt und trotz seiner rühmlichen Rückkehr nach Sofia zur Abdankung genötigt wurde, als der Zar dann den General Kaulbars nach Bulgarien schickte, um das Land unter seinen Willen zu zwingen, da bedrohte nicht mehr Bulgarien, sondern Rußland den europäischen Frieden: der Zar schien sich den Landweg nach Konstantinopel öffnen zu wollen. Die öffentliche Meinung, zumal in Ungarn, trat auf Seite des mutig seine Unabhängigkeit verteidigenden Volkes, und Graf Kalnoky, der sich mit Lord Salisbury und Crispi verständigt hatte, stellte sich Rußland bestimmt entgegen. Diesen Gesinnungen gab vorerst der ungarische Ministerpräsident Tisza Ausdruck, indem er im Reichstage zu Budapest namens der Monarchie erklärte, nur die Türkei hätte kraft ihrer Souveränität die Befugnis zu bewaffnetem Einschreiten in Bulgarien, sonst aber keine Macht; Rußland habe kein Recht auf das Protektorat über das Land; eine Änderung der Verhältnisse auf der Balkanhalbinsel dürfe nur mit Zustimmung aller Signatarmächte des Berliner Vertrages stattfinden. Tiefverletzt über diese stolze Sprache äußerte sich der Zar damals zu einem österreichischen Diplomaten: Herr v. Tisza habe Rußland und damit ihn selbst beleidigt.

Trotzdem wiederholte Kalnoky in einer umfassenden Darlegung vor den Delegationen am 13. November 1886 diese Eröffnungen; der Stil seiner Rede, sonst nüchtern und zurückhaltend, erhob sich, der Bedeutung des Augenblicks entsprechend, zu einer Bestimmtheit, die durch die diplomatische Verbindlichkeit des sorgfältig gewählten Ausdruckes eher gehoben wurde. Damit kam Kalnoky auch dem Angriffe zuvor, den Andrassy unmittelbar darauf im Sinne seiner vorjährigen Denkschrift in öffentlicher Rede gegen ihn erhob; der ungarische Staatsmann sah einen Fehler darin, daß Österreich-Ungarn sich früher so tief mit Rußland eingelassen hatte; dadurch habe es die Kraft des Bündnisses mit Deutschland abgeschwächt und diesem Reiche eine Vermittlerrolle zugeschoben, die ihm selbst nicht genehm sein könne. Man dürfe Deutschland eben nie zumuten, es solle gegen Rußland eine Sprache führen, die nur der österreichisch-ungarischen Monarchie selbst in Verteidigung ihrer Interessen zukomme. So unbequem dem Grafen Kalnoky auch die Opposition seines Vorgängers war, so leisteten doch beide Staatsmänner ihrem Vaterlande große Dienste; es wurde der russischen Politik klar, daß Kalnoky von ihr das M i n d e st e verlangte, was ein österreichisch-ungarischer Minister überhaupt fordern konnte. Das Vertrauensvotum, welches Kalnoky von beiden Delegationen erhielt und dem sich auch Andrassy um der Sache willen anschloß, gab der Stellung Kalnokys die gewünschte Festigkeit. Einstimmig bewilligten dann beide Körperschaften im März des nächsten Jahres (1887) einen außerordentlichen Heereskredit von 52½ Millionen Gulden, wozu noch 19½ Millionen Gulden für die Landwehren beider Staaten traten, um den Vorstellungen der Monarchie Nachdruck zu verleihen und um den gewaltigen Rüstungen Rußlands gegenüber Ernst zu zeigen.

Damit stieg die Gefahr eines Krieges mit Rußland drohend auf. Außerdem ergab sich für Österreich-Ungarn eine weitere gefährliche Verwicklung. Fürst Bismarck eröffnete nämlich dem Wiener wie dem Petersburger Kabinett, daß nach seiner Auffassung des Berliner Vertrages Bulgarien in den Interessenbereich Rußlands falle; man könne diese Macht nicht hindern, ihre Geltung in Sofia durch welche Mittel immer, und sei es selbst mit Gewalt, wiederherzustellen. Im Auftrage des Kaisers Franz Josef wurde Andrassy befragt, ob zu seiner Zeit in Berlin etwa mündliche Besprechungen in diesem Sinne gepflogen worden seien; Andrassy stellte dies bestimmt in Abrede und erklärte, es sei unzweifelhaft, daß Rußland in Konsequenz seines Versprechens, die Balkanhalbinsel 1880 zu räumen, die Selbstbestimmung Bulgariens anerkannt habe. Bismarck aber beharrte auf seiner Auffassung und gab ihr auch in seiner großen Rede vor dem Reichstage vom 11. Januar 1887 Ausdruck, wohl die merkwürdigste von allen, in denen er sich über die Beziehungen Deutschlands zu den drei Nachbarreichen aussprach. Den Franzosen drohte er damals das saigner à blanc an, wenn sie losschlügen; das Bündnis mit Österreich-Ungarn hob er mit größter Wärme hervor, über Rußland aber sagte er: „Wir leben mit Rußland in derselben freundschaftlichen Beziehung, wie unter dem hochseligen Kaiser, und diese Beziehung wird unsererseits auf keinen Fall gestört werden." Auf Bulgarien wendete er das Wort Hamlets an: „Was ist ihm Hekuba!" und fügte die unfreundlichen Worte hinzu, die Österreich-Ungarn auf sich beziehen mußte: „Es ist uns vollständig gleichgültig, wer in Bulgarien regiert, und was aus Bulgarien überhaupt wird. ... Wir werden uns wegen dieser Frage von niemandem das Leitseil um den Hals werfen lassen, um uns mit Rußland zu brouillieren." Trotzdem blieb Kalnoky fest bei dem Entschlusse, sich dem Einrücken russischer Truppen in Bulgarien zu widersetzen. Um aber den Rückhalt zu gewinnen, den Deutschland nicht gewähren wollte, schloß sich das Wiener Kabinett enger an England und Italien an. Diesem Zwecke dienten die im Winter auf 1887 mit der italienischen Regierung gepflogenen Unterhandlungen, die im Februar 1887 zum Dreibundvertrag führten. Damals wurde der vielberufene Pakt geschlossen, der erst 1915 durch den Treubruch Italiens zerrissen ward. Deutschland, Österreich-Ungarn und Italien verbanden sich darin zu gegenseitiger Verteidigung, aber außerdem hatte der Vertrag einen nur die zwei letztgenannten Mächte bindenden Inhalt, und dieser bestand in einer die Balkanhalbinsel betreffenden Verpflichtung, von der sich das Berliner Kabinett seinen Grundsätzen entsprechend fernhielt. Es war der unselige Artikel VII, in welchem zwischen Wien und Rom ausgemacht war, daß, wenn der Status quo im nahen Orient nicht aufrecht erhalten werden könnte und einer der beiden Mächte die Besetzung eines Landstriches auf der Balkanhalbinsel oder im Ägäischen oder im Adriatischen Meer vornehmen sollte, die andere Macht Anspruch auf eine Kompensation hätte. Damit räumte das Wiener Kabinett dem römischen in gewissen, noch dazu unbestimmt bezeichneten Fällen das Recht der Einmischung in die Geschicke der Balkanhalbinsel ein. Ohne Zweifel hat Kalnoky nur widerwillig das Zugeständnis des Artikels VII gemacht, aber er brachte das Opfer, um sich den Rücken gegen Rußland zu decken. Dieses Ziel erreichte er auch und Crispi gab der zur Abwehr Rußlands geschlossenen Verbindung Österreich-Ungarns, Italiens und Englands übertreibend den Namen des Orientalischen Dreibundes. Dem Zaren wurde jetzt in Bulgarien Halt geboten, Italien aber war gewissermaßen in die Reihe der Balkanmächte eingeführt.

Wiewohl nun Bismarck bestrebt war zu vermitteln und jede gegen Rußland gerichtete Feindseligkeit vermied, blieben ihm Vorwürfe aus Petersburg und Moskau nicht erspart. Hier entbrannte eine wilde Zeitungsfehde gegen das angeblich undankbare Deutschland, welches Rußland auf dem Wiener Kongresse und später immer treulos im Stiche gelassen habe; immer neue Heeresmassen wurden von dem Zaren an die Westgrenze seines Reiches geschoben. Deutschland beantwortete diese Drohungen mit dem Kampfe gegen die russischen Werte, von denen zwei Milliarden Mark aus dem Reiche abströmten. Die Lage war so gespannt, daß der preußische Generalstab sich ernstlich mit der Frage des Krieges mit Rußland beschäftigte; es ist zuverlässig verbürgt, daß Moltke ebenso wie sein Stellvertreter Waldersee den Krieg für unabwendbar hielten und der Ansicht waren, der Augenblick sei wahrscheinlich günstiger als ein späterer; Erzherzog Albrecht und Kronprinz Rudolf von Österreich teilten diese Anschauungen.

Anders Kaiser Wilhelm und Fürst Bismarck. Das Ziel des Kanzlers blieb unverrückt: es bestand in der Isolierung Frankreichs und in der Verständigung mit Rußland. Dies eröffnete er auch dem Grafen Kalnoky bei dem Besuche, den dieser ihm am 16. September 1887 in Friedrichsruh abstattete, und bei dessen Anlasse mußte der österreichische Minister mit aller Festigkeit das Ansinnen ablehnen, um des Friedens willen Bulgarien preiszugeben. Sein großes Verdienst ist, daß er mit aller Ruhe und Kälte, jeden herausfordernden Schritt unterlassend, auf seinem Standpunkte beharrte und sich weder nach rechts noch nach links von der Linie abdrängen ließ, die er sich vorgezeichnet hatte. So erreichte er seine beiden Ziele, auf der einen Seite die Erhaltung des Friedens, auf der anderen die Abdrängung Rußlands von der Balkanhalbinsel. Es war nicht leicht, die widerstrebenden Elemente in Österreich-Ungarn in diesem Sinne zu lenken, denn die Anhänger der Verständigung mit Rußland, insbesondere der österreichisch-ungarische Botschafter in Petersburg Graf Wolkenstein waren der Ansicht, das Wiener Kabinett gehe zu weit im Betonen der Selbständigkeit Bulgariens und gebe damit der Kriegspartei in Rußland eine Waffe in die Hand. Wolkenstein bekämpfte — und wie sich zeigte — mit Recht die Annahme, daß Alexander III. einen Angriffskrieg auf die Zentralmächte plane, und riet in Wien nachdrücklich, den Zaren bei seiner friedlichen Stimmung festzuhalten. Demgegenüber drängte Graf Andrassy mit anderen ungarischen Politikern zu größerer Machtentfaltung; in wirkungsvollen Reden vor der ungarischen Delegation verlangte er im März und November 1887 noch bestimmteres Hervortreten Österreichs, insbesondere einen Schritt, um dem im August 1887 gewählten Prinzen Ferdinand von Koburg die Anerkennung der europäischen Mächte zu verschaffen. Durch kraftvolles Auftreten allein — dies war sein Gedanke — könne man Rußland imponieren. So weit zu gehen, lehnte Graf Kalnoky ab, er blieb aber in seiner Rede vom 5. November bei der Ansicht, daß „jede Intervention einer einzelnen Macht in der bulgarischen Frage unbedingt ausgeschlossen werden solle".

Bismarck dagegen ergriff die nächste Gelegenheit, um das Deutsche Reich jeder Verwicklung zu entziehen, welche über die im Bundesvertrage mit Österreich-Ungarn von 1879 enthaltenen Verpflichtungen hinausging. Als der Zar am 18. November 1887 auf der Durchreise von Kopenhagen nach St. Petersburg in Berlin eintraf, gelang es dem Kanzler, ihn zu überzeugen, daß die ihm in die Hand gespielten Briefe, aus denen eine Parteinahme Deutschlands und des Fürsten Bismarck für Ferdinand von Koburg hervorgehen sollte, Fälschungen seien, deren Absicht war, Rußland und Deutschland zu verfeinden. Nach dieser den Zaren beruhigenden Aussprache kam dann zwischen Deutschland und Rußland der vielbesprochene Rückversicherungsvertrag zustande, kraft dessen sich Rußland verpflichtete, sich bei einem Angriffe Frankreichs auf Deutschland neutral zu verhalten; ebensowenig durfte Deutschland Österreich-Ungarn seinen Beistand leihen, wenn dieses Reich Rußland mit Krieg überzöge. Der Vertrag wurde vor dem Wiener

Kabinett geheim gehalten, nie aber blieb Kalnoky in Unkenntnis über die Haltung Deutschlands im Falle eines wegen Bulgarien ausbrechenden Krieges.

In demselben Maße aber, da sich die Spannung zwischen Deutschland und Rußland löste, fand auch eine Besserung der Beziehungen des Wiener und des Petersburger Kabinetts statt. Rußland hatte in seinen Kriegen gegen die Türkei 1854 und 1878 die schlimme Erfahrung gemacht, daß, solange sich die habsburgische Macht ungebrochen in einer feindseligen Flankenstellung befand, seine auf der Balkanhalbinsel kämpfenden, und sei es auch siegenden Truppen doch zuletzt zur Rückkehr genötigt waren; Österreich-Ungarn aber zuvor anzugreifen und niederzuwerfen, diese Absicht hätte auch den Krieg mit Deutschland herbeigeführt. Unausgesetzt arbeiteten unterdessen die Botschafter Deutschlands und Österreich-Ungarns in Petersburg, Schweinitz und Wolkenstein, an der Begleichung der Schwierigkeiten, und endlich kam es im Januar 1888 zu einer Auseinandersetzung zwischen Kalnoky und dem russischen Botschafter in Wien, Lobanow, welche die Kriegsgefahr zwar nicht ganz bannte, aber erheblich milderte. Diese beiden Männer waren vielfach Gegensätze: Kalnoky ganz in den Aufgaben seines Amtes aufgehend, der künftige russische Kanzler dagegen meist gelehrten Forschungen und künstlerischen Neigungen lebend, wenn ihn nicht schöne Frauen ablenkten; nur wenn Lobanow vor großen politischen Fragen stand, entfaltete er sein ganzes diplomatisches Können. Die zwei Minister stimmten aber jetzt in dem Hauptpunkte überein, daß es ein Abenteuer wäre, um Bulgariens willen einen Krieg zu entzünden; zudem setzte Lobanow, wie sich später zeigte, der russischen Politik in Ostasien ganz andere und größere Ziele. Der Ausgleich wurde dadurch möglich, daß der Zar sich nach langem inneren Kampfe entschloß, Bulgarien seinem Schicksale zu überlassen und sich ganz von dem, wie er glaubte, undankbaren Volke abzuwenden.

Dabei blieb es denn, selbst als Kaiser Franz Josef einige Jahre später den Besuch des nicht anerkannten Fürsten Ferdinand von Bulgarien und Stambulows empfing, auch seine Hand weiter schützend über Bulgarien hielt. Kalnoky konnte allerdings den Sturz Stambulows so wenig hindern wie seine Ermordung;

aber selbst als Fürst Ferdinand — schon nach dem Rücktritte Kalnokys — wieder zu Rußland hinüberschwenkte, war sein Werk, die Selbständigkeit Bulgariens, gesichert.

Der Konflikt von 1887 wurde mit größerer Ausführlichkeit erzählt, weil das damalige Verhalten Kalnokys die Methode seiner Politik am deutlichsten hervortreten läßt. Unmittelbar darauf stand Kalnoky im Höhepunkte seiner Laufbahn. Allerdings waren die Anhänger Andrassys, der 1890 nach schwerem Leiden starb, der Ansicht, sein Nachfolger hätte sich lediglich mit der Abwehr begnügt und damit wäre der Augenblick zur Ausdehnung der Macht der Monarchie nach Süden versäumt worden. Aber niemand durfte in Abrede stellen, daß Kalnoky die Ziele, die er sich gesteckt, aufs ehrenvollste erreicht hatte; er verlangte aber auch, daß man ihm nicht eine Entfaltung der Macht Österreich-Ungarns zumute, die nicht im Einklange stand mit der inneren Kraft des Reiches, wie er sie abschätzte. Ihm schien es bedenklich, einen, wenn auch diplomatischen Offensivstoß gegen Rußland zu unternehmen, der leicht zum Kriege führen konnte. Was eine genialere Natur statt seiner unternommen hätte, bleibe dahingestellt; ihm widerstrebte es aber, in der Politik auf das Spielerglück zu rechnen, das von Männern wie Bismarck oder Cavour nicht selten herausgefordert wurde. Dabei muß beachtet werden, daß bei den unendlich verwickelten Verhältnissen der habsburgischen Monarchie das Durchgreifen bedenklicher war als in den Ländern mit national einheitlicher Bevölkerung. In geschlossenen Nationalstaaten wird ein große Ziele verfolgender Minister von der Volksmeinung getragen, in Österreich-Ungarn dagegen mußte besonnene Staatskunst mühsam dasjenige ersetzen, was anderswo durch die Schnellkraft nationaler Antriebe geleistet wird. In all dem ist der Umfang wie die Grenze der Begabung Kalnokys aufs deutlichste zu erkennen. Er wollte den Krieg mit Rußland vermeiden, und er vermied ihn, ohne Schwäche zu zeigen. Es hätte sogar seinen Wünschen entsprochen, wenn volles Einvernehmen mit dieser Macht herbeigeführt worden wäre. Er war mehr zäh als unternehmend, seine Stärke lag eher in der Verteidigung als im Angriff.

Mit den Jahren hatten sich die charakteristischen Seiten seines Wesens verschärft und vertieft. Immer war er eine ernste, verschlossene Natur gewesen; als Minister ging er vollständig in der Arbeit auf, in der er sich nie genug tat. Es ist erstaunlich, welche Fülle von Briefen, Depeschen, Denkschriften aus seiner Feder hervorging; er leistete darin so viel, daß sich die höheren Beamten des Auswärtigen Amtes beklagten, der Minister lasse ihnen nichts zu tun übrig. Da er sich aber zumeist nur mit sich selbst beriet, stellte er auch die Form amtlicher Schriftstücke am liebsten mit eigener Hand fertig. Einwendungen, die ihm dann gemacht wurden, hatte er zumeist früher selbst in sich erledigt. Das gab seinem Weseu etwas Bestimmtes, Abweisendes. Wohl war er weicher Regungen fähig, aber er hielt viel darauf, sich vollständig zu beherrschen; darin ging er soweit, daß er auf diejenigen, mit denen er bloß im amtlichen Verkehre stand, den Eindruck der Kälte machte. Indessen ging, wie alle Diplomaten bezeugten, der Verkehr mit ihm, sowie es sich um Geschäfte handelte, aufs bequemste vonstatten. Denn er war klar im Ausdruck, Feind jeder Phrase, stets in voller Kenntnis aller, auch entlegener Angelegenheiten; Zug um Zug wickelte sich bei Verhandlungen mit ihm alles ab, schon weil er bei der großen Arbeitslast, die er sich auflud, jede Abschweifung mied und ablehnte. Von sich selbst, seinen Neigungen und seinem Verdienste war bei ihm nie die Rede; ja er schien in seinem Stolze verletzt, wenn man ihm ein Wort der Anerkennung sagte. Er fühlte sich, da er die habsburgische Macht nach außen vertrat, als großer Herr, der es nicht notwendig habe, sich aufzuspielen, um etwas in der Welt zu gelten. Er lebte überhaupt ganz in aristokratischen Anschauungen und Kreisen, außer diesen hatte er keine Verbindung, selbst keine geistige Anknüpfung. Damit hing anch der Gleichmut zusammen, mit dem er das hinnahm, was die Presse über ihn sagte; er empfing keinen ihrer Angehörigen und verstand es auch nicht, auf diesem ebenso empfindlichen wie wichtigen Instrument zu spielen. So war er denn außer in den diplomatischen und aristokratischen Kreisen nahezu unbekannt, eine geachtete, aber unnahbare Gestalt. Das wurde ihm später schädlich, als er mit der öffentlichen Meinung Ungarns zusammenstieß. Galt er nun auch für hochmütig, so mußte doch jeder zugestehen, daß sein Auftreten sich nicht wesentlich änderte, ob er mit gewöhnlichen Menschenkindern verkehrte oder mit fremden Souveränen. Wenn er zum Kaiser beschieden wurde, so staunten die Hofbeamten, wie er in den Vorzimmern den Schritt nicht beschleunigte; es spricht für ihn, daß sie fanden, er verkehre auch mit den Mitgliedern des kaiserlichen Hauses „die Nase in der Luft". Sein hoher Begriff nicht von sich selbst, aber von der Würde, mit der er als Vertreter der Monarchie nach außen bekleidet war, kam, wie Augenzeugen berichten, auch bei seinen fast alljährlichen Begegnungen mit dem Fürsten Bismarck zum Ausdruck. War auch der deutsche Reichskanzler durch den Reichtum seiner Natur und eine unvergleichliche historische Stellung die überlegene Persönlichkeit, so verlor Kalnoky doch neben ihm nichts an dem Selbstbewußtsein des Auftretens. Im geselligen Verkehr mit Bismarck und bei den gemeinsamen Mahlzeiten schlug Kalnoky den leichten, leise scherzhaften Ton an, der ihm als Weltmann eigen war; in den politischen Unterredungen mit ihm blieb er so fest und ernst wie sonst. So behauptete er sich in seiner gradlinigen, nüchternen, durchsichtigen Art würdig neben der vielgestaltigen Kühnheit seines großen Zeitgenossen.

Je mehr sich die Stellung Kalnokys in der äußeren Politik befestigte, desto gewichtiger wurde sein Wort bei der Beratung der inneren Angelegenheiten der Monarchie, besonders Österreichs. Allerdings stand ihm im Wege, daß er und Ministerpräsident Graf Taaffe, der frühere Jugendgespiele und damalige Vertrauensmann des Kaisers, in ihrer Lebensauffassung ganz auseinandergingen; Kalnokys schwerflüssiges Naturell stimmte schlecht zu dem leichten Sinne Taaffes, der zwar mit ausnehmender Geschicklichkeit die Verlegenheiten des Tages zu überwinden verstand, aber die Sorge um die Zukunft mit einem Achselzucken, mit einem Scherz abzulehnen pflegte. Der Minister des Äußern fühlte sich beinahe verletzt, wenn Graf Taaffe die Mitteilungen, die er ihm über seine Politik machte, mit wirklicher oder vorgeschützter Gleichgültigkeit und mit der Versicherung hinnahm, es bedürfe bei seinem vollen persönlichen Vertrauen keiner Auseinandersetzung. Vielleicht war dies nur eine der Jagd- und

Fuchslisten, durch die sich der gewandte Minister der Notwendigkeit entzog, seinerseits wieder über die innere Politik Rede zu stehen. Denn von Tag zu Tag zeigte sich deutlicher, daß Kalnoky die Methode des Grafen Taaffe nicht billigte.

Ein merkwürdiges Zeugnis der Gesinnungen Kalnokys ist eine Denkschrift, in der er gerade zu der Zeit, da Taaffe schier unumschränkt die inneren Angelegenheiten Österreichs lenkte, seine Ideen über die Nationalitätenfrage niederlegen ließ. Er erörterte darin die schwebenden Fragen von der ihn beherrschenden obersten Vorstellung aus: „Möglichste und allseitige Konkordanz der inneren Politik mit den Prinzipien, Aufgaben und Interessen der auswärtigen." Denn seiner Ansicht nach mußte die letztere maßgebend sein, wie er denn der ganzen Betrachtung den Satz voranstellte: „Seit den ersten Zeiten der Vereinigung des habsburgischen Länderbesitzes hat sich die Monarchie mehr im Sinne einer Macht, als im Sinne eines Staates entwickelt. Der Machtwille nach außen war erkennbarer als der Staatswille nach innen." Kalnoky findet nun, daß es der Lage des Reiches inmitten der großen nationalen Einheitsstaaten am besten entspräche, wenn jenseits der Leitha die Magyaren maßgebend blieben und wenn diesseits auf die nationalen Empfindungen der Deutschen Rücksicht genommen werde. Sonst werde ein gefährlicher Konflikt hervorgerufen, denn in der ganzen deutschen Opposition „lebt der Gedanke an den ungeheuren nationalen Rückhalt, welchen sie bei fortdauernder slawischer Bedrängung im Deutschen Reiche zu finden hofft". Allerdings verhalte sich die Regierung des Deutschen Reiches vollkommen korrekt gegenüber Österreich, und Fürst Bismarck habe der deutschen Opposition sogar durch die Bezeichnung „Herbstzeitlose" den schwersten Schlag versetzt. Indessen könnten mit der Zeit die Grundsätze der Lenker des Deutschen Reiches eine Änderung erfahren, wenn die öffentliche Meinung in Deutschland sich auf Seite der Deutschen Österreichs stelle. „Die Entwicklung der schleswig-holsteinschen Frage hat gezeigt, wie hoch die Wogen nationaler Erregung auch in Deutschland anzuschwellen vermögen." Der Kernsatz der ganzen Darlegung lautet: „Von allen Stämmen Österreich-Ungarns hat der magyarische vom Standpunkte der Pflege und Entwicklung seiner

Nationalität das stärkste Interesse an der Erhaltung der Monarchie. Nur durch die Monarchie behauptet der magyarische Stamm seine politische Bedeutung in Europa: außerhalb der Grenzen derselben besitzt er keinen nationalen Rückhalt. Von allen Stämmen der Monarchie ist der deutsche derjenige, dessen innere Lossagung von der Sache des Reiches die größte Gefahr bezeichnen würde: der deutsche Stamm hat den stärksten nationalen Rückhalt. Die Führung des Reiches einerseits auf jene Nationalität zu basieren, deren Interessen am festesten mit dem Fortbestande desselben verknüpft sind, anderseits aber auf jene Nationalität, deren moralischer Abfall an die Existenzfragen der Monarchie rühren würde, ist die logische Rechtfertigung des dualistischen Systems in Österreich-Ungarn vom Standpunkte der auswärtigen Politik." Ahnungsvolle Worte, wenn man bedenkt, daß sie lange vor den Krisen niedergeschrieben wurden, in welche Graf Badeni und Graf Thun das Reich stürzten.

Die Grundsätze der Denkschrift sind so ziemlich das Gegenteil dessen, was Taaffe im Rate des Kaisers vertrat: Niederhaltung des deutschen Elementes, um auf den an sich schwächeren slawischen Volksstämmen die Macht der Krone zu begründen. Es war dem Grafen Taaffe klar, daß die Slawen Österreichs nicht durch sich selbst, sondern lediglich durch die Förderung des Hofes, der Kirche und des Adels stark genug waren, um dem durch seine Zusammengehörigkeit mit einer großen Nation, durch seine Kultur und sein historisches Recht in Österreich überlegenen deutschen Stamme die Wage zu halten. Daraus ergab sich für diesen Minister die Notwendigkeit, das Kräfteverhältnis der Nationalitäten in Österreich künstlich zu verschieben. Er nun freilich verstand es, diese Schwierigkeit geschickt zu umgehen, während seine Nachfolger an ihr scheiterten. Der Minister des Äußern mißbilligte das Wagestück Taaffes und drang darauf, die Wunde zu schließen, welche das Reich sich durch die Zurücksetzung seines Kernstammes zufügte. Es gelang ihm, den Kaiser für den Gedanken eines Ausgleiches mit der deutschen Opposition zu gewinnen, wobei er die Unterstützung zweier Mitglieder des Kabinetts Taaffe selbst fand. Bei dem nahezu uneingeschränkten persönlichen Vertrauen indessen, das Taaffe bis ans Ende seines amtlichen Wirkens bei dem Kaiser genoß, ergab es sich von selbst, daß gerade er den Auftrag erhielt, die Ausgleichsverhandlungen anzubahnen, die im Januar 1890 zu einem anscheinend günstigen Ergebnisse führten. Aber Kalnoky ging noch weiter: er machte den Versuch, Ernst v. Plener, den Führer der Deutschen, den er seit den Jahren ihrer gemeinsamen Tätigkeit in London kannte und schätzte, mit dem Grafen Taaffe zusammenzuführen, um durch die Vereinigung der sich vielfach ergänzenden Fähigkeiten der beiden Männer den Staat in eine neue Richtung zu lenken. Aber die Unterredung, zu der er den Ministerpräsidenten und Plener einlud, führte nicht zu dem gewünschten Ende: wohl wäre Plener bereit gewesen, auf diesen Gedanken einzugehen, Taaffe aber verhielt sich stumm und ablehnend, da er den tiefen persönlichen Groll nicht zu verwinden vermochte, den er gegen seinen langjährigen politischen Gegner hegte. Dies also mißlang; Taaffe blieb vielmehr dabei, zwischen Deutschen und Tschechen die Wage zu halten, indem er auf ihren Gegensatz rechnete, den er bald zu sänftigen und bald zu nähren für gut hielt. Zuletzt aber wollte diese Rechnung nicht stimmen; denn die Tschechen, kühn gemacht durch die Nachsicht, die auch ihren trotzigsten Forderungen gegenüber nie Ernst zeigte, drangen immer ungestümer auf die Errichtung eines selbständigen Staates der böhmischen Krone. Die Auflehnungen gegen die Organe des Staates und der öffentlichen Sicherheit häuften sich in Prag zuletzt so bedrohlich, daß die Regierung am 13. September 1893 daselbst den Ausnahmezustand verfügen mußte. Nun war Taaffe, um im Reichsrate die Mehrheit zu behaupten, in die unangenehme Notwendigkeit versetzt, mit der deutsch-fortschrittlichen Partei abzuschließen, obwohl er ihr als seiner, wie er glaubte, nie zu versöhnenden Feindin mißtraute. Um dem auszuweichen, versuchte er die Kette seiner offenen und geheimen Widersacher durch einen unerwartet kühnen Vorstoß zu durchbrechen: in tiefstem Geheimnis, ohne seine Parteifreunde im Abgeordnetenhause, nicht einmal den Grafen Hohenwart, ohne auch den Minister des Äußern zu verständigen, brachte er am 23. Oktober 1893 im Parlament eine Vorlage ein, nach der wohl die Sitze des Großgrundbesitzes und der Handelskammer bestehen bleiben, alle anderen Mandate aber nach gleichem, direktem, allgemeinem Wahlrecht vergeben werden sollten. Auf diese Weise hoffte er die größeren bürgerlichen Parteien, besonders die deutsche Linke und die jungtschechische Partei zu zerschlagen; denn aus dem neuen Wahlmodus mußten in erster Linie die Klerikalen, dann die Christlichsozialen, Sozialdemokraten wie die kleineren Fraktionen Gewinn ziehen. Finanzminister Steinbach, sein Ratgeber in diesen Entwürfen, nahm an, daß solche Zerbröckelung des Parteiwesens die Macht der Regierung stärken würde und daß sich auf diese Weise ein demokratisch-imperialistisches System begründen ließe.

Kalnoky war, wie gesagt, ohne Kenntnis der Absicht Taaffes geblieben. Als nun der König von Griechenland, der am Tage der Einbringung der Vorlage in Wien weilte, voll Interesse den Minister des Äußern über die voraussichtlichen Folgen des kühnen Schrittes befragte, befand sich dieser in Verlegenheit. Er hielt es für eine arge Zurücksetzung, daß er bei so großem Anlasse umgangen worden war. Die Reform widerstrebte ihm aber auch sachlich aufs tiefste, da er als strenger Konservativer das gewagte Spiel mißbilligte. Darin befand er sich mit dem Grafen Hohenwart und dem konservativen Adel in voller Übereinstimmung. Er unterbreitete darauf dem Kaiser eine Denkschrift, in der er sich darüber beschwerte, daß er als Minister des Äußern nicht bei einer Maßregel gehört wurde, deren Ausführung das Gefüge der Monarchie verändern müßte. Er billigte deshalb auch die sich anbahnende Koalition der größeren bürgerlichen Parteien, der deutschen Linken, der Polen, Klerikalen mit den beiden Fraktionen des Adels, welche sich zum Sturze des Kabinetts Taaffe zusammenfanden. Es entsprach seinem Wunsche, daß nach dem Rücktritt Taaffes im November 1893 ein Kabinett eingesetzt wurde, das der Ausdruck der neuen parlamentarischen Mehrheit war. Er hatte Herrn v. Plener und dem Grafen Hohenwart stets nahegelegt, sich zu verständigen; und da er der Aristokratie eine führende Rolle in der Monarchie zuwies, hielt er es für einen Gewinn, daß sich zum erstenmal der deutsche und der tschechisch-feudale Hochadel zur Unterstützung eines parlamentarischen Ministeriums vereinigten.

Nach den bisherigen Erfolgen in der äußeren Politik und nach der Einsetzung des Koalitionsministeriums in Österreich hätte Kalnoky der weiteren Entwicklung der Dinge beruhigt entgegensehen können, wenn der kirchenpolitische Kampf in Ungarn ihn nicht in seine Kreise gezogen hätte. Unversehens wurde von hier aus seine Stellung untergraben und seiner amtlichen Tätigkeit ein Ende gesetzt. Solange Tisza (bis März 1890) an der Spitze der ungarischen Regierung stand, arbeitete Kalnoky mit ihr im besten Einvernehmen. Unter Tiszas Nachfolger, dem Grafen Szapary, spitzte sich der Streit des Staates gegen den katholischen Klerus wegen der Kinder aus den gemischten Ehen scharf zu. Die katholische Geistlichkeit setzte sich über die staatlichen Gesetze hinweg und beharrte darauf, diese Kinder bei der Taufe ausnahmslos in den Schoß ihrer Kirche aufzunehmen; so hatten sich die übrigen Konfessionen über zahlreiche „Wegtaufen" zu beklagen. Wohl war es möglich, einen Weg zur Vermittlung zu finden, wie es Graf Szapary wünschte; solches Entgegenkommen an die Kirche lag aber nicht in der Absicht der hervorragendsten Männer der liberalen Partei, besonders Tiszas und Szilagyis. Zumal der letztere, der unter Tisza und Szapary das Justizministerium verwaltete, setzte seine glänzende Begabung — die stärkste, über die das magyarische Volk nach dem Tode Andrassys verfügte — an eine kirchenpolitische Gesetzgebung, welche die volle Gewalt des Staates zur Geltung bringen sollte. Er und seine nächsten Freunde drangen auf die Einführung der obligatorischen Zivilehe, eine Lösung, für die ursprünglich nur die Minderheit der liberalen Partei, vor allem die Calvinisten, eingenommen war. Bald aber gewannen die Führer den überwiegenden Teil der öffentlichen Meinung des Landes für eine Reform großen Stils, wobei sie von der Erwägung ausgingen, daß die gerade damals in ihrem Gefüge erschütterte liberale Partei eines hinreißenden Anstoßes, eines mächtigen Erfolges bedürfe, um ihren verbleichenden Glanz wieder aufzufrischen. Graf Szapary nun wollte seinen Kollegen im Amte nicht auf diesem Wege folgen; er nahm im November 1892 seine Entlassung, und das neue Ministerium mit Wekerle als Ministerpräsidenten, Szilagyi als Justizminister, Csaky als Kultusminister trat vor das Parlament mit dem Programm der obligatorischen Zivilehe. Es war Wekerle gelungen, den Monarchen zu der Ermächtigung zu bestimmen, die Regierung könne dem Parlament eine Vorlage dieses Inhalts unterbreiten. Es bleibe dahingestellt, ob der gegen den Ministerpräsidenten Wekerle später erhobene Vorwurf richtig ist, er habe den Herrscher durch eine allzu düstere Schilderung der Lage und durch den Hinweis auf drohende Unruhen in Ungarn zu jener Vollmacht bestimmt, Schilderungen, welche den Tatsachen nicht ganz entsprachen. So wurde wenigstens in den Hofkreisen behauptet.

Zu den Gegnern der Reform gehörte ursprünglich auch Graf Kalnoky. Man hat diese seine Haltung vielfach damit erklären wollen, daß er der klerikalen Richtung angehörte, und in Ungarn galt bei der großen Menge diese seine politische Charakteristik für unbedingt richtig. Niemand anderer indessen als sein größter Gegner Szilagyi verwarf später diese Annahme; er kennzeichnete den Minister des Äußeren vielmehr als Konservativen und nicht als Klerikalen, der nur insoferne kirchliche Interessen förderte, als diese der gesellschaftlichen Schichte entsprachen, in der er sich bewegte — und nur deshalb, weil ihm die Kirche als Stütze der staatlichen Autorität galt, ohne welche die staatliche Ordnung zusammenbrechen müßte. In seiner Weise und gleichen Sinnes charakterisierte einmal Herr v. Plener den Grafen Kalnoky, indem er ihn mit Lord Eldon verglich, dem unbeugsamen Führer der hochkirchlichen Partei im englischen Oberhause. Ein Bischof derselben Richtung sprach sein Befremden darüber aus, daß Eldon, wiewohl ein Pfeiler der Kirche, niemals den Gottesdienst besuche, worauf dieser erwiderte: „Ich bin ein Pfeiler der Kirche, aber nur von der Außenseite." Der Vergleich stimmt besonders deshalb, weil auch Kalnoky sich des Kirchenbesuches enthielt, so daß anzunehmen ist, die Dogmen des katholischen Glaubens hätten keine Macht über ihn geübt. Graf Kalnoky widerstrebte denn der Zivilehe nicht grundsätzlich, aber ihm mißfiel der agitatorische Zug in der Politik der Führer der liberalen Partei. Er warf ihnen vor, daß sie sich für die Reform nicht aus sachlicher Notwendigkeit, sondern aus Parteiinteresse einsetzten.

Als darauf das Gesetz im Abgeordnetenhause angenommen, dagegen vom Oberhause abgelehnt wurde, als es sich ferner zeigte, daß die Krone sich mit der Magnatentafel in Übereinstimmung befand, hielt es die Mehrheit des Abgeordnetenhauses für eine Frage ihrer Macht und Ehre, durch einen von unten geübten Druck die beiden anderen Faktoren der Gesetzgebung zum Beitritte zu zwingen. Es verletzte nun den Grafen Kalnoky als Monarchisten aufs tiefste, daß die Streitfrage sich immer mehr zu einer Kraftprobe zwischen der liberalen Parlamentsmehrheit und der Krone zuspitzte. Das liberale ungarische Ministerium stand nicht an, dazu die Unterstützung der Kossuthpartei anzunehmen, welche sich in ihrer großen Mehrheit für die Zivilehe erklärte. Die ungarischen Politiker, Deak eingeschlossen, hatten es allerdings bei ihren Konflikten mit dem Hofe nie anders gehalten; auch die gemäßigten von ihnen scheuten sich nicht, die Versicherung der Königstreue, die in ihrem Munde ohne Frage aufrichtig gemeint war, mit dem halb besorgten, halb drohenden Hinblick auf die der Dynastie feindlichen Kräfte zu verbinden. Darin lag erfahrungsgemäß die Stärke der magyarischen Politiker, darin die Quelle ihrer Erfolge. In jenem Augenblicke nun trat die Verwicklung hinzu, daß der ehemalige Diktator Ludwig Kossuth in der Verbannung, unversöhnt mit der Dynastie, starb und ganz Ungarn sich in großartigen Feierlichkeiten zu seinen Ehren überbot. Kalnoky hielt es für wünschenswert, daß die Regierung die Rückkehr seines Sohnes Franz Kossuth nach Ungarn verhindere, dessen Rundreise durch das Land tatsächlich von beleidigenden Kundgebungen gegen die Dynastie begleitet war. Das Ministerium Wekerle dagegen stützte sich auf die öffentliche Meinung und weigerte sich, Polizeimaßregeln gegen Franz Kossuth in Anwendung zu bringen, mit der, wie sich bald zeigte, richtigen Begründung, daß der Mann sich sehr schnell als ungefährliche Mittelmäßigkeit entpuppen werde. In diesen Verhandlungen und Kämpfen nun beklagte sich der Minister des Äußern mehr als einmal, daß von ungarischer Seite nicht immer die Zusagen eingehalten wurden, die auf sein Andrängen gegeben worden waren. Daran ist wohl so viel richtig, daß Wekerle in Wien allerdings begütigend, halb zustimmend sprach; sobald er aber wieder nach Budapest zurückkehrte, wurde er von den eigentlichen Führern der Partei auf den Amboß gelegt und hart geschmiedet, so daß seine Reden im Parlament ganz anders klangen, als die halben Zusagen, zu denen er sich in Wien herbeigelassen hatte. Kalnoky aber, in allen Ehrensachen strenge gegen sich wie gegen andere, sah darin ein unziemliches Spiel, das er bitter tadelte. Mit seiner gewöhnlichen Offenheit machte er aus dieser Gesinnung kein Hehl: das Kabinett Wekerle-Szilagyi hatte in ihm einen erklärten Gegner, und durch das ganze Land ging das Geschrei, er sei ein Feind Ungarns, der Mittelpunkt der Hofpartei, die die Selbstregierung Ungarns brechen wolle.

Nach der zweiten Ablehnung der Zivilehe durch die Magnatentafel erschien Wekerle in Wien und erbat sich von dem Monarchen die Ermächtigung, dem Oberhause mit einem Pairsschub zu drohen, falls es ein drittes Mal hartnäckig bliebe. Der Kaiser versagte ihm diese Vollmacht und das Ministerium Wekerle bot seine Entlassung an. In diesem Zeitpunkt erschien indessen, angesichts der mächtigen Erregung in Ungarn, die Durchführung der Zivilehe auch der konservativen Umgebung des Kaisers und mit ihr dem Grafen Kalnoky als unabweisbar; sie hielten es deshalb für klug, den Streit auf ein anderes Gebiet zu lenken. Der Banus (Statthalter) von Kroatien, Graf Khuen-Hedervary, wurde nach Wien berufen, um ein neues, aber diesmal konservatives ungarisches Kabinett zu bilden, dem die Aufgabe zugefallen wäre, die Rechte der Krone nachdrücklich zu wahren. Um die öffentliche Meinung mit diesem Wechsel auszusöhnen, bezeichnete Graf Khuen die Durchsetzung der Zivilehe als das nächste Ziel der zu bildenden Regierung; es sollte also — nach dem Vorbilde Robert Peels und anderer toryistischer Staatsmänner — die volkstümliche und notwendig gewordene Reform auch in Ungarn durch eine konservative Regierung ins Werk gesetzt werden. Aber auch diese Ankündigung vermochte den Sturm nicht zu beschwören, es zündete das Schlagwort, Graf Khuen sei berufen, der parlamentarischen Selbstregierung Ungarns ein Ende zu machen. Khuen hätte sich auf gewaltige Kämpfe gefaßt machen müssen, es sank ihm der Mut, er trat von der ihm übertragenen Mission zurück. Wekerle mußte wieder berufen werden, jedoch mit der Einschränkung, daß er Szilagyi nicht mehr in sein Kabinett aufnehmen dürfe. Darauf konnte Wekerle nicht eingehen, da Szilagyi und nicht er die Seele der kirchenpolitischen Reform war; und da Wekerle fest blieb, endete die Krise mit einem vollen Siege der liberalen Partei: nahezu alle entlassenen Minister, auch Szilagyi, kehrten also in ihr Amt zurück. Als das Gesetz über die Zivilehe von der neugestärkten liberalen Regierung zum drittenmal vor das Oberhaus gebracht wurde, wich dieses zurück, und mit einer wenn auch geringen Mehrheit wurde die Vorlage Gesetz.

Von jetzt ab herrschte Kriegszustand zwischen Kalnoky und der herrschenden Partei in Ungarn. Die ungarische Regierung erhob zunächst gegen ihn eine Beschwerde, die sich gegen seine Amtsführung als Minister des Äußern richtete Zu jener Zeit hatten sich in Rumänien die Sympathien der politischen Kreise für ihre Stammesgenossen in Ungarn und Siebenbürgen zur Bildung einer Liga verdichtet, welche den Versuch machte, auf ungarischem Boden eine lebhafte nationale Agitation zu entfalten. Das ungarische Ministerium ging dagegen mit großer Strenge vor und führte gegen Kalnoky beim Kaiser Klage, daß die auswärtige Vertretung der Monarchie nicht entschieden genug sei in der Abwehr von Treibereien, die gegen das Völkerrecht verstießen. Versammlungen, welche den Besitzstand des Reiches bedrohten, hätten unter den Augen des österreichisch-ungarischen Gesandten in Bukarest stattgefunden, ohne daß dieser Einsprache erhoben hätte. Graf Kalnoky nahm keinen Anstand, in Bukarest Schritte zu tun, welche der Würde der Monarchie entsprachen, aber er hob zugleich hervor, daß Österreich-Ungarn der loyalen Gesinnung und Haltung König Karols vollständig sicher sei und daß es ein Fehler wäre, durch eine allzu rauhe Behandlung der Angelegenheit Rumänien dem Dreibund zu entfremden.

Wohl blieb der Minister des Äußern bei den nächsten Waffengängen Sieger. Der Monarch gab dem ihm antipathischen Ministerium Wekerle-Szilagyi seine Ungnade so deutlich zu erkennen, daß es nach der rühmlichen Durchführung der Ehegesetzreform seine Aufgabe erfüllt sah und im Dezember 1894 seine Entlassung nahm, mit der ausdrücklichen und im Parlament wiederholten Erklärung, es habe das Vertrauen des Monarchen verloren.

Aber dieser Sieg Kalnokys war nur scheinbar. Denn ein neuer Versuch, den Grafen Khuen an die Spitze der Regierung zu berufen, mißlang ebenso wie der erste: Khuen fühlte seinen Anhang im Parlament zu schwach, und statt seiner wurde der Präsident des Abgeordnetenhauses Baron Banffy zum Ministerpräsidenten ernannt.

Es ist aus dem Freundeskreise Kalnokys zuverlässig bezeugt, daß er von diesem Augenblick an seine Stellung für unhaltbar ansah. Er fühlte, daß die erklärte Abneigung der Magyaren und der parlamentarischen Regierung des Landes wider seine Person ihm schließlich nichts übrig lassen werde als den Rücktritt. Und aus solcher Stimmung des Geistes ergab sich von selbst, daß er sich fortan vielleicht zu sehr von dem Mißtrauen beherrschen ließ, ein Anschlag sei gegen ihn geplant. Dazu kam, daß eine vierzehnjährige Amtsführung seine Kraft übermäßig angespannt hatte. Dies war eine natürliche Folge der niederdrückenden Arbeitslast, die er sich zumutete; immer mehr hielt er an der Übung fest, die wichtigeren Schriftstücke des auswärtigen Dienstes selbst, ohne Mithilfe seiner Beamten, zu entwerfen. Zuletzt war er infolge der Überreizung seiner Nerven nicht mehr so kaltblütig wie gewöhnlich und der sonst so gelassene Mann verlor in einem entscheidenden Augenblicke die ihm eigene Übersicht über die Lage.

Im April 1895 unternahm der päpstliche Nuntius Agliardi eine Reise nach Ungarn und hielt hier an die Geistlichkeit an mehreren Orten Ansprachen, in denen er die Kirchenpolitik der Regierung bekämpfte. Der ungarische Ministerpräsident Baron Banffy verständigte Kalnoky von der im Schoße des Parlaments bestehenden Absicht, ihn über diese Einmischung des

Vertreters des Papstes in die inneren Angelegenheiten Ungarns zu interpellieren. Der Minister des Äußern antwortete Banffy in einem ausführlichen Schreiben vom 25. April, in dem er die Grundzüge der Antwort besprach, die auf die zu erwartende Interpellation zu geben wäre. Er schickte voraus, es sei vor allem notwendig, den Wortlaut der Ansprachen des Nuntius genau festzustellen, da zunächst nur Zeitungsmeldungen darüber vorlägen; auch müßte er zuerst die Fassung der in Aussicht stehenden Interpellation kennen, um die Antwort formulieren zu können. Sodann erörterte er die Frage, ob der Nuntius lediglich die Rechte eines Botschafters besäße, also Zurückhaltung vor der Öffentlichkeit zu üben habe, oder ob er als Vertreter des Hauptes der katholischen Kirche über diese Grenze hinausgehen dürfe. Ohne sich über diese Frage abschließend zu äußern, ging Kalnoky im zweiten Teile des Briefes über seine bisherige Ausführung hinaus. Es macht fast den Eindruck, als ob er hier im Schreiben unterbrochen worden wäre und die Antwort erst später wieder aufgenommen hätte. Er stellt sich nämlich von da ab viel bestimmter auf Seite Banffys und erklärt, es schiene ihm „eine tadelnswerte Taktlosigkeit des Nuntius dadurch begangen worden zu sein, daß er sich nicht begnügte, nur Besuche bei den Kirchenfürsten zu machen, die ihn eingeladen hatten, sondern im Gegensatz zu seinen Vorgängern, die bei solchen Anlässen nie öffentlich hervortraten, Ansprachen hielt, die, wie schon der Standpunkt des Heiligen Stuhles ist, nicht anders als oppositionell gegen die Regierungspolitik ausfallen könnten". Der Minister des Äußern erklärt sich schließlich bereit, falls die ungarische Regierung dies für angezeigt erachte, beim Heiligen Stuhle „gegen dieses in der gegenwärtigen Situation entschieden taktlose Auftreten und Eingreifen des Nuntius" Einspruch und Klage zu erheben. — Trotz dieser inneren Ungleichmäßigkeit des Schreibens konnte es doch nur so verstanden werden, daß Graf Kalnoky gründliche Erhebungen und eine genauere Verständigung mit der ungarischen Regierung für notwendig fand, bevor die Interpellation beantwortet werden könne. Baron Banffy aber setzte sich über diese Einschränkung hinweg und scheute sich nicht, als die Interpellation mit seinem

Einverständnis am 1. Mai eingebracht wurde, sofort zu erklären, daß der Nuntius nichts weiter sei als Vertreter einer fremden Macht und somit seine Befugnisse überschritten habe. Diese Ansicht, so wagte er ohne jeden Grund zu behaupten, sei auch die des Ministers und dieser h a b e denn auch bereits bei der Kurie V o r s t e l l u n g e n e r h o b e n und von ihr über das Auftreten des Nuntius Aufklärungen verlangt. Daran aber war, wie aus dem Vorhergehenden erhellt, kein Wort wahr; denn der von Kalnoky erwogene und in Aussicht gestellte Schritt war bislang in Rom noch nicht unternommen worden.

Banffy rechtfertigte später sein Gebaren damit, daß er bei seiner Unkenntnis der diplomatischen Gepflogenheiten angenommen habe, die Vorstellung des Auswärtigen Amtes sei in der Zwischenzeit bereits erfolgt; er habe sich, wenn auch nicht an den Wortlaut, so doch an den Sinn des Briefes Kalnokys gehalten. Diese Erklärung ist nur zur Hälfte richtig, es ist aber unzweifelhaft, daß Banffy den Minister des Äußern vor eine vollendete Tatsache stellen und ihm den Rückweg abschneiden wollte. Solche politische Kleinkünste gehörten, wie später allgemein bekannt wurde, zu dem gewöhnlichen Rüstzeuge des Ministers; sollte doch der Mißbrauch, den er mit ihnen trieb, bald auch in Ungarn Erbitterung wecken und einige Jahre später seinen Sturz hervorrufen. Der Unwille Kalnokys ist schwer zu beschreiben; denn als Mann strenger diplomatischer Formen sah er in dem Vorgreifen Banffys eine Schädigung des auswärtigen Dienstes. Wie könnten, so sagte er, die freundlichen Beziehungen zu den übrigen Staaten gepflegt werden, wenn der Minister des Äußern unter der Gefahr stand, daß der ungarische Ministerpräsident seine vertraulichen Schreiben zu Indiskretionen benutzte? In der fortschreitenden Gereiztheit, in der sich seine Nerven befanden, wollte er das Vorgehen Banffys nicht anders denn als Ungehörigkeit beurteilt wissen, wobei er sich nicht klar darüber war, daß sein eigenes Schreiben durch den gegen Agliardi ausgesprochenen herben Tadel dem Ministerpräsidenten eine Handhabe für seine Rede gegeben hatte. Kalnoky sah in all dem nur einen Einschlag in dem Gewebe von Feindseligkeiten, deren er sich von Ungarn her zu versehen hätte. Dem sollte durch einen nachdrücklichen Schlag entgegengewirkt werden. Dabei bediente er sich, was bei seiner sonstigen Scheu vor der Anrufung der Öffentlichkeit in Erstaunen setzen muß, der Hilfe der Presse — kein Wunder, daß er, der an dieses Kampfesmittel nicht gewöhnt war, dabei das richtige Maß überschritt. Am 3. Mai brachte die „Politische Korrespondenz" eine halbamtliche Note, die er selbst verfaßt hatte und die im Namen des Auswärtigen Amtes Banffy geradezu bloßstellte. „Es hat nicht wenig Verwunderung erregt," so heißt es darin, „daß in mehreren wesentlichen Punkten die Erklärungen des Baron Banffy unrichtig sind und sich daher mit den Ansichten des Ministers des Äußern nicht decken." Nach einer genauen Darlegung des Sachverhalts schließt die Note mit den Worten: „Wenn also Baron Banffy im ungarischen Parlamente die Erklärung abgab, daß die Demarche (in Rom) erfolgt sei, so kann dies seiner Unvertrautheit mit diplomatischen Geschäften zugeschrieben werden, welche wohl auch die Schuld daran trägt, daß der Ministerpräsident auf eigene Verantwortung und ohne Rücksicht auf unsere freundschaftlichen Beziehungen zum Heiligen Stuhle eine wie ein Schlachtruf tönende Erklärung im Parlament abgab, was für die Sache selbst nur schädliche Folgen haben kann. Es dürfte also diese Interpellationsbeantwortung des Baron Banffy noch zu weiteren Erklärungen und Konsequenzen führen."

Es war in Österreich-Ungarn unerhört, daß ein Minister den anderen in der Presse zur Rede stellte; daß gerade Kalnoky mit der Zurückhaltung brach, mußte doppeltes Aufsehen erregen. Die öffentliche Meinung in Ungarn brauste denn ob solcher Behandlung des Ministerpräsidenten hoch auf und Banffy erschien in Wien, um Beschwerde beim Herrscher zu führen. Der Kaiser, für den Grafen Kalnoky eingenommen, wies Banffy zuerst an ihn; eine kurze, schroffe Aussprache der beiden Minister fand statt, die ergebnislos blieb, da Kalnoky den Vorschlag Banffys ablehnte, den Zwist durch Austausch öffentlicher Erklärungen beizulegen; er gebe durchaus keine Erklärung ab. Und da Banffy sich auf das Schreiben Kalnokys vom 25. April berief, so schlug der Minister des Äußern dem Kaiser vor, eben dieser Brief vom 25. April solle dem ungarischen Reichstage bekannt gegeben werden, als Beweis dafür, daß er und nicht Banffy im Rechte sei. Kalnoky war überzeugt, daß die bedingte Form, in der er die Vorstellung bei der Kurie in Aussicht gestellt habe, jedermann von seinem guten Rechte überzeugen müsse. Banffy war damit wohl zufrieden, und nun zeigte sich, daß Kalnoky sich über die Wirkung dieser Veröffentlichung auf die Öffentlichkeit vollständig getäuscht, während der Ministerpräsident als genauer Kenner seines Landes ganz richtig gerechnet hatte. An zwei Stellen des Schreibens war dem Nuntius wegen seiner öffentlichen Ansprachen Taktlosigkeit vorgeworfen worden; man fand, daß Banffy Grund gehabt hatte, auf die Zustimmung des Ministers des Äußern zu rechnen; über den Verstoß in der Form setzte sich die liberale Partei mit ihrer Presse kurzerhand hinweg. Man sah es jenseits der Leitha als Ehrensache an, dem Landsmann über den unbeliebt gewordenen Minister des Äußern zum Siege zu verhelfen; und Baron Banffy galt damals noch als der biedere siebenbürgische Landedelmann, dem man den gemachten Fehler nicht so hoch anrechnen dürfe. Die liberale Presse diesseits der Leitha stimmte dieser Auffassung zu, und die Klerikalen wieder grollten dem Grafen Kalnoky, weil er den Nuntius scharf angefaßt hatte. Das Schlimmste für den Minister des Äußern aber war: auch die ihm wohlwollten, mußten zugeben, daß er mit der Banffy zugefügten Beleidigung zu weit gegangen war. An dieser Sachlage änderte auch die Tatsache nichts, daß der Kaiser, um ihn zu schützen, in einem Schreiben vom 6. Mai die von ihm angebotene Demission ablehnte und ihm durch die Versicherung ungeminderten Vertrauens eine Genugtuung gab.

Für Kalnoky stand es von vornherein fest, daß er und Banffy nicht nebeneinander im Rate der Krone bleiben konnten; und er hielt es für angemessen, selbst den Platz zu räumen. Es ging nachgerade über seine Kraft, einen Konflikt um den anderen mit den ungarischen Ministern auszufechten. Es hatte sich gezeigt, daß er bei diesen Zusammenstößen ganz allein auf sich angewiesen war. Er mißgönnte Ungarn nicht den gesetzlichen Einfluß auf die äußere Politik, aber er wollte ihn nicht noch vermehrt sehen; er hatte es für seine Pflicht gehalten, das Gleichgewicht zwischen den beiden Reichshälften zu erhalten und es verschob sich allgemach vollständig zugunsten Ungarns. Gleich unzufrieden war er mit dem Gange der Dinge in Österreich; das Koalitionsministerium, dessen Bildung er gefördert hatte, war dem Zusammenbruche nahe. Ebenso wie Banffy, so reichte auch er, und nun zum zweiten Male, die Bitte um Entlassung ein. Er legte dem Kaiser dar, daß es leichter sein werde, einen Nachfolger für ihn als für das ungarische Kabinett zu finden. Schon in der Krise des Vorjahres sei es schwierig gewesen, in Ungarn ein Ministerium zu bilden, dessen Mitglieder dem Kaiser nicht geradezu aufgedrängt waren; dagegen hinterlasse er die äußere Politik im Zustand vollster Ordnung, den Dreibund gefestigt, die Orientwirren besänftigt. In diesem seinem Entschlusse ließ er sich nicht wankend machen und der Kaiser konnte sich dem Gewichte seiner Gründe nicht verschließen. Der Monarch ließ Banffy zu sich bescheiden und sagte ihm kurz, nahezu ungnädig: er habe sich entschlossen, die Demission Kalnokys anzunehmen; er wies Banffy ohne weitere Erläuterung an, mit dem Grafen Goluchowski, der zum Minister des Äußern bestimmt sei, das Erforderliche abzumachen. Umso wärmer war der Abschied des Kaisers von Kalnoky, der seinen Nachfolger selbst vorgeschlagen hatte. In dem kaiserlichen Handschreiben vom 15. Mai 1895, in dem sein Entlassungsgesuch angenommen wurde, waren die großen Verdienste anerkannt, die er sich um den Herrscher und die Monarchie erworben hatte.

Die letzten Jahre seines Lebens verbrachte Kalnoky zum Teil auf Reisen, zumeist aber auf seiner Besitzung Prödlitz in Mähren. Seine Gesundheit schien sich zu festigen, als er am 13. Februar 1898 unerwartet und nach kurzem Leiden vom Tode ereilt wurde. Auch während seiner Zurückgezogenheit vermied er, seinem Grundsatze treu, jedes Hinaustreten in die Öffentlichkeit, jeden Versuch, seine Tätigkeit als Minister des Äußern in das Licht geschichtlicher Wahrheit zu rücken, die ihm nur zur Ehre gereichen konnte. Daher kam es, daß sein Wirken im allgemeinen nicht genügend gewürdigt ward; aus seiner Zurückhaltung erklärt es sich, daß auch die Nekrologe nach seinem Abscheiden sich, wenn man von dem trefflichen Artikel Pleners im Wiener „Fremdenblatt" absieht, nur in Allgemeinheiten bewegten und kein Bild seines Wesens gaben [1]). Er hatte der Welt gegenüber etwas Unpersönliches an sich. Diese Eigentümlichkeit bewahrte er bis übers Grab hinaus. Er hinterließ keine Aufzeichnungen über sein Leben und verfügte in seinem Testament, daß alle politischen Papiere, die sich in seinem Nachlasse finden sollten, dem Ministerium des Äußern zu übergeben seien. Und auch deren gab es nur eine geringe Anzahl, da er bei seinem Scheiden aus dem Amte nahezu alles bereits im Auswärtigen Amte zurückgelassen hatte. So blieben nur Privatbriefe im Besitze der Familie.

So wenig beschäftigte ihn die Sorge um seinen Nachruhm. Er begnügte sich mit dem Bewußtsein, seine Pflicht erfüllt und die äußere Politik der Monarchie durch vierzehn Jahre mit sicherer Hand gelenkt zu haben. Wohl fehlen seinem Bilde die hinreißenden Züge, durch welche die genialen Staatsmänner unter seinen Zeitgenossen auf die Menschen wirkten; auch stand er als österreichischer Konservativer dem Walten der Volkskräfte in einem Lande wie Ungarn fremd gegenüber. Aber er war einer der besten Diplomaten seiner Zeit und pflegte die guten Seiten der österreichischen Überlieferung, den Geist der Zähigkeit, Gelassenheit und Vertragstreue. So gelang es ihm, den Frieden zu bewahren, die Bündnisse Österreich-Ungarns zu erweitern und zu befestigen, die Unabhängigkeit des Balkans gegen Rußland zu verteidigen und dabei doch die Eifersucht dieser Macht zu sänftigen. Mit diesen Leistungen steht er in Ehren neben den früheren Lenkern der auswärtigen Politik der Monarchie, wenn auch Metternich, Schwarzenberg und Andrassy durch ihre das Mittelmaß überragenden Fähigkeiten tiefere Spuren in der Geschichte Europas zurückgelassen haben.

---

[1]) Bemerkenswert ist aber Berthold Moldens Artikel über Kalnoky im 51. Bande der „Allgemeinen Deutschen Biographie", der 1905 erschien.

19

Adolf Fischhof

(Veröffentlicht 1910)

Langsam nur hebt sich der Schleier, der auf der österreichischen Geschichte des letzten halben Jahrhunderts liegt. Die Zahl der guten Bücher über diesen Zeitraum ist gering und das sich Zurechtfinden in den verwickelten Verhältnissen der Monarchie außerordentlich schwierig. Dankbar muß begrüßt werden, daß kurz nacheinander das gewichtige Buch Eduards v. Wertheimer über den Grafen Andrassy und das von Richard Charmatz[1]) über Adolf Fischhof erschienen ist. Die letztere Arbeit ist außer der Biographie Kaiserfelds (von Kroues) die einzige ausreichende Lebensbeschreibung eines der deutschliberalen Staats- und Volksmänner der vorigen Generation, die durch die Verfassung von 1867 wie durch die auf sie folgenden Gesetze den jetzigen österreichischen Staat geformt haben. Was auch im einzelnen gegen ihr Wirken eingewendet werden kann, so stehen wir doch ganz auf ihren Schultern, und mit einer einzigen Ausnahme haben Verfassung und Staatsgrundgesetze von 1867 alle Stürme unseres leidenschaftlich erregten politischen Lebens überdauert. Diese Ausnahme ist allerdings von hoher Bedeutung, denn es handelt sich um den Übergang vom Kurienwahlgesetz zum allgemeinen und gleichen Wahlrecht. Sonst sind unsere Gesetzgeber nicht gerade klüger geworden, wenigstens hat sich ihre Weisheit nicht in eine irgendwie nennenswerte Reform des 1867er Werkes umgesetzt. Es ist nun gut, daß nach Kaiserfeld, dessen Ideen über Länderautonomie innerhalb des einheitlichen Staates damals maßgebend geblieben sind, auch Fisch-

---

[1]) Richard Charmatz, „Adolf Fischhof" (Stuttgart und Berlin, J. G. Cotta'sche Buchhandlung Nachfolger 1910).

hof, ein Mann der Opposition, zu Worte kommt. Charmatz hat sich dieser Aufgabe liebevoll und gründlich gewidmet. Er ist zuerst durch das Buch „Deutsch-Österreichische Politik" (Leipzig 1907, Duncker und Humblot) und dann durch die zwei Bändchen „Österreichs innere Geschichte von 1848 bis 1907" (Leipzig 1909, B. G. Teubner) bekannt geworden. In diesen Arbeiten ist ein schöner Fortschritt bemerkbar. Das erste Buch setzt sich zum Ziel, ein reiches politisches und wirtschaftliches Material nach allgemeinen Gesichtspunkten zu bewältigen, während das zweite einem praktischen Zwecke dient und uns ein lang gewünschtes, kurzgefaßtes Handbuch der neuesten Geschichte Österreichs bietet. Die Biographie Fischhofs endlich ist ein mit Wärme geschriebenes, aus den Quellen gearbeitetes Buch, unentbehrlich für jedermann, der das Nationalitätenproblem in politischer oder wissenschaftlicher Hinsicht zu seinem Studium macht. Erwünscht war, daß es gerade vor den Prager Ausgleichsverhandlungen erschien. Denn in diesen Beratungen wurden Ideen und Vorschläge erwogen, die zum guten Teile dem Kopfe Fischhofs entsprungen sind. Es liegt ein Stück Undank darin, daß die Herren, die mit dem Kalbe Fischhofs pflügten, seinen Namen dabei nicht nannten; oder vielleicht standen sie unter dem Eindrucke, es wäre überflüssig, etwas zu erwähnen, was ohnedies jedermann weiß.

Fischhofs Stellung in der politischen Welt ist schon deshalb merkwürdig, weil er bloß 1848 und 1849 in einer Volksvertretung saß, später weder als Abgeordneter noch als Regierungsmann tätig war und dennoch, dank dem Gewicht seiner Persönlichkeit, immer gehört werden mußte. Im Revolutionsjahre stand er sofort in vorderster Reihe, nicht bloß durch seine Rede vom 13. März 1848, der ersten freien Mannestat beim Ausbruche der Bewegung, sondern weil ihn das öffentliche Vertrauen an die Spitze des Sicherheitsausschusses stellte, also der Körperschaft, die nach der Flucht des Kaisers und des Hofes nach Innsbruck die Exekutivgewalt in Wien in sich vereinigte. Durch fleißiges Zusammenstellen der Tatsachen zeigt nun Charmatz, daß Fischhof ein Mann des Maßes und der ernsten, ruhigen politischen Arbeit gewesen ist. Als die Sturmkolonnen der Studenten und

Arbeiter am 15. Mai gegen die Hofburg zogen, mahnte er zur Umkehr; er legte am 17. Juli seine Stelle als Präsident des Sicherheitsausschusses nieder, weil er der Ansicht war, mit dem Zusammentritte des Reichstages wäre jene unter außerordentlichen Verhältnissen entstandene Körperschaft überflüssig geworden. Ebensowenig war er an der Erhebung vom 6. Oktober beteiligt. Das liberale Ministerium Wessenberg-Doblhoff hatte ihm die Stelle eines Sanitätsreferenten anvertraut; in dieser Eigenschaft war er im September zur Inspektion nach Galizien gereist und kehrte erst am 5. Oktober von da zurück. Als dann während der Belagerung Wiens durch Windisch-Grätz der Reichstag beschlußunfähig wurde, war dessen Ausschuß maßgebend und Fischhof darin wieder Präsident. Trotz seiner besonnenen Haltung wurde er nach Auflösung des Kremsierer Reichstages verhaftet, saß sieben Monate in Untersuchungshaft, aber dank der Gewissenhaftigkeit des Untersuchungsrichters Franz Seywald kam es nicht zur Verurteilung. Er war stets ein Mann des Gesetzes gewesen und hatte nie zur Gewalt aufgefordert; deshalb war er von den Radikalen oft verlästert worden, wenn auch niemand an seiner demokratischen Gesinnung zweifelte.

Als sich 1861 wieder freieres Leben entfaltete, stellte sich heraus, daß Fischhof sich unterdessen in seiner politischen Entwicklung von der überwiegenden Mehrzahl der Deutschen Österreichs getrennt hatte. Nicht grade dadurch, daß er sofort als Anwalt des Dualismus auftrat. Er war vielleicht der erste, der sich in einer im Vereine mit Joseph Unger abgefaßten Schrift für die Wiederherstellung der ungarischen Verfassung aussprach, wobei er aber doch eine Zentralvertretung für das ganze Reich für notwendig hielt. Die Gemeinschaft mit Unger und nicht lange darauf die Verteidigung der Rechtsbeständigkeit der ungarischen Verfassung durch Kaiserfeld beweist, daß in der Parteinahme für den Dualismus nicht der Grund zu seiner politischen Vereinsamung lag. Sie rührte vielmehr daher, daß er für die österreichische Reichshälfte den Föderalismus als Grundform empfahl. Nun ist es unrichtig, die Verfassung von 1867 eine zentralistische zu nennen. Da sie infolge der Einwirkung Kaiserfelds und Rechbauers den Landtagen und den Landesausschüssen eine ganz bedeutende Machtfülle übertrug, so erhielt sie vorweg einen autonomistischen Charakter. Daß sie dabei jedoch den Schwerpunkt der Gesetzgebung in den Reichsrat legte, war in den Augen Fischhofs ein nicht zu überbietender Fehler. Weit fruchtbarer war ein anderer Grundgedanke seiner Politik, und das war die Forderung des Schutzes der nationalen Minoritäten. Hier bewegte er sich auf seinem eigentlichen Felde, hier sollte er sich wirklich als politischer Vordenker, wie ihn Charmatz nennt, bewähren. Es ist klar, daß der Minoritätenschutz sowohl innerhalb einer autonomistischen wie einer föderalistischen Verfassung denkbar und wünschenswert ist; selbst mit dem Zentralismus wäre er nicht ganz unvereinbar. Es liegt kein innerlicher Grund vor, die beiden Grundideen Fischhofs zu vermengen und den Wert der einen herabzusetzen, wenn man auch die andere verwirft.

Die Gerechtigkeit gebietet, zuvörderst seine unvergeßlichen Verdienste zu besprechen und sich dann erst seinen Irrtümern zuzuwenden, auf daß es nicht mit Shakespeare heißen dürfe:

> Der Menschen gute Taten schreiben wir ins Wasser,
> Was bös an ihnen, meißeln wir in festes Erz.

Es ist immer aufs neue lesenswert, was Charmatz aus vergilbten Zeitungsartikeln und fleißig gesammelten Privatbriefen über die Entwicklung der Ideen Fischhofs berichtet. Zunächst sei erwähnt, daß er im Verfassungsausschusse des Kremsierer Reichstages — was keineswegs als Vorwurf gesagt sein soll — noch nicht der Fischhof der späteren Zeit gewesen ist. Als der tschechische Abgeordnete Pinkas in Kremsier sowohl Nationalkurien in den Landtagen wie die Verantwortlichkeit des Statthalters vor der Landesvertretung befürwortete, erklärte sich Fischhof gegen beide Vorschläge, gegen den ersten deshalb, weil dadurch die Reibungsflächen vermehrt würden. Als sich aber seine Ansichten über den Gegenstand formten und klärten, wurden die Nationalkurien der Eckstein seines politischen Gebäudes. Es spricht für seine politische Einsicht, daß er während der Beratungen über die Verfassung von 1867 mit dem dringenden Rate hervortrat, bei diesem Anlasse auch ein

Nationalitätengesetz zum Beschlusse zu erheben, welches die Geltung der Staatssprache und der anderen landesüblichen Sprachen scharf abzugrenzen hätte. Dadurch wollte er künftigem Streite den Riegel vorschieben, und wer möchte heute in Abrede stellen, daß er sich darin voraussichtiger zeigte als die damaligen Gesetzgeber? Er hielt ihnen auch vor, daß der im Entwurfe vorliegende Artikel 19 des Staatsgrundgesetzes völlig ungenügend wäre, und er sagte vorher, daß dieser Artikel nur Streitigkeiten hervorrufen werde. Die Mahnrufe trafen jedoch taube Ohren, trotzdem wurde er nicht müde, sich die Bestimmungen eines zu erlassenden Nationalitätengesetzes immer klarer zu machen. Er studierte die Gesetzgebungen fremder mehrsprachiger Staaten und kam so zu Formulierungen, welche, wie man weiß, anregend gewirkt haben. Er erkannte hierbei, wie nicht anders möglich, allerdings nicht in allen Punkten das praktische Bedürfnis, aber seine Methode hat sich im ganzen als richtig erwiesen. Es war ein Fehler der Verfassungspartei, daß sie sich dem verschloß; ihr Führer Herbst würde gut getan haben, der an ihn 1878 ergehenden Einladung zu Konferenzen mit Rieger Folge zu leisten, wozu er anfangs bereit war, um dann im entscheidenden Augenblick doch abzulehnen. Als die Ideen Fischhofs über den Gegenstand in der Mitte der achtziger Jahre gereift waren, empfahl er in bezug auf die Staatssprache das Vorbild des ungarischen Nationalitätengesetzes; auf der anderen Seite aber vertrat er das Recht jeder Nationalität Böhmens, bei allen Behörden Eingaben in ihrer Sprache zu machen und darin auch die Erledigung zu erhalten, erklärte es jedoch n i c h t für notwendig, daß jeder Beamte beider Sprachen mächtig wäre, sondern empfahl die Bestellung von Übersetzern bei den Ämtern, wo dies nötig wäre; die L a n d e s g e r i c h t e und das O b e r l a n d e s g e r i c h t Böhmens wollte er in nationale Senate geteilt wissen; im L a n d t a g endlich wären sofort nationale Kurien einzurichten mit dem Vetorecht in Fragen der Gesetzgebung. Das sind durchaus zutreffende Vorschläge, dagegen griff er in bezug auf den L a n d e s s c h u l r a t und den L a n d e s k u l t u r r a t daneben. Denn er sprach sich gegen die Teilung dieser Körperschaften in nationale

Sektionen mit der Begründung, aus, daß man eine höhere Einheit festhalten müsse, um die völlige Entfremdung der beiden Volksstämme zu vermeiden: in die Leitung besonders des Schulwesens sollte kein Riß kommen. Die Entwicklung ist jedoch andere Wege gegangen. Bei dem Teilausgleiche von 1890 kamen die beiden Nationalitäten überein, die zwei letztgenannten Körperschaften in Sektionen zu zerlegen — und diese Einrichtung hat sich vollständig bewährt. Doch muß festgestellt werden, daß die unermüdlichen Bemühungen Fischhofs dazu beigetragen hatten, das Erdreich aufzulockern, so daß die Saat Wurzel fassen konnte.

Was jedoch dem Erfolge der Arbeit Fischhofs dauernd im Wege stand, war sein föderalistisches Programm. In seinem vortrefflich geschriebenen, 1869 veröffentlichten Buche, „Österreich und die Bürgschaften seines Bestandes", weissagte er die traurigste Zukunft, wenn nicht jedem Kronlande volle Selbständigkeit in den inneren Angelegenheiten gewährt würde, wenn man also nicht Administration, Unterricht und zum Teile auch Justiz unter die Gesetzgebung durch die Landtage stelle. Die Schweiz wird als nachahmenswertes Muster hingestellt, weil in diesen Angelegenheiten die Kantone und nicht der Bund maßgebend sind. Die Konsequenz des föderalistischen Programms wäre gewesen, daß der Reichsrat — zwischen den siebzehn Landtagen auf der einen und den Delegationen auf der anderen Seite — so gut wie zum Schatten hinabgedrückt worden wäre. Die Ministerien des Innern und des Unterrichtes wären dann überflüssig geworden, an deren Stelle hätten siebzehn Behörden dieser Art eingerichtet werden müssen. Fischhof stand also in dem Grundproblem der Verfassungsfrage auf seiten der Slawen und wollte die Deutschen, zumal Böhmens und Mährens, überzeugen, auch sie würden dabei sehr gut fahren, wenn man nur gleichzeitig die Rechte der Minorität im Landtage, in den Kreisen, Bezirken, Gemeinden schütze. Fischhof stellte, um die Besorgnisse der Deutschen zu beschwichtigen, den gewagten Satz auf: „Lassen wir die Nationalitäten ungegängelt ihre Wege ziehen und sie werden sich vom deutschen Geiste nicht zu weit entfernen. Das deutsche Unterrichtswesen ist kein Treibhausgewächs, das nur unter der zarten Pflege ministerieller Hände gedeiht." Die Erfahrung hat gelehrt, daß er sich darin einer Täuschung hingab. Denn die Magyaren sind in den letzten 40 Jahren gewiß ungegängelt geblieben, sie haben das deutsche Schulwesen dennoch unbarmherzig ausgereutet und nur dort halt gemacht, wo ihnen der unbeugsamste Widerstand entgegentrat, nämlich bei den Siebenbürger Sachsen. In Budapest aber und in allen Städten ist das Deutsche aus den Schulen völlig verschwunden; die 800 000 Schwaben Südungarns sind in dem heutigen Ungarn geistig so mißhandelt, daß die Kinder vielfach weder deutsch noch ungarisch lesen und schreiben können. Ähnliches geschah in Galizien, wo ein Landesgesetz gegeben wurde, daß nur polnische und ruthenische Schulen aus den öffentlichen Geldern unterstützt werden dürfen. In Krain und im Küstenlande ist dasselbe geschehen. Die Deutschen Böhmens und Mährens haben sich glücklicherweise nicht einschläfern lassen, hielten vielmehr an dem einheitlichen österreichischen Staate fest und sehen ihr Bollwerk im Zentralparlament und in den Zentralbehörden Wiens. Sie haben das föderalistische Programm Fischhofs verworfen und darin bei ihren Stammesgenossen im übrigen Österreich — die Klerikalen abgerechnet — einen festen Rückhalt gefunden. Fischhof fand nur bei Schuselka und einem kleinen Kreise föderalistischer Politiker Wiens Zustimmung. Tschechen, Polen und Slowenen aber triumphierten. Nach ihrer Versicherung war Fischhof der beste Mann unter den Deutschen Österreichs. Er aber verurteilte die Politik seiner deutschen Landsleute.

Es zeigte sich, daß Österreich auch ohne die von Fischhof geforderten Bürgschaften bestehen konnte: die Zerschlagung des Staates in siebzehn halbsouveräne Staaten wäre sogar eine schwere Gefahr gewesen. In der Adreßdebatte von 1879 setzte Ernst v. Plener in einer seiner besten Reden auseinander, daß, wenn die streitenden Volksstämme Böhmens, Mährens, Steiermarks, Kärntens und Krains sich selbst und ihren inneren Kämpfen überlassen blieben, dies zu stetiger Unterdrückung der einen Nationalität durch die andere führen müßte; im Reichsrat dagegen, wo es keine ständigen Mehrheiten gibt, seien sie auf Bündnisse und Vergleiche angewiesen, hier könnten die Minoritäten deshalb auf Berücksichtigung und Gerechtigkeit hoffen. Dazu aber kommt ein Moment der großen mitteleuropäischen Politik. Im Jahre 1869, als Fischhof mit seinem Buche hervortrat, war es immer noch möglich, daß das böhmische Staatsrecht sich ebenso durchsetzen werde wie das ungarische. In diesem Falle würde aus Böhmen, Mähren und Schlesien ein Staat aufgerichtet werden, in dessen Gebiet heute neben 6 Millionen Slawen $3^1/_2$ Millionen Deutsche leben. Die Krone schwankte damals, ob es sich vom habsburgischen Interesse aus nicht empfehle, dem in Bildung begriffenen Deutschen Reiche ein tschechisches Bollwerk entgegenzusetzen. Man erinnert sich, daß es unter Hohenwart fast dazu kam und daß das königliche Reskript vom September 1871 das böhmische Staatsrecht förmlich anerkannte. Es wäre also der Zustand geschaffen worden, der in den Hussitenkämpfen und dann im Dreißigjährigen Kriege zu den Erschütterungen führte, von denen ganz Mitteleuropa ergriffen wurde. Wenn aber auch nicht ebenso Furchtbares zu besorgen war, so mußte die deutsche Nation doch unter allen Umständen den tschechischen Staat als Pfahl im Fleisch empfinden, und der industriemächtige deutsche Stamm in den drei Sudetenprovinzen würde sich der unzerbrechlichen slawischen Mehrheit nicht willig gefügt haben. Auf dem Wege Fischhofs gelangte man also zu den schwersten Verwicklungen. Die geschichtliche Rolle der deutschen Verfassungspartei unter Führung Schmerlings, Herbsts und Pleners besteht darin, daß sie solche Entwürfe durch entschlossenen Widerstand vereitelte. Das ist nicht bloß eine Tatsache der österreichischen, sondern geradezu der europäischen Geschichte. Diese Männer erwarben sich dadurch nicht bloß ein Verdienst um das deutsche Volk, sondern auch um Österreich. Denn wir haben jetzt an dem ungarischen Staatsrecht gerade genug; wenn noch das tschechische hinzugetreten wäre mit allen seinen Konsequenzen für die Armee und für die äußere Politik: dann war nicht abzusehen, wie sich das Ganze gegen die Auflehnung der Teile hätte behaupten können. Das ist die Ursache, weshalb die Deutschen zu jener Zeit nicht Adolf Fischhof, sondern der Verfassungspartei gefolgt sind. Sollten heute oder morgen die alten Zeiten wiederkehren, dann müßten wir Graubärte pflichtgemäß abermals dort antreten, wo wir als Jünglinge und Männer dem Föderalismus und seinen Wortführern widerstanden haben. Ich wenigstens würde nicht in einer Zeit leben wollen, wo die Deutschen des Donautales und der Alpenländer ihre Stammesgenossen in Böhmen im Stiche lassen möchten, um sich auf ihr niederösterreichisches und salzburgisches Gemeinwesen zurückzuziehen. Man müßte sich dem staatsrechtlichen Programm Fischhofs heute ebenso entgegenstemmen wie damals, als er seinen Beistand den Slawen lieh.

Dies alles hat Adolf Fischhof in den schweren Tagen unserer staatsrechtlichen Kämpfe nicht zugeben wollen. Ob diese Geistesrichtung darauf zurückzuführen ist, daß er in Ungarn geboren und aufgewachsen war? Er war in seinem Sinne gewiß ein guter Deutscher, aber die elementare Kraft deutschen Nationalgefühles war ihm innerlich fremd. Dazu kam, daß er für Machtfragen, also auch für den deutsch-slawischen Gegensatz keinen Sinn besaß: er erledigte sie nach mathematisch-politischen Gesichtspunkten, wobei seine allseitige Gerechtigkeitsliebe den Wegweiser abgab. Sein Streben nach Unparteilichkeit machte ihn zum Anwalt der Zurückgesetzten und er mutete den Deutschen einen Heroismus der Entsagung zu, der ihm selbst leicht war, weil in seiner eigenen Natur Kraft und Leidenschaft keinen Platz hatten.

So kam es, daß er zwar wegen der vorbildlichen Eigenschaften seines Herzens, wegen seiner Selbstlosigkeit und Uneigennützigkeit die hohe Achtung seiner deutschen Landsleute genoß, nicht aber ihr politisches Vertrauen. Das änderte sich auch dann nicht ganz, als er gewahrte, daß das Hohenwartsche Experiment 1871 den Deutschen Schädigung brachte, und deshalb an Rieger eine Absage schrieb, die zu den wichtigsten Stücken der von Charmatz gesammelten Dokumente gehört. Er kam auch später nicht mehr auf seine föderalistischen Ideen zurück und widmete sein ganzes Leben zuletzt fast ganz dem Schutze der nationalen Minoritäten. Aber obwohl er hierin nur Reifes und Abgeklärtes zutage förderte, vermochte er keinen großen

Kreis um sich zu sammeln; der Versuch der Bildung einer besonderen Partei, den er gemeinsam mit Walterskirchen 1882 unternahm, schlug fehl. Die Slawen würden die Pflicht gehabt haben, einem Manne wie Fischhof, der sein ganzes Leben hindurch Gerechtigkeit für sie geheischt hatte, ein Abgeordnetenmandat anzubieten. Sie dachten aber nicht daran, beriefen sich fleißig auf ihn als ihren Schutzpatron, handelten aber nicht nach seinen Ratschlägen zu Billigkeit und Entgegenkommen. Von Seite der Deutschen aber wurden ihm die Irrtümer seines Mannesalters nachgerechnet, obwohl er als Greis nicht mehr auf ihnen beharrte. Er war zuletzt der milde Vertreter der Versöhnlichkeit unter den Völkern, er war wirklich „der Weise von Emersdorf". Es ist unendlich schade, daß er es sich durch sein föderalistisches System unmöglich machte, in den Reihen der hervorragenden deutschen Politiker seiner Zeit zu wirken. Indem er die Verfassung von 1867 bekämpfte, indem er sich von Herbst und Kaiserfeld, Hasner und Brestel abwandte, untergrub er die Wurzeln seines Einflusses auf das deutsche Volk. Seine liebenswürdige und wohlwollende Persönlichkeit, sein richtiges Erfassen der sprachlichen Seite des Nationalitätenproblems würde es ihm möglich gemacht haben, diese Männer, wenn er mit ihnen zusammengewirkt hätte, für die Erlassung eines Sprachengesetzes zu bestimmen. Man wandelt nicht ungestraft unter den Palmen, man trennt sich nicht ohne beklagenswerte Folgen von seinem kämpfenden und ringenden Volk. Diese Gegensätze sind jedoch lange überwunden, und die jetzige Generation ehrt an Adolf Fischhof die hingebungsvolle Arbeit wie die geistige Schärfe, mit der er späterem Unheil vorbeugen wollte. Stellt man Fischhof auch nicht so hoch wie sein verehrungvoll zu ihm aufblickender Biograph, so regt dessen Arbeit doch zu Gedankengängen an, die für das Verständnis der Vergangenheit wie zum Baue der Zukunft unentbehrlich sind[1]).

[1]) Mit Hinweis darauf, daß ich mich über die durch den Weltkrieg in Böhmen geschaffene Lage im letzten Aufsatze dieser Sammlung ausspreche, gebe ich die obigen, 1910 niedergeschriebenen Darlegungen in der Sache unverändert wieder.

Ignaz v. Plener

(Veröffentlicht 1914)

Achtundneunzig Jahre alt war Ignaz v. Plener, als er, von der ehrfürchtigen Trauer seiner Mitbürger begleitet, am 17. Februar 1908 ins Grab stieg. In den Blütetagen des österreichischen Liberalismus war er 1860 bis 1865 Finanzminister, 1868 bis 1870 Handelsminister gewesen, was ihn nicht hinderte, gegen die slawenfreundlichen Regierungen von Taaffe bis Thun in strammer Opposition zu stehen. Er ging aufrecht durchs Leben mit seiner schlanken, bis ins hohe Alter ungebeugten Gestalt, mit seiner lauteren, nach rechts wie nach links bestimmt sich abhebenden Gesinnung. Jetzt hat ihm sein Sohn, der Erbe seiner Traditionen, ein nicht umfängliches, aber inhaltreiches biographisches Denkmal gesetzt. Freiherr Ernst v. Plener legt sich darin, wie er bemerkt, Selbstdisziplin auf, um ein wahrheitsgetreues Bild zu entwerfen, „das darum nicht weniger zutreffend zu sein braucht, weil es von den Gefühlen des Verfassers die Wärme des Tons erhält". Diese Grenze wird nirgends überschritten, nie ein enthusiastischer Ton angeschlagen. Vieles rein Persönliche wird vermutlich in dem zweiten Bande der Denkwürdigkeiten des Sohnes mitgeteilt werden, deren erster in der zeitgenössischen Memoirenliteratur einen hohen Rang einnimmt. In der Biographie des Vaters ist hauptsächlich von dem Finanzmann und dem Volkswirt die Rede; und so baut sich darin von selbst eine Geschichte des österreichischen Staatshaushaltes von 1860 bis 1865 auf, wie es keine gleich eindringende und übersichtliche gibt.

Die vorliegende Biographie ist in dem wichtigen Sammelband erschienen, der von Anton Bettelheim nun schon zum sechzehnten Male als „Biographisches Jahrbuch" herausgegeben wird. Wer über die politische oder die Kulturgeschichte des deutschen Volkes seit der zweiten Hälfte des neunzehnten Jahrhunderts gearbeitet hat, kennt diese Sammlung als unentbehrlichen Behelf, oft als Grundlage weiterer Studien. Die Toten je eines Jahres erhalten darin ihre Biographien, die fast immer von der sachkundigsten Hand gearbeitet sind. Österreich sollte es dankbar anerkennen, daß in dem „Biographischen Jahrbuch" Bettelheims seinen Söhnen neben denen der anderen deutschen Stämme volle Würdigung zuteil wird. Die Gerechtigkeit, die den Lebenden oft versagt worden, wird hier den Toten zugemessen. Nicht jedem verdienten Manne wurde es im Leben so gut wie dem „alten Plener", der mit Ehren und Würden überhäuft dahinschied; es ist ihm dann noch das Glück widerfahren, daß sein Andenken durch seinen Sohn wacherhalten wird.[1])

Die Generation, welcher Ignaz v. Plener angehörte, stand mit ihren Jugenderinnerungen unter dem Eindrucke des Staatsbankrotts von 1811. Dieses Ereignis hatte zahlreiche Familien geschädigt, so die der Gattin Pleners, viele an den Bettelstab gebracht, zugleich aber alle ehrliebenden Bürger des Reiches mit bitterer Scham über die Finanzpolitik des Staates erfüllt. Schuldenmachen ist nach altbürgerlicher Auffassung ein Makel, die Schulden nicht zurückzahlen ein halbes Verbrechen. Die Tätigkeit nicht bloß Ignaz Pleners, auch die Herbsts, Brestels und Hasners wie ihrer Genossen im Reichsrate ist dadurch charakterisiert, daß sie es für die erste Pflicht des 1861 geschaffenen Parlaments ansahen, Ordnung in den Staatshaushalt zu bringen. Das wurde bei manchem dieser Männer geradezu eine Leidenschaft, die jede andere politische Erwägung aus dem Felde schlug. Es war Eduard Herbst nebensächlich, ob er und seine Partei durch das Streichen am Heeresbudget oder durch die Bekämpfung einer kostspieligen äußeren Politik die Gunst der maßgebenden Kreise verscherzten: das Gespenst

---

[1]) „Biographisches Jahrbuch und Deutscher Nekrolog." Herausgegeben von Anton Bettelheim, Bd. XVI (Berlin 1914, Georg Reimer). Der Aufsatz Pleners umfaßt die Seiten 262—313.

der Zahlungsunfähigkeit des Staates verfolgte sie in jede parlamentarische Beratung. Sie sind darob auch Ignaz v. Plener gegenüber ungerecht gewesen, der als Finanzminister ihnen noch immer nicht genug in den Staatsausgaben zurückhielt. Deshalb vorwiegend haben sie der Okkupation Bosniens und dem Wehrgesetz von 1880 widerstrebt, ein Verhalten, das den Verlust der Macht der liberalen Partei herbeiführte. Diese politische Besessenheit, um ein starkes Wort zu gebrauchen, hatte jedoch das Gute, daß das Parlament unausgesetzt an der Bekämpfung des Defizits arbeitete. Unter dem Ministerium Schmerling-Plener wurde dieses Ziel noch nicht erreicht; das Bürgerministerium aber setzte die Bemühungen fort, die 1872 auch von Erfolg gekrönt wurden, bis die Finanzkrise von 1873 den Staat wieder weit zurückwarf. Aber der starke Antrieb wirkte fort, bis Finanzminister Dunajewski am Ende der achtziger Jahre das Gleichgewicht im Staatshaushalte herstellte.

Und so blieb es bis etwa 1907. Wenn doch in den heutigen Zeiten eine politische Stiernackigkeit dieser Art bestünde! Indessen wirkte die Erinnerung an den Staatsbankrott von 1811 nur auf die Söhne der durch ihn schwer getroffenen Generation, die Enkel haben in ihrem Leichtsinn die Prüfung vergessen. Wieder ist der Abgrund offen, der für kurze Zeit von tüchtigen Finanzministern mit Hilfe gewissenhafter Parlamente ausgefüllt worden war. Ernst v. Plener geht mit Herbst begreiflicherweise strenge, wohl zu strenge ins Gericht, weil er seinem Vater gegenüber oft ungerecht gewesen ist; dieser aber hat, als er aus dem Ministerium trat, sich dann doch unter die Führung Herbsts gestellt, weil er in den Grundsätzen mit ihm einig war, besonders was die Erhaltung der Staatseinheit gegen die Föderalisten und was die spartanische Durchführung der Finanzreform betraf.

Ignaz v. Plener hat jüngeren Männern, denen er von seinem Lebenslauf berichtete, gern erzählt, daß er, im April 1860 Finanzminister geworden, den Monarchen mitbestimmt hat, im Dezember desselben Jahres Schmerling zu berufen und bald darauf die Verfassung vom 26. Februar 1861 zu erlassen. Das von ihm in den Vordergrund gestellte Argument war, daß er dem Herrscher vorstellte, der zerrüttete Staatskredit könne nur durch Berufung eines Parlaments wieder hergestellt werden. Darauf ging Kaiser Franz Josef als einsichtiger Haushalter des Staates ein, und das, was sein Finanzminister ihm darlegte, ist auch eingetroffen, wenn auch erst nach den Prüfungen durch das Unglücksjahr von 1866 und durch die Katastrophe von 1873. Plener befand sich ziemlich genau in der Lage Neckers, als dieser den König Ludwig XVI. 1789 zur Berufung der Reichsstände bestimmte. Glücklicherweise war das zu beschwörende Übel in Österreich noch nicht so weit vorgeschritten, das Temperament seiner Völker nicht so stürmisch wie das der Franzosen, das österreichische Parlament besonnener als die Nationalversammlung von 1789. Necker spielt in der Geschichte der Menschheit eine größere Rolle als Plener, aber diesem hat ein gütiges Schicksal das Scheitern erspart; er ist immer hoch in der Achtung seiner Mitbürger geblieben, mit den Jahren eine allgemein verehrte Gestalt geworden.

Die jetzige Generation steht den Tagen des liberalen Systems noch zu nahe, um den richtigen Maßstab finden zu können. Auch waren die leitenden Köpfe oft verschiedener Meinung: Männer wie Schmerling und Ignaz Plener haben es Herbst und Giskra vorgeworfen, daß sie der Krone gegenüber oft zu starr und unnachgiebig gewesen sind, während die demokratische öffentliche Meinung den Führern der Verfassungspartei nicht verzeihen wollte, daß sie in der Schul- und der Ehegesetzgebung, in der Ausdehnung des Wahlrechtes nicht die letzten Konsequenzen gezogen haben. In einem Punkte aber haben sich die freisinnigen Deutschen getreulich gefunden und durch ihr Zusammenstehen schweres Unheil von Österreich abgewendet. Dieses drohte mit der Übertragung des ungarischen Vorbildes auf Böhmen, mit der Schaffung eines Staates der Wenzelskrone, wozu es 1871 unter dem Ministerium Hohenwart beinahe gekommen wäre, weil die Hofburg dem soeben erstandenen Deutschen Reiche eine slawische Bastion entgegenstellen wollte. Ernst v. Plener war in einem späteren Zeitpunkte Führer der deutschen Opposition im Kampfe gegen das böhmische Staatsrecht, aber auch sein Vater beteiligte sich als guter Österreicher, als guter Deutscher kräftig an der Abwehr. Es war auch sein Glaubensbekenntnis, daß die Deutschen Österreichs nicht aufgeteilt werden dürfen und daß sie die große Mission besitzen, den österreichischen Staat einheitlich und stark zu erhalten, am liebsten gemeinsam mit der Regierung der Monarchie, doch auch, wenn diese auf Abwege gerät, gegen sie in unbeugsamer Opposition.

Erinnerungen von Ernst Freiherrn v. Plener[1])

(Veröffentlicht 1911)

Freiherr v. Plener ist unter den aus Österreich stammenden Staatsmännern des neunzehnten Jahrhunderts der erste, der mit Denkwürdigkeiten aus seinem Leben vor die Öffentlichkeit tritt. Das ist, in höherem Sinne genommen, die Erfüllung einer staatlichen Pflicht, da, abgesehen von den Bedürfnissen der Geschichtsforschung, Zeitgenossen und Nachwelt ein Recht darauf besitzen, aus den Erfahrungen eines Mannes in hervorragender Stellung Nutzen zu ziehen. Die in Österreich herrschende Scheu, Rechenschaft über die eigene öffentliche Wirksamkeit abzulegen, hatte zur Folge, daß über wichtige Ereignisse der Geschichte unseres Landes Dunkel gebreitet ist; es ist bezeichnend, daß von den ehemaligen Ministern der Sachse Beust und der Schwabe Schäffle in der Veröffentlichung von Memoiren den eingeborenen Österreichern vorangegangen sind. Metternich, Hasner und Stremayr haben bloß kurze Abrisse ihres Lebens hinterlassen; Schmerlings ausführlichere Denkwürdigkeiten dürfen, wie es heißt, nach der letztwilligen Verfügung des Verfassers erst in einem späteren Zeitpunkt gedruckt werden. Besser steht es mit Tagebüchern, unter denen die des Freiherrn Karl v. Kübeck, herausgegeben von seinem Sohne, durch Reichhaltigkeit des Stoffes wie der Ideen an erster Stelle stehen. Erfreulich ist, daß durch Pleners Erinnerungen der Vortritt unter den Stämmen der Monarchie den Deutschen gewahrt wird: denn auch von den führenden magyarischen und slawischen Politikern

---

[1]) „Erinnerungen von Ernst Freiherrn v. Plener." Erster Band. „Jugend, Paris und London bis 1873." Stuttgart und Leipzig, Deutsche Verlagsanstalt.

ist das Feld bisher unbeackert geblieben. Von ihnen ist gleichfalls nur aus Tagebüchern — so Stephan Szechenyis und Melchior Lonyays — Wertvolles veröffentlicht worden. Einer mannhaften und fest in den eigenen Schuhen einhergehenden Persönlichkeit wie der Pleners steht es wohl an, auch auf diesem Gebiete Schrittmacher zu sein und sich der landesüblichen Bedenklichkeiten zu entschlagen. Der beste Dank, der ihm dafür werden könnte, wäre die Befolgung seines Beispiels. Was etwa noch an Denkwürdigkeiten der Zeitgenossen vorhanden ist — und daran fehlt es nicht ganz — sollte möglichst bald das verschwiegene Dunkel des Schreibtisches verlassen und vor das jetzige Geschlecht treten.

Zunächst liegt der erste Band der Erinnerungen Pleners vor, der die Zeit seiner Studien und seines Aufenthaltes in Paris und London umfaßt, wo er bei der österreichischen Gesandtschaft tätig war; das Buch endigt mit dem Jahre 1873, als er im Alter von 32 Jahren den diplomatischen Dienst verließ, um sich der parlamentarischen Laufbahn zu widmen. Man hat es also mit den Jahren der Bildung und Entwicklung zu tun, die auf die Zeit vorbereiteten, in der Plener zur Führung der Deutschen Österreichs und damit zu maßgebender Wirksamkeit gelangt ist. Der Schwerpunkt des Werkes wird voraussichtlich erst in der Darstellung dieser späteren Begebenheiten liegen; aber schon der vorliegende Band ist ein reichhaltiger Beitrag zur Geschichte seiner Zeit, der es an Ernst und Gründlichkeit mit allem aufnimmt, was sonst in Österreich und Ungarn an historischer Literatur besteht. Allerdings treten die Ereignisse der Politik unseres Landes zurück, was anders zu wünschen wäre, jedoch bei der Abwesenheit des Verfassers von der Heimat nicht zu vermeiden war. So anziehend aber die Schilderungen sind, so darf man an das Werk nicht mit der Erwartung herantreten, eine leichte oder gar prickelnde Lektüre mit Geschichtchen aus der großen und kleinen Welt zu finden. Die Anekdote, dieses Zierstück der Memoirenliteratur, fehlt gänzlich; die vielen hervorragenden Männer, mit denen der Verfasser zusammentraf, sind zwar scharf charakterisiert, aber aus den Gesprächen mit ihnen ist meistens nur das Sachliche hervorgehoben. Selten sind Aussprüche aus ihrem Munde eingestreut, wie das hübsche, zu Plener geäußerte Wort Disraelis: „Ich habe Herzoge ernannt und Hosenbandorden verliehen, aber ich habe keines.“ Aus jeder Seite spricht der Mann der Politik: er legte in jenen Jahren die geistige Rüstung an, in der er in das österreichische Parlament treten und seinem Vaterlande wertvolle Dienste leisten sollte.

Ernst v. Plener wurde 1841 in Eger geboren und verlebte die Knabenzeit, da sein Vater als Finanzbeamter in verschiedenen Teilen der Monarchie tätig war, in Prag, Ofen und Preßburg. In Lemberg bezog er die Universität, bis die Berufung des Vaters nach der Reichshauptstadt und bald darauf auch an die Spitze des Finanzministeriums Wien zum dauernden Wohnsitze der Familie machte. An der Wiener Universität übte auf ihn der geistvolle Lehrer der Staatswissenschaften Lorenz v. Stein den größten Einfluß, und dieser empfahl ihn an Rudolf Gneist, als Plener nach Erlangung des Doktorats zur Fortsetzung seiner Studien nach Berlin ging. Daß Gneist ihm großes Interesse entgegenbrachte und mit ihm jede Woche mehrmals ein bis zwei Stunden lang staatliche Probleme besprach, wird von Plener dankbar empfunden. Der berühmte Chef der preußischen Statistik Engel machte ihn mit Lassalle bekannt, und oft kam der gewaltige sozialistische Agitator — er stand mitten in seiner öffentlichen Laufbahn — in Erwiderung von Pleners Besuchen des Morgens zu ihm, um mit ihm zu plaudern. Dieser ging wiederholt in die Versammlungen, in denen Lassalle auftrat, fand aber, daß er hier nicht mit dem Schwung und dem Selbstbewußtsein sprach wie im engeren Kreise. Er las seine Reden meist vom Manuskript ab, so daß der äußere Erfolg gering war. Es ist bekannt, daß Lassalle durch die straffe Logik seiner formschönen Reden letzten Endes auf die Leser Wirkung üben wollte; und darin hat er sich auch nicht geirrt. Plener war auch einmal anwesend, als die Polizei in den Saal eindrang und die Zuhörer die Flucht ergreifen mußten. Bekanntlich hat er es später, 1884, übernommen, das Leben Lassalles für das Fundamentalwerk der „Allgemeinen Deutschen Biographie“ zu schreiben, woran sich dann auch der interessante Artikel über

Karl Marx schloß. Der Verkehr des jungen Plener mit den selbständigsten Köpfen der deutschen Staats- und Volkswirtschaft bestärkte ihn schon früh in der Abwendung von der klassischen Nationalökonomie, von der Theorie, die alles dem freien Spiel der Kräfte überlassen wollte. Er las und exzerpierte die Werke von Smith, Ricardo, Stein und später Mill, begann überhaupt erst als Doktor gründlich zu studieren. Er ist der Ansicht, daß selbständige Denkarbeit, Einzelbegabungen und Ausnahmsfälle abgerechnet, erst spät beginnt, zumal da die Söhne der arischen Rasse im Durchschnitt nicht allzu früh reifen. Er wäre, in wissenschaftliche Studien vertieft, lieber noch in Berlin geblieben, aber sein Vater wünschte wie begreiflich seinen baldigen Eintritt in eine praktische Laufbahn, und so wurde er Attaché bei der Botschaft in Paris, wo er vom Frühjahr 1865 bis 1867 tätig war.

Hier und auch später in London führte er ein Doppelleben. Er schildert uns Napoleon III., seinen Hof und seine Minister, besonders Rouher, den „Vizekaiser", dann das gesamte diplomatische Korps, darunter den Botschafter Fürsten Metternich und seine geistreiche Gemahlin Pauline, die in ihrer Jugend durch „die graziösen Linien ihrer eleganten Gestalt, ihre intelligenten, ausdrucksvollen Augen trotz der Unregelmäßigkeit der Gesichtszüge" viel Anziehendes hatte. „Ihr Urteil war etwas schnell, aber meist zutreffend, ihr Naturell außerordentlich lebhaft, aber nicht leidenschaftlich." Alle Herren und Damen der großen Gesellschaft, auch die vornehmen Kokodettes ziehen an uns vorüber, die ihren verfänglichen Namen daher führten, weil sie mit den eigentlichen Kokotten zu wetteifern schienen. Aber obwohl der junge Attaché fleißig tanzte, mit der Fürstin Metternich gewöhnlich im Bois de Boulogne spazieren ritt, fühlte er sich von dem rauschenden Weltleben nicht befriedigt und setzte seine ökonomischen Studien wie die Verbindung mit Gelehrten und Arbeiterführern fort. Mit Empfehlungen seiner Wiener und Berliner Lehrer und Freunde ausgerüstet, lernt er die maßgebenden Männer der politischen Ökonomie kennen: Michel Chevalier, Wolowski, Maurice Block, auch Baudrillart, dessen elegante Vorlesungen an der Sorbonne von ihm gehört wurden. Er besucht auch die Gesellschaft der Schüler des Sozialisten Fouriers, die sich in dem Hinterzimmer einer kleinen Buchhandlung versammelte; er geht in Arbeiterversammlungen und macht die Bekanntschaft eines der Führer, eines Lederarbeiters, eines gesetzten ernsten Mannes, den er dann in seiner bescheidenen und reinlichen Wohnung besucht, von dem er auch Aufschlüsse über die Streiks der dreißiger Jahre erhält. Die Früchte dieser theoretischen und praktischen Studien legte er in Aufsätzen nieder, die in der von Lorenz Stein herausgegebenen „Austria" und 1868 in der Tübinger „Zeitschrift für die gesamten Staatswissenschaften" veröffentlicht wurden; die letztere Arbeit gibt ein deutliches Bild des französischen Assoziationswesens, besonders der Produktivverbände. Gleichzeitig studierte er die positivistische Philosophie Comtes; er erkannte es als großen Fortschritt, daß die naturwissenschaftliche Methode der Induktion hier auch auf den Menschen ausgedehnt ist. Sein Geist bewegte sich in den Bahnen des Zweifels, aber in seiner Seele tauchte bereits die Sehnsucht auf, die Gebote der Moral religiös zu begründen. Es war nicht bloß Neugierde, sondern innerer Anteil, der ihn in die Vorträge der hervorragenden Fastenprediger Pater Felix und Pater Mingeard führte. Kein Gebiet menschlichen Wissens und Empfindens blieb ihm fremd.

Dazwischen berichtet Plener über die Verwicklungen der äußeren Politik, in die ihm bei seiner, wenn auch bescheidenen amtlichen Stellung mancher nähere Einblick gegönnt war. Über die Donaufürstentümerkonferenz 1866, über den Krieg zwischen Österreich und Preußen 1866, die Luxemburger Angelegenheit, später über den Krieg von 1870, die Schwarze-Meer-Konferenz wird sachgemäß, oft mit neuen Einzelheiten berichtet. Eindringlich ist die Vorgeschichte des Feldzuges von 1866 erörtert, man erfährt unter anderem, wie es kam, daß die österreichische Regierung die Beschickung des von Kaiser Napoleon vorgeschlagenen Kongresses ablehnte. Der Minister des Äußern Graf Mensdorff hatte bereits die zustimmende Antwort entwerfen lassen, um nicht den letzten Faden der Friedenshoffnung abzuschneiden; aber sein Kollege Graf Esterhazy erhob Einspruch, so daß die beiden Minister die Entscheidung des Kaisers anriefen, der es nun für untunlich erklärte, den österreichischen Besitz Veneziens der Beschlußfassung eines Kongresses zu unterbreiten. Die äußere Politik Beusts und Andrassys wird sachgemäß und unparteiisch geschildert, die Widersprüche zwischen dem auf Vergeltung und Krieg gerichteten Intrigenspiel Beusts mit der Darstellung, die er in seinen Denkwürdigkeiten gibt, sind vortrefflich aufgehellt. Plener hebt richtig hervor, daß Andrassy nach Übernahme des Ministeriums des Äußern anfangs noch nicht volle Geltung besaß und das Knüpfen des sogenannten Dreikaiserbündnisses (Österreich-Ungarn, Deutschland und Rußland) eigentlich mehr geschehen ließ, als selbst veranlaßte: erst allgemach rückte er seinem Ziele der engeren Verbindung mit Deutschland und Italien näher.

Aber so lehrreich auch diese Abschnitte sind, so erreicht das Werk doch seinen Höhepunkt erst in der Schilderung der politischen, wirtschaftlichen und sozialen Verhältnisse Englands, wo Plener 1868 bis 1873 bei der österreichisch-ungarischen Botschaft Sekretär war, zuerst unter Apponyi, dann unter Beust. Hier ist der Verfasser in seinem Element. Man kann einige Hauptwerke über diese Epoche, etwa Mac Carthys „Geschichte unserer Zeit" oder Morleys Biographie Gladstones, gelesen haben, und wird dennoch über den Wahlreformkampf von 1867, über die Kirchen- und Agrarreformen in Irland Neues lernen. Nacht für Nacht saß der Legationssekretär Plener bei wichtigen Debatten auf der Galerie des Parlaments und beobachtete, wie Gladstone und Disraeli zu den ersten Staatsmännern der Nation heranwuchsen. Er hatte das Glück, auch bei der Rede Gladstones 1873 anwesend zu sein, die er die schönste nennt, die er überhaupt je hören sollte: in der der große Redner von der leisen Stimme sprach, die nicht gehört werde im Knistern des Feuers und nicht im Wirbelwind des Sturmes, die Stimme, die rufe: Gerechtigkeit für Irland! Die Zergliederung der Wirksamkeit Gladstones ist meisterhaft und enthält Züge, die in dessen von Morley herrührender Biographie fehlen. Ebenso warm und überzeugend sind die Charakteristiken der beiden hervorragendsten Männer der katholischen Kirche, des Kardinals

Manning und des Dr. Newman, der zu den gelehrtesten Schriftstellern seiner Zeit gehörte. Wieder war es das Studium der Arbeiterfrage, das Plener am meisten beschäftigte, und er faßte den Plan, eine vollständige Geschichte der sozialen Bewegung in England zu schreiben. Da ihm aber Brentano darin mit seiner Geschichte der Arbeitergilden der Gegenwart zuvorkam, so griff Plener ein engeres Gebiet aus dem großen Stoffe heraus und veröffentlichte 1871 sein Buch über die englische Fabriksgesetzgebung und zwei Jahre später, nachdem er auch Unterricht in der Versicherungsmathematik genommen hatte, seine Arbeit über englische Baugenossenschaften. Damit trat er in die Reihe der angesehensten deutschen Nationalökonomen jener Tage. So wendete Plener als Legationssekretär seine Zeit an; allen unseren jungen Diplomaten ist zu empfehlen, seine Erinnerungen gründlich zu studieren, um zu wissen, was sie während ihres Aufenthalts im Auslande zu sehen und zu arbeiten haben, wenn sie daraus für sich und ihr Vaterland Nutzen ziehen sollen.

Der Stil und die Darstellungsweise Pleners eignen sich besser zur Schilderung der englischen als der französischen Verhältnisse. Nicht Glanz und Feinheit der Sprache ist ihm eigen, wohl aber eine bestimmte und überzeugende Sachlichkeit; in gedrängter Anordnung, dabei lichtvoll heben sich Dinge und Menschen ab. Die einzelnen Gestalten sind scharf und klar umrissen, etwa wie in guten alten Holzschnitten; nicht warmes Kolorit, sondern Wahrheit und Ähnlichkeit sind die Vorzüge der Darstellung. Plener setzt Leser voraus, die mit ihm arbeiten, um sich in Gesetzesvorschläge, Debatten und soziale oder kirchliche Reformen zu vertiefen. Schon als junger Mann war er großen Zielen zugewandt, und sein Buch ist auch nicht zum Zeitvertreib der Leser geschrieben. Wer mitten unter den Zerstreuungen des Weltlebens, im Verkehr mit den elegantesten Damen von Paris und London national-ökonomische Aufsätze und Bücher schreibt, dabei auch Kant, Schopenhauer und Spinoza studiert, hat es früh gelernt, sich zu sammeln und bei der Niederschrift seiner Gedanken klar und bündig sein. Daher die staunenswerte Reichhaltigkeit seiner Erinnerungen.

Ernst v. Plener sollte später durch zehn Jahre seines Lebens eine Stellung einnehmen, wie kein Deutschösterreicher vor oder nach ihm. Er war der einzige Mann, dessen Führerschaft von den Deutschen unbestritten anerkannt worden ist, wozu bekanntlich nicht einmal Herbst gelangt war. Es wird wohl auch manchem anderen als mir begegnet sein, daß er, zumal in Deutschland, gefragt wurde, durch welche Eigenschaften des Charakters und des Geistes Plener zu dieser Rolle berufen war. Die Antwort war von selbst gegeben, jetzt aber liegt mit seinen Erinnerungen die überzeugende Begründung vor. Er trat 1873 ins Parlament, ausgerüstet mit politischen Kenntnissen und Erfahrungen, wie sie keinem österreichischen Abgeordneten jener Zeit eigen gewesen sein dürften. Es gab in der Partei Gelehrte von europäischem Ruf wie Eduard Sueß, Männer von durchdringender Geistesschärfe wie Herbst und Sturm, Politiker von ungewöhnlicher Klugheit gleich Chlumecky — Abgeordnete, die jedem Parlament zur Zierde gereicht hätten. Wenn sie sich dennoch alle der Führung Pleners unterordneten, so geschah es, weil er, wie aus seinen Erinnerungen hervorgeht, durch seinen Bildungsgang und die Kenntnis des europäischen Staats- und Weltlebens imponierte. Er besaß anch dank seiner Tätigkeit in der Diplomatie näheren Einblick in das Spiel der äußeren Politik und hatte Gelegenheit, 1866 wie 1870 die großen europäischen Krisen von der Warte der österreichischen Botschaft zu Paris und London zu verfolgen. Diese Wahrnehmungen befähigten ihn auch zur richtigen Würdigung der zur Annexion Bosniens führenden Politik Andrassys, der er schon 1878 seine Zustimmung gab. Dazu die Vornehmheit der Gesinnung, die aus jeder Zeile seiner Denkwürdigkeiten spricht. Mit edler Wärme, selbst mit Enthusiasmus erkennt er Begabung und Verdienst an, wo sie ihm begegnen; dabei urteilt er, wenn er tadeln muß, im Ausdrucke milde. In dem ganzen Buche findet man kein absprechendes, kein höhnisches Wort, kein Wort des Grolles über Enttäuschungen, die doch niemandem erspart geblieben sind. Immer ist sein Augenmerk auf sein Vaterland gerichtet, gerne würde er schon 1871 nach Österreich zurückgekehrt und in das Handelsministerium eingetreten sein, wenn sein

Vater es nicht für besser erachtet hätte, daß er noch länger in der Schule des Auslandes weile. Endlich erfüllt sich 1873 sein innerster Wunsch und er tritt in das österreichische Abgeordnetenhaus ein, um seit dem ersten Tage als aufsteigende Hoffnung des Parlaments angesehen zu werden. Damit schließt der erste Band seiner Erinnerungen.

Alexander v. Peez

(Veröffentlicht 1899, ergänzt 1915)

Österreich ist ein Kolonialland der deutschen Nation und genießt den Vorteil, von ihr immer wieder durch die lebendige Arbeit tüchtiger Einwanderer befruchtet zu werden. Zur Zeit, da die großdeutsche Idee mit dem Gedanken preußischer Vorherrschaft in Deutschland unter anscheinend gleichen Kräften rang, war das Einströmen von trefflichen Köpfen weit stärker als je seit der Reformation: damals suchte und fand auch Alexander Peez in diesem Lande eine neue Heimat. Sein Leben kann am besten neben das eines anderen Bahnbrechers auf dem Gebiete der Nationalökonomie, Lorenz v. Stein, gestellt werden, der sechs Jahre früher nach Wien gezogen wurde und hier als Bildner der sozialpolitischen Anschauungen seiner Zeit wirkte. Auf einem anderen Gebiete der Volkswirtschaft, auf dem der Handelspolitik, wurde Peez nicht e i n e r unter den Führern, sondern geradezu der führende Geist in Österreich. Nur gelang es ihm, der getragen war durch eine glückliche Doppelanlage seines Wesens, besser als Stein, eine einschneidende praktische Tätigkeit zu entfalten. Er gewann auf die österreichisch-ungarische Handelspolitik seiner Zeit einen stärkeren Einfluß als irgend ein anderer: die Ideen, die in seinen zahlreichen geistvollen Schriften niedergelegt sind, wurden flügge und drangen in die Köpfe der österreichischen Handelsminister, die, welcher Parteistellung sie auch angehörten, durch 30 Jahre in ihm einen uneigennützigen, nur auf das öffentliche Wohl bedachten Berater fanden. Sie pflügten mit seinem Kalbe und haben dies anch anerkannt, und dies letztere um so leichter, da Peez nie eine äußere Anerkennung verlangte, da er Orden und

Auszeichnungen für die von ihm angeregten Zolltarife und Handelsverträge gern anderen überließ. Auch in der Öffentlichkeit trat er, ohne die Sucht nach wohlfeilen Ehrungen, fast allzu bescheiden zurück. Aber es liegt doch etwas Sieghaftes in einer Natur, die in verschwenderischer Fülle Früchte auszustreuen vermag: sie zwingt zuletzt auch die kleineren Geister in das Joch geziemender Anerkennung, und so ist der 70. Geburtstag des ausgezeichneten Mannes von den Kennern des volkswirtschaftlichen Lebens Österreichs mit wärmster Anerkennung für den Gefeierten begangen worden.

Merkwürdig, wie früh sich Peez für die vorwaltende Idee seines Lebens entschied. Als ganz junger Student wurde er von den Schriften und dem öffentlichen Wirken Friedrich Lists, von dem Gedanken einer nationalen Handelspolitik so tief ergriffen, daß er den Entschluß faßte, den Meister aufzusuchen und bei ihm auch mündliche Belehrung zu suchen — da traf ihn 1846 wie ein Donnerschlag die Kunde von dem Selbstmord des unglücklichen Mannes. Peez ist 1829 zu Wiesbaden geboren als der Sohn eines hochgeachteten Arztes, als Sprosse einer langen Reihe verdienter Beamten der Erzbischöfe des Mainzer Hochstifts; die kameralistischen Talente seiner Vorfahren, einst dem geistlichen Staate nützlich, lebten in dem Enkel wieder auf, um auf einem größeren Schauplatz verwertet zu werden. Er wurde von dem berühmten Bischof von Regensburg Johann Michael Sailer aus der Taufe gehoben, dessen mild-religiöser Gesinnung er stets treu geblieben ist. Da er seinen Vater schon mit 18 Jahren verlor und, wirtschaftlich unabhängig, sich seine Lebensbahn frei wählen konnte, so nutzte er seine Universitätszeit ganz nach seinen Neigungen aus. Er studierte zu Heidelberg, Göttingen, München und unternahm im Interesse seiner volkswirtschaftlichen Bildung eine Reise nach England. Und da er sich von Jugend an zur großdeutschen Politik bekannte, wollte er das Österreich, dem er den Vorrang in seinem geliebten Deutschland zusprach und wohin ihn auch Familienverbindungen zogen, genauer kennen lernen. Deshalb setzte er seine Studien durch drei Jahre in Prag fort, wo Mischler sein Lehrer in der Nationalökonomie war. Dessen auf das

Leben gerichtete Anschauung der Volkswirtschaftslehre zog Peez lebhaft an; mit seinem Lehrer unternahm er Reisen in die Industriebezirke Böhmens, mit ihm stellte er Erträgnisberechnungen für einzelne Fabrikationszweige an, zu denen Industrielle die Daten lieferten, um die Produktionskosten aus Maschinen, Kohle, Arbeit und so weiter festzustellen. Die Verbindung mit seinem Oheim Weinrich, einem der Schöpfer der mächtigen böhmischen Zuckerindustrie, kam ihm bei diesen Studien zustatten. Es ist bezeichnend für Peez, daß er nach Erlangung des juristischen Doktorats sich nicht in einer Universitätsstadt, sondern zu Frankfurt 1857 niederließ und dort seinen Hausstand gründete. In der größten Handelsstadt Süddeutschlands wollte er dem pulsierenden wirtschaftlichen Leben seiner Zeit nahestehen.

Für seine schriftstellerischen Arbeiten eröffneten sich ihm, da die Vorzüge seines feinen, selbstgeprägten Stils sich früh zeigten, die ersten Zeitschriften. Die Augsburger Allgemeine Zeitung brachte 1857 seine „Briefe aus dem österreichischen Industrielande“; in Cottas Vierteljahrsschrift legte er seine erste größere Studie über „Das bewegliche Element in der Volkswirtschaft“ nieder, in der er nachdrücklich auf die moralisch-politische Seite seiner Wissenschaft hinwies. In der in Wien erscheinenden „Donau“ stritt er für das in großdeutschem Sinn geeinigte Deutschland. Einschneidend aber wirkte er, als er sich 1859 in der Allgemeinen Zeitung an dem Feldzug beteiligte, den dieses Blatt führte, um Deutschland an der Seite Österreichs zum Kampfe gegen Frankreich fortzureißen. Unter dem Zeichen des Saturn focht Peez jene Kämpfe mit, welche Bismarck tiefes Herzeleid verursachten, da er schon damals daran dachte, die Verlegenheiten Österreichs zur Aufrichtung des preußisch-deutschen Einheitsstaates zu benutzen. Es ist ein schweres, von Treitschke und seiner Schule begangenes Unrecht, daß sie den großdeutschen Mitstreitern der Allgemeinen Zeitung eigennützige Motive zuschreiben. Der Deutsche muß noch lernen, gerecht über diejenigen zu urteilen, die nicht den von ihm gewählten Weg zum Heile des Vaterlandes verfolgen. Peez kounte in Frankfurt aus der Nähe beobachten, wie Bismarck als Bundestagsgesandter in der Presse seine Minen legte.

Von verschiedenen Seiten wurde man auf Peez aufmerksam. Der damalige Sekretär bei der österreichischen Bundestagsgesandtschaft, Adolf Braun, später einflußreicher Chef der Kabinettskanzlei Kaiser Franz Josefs, wußte, welche Dienste Peez zu jener Zeit der österreichischen Politik leistete; der Herzog von Nassau wollte ihn als politischen Berater an seinen Hof ziehen; und Baron Cotta, den tüchtigen Mitarbeiter schätzend, erschien einmal auf einer Durchreise durch Frankfurt bei ihm, um ihn zum Eintritt in die Redaktion der Allgemeinen Zeitung einzuladen. Aber so ehrenvoll diese Anerbietungen auch waren, wünschte Peez doch einen selbständigeren Wirkungskreis, der sich ihm bald eröffnete.

Die Industrie Nordböhmens befand sich damals in einem gewaltigen Aufschwunge, sie trat eben in den Welthandel ein. Johann Liebig war ihr erster Mann, neben ihm strebte ein ganzes Geschlecht glücklicher Unternehmer empor. Auf ihr Angebot übernahm Peez die Leitung der „Reichenberger Zeitung" und gestaltete sie zum Mittelpunkte der politischen und wirtschaftlichen Bestrebungen eines weiten Landstriches um. Vorerst befreite er sie — es ist seltsam, daß dies erst notwendig war — aus den Händen zweier tschechischer Redakteure, denen das Blatt von dem achtlosen Verleger überlassen worden war; so politisch unklar waren damals die Deutschen Böhmens, daß sie sich dies eine Zeitlang gefallen ließen. Die Verbindung mit den großen Industriellen Nordböhmens führte Peez schon 1864 nach Wien, wo er die Stelle eines Generalsekretärs des Vereins der Industriellen übernahm; wenige Jahre später trat er Johann Liebig an die Seite, als dessen sachkundiger Mitarbeiter in den großen Geschäften seines Hauses, Bergwerken und Eisenbahnanlagen. Selten hatte ein theoretisch geschulter Volkswirt so reiche Gelegenheit wie Peez, das Getriebe des Weltmarkts kennen zu lernen. Seine Tätigkeit in Wien begann er mit einer Denkrede auf Friedrich List; für die ihn kennzeichnende Vereinigung von Wissen und Schaffen zeugen die beiden Bände des Jahrbuchs des Vereins der Industriellen. Von diesem Werke sagte der Statistiker Kolb, daß „hier ein bloßer Verein eine statistische Zusammenstellung der einschlägigen Verhältnisse eines großen Reiches lieferte, wie sie von solchen Assoziationen noch niemals gebracht wurde“. Und Schmoller erkannte später die Vielseitigkeit Peez', durch die er sich von den Theoretikern seiner Wissenschaft abhob, damit an, daß er meinte, die letzteren glichen den Wegweisern, die sich nicht von der Stelle rühren, während Peez den Weg zu einer großen und erfolgreichen praktischen Wirksamkeit selbst genommen habe.

Die Verbindung mit der Allgemeinen Zeitung hatte Peez unterdessen fleißig gepflegt, und so geschah es, daß nach dem Tode Kolbs, der 1863 starb, aus der Redaktion heraus sich der Gedanke Bahn brach, er müßte wohl einen tüchtigen obersten Leiter des Blattes abgeben. Wohl nahm nach Kolb dessen trefflicher Mitarbeiter Altenhöfer die führende Stelle im Blatte ein, aber dieser, müde geworden, wünschte selbst abgelöst zu werden und hätte sich gern wieder auf den einfachen Redaktionsstuhl zurückgezogen; auf seine Anregung hin knüpfte Herr v. Reischach, der Schwiegersohn Baron Georg Cottas, 1868 mit Peez Unterhandlungen über die Annahme der Chefredaktion an. Peez, lange Zeit ein Vertreter großdeutscher Politik, hatte sich mit der fortschreitenden Einigung Deutschlands unter Preußen befreundet und war ganz danach angetan, die Allgemeine Zeitung den Anforderungen der Zeit gemäß zu leiten. Äußere Gründe jedoch, die es ihm wünschenswerter erscheinen ließen, seine Kraft der österreichischen Volkswirtschaft zu widmen, verhinderten seine Übersiedlung nach Augsburg.

Es lag in der Natur der Sache, daß er allgemach auch Einfluß auf die größten Verhältnisse, so auf die Handelspolitik der österreichisch-ungarischen Monarchie gewann. Das Eigentümliche ist, daß er dabei niemals eine amtliche Stellung einnahm, daß ihm die Tätigkeit als Schriftsteller, Abgeordneter und Industrieller — er gründete später seine zu schöner Entwicklung gediehene Zellulosefabrik in Oberösterreich — vollständig genügte. Zwar wollte ihn schon Frhr. v. Wüllerstorff ins Handelsministerium ziehen; bei dessen Scheiden aus dem Amte 1867 schrieb er Peez, daß die Sache im besten Gange gewesen, doch habe sich sein Rücktritt zu rasch für den Abschluß seiner Bemühungen vollzogen. Und dabei blieb es, obwohl die folgenden Handelsminister seinen Beirat in den wichtigsten Angelegenheiten einholten; unter ihnen erwarb sich Bauhans das Verdienst, daß er nach seinen Vorschlägen Industriewerkstätten, Fachschulen und andere den Gewerbfleiß fördernde Anstalten errichtete.

Der herrschenden Richtung der Handelspolitik stand Peez bei seinem Eintritt ins öffentliche Leben kritisch gegenüber. Österreichs Teilnahme an der freihändlerischen Bewegung war nämlich fast ausschließlich durch Gründe der äußeren und der Finanzpolitik herbeigeführt worden. Handelsminister Bruck wollte 1849 dadurch den Eintritt in den deutschen Zollverein herbeiführen; und der Abschluß des englischen Handelsvertrags von 1865 erfolgte doch wesentlich unter dem Eindrucke der Versprechungen, die von den englischen Unterhändlern der in arge Finanznöte geratenen österreichischen Regierung gemacht worden waren, der englische Geldmarkt werde sich fortan williger zu Anleihen herbeilassen. Die österreichischen Fabrikanten setzten sich vergebens gegen diese Wendung zur Wehr; England war ihnen ein gefährlicherer Konkurrent als die deutsche Industrie. Vom Jahre 1875 an, da Peez den „Industriellen Klub“ als Mittelpunkt für diese Widerstandsbewegung schuf, datiert der Rückschlag zu einer schutzzöllnerischen Handelspolitik. Peez verlor hiebei, als echter Schüler Lists, niemals die Idee einer Deutschland und Österreich umschließenden Zollunion aus dem Auge; vorerst aber drang er auf Zerreißung der der österreichischen Industrie 1865 und durch die englische Nachtragskonvention von 1869 angelegten Bande. Da aber die Meistbegünstigungsklausel alle Deutschland gewährten Zugeständnisse auch den Briten sicherte, konnte vorerst an eine Verlängerung des 1877 ablaufenden deutschen Handelsvertrags nicht gedacht werden. In trefflichen Reden und Aufsätzen, ausgerüstet mit volkswirtschaftlichen und historischen Kenntnissen wie keiner seiner tatkräftigen Freunde in Österreich, gewann er im Verein mit Gustav v. Pacher, Leitenberger und anderen die öffentliche

Meinung wie den Handelsminister Freiherrn. v. Chlumecky für eine gemäßigte Schutzzollpolitik. Es wird im allgemeinen viel zu wenig beachtet, daß dieser Umschwung in Österreich einen vielleicht entscheidenden Einfluß auf die handelspolitischen Anschauungen des Fürsten Bismarck übte. Bismarck hat jedoch selbst hervorgehoben, daß die Weigerung Österreichs, den Handelsvertrag mit Deutschland zu erneuern, ihn bestimmte, den deutschen Markt nun auch gegen englische und französische Einfuhr zu schützen. Tatsächlich ging Österreich-Ungarn mit der Feststellung eines autonomen Zolltarifs 1878 Deutschland voran, wo er erst 1879 unter schweren Kämpfen festgesetzt werden konnte. Ein gründlicheres Studium wird in Zukunft den verhältnismäßigen Anteil Peez' an dieser entscheidenden Wendung genauer festzustellen haben. Dabei war er von vornherein der Fürsprecher einer Einigung der Industrie und der Landwirtschaft für die Sicherung des heimischen Marktes; den ungarischen und galizischen Agrariern konnten die Getreidezölle mit um so größerer Beruhigung bewilligt werden, da Österreich-Ungarn damals mehr Brotfrüchte hervorbrachte, als verzehrte. Anders verhielt es sich mit dem Zugeständnisse der Sperrung der Grenzen gegen russisches, rumänisches und serbisches Vieh; hiebei nahm Österreich der ungarischen Volkswirtschaft zuliebe ein übergroßes Opfer auf sich.

Wie nun die Aktionen Peez' auf handelspolitischem Gebiet immer von ernsten theoretischen Studien begleitet waren, so veröffentlichte er, nachdem er in zahlreichen kleineren Schriften seine Ansichten dargelegt hatte, 1881 das treffliche Buch „Die amerikanische Konkurrenz"; darin ist in glänzender schriftstellerischer Form dargelegt, wie die Einfuhr des amerikanischen Getreides, Fleisches und so weiter die Landwirtschaft Norddeutschlands von dem englischen Markt abdrängte, so daß der politisch maßgebende Großgrundbesitz Deutschlands von seiner Neigung zum Freihandel abkam und sich mit den rheinischen und sächsischen Industriellen zu einer Handelspolitik im Sinne Lists verband. Diese Ideen sind jetzt Gemeingut aller; zu denjenigen, von denen ihre Prägung ausging, gehört in erster Linie Peez. Er vertrat sie auch von 1876 bis 1885 und von 1890 bis 1895 im österreichischen Abgeordnetenhause, in das er 1897 wieder gewählt wurde. So oft er sein Mandat niederlegte, um seinen Studien leben zu können, immer wieder wurde er hervorgeholt, um mit seinem Rate nützlich zu sein. Seine Tätigkeit war lebhafter in den Ausschüssen als im vollen Hause, wo er zwar selten sprach, aber stets mit großer Achtung angehört wurde, bis er 1898 endgültig aus dem Abgeordnetenhause schied.

Mitten unter den Arbeiten und Sorgen des Tages ließ er aber niemals sein höheres Ziel außer Augen, denn der Schutzzoll war nicht sein letztes Wort. Wenige Männer seiner Zeit haben gleich sorgfältig allen Verschlingungen des Welthandels nachgespürt. Noch war die Feststellung des österreichischen Zolltarifs, an dem — im Anschluß an seine „Denkschrift über die Bildung unseres Zolltarifs" — 1882 eine wichtige Verschärfung vorgenommen wurde, nicht vollständig erfolgt, als er der öffentlichen Meinung in Österreich bereits ein weiteres Ziel steckte. Denn ihm schwebte der Gedanke eines engeren wirtschaftlichen und nationalen Zusammenschlusses Deutschlands und Österreich-Ungarns vor, dem sich weiterhin auch das übrige Mitteleuropa, Frankreich inbegriffen, anzugliedern hätte. In dem am 11. März 1889 zu Wien gehaltenen Vortrag „Mitteleuropa und die drei Weltmächte Größer-Britannien, die Vereinigten Staaten und Rußland" schilderte er auf Grund umfassenden Materials die Anstalten, um die drei letztgenannten Handels- und Wirtschaftsgebiete straff zusammenzufassen; wie nämlich Chamberlain, Dilke und andere die englischen Kolonien für die imperialistische Idee zu gewinnen trachteten; wie Blaine die Staaten Zentral- und Südamerikas einem gewaltigen Zollbunde mit den Vereinigten Staaten an der Spitze einordnen wollte; wie Rußland endlich für die von ihm beherrschten mächtigen Gebiete eine Industrie schuf, fähig, sich ausschließlich mit eigenen Produkten zu versorgen. Wenn die alten Kulturmittelpunkte des europäischen Festlandes angesichts dieser Riesenvereinigungen wirtschaftlich nicht verdorren wollten, so bliebe ihnen, wie Peez darlegte, nichts übrig, als sich gleichfalls aneinanderzuschließen. Diese Idee führte er in einer Reihe anderer Vorträge und Aufsätze durch, die er 1895 in seinem reifsten Werk zu einem innerlich zusammenhängenden Ganzen vereinigte. Es führt den bescheidenen Titel „Zur neuesten Handelspolitik" (Wien 1895, Kommissionsverlag von Georg Szelinski), ist reich an prophetischen Ausblicken in die Zukunft und wird deshalb auch erst dann nach seinem vollen Wert gewürdigt werden, wenn die von ihm entschleierte Zukunft allgemach auch anderen Augen deutlich werden wird. Es zeigt alle Vorzüge seines feinen, eleganten und dabei gedankenreichen Stils und ist ohne Frage eines der hervorragendsten Bücher, die in unserer Zeit über das umfassende Thema der Handelspolitik geschrieben worden sind.

Solche Leistungen würden genügen, um Peez einen ehrenvollen Platz unter seinen Zeitgenossen anzuweisen, aber sie erschöpfen bei weitem nicht den Kreis seiner Studien und Interessen. Wenn er einmal über die Ziele der Politik Alexander des Großen oder Karl des Großen öffentlich sprach, zeigte sich das Weite seines Gesichtskreises. Insbesondere war es die deutsche Urzeit und alle ihre Spuren in dem Leben und Fühlen der Nation, zumal der bäuerlichen Schichten, durch die seine Aufmerksamkeit erregt wurde. Seit 40 Jahren hatte er in verschiedenen Zeitschriften Studien über diesen Gegenstand veröffentlicht und kehrte, nachdem er vom politischen Leben zurückgetreten war, mit verdoppeltem Eifer zu der alten Neigung zurück. Unmittelbar vor seinem 70. Geburtstag ließ er den ersten Band einer Sammlung unter dem Titel „Erlebt und Erwandert" erscheinen (Wien 1899, Karl Konegen), mit Aufsätzen, deren Titel den Inhalt bezeichnen mag. „Die Roßköpfe auf den deutschen Bauernhäusern", „Das fränkische Bauernhaus", „Antike Technik und altdeutsche Holzkultur", „St. Leonhard in den Ostalpen". Einige dieser Studien behandeln die Überreste uralter Kunst und uralten Glaubens, andere schildern Wanderungen in Tizians Heimat, nach Herrnhut und nach der deutsch-italienischen Sprachgrenze.

Weitere Studien stellen seine Forschungen über die aus der Zeit des Heidentums noch erhaltenen „Haine und Heiligtümer" zusammenhängend dar, und hiebei haben sich die Germanisten von Fach überzeugt, daß Peez auch auf ihrem Gebiet zu sichten und zu kombinieren verstand. Es wäre zu wünschen, daß er auch seine immer wieder aufgenommenen Untersuchungen über das Verhältnis von Germanen und Kelten zum Abschluß gebracht hätte. Sein warmer nationaler Sinn beflügelte ihn zu Eroberungszügen in das keltische Gebiet: es war einer seiner Lieblingsgedanken, daß das meiste von dem, was Cäsar und andere alte Schriftsteller vom Staats- und Heerwesen der Kelten zu erzählen wissen, eigentlich das Werk des sie beherrschenden germanischen Adels gewesen sei.

Sein reiches Leben schloß mit einem rüstigen Alter ab. Von seiner Universitätszeit bis in seine späteren Tage blieb er den edlen Künsten des Fechtens und Turnens fleißig zugewandt, und noch als 69jährigen sah man ihn auf dem Eislaufplatze bedächtig, aber sicher Bogen ziehen. Sein Ansehen war in seinem Adoptivvaterlande fest verankert; gehörte er doch zu den Männern, welche einen Strahl europäischer Bildung in unsere verworrenen Verhältnisse geleitet haben. Während aber hier seine Taten nachwirken, wurden seine Bücher wieder mehr in seiner großen Heimat gelesen und vielleicht noch fleißiger ausgeschrieben. Im Verkehr mit Gleichgesinnten verstreute der als wortkarg geltende Mann Goldkörner, die ein Zeugnis dafür abgaben, daß ein bedeutender Kopf immer noch reicher ist, als seine Schriften und Taten bezeugen können. Wer aus tiefem Schacht Gedanken herauszuholen vermag, schöpft sich auch in einem erfolgreichen Leben nicht vollständig aus. —

Die bisherige Schilderung seines Lebenslaufes wurde anläßlich seines 70. Geburtstages in der „Beilage zur Allgemeinen Zeitung" vom 25. Januar 1899 veröffentlicht; es erübrigt noch, einen Blick auf seine letzten Lebensjahre zu werfen. — In Salzburg, wohin er 1899 übersiedelt war, blieb er bloß drei Jahre. Er fühlte sich hier dem großen wirtschaftlichen und Weltgetriebe doch zu fern, auch wurde er durch den jähen Tod des Gatten seiner älteren Tochter, Franz v. Dreßler, der gleichfalls nach Salzburg gezogen war, so tief erschüttert, daß er 1902 seinen Wohnsitz wieder in Wien aufschlug. Drei Jahre später aber zog er nach Weidling, einer lieblichen Waldfrische bei Wien, und verlebte hier in Gemeinschaft mit seiner jüngeren Tochter und deren Gatten, Herrn v. Vivenot, friedlich die letzten Jahre seines Lebens, in hohem Ansehen bei seinen Mitbürgern wie in der wissenschaftlichen Welt Deutschlands.

Anläßlich seines 60. Geburtstages war er von Kaiser Franz Josef in den Adelstand erhoben worden, nachdem schon ein Bruder seines Großoheims den österreichischen Adel erworben hatte. Im Jahre 1902 wurde er zum lebenslänglichen Mitgliede des österreichischen Herrenhauses ernannt; er nahm an dessen Sitzungen zwar oft teil, ohne aber bei seinem vorgerückten Alter und wegen seines entfernteren Wohnsitzes darin ständig tätig sein zu können. Er sprach sich darüber 1911 in einem Briefe an den „Industriellen Klub" aus, in dem es heißt: „Mein öffentliches Auftreten ist zu Ende. Zu spät war für mich die Berufung in das Herrenhaus. Sein Besuch wird mir immer schwieriger und untunlicher. So muß ich mich auf stille Federarbeit begrenzen, in deren Rahmen die Handelspolitik auf Umwegen doch wieder zur edlen Industrie zurückführt — dieser Krone der Arbeit."

Er blieb nach wie vor auf den zwei Gebieten tätig, denen er immer seine beste Kraft gewidmet hatte. Das eine war die Organisation der österreichischen Industrie, welche bereits über eine Reihe rühriger Vereine verfügt; er bestimmte die führenden unter ihnen 1903 zur Niedersetzung eines „Ständigen Ausschusses" und regte den Bau eines „Hauses der Industrie" an, das auch errichtet wurde. Dann aber blieb er der schriftstellerischen Tätigkeit unermüdlich treu, bis der Tod ihm die fleißige Feder aus der Hand nahm. Im letzten Jahrzehnt seines Lebens bearbeitete er zunächst in einer Reihe von Aufsätzen das Feld der inneren österreichischen Politik, welche er seit seinem Austritt aus dem Abgeordnetenhause nur beobachtet hatte. Er faßte seine Ansichten in der gehaltvollen Schrift „Die Aufgaben der Deutschen in Österreich" zusammen, die 1905 in erster, 1907 (in Wien, bei Karl Konegen) in dritter Auflage erschien, eine der gediegensten Arbeiten, die über diesen Gegenstand überhaupt vorhanden sind.

Immer aber blieb seine Aufmerksamkeit vorwiegend der Handelspolitik zugewandt. Zunächst beschäftigte ihn die großartige Entwicklung Nordamerikas, und er eröffnete mit dem Vortrage „Abwehr gegen die amerikanische Gefahr" 1902 eine Reihe von Reden und Aufsätzen, die diesem Gegenstand gewidmet waren. Mächtiger aber wurde er durch den deutsch-englischen Gegensatz bewegt, schon als Schüler Lists, der seiner Nation England immer bald als Gegner, bald als Vorbild vorgeführt hatte. Abgesehen von seinem bereits erwähnten Hauptwerke „Zur neuesten Handelspolitik" (1895), hat Peez in zahlreichen, in Zeitschriften erschienenen Abhandlungen „England und Deutschland" (1901), „Englands zukünftige Politik" (1908), „Was können wir von König Eduard lernen?" (1910) die Beweggründe und Methoden der englischen Handelspolitik dargelegt. Mehr als achtzig Jahre alt, verband er sich mit Paul Dehn zur Herausgabe eines Werkes „Englands Vorherrschaft", in welchem er alle seine Vorarbeiten auf diesem Gebiete zusammenfassen wollte. Der erste Band „Aus der Zeit der Kontinentalsperre" sollte dem 83jährigen Manne auf den Geburtstagstisch gelegt werden — aber eine Woche vor diesem Tage, am 12. Januar 1912, schied er aus dem Leben, das bis zum Schlusse von Arbeit ausgefüllt war. In dem vielgelesenen Buche Langbehns „Rembrandt als Erzieher" wird über ihn das wohlbegründete Urteil abgegeben: „Alexander Peez hat für die neue Art der Geschichtschreibung vortreffliche Winke gegeben, er hat Europa ‚aus der Vogelperspektive' betrachtet; er hat dadurch erfreulicherweise einen der jetzt fast ausschließlich herrschenden ‚dokumentarischen' Geschichtsforschung ganz entgegengesetzten Weg eingeschlagen." Viele von den Keimen, die er in seinen Schriften und in anregendem Verkehr ausstreute, werden erst später aufgehen, besonders dasjenige, was er aus warmem nationalen Gefühl heraus über die Notwendigkeit eines engeren Zusammenschlusses Deutschlands und Österreich-Ungarns lehrte und empfahl. Immer, besonders in seiner politischen Hauptschrift „Die Aufgaben der Deutschen Österreichs", warnte er vor Entwürfen, die etwa dahin gingen, Deutsch-Österreich von der habsburgischen Monarchie loszulösen und dem Deutschen Reiche anzugliedern. Dieser Lehre stellte er das Weltbild entgegen, die beiden mitteleuropäischen Reiche hätten sich in ihrer Gesamtheit unlöslich zu verbinden. Nur auf diese Weise könnte das Germanentum seine Sendung in Europa, nur so die habsburgische Monarchie ihren Beruf als Mitträgerin deutschen Einflusses im Osten erfüllen.

Ein Lebensbild Peez' ist von A. G. Raunig in den Publikationen des „Industriellen Klub" Nr. 232 von 1912 entworfen. Hier findet sich auch ein Verzeichnis seiner literarischen Arbeiten. —Nach dem Tode Peez' wurde von seinem Sohne, dem Generalkonsul Karl v. Peez, das vierte Heft gesammelter Aufsätze von „Erlebt — Erwandert" herausgegeben (Weimar 1914, Alexander Dunckers Verlag), worin sich auch eine kürzere Lebensbeschreibung Peez' findet, die in der „Rheinischen Volkszeitung" zu Wiesbaden am 25. Januar 1912 veröffentlicht worden war.

Julius Freiherr v. Horst

(Veröffentlicht 1906)

Noch ist man in Österreich nicht der Fülle von Talenten in der jetzt fast ganz dahingeschiedenen Generation gerecht geworden, durch die der Staat nach dem Zusammenbruche des Absolutismus neu aufgebaut wurde. Es gibt, um ein von dem hervorragenden Nervenarzt Theodor Meynert geprägtes Wort anzuwenden, auch in der Politik eine Art Kleinheitswahn: und gegenwärtig sind, was ihre Geschichte und ihre Leistungen betrifft, die Deutschen Österreichs von ihm geradezu besessen. Wie wäre es sonst auch möglich, daß hervorragende Männer, wie Schmerling, Anastasius Grün, Hasner, Herbst bis heute noch keinen Biographen gefunden haben! Wären sie in Frankreich oder Italien, selbst in England oder Deutschland geboren, so gäbe es für sie eine Bibliothek von Lebensbeschreibungen, von Briefsammlungen und politischen Würdigungen, während wir Österreicher bisher vielfach nur mit dürftigen Notizen über ihr Wirken und Streben vorlieb nehmen müssen. Die nachfolgenden Zeilen sollen dieses Versäumnis an einem ihrer trefflichsten Mitstreiter gutmachen. Julius Horst, dem sie gewidmet sind, ist als Soldat und als Staatsmann nicht in erster Linie gestanden; aber er hat seinen Platz so ehrenvoll ausgefüllt, daß sein Leben vorbildlich genannt werden kann.

Wie so viele hervorragende Männer Österreichs, stammte Horst aus einer aus dem „Reiche" eingewanderten Familie, ihre Wiege stand gleich der des Admirals Tegetthoff in Westfalen. Sein Großvater, zu Paderborn geboren, wurde Leibarzt des Fürsten von Fürstenberg zu Donaueschingen; dieser zog ihn nach Prag, dem Mittelpunkt der böhmischen Güter der reichsunmittelbaren Familie, wo er zum fürstenbergischen Hofrat und Protomedikus von Prag aufstieg. Die Horsts schlugen in ihrer neuen Heimat bald Wurzel; zwei Söhne des fürstenbergischen Leibarztes wurden Offiziere, einer fiel in der Schlacht bei Aspern, der andere starb an seinen Wunden während der Kriege gegen Napoleon. Ein dritter Sohn, Kaspar Horst, trat in die Kriegsverwaltung ein und war in der zweiten Hälfte seines Lebens als Beamter in Siebenbürgen tätig, wo er die rühmlichste Erinnerung zurückließ. Während des schrecklichen Rassenkampfes, der im Jahre 1848 im Lande zwischen Magyaren und Rumänen ausbrach, gelang es ihm, die magyarische Stadt Karlsburg vor Plünderung und Zerstörung zu bewahren, und zum Danke dafür wurde nicht bloß er zum Ehrenbürger ernannt, sondern diese Würde erblich auf alle seine Nachkommen übertragen, denn, so heißt es in dem Bürgerbriefe: „Sie waren es, der diese unglückliche Stadt aus den Bluthänden dieser bewaffneten Mörder befreite — Sie waren es, der, als unsere Bürgerwehr nach Streckung der Waffen von den Walachen noch immer verfolgt, bedroht und bedrängt wurde, einem Schutzengel ähnlich, Tag und Nacht über der kleinen Stadt wachte."

Der Sohn dieses trefflichen Mannes, der spätere Minister, wurde am 12. April 1830 zu Hermannstadt geboren. Horst, der seine Mutter (Karoline geborene Richter Edle von Richtenburg) bald nach der Geburt verlor, wurde vom Vater liebevoll, aber streng erzogen, früh an Selbstbeherrschung und Entsagung gewöhnt. Er besuchte die Gymnasien von Hermannstadt und Klausenburg, wählte früh den Soldatenberuf und ließ sich, wie das damals üblich war, schon mit vierzehn Jahren als Kadett anwerben; doch trat er erst nach Beendigung der Gymnasialstudien 1846 in die Armee ein. Er wurde in das Regiment Bianchi Nr. 55 eingereiht und bald darauf Leutnant; als solcher machte er 1848 und 1849 den Kampf um den Besitz Siebenbürgens mit. Das galizische Regiment Bianchi bildete den Kern des kleinen Heeres, mit dem General Puchner das Land gegen die Erhebung der Magyaren verteidigte; seine Soldaten besiegten zwar die Gegner unter General Bem in den Gefechten bei Hermannstadt und Mediasch, doch war Bem dem österreichischen General als Feldherr weit überlegen, ermüdete ihn durch kühne Kreuz- und Querzüge und zwang die Österreicher nach dem gelungenen Überfall auf Hermannstadt zur Räumung Siebenbürgens und zum Rückzuge nach der Walachei. Horst, der diese Gefechte als Bataillonsadjutant mitgemacht hatte, marschierte mit dem siebenbürgischen Korps durch die Kleine Walachei nach dem Banat, um hier wieder den Boden der Monarchie zu betreten. Doch schon war Bem auch hier wieder zur Stelle und nötigte im Vereine mit dem ungarischen General Perczel das siebenbürgische Korps wieder zum Rückzuge in die Walachei.

Nach Schluß des Revolutionskrieges blieb das Regiment Bianchi zunächst in Siebenbürgen, wurde dann nach Temesvar verlegt und trat von hier im Juli 1854 aufs neue den Marsch in die Donaufürstentümer an, um während des Krimkrieges an der Besetzung dieser Gebiete mitzuwirken. Die Marschstrapazen waren furchtbar: an einem Tage, dem 15. Juli 1854, stürzten mehrere hundert Soldaten des Regiments Bianchi im Sonnenbrande nieder. Hätte Horst nicht mit großer Umsicht für die Fortschaffung und Pflege der Erkrankten gewirkt, so wäre das Unglück noch größer gewesen; als aber sein mühsames Tagewerk beendet war, brach auch er ohnmächtig zusammen. Im Jahre 1854 zum Hauptmann vorrückend, wurde er in der Moldau Adjutant des Divisionärs Feldmarschalleutnants Grafen Paar und hatte in dieser Eigenschaft die Korrespondenz mit den Ämtern des moldauischen Fürsten und ebenso mit der österreichischen Armeeleitung zu führen, wodurch er genaueren Einblick in die österreichische Politik und in deren unseliges Schwanken gewann. Er selbst trat, wie seine Briefe bezeugen, dafür ein, daß ein Vierbund (Frankreich, England, Österreich, Preußen) den Russen Halt gebiete und sie zu einem billigen Frieden nötige; seiner jungen Frau, die unterdessen zu Weimar bei ihren Verwandten weilte, schrieb er damals, daß er zwar mit Rücksicht auf die Finanzen Österreichs und auf seine Familie den Frieden wünsche; sei aber der Krieg notwendig, dann empfehle es sich, sogleich in Rußland einzurücken, um sich

„jahrelange Landpartien in den Steppen Südrußlands“ zu ersparen.

Durch seine Tätigkeit im Divisionskommando war man in Wien auf ihn aufmerksam geworden. Damals bestand neben dem Generalstab ein Adjutantenkorps unter dem Kommando des Generaladjutanten Grafen Grünne. In dieses wurde Horst 1856 als Rittmeister aufgenommen und zum Korpskommando nach Temesvar versetzt. Noch bessere Aussichten eröffneten sich ihm, als er 1857 nach Wien ins Kriegsministerium (damals Armeeoberkommando genannt) berufen und in der Abteilung für Personalangelegenheiten verwendet wurde. Da er im Kriege von 1859 bei der Mobilisierungsarbeit beschäftigt war, machte er den Feldzug nicht mit; es drängte ihn aber, wieder zur Truppe zurückzukehren, und 1861 wurde er zur Armee in Italien, und zwar zum Regiment Nr. 1 als Bataillonskommandant versetzt, wo er 1864 zum Major vorrückte. Da Horst in administrativen Geschäften bewandert war, übertrug man ihm das Ergänzungsbezirkskommando seines Regiments, das sich in Troppau befand. Dieser Posten wurde beim Heraufziehen des Krieges von 1866 wichtig, weil von Troppau aus die Rüstungen und die Mobilisierung Preußens näher beobachtet werden konnten. Die Berichte, die Horst darüber dem Chef des österreichischen Evidenz- und Kundschaftsbureaus Oberst v. Tegetthoff, dem Bruder des Admirals, sendete, waren so zutreffend, daß sie der nächste Anlaß zu seinem Vorrücken in der militärischen Laufbahn wurden. Nach der Besetzung Troppaus durch die Preußen kam er nach Olmütz zu seinem Regiment und damit zum Korps Gablenz, mit dem er die Schanzen bezog, die zur Abwehr des preußischen Angriffes nördlich von Wien angelegt worden waren.

Unmittelbar nach dem Kriege wurde er wieder in das Kriegsministerium berufen, wo ihm nach einiger Zeit die Leitung der unter den damaligen Umständen wichtigsten Abteilung, der für Heeresorganisation, anvertraut wurde. Die frühere Heeresgliederung war im Kriege von 1866 zusammengebrochen; die allgemeine Wehrpflicht mußte eingeführt, die Neubewaffnung der Armee angeordnet werden. Auch waren alle Verhältnisse in Einklang zu bringen mit der Teilung des Reiches in die zwei Staaten Österreich und Ungarn, die 1867 zur Tatsache wurde. Daß Horst zur Mitarbeit an diesen bedeutsamen Aufgaben herangezogen ward, beweist, wie hoch man seine Kenntnisse und Fähigkeiten — er rückte einige Zeit nach dem Kriege zum Oberstleutnant vor — schätzte. In der Organisationskommission, die im Herbste 1866 zusammentrat, konnte er jedoch mit seinen Ansichten nicht ganz durchdringen. Sie galten für zu radikal, so daß er sich bestimmt fühlte, am 28. September 1866 ein Sondergutachten einzulegen, das die Ausnahmen von dem System der allgemeinen Wehrpflicht lebhaft bekämpfte und auch sonst weiter ging als die Vorschläge der Kommission. Kriegsminister John, der in der Schlacht bei Custoza als Generalstabschef das Beste geleistet hatte, war eine bedächtige Natur und radikalen Neuerungen abhold; die Anschauungen Horsts wurden sonach in der noch Ende 1866 verfügten provisorischen Armeeorganisation nur teilweise berücksichtigt. — Durchgreifender war sein Einfluß, als Kuhn 1868 das Kriegsministerium übernahm. Dieser General, feurig vorwärts strebend, durch Hindernisse nur zu größerer Energie aufgestachelt, war mit Horst vollständig einverstanden und spornte ihn an, statt ihn wie John zurückzuhalten. Die 1869 ins Leben tretende Armeeorganisation, die in ihren Grundzügen auch heute noch (1906) besteht, kann somit als das gemeinsame Werk Kuhns und Horsts bezeichnet werden. Horsts rastloser Fleiß und seine seltene Arbeitskraft befähigten ihn zu leisten, was sonst einer ganzen Kommission zufiel. Er hatte den von ihm nahezu allein fertiggestellten Entwurf auch dem großen Generalskomitee, dem sogenannten Marschallsrat, vorzulegen und hier zu vertreten.

Verwickelter noch war seine Aufgabe, als das Gesetz den Parlamenten in Wien und Budapest unterbreitet wurde und Horst als Regierungsvertreter und Gehilfe Kuhns hüben wie drüben in den Ausschüssen mannigfache Widerstände zu überwinden hatte. Während er tagsüber mit den Abgeordneten verhandelte, entfaltete er des Abends eine eifrige publizistische Tätigkeit; viele Artikel in Wiener und Budapester Blättern legten hierfür Zeugnis ab. Zur Verhandlung mit den Volksvertretern war er auch deshalb geeignet, weil sein gleichmäßiges und heiteres Temperament, dem ein gutes Stück Humor beigemischt war, manche Schwierigkeiten zu ebnen und zu begleichen wußte. So aufbrausend Kuhn, ebenso ruhig und gleichmütig war Horst. Der Umstand, daß er dank seiner Erziehung in Siebenbürgen die ungarische Sprache beherrschte, war für die Verhandlungen mit den ungarischen Abgeordneten ein weiterer Vorzug. In einem wichtigen Punkte entsprach allerdings die den Parlamenten vorgelegte Organisation nicht den von Kuhn und Horst gehegten Ansichten. Sie wünschten nämlich die Schaffung einer einheitlichen Armee, die sowohl das stehende Heer wie die beiden Landwehren zu umfassen hätte; infolge des Einspruches der Ungarn entschied der Kaiser jedoch, daß bloß das stehende Heer dem gemeinsamen Kriegsminister unterzuordnen sei, während die Landwehren abgetrennt und unter besondere Landesverteidigungsminister gestellt wurden[1]). Wenn diese Entscheidung auch gegen den Einspruch des Kriegsministers erfolgte, so setzte er wenigstens durch, daß der Schwerpunkt in das stehende Heer verlegt und daß die Landwehr in zweite Linie gestellt wurde — Einrichtungen, über die man erst zwanzig Jahre später zugunsten Ungarns hinwegschritt. Über diese Ergebnisse nun entspann sich im Ausschusse des ungarischen Parlaments eine hartnäckige Debatte. Hier wurde verlangt, daß die Entwicklung der gemeinsamen Armee verlangsamt, dagegen die der nationalen Landwehr beschleunigt werde. Diese Ansicht wurde unter anderem von den Generalen Klapka und Perczel vertreten, die im Revolutionskriege von 1848 an der Spitze ungarischer Korps gestanden hatten. Es gab einen Augenblick, wo der Wehrgesetzentwurf an dieser Opposition zu scheitern drohte. Vergebens entwickelte Horst die sachlichen Gründe für die Auffassung des Kriegsministeriums. Insbesonders Perczel widersprach auf das lebhafteste. Damals geschah es, daß Horst den ungarischen General, gegen den er, wie oben erzählt wurde, 1849 als junger Leutnant im Banat gefochten hatte, dadurch besänftigte, daß er ihm vor-

[1]) Vergleiche den im Anhang gedruckten Brief Horsts an Herrn v. Chlumecky vom 27. Februar 1883.

hielt: Perczel selbst habe 1849 eine Armee befehligt und Horst berufe sich auf ihn als vollgültigen Zeugen dafür, daß er seine Erfolge nur bei einheitlichem Kommando und gewiß nicht durch einen geteilten Truppenkörper habe erzielen können. Perczel fühlte sich durch diese Berufung auf seine Feldherrneigenschaften geschmeichelt; und wenn er auch nicht umgestimmt wurde, so war sein Widerspruch von da ab doch sichtlich milder. Andrassy unterstützte als ungarischer Ministerpräsident die Bemühungen der österreichischen Militärs lebhaft, er besaß vollen Sinn für den Humor, der darin lag, daß Perczel, der wildeste unter den revolutionären Generalen von 1849, durch den dicken Honig der Liebenswürdigkeit Horsts sanfter gestimmt wurde; nach der Sitzung beglückwünschte er ihn zu seinem Erfolg. Zum Schluß gelang es, die neue Organisation unter Dach zu bringen. Kuhn blieb Reichskriegsminister, während an die Spitze der Verwaltung der Landwehren ein österreichischer und ein ungarischer Landesverteidigungsminister trat.

Während dieser wichtigen Arbeiten zog sich Horst durch seine Aufrichtigkeit vorübergehend das Mißfallen maßgebender Personen zu, so daß seiner militärischen Laufbahn eine gewisse Gefahr drohte. Im Jahre 1867 wurde er nach Mittel- und Süddeutschland geschickt, um sich über die Stimmung des Volkes wie der regierenden Kreise zu unterrichten; man wollte in Wien wissen, ob Österreich im Falle der Wiederaufnahme des Kampfes noch genügend Anhang im Süden Deutschlands besäße, um auf die Mitwirkung seiner alten Bundesgenossen oder wenigstens auf ihre Neutralität rechnen zu können. In den gewitterschwangeren Jahren zwischen 1866 und 1870 nahm man in Wien an, daß es Preußen nicht gelingen werde, in einem Kriege mit zwei Fronten, gegen Österreich und Frankreich, sich der Gefolgschaft der süddeutschen Fürsten und Völker zu versichern. Wohl bestanden seit dem August 1867 Waffenbündnisse zwischen Preußen und den süddeutschen Staaten — würden sie aber auch die Probe bestehen? Beust warb eifrig an den Höfen, und Erzherzog Albrecht, auf Vergeltung für Sadowa sinnend, verhandelte, wie aus den Denkwürdigkeiten des französischen Generals Lebrun hervorgeht, mit dem französischen Generalstab über den Plan eines gemeinsamen Krieges gegen Preußen. Man begreift, wie wichtig dem Erzherzog der Bericht Horsts sein mußte; war doch Süddeutschland, über das hinweg die österreichischen und die französischen Heere nach seinem Vorschlage die Vereinigung suchen sollten, ein wichtiger Stein in dem hohen Spiele. Die Denkschrift, die Horst nach seiner Rückkehr einreichte, zerfällt in einen militärischen und einen politischen Teil, welch letzterer ein wichtiges geschichtliches Dokument ist. Horst berichtet darin, er habe in Sachsen und Altbayern eine nationaldeutsche, zugleich aber auch Österreich günstige Stimmung angetroffen; dies zeigte sich auch bei den Manövern des bayrischen Heeres deutlich, denen er in Günzburg beiwohnte, wo bayrische Offiziere in Anwesenheit des preußischen Militärbevollmächtigten Generals v. Hartmann laut ausriefen: „Kein Deutschland ohne Österreich!" Dieser Stimmung hätte Hartmann bei dem gemeinsamen Mahle Rechnung tragen müssen; mit Hinblick darauf habe er in seinem Trinkspruche Österreich den bedeutendsten und mächtigsten Staat Mitteleuropas genannt und den Wunsch ausgesprochen, es möge im Verein mit Nord- und Süddeutschland den kommenden Ereignissen entgegentreten. „Ich ließ es dem gegenüber," fährt der Bericht Horsts fort, „bei einer stummen Verbeugung bewenden und man wußte mein beredtes Schweigen zu würdigen." Doch ließ sich Horst durch diese Eindrücke über das Wesen der Dinge nicht täuschen und sagte mit voller Bestimmtheit die Ereignisse voraus, die sich drei Jahre später vollzogen; zu mächtig, so urteilte er, sei das Nationalgefühl in Deutschland angewachsen, als daß an eine Trennung des Südens vom Norden zu denken wäre. „Die Abneigung gegen Preußen," berichtete er, „wird weit überwogen durch das feindselige Gefühl gegen Frankreich, und ich habe die volle Überzeugung gewonnen, daß bei Ausbruch eines Krieges zwischen Preußen und Frankreich die Einigung Süddeutschlands mit dem Norden nicht nur auf Grundlage von Verträgen, sondern durch das deutsche Gefühl sich vollzieht, so sehr sich Süddeutschland seiner schwierigen strategischen Lage besonders für den Fall bewußt ist, wenn auch Österreich — was man jedoch für ganz unglaublich hält — feindlich in die Aktion treten sollte." Rief diese Schilderung in Wien Enttäuschung hervor, so war das folgende womöglich noch niederschlagender. Es heißt dort: „Österreich gegenüber herrscht in Sachsen und in ganz Süddeutschland, wenn auch nicht mehr so wie einst, eine noch immer bedeutende Sympathie ... Der Wunsch ‚Kein Deutschland ohne Österreich' wird wieder von Tag zu Tag lauter, jedoch zieht sich der rote Faden durch die politische Meinung ganz Süddeutschlands und das ist (der Gewissenhaftigkeit meines Berichtes bin ich schuldig, es offen zu sagen) ein tiefes Mißtrauen in die Möglichkeit unserer politischen Wiedererstarkung. Man hält nämlich unsere Wehrkraft, sowohl numerisch als rücksichtlich der Bewaffnung, nahen Ereignissen nicht für gewachsen, bezweifelt unser ernstes Streben und fürchtet sich, auf uns zu bauen." Das Vertrauen sei erst gestiegen, als während seiner Anwesenheit in Stuttgart und München der Ausgleich mit Ungarn geschlossen wurde.

Diese rückhaltlose Sprache wurde dem Oberstleutnant Horst, der den Finger an die Wunde legte und vor den in Wien gehegten Lieblingsideen zu warnen sich vermaß, bitter verargt. Man ließ sich in den Verhandlungen mit Napoleon III. nicht stören, und Horst empfand es bald schwer, was es heiße, die Kassandra zu spielen. Infolge seiner Verdienste um die Heeresreform wurde er von Kuhn zwar auf die Liste derjenigen Offiziere gesetzt, die außer der Reihe befördert werden sollten, aber sein Name ward infolge anderweitiger Einflüsse gestrichen. So büßte er die Voraussage, die er mündlich in die Worte kleidete: beim ersten am Rhein fallenden Kanonenschusse ist die Einigung Deutschlands eine fertige Tatsache. Er war tief verletzt, und einen Augenblick dachte er sogar daran, dem Dienst in der Armee zu entsagen, so trübe schienen ihm die Aussichten für seine eigene Zukunft. Doch bald sollte er eine glänzende Rechtfertigung erfahren: 1870 trafen alle seine Voraussagungen ein und man erkannte den Wert des treuen Warners. Was sein Unheil zu werden drohte, schlug nach der Niederlage Frankreichs zu seinem Glück aus.

Wenige Monate, nachdem ihm die Ereignisse recht gegeben hatten, ließ ihn Kriegsminister Kuhn rufen und bemerkte wie in lautem Selbstgespräch, er wisse nicht, wer an Horsts Stelle an die Spitze der Abteilung für Heeresorganisation zu setzen sei, wenn man ihn wegnehme. „Zu welcher anderen Stellung bin ich denn bestimmt?" fragte Horst überrascht, und erfuhr daraus, er sei dazu berufen, in dem gerade in Bildung begriffenen Kabinett Auersperg das Landesverteidigungsministerium zu übernehmen. Seine Bestallung (25. November 1871) übertrug ihm zunächst nur die Leitung dieses Amtes, noch nicht den Titel, und um diese Zeit erst wurde er zum Oberst in der Landwehr ernannt. Bald gewannen ihm seine Sachkenntnis, sein Wohlwollen und seine Bescheidenheit das Vertrauen seiner Kollegen, die seine endgültige Ernennung zum Minister befürworteten und erreichten, wonach im Oktober 1873 auch seine Ernennung zum Geheimen Rate erfolgte. Das war allerdings eine unerwartete Wendung in dem Schicksal des verhältnismäßig jungen Offiziers. Als ihm dann auch der Orden der Eisernen Krone erster Klasse verliehen wurde, worauf 1877 seine Erhebung in den Freiherrnstand erfolgte, schienen alle Wolken zerstreut.

Niemand nahm Anstoß an dem militärisch niedrigen Rang des neuernannten Mitgliedes der Regierung, weil seine Leistungen allgemein bekannt waren. Im Parlament besonders erfreute er sich vieler Sympathien, da er hier schon durch Jahre mehrfach Regierungsvorlagen vertreten hatte und von den Abgeordneten geschätzt war. Seine parlamentarische Beredsamkeit war eindrucksvoll, auch darin stellte er seinen Mann. Dazu kam, daß er wie Tegetthoff und Kuhn den Ansichten der deutschen Verfassungspartei vollkommen beipflichtete; er sah es für ein Glück an, daß der Versuch des vorhergehenden Kabinetts Hohenwart, die Verfassung in slawischem und föderalistischem Sinne umzugestalten, gescheitert war. Das Ministerium, dem er angehörte, war das letzte, das die deutschen Überlieferungen des Habsburgerreiches seinem Programm gemäß pflegte und stützte; und Horsts patriotisch-österreichischer wie gut deutscher Sinn blieb darin hinter keinem seiner Kollegen zurück. Seinen organisatorischen Fähigkeiten war jetzt ein engeres Gebiet zugewiesen als früher im Kriegsministerium; doch konnte er dafür als Minister freier walten, zumal er mit dem Kommandanten der Landwehr Erzherzog Rainer in vollem Einverständnisse stand. Die weitere Entwicklung der Landwehr wie die neue Organisation der Gendarmerie waren sein Werk. Im Jahre 1878 erfolgte seine Ernennung zum Generalmajor, und er blieb auch Minister, als das Kabinett Auersperg 1879 zuerst durch das Übergangskabinett Stremayr und bald darauf durch das Ministerium Taaffe abgelöst wurde. Erst die politische Krise von 1880, in der ihm eine Hauptrolle zufiel, machte seiner Laufbahn als Minister wie als General ein Ende.

Die Verdrängung Österreichs aus Deutschland, noch mehr aber die Erhebung eines Hohenzollern auf den deutschen Kaiserthron hatte das Verhältnis der österreichischen Dynastie zu den Deutschen ihres Reiches von Grund aus geändert. Die letzteren empfanden dies zunächst nicht so lebhaft wie der Herrscher und sein Haus; es war den Deutschen unverständlich, weshalb während des Siegeszuges der deutschen Heere durch Frankreich im Februar 1871 das Kabinett Hohenwart berufen und die Aufrichtung eines ähnlich wie Ungarn selbständigen böhmischen Staates betrieben wurde. Erst später ist bekannt geworden, daß das ausbrechende Mißtrauen gegen die Treue der Deutschen Österreichs wie gegen das Deutsche Reich die Hofburg zu dem Entwurfe bestimmte, in den Slawen ein Gegengewicht wider das Vordringen der deutschen Rasse zu suchen. Wohl wurde infolge der dringenden Vorstellungen der hohen Beamten und der Generalität wie der ungarischen Minister dieser Vorsatz aufgegeben; doch wissen wir jetzt aus den Denkwürdigkeiten Schäffles, des Handelsministers im Kabinett Hohenwart, daß der Kaiser auch nach der Entlassung dieses Ministeriums (Herbst 1871) den Augenblick ersehnte, in dem er sich des deutsch-verfassungstreuen Ministeriums Auersperg-Lasser entledigen konnte. Die Abneigung gegen die Verfassungspartei steigerte sich noch durch den Widerstand, den ihre Führer, zumal Herbst und Giskra, der Vergrößerung der Wehrmacht wie der Orientpolitik zur Zeit des Russisch-Türkischen Krieges entgegensetzten; die Erwerbung

Bosniens konnte nur gegen ihre Opposition durchgeführt werden. Das Kabinett Auersperg, das diesen Plänen des Kaisers seine Unterstützung lieh, geriet dadurch in Widerstreit mit seiner eigenen Partei; anfangs 1879 zerbröckelte das Ministerium, und der Kaiser konnte endlich seinen Jugendgespielen, Grafen Eduard Taaffe, zur Übernahme der Regierung berufen.

Taaffe, gewandter und scharfblickender als Hohenwart, hatte sich weislich dem abenteuerlichen Plane einer Föderalisierung des Reiches versagt; er war, soweit bei ihm von Grundsätzen gesprochen werden konnte, Anhänger der dualistischen Verfassung von 1867, unter der auch seine Unterschrift stand; er diente den Wünschen des Kaisers besser, indem er die Tschechen durch schrittweise nationale Zugeständnisse für die Regierung gewann, ohne bezüglich des Staats- und Verfassungsrechtes über halbe Zusagen hinauszugehen. Auf diese Weise gelang es ihm, das Übergewicht der Verfassungspartei zu brechen, das von der Krone als lästige Fessel empfunden worden war. Die Geschichte hat bereits ihr Urteil darüber abgegeben, daß diese auf Kosten des deutschen Charakters des Staates erfolgte Förderung der Slawen die Festigkeit des Reiches erschütterte.

Taaffe hielt es anfangs für zweckmäßig, nicht offen als Gegner der Verfassung und der sie verteidigenden Partei aufzutreten, weil zu jener Zeit nahezu alle staatserhaltenden Elemente die Slawisierung des Reiches als unheilvoll bekämpften. Dies war die herrschende Stimmung im Beamtentum, in der Armee und im Herrenhaus, ebenso in der Industrie und der Finanz, selbst bei hervorragenden Männern der Kirche, wie den Kardinälen Rauscher und Kutschker. Deshalb trat Taaffe mit dem Programm der Bildung eines Koalitionsministeriums auf, das sich auf eine Mittelpartei stützen sollte; in seinem Kabinett saßen anfangs nur je ein Klerikaler, ein Tscheche und ein Pole (Falkenhayn, Prazak und Ziemialkowski) und neben ihnen drei Verfassungstreue. Es waren dies Stremayr, der neben dem Unterrichtsministerium auch die Leitung der Justiz übernahm, dann der Handelsminister Freiherr v. Korb-Weidenheim und endlich Horst, der in seiner bisherigen Stellung Mitglied der Regierung blieb. Ungern nur harrte Horst auch im Ministerium Taaffe aus; ihm widerstrebte die von Anfang an schielende Politik des Ministerpräsidenten, aber er konnte sich, solange dieser mit einem neutralen Programm arbeitete, als General nicht den Pflichten seiner Stellung entziehen. Da Taaffe seinen verfassungstreuen Amtsgenossen die Zusage machte, jede Veränderung zugunsten der Slawen zu unterlassen, glaubten sie sich vor Überraschungen gesichert.

Horst hatte noch einen wichtigen Grund, an der Spitze des Landesverteidigungsministeriums zu bleiben. Das von ihm ausgearbeitete Wehrgesetz war 1869 für zehn Jahre festgelegt worden und sollte 1879 wieder für den gleichen Zeitraum Geltung erhalten; niemand war geeigneter als er, es vor dem Parlament zu vertreten. Wieder begegnete er dabei dem Widerstand seiner eigenen Partei, die, auf den sich jährlich im Staatshaushalte einstellenden Fehlbetrag von dreißig Millionen Gulden hinweisend, Ersparungen verlangte. Man hat schon damals die große Rede, mit der Horst sich am 3. Dezember 1879 für die Erneuerung des Wehrgesetzes einsetzte, den entsprechenden Leistungen Roons vor dem preußischen Abgeordnetenhause zur Seite gesetzt; und auch jetzt kann man sagen, daß sie dieses Vergleiches würdig ist. Bei zwei Abstimmungen brachte die Verfassungspartei jedoch das Gesetz zu Fall; erst bei der dritten wurden durch das persönliche Eingreifen des Kaisers wie durch die Vorstellungen Horsts und Stremayrs vierundvierzig Mitglieder dieser Partei gewonnen, die zusammen mit der slawisch-klerikalen Partei die notwendige Zweidrittelmehrheit des Hauses ausmachten. Warnend hielt Horst in diesen Verhandlungen seinen deutschen Gesinnungsgenossen vor, daß sie durch ihre Opposition die Geschäfte der Slawen besorgten. Jene vierundvierzig Abgeordnete hatten sich auch dadurch gewinnen lassen, daß ihnen von der Regierung erneuert das Versprechen gemacht wurde, sie werde sich der Gegenpartei nicht noch weiter zuwenden.

Kaum war jedoch die Ernte eingeheimst, so schritt Taaffe auf dem betretenen Wege weiter und ließ sich ohne Wissen seiner verfassungstreuen Kollegen in Unterhandlungen mit der Rechten ein, die dazu führten, daß das Unterrichtsministerium

Herrn v. Stremayr abgenommen und dem Freiherrn v. Conrad übertragen wurde, der willigeres Eingehen auf die Wünsche der Slawen zeigte; die Leitung der Justiz blieb Stremayr auch fernerhin überlassen. Diese und andere Maßregeln bestimmten die Verfassungspartei zur Verschärfung ihrer oppositionellen Haltung; im April 1880 errang sie den letzten ihrer parlamentarischen Erfolge, indem sie, allerdings nur mit der Mehrheit von acht Stimmen, im Abgeordnetenhause die Verweigerung des Dispositionsfonds durchsetzte.

Durch diese Vorgänge war die Stellung der verfassungstreuen Minister im Kabinett Taaffe unhaltbar geworden. Sie stellten im April 1880 dem Kaiser vor, daß seine Regierung mit dem Programm eines Mittelwegs nicht durchgedrungen sei; das Ministerium würde sich nur zu halten vermögen, wenn es sich auf die Slawen stütze; und diese Wendung wollten sie unter keinen Umständen mitmachen. Sie empfahlen deshalb den Rücktritt des gesamten Kabinetts; es wäre ehrlicher und klüger, wenn ein reines Kabinett der Rechten das Ruder ergriffe, auf daß die föderalistischen Gegner der Verfassung ihr Können zeigten und auch genötigt wären, Wasser in ihren Wein zu gießen. Diese klare Lösung sei besser als die Fortsetzung des Eiertanzes zwischen den Parteien.

Graf Taaffe gab scheinbar dem Drängen seiner deutschgesinnten Amtsgenossen nach und erklärte sich zum Rücktritte bereit; der Kaiser nahm jedoch die Demission nicht an, sondern entschied, das Kabinett habe bis zum Schlusse der Session zu bleiben und noch die Annahme des Budgets durchzusetzen; dann erst könne von einer Neubildung des Kabinetts die Rede sein. Dabei blieb es auch: in einem Briefe des Handelsministers Korb an einen Freund liest man die bezeichnende Bemerkung, Taaffe trachte die Wünsche Seiner Majestät zu erfüllen, wobei nicht immer der gerade Weg eingeschlagen werde. Während dieser Verhandlungen befand sich Horst nicht in Wien, sondern in Görz am Totenbette seiner verheirateten Tochter; er stand aber bestimmt zu seinen Gesinnungsgenossen, und Stremayr schrieb ihm in diesen Tagen über die Lage: „Taaffe ist wie gewöhnlich damit zufrieden, über die Verlegenheiten des Augenblicks hinwegzukommen und will durch bereits eingeleitete Verhandlungen mit der Rechten, die angeblich noch viel zahmer geworden, noch das Militärgesetz und die Wehrgesetznovelle durchdrücken ... das Resultat von alledem ist, daß wir verdammt sind, in einer parlamentarisch unleidlichen Situation noch vier Wochen auszuharren, daß uns Verfassungstreuen doch wieder bevorsteht, nach Schluß der Session doch auf eigene Faust aus dem Ministerium auszuscheiden, da Taaffe — nach den bisherigen Erfahrungen — bis dahin kaum noch Lust haben wird, die in Aussicht genommene Demission für seine Person und das ganze Kabinett ernst zu nehmen."

Es geschah, wie Stremayr angenommen hatte. Die drei verfassungstreuen Minister Stremayr, Korb und Horst beharrten auf ihrer Demission, während von der Taaffes und der slawisch-klerikalen Minister nicht mehr die Rede war. Nur ungern und nach vielen Einwendungen ließ man sie ziehen; war doch mit ihrem Ausscheiden der bisher festgehaltene Schein zerstört, als wolle das neue System zwischen Slawen und Deutschen unparteiisch vermitteln. Die drei engverbundenen Minister begründeten ihren Schritt in zwei am 12. und am 16. Juni 1880 eingereichten Denkschriften, in denen sie mit großer Festigkeit gegen das Vorgehen des Grafen Taaffe Beschwerde erhoben. Sie gebrauchten zwar nicht scharfe Wendungen gleich dem Fürsten Karl Auersperg, der dem Grafen Taaffe um diese Zeit im Herrenhaus das böse Wort von seiner „griechischen Treue" zurief; in der Sache aber klang ihre Sprache nicht anders. Sie hätten ihren Freunden von der Linken — jenen vierundvierzig für das Wehrgesetz gewonnenen Mitgliedern — „die autorisiert gegebene Versicherung" gegeben, das Ministerium werde sich in seiner früheren Zusammensetzung nicht ändern; hinter ihrem Rücken aber sei auf Grund von Verhandlungen mit der Rechten die Neubesetzung des Unterrichtsministeriums vorbereitet worden. „Es war nicht für notwendig erachtet," so fährt die Denkschrift vom 12. Juni fort, „vorerst mit uns die so plötzlich veränderte Lage zu erwägen und über die neu einzuschlagenden Schritte zu beraten; es schien vollkommen genügend, uns vor eine schon zu drei Vierteilen geschaffene Tatsache zu stellen, um uns zur

Zustimmung zu nötigen, durch welche unsere Selbstkompromittierung gegenüber der Verfassungspartei vollzogen worden wäre. Daß wir eine solche Zumutung nur auf das entschiedenste ablehnen mußten, glaubten wir unserer politischen Würde und Ehre schuldig zu sein." Sie klagen sich des politischen Fehlers an, daß sie sich im April noch zur Hinausschiebung ihres Rücktrittes bestimmen ließen; auf keinen Fall aber könnten sie einer Regierung angehören, die sich auf die Rechte stütze, der die Erweiterung der Landesautonomie auf Kosten des einheitlichen Staates am Herzen liege. „Wir vermögen es," heißt es weiter, „mit unserem Gewissen und mit unserer Auffassung von Patriotismus nicht zu vereinbaren, an einer Regierungstätigkeit Anteil zu nehmen, die sich — will sie die Unterstützung der heutigen Majorität behalten — in einer für uns als sehr gefährlich erkannten Richtung bewegen muß, weil diese Majorität es sehr wohl versteht, sich im entscheidenden Augenblick Konzessionen zu erzwingen."

Und auch darüber führte die verfassungstreue Minderheit Klage, daß, während von ihrer Seite die Bildung einer Mittelpartei im Abgeordnetenhause in Angriff genommen war, dies durch andere Regierungseinflüsse durchkreuzt wurde, um die Festigkeit des slawisch-klerikalen Bundes nicht zu stören.

Doch nicht diese Einzelheiten waren es, durch die der Bruch herbeigeführt wurde, sondern die vom Grund aus verschiedene Auffassung der Natur des österreichischen Staates. Sollte der von Maria Theresia und Josef II. geprägte einheitliche und deutsche Charakter der Monarchie nach Möglichkeit gewahrt werden? Oder war es ratsam, den Schwerpunkt in die magyarischen und slawischen Volksstämme zu verlegen? In Ungarn war dies schon geschehen, sollte man in Österreich auf diesem Wege fortfahren? Würden die Deutschen dadurch nicht in gefährlichen Widerstreit zu dem Staate gebracht, den sie als ihre Schöpfung betrachteten? In diesen Grundfragen war Horst unbeugsam, mehr aus österreichisch-patriotischem als aus deutschem Gefühl heraus.

Er dachte darin schärfer als seine Kollegen Stremayr und Korb, die, bezeichnend genug, dem militärischen Amtsgenossen die Entwerfung jener zwei Denkschriften überließen; sie selbst waren vorher und nachher zu Gefälligkeiten gegen Taaffe bereit. Doch auch ihre Nachgiebigkeit hatte ihre Grenzen und so erhielten alle drei am 26. Juni 1880 die Entlassung[1]).

Taaffe setzte übrigens auch dann noch eine Zeitlang sein Schaukelspiel fort und bot die Stelle eines Statthalters von Mähren dem scheidenden Handelsminister an. Freiherr von Korb war bereit anzunehmen, wenn man ihm die Zusage machen wollte, daß kein besonderer Minister für die Länder der böhmischen Krone ernannt werde; auch müsse die Auflösung des mährischen Landtages unterbleiben, der damals eine deutsche Mehrheit besaß. Er fragte in einem Briefe vom 30. August 1880 Horst um seine Meinung, mit dem Beifügen, daß seine politischen Freunde ihm, falls diese Bedingungen erfüllt würden, zur Annahme rieten. Taaffe habe ihn auf sein Schloß Ellischau geladen, um die Sache zu besprechen. „Ich will nun im Laufe dieser Woche dahin," fährt er fort, „obwohl ich gestehe, daß mir eine schriftliche Abmachung lieber wäre. Indessen weiß er, daß mit mir nicht zu spaßen ist."

Die Antwort Horsts ist für seinen geraden Sinn und seine politische Festigkeit bezeichnend. „Wenn gewiegte Politiker, wie Chlumecky, Weeber, Schmerling, Schönburg, Unger," so schrieb er ihm, „in solcher Übereinstimmung raten, den Statthalterposten in Mähren anzunehmen, dann wird es ja wohl gut sein, es zu tun. Mein auf dem Gebiete der Politik wie überhaupt schlichter Hausverstand sagte mir, daß es für einen Mann, der wenige Wochen früher dem Monarchen erklärte, daß er es für eine Gewissenspflicht halte, unter den obwaltenden Umständen aus der Regierung zu scheiden, eine Unmöglichkeit sei, sich dann derselben Regierung, noch dazu in einem Augenblicke als politisches Exekutivorgan hinzugeben, in welchem sich die eigene Partei zu einem ernsten Kampfe mit dieser Regierung rüstet. Mag sein, daß ich dabei mehr die Erhaltung der Integrität des politischen Charakters eines liebgewordenen Freundes als

[1]) Das von den Ministern Horst, Stremayr und Korb am 12. Juni 1880 eingereichte Entlassungsgesuch wurde von Baronin Julie v. Horst in der „Neuen Freien Presse" vom 19. August 1917 veröffentlicht.

das Parteiinteresse vor Augen hatte, obwohl es mir auch nicht einleuchten will, wieso es für die Partei zweckmäßig sei, die Position des Grafen Taaffe heute dadurch zu festigen, daß sie sich von ihm Sand in die Augen streuen läßt. Graf Taaffe wird sich hüten, Dir schriftliche Garantie zu bieten, und wenn auch, so wird er es mit seinen Zusicherungen einem untergebenen Statthalter gegenüber sicherlich nicht genauer nehmen, als er es gegenüber einem einstigen Kollegen tat. . . . Ich finde es ganz natürlich, daß Du die Ansicht der von Dir genannten politischen Autoritäten entscheiden läßt, und wünsche nur, daß sie sich als richtig erweist. Wie die Sache immer ausgeht, an mir wirst Du einen stets treuen Freund besitzen, der Deine Handlung gewiß nie schmähen wird — von der Partei kannst Du aber eventuell auf letzteres gefaßt sein." Korb nahm darauf den Statthalterposten an und bekleidete ihn bis zu seinem nicht lange darauf erfolgten Tode.

Die Unbeugsamkeit Horsts wurde ihm bei Hofe bitter verargt und dies um so mehr, als man von ihm als General Geschmeidigkeit in politischen Dingen erwartete. Daß er diesmal ebenso mit der Sprache des Freimutes herausrückte wie zur Zeit seiner Reise nach Süddeutschland, erregte tiefste Unzufriedenheit. Er hat aber in dem zweiten Falle ebenso recht behalten wie im ersten, denn die Rechnung auf die staatserhaltenden Absichten der Tschechen schlug fehl. Die Folgen seines Handelns blieben ihm nicht erspart; unmittelbar nach seinem Austritt aus dem Ministerium wurde auch der militärischen Laufbahn des erst fünfzig Jahre zählenden Generals ein Ende gemacht und seine Versetzung in den dauernden Ruhestand verfügt. Offenbar war der Staat so überreich an organisatorischen Talenten, daß man auf seine bewährte Kraft leichten Herzens verzichten konnte.

Doch auch damit waren seine Gegner noch nicht befriedigt. Unmittelbar nach seinem Rücktritt erschien bei ihm ein Abgesandter des Kaisers, um ihm den maßgebenden Wunsch auszusprechen, er solle das von ihm bekleidete Mandat zum Abgeordnetenhause niederlegen. Horst war 1873 bis 1879 Vertreter des oberösterreichischen Großgrundbesitzes und in dem 1879 gewählten Parlament der Landgemeinden von Radautz-Suczawa in der Bukowina. Die Antwort auf dieses Ansinnen richtete Horst am 12. Juli 1880 an den Grafen Taaffe, den er aufgesucht, aber nicht angetroffen hatte, weshalb er ihm folgendes schrieb: „Zunächst wollte ich Eure Exzellenz in Kenntnis setzen, daß ich dem mir durch ... bekanntgegebenen Wunsche Seiner Majestät unbedingt Folge leisten und mein Mandat als Reichsratsabgeordneter niederlegen werde — was inzwischen auch schon geschehen ist. Offenbar habe ich durch dieses bereitwillig realisierte Entgegenkommen nicht nur dem Wunsche Seiner Majestät, sondern auch jenem Eurer Exzellenz und vielleicht der Regierung in ihrer Gesamtheit entsprochen, wenn mir auch das Verlangen nicht ganz erklärlich war, weil ich — vielleicht etwas unbescheiden — glaubte, auch als einfacher Abgeordneter auf dem Gebiete meines früheren Ressorts nützlich sein zu können, was indirekt sogar der Regierung zustatten gekommen wäre. Der letzteren hätte ich als früherer Kollege, schon aus Anstandsrücksichten, gewiß keine aggressive Opposition gemacht. Es liegt übrigens nicht an mir, die Nützlichkeit oder Schädlichkeit meiner Entfernung aus dem Parlament zu beurteilen — genug, ich habe das von mir begehrte Opfer gebracht, obwohl dasselbe für mich gleichbedeutend ist mit der Verzichtleistung auf jede öffentliche Tätigkeit für die Dauer der Amtswirksamkeit des jetzigen Ministeriums ...; ich pflege jedoch mit meinem Allergnädigsten Kaiser und Herrn nicht um Opfer zu feilschen, wenn es sich um etwas anderes, als um die Preisgebung meiner gewissenhaften Überzeugung handelt."

Die Lösung des Verhältnisses Horsts zu Taaffe hatte noch ein Nachspiel, das, an sich unbedeutend, für beide Männer bezeichnend ist. Horst förderte nach Kräften die Gründung eines Zweigvereines des „Roten Kreuzes" in Österreich; als nun ein namhafter Wiener Buchhändler zu diesem Zwecke eine Spende in Aussicht stellte, fragte Horst noch als Minister den Präsidenten des Kabinetts, ob er sie annehmen und dabei dem Geber einen Orden in Aussicht stellen könne; Graf Taaffe sagte auch zu. In einem Abschiedsbriefe erinnerte Horst den Ministerpräsidenten an die Sache und bat ihn, die Angelegenheit zu erledigen.

Taaffe versprach es, ließ aber ein Jahr verstreichen, ohne etwas zu veranlassen. Da Horst nun einmal ein Versprechen gegeben hatte, war er durch dieses Säumen peinlich berührt, er erinnerte Taaffe an den Sachverhalt und fuhr dann fort: „In solchen Dingen nicht nur korrekt, sondern auch sehr diffizil betrachte ich die endliche befriedigende Austragung dieser Angelegenheit als eine ernste Ehrensache, und ich glaube wohl nicht, daß Eure Exzellenz irgendein Interesse daran haben könnten, mich — noch dazu aus einer Zeit, in der ich ein Bestandteil der Ihren Namen tragenden Regierung bildete — sowie den gleichfalls engagiert gewesenen, leider jetzt im Grabe ruhenden Kardinal Kutschker zu kompromittieren. Ich wiederhole deshalb nochmals meine Bitte und gebe Eurer Exzellenz gleichzeitig die beruhigende Versicherung, daß ich Ihnen in diesem Leben gewiß nie mehr mit irgend einem Anliegen, sei es in bezug auf meine Person, meine Wirksamkeit oder zugunsten Dritter zur Last fallen werde."

* * *

Horst war, da er solchergestalt als „politischer General" beiseite geschoben wurde, noch unverbraucht, voll rüstiger Arbeitslust. Die Abnutzung von Kräften ist in Österreich sehr groß: der häufige Wechsel von Systemen wirkt schlimmer als die Unsicherheit schwankender Parlamentsmehrheiten. Nach seinem Rücktritt übersiedelte er mit seiner Familie nach Graz und hier wendete er sein Interesse noch mehr als früher den Bestrebungen des „Roten Kreuzes" zu; er wurde Obmann und Referent des Spitalskomitees in Steiermark, eine Stellung, der er sich mit größtem Eifer widmete. Er war nicht bloß der eigentliche Organisator des Vereinsnetzes in dieser Provinz, sondern studierte auch eifrig die Fragen, die mit der Pflege der Verwundeten im Kriege zusammenhängen. Er tat alles, um für den Ernstfall die Privattätigkeit heranzuziehen, und veröffentlichte darüber zwei kleine Schriften: „Die Aufgaben der Bevölkerung in Beziehung auf das Sanitätswesen im Kriege und das Krankenzerstreuungssystem" (Graz 1891) und „Das Schlachtfeld der Zukunft" (Wien 1892, Separatabdruck aus der „Neuen Freien Presse"). Die elektrische Beleuchtung der Schlachtfelder zum Zwecke des Absuchens nach Verwundeten, der rasche Transport der letzteren vom Kriegschauplatz, die Lebensversicherung der Offiziere und Soldaten bei Assekuranzgesellschaften und alle anderen einschlägigen Fragen beschäftigten ihn lebhaft, und es gelang ihm durchzusetzen, daß die österreichischen Assekuranzgesellschaften die bisher ausgeschlossene Kriegsversicherung in den Kreis ihrer Geschäfte einbezogen; dies geschah, nachdem Horst das Kriegsministerium durch wiederholte Betreibung vermocht hatte, die Sache zu fördern.

Die öffentlichen Angelegenheiten verfolgte er von seinem Ruheposten in Graz mit brennendem Interesse. Er beklagte es tief, daß Taaffe, um die deutsche Opposition niederzuwerfen, mit der Slawisierung des Staates unaufhaltsam weiterging. Die Folge davon war, daß die Deutschen das Lager der gemäßigten, in erster Linie österreichisch fühlenden Verfassungspartei verließen und sich der schärfer nationalen Richtung anschlossen. Dadurch sah Horst seine Befürchtungen und Warnungen erfüllt; in seinen Briefen an politische Freunde kehrt wiederholt der Vorwurf wieder, die Regierung, die solches hervorgerufen habe, versündige sich schwer an Staat und Dynastie. „Kürzlich hörte ich," schrieb er im Jänner 1881 an einen früheren Ministerkollegen, „daß Taaffes Stern zwar sehr im Sinken sei, die hochgradige Abneigung gegen die Verfassungspartei und das süße Rachegefühl aber noch unverändert fortbestehe! Nun, ich wünsche nur von ganzer Seele, daß die Monarchie nicht zugrunde gerächt werde!" Seine Freunde hätten gewünscht, ihn wieder in das Parlament zu bringen, und einer der Führer der Partei wollte ihn bestimmen, bei den Wahlen von 1885 ein Mandat anzunehmen; man beabsichtigte, ihn in der inneren Stadt Wien als Kandidaten aufzustellen, einem Wahlkreis, von dem gleichzeitig auch Herbst ein Mandat erhielt. Horst lehnte aber am 31. Mai mit folgender Begründung ab:

„Wie Du weißt, habe ich bei meinem Rücktritte vom Ministerposten das Abgeordnetenmandat auf Wunsch des Kaisers niedergelegt, weil Allerhöchstderselbe (wie mir der mit der Mission an mich betraut gewesene ... mitteilte) der Ansicht war, daß es für unsere österreichischen Verhältnisse nicht zulässig erscheine, daß jemand, schon gar ein Militär, von der Ministerbank in die Opposition gegen dasjenige Ministerium übertrete, dem er doch einige Zeit hindurch selber angehört habe. ... Strenggenommen habe ich dem Kaiser zugesagt, kein Mandat in dem Reichsrat auszuüben, solange das Ministerium Taaffe im Amte ist, und ich halte an dieser Deutung fest, wenngleich das Ministerium Taaffe seither wiederholte Wandlungen durchgemacht und eine ganze Wahlperiode verstrichen ist, denn ich bin der Ansicht, daß man in einer Ehrensache nicht gewissenhaft genug sein kann — der Kaiser soll auch nicht einen Augenblick an meiner Anständigkeit zweifeln können!

„Ich bin überzeugt, Du teilst in dieser Beziehung meine Ansicht. Sage also gütigst denjenigen, die ihr Augenmerk auf mich gerichtet haben, daß ich mich durch ein Mandat der Residenzstadt außerordentlich geehrt fühlen würde, ein solches aber leider nicht annehmen könnte; ich danke innigst schon dafür allein, daß man sich in Wien noch meiner erinnert und freue mich tief gerührt des Umstandes, nicht schon zu den politisch völlig Toten geworfen zu sein. Dir danke ich auch von ganzem Herzen für die freundliche Vermittlung in dieser Angelegenheit; wie gern würde ich in dem schweren Kampfe Dir zur Seite stehen!"

So weit der Brief Horsts, bei dessen Lesung sich von selbst der Gedanke aufdrängt, wie merkwürdig es war, daß man den größten Wert darauf legte, einen vom Scheitel bis zur Zehe kaisertreuen Mann vom Parlament auszuschließen.

Nach elfjährigem Kampfe zwischen der Regierung und den Deutschen trat 1889 eine Ruhepause ein. Der Kaiser wünschte, Taaffe solle den Deutschen entgegenkommen, und dieser bahnte wider seine innerste Absicht die deutsch-tschechischen Ausgleichsverhandlungen an; es schien, als ob es zur Bildung eines Koalitionsministeriums unter dem Vorsitze Taaffes kommen werde. Horsts Eindrücke spiegeln sich in einem Briefe vom 23. Juni 1891 wider: „Zu der Wendung, die sich kürzlich in unserer inneren Politik durch Taaffes Erklärung ergeben hat, gratuliere ich bestens, doch kann ich mich ihrer nicht ganz von Herzen freuen, weil ich an die Aufrichtigkeit nicht zu glauben vermag. Diese Kapitulation vor der Linken, besser gesagt:

vor den Deutschösterreichern, ist eine große Genugtuung, die auch mir persönlich zuteil geworden ist, allein die Schwenkung ist und bleibt eine durch die Verhältnisse *erzwungene*. ... Für mich persönlich hat die eingetretene Wandlung das Gute, daß ich mich nun als von jeder moralischen Verpflichtung, mich einer öffentlichen politischen Tätigkeit (die nur eine oppositionelle hätte sein können) zu enthalten für enthoben ansehen kann."

Später gestalteten sich die Dinge trüber, und die schlimmsten Erwartungen trafen ein, als das Ministerium Badeni, auf den Bahnen Taaffes weiterschreitend, die Sprachenverordnung von 1897 herausgab, worauf sich die lang verhaltene Erbitterung der Deutschen in der Obstruktion des Parlaments entlud. Horst war bei seinem staatlich-konservativen Sinn tief bekümmert, daß die großen Straßenunruhen im Oktober 1897 notwendig waren, um den Sturz Badenis herbeizuführen. Was darauf seiner Ansicht nach zu geschehen hatte, sprach er in einem Briefe vom 31. Dezember 1897 aus: „Es gibt im Interesse des Gesamtstaates *und der Dynastie* nur ein Mittel und das ist: Versöhnung der Deutschen, Niederwerfung jedes anderen Widerstandes! Das letztere ist nicht leicht und bedarf einer wirklich eisernen rücksichtslosen Hand (von besserem Material als jene Badenis), aber dieser Kampf ist das geringere Übel und hat Aussicht auf Erfolg. Die Deutschen sind nicht mehr zu besiegen und die fortgesetzte Erbitterung derselben führt ins Verderben, woran auch ein Experiment mit dem Absolutismus nichts ändern wird. Das ist meine vollste Überzeugung, die ich um so mehr aussprechen kann und darf, weil ich im Jahre 1880 vor dem damals betretenen falschen Wege mit dem größten Ernste warnte und, trotz meiner Eigenschaft als gehorsamer General, durch die Niederlegung meines Portefeuilles lieber den Unmut meines Kaisers erregte, als die Verantwortung auf mich zu nehmen, weiter mitzutun."

Zum Glück war nicht, wie Horst annahm, eine „eiserne rücksichtslose Hand" notwendig, um Ordnung zu machen; die klug hinhaltende Politik, die das Kabinett Körber befolgte, reichte aus, um den ärgsten Verwirrungen diesseits der Leitha zu steuern. Seine Ansicht über die Sachlage faßte Horst am 25. März 1898 in folgenden Sätzen zusammen: „Mein Urteil hinsichtlich der Unklugheit der inneren Politik beschränkt sich nicht auf die österreichische Reichshälfte, sondern ich muß dasselbe leider auch auf die Staatsmänner Ungarns der letzten beiden Dezennien ausdehnen, die dem verzeifelten Kampfe der Deutschen Österreichs teilnahmslos zusahen, die Dinge bis dahin gelangen ließen, wo sie sich heute befinden ... Ungarns Staatsmänner vergessen auf den Grundgedanken Deaks beim Ausgleich und entfremdeten ihrem Staatsgebilde die Deutschen Österreichs, ihre früheren Alliierten; sie trugen mit dazu bei, daß die Deutschen immer mehr in das nationale Fahrwasser gerieten und in ihrer Bedrängnis nach anderer Richtung auszulugen begannen. Die Kornblume[1]) hätte nie ihren heutigen Wert bekommen, wenn der Boden zu ihrem Gedeihen nicht von österreichischen und ungarischen Staatsmännern in der fixen, unglücklichen Idee: „man müsse den Deutschen zeigen, daß man auch ohne sie regieren könne," so ausgezeichnet präpariert worden wäre. D i e s e Staatsmänner sind es, denen man seit nahezu zwanzig Jahren mit Recht sagen konnte: vous travaillez pour le roi de Prusse, nicht den Schönerers, Wolfs und Konsorten, die unter anderen Umständen niemals an die Oberfläche gekommen wären."

Schmerzlich lastete auf ihm der Anblick des Niederganges des Staats, an dem er mit allen Fasern hing; dazu wurde er auch von schwerem häuslichen Unglück niedergedrückt. Als zweiundzwanzigjähriger Oberleutnant hatte er ein geliebtes Mädchen, Ferdinande Walbaum, heimgeführt, eine junge Weimarerin, die er bei ihren Verwandten in Siebenbürgen kennen gelernt hatte. Innig hingen die Gatten aneinander und empfanden es schmerzlich, daß sie während der Abwesenheit Horsts in den Donaufürstentümern zwei lange Jahre getrennt bleiben mußten. Dieser glücklichen Ehe entsprangen drei Mädchen. Die Elteru hatten den Schmerz, zuerst ihre älteste, dann 1880 die mittlere, verheiratete Tochter ins Grab sinken

[1]) Die Kornblume war damals das Erkennungzeichen der Anhänger der alldeutschen Partei.

zu sehen; zwei Jahre darauf, am selben Tage, fast zur selben Stunde wie die junge Gattin starb ihr Schwiegersohn, darauf 1896 die einzige Enkelin. Noch erlebte die dahinsiechende Gattin 1902 die goldene Hochzeit, um kaum zwei Monate später mit dem Tode abzugehen. Als Trost seines Alters blieb ihm seine jüngste Tochter Julie; sie stand ihm als treueste und hingebendste Pflegerin zur Seite, als sich bei ihm die Gebrechen des Alters einstellten, als er an einem Auge erblindete und auf das Krankenlager geworfen wurde. Ihre Liebe und Hingebung half ihm die Schmerzen tragen.

Er war bereits schwer leidend, als er sich durch seine Vaterlandsliebe bestimmt fühlte, nach langem Schweigen noch einmal vor die Öffentlichkeit zu treten. Veranlassung dazu waren die Wirren in Ungarn. Hier wurden, als Österreich durch seine innere Zerrüttung immer mehr geschwächt ward, alle Wünsche nach voller Selbständigkeit losgekettet. Die Forderung nach einem besonderen Zollgebiet ertönte, gleichzeitig die nach einer nationalen, der königlichen Gewalt entzogenen Armee. In willkürlicher Auslegung der Gesetze von 1867 wurde behauptet, der Herrscher habe durch den Ausgleich grundsätzlich die Zustimmung zur allmählichen Heranbildung eines selbständigen ungarischen Heeres gegeben. Von den Männern, die an jenen Gesetzen mitgewirkt hatten, waren nahezu alle tot, Deak und Andrassy sowohl wie diesseits die Kriegsminister John und Kuhn. Es lebten von den mithandelnden Personen nur mehr der Kaiser selbst und Horst, der, wenn auch in einer dem Range nach geringeren Stellung, doch als Mitarbeiter an der Heeresorganisation vollen Einblick in die Entstehung des militärischen Teiles des Ausgleichs besaß. Deshalb griff Horst zur Feder und stellte in drei in die „Neue Freie Presse" eingerückten Aufsätzen (18. August, 8. und 19. September 1903) aus seiner Erinnerung wie aus den Dokumenten der Zeit fest, daß 1867 auch bei den ungarischen Unterhändlern des Ausgleiches, in erster Linie bei Deak und Andrassy, nicht die Absicht bestanden hatte, an der Kommandogewalt der Krone über das Heer zu rütteln und die Einheit der gemeinsamen Armee in Frage zu stellen. Dasjenige, was er als eigenes Erlebnis vorbrachte, und was er aus den Reden Deaks und Andrassys anführte, war so beweiskräftig, daß, soweit es sich um den geschichtlichen Sachverhalt handelt, die Erörterung damit abgeschlossen war.

Diese Arbeit aus der Feder des berufensten Mannes machte in Österreich tiefen Eindruck; mochten auch ungarische Redner und Zeitungen mit Schmähungen antworten, so wurde dadurch ihre Beweiskraft nicht erschüttert. Für Horst aber hatte dieses letzte Hervortreten eine besondere Folge. Dreiundzwanzig Jahre der Zurücksetzung lagen hinter ihm; er war das einzige Mitglied des Kabinetts Auersperg, dem die Berufung ins Herrenhaus nicht zuteil geworden war. Jene Aufsätze aber erinnerten daran, welche Dienste er geleistet hatte und wie warm sein Herz auch jetzt für die Einheit des Reiches schlug. Ganz unerwartet traf ihn zwei Tage nach der Veröffentlichung des ersten jener Aufsätze ein Telegramm des Generaladjutanten des Kaisers des Inhalts: „Seine Majestät danken allergnädigst Eurer Exzellenz für Ihr mannhaftes Eintreten zur rechten Zeit mit dem huldvollen Wunsche für Hochdero bestes Wohlergehen." Wenige Tage darauf teilte ihm der Ministerpräsident Körber unter lebhafter Anerkennung seiner gehaltvollen Ausführungen mit, der Kaiser habe auch ihm gegenüber seine Befriedigung über sie ausgesprochen. Es ist für Horst bezeichnend, daß er von dieser späten Wiederkehr kaiserlicher Huld nichts in der Öffentlichkeit verlauten ließ; er hegte die Besorgnis, dieser Umstand könne, inmitten der Erregung der Geister in Ungarn, neuen Anlaß zu Angriffen auf den Träger der Krone geben; ehe er seinem Kaiser das kleinste Ungemach bereitete, wollte er lieber im Dunkel der über ihn verhängten Vergessenheit bleiben. In seiner Antwort an Körber legte er seine Ansichten über die Armeefrage kernhaft dar; traurig aber sah er in die Zukunft, und auch die tröstenden, auf den hoffentlichen Sieg des gesunden Menschenverstandes verweisenden Worte, die der Generaladjutant des Kaisers ihm schrieb, werden ihn schwerlich aufgerichtet haben. „Die Notwendigkeit wird menschlich sein," bemerkte dieser letztere mit einem Zitat aus „Don Carlos" — es ist aber leider Tatsache, daß die Erkenntnis dieser Notwendigkeit sich in Ungarn nicht Bahn zu brechen vermochte. Nun war das Eis gebrochen und so konnte Ministerpräsident Körber, der nach langer Pause wieder die Grundsätze zur Geltung brachte, für die Horst gestritten und gelitten hatte, auch eine letzte Ehrung für ihn erwirken: im Herbst 1903 erfolgte seine Ernennung zum lebenslänglichen Mitgliede des Herrenhauses. Horst war aber damals bereits so schwer krank, daß seine Umgebung, trotz der Freude über diese Auszeichnung, vor allem die Furcht hegte, er werde aus Pflichtgefühl die Reise nach Wien versuchen, um einer Sitzung der Ersten Kammer beizuwohnen. Dazu kam es aber nicht mehr und somit auch nicht zu einer Dankaudienz beim Kaiser. Nach langem Leiden, das er mit Ergebung trug, verschied er am 6. Februar 1904.

Horst war durch sein Geschick in den Prozeß der Umwandlung Österreichs zu einem nichtdeutschen Staatswesen hineingestellt, den er als Patriot wie als Deutscher für verderblich hielt; er teilte damit das Los einer an Begabung reichen Generation, die mitansehen mußte, wie das Mittelmaß an Talent und Charakter zu Ämtern und Ehren berufen wurde. Das empfand er jedoch mehr als öffentliches denn als persönliches Unglück; er blieb derselbe in seiner Schlichtheit und Biederkeit und nie war an ihm Verbitterung über seine Zurücksetzung wahrzunehmen. Als er 1880 nach Jahren der Arbeit und Aufregung vom Amte zurücktrat, empfand er dies zunächst wie eine Erleichterung von schwerer Bürde. Wohl hielt er das System Taaffe gleich seinen Gesinnungsgenossen anfangs nur für eine Episode, aber die Rückkehr zur Macht hätte für ihn persönlich keinen Reiz gehabt; nur das bedauerte er im Interesse seines Vaterlandes, daß seine, wie die Kraft manches anderen tüchtigen Mannes lahmgelegt war. Aber mit gutem Humor kam er auch darüber hinweg, so daß das natürliche Gleichmaß seiner liebenswürdigen Natur dadurch nie gestört war. Mit dieser Milde seines Wesens war aber tiefer Ernst und, wie seine ganze öffentliche Tätigkeit beweist, unerschütterliche Festigkeit gepaart, sobald Überzeugungen und vaterländischer Sinn den Einsatz der ganzen Persönlichkeit forderten. So entrollt uns sein Leben das Bild einer männlich klaren, ebenmäßigen, in Glück und Leid ausgeglichenen Natur.

Briefe von und an Horst

Freiherr v. Horst an den ungarischen Unterrichtsminister Trefort

27. Juli 1881.

... Die politischen Verhältnisse in unserer Reichshälfte, deren Entwicklung mich im vorigen Jahre zum Rücktritte vom Ministerium veranlaßten, werden immer unleidlicher und gefährlicher für die Gesammtmonarchie. Der politische Wahnsinn, die Nationalitätenbewegung und föderalistische Bestrebungen bei uns wieder förmlich heraufzubeschwören und zu nähren, trägt seine Früchte, und was 1000 preußischen Agenten nicht gelungen wäre, das hat das Ministerium Taaffe mit virtuoser Geschicklichkeit und Raschheit zu Stande gebracht — wir haben jetzt auch eine deutschnationale Parthei, an der es uns bisher fehlte, denn die Deutschen waren — von ein paar Querköpfen à la Schönerer abgesehen — nur Österreicher!

Die verehrten Kollegen Szende und Szapary[1]) werden sich wohl noch dessen erinnern, was ich ihnen im Juli v. J. nach dem letzten Ministerrate bei Baron Haymerle[2]), den ich noch als Minister mitmachte, voraussagte. Heute dürfte ihnen das, was ich hinsichtlich der verderblichen Rückwirkung auf Ungarn prophezeite und mein caveant consules! berechtigt erscheinen!

Gott gebe, daß die begangenen politischen Fehler, die wirklich gegenüber der Dynastie und dem Reiche ärger als Verbrechen sind, noch repariert werden können. Lange darf der Versuch dazu aber nicht mehr aufgeschoben werden.

Verzeihen mir Ew. Exzellenz diese politische Exkursion, aber von dem das Herz voll ist, geht nicht nur der Mund, sondern auch die Feder leicht über. — — —

Trefort an Horst

3. August 1881.

(Nachschrift zu einem Briefe, der eine persönliche Angelegenheit betrifft).

In den Bemerkungen, die Ew. Exzellenz über d. Gestaltung der Dinge in Cisleithanien mir mitzutheilen die Güte hatten, finde ich den Ausdruck meiner eigenen Ansichten. Die Politik, die dort an der Tagesordnung ist, — führt zum Verderben, zur Auflösung der Monarchie. Ich tröste mich nur damit, daß man in Wien noch nie ein System

1) Ministerkollegen Treforts.

2) Minister des Äußern.

konsequent durchgeführt hat — man wird daher auch das gegenwärtige an einem schönen Morgen fallen lassen. Von meinen Kollegen sowie auch von mir die herzlichsten Grüße.

Freiherr v. Horst an Herrn v. Chlumecky

Graz, 27. Februar 1883.

Deine Bemerkung über die Landwehrgesetz-Novelle ist ganz richtig — sie ist, abgesehen von sachlichen Mängeln, aus staatsrechtlichen Gründen so lange unannehmbar, als das ungarische Parlament auf sein Recht, die Hauptbestimmungen über die Organisation der Landwehr und namentlich auch die Friedens-Cadres im Wege der Gesetzgebung festzustellen, nicht ebenfalls verzichtet, weil nach den Ausgleichsgesetzen das Wehrsystem in beiden Reichshälften nach gleichen Grundsätzen festgestellt werden muß, daher doch vor allem die beiden Parlamente gleiche Machtbefugnisse haben müssen.

Die Ungarn haben sich im Jahre 1868 bei den Vorverhandlungen über das Wehrgesetz ausdrücklich auf den Standpunkt gestellt, daß der aus der pragmatischen Sanktion resultierende § 11 des ungarischen Gesetzartikels XII vom Jahre 1867 nur auf die gemeinsame Armee (das stehende Heer) Anwendung habe und daß die Bestimmungen über die Organisation der Landwehren, als eines im Rahmen der Staatsvertheidigung neu hinzugetretenen Faktors, den Gesetzgebungen beider Reichshälften vorbehalten bleiben müssen. Kuhn und ich bekämpften damals diesen Standpunkt auf das energischeste und wiesen das Unsinnige einer Dreitheilung des Heerwesens sowie der sophistischen Auslegung der pragmatischen Sanktion und der noch in der Druckerschwärze feuchten Ausgleichsgesetze schlagend nach, allein die Ungarn wollten sich ihre Honveds sichern, machten die Zustimmung zur Regelung der brennenden Wehrfrage davon abhängig und wir unterlagen; ja über unsere Köpfe hinweg wurden noch die unglaublichsten Zugeständnisse, wie ungarische (kroatische) Dienst- und Kommandosprache, ungarische Wappen in den Emblemen 2c. 2c., gemacht. So entstand der Rechtsanspruch der Parlamente auf die Feststellung der Organisation der Landwehren und ich glaube nicht, daß man es auch heute wagen dürfte, den Ungarn ein Preisgeben dieses Rechtes zuzumuthen.

Welcher Teufel in die Regierung gefahren ist, mit dieser einseitig absolut unzulässigen Zumuthung und mit einer geradezu ironisch seichten Begründung an das hiesige Parlament heranzutreten, ist mir geradezu ein Räthsel. Kann es dem Kaiser angenehm sein, eine staatsrechtliche Debatte über die Rechte der Krone heraufbeschworen zu sehen? Auch vom Standpunkte der parlamentarischen Taktik begreife ich das Vorgehen nicht, denn es ist doch vernünftiger, den Kampf um die Vermehrung der Cadres 2c. mit Hilfe einer willfährigen Majorität einmal durchzukämpfen und dann mit dem Gesetze in der Hand sein Budget gesichert zu haben, als den ganzen

Organismus jährlich bei den Budgetverhandlungen den wechselnden Anschauungen und der größeren oder geringeren Bewilligungslust der jeweiligen Majorität ausgesetzt zu sehen.

Doch warum ereifere ich mich? Die Geschichte geht mich ja nichts an! Der alte Schimmel zappelt noch immer, wenn irgend ein bekanntes Trompetensignal ertönt!!

Freiherr v. Horst an Herrn v. Chlumecky

Graz, 6. März 1885.

Theuerster Freund!

Hier sende ich Dir einen Ausschnitt aus dem gestrigen Abendblatte der Grazer „Tagespost“ über den am 4. März d. J. hier stattgehabten Fest-Commers aus Anlaß der Gründung der „akademischen Ortsgruppe des Deutschen Schulvereins“, weil ich glaube, daß die Wiener Blätter die Hauptpointen der schönen Reden mit Stillschweigen übergehen werden. Dieses Blatt bildet einen der traurigsten Beweise von den Erfolgen der jetzigen Regierungsprinzipien und jedes noch altösterreichisch fühlende, treue Herz muß in banger Sorge vor Schmerzen zucken über den Geist, der in unsere Jugend gefahren ist und in ihr großgezogen wird. Schönerer, unter uns noch verlacht oder mit Entrüstung zurückgewiesen, wird von Tag zu Tag mehr eine politische Macht, mit der wird gerechnet werden müssen oder vielmehr im österreichischen Sinne gar nicht mehr wird gerechnet werden können. Das ist der Fluch des heraufbeschworenen Nationalitäten-Schwindels und des mehr als naiven Glaubens, der deutsche Michel mit der Zipfelmütze existiere noch und werde allein sich von dem Betreten der nationalen Bahn abhalten lassen!

Wenn nur dieser Irrthum, der dem politischen Wahnsinne gleichkommt, nicht einst verhängnisvoll für Monarchie und Dynastie wird!!

In traurigster Stimmung drücke ich Dir wärmstens die Hand und bleibe Dein stets threuer Freund Horst.

Freiherr v. Horst an Herrn v. Chlumecky

Graz, am 31. Mai 1885.

Hochverehrter, theuerster Freund!

Vielen, vielen Dank für Deinen gestrigen lieben Brief, der sich mit meiner gestrigen Karte gekreuzt hat! Was ich von Deiner Brünner Rede halte, habe ich Dir mit vollster Aufrichtigkeit ausgedrückt; sie war eine muthige That und wird, ja muß, nach verschiedenen Richtungen ihre wohlthätige Wirkung haben, wenn diese sich auch nicht unmittelbar zeigt. Deine ungeschminkte Darstellung der Verhältnisse einerseits und die Vermehrung der extremen Elemente mit ultradeutschnationalen Matsch-Routen bei den Wahlen anderseits, durch die der Abgrund, dem man zusteuert, immer erkennbarer wird, muß auch Blinde endlich sehend machen — wenn sie überhaupt noch heilbar sind, und mir widerstrebt es heute noch an völlige Unheilbarkeit zu glauben. Daß die Deutschnationalen sehr verstärkt in den Reichsrath kommen werden, habe ich (ich glaube auch Dir gegenüber) vorausgesagt, ja ich fürchtete sogar, daß die Zahl derselben noch stärker sein werde, und finde also in dem thatsächlichen, immerhin aber schon genug traurigen Ergebnisse einen zeitlichen Trost, weil ich glaube, daß es Euch deutschen Altösterreichern noch gelingen kann, die Extremen zu bändigen, vorausgesetzt, daß es noch möglich wird, alle Deutschen in nur einen Club zu vereinigen und daß in der Reihe der Altösterreicher nicht Feigheit vor den Hauptschreiern einreißt.

Ich habe gesagt „zeitlicher" Trost, weil ich anderseits fest überzeugt bin, daß — wenn in unserer unglückseligen inneren Politik nicht bald eine Wendung eintritt — die deutschnationale Bewegung eine Mächtigkeit und einen Charakter erreicht, durch die alle Altösterreicher im Sturm weggefegt werden und in der deutschen Bevölkerung damit aber auch das ganze Interesse am Fortbestande unserer uralten Monarchie zu Grabe getragen wird, und was dann?? Ich will nicht weiter ausmalen, was jeder, der nicht mit — — Blindheit geschlagen ist, sich an den Fingern abzählen kann; lieber übergehe ich auf die Beantwortung Deiner ernsten Frage, ob ich im Falle einer Nachwahl geneigt wäre, ein Mandat der Stadt Wien anzunehmen. Nun, theuerster Freund, ich sage offen, daß ich manchmal wieder die größte Kampfslust verspüre, ja daß es mich zeitweise geradezu in der Kehle kitzelt, unseren heutigen Staatslenkern über ihre Staatskünst, die man den „Hochverrath wider Willen" nennen kann, anderseits aber auch den Deutschthümlern meine Meinung so recht deutsch von der Leber weg zu sagen, allein ich muß darauf verzichten und zwar aus folgenden Gründen: . . .[1])

Freiherr v. Horst an Freiherrn v. K.[2])

Rinnbach bei Ebensee, 10. Juni 1886.

. . . Gewiß erscheint es blödsinnig, Genie-Offizieren verwehren zu wollen, auf die Gräber ihrer heldenmüthig gefallenen Kameraden Kränze zu legen, und zwar blödsinnig und unritterlich, auch vom Standpunkte des Feindes, denn jeder ehrliche Soldat ehrt auch im Feinde den Helden, und die Honveds, welche Ofen tapfer erstürmten — nicht der heutige Pöbel von der Gasse Budapests, der damals noch gar nicht auf der Welt war — bewiesen dies durch ihre Führer, denn es ist bekannt und existiert ein historisch getreues Bild darüber, daß Aulich mit dem Säbel in der Faust die Leiche Hentzis vor Rohheiten der gemeinen Mannschaft geschützt hat. Doch Jansky kannte offenbar die

---

[1]) Die Fortsetzung des Briefes ist oben S. 419 abgedruckt.

[2]) Die Veranlassung des Briefes bildete die Bekränzung des Denkmals des 1849 gefallenen kaiserlichen Generals Hentzi durch General Jansky und der darob in Ungarn entstandene Sturm.

an Blödsinn grenzende politische Empfindlichkeit der Ungarn nicht ... sonst hätte er — gleich uns allen, die wir die Ereignisse 1848/49 in Ungarn und Siebenbürgen mitgemacht und auf den dortigen Schlachtfeldern geblutet haben — seit 1867 ebenfalls dem vernünftigen Grundsatze gehuldigt: „Lasset unsere Todten stille ruhen und beklaget sie, denn sie sind für eine nachträglich verlorene Sache gefallen." Wir hatten für ein großes, mächtiges, einheitliches, den Großstaaten bildenden Bedingungen unseres Jahrhunderts entsprechendes Österreich gekämpft, allein der Gang unserer Geschichte desavouiert uns, als den Ungarn alles, ja, ich glaube, mehr gewährt worden ist, als ihre kühnste Phantasie sie vorher träumen ließ. Wir stellten uns die kurze Frage: „Zu was modern Tausende von Leichen auf den ungarischen Schlachtfeldern?" begruben damit den schönen Traum an einen, durch Treue, Muth, Aufopferung für Thron und Monarchie errungenen Erfolg und zogen einen dicken Schleier über die Vergangenheit, denn die einstigen Rebellen wurden unsere, von ihrem Vaterlande hochgehaltenen Kameraden. Ja wir können eigentlich mit einem gewissen Galgenhumor singen:

„Wir Überlebenden müssen Gott danken und jubilieren,
Daß uns die Ungarn nicht nachträglich strangulieren."

Freiherr v. Horst an Herrn v. Chlumecky

Graz, am 14. März 1891.

Theuerster Freund!

Meine besten Wünsche zum Ausgange der Reichsrathswahlen für die vereinigte Linke oder deutschliberale Partei, die ja — bei der vielfachen Verirrung der Geister — nahezu nichts verloren hat. Hier haben sich die Leute unglaublich ungeschickt benommen. Der ultranationale Veitstanz steckt ihnen so in den Köpfen, daß er nicht auszutreiben ist. Spricht man mit ihnen einzeln, so könnte man sie noch für vernünftig — besser gesagt: als für Vernunftgründe zugänglich — halten, wie sie aber zusammenkommen, so siegt die hohle Phrase ... Dabei sind doch die meisten keine schlechten Österreicher, nur ein großer Teil der „Zukunft" — der Universitätsstudenten — ist gründlich verdorben und dieser heult so fürchterlich, daß sich die „reifen und großen Politiker" von ihnen einschüchtern lassen. Eine geradezu merkwürdige Erscheinung ist, daß die „aus dem Reich", wie man einst sagte, stammenden Universitätsprofessoren zumeist bessere Österreicher sind, als manche Vollblut-Österreicher!

Mit Bangen lese ich die Nachrichten über das Paktiren Taaffes zur Bildung einer neuen Majorität im Abgeordnetenhause und es taucht das Bild eines Koalitions-Ministeriums unglückseligen Angedenkens! vor meinen Augen und in meiner Erinnerung wieder auf. Wollt Ihr wirklich zur Erneuerung eines solchen, schon einmal kläglich gescheiterten Experimentes Euere Hände bieten und dem Taaffe, damit er Zeit zu neuen politischen Intriguen gegen Euch gewinne, ein provisorisches Piedestal sein?? T. wird es mit Euch nie aufrichtig meinen;

er ist überhaupt die personifizierte Falschheit auf politischem Gebiete, zudem läßt sich auch Feuer und Wasser nicht mischen. Ich bedaure diejenigen von Euch, welche sich etwa dazu entschließen werden, in die zweite Koalitions-Auflage einzutreten; sie werden dieselben Seelenkämpfe durchmachen, die ich durchgemacht habe, weil nichts ärger ist, als zu wissen, daß man es mit keiner aufrichtigen Gesinnung zu thun hat. T.s Staatskunst besteht in sportmäßiger Düpierung der Partheien *und der Collegen*, laßt Euch das von einem treuen Freunde sagen, der diese Erfahrungen gründlich gemacht hat. Ihr habt heute ein solches Heft in der Hand, daß für Euch wohl keine *zwingende* Nothwendigkeit besteht, einem Manne versöhnt die Hand zu reichen, der Euch durch zwölf Jahre Fußtritte versetzt hat und sie Euch wieder versetzen wird, sobald er Euch nur einigermaßen wieder entbehren kann.

Doch genug: Ihr werdet vielleicht glauben, daß aus mir irgend eine erfahrene persönliche Kränkung spreche und das ist bei Gott nicht der Fall, denn man wollte mich ja in einer Art halten, die für mich persönlich nur schmeichelhaft sein konnte; mich trieb Ekel, grenzenloser Ekel über die wahrgenommenen Falschheiten davon, dazu war ich auch gedrückt durch die schweren Schicksalsschläge in meiner Familie — ich wäre am liebsten in den verborgensten Winkel der Welt gezogen, um nichts mehr zu hören und zu sehen.

Freiherr v. Horst an Herrn v. Chlumecky

Graz, 17. März 1898.

Hochverehrter, theurer Freund!

Heute habe ich mit unserem Landeshauptmann Grafen Edmund Attems gesprochen und von ihm erfahren, was inzwischen auch einige Zeitungen andeuteten, daß Bärnreithers Eintritt in das Ministerium Thun sich auf den Majoritätsbeschluß einer Versammlung von Großgrundbesitzern stützt, die über Deine Veranlassung und bei Dir stattfand. Nun, da muß Dir wohl mein Urtheil über das Ministerium Thun und über den Eintritt Bärnreithers in dasselbe als das „voreilige eines in die näheren Umstände Uneingeweihten" vorgekommen sein.

Wie ich Dich kenne, hast Du wohl Deine Hand zu einer derartigen Vermittlung nur auf Grundlage *glaubwürdig verläßlicher* Garantien von Seiten Thuns geboten und dieses Bewußtsein verringert etwas meine Skepsis. Immerhin frage ich mich aber: Wird Thun auch seine Versprechungen einhalten können? Die Verhältnisse sind leider oft stärker als der beste Wille des Menschen!

Du bist nicht wie ich in einem Ministerium der Unaufrichtigkeit gesessen, deshalb hast Du Dir auch noch etwas mehr Optimismus über die Möglichkeit eines erfolgreichen Zusammenwirkens von Persönlichkeiten so entgegengesetzter Standpunkte erhalten, wie es Kaizl und Bärnreither sind. Beim allerbesten Willen frettet man sich einige Zeit hindurch, endlich muß aber die Bombe platzen und ein Theil ist der Gefoppte — wer? das kann man seit dem Gange der Dinge seit achtzehn Jahren leicht voraussehen! Gott gebe, daß ich mich täusche! Ich will dann gern Abbitte leisten.

Verzeihe diese meine Epistel, aber ich wollte kein Mißverständnis zwischen uns aufkommen lassen; dazu stehst Du in meiner Freundschaft und Werthschätzung viel zu hoch!

Alles Herzliche von Haus zu Haus.

Dein in alter Treue aufrichtig ergebener Horst.

Freiherr v. Horst an den Grafen Sermage.

25. März 1898.

Mein Urtheil hinsichtlich der Unklugheit der inneren Politik beschränkt sich aber nicht auf die österreichische Reichshälfte, sondern ich muß dasselbe leider auch auf die Staatsmänner Ungarns der letzten beiden Dezennien ausdehnen, die dem verzweifelten Kampfe der Deutschen Österreichs theilnamslos zusahen und die Dinge bis dahin gelangen ließen, wo sie sich heute befinden. Graf Andrassy, der mit seinem weiten Blicke und der ihm eigenen Energie den Fundamentalartikeln im Jahre 1871 rasch und mit dem größten Erfolge ein Paroli bog, hätte es gewiß auch später nicht so weit kommen lassen als es gekommen ist, denn das Recht zu einem Veto lag in der, aus der offenbaren Förderung des Panslawismus anwachsenden direkten Gefährdung Ungarns. Ungarns Staatsmänner vergaßen den Grundgedanken Deaks beim Ausgleiche und entfremdeten ihrem Staatsgebilde die Deutschen Österreichs, ihre früheren Alliierten; sie trugen mit dazu bei, daß die Deutschen immer mehr in das nationale Fahrwasser geriethen und in ihrer Bedrängnis nach anderer Richtung auszulugen begannen. Die Kornblume hätte nie ihren heutigen Werth bekommen, wenn der Boden zu ihrem Gedeihen nicht von den österreichischen und ungarischen Staatsmännern in der fixen Unglücksidee: „man müsse den Deutschen zeigen, daß man auch ohne sie regieren könne", so ausgezeichnet präpariert worden wäre. Diese Staatsmänner sind es, denen man seit nahezu zwanzig Jahren mit Recht sagen konnte: Vous travaillez pour le roi de Prusse, nicht den Schönerers, Wolfs und Konsorten, die unter anderen Umständen nie an die Oberfläche gekommen wären.

Meine Verurtheilung der Regierungsaktionen ist keine erst jetzt — post festum — entstandene. Ich habe 1880 mein Portefeuille niedergelegt, weil ich auch nicht als gehorsamer General den falschen Weg mitgehen wollte, und habe mit dem tiefsten Ernste vor den Folgen gewarnt, nicht nur in Cisleithanien, sondern auch über die Leitha hinüber! Es half nichts! Ich bin zwar Geheimer Rath, aber mein Rath galt nichts mehr, man gab mir überhaupt keine Gelegenheit mehr, etwas zu rathen. Müde und traurig sah ich zu, wie sich die Dinge noch schlimmer, als ich sie prophezeite, entwickelten.

Freiherr v. Horst an Karl v. Stremayr

Graz, 12. Jänner 1900.

Ich werde kaum mehr dazu kommen, meine Memoiren zu schreiben, ungeachtet ich schon wiederholt dazu angeregt wurde und reichliches Material zur Verfügung habe; ... ich müßte auf dem Umschlage die Weisung geben: ‚Erst dreißig Jahre nach meinem Tode zu verlautbaren' und dazu fehlt mir der Sinn und die Arbeitslust. Hätte ich noch die Überzeugung, daß aus der offenen, rückhaltlosen Schilderung der Kette von Fehlern, deren Zeuge ich in meinem langen Leben war, die österreichische Nachwelt etwas lernen werde, so wäre es etwas anderes, etwas Lohnendes, so aber ...; unsere gegenwärtige Situation beweist ja, daß man bei uns nichts lernt.

24

Moriz Edler v. Angeli

(Veröffentlicht 1905)

Am 3. Oktober 1914 starb, fünfundsiebzig Jahre alt, der k. u. k. Oberst des Ruhestandes Moritz Edler v. Angeli nach einem Leben, das ebenso durch wechselvolle Schicksale, wie durch historische Leistungen bemerkenswert ist. Er selbst hatte in dem anziehenden Buche „Altes Eisen" einen Beitrag zur Kenntnis seines Lebens veröffentlicht; in seinem Nachlasse fand sich dann als Manuskript ein abgeschlossenes Buch, gleichfalls ein Ergebnis seiner Erfahrungen und Beobachtungen, dessen Veröffentlichung von ihm beabsichtigt war und das hiermit den Lesern vorgelegt wird [1]).

Nennt man unsere Zeiten nüchtern und farblos, so gilt dies am allerwenigsten von den Erlebnissen und Fahrten der älteren Offiziere der österreichischen Armee. Moritz v. Angeli hat im Krieg und Frieden, auf Schlachtfeldern und in seinen Beziehungen zu Mitgliedern des österreichischen Kaiserhauses so viel des Merkwürdigen gesehen, daß ein vollständiges Bild seiner Entwicklung leicht zur Schilderung einer Periode der österreichischen Geschichte werden könnte.

Aus einer alten venezianischen Patrizierfamilie stammend, wurde er 1829 zu Wien geboren und als zwölfjähriger Knabe in die Wiener-Neustädter Akademie gebracht, in der der Offiziersnachwuchs damals vom zarten Knabenalter an erzogen wurde. Sechs Jahre blieb er dort, als ein Zwischenfall seinen Vater veranlaßte, ihn aus der Anstalt zu nehmen: vor dem Ausbruch eines hitzigen Fiebers, das einem Knaben von weniger starken

---

[1]) Der obige Aufsatz bildet die Einleitung zu dem Buche Angelis „Wien nach 1848", das 1905 in Wien bei Wilhelm Braumüller erschien.

Konstitution das Leben hätte kosten können, bäumte er sich, bevor die Krankheit sichtbar war, gegen die Anordnungen eines der Lehrer jäh auf; nach der Erklärung des Arztes konnte der Knabe hierfür nicht verantwortlich gemacht werden, aber man hielt es für besser, durch seinen Austritt die Sache zum Abschluß zu bringen. Der junge Angeli ließ sich 1847 als Pionier einreihen, besuchte die Pionierschule in Tulln, wurde aber bald auf das Schlachtfeld geworfen, da die Bewegungen der Jahre 1848 und 1849 den Abschluß theoretischer Studien nicht zuließen. Im Jänner 1849 als Kadett in das 10. Infanterieregiment Graf Mazzuchelli eingereiht, kam er bald auf dem ungarischen Kriegschauplatze ins Feuer. Das Korps Wohlgemuth, dem sein Regiment angehörte, wurde am 19. April bei Nagy-Sarlo mit überlegener Macht von den Ungarn unter Klapka angegriffen und zum Rückzuge gezwungen; es war dies eines der Gefechte, durch die der Abmarsch der Armee des Fürsten Windischgrätz aus Ungarn notwendig wurde. Dann aber ging es unter Haynau wieder vorwärts. Angeli, am 1. Juli 1849 zum Unterleutnant ernannt, nahm an den Kämpfen von Komorn, zumal an den Gefechten im Acser Wald am 3. August und an dem Vormarsche gegen die Theiß teil; bald darauf wurde er in das 37. Infanterieregiment versetzt, in dem er bis 1870 verblieb.

Auch die Friedensjahre bis 1859 gestalteten sich für den jungen Angeli lebhaft genug. Zuerst ging er mit seinem Bataillon nach Galizien, nach wenigen Monaten aber wurde das 37. Regiment im November 1849 nach Venedig versetzt, und Angeli lernte in den Garnisonen von Treviso, Piacenza und Padua das sonnige Italien kennen. Schon aber hatte die militärische Aufstellung gegen Preußen 1850 begonnen, und so treffen wir ihn 1850 mit seinem Bataillon in der Nähe von Königgrätz und Josefstadt. Vorwärts ging es nach Reichenberg, mit der Aussicht, bald preußischen Boden zu betreten, als der Streit zwischen den zwei deutschen Großmächten unversehens durch die Olmützer Abmachung erledigt wurde. Darauf vertauschte er Wien mit ungarischen und galizischen Garnisonen, bis 1854 das große Heeresaufgebot gegen Rußland erfolgte. Angelis

Regiment gehörte zu den Truppen, die nach der Moldau und Walachei geschickt wurden, um Rußlands Rückzug aus Bulgarien zu erzwingen. Reichbewegte zwei Jahre folgten für Angeli, der die in der Moldau gewonnenen Eindrücke in seinem Buche „Altes Eisen" anschaulich wiedergibt, wodurch eine deutliche Vorstellung der Zustände in diesen, damals noch zu Halbasien zählenden Gegenden erweckt wird. Am 26. Februar 1857 verließ sein Regiment Jassy, er selbst kehrte über Galatz und Braila und an der Donau hinauf nach Peterwardein zurück. Hier war es, wo er seine Braut kennen lernte, die er zwei Jahre später als Gattin heimführte.

Doch gab es für ihn nur kurze Rast. Er stand zu Prag in Garnison und hatte eben das Kommando der 9. Kompanie seines Bataillons übernommen, als das in Böhmen liegende erste Korps, Befehlshaber Graf Clam-Gallas, den Befehl erhielt, nach Italien abzugehen. Die Eisenbahnfahrt ging durch das verbündete Bayern und durch Tirol nach Mailand, wo er mit seinen Kampfgenossen am 1. Juni eintraf. Schon den nächsten Tag ging der Marsch an die Tessinbrücke bei Magenta, wo man den Angriff des Feindes erwartete. Die Schlacht vom 4. Juni faud ihn so unter den Kämpfern. Es ist schade, daß er nicht dazu kam, seine mündlichen Erzählungen zu Papier zu bringen — den Zusammenstoß mit den Franzosen, die ritterliche Art, mit der seine Truppenabteilung und der gegenüberstehende Feind, beide vom Kampfe ermattet, stillschweigend übereinkamen, ihn ruhen zu lassen und in dem zwischen ihnen befindlichen Flußlauf Wasser zu schöpfen; den Rückzug, den sein Bataillon anfangs in Ordnung antrat, um erst im Stoßen und Drängen der zurückgehenden Massen und Fuhrwerke auseinander zu kommen. Am 20. Juni erfuhr er im Lager vor Verona seine Beförderung zum Hauptmann, nud vier Tage darauf kam er bei Solferino neuerlich ins Feuer. Er stand am linken Flügel, der, ohne besiegt zu sein, vom Feldzeugmeister Wimpffen übereilt den Befehl zum vorzeitigen Rückzug erhielt, was dann den Verlust der Schlacht auch auf dem siegreichen rechten Flügel zur Folge hatte.

Nach dem Friedensschlusse ging sein Herzenswunsch in Erfüllung, und er trat am 9. Oktober 1859 in Peterwardein mit seiner Braut in einen Bund, der bis zum Tode Angelis das Glück der beiden Ehegatten bildete. Sein Regiment lag 1863 in Lemberg, als er den Befehl erhielt, mit seiner Kompanie an der Grenzbewachung teilzunehmen, die Galizien von dem aufständischen Russisch-Polen trennte. Diese mühsame Aufgabe beschäftigte ihn von April 1864 bis Oktober 1864; es war aber nicht immer möglich, in dem breiten, ihm zugewiesenen Raume den Übertritt von Banden von und nach Rußland zu verhindern, zumal da diese in Verbindung mit den Besitzern der Adelshöfe standen. Die halb ernsten, halb launigen Schilderungen Angelis in dem bereits erwähnten Buche „Altes Eisen" gewähren lebendigen Einblick in das bunte Treiben.

Unter allen kriegerischen Verwicklungen Österreichs von 1849 bis 1866 war der Dänische Krieg der einzige, an dem Angeli persönlich nicht teilnahm. Der Krieg von 1866 jedoch fand ihn wieder auf dem Kampfplatze. Das 37. Regiment stand in der Brigade des Erzherzogs Joseph und gehörte zum 4. Korps unter dem General Grafen Festetics. Angeli kämpfte bei Schweinschädel am 29. Juni nud in der Schlacht von Königgrätz; sein Regiment gehörte zu den Truppenkörpern, die den blutigen Sturm auf den Swiepwald mitmachten.

Noch weitere vier Jahre gehörte Angeli dem streitbaren Stande an. Ein Zeichen des Vertrauens in seinen Takt und seine Tüchtigkeit war es, daß man ihm, der sich mit seinem Bataillon in Budapest in Garnison befand, im Jahre 1869 die Ausbildung der ersten Einjährig-Freiwilligenabteilung von etwa dreihundert Soldaten anvertraute, was bei den damaligen Strömungen in Ungarn keine leichte Aufgabe war. Die ungarischen Freiwilligen zeigten sich zuerst störrisch, wollten mit der Disziplin spielen, aber die Festigkeit und Biederkeit ihres Hauptmanns gewann sie vollständig für ihre Pflicht und flößte ihnen solche Sympathie für Angeli ein, daß sie ihm beim Abschied ihren Dank durch ein schönes Reitpferd bezeugen wollten, das ihm als Geschenk vorgeführt wurde. Disziplin und Brauch jedoch machten es dem Hauptmann unmöglich, aus den Händen seiner Untergebenen die Gabe anzunehmen. Kurze Zeit darauf aber endete seine dem Waffendienste gewidmete Tätigkeit. Seine Gesundheit hatte durch die Strapazen des Dienstes wie durch den Sturz eines Wagens, auf dem er 1859 eine amtliche Obliegenheit zu erfüllen hatte, gelitten, und er trat 1871 mit dem Majorscharakter in den Ruhestand.

Damit beginnt seine ausgebreitete Tätigkeit als militärischer Schriftsteller, durch die er sich dauerndes Verdienst erworben hat. Schon früher hatte er sich als solcher versucht und 1869 ein Buch, „Taktische Thematik", herausgegeben, das sich die Anwendung der allgemeinen Regeln der Kriegskunst auf einzelne Fälle zum Ziele setzte; ein Beitrag also zur applikatorischen Methode, die zu jener Zeit ihren Siegeslauf im militärischen Unterrichte begann. Bei seinem Rücktritte vom aktiven Dienste war er wohl körperlich angegriffen, doch geistig regsam; so übernahm er die Redaktion der militärischen Zeitschrift „Vedette", in der er zwar für die Reformen des Kriegsministers Kuhn eintrat, ohne sich jedoch denjenigen anzuschließen, die auch an liebgewordene Überlieferungen rühren wollten. Sein gerader und streitbarer Sinn verwickelte ihn mehrfach in Federkämpfe, die ebenso wie eine Anklage wegen Ehrenbeleidigung vor dem Schwurgerichte ehrenvoll für ihn verliefen. Die Beschäftigung mit der militärischen Journalistik sagte ihm wenig zu; und er trat mit Freuden am 1. Jänner 1875 in den aktiven Dienst zurück, zumal er der Abteilung für Kriegsgeschichte des k. u. k. Kriegsarchivs zugeteilt wurde. Dieser Dienstzweig war kurz vorher von Friedrich v. Fischer, dem hochverdienten Redakteur des amtlichen Werkes über den Krieg von 1866, neu organisiert worden. Die Leitung der kriegsgeschichtlichen Abteilung wurde von dem Nachfolger Fischers, dem Oberst v. Sacken, in dessen Geiste weitergeführt, und Angeli fand in ihm einen ihn hochschätzenden Vorgesetzten. Er beteiligte sich zunächst an dem großen Werke über die Feldzüge des Prinzen Eugen, in welchem er die Jahre 1697 und 1698 bearbeitete. Eine interessante Aufgabe fiel ihm zu, als die Kriegsgeschichtliche Abteilung den Plan faßte, zur Aufhellung der Geschichte Wallensteins die Archive derjenigen Adelsfamilien in Böhmen durchforschen zu lassen, deren Ahnherren an dem Aufstiege und dem Falle des

Friedländers beteiligt waren. Zu diesem Ende wurde ihm die eingehende Durchsicht des Schlickschen Archivs in Kopidlno übertragen, dann des Archivs des Fürsten Colloredo in Opotschno, endlich des Grafen Clam-Gallas in Friedland. Das Ergebnis hat Angeli in Berichten an die Kriegsgeschichtliche Abteilung niedergelegt. Daneben ging die fleißige Mitarbeiterschaft an den „Mitteilungen des k. u. k. Kriegsarchivs", wo er zahlreiche Arbeiten über Kriegsgeschichte veröffentlichte. Dazu gehören seine Aufsätze über „Die Heere des Kaisers und der französischen Revolution", „Ulm und Austerlitz 1805", „Wagram", „Die Teilnahme des k. u. k. österreichischen Auxiliarkorps unter dem Kommando des Fürsten Karl Schwarzenberg gegen Rußland 1812", die von ernsten archivalischen Studien Zeugnis gaben. Daß er daneben auf Anregung des Kriegsministeriums durch einige Zeit auch die Redaktion der Streffleurschen Militärischen Zeitschrift führte, gehörte nicht zu seinen angenehmsten Erinnerungen. Es zog ihn immer wieder zu historischen Arbeiten, für die sich um diese Zeit eine weitere Aussicht eröffnete. Er trat damit an das Hauptwerk seines Lebens.

Die Söhne des Erzherzogs Karl, die Erzherzoge Albrecht und Wilhelm, faßten den Plan zu einer vollständigen wissenschaftlichen Biographie ihres berühmten Vaters, des Siegers in den Feldzügen von 1796, 1799 und in der Schlacht bei Aspern. Die umfassende Aufgabe wurde in zwei Teile zerlegt, so zwar, daß der Professor an der Wiener Universität Zeißberg es übernahm, die Geschichte des Lebens und mit ihr die politische Tätigkeit Karls zu schildern, während Moritz v. Angeli mit der Aufgabe betraut wurde, dem Erzherzog-Feldmarschall in dessen Eigenschaft als Feldherr gerecht zu werden. Als dritter Teil wurde die Herausgabe von politischen und militärischen Schriften des Erzherzogs ins Auge gefaßt, die von dem Archivar des Erzherzogs Albrecht, Malcher, geleitet werden sollte. Für Angeli war es höchst ehrenvoll, daß gerade ihm der schwierigste Teil der Arbeit übertragen wurde, und eifrig machte er sich an Forschen und Darstellen. Es traten ihm aber vom Anfang an große Schwierigkeiten in den Weg. Sie werden sich immer einfinden, wenn eine offene, wahrheitsliebende Natur zu einer Arbeit eingespannt wird, bei der der Verfasser nicht ganz selbständig ist. Hemmungen dieser Art bei amtlichen und halbamtlichen Werken werden am besten durch die Weisung gekennzeichnet, die Moltke bei Abfassung des deutschen Generalstabwerkes über den Krieg von 1870 gab: „Die Prestigen (der deutschen Heerführer) müssen geschont werden.“ Für Angeli war auch der Umstand wichtig, daß die Pietät der Söhne des Erzherzogs Karl sorgsam über dessen Andenken wachte. Dazu kam, daß der Erzherzog-Feldmarschall selbst die Feldzüge von 1796 und 1799 in Werken geschildert hatte, die zwar mit Recht hohes Ansehen genießen, die aber den Nachteil besitzen, daß der Verfasser die offiziellen österreichischen Dokumente nicht vollständig, die französischen aber gar nicht benützt hatte. Erschien doch vom Marschall Jourdan, seinem Gegner im Kriege von 1796, eine Widerlegung der Annahmen, die der Erzherzog in seinem Buche über die Absichten des französischen Generals ausgesprochen hatte. Es war nicht anders möglich, als daß das Werk Angelis die Darstellung des Erzherzogs nicht bloß ergänzte, sondern auch berichtigte. Er war in der Lage, den Feldherrn in manchen Punkten gegen die Strenge der von ihm geübten Selbstkritik zu verteidigen, er durfte sich aber öfters auch den Widerspruch gegen die Angaben seines Helden nicht ersparen. Die Erzherzoge Albrecht und Wilhelm wareu zu sachkundig, um diese Schwierigkeiten zu verkennen, und Angeli hat stets anerkannt, daß ihm in der Feststellung der Tatsachen freie Hand gelassen wurde. Manches hätte sich ruhiger und für Angeli erquicklicher schlichten lassen, wenn sich nicht zwischen ihm und dem Nachfolger Sackens in der Leitung der Kriegsgeschichtlichen Abteilung, Freiherrn v. Wetzer, sachliche und persönliche Mißhelligkeiten eingestellt hätten. Wetzer entwarf eine Art Programm für die Abfassung des ersten Teiles der Arbeit Angelis, mit der dieser aus sachlichen Gründen in vieler Beziehung nicht einverstanden war. Ihm, der bereits im Kriegsarchiv die Quellen durchforscht hatte, schien manche Annahme Wetzers nicht haltbar, und er konnte sie nicht zur Richtschnur nehmen. Der Gegensatz verschärfte sich, da die Gradheit Angelis sich in der mündlichen Aussprache nicht verleugnen konnte. Er rückte zwar

1888 zum Oberstleutnant vor und sollte auch Stellvertreter des Leiters der Kriegsgeschichtlichen Abteilung werden; aber das Verhältnis drängte zur Lösung, und Angeli verzeichnet in seinem Tagebuch zum 10. September 1890, er sei „infolge der vielfachen Reibungen mit der Archivdirektion, welche aus meiner selbständigen Stellung als Verfasser des Erzherzog-Karl-Werkes hervorgingen", aus dem Verbande der Kriegsgeschichtlichen Abteilung geschieden. Dafür wurde er dem Familienarchiv des Erzherzogs Albrecht zugeteilt. Der Austritt aus jenem Verbande war ihm aus manchen Gründen unwillkommen, dafür aber ward ihm größere Freiheit der Bewegung zuteil, die er zur Vollendung seines Werkes benützte. Die Söhne Erzherzog Karls wurden indessen durch den Tod abberufen, und ihre Neffen, die Erzherzoge Friedrich und Engen, verfügten, daß während die Arbeit des Professors Zeißberg nur langsam vorschritt, mit der Herausgabe des Werkes Angelis begonnen werde. Und so erschienen 1896—1897 dessen fünf Bände über „Erzherzog Karl als Feldherr und Heeresorganisator", welche die Feldzüge von 1796 in Deutschland und 1797 in Italien, 1799 in Deutschland, 1805 in Italien, 1809 in Deutschland und Österreich und als Schluß die Würdigung des Erzherzogs Karl als Heeresorganisator umfaßten. Angeli war unterdessen 1895 als Oberst aus dem aktiven Dienste in den Ruhestand getreten, ohne sich aber in seiner Arbeit beirren zu lassen. Nach ihrem Abschluß wurde ihm „in Anerkennung seiner Verdienste auf historischem Gebiete" vom Kaiser der Orden der Eisernen Krone dritter Klasse verliehen, und auch die beiden überlebenden Erzherzoge haben ihrerseits mit dem Dank für seine Mühewaltung nicht gekargt.

Berufene Beurteiler werden anerkennen, daß Angeli mit großem Fleiß und mit aller Wahrheitsliebe den Stoff zusammengetragen und übersichtlich gegliedert hat. Es war aber von seinem Werke nicht eine unumwundene Kritik der militärischen und politischen Ereignisse zu erwarten, die weder beabsichtigt, noch unter den obwaltenden Umständen möglich war. Man wird aber Urteile dieser Art ebensowenig in den Arbeiten solcher nichtösterreichischer Darsteller finden, die eine offizielle Aufgabe übernommen haben.

Nach so viel Lebensarbeit hätte Oberst v. Angeli, nahezu siebzigjährig, das Recht gehabt, sich Ruhe zu gönnen. Aber er war unermüdlich, und so setzte er sich neue Aufgaben. Auf Anregung des Prinzen Ludwig Windischgrätz, Generaltruppeninspektors, ersuchte ihn die Familie des Generals Grafen Clam-Gallas zur Abfassung von dessen militärischer Biographie, eine Arbeit, die ihn schon deshalb anzog, weil er an den Feldzügen des Grafen Clam-Gallas von 1849 bis 1866 als Offizier teilgenommen hatte. Es war Angelis Absicht, mit der Veröffentlichung seines Buches vorzugehen; das Manuskript wurde auch nach dem Tode des Verfassers dem Sohne des Generals abgeschlossen übergeben. Die Arbeit harrt jedoch noch der Veröffentlichung.

Außerdem beschäftigte sich Moritz v. Angeli in den letzten Jahren seines Lebens mit der Niederschrift seiner Erinnerungen. Er wählte dazu nicht die Form einer zusammenfassenden Selbstbiographie, sondern zog es vor, der Reihe nach einzelne Stücke herauszuheben. So entstand sein Buch „Altes Eisen", und zuletzt die Arbeit, die hiermit den Lesern übergeben wird. Das vorliegende Buch ist nicht autobiographisch gehalten, aber es erzählt nichts, was Angeli nicht selbst gesehen und beobachtet hat. Die Verhältnisse, die in Wien unter dem Belagerungszustande nach 1848 herrschten, wie die Gestaltung und der Geist der österreichischen Armee jener Zeit werden uns dadurch lebendig. In diesen Schilderungen prägt sich die frische, kernige Natur des Verfassers aus, sie liefern aber auch dem Darsteller jener Zeit wertvolle Anhaltspunkte. Wer Oberst v. Angeli kannte, dem blickt aus diesem Buche dessen treuherziges Antlitz entgegen, er wird darin auch die Unabhängigkeit des Urteils wiederfinden, das ohne bequeme Anlehnung die eigene Überzeugung und nur diese wiedergibt.

Grabmayrs Gesammelte Reden

(Veröffentlicht 1912)

Selbst die Parteigegner Karls v. Grabmayr[1]) werden nicht bestreiten können, daß er der beste politische Kopf ist, der in unserer Generation aus seiner Tiroler Heimat hervorgegangen ist. Die Wertschätzung, die ihm in Tirol seit langem gezollt wurde, ward ihm dann auch im Abgeordnetenhause zuteil, und die von ihm gezogenen politischen Wellenkreise erweiterten sich, als darauf seine in der österreichischen Delegation am 8. November 1910 gehaltene Rede auch in Italien kräftigen und zustimmenden Widerhall erweckte. Es gab auf der Halbinsel keine größere Zeitung, die sich nicht mit dieser großzügigen Friedens- und Freundschaftskundgebung beschäftigte. Darin war energische Abwehr des Irredentismus so glücklich mit dem Ausdrucke der Sympathie für das Volk südlich von den Alpen gepaart, daß man sich sagen mußte, so könne nur eine kräftige und zugleich gewinnende Persönlichkeit sprechen.

Die Gesinnungsgenossen Grabmayrs im tiroler Landtage verdienen somit Dank, daß sie aus Anlaß seines freiwillig erfolgten Scheidens aus dieser Körperschaft die Sammlung seiner Reden veranlaßt haben. Als Herausgeber des Buches zeichnen die Abgeordneten des verfassungstreuen Großgrundbesitzes, die in Grabmayr ihren Führer erblicken. Er ist ein Mann des rechten Zentrums, bedächtig in seinen Anschauungen über das Verhältnis zwischen Staat und Volk, schrittweisen Reformen zugeneigt, doch bedenklich gegen rasche Sprünge der Gesetz-

[1]) „Von Badeni bis Stürgkh." Von Karl v. Grabmayr. Politische Reden, herausgegeben vom verfassungstreuen Tiroler Großgrundbesitz. Wien 1912, F. Tempsky.

gebung; voll Mut im Aussprechen seiner Überzeugung, wenn er sich auch damit dem Strome der öffentlichen Meinung entgegenstellt; ein warmherziger Tiroler und österreichischer Patriot, in erster Linie ein Mann des Staats, für dessen Bedürfnisse er gegen nationalen und radikalen Überschwang mit Nachdruck eintritt. Charakteristisch für ihn ist, daß er in seiner am 21. Dezember 1911 gehaltenen Rede die Gegenüberstellung von Staatsnotwendigkeiten und Volksnotwendigkeiten bekämpft. Einen solchen Gegensatz will er nicht anerkennen. „Was ist der Staat?" so fragt er. „Der Staat ist doch nur das rechtlich organisierte Volk, der Staat ist die unentbehrliche Form, in der alle die kulturellen, wirtschaftlichen und sozialen Bedürfnisse des Volkes nach Befriedigung ringen. Zwischen Staat und Volk besteht grundsätzlich vollständige Identität der Interessen." Er sieht deshalb das Unheil des österreichischen Abgeordnetenhauses in der von den Parteien ausschließlich betriebenen „Wählerpolitik", an deren Stelle die Gebote der „Staatspolitik" treten sollten.

Aus seinen Reden steigt der Erdgeruch Tiroler Bodens auf. Seine Art ist kernig, offenherzig, seine Liebe umfaßt seine schöne Heimat als Teil des großen österreichischen Vaterlandes, in dem er unverzagt auf der Seite des deutschen Stammes steht. Auf das Ziel seiner Reden geht er ohne Umschweife los, ohne ihnen jemals eine langstielige Einleitung vorauszuschicken. Die falsche Bescheidenheit, für das feste Beharren auf der eigenen Ansicht um Entschuldigung zu bitten, ist ihm ebenso fremd wie das Herabsetzen und die Geringschätzung des politischen Gegners. Kein heftiges Wort verunziert seine Sprache, er ist inmitten der häßlichen Ausschreitungen im Schoße des Abgeordnetenhauses immer vornehm im Ausdrucke geblieben. Wenn er vor seinen Meraner Mitbürgern sprach, war seine Rede ebenso überlegt und durchgearbeitet, wie wenn er im Herrenhause das Wort nahm. Seine Zuhörer haben aus seinem Vortrage jedesmal einen wertvollen Vorrat von Tatsachen und Gedanken mitgenommen. Und fast immer wird man durch Kraft und Frische des Ausdrucks zum Mitgehen angespornt. Steht er auch nicht in der vordersten Reihe der bedeutenden Redner, welche in der parlamentarischen Geschichte der Kulturnationen als Sterne erster Größe glänzten, so vermißt man doch in seiner Rede nie die warme und edle Gesinnung, diese treibende Kraft seines Wirkens.

Nichts ist für Grabmayr bezeichnender als die Besonnenheit, mit der er unter den Stürmen der deutschen Obstruktion seine Stammesgenossen vor der Verzweiflung am Staate, vor dem Übergang in das radikal-nationale Lager warnt. Sie möchten festhalten an Österreich und an dem gemäßigten Programm seiner Partei. „Die Deutschen in Österreich," so mahnt er seine Mitbürger in Innsbruck am 22. März 1899, „gleichen der bedrängten Besatzung einer vom Feind umlagerten Festung; wir haben manche Schlappe erlitten, manches Außenwerk verloren, doch mit Besonnenheit, Unbeugsamkeit, Einigkeit können wir die Stellung noch halten. Den Platz in die Luft zu sprengen und den Durchbruch um jeden Preis zu erzwingen, wird sich eine pflichtgetreue Garnison nicht eher entschließen, bevor alle möglichen Mittel der Verteidigung erschöpft sind."

So kämpfte er in den ersten Jahren seiner Tätigkeit als Abgeordneter gegen zwei Fronten: gegen den eisernen Ring der Rechten, der den Ministern Badeni und Thun die Niederhaltung der Deutschen ermöglichte, und wider die Schönerersche Richtung, die er in doppelter Beziehung für verderblich hielt, weil sie die Deutschen Österreichs spaltete und weil sie ihren Gegnern die Argumente lieferte, um die Hofburg noch mehr gegen das deutsche Volk einzunehmen. Anfangs war er der Meinung gewesen, daß es gelingen könnte, die gemäßigten und die radikalen Deutschen zu einer gemeinsamen Aktion zu vereinigen. Da aber die Anhänger Schönerers in Tirol sich absonderten, ihn und seine Freunde der Lauheit, selbst des Verrats anklagten, nahm er den Kampf auf und hielt am 15. April 1898 zu Meran Gericht über sie in einer Rede, der in dem Buch die Aufschrift „Radikale Tyrannei" gegeben ist. Diese Rede ist durch Temperament und Unerschrockenheit eine der besten der Sammlung. Man versetze sich in die Stimmung jener Tage: deutsche Obstruktion im Abgeordnetenhause und Wachstum der alldeutschen Partei in ganz Deutsch-Österreich — Grabmayr aber ruft sein Volk mutig zur Besonnenheit und zu den Tatsachen zurück. Es heißt darin:

„Die von unseren Feinden verbreitete Legende, daß das

deutsche Volk in Österreich unter der Führung der Herren Wolf und Schönerer stehe, muß zerstört werden, und zwar schon deshalb, weil diese Legende wesentlich dazu beiträgt, das Verhältnis zwischen der Krone und dem deutschen Volk immer mehr zu verbittern.

„Namentlich wir freisinnigen Deutschtiroler müssen uns dagegen verwahren, daß man uns radikale Führung aufzudrängen sucht. Aufrichtigen Herzens haben wir Liberale in Tirol uns mit den Nationalen zu einer großen nationalen und freisinnigen Partei vereint und ein erfreuliches Ergebnis dieses Zusammenschlusses ist der Deutsche Volksverein, über dessen Zwecke und Aufgaben heute so schöne Worte gesprochen wurden. Damit aber diese so wünschenswerte Einigkeit, die der treuen Waffenbrüderschaft der beiden großen Volksparteien im Parlament entspricht, Bestand habe, darf man uns nicht zumuten, daß die ganze Partei in das radikale Fahrwasser einlenke und eine Politik der Superlative treibe, als deren Ende wir nach einem aufreibenden Kampf bis aufs Messer den Zerfall des Reiches voraussehen.

„Ich sage es laut und wünsche, daß es möglichst weit gehört wird: Wir wollen keine antidynastische, wir wollen keine antiösterreichische Politik, wir wollen eine Politik, die bei noch so strammer Betonung unseres nationalen, unseres deutschen Standpunktes die Verständigung und den Frieden zwischen den Völkern Österreichs nicht ausschließt.

„... Und wenn es auch den Radikalen gelänge, mich politisch tot zu machen, so würde ich mich ruhig ins Grab legen in der sicheren Überzeugung, daß eine Zeit der Auferstehung kommen muß, eine Zeit, wo die heutige pathologische Überreizung wieder nachläßt, wo der Fieberparoxismus schwindet, wo man nicht mehr mit Vorliebe den radikalen Himmelsstürmern Gehör schenkt sondern den besonnenen Elementen, die bei aller Entschiedenheit der nationalen Gesinnung sich doch auf den Boden der gegebenen Tatsachen stellen und das Heil des deutschen Volkes nicht in der Zerstörung, sondern im harmonischen Ausbau unseres alten Österreichs zu finden trachten."

Diese Rede sei besonders denjenigen zum Studium empfohlen,

die die Behauptung aufstellen, die deutsche Opposition jener Tage habe durch ihre Übertreibungen die Rückkehr der Deutschen zur Macht unmöglich gemacht. Die Sache steht vielmehr so, daß die Politik der Hofburg zwar den extremen Elementen im deutschen Lager Anlaß zu antiösterreichischen Kundgebungen gab, daß aber diese Stimmung in dem gemäßigten rechten Flügel der deutschen Partei ein Gegengewicht besaß. Sobald dank der klugen Politik des Ministeriums Koerber der Druck von den Deutschen genommen war, sobald der von Koerber aufgestellte Grundsatz, Verschiebungen des nationalen Besitzstandes dürften von der Regierung nur im Einverständnisse beider nationalen Heerlager vorgenommen werden, zum Staatsprinzip erhoben wurde: fiel den Männern der gemäßigten Richtung die Führung von selbst zu. Die Verstimmung, die zwischen den Deutschen der Sudetenländer und der Hofburg Platz gegriffen hatte, löste sich von selbst; Grabmayr und seine Freunde haben das Kabinett Koerber deshalb vom Anfang bis zum Schlusse unterstützt.

Es lag in der konservativen Gedankenrichtung Grabmayrs, daß er auch die Los-von-Rom-Bewegung für eine Übertreibung ansah und ihrer Verbreitung entgegentrat. „Mag man auch zugeben," sagte er in seiner am 15. Juni 1901 gehaltenen Rede, „daß die unverantwortliche Haltung der Deutschklerikalen im nationalen Streite der letzten Jahre zu jener Bewegung den ersten starken Anreiz gab und daß namentlich in jenen Gebieten, wo deutsche Minoritäten gegen die Slawen um ihre nationale Existenz ringen, der Mangel deutscher katholischer Priester der protestantischen Propaganda die Wege bahnte, so bleibt es doch immer entweder eine Entwürdigung der Religion, wenn man die religiöse Überzeugung aus politischen Gründen verändert, oder eine leere Komödie, wenn man ohne religiöse Überzeugung von der einen Konfession zu einer anderen wandert."

Er behielt auch in den trüben Tagen, da die Deutschklerikalen gemeinsam mit Tschechen und Slowenen regelmäßig ihre Stammesgenossen im Abgeordnetenhause niederstimmten, nie das Ziel außer Auge, die Brücke zwischen Fortschrittlichen und Klerikalen zu schlagen, auf daß in nationalen Fragen den Slawen entgegengetreten werden könnte. Das ist zuletzt auch gelungen, vor allem, weil der Episkopat einsah, daß er sich durch seine antinationale Haltung selbst Wunden geschlagen hatte. Als 1903 an Stelle Leo XIII. ein Papst gewählt wurde, der am politischen Getriebe keinen Gefallen faud und sich vorwiegend mit religiösen und dogmatischen Fragen beschäftigte, ist in Österreich wie in Frankreich die streitende Kirche zurückhaltender geworden. Man mag gegen die einzelnen Bullen und Breven Papst Pius X. noch so große Einwendungen erheben, so ist seiner Wirksamkeit doch das Lob zu spenden, daß er dem Streite zwischen Staat und Kirche keine Nahrung zugeführt hat. Das wäre natürlich anders geworden, wenn Rampolla den Päpstlichen Stuhl bestiegen hätte. Das Veto des Kaisers Franz Josef gegen die Wahl dieses Kardinals zum Papste war ein dem kirchlichen Frieden geleisteter Dienst.

Politiker wie Grabmayr werden deshalb nicht leicht für ausgreifende kirchenpolitische Reformen zu gewinnen sein. Es hat aber trotzdem befremdet, daß er in seiner Rede vom 21. Dezember 1911 überscharf gegen die „Freie Schule" auftrat. Diese Stellungnahme war von der Absicht diktiert, das Zusammenwirken des freiheitlichen und des christlich-sozialen Flügels im deutschen Heerlager zu ermöglichen. Daher der Kernsatz jener Rede: „Für den vernünftigen Politiker kann es derzeit nur eine Losung geben: Waffenstillstand auf den strittigen kirchlich-staatlichen Grenzgebieten, kein Versuch, den gegebenen Besitzstand zu verrücken."

Vom deutschen Interessenstandpunkt sah er auch in der Einführung des gleichen Wahlrechtes kein Glück. Dem allgemeinen Wahlrecht stimmte er zu, er befürchtete aber von einer radikalen Wahlreform die Zurückdrängung seines Volkes aus wichtigen politischen Positionen. Er konnte es nicht verwinden, daß die Zahl der deutschen Abgeordneten, die im letzten Kurienparlament noch achtundvierzig Prozent aller Deputierten ausmachten, auf fünfundvierzig Prozent herabgedrückt wurde. Wie man immer über diese seine Haltung urteilen mag, so wird man ihm doch unbedingt darin recht geben müssen, daß im allgemeinen gleichen Wahlrecht nicht das Allheilmittel gegen die schweren Schäden des Staatswesens zu erblicken war. Glücklich polemisierte er gegen den Optimismus des Ministerpräsidenten Freiherrn v. Beck, der sich von der Reform „die Auferstehung des österreichischen Parlaments" erhoffte und dem Kurienparlament rügend entgegen hielt, daß es „wehr- und willenlos inmitten des Sturmes der Obstruktion stand". Dem hielt er am 7. März 1906 ernste Bedenken entgegen:

„Verzeihen Sie, meine Herren, daß sich bittere Ironie mir auf die Zunge drängt. Aber wenn wir hören müssen, wir Großgrundbesitzer trügen die Schuld, daß dieses hohe Haus jahrelang der Obstruktion erlag, wenn man ein naives Publikum glauben macht, daß die Genesung des politischen Lebens, die Gesundung des hohen Hauses eigentlich nur durch unseren Hinauswurf bedingt sei, so muß auch das bescheidenste Gemüt gegen eine solche Entstellung der jüngsten Geschichte, gegen eine so offenbar falsche Diagnose und Prognose revoltieren! Nein, meine Herren, nicht auf dem Boden des gleichen Stimmrechtes, sondern auf dem Boden nationaler Verständigung kann die Auferstehung des österreichischen Parlaments erfolgen. An dieser Verständigung, nicht an was immer für Wahleinrichtungen hängt Österreichs Schicksal und diese Verständigung werden Sie nicht fördern sondern erschweren, wenn nicht für immer unmöglich machen durch eine Wahlordnung, welche die Reihen der nationalen Chauvinisten verstärkt und den Slawen im Parlament eine starke und dauernde Mehrheit gegenüber den Deutschen einräumt."

Die Stärke Grabmayrs liegt auf dem Gebiete, auf dem in Österreich die größten Schwierigkeiten zu überwinden sind, auf dem Felde der Nationalitätenpolitik. Seine Anstrengungen galten vor allem der Herstellung eines Tiroler Landfriedens, und er wird nicht müde, seinen deutschen Stammesgenossen die Befriedigung der billigen Wünsche ihrer italienischen Landsleute ans Herz zu legen[1]). Unbefangenheit gesellt sich hier zur

[1]) Auch nach den Kriegsereignissen nehme ich keinen Anstand, die folgenden Stellen aus den Reden Grabmayrs sowie das ihnen gezollte Lob wieder abzudrucken. Sind doch diese Ausführungen der beste Beweis, mit welcher Treue Österreich vor dem Kriege an dem Bunde mit Italien festhielt, wie gerecht und versöhnlich in Tirol über die nationalen Bestrebungen der welschen Reichsgenossen geurteilt wurde.

Weite des Blickes, warme Fürsorge für das deutsche Volk zu gerechter Abwägung der Bedeutung der anderen Nationalitäten. So besonders in seiner Rede vom 15. Juni 1901, wo er die Gewährung der Autonomie Welschtirols empfiehlt. In kernigen Worten warut er seine deutschen Landsleute, ihre Kräfte nicht an „die Utopie der Rückverdeutschung von Gebieten" zu verschwenden, die seit Jahrhunderten italienischen Charakter tragen. Ebenso ist er ein warmer Fürsprecher für die Errichtung einer italienischen Universität in Tirol und er spottet über die Furchtsamkeit und Engherzigkeit derjenigen, welche von der Einwanderung italienischer Arbeiter die Entwurzelung des kräftigen deutsch-tirolischen Stammes befürchten. „Im zwanzigsten Jahrhundert," so jagte er, „wo ein kräftiger Entwicklungsdrang aller Völker dem Bereiche der Erfüllungsmöglichkeit nur zu häufig vorauseilt, geht es doch nicht an, einen bereits bestehenden kulturellen Besitz einer Nation einfach zu konfiszieren und am wenigsten scheint eine solche Rückbildung dann möglich, wenn es sich um eine Nation von der Kulturhöhe der Italiener handelt. Daher konnte sich die Regierung, sobald sie sich zur Aufhebung der italienischen Parallelkurse in Innsbruck entschloß, der Verpflichtung gar nicht entziehen, für geeigneten Ersatz in anderer Weise zu sorgen."

Damals stand man in Tirol an der Schwelle der nationalen Verständigung, als die deutschen Klerikalen, einem Winke aus Wien folgend, plötzlich die bereits weit gediehenen Verhandlungen fallen ließen. Mißbilligend und bedauernd wirft Grabmayr in einer am 28. Juni 1910 im Herrenhause gehaltenen Rede einen Rückblick auf das Scheitern seiner Bestrebungen:

„Die Frage der italienischen Universität ist ein wahrer Schulfall für die Maxime: principiis obsta, sero medicina paratur. Hätte die Regierung im Jahre 1900, als wir Deutsche im Tiroler Landtag im vollen Einvernehmen mit den Italienern gegen die fortschreitende Utraquisierung der alten deutschen Innsbrucker Universität protestierten und die Ausscheidung der italienischen Parallelklassen verlangten, sofort in der Tiroler Landeshauptstadt die italienische Fakultät errichtet, dann hätte die Regierung Dank und Anerkennung von beiden Seiten geerntet; von uns

Deutschen, weil wir die Sicherung des deutschen Charakters unserer Universität erreicht hätten, aber auch von den Italienern, die seit 1866 nach Innsbruck kamen und für die eine selbständige Fakultät damals ein großer Fortschritt, ein nationaler Erfolg war. Aber — echt österreichisch — tat man nichts, so lange die Lösung leicht war. Man zögerte und deliberierte, man ließ den Hetzern auf beiden Seiten Zeit, die Stimmung so lange zu vergiften, bis der zur Fieberhitze gesteigerte chauvinistische Wahn ein friedliches Nebeneinander der beiden Nationen in der gemeinsamen Landeshauptstadt ausschloß. Als es glücklich so weit war, da eröffnete die Regierung im Herbst des Jahres 1904 die Fakultät in Wilten und veranlaßte jenen häßlichen Ausbruch, an den wir beide, Deutsche und Italiener, uns nur mit schmerzlichen Gefühlen erinnern."

Ähnlich urteilte Grabmayr, wenn er die größeren Verhältnisse des deutsch-tschechischen Gegensatzes besprach. Er bekämpfte zwar die Badenischen Sprachenverordnungen als schweres, den Deutschen angetanes Unrecht und begründete im Abgeordnetenhause 1899 seinen Antrag auf Erhebung der Anklage gegen das soeben abgetretene Ministerium; er wird aber nicht müde, den Deutschen zu sagen, daß sich die wirtschaftliche und geistige Entwicklung der slawischen Völker nicht aufhalten lasse und daß es in ihrem wie im Vorteil des Staates liege, durch einen gerechten Ausgleich den Reichsfrieden herzustellen.

Dieselbe Billigkeit fordert er auch im internationalen Verkehr der europäischen Staaten. Das ist es, was in seiner mit Recht vielgerühmten Rede über das Verhältnis der Monarchie zu Italien den sittlichen Hintergrund für die politischen Ausführungen bildet. Ganz richtig sagt er, daß, da die Zeit der Kabinettskriege vorüber ist, auch ein Kabinettsbündnis keine Dauer verspreche; Allianzen müßten auf der Sympathie der Völker begründet sein, sonst entstehe „das historische und völkerrechtliche Paradoxon", daß verbündete Staaten fort und fort die Waffen gegeneinander schärfen. Er versichert die Italiener, nur „ein unheilbarer Narr" könne wünschen, daß unsere Monarchie gegen Italien angriffsweise vorgehe. Österreich-Ungarn anerkenne Rom als intangibile, für uns wieder gebe es ein Trieste e Trento intangibile. Es wurde Grabmayr in Italien hoch angerechnet, daß er sein Bedauern „über die chauvinistischen Übertreibungen gewisser Überdeutscher" aussprach, „deren unangebrachte Germanisierungsversuche im italienischen Tirol den einzigen Erfolg haben, daß sie das empfindliche Nationalgefühl der Italiener verletzten". Auch die Kernstelle der Rede begegnete auf der Halbinsel allgemeinem Beifall. Sie lautet:

„Die Ergebnisse dieser Betrachtungen zusammenfassend, glaube ich, mit der öffentlichen Meinung der Monarchie nicht in Widerspruch zu geraten, wenn ich folgendes sage: Wir sind aufrichtige Freunde des edlen italienischen Volkes, das als ältester Kulturträger in Europa einen vornehmen Rang einnimmt. Mit jener geschichtlichen Entwicklung, die unsere Monarchie ihrer vielhundertjährigen dominierenden Stellung in Deutschland und Italien entsetzt hat, haben wir uns längst restlos abgefunden, und ohne eine Spur von Groll, ohne irgendeinen bitteren Bodensatz nehmen wir es hin, daß ein großer historischer Prozeß auf blutigen Schlachtfeldern zur Entscheidung kam. Wir bewundern den großartigen Aufschwung der italienischen Nation, wir gönnen ihr von Herzen die überraschenden politischen und wirtschaftlichen Erfolge, die sie in kaum einem halben Jahrhundert, dank ihrer nationalen Begeisterung, dank ihrer tatkräftigen Energie zu erringen verstand. Und in diese Gefühle mischt sich höchstens ein leises Gefühl des Neides, wenn wir den glänzenden Stand der italienischen Finanzen mit dem recht unbefriedigenden unserer eigenen Finanzen vergleichen. Wir bieten den Italienern ehrlich, offen und ohne Hintergedanken die Hand zum Bund. Wir billigen voll und ganz die auf dieses Ziel gerichtete Politik unseres Ministers des Äußern, weil wir gleich ihm überzeugt sind, daß sich eine wesentliche Divergenz zwischen den Interessen der beiden Staaten nicht findet. Wir erwarten und verlangen von den Italienern gar nichts anderes als ehrliche, gute Nachbarschaft, als Treue um Treue."

Mit gutem Grunde beklagt man die politischen und nationalen Verluste, welche die Deutschen Österreichs in den beiden letzten Menschenaltern an den Sprachgrenzen wie in der Zentralleitung des Staates erlitten haben. Ebenso schwer wie die Wunden, die ihnen von ihren Gegnern geschlagen wurden, sind die, die sie sich selbst zugefügt haben. Dazu gehört die Zurücksetzung, welche eine Reihe von Männern aus ihrer Mitte, die mit überlegenem Geiste und reicher Bildung ausgestattet siud, erleiden mußten. Man rügt es, daß dem deutschen Nationalverband im Abgeordnetenhause die Führung durch eine starke Persönlichkeit fehle. Wie kaun dies anders sein, da bei den Wahlen von 1907 gerade die erfahrensten Politiker vom Abgeordnetenhause ferngehalten wurden? Die Tiroler haben Grabmayr, die Deutschböhmen dem gründlichsten Kenner der Nationalitätenfrage Baernreither, die Niederösterreicher dem früheren Führer der fortschrittlichen Partei im Abgeordnetenhause Marchet ein Mandat für den Reichsrat versagt. Es gibt im deutschen Nationalverband ohne Frage verdiente Abgeordnete, aber keiner von ihnen besitzt in demselben Grade die Fähigkeit, im Namen der Partei zu sprechen, zu verhandeln und abzuschließen wie einer der drei genannten Männer. Diese Undankbarkeit gegen die besten Kräfte straft sich schon jetzt und wird noch weiter traurige Früchte tragen. Und da ein ähnliches Schicksal einem so hervorragenden Staatsmanne wie Ernst v. Koerber bereitet wurde, so bleibt die Leitung des Staates Persönlichkeiten überlassen, die sich mit ihm nicht messen können. Weder an der Spitze des Staates, noch in den Volkskreisen besitzt man eine richtige Vorstellung davon, wie die uns durch die glückliche Anlage des deutsch-österreichischen Stammes geschenkten Begabungen zu verwenden sind. Das rächt sich schwer an der österreichischen Politik und der österreichischen Verwaltung. Regenten wie Völker schädigen sich selbst, wenn sie statt mit Talenten zu arbeiten mit Mittelmäßigkeiten vorlieb nehmen.

Leopold Freiherr v. Chlumecky über die italienische Politik

I.

Um die Adria

(Veröffentlicht 1906)

Im letzten Jahrzehnt ist in Italien eine ganze politische Literatur über die Balkanhalbinsel entstanden. Wohl rührt das beste Buch über mazedonisch-albanische Verhältnisse „La Turquie et l'Hellénisme“ (5. Auflage, Paris 1904) von dem Franzosen Viktor Bérard her, die Italiener sind jedoch in Büchern, Flugschriften, Essays und Zeitungsartikeln unermüdlich bemüht, das nationale Interesse zu wecken, die Blicke auf Albanien zu lenken und die Besitznahme der Ostküste des Adriatischen Meeres durch das Volk vorzubereiten. Zwei italienische Politiker, die, wenn auch nur kurze Zeit, Minister des Äußern waren, San Giuliano und Guicciardini, der letztere jetzt Botschafter in London, haben die Balkanhalbinsel bereist und belehren die italienischen Leser von Zeit zu Zeit über die Zustände im Osten der Adria. Überall waltet der Gedanke vor, Italien habe den Beruf, die Erbschaft der Republik Venedig anzutreten und die Häfen Albaniens, insbesondere Valona und Durazzo, zunächst kommerziell zu beherrschen, damit der stolze Wahlspruch des italienischen Flottenvereins „mare nostrum“ zur Tat werde.

Diesen Bestrebungen gegenüber ist man in Österreich leider lange Zeit teilnahmslos geblieben. Die historisch begründete Vormachtstellung Österreichs in Albanien, die, was die nördlichen Gebiete des Landes betrifft, im Berliner Vertrage ausdrücklich anerkannt ist, fand lange keinen literarischen Verteidiger, bis jetzt ein verdienstvolles Buch erschienen ist, das

Leopold Freiherrn v. Chlumecky zum Verfasser hat. Der Haupttitel „Österreich-Ungarn und Italien" (Franz Deuticke, Leipzig und Wien 1907) wird eindrucksvoll durch den Untertitel „Das westbalkanische Problem und Italiens Kampf um die Vorherrschaft in der Adria" ergänzt. Wer sich über die unermüdlichen Anstrengungen Italiens am Westbalkan und über die betreffende italienische Literatur unterrichten will, wird nach dieser Arbeit greifen müssen, die dem Historiker ansehnliches Material und dem Politiker einen Überblick über den Staud der Frage gewährt.

Das Buch Chlumeckys ist ein Weckruf — deshalb malt der Verfasser auch in eindrucksvollen Farben die Gefahr, die Österreich laufen würde, wenn Italien sich Albaniens bemächtigte. Österreich könnte vollständig vom Weltverkehr ausgeschlossen werden, wenu Italien außer Bari und Brindisi auch die gegenüberliegende albanische Küste beherrschte, die von seinen Gestaden nur fünfundsiebzig Kilometer entfernt ist. Alle Hoffnungen Österreichs auf die Ausdehnung seines Handels in der Richtung gegen Saloniki wären vernichtet und selbst der Besitz Dalmatiens und Bosniens bedroht.

Ob diese Möglichkeit wirklich in dem Maße besteht, wie von Chlumecky befürchtet wird, bleibe dahingestellt, es war aber notwendig, diese Dinge einmal klar auszusprechen und die daraus nicht bloß für Österreich-Ungarn, sondern auch für die Weltstellung der deutschen Nation erwachsenden Gefahren aller Augen klarzumachen. Die Österreich feindseligen französischen und italienischen Publizisten sprechen von der Notwendigkeit, die Ausbreitung des Germanentums auf der Balkanhalbinsel zu verhindern. Ein Blick in das Buch Henrys „Der Drang nach dem Osten" oder in Loiseaus zahlreiche Schriften zeigt, daß diese Herren annehmen, Kaiser Wilhelm strebe die Herrschaft im Orient an, bediene sich zu diesem Zwecke auf der Balkanhalbinsel Österreich-Ungarns als Werkzeug und leute bereits den Sultan nach denselben Gesichtspunkten. Wer also die Interessen Österreichs auf dem Balkan verteidigt, führt nach dieser Auffassung auch die Sache Deutschlands.

Der wertvollste Abschnitt im Buche Chlumeckys ist der über

die Fortschritte Italiens in Montenegro und Albanien. Seit der Verbindung König Viktor Emanuels mit der Tochter des Fürsten Nikilaus wurde der montenegrinische Hafen Antivari von einer italienischen Gesellschaft ausgebaut und durch die Eisenbahn nach Vir Bazar mit dem Innern verbunden. Italienische Dampfer fahren die Bojana hinauf zum Skutarisee, während die österreichischen Schiffe des „Lloyd" einen zu starken Tiefgang haben, um die Binnenschiffahrt zu betreiben. Für die Schulen in Skutari d'Albania siud im italienischen Budget sechzigtausend Franken angewiesen, und Guicciardini erzählt mit Vergnügen, daß er die albanischen Kinder, die in italienischer Sprache unterrichtet werden, die italienische Hymne singen und in die Rufe ausbrechen hörte: Eviva il Rè d'Italia!

Da seit der Zeit der venezianischen Herrschaft in diesen Gebieten das Italienische die am meisten gesprochene Kultursprache ist, wurde auch in den von Österreich unterhaltenen albanischen Schulen lange Zeit die italienische Sprache gelehrt, bis Österreich, den Fehlgriff gutmachend, die albanische Unterrichtsprache einführte. Das einmal eingerissene Übel wirkt aber zum Schaden Österreichs nach. In den südlichen Häfen Albaniens werden nach dem Berichte des Franzosen Bérard seitens Italiens an zahlreiche Personen Jahrgelder ausbezahlt und die Verbindungen gehen bis zu den Mitgliedern der vornehmsten Familien des Landes. Die Dampfschiffahrtsgesellschaft Puglia ist reich dotiert, und wenu Guicciardini noch 1902 klagte, daß ihre Dampfer zumeist ohne Fracht aus Italien verkehren, so beweist dies, daß die Unterstützung vorwiegend einem politischen Zweck diente. In Nordalbanien hat die Puglia einen Teil der noch immer überwiegenden österreichischen Ausfuhr als Zwischenhändlerin an sich gezogen, in Südalbanien haben die Italiener Österreich bereits überholt. Der Handel Österreichs in das Vilajet Janina ist von 1900 auf 1904 von 2 035 000 Lire auf 1 723 000 Lire gesunken, während sich der Italiens von 438 000 auf 1 700 000 Lire hob.

Diese Ziffern sind eindrucksvoller, als es die eingehendste Schilderung wäre. Die von Chlumecky aus den Tatsachen gezogenen Folgerungen sind zwingend und ein Beweis seines politischen Scharfblickes. Man würde wünschen, er hätte auch die positiven Ziele der österreichisch-ungarischen Balkanpolitik genau dargelegt. Dies tritt in seinem Buche zunächst hinter seiner Absicht zurück, die österreichische Staatsverwaltung auf das geschehene Versäumnis aufmerksam zu machen und Regierung wie Volk seiner Heimat zu erhöhten Anstrengungen anzuspornen.

Kein österreichischer und deutscher Leser wird sich dem Eindrucke dieses Mahnrufes entziehen können.

II.

(Veröffentlicht 1915)

Die Worte „Das letzte Jahrzehnt italienischer Untreue" sind der Untertitel eines der besten österreichischen Bücher, die über die Politik und Geschichte des letzten Jahrzehnts erschienen sind. Aus den gesammelten Aufsätzen des Freiherrn Leopold v. Chlumecky — sie wurden zumeist in der vortrefflich geleiteten „Österreichischen Rundschau" veröffentlicht — unterrichtet man sich gründlich über die Wendungen und Windungen, über die Zweideutigkeiten und Schliche, über die Listen und Tücken, die von den kleinen italienischen Schülern des Meisters Machiavelli angewendet wurden, um zuerst aus dem Dreibund alle Vorteile auszuschöpfen und dann die früheren Bundesgenossen zu verraten[1]). Das ist nicht nachträgliche Weisheit, welche aus den Ereignissen wohlfeile Schlüsse auf die früheren Gesinnungen der Italiener zieht, es sind vielmehr weitausschauende Warnungen eines scharfsinnigen Beobachters und Kenners der Verhältnisse, der seit einem Jahrzehnt Woche für Woche, Monat für Monat voraussagte, was mit der Kriegserklärung vom 23. Mai 1915 eingetreten ist. Chlumecky wurde nicht müde, aus den Reden italienischer Staatsmänner, aus den Stimmen der Presse jenes Landes, aus neiderfüllten Maßnahmen des römischen Kabinetts den Schluß zu ziehen, daß das Vertrauen

---

[1]) „Die Agonie des Dreibundes. Das letzte Jahrzehnt italienischer Untreue." Von Leopold Freiherrn v. Chlumecky. Leipzig und Wien 1915, Franz Deuticke.

der österreichisch-ungarischen wie der deutschen Regierung auf die Bundestreue Italiens zu schweren Enttäuschungen führen werde. Zu mächtig sei der Drang der öffentlichen Meinung nach Eroberung der „nichterlösten" italienischen Gebiete, als daß die amtliche Politik der Minister König Viktor Emanuels vor ihr auf die Dauer werde standhalten können. „Besonders bei uns," so schrieb Chlumecky am 18. November 1906, „sollte man sich klar sein, daß die Politik des Ignorierens, mit der man bis jetzt die mächtige Volksbewegung Italiens bagatellisierte, schlechte Früchte gezeitigt hat, daß durch Verschweigen und Vertuschen das Übel noch größer, die Heilung nur schwieriger würde. Die Bilanz der Vogelstraußpolitik ergibt nach jeder Richtung hin ein Defizit. Österreich-Ungarns Einfluß auf dem westlichen Balkan ist in stetem Sinken, und die Interessengegensätze mit Italien haben sich nicht unwesentlich zugespitzt." Und am 1. April 1907 ließ sich Chlumecky vernehmen: „Ein folgenschwerer Trugschluß war es, als wir vermeinten, um den Preis verhängnisvoller Nachgiebigkeit unser Verhältnis zu Italien dauernd zu einem günstigen gestalten zu können. Diese Politik konnte über die Verlegenheiten des Augenblicks hinweghelfen, sie glich aber dem Vorgehen des leichtsinnigen Schuldenmachers, der jede Abrechnung einer späteren Zukunft aufbewahrt." Chlumecky wurde, während die amtliche österreichisch-ungarische Politik sich wie absichtlich die Augen verschloß, nicht müde, vor den Ränken „unseres Bundesgenossen von heute, unseres Feindes von morgen" — dies seine Worte — zu warnen.

Einen politischen Kopf muß man denjenigen nennen, der die wirkenden Kräfte seiner Zeit richtig beurteilt, ihre verhältnismäßige Stärke abzumessen versteht und den Angriffspunkt wie die Richtung ihres Stoßes voraussagt. Darin liegt die Fähigkeit Chlumeckys, mit der sich die andere paart, klar und lebendig seine Ansichten vorzutragen. In dem ganzen Buch findet sich dabei nicht ein verletzender Ausfall, obwohl er in den südlichen Nachbarn unversöhnliche Feinde seines Vaterlandes sieht. Er anerkennt vielmehr die gewinnenden und wertvollen Eigenschaften des italienischen Volkes, gegen die in dem ganzen Buche auch nicht ein „unbeschaffenes Wort" vorkommt; man freut sich seines echt österreichischen Formgefühls, kraft dessen er sich ebenso vor dem Bombast wie vor der Leere hütet, in welche die publizistische Erörterung häufig verfällt. Vielleicht ist dieses durch Anlage und Erziehung hervorgerufene Maßhalten auch die Ursache, daß in seinen Ausführungen doch die fortstürmende Kraft fehlt. Seine Wärme erhebt sich nirgends zur Leidenschaft, aber gerade dadurch bewahrt er sich die Treffsicherheit im Voraussagen. Mag sein, daß unser Nervensystem gerade jetzt unter jedem Eindruck stärker erzittert, es liegt aber in dieser Übereinstimmung seiner Voraussagungen mit den später eingetroffenen Ereignissen für den Leser etwas Ergreifendes.

Um nur einiges hervorzuheben, sei darauf hingewiesen, was unmittelbar nach der Annexion am 15. Oktober 1908 über die schädlichen Folgen der Preisgabe des Sandschak, am 15. Jänner 1909 über den schlechten Willen Italiens gelegentlich des drohenden österreichisch-serbischen Krieges, weiter am 15. März desselben Jahres über die unabwendbare Abrechnung mit Serbien gesagt ist, dem die Großmut Österreich-Ungarns damals den Krieg erspart hat. Wie anziehend sind die Analysen der Dramen d'Annunzios „La Nave“ und Rovettas „Romanticismo“, die beide den Haß gegen Österreich geschürt haben! Politisch genommen ist der Aufsatz „Richtlinien der äußeren Politik“, der dem soeben zum Minister ernannten Grafen Berchtold mit auf den Weg gegeben ist, vielleicht die reifste Leistung. Darin wird die Erhaltung des Dreibundes für nützlich erklärt, um Italien nicht den Westmächten in die Arme zu drängen, jedoch die Warnung ausgesprochen, nicht alles auf diese Karte zu setzen.

Wohltuend ist die Wärme, mit der Chlumecky sich unter allen Wechselfällen auf Seite des Freiherrn v. Conrad gestellt hat, auch zu der Zeit, da dessen Ratschläge nicht Gehör fanden, weshalb er — es war gegen Ende 1911 — seine Entlassung als Chef des Generalstabes gab. Dieser Rücktritt war durch eine ernste Meinungsverschiedenheit zwischen ihm und dem Minister des Äußern Grafen Ährenthal verursacht, wobei die Italien gegenüber zu befolgende Politik mitspielte. Als Freiherr v. Conrad unterlag, äußerte sich Chlumecky in Sätzen, welche seiner Voraussicht alle Ehre machen.

Er sagte damals in einem Aufsatz vom 15. Jänner 1912:

„Barou Conrad wollte, daß die Monarchie an ihrer Südwestgrenze so stark wie möglich sei, um allen Eventualitäten begegnen zu können — und meinte, daß damit der Erhaltung des Friedens am besten gedient sei. Im Grund genommen wollten sohin Graf Ährenthal und Baron Conrad dasselbe: die Erhaltung des Friedens. Aber darüber gingen die Ansichten auseinander — wie dieses Ziel erreicht werden könne und vielleicht auch darüber, bis zu welchen Grenzen die Nachgiebigkeit Italien gegenüber gehen dürfe, ohne unserer Würde Eintrag zu tun. Wenn Barou Conrad in Italien einen wenig verläßlichen Freund sieht, der nur auf den günstigen Augenblick lauert, um die Maske abzuwerfen, so vermeint Graf Ährenthal durch Nachgiebigkeit und immer größeres Entgegenkommen die spröde Italia kaptivieren zu können. Graf Ährenthal und Baron Conrad dürften eben Italien unter ganz verschiedenen Gesichtswinkeln sehen. Der erstere scheint nur das offizielle Italien zu keunen; ihm genügen offenbar die Loyalitätsversicherungen der leitenden Kreise, ihm gilt das Wort der Diplomaten weit mehr als die öffentliche Meinung des Landes und die natürlichen Entwicklungsziele eines expansionslustigen Nachbars. ... Graf Ährenthal spricht diesen Bewegungen und Kundgebungen insolange jedwede größere Bedeutung ab, als die Consulta erklärt, an dem Bündnisse festhalten zu wollen, eine Erklärung, die für die Dauer des italienisch-türkischen Konflikts natürlich so billig zu haben ist wie Brombeeren. Anders urteilt Baron Conrad: er sieht ganz Oberitalien in ein Kriegslager verwandelt, weiß, daß alle militärischen Maßnahmen Italiens immer nur dem einen Kriegsfall gelten, vermag als Fachmann zu beurteilen, daß sie keineswegs defensiver, sondern vielmehr offensiver Natur siud; er weiß, daß kaum ein andrer Krieg in Italien populärer wäre als eben jener gegen Österreich, und als moderner Offizier, der mit dem Zeitgeist geht, rechnet er mit der Volksstimmung, die wohl einmal selbst gegen die Consulta und des Königs Willen einen Krieg erzwingen könne — gerade so, wie nur die nationalistische Presse und nur der Druck der Öffentlichkeit die verantwortlichen Kreise zum Losschlagen gegen die Türkei zwang."

Es war ein Glück für Österreich-Ungarn, daß Freiherr v. Conrad ein Jahr später in das Amt des Generalstabchefs der Armee zurückberufen wurde; wesentlich ihm ist es zu verdanken, daß die Südgrenzen der Monarchie in Verteidigungszustand versetzt wurden. Als der Weltkrieg ausbrach, als die Bemühungen der Diplomatie um die Neutralität Italiens ihren Fortgang nahmen, da ließen sich Conrad und mit ihm Admiral Haus nicht in der Überzeugung irre machen, daß der südliche Nachbar früher oder später die Treue brechen und losschlagen werde. Hätten sich diese beiden Männer einschläfern lassen, wäre etwa die Schlagkraft der Flotte schon in Kämpfen gegen die englische und die französische Marine verausgabt worden, so stünde die Monarchie nicht in der Rüstung da, welche die Dankbarkeit des Vaterlandes, die Anerkennung der übrigen Welt erregt. Es ist das Verdienst des Freiherrn v. Chlumecky, mit der Waffe der Feder zur Verstärkung von Heer und Flotte, zur Rüstung gegen Italien gemahnt zu haben. Er ist während der Friedensseligkeit des größten Teiles der öffentlichen Meinung auf der Wacht gestanden, und mehr als einer seiner warnenden Artikel war ein Schuß ins Schwarze.

So urteilte ich während des Weltkriegs über das Buch Chlumeckys und die von Conrad empfohlene Politik. Es widerspräche meiner Denkungsart, meine Ansicht dem von Italiens treuloser Politik erzielten Erfolg anzupassen und somit den für diese Sammlung bestimmten Aufsatz von ihr auszuschließen. Die italienische Regierung hat die durch 33 Jahre geltenden Verträge treulos zerrissen, aber dank den von der österreichisch-ungarischen Heeresleitung getroffenen Maßnahmen holte sich ihre Armee in zehn Isonzoschlachten blutige Köpfe. Diese Tatsachen haben Conrad und Chlumecky politisch und militärisch Recht gegeben, woran auch nichts durch den Umstand geändert ist, daß Mitteleuropa nach heldenmütigem Widerstande zuletzt der Übermacht unterlag. Die Vorhersage, daß Österreich-Ungarn im Kampfe um seinen Bestand das Apenninenvolk trotz des bestehenden Bündnisses gegen sich haben werde, ist ebenso eingetroffen wie die, daß das italienische Heer trotz seiner Überzahl das unserige nicht besiegen werde. Erst nach den Siegen des Feindes auf der Balkanhalbinsel und in Frankreich, erst nach dem dadurch hervorgerufenen inneren Niederbruch Österreich-Ungarns vermochten die Italiener über die bereits zertrümmerte Mauer zu setzen. Die Götzendiener des Erfolgs werden der österreichisch-ungarischen Armee auch nach deren Zerschlagung diesen Ruhm nicht entreißen können.

Ein französischer Historiker über das moderne Österreich

(Veröffentlicht 1904)

Mit kurzen Worten sei es gesagt: ein französischer Historiker ist es, der das Versäumnis wettgemacht hat, das sich seine Fachgenossen in Österreich wie in Ungarn — Deutsche, Magyaren und Slawen — zu Schulden kommen ließen. Louis Eisenmann schenkte uns in seinem kürzlich erschienenen Werke über den österreichisch-ungarischen Ausgleich[1]) die erste Gesamtdarstellung des wichtigsten Ereignisses aus der inneren Geschichte Österreichs im letzten Jahrhundert, und es ist schwer zu sagen, ob der historische Werdegang oder die politische Auswirkung des 1867 geschlossenen Vertrages in seinem Werke lichtvoller behandelt ist. Indessen wird der Politiker doch noch größere Belehrung aus seinem Werke schöpfen als der Historiker, weil Louis Eisenmann nicht in der Lage war, neue Quellen zur Geschichte Österreichs zu erschließen, sondern sein achtunggebietendes Gebäude im ganzen auf Grund bereits früher erschlossener Tatsachen aufrichtete. Welcher Fleiß jedoch, welch' wissenschaftlicher Ernst sind den parlamentarischen Beratungen, den Erzeugnissen der Presse, den Flugschriften, den staatsrechtlichen Werken und besonders den Denkwürdigkeiten der Männer jener Zeit gewidmet! Es muß nicht erst gesagt werden, daß er das Deutsche wie seine Muttersprache beherrscht. Der französische Gelehrte hat jedoch, um Österreich gründlich kennen zu lernen, auch die Sprache und Geschichtsliteratur der Magyaren und Tschechen studiert; er holte sich durch längeren Aufenthalt in Wien, Budapest und Prag

[1]) „Le compromis Austro-Hongrois de 1867" par Louis Eisenmann. Paris, 1904, Société nouvelle de librairie. 695 Seiten.

Belehrung bei den Männern aller Parteien und liefert somit ein aus vielfarbigen Fäden hergestelltes Gewebe. Er empfing seine Schulung zum Historiker in der école normale zu Paris, der Hochschule zur Heranbildung von Universitäts- und Gymnasiallehrern, und zwar unter der Leitung Gabriel Monods, des verdienten Mannes, der dank seinen Studien zu Berlin und Göttingen die Methode deutscher historischer Forschung so vollständig beherrscht wie einer unserer Seminarleiter[1]).

Zu dieser Anerkennung Eisenmanns wird sich ein deutscher Kritiker nicht ganz leicht entschließen. Denn so große Mühe er sich auch gibt, vorurteilslos Verdienst und Schuld abzuwägen, so steht er doch als Franzose mit seinen Sympathien auf ungarischer und tschechischer Seite, nicht ohne sich gegen die deutsche Auffassung ablehnend zu verhalten. Er gehört einer elsässischen Familie an, doch sein Vater erklärte sich, als unser Historiker kaum der Wiege entwachsen war, nach dem Kriege von 1870 für Frankreich, was dessen Lebensgang für immer entschied. Für Eisenmann nun steht es fest, daß die führende Stellung des deutschen Stammes im österreichischen Staate unstatthaft war und ist. Der Kampf der Magyaren zur Aufrichtung eines selbständigen Staates, auch die Bemühungen der Tschechen nach derselben Richtung genießen seine Sympathie. Den Staatsmännern dieser Völker entrichtet er den Zoll der Hochschätzung, häuft auf Deak und Andrassy die höchste Anerkennung, rückt Palacky und Rieger in eine günstige Beleuchtung, während er Männer wie Schmerling, Herbst, Hasner, Lasser mit einer an Ungerechtigkeit grenzenden Strenge beurteilt. Man findet sonach in seinem Werke eine Fülle von Stoff, übersichtlich gruppiert und aufs klarste dargestellt, doch so, daß man sich ihm bei der Würdigung der deutschen Politiker und ihrer Motive nicht anvertrauen kann. Wohl sucht er jedes seiner Urteile zu begründen; im ganzen aber gilt ihm der Kampf der deutschen Zentralisten um die Erhaltung der Reichseinheit doch als tadelnswert, als Ausfluß der Herrschsucht, als unberechtigter Wunsch

[1]) Louis Eisenmann lehrte zur Zeit des Erscheinens seines Werkes als Agrégé an der philosophischen Fakultät zu Dijon Geschichte und wurde später Professor der ungarischen Sprache an der Pariser Universität.

nach Germanisation, über die er als magyaren- und tschechenfreundlicher und dabei demokratischer Historiker verurteilend richtet. So aber steht die Sache nicht. Wohl wird auch der deutsche Geschichtschreiber anerkennen, daß das Streben der zu Beginn des neunzehnten Jahrhunderts zurückgedrängten Nationalitäten, ihre Kräfte zu sammeln, ihre Sprache zu beleben und Anteil an der höchsten Gewalt im Staate zu gewinnen, eine Naturnotwendigkeit war. Deshalb aber darf man die Männer, welche die Schöpfung des österreichischen Gesamtreiches, dieses Werk dreier Jahrhunderte, verteidigen oder befestigen wollten, nicht geringschätzig aburteilen. Betrachtet man die Dinge von diesem die Zinne der Partei überragenden Standpunkte, so ergeben sich die Einwendungen gegen die Darstellung Eisenmanns von selbst.

Übrigens ist das Problem dieser Kämpfe der Nationalitäten um den Staat — um ein von Karl Renner geprägtes Wort zu gebrauchen — Louis Eisenmann in seiner Tiefe vollständig klar geworden. Nicht die Zentralisation selbst ist ihm unsympathisch, sondern ihre Träger, die Deutschen. Ein politischer Kopf aus dem Laude, in dem Richelieu und Mirabeau in hohen Ehren stehen, weil sie an der Verschmelzung der Provinzen zu unzerreißbarer Einheit mit Erfolg arbeiteten, kauu nicht blind an dem vorübergehen, was die Habsburger des sechzehnten, siebzehnten und achtzehnten Jahrhunderts zu denselben Zielen in Österreich geleistet haben. Eisenmann widmet dieser Vorgeschichte des Ausgleichs ein eindringendes Studium, dessen Ergebnis in dem Kapitel über das alte System dargelegt ist. Hier zieht er die Summe aus den ihm wohlvertrauten Forschungen Arneths, Biedermanns und Lustkandls, Deaks, Virozils und Marczalis, Palackys und Tomans und gelangt zu dem Ergebnisse, daß die österreichische Monarchie vor 1848 tatsächlich ein einheitliches Reich gewesen ist, wenn auch mit ausgedehnten Autonomien der einzelnen Glieder, in erster Linie Ungarns. Darin läßt er sich auch nicht durch den Umstand erschüttern, daß Deak in seiner 1861 im Landtag gehaltenen Rede, wie in seiner Streitschrift gegen Lustkandl den Beweis liefern wollte, vor 1848 habe zwischen Österreich und Ungarn rechtlich nur das

Verhältnis der Personalunion bestanden — eine Auffassung, die Deak übrigens später, bei der Verteidigung des Ausgleichs von 1867, verlassen hat. Es gibt vor Eisenmann in der österreichischen staatsrechtlichen Literatur keine Leistung, aus der man mit solcher Klarheit den Umfang der Reichsgewalt über Ungarn vor 1848 kennen lernen kauu; wünschenswert ist, daß an den Lehrkanzeln Österreichs der Gegenstand nicht bloß mit gleicher Sachkenntnis, an der es den Professoren des Faches nicht fehlen wird, sondern auch gleich lichtvoll behandelt werde. Hier, besonders aber in dem Schlußkapitel, Seite 495—697, das die Natur und die Wirkungen des Dualismus behandelt, tritt uns ein Werk echt französischen Geistes entgegen, eine Sicherheit der Analyse, eine Leichtigkeit der Darstellung, in der man an gelehrten deutschen Schulen nicht immer unterwiesen wird. Der Deutsche wird leicht schwerfällig, hält sich zu sehr an prunkvolle Fachausdrücke und bewegt sich mit Behagen in philosophischen oder staatsrechtlichen Formeln. In der Darstellung können wir alle, die wir über österreichische Geschichte und Politik schreiben, von Eisenmann lernen.

Man sollte nun, da der französische Autor besorgten Blickes die Zersetzung der Einheit der Monarchie verfolgt und die Völker des Reiches nicht selten zur Selbstbescheidung mahnt, auch erwarten, er werde die Arbeit derjenigen würdigen, die sich dieser Auflösung entgegengestemmt haben. Das aber waren ausschließlich die Deutschen. Wären es Romanen oder Slawen oder meinethalben Völker der jetzt emporstrebenden mongolischen Rasse gewesen: Eisenmann würde es anerkennen. So aber schüttelt er mißbilligend den Kopf, wenu die deutschen Zentralisten unter Schmerlings Führung alles daransetzten, um die Loslösung Ungarns vom Reiche zu verhindern; und auch der Versuch der Tschechen und des Feudaladels, im Jahre 1871 noch einen dritten, den böhmischen Staat, innerhalb der Monarchie aufzurichten, findet bei ihm, weil er den Tschechen nicht wehe tun will, eine vorsichtige Beurteilung. In diesem Punkte bleibt seine Darstellung hinter der Forderung historischer Unbefangenheit zurück. Das zeigt sich besonders in den Kapiteln über die Anfänge der österreichischen Verfassung von 1867. Der konservative Adel wünschte die Rückkehr zu den vor 1848 bestandenen Landesverfassungen und erwirkte von der Kroue das Diplom vom 20. Oktober 1860, während die Beamtenschaft und das deutsche Bürgertum eine einheitliche Reichsvertretung anstrebten, die danu tatsächlich durch das Patent vom 20. Februar 1861 begründet wurde. Ich teile die Meinung Eisenmanns, daß die Theorie Schmerlings, Ungarn habe durch die Rebellion von 1849 seine konstitutionellen Rechte verwirkt, den Streit zwischen den beiden Reichshälften überflüssig verschärft hat. Unverständlich aber ist, wie Eisenmann von seinem liberaldemokratischen Standpunkt aus die Februarverfassung als einen Rückschritt bezeichnen und Schmerling darob wie einen Schulknaben abkanzeln kauu. Im Oktoberdiplom war doch bloß dem ungarischen Landtage das Recht der Gesetzgebung ungefähr im Umfange wie vor 1848 zugemessen; dagegen erhielt der Gesamtreichsrat sowie die Landtage Cisleithaniens nicht einen Anteil an der Gesetzgebung, sondern nur das Recht, an ihr *mitzuwirken*, also eine beratende Stimme abzugeben. Bloß bei der Feststellung des Budgets wurde auch dem Gesamtreichsrat ein beschließendes Votum zuerkannt. Eisenmann macht nun den Deutschen einen Vorwurf daraus, daß sie sich nicht für das Oktoberdiplom einspannen ließen, sondern sich lieber auf Seite Schmerlings stellten, von dem sie eine demokratische Verfassung mit ausgedehntem Wahlrecht hätten fordern sollen. Indessen bedeutet das Februarpatent doch einen Fortschritt, indem es die Teilung der gesetzgebenden Gewalt verfügt, mochte jene Teilung auch recht ungleich sein. Ebenso verhielt es sich mit den Wahlordnungen, da im Oktoberdiplom dem Bürgertum nur eine ganz unzureichende Vertretung zugewiesen war. Das haben auch die Tschechen anerkannt, was sich darin zeigte, daß von ihrer Seite die von Eisenmann erwähnten, aber von ihm nicht genügend erklärten Kundgebungen *für* das Februarpatent einliefen. Man wußte, daß Schmerling mit seinen Genossen Lasser, Pleuer, Kalchberg die Bedenken der Kroue nicht ohne Mühe beschwichtigt hatte. Das war der Grund, weshalb man Schmerling Dauk wußte und warum die Deutschen es für ihre Pflicht hielten, sich dem Übergang zum konstitutiouellen System auch in der verdünnten Form der Februarverfassung zur Verfügung zu stellen. Diese Motive hätten von Eisenmann gewürdigt werden sollen, und dann wäre sein Urteil über Schmerling und die von ihm organisierte Verfassungspartei gerechter ausgefallen. Eisenmann jedoch tritt in der Beurteilung der Verhältnisse zu Beginn des Verfassungslebens ganz der ungarischen Auffassung bei. Er billigt deshalb auch vollständig die im September 1865 erfolgte „Sistierung" der Verfassung vom 26. Februar 1861. Überhaupt geht durch seine Darstellung dieser Ereignisse ein Bruch. Im historischen Hauptteil seines Werkes, der die Zeit von 1859 bis 1867 umfaßt, gilt ihm alles als Fortschritt, was den Freiheitsrechten der Magyaren günstig ist; wer ihrem Anspruch auf Spaltung des Reiches Widerstand leistet, ist im Unrecht. Der Erfolg wird zum einzigen oder doch zum Hauptmaßstab für sein Urteil über Parteien und Politik. Nun ist es gewiß, daß ein den Magyaren günstiges Geschick ihnen in Deak und Andrassy Führer gab, die an staatsmännischem Blick die politischen Männer diesseits der Leitha, Deutsche wie Slawen, überragten. Aber Eisenmann geht noch weiter und überschätzt selbst die Fähigkeiten der ungarischen Altkonservativen, der Grafen Szécsen, Dessewffy und Apponyi, der Schöpfer des Oktoberdiploms, obwohl diese, die Bewahrer der Auffassungen des Fürsten Metternich, ihm als Demokraten wenig sympathisch sein sollten. Über die Deutschen aber urteilt er geringschätzig, merkwürdigerweise auch über Kaiserfeld, obwohl doch dieser hervorragende Mann Schmerling gegenüber für die Rechtsbeständigkeit der ungarischen Verfassung eintrat und der dualistischen Organisation die Wege ebnete.

Indessen ist es nicht eigentlich Eisenmanns Schuld, daß er zu diesem unbilligen Urteil gelangt ist. Er konnte sich eben trotz seiner eindringenden Studien nicht dem Einflusse des jüngeren, ihm an Jahren gleichstehenden Geschlechtes der Deutschösterreicher entziehen, die oft mit tadelnswerter Lieb- und Pietätlosigkeit über die Männer der früheren Generation urteilen. Wenn ein Fremder sich bei Magyaren, Tschechen oder Polen über die Geschichte ihres Volkes Rats erholt, so wird er auf der Hut sein müssen, um nicht zu einer Überschätzung der Leistungen ihrer führenden Köpfe zu gelangen. Bei den Deutschen verhält es sich umgekehrt. Sie haben zwar keinen Grund, sich der Fülle von Talenten zu schämen, die am Wendepunkt von der absolutistischen zur liberalen Zeit gestanden sind. Indessen fühlen sich die Geistesriesen unserer Generation, von denen wir aufs glorreichste in den parlamentarischen Körperschaften vertreten werden, und die im demokratischen oder ultranationalen Sinne die öffentliche Meinung bearbeiten, bergehoch über Männer, wie die obgenannten, erhaben, an die sich dann noch die ganze Reihe von Lichtenfels, Mühlfeld, Anastasius Grün bis Joseph Unger, Eduard Sueß und Ernst v. Pleuer anschließt. Dem sei eine einzige Bemerkung entgegengesetzt. Man vergißt zu leicht, daß es nach der Ausschließung Österreichs aus Deutschland einer außerordentlichen Anstrengung bedurfte, um den Hof, den Adel und die klerikalen Kreise davon abzuhalten, einen böhmischen Staat zum Schutzwall gegen das neugegründete Deutsche Reich aufzurichten, daß alle Kraft aufgeboten werden mußte, um die Einheit Österreichs westlich von der Leitha zu verteidigen. Das ist die geschichtliche Arbeit Herbsts und seiner Zeitgenossen. Wer es noch nicht wußte, der mag in den Denkwürdigkeiten Schäffles nachlesen, daß zur Zeit des Ministeriums Hohenwart (1871) nahezu sämtliche Mitglieder des kaiserlichen Hauses, mit Ausnahme der Kaiserin Elisabeth, die Überzeugung hegten, Österreichs Bestand und die Herrschaft der Dynastie hänge davon ab, daß man die 1870 durch die deutschen Siege freudig erregten Deutschen Österreichs in zwei Hälften teile und ihren sudetischen Stamm dem sicheren Gewahrsam eines böhmisch-tschechischen Staates anvertraue. Die Männer, welche die Deutschen Böhmens damals vor dem Schicksale der Siebenbürger Sachsen und der Banater Schwaben bewahrt haben, verdienen, bei den Deutschen Österreichs in dankbarer Erinnerung fortzuleben[1]).

---

[1]) Infolge des Ausgangs des Weltkriegs droht den Deutschen der Sudetenländer jetzt das Schicksal, das 1871 von ihnen dadurch abgewendet worden ist, daß die deutsche Nation zu jener Zeit als Siegerin dastand. Es bleibt auch jetzt wahr, daß die Aufrichtung eines tschechischen Staates

Nun ist es aber eine Eigentümlichkeit unserer österreichischen Landsleute, daß sie ein kurzes Gedächtnis für historische Ereignisse besitzen. So konnte es geschehen, daß die demokratischen Freunde Eisenmanns ihm wenig oder gar nichts von der Lebensarbeit der früheren Generation, sondern vorwiegend davon erzählten, daß Schmerling, Herbst, Hasner, Giskra teils die Schöpfer, teils die Bewahrer einer schlechten Wahlordnung gewesen seien, daß sie es versäumt hätten, den Staat durch Einführung des allgemeinen Wahlrechtes zu verjüngen und auf dieser Grundlage unfehlbar die Versöhnung der Völker des Reiches herbeizuführen. Dies ist denn auch der vorwaltende politische Gesichtspunkt Eisenmanns bei der Beurteilung der österreichischen Dinge. Ihm, als dem Bürger eines freien Staates, in dem das allgemeine Wahlrecht täglich mehr zur Befestigung der Republik beiträgt und den Wiederausbruch von Revolutionen überflüssig macht, erscheint die verwickelte, kastenmäßige Wahlordnung Schmerlings als das Haupt- und Grundübel Österreichs. Nun weiß Eisenmann sehr gut — wie er überhaupt in der Kenntnis der Tatsachen auf der Höhe seiner Aufgabe steht — daß die von ihm sehr liebevoll behandelten Führer des tschechischen Volkes, Palacky und Rieger, in den von ihnen entworfenen Fundamentalartikeln von 1871 die Privilegien des Großgrundbesitzes nicht bloß unverändert beibehalten, sondern in gewisser Richtung erweitert haben. Weshalb sind also gerade nur die Deutschen die Henker der Volksfreiheit? Würden die Deutschen allein gegen den Hof, den Adel, den Klerus, die Tschechen und die Polen die Wahlprivilegien des Großgrundbesitzes bekämpft haben, so hätten sie ihren Zweck zwar n i ch t erreicht, wohl aber die ganze Aristokratie ins tschechische Lager hinübergetrieben. Herbst sowohl wie Rieger rechneten als praktische Staatsmänner mit der alten aristokratischen Ordnung Österreichs und mußten sich hüten, die ehemals herrschenden Faktoren in ihrer Gesamtheit zu Gegnern ihres Volkes zu machen. Als Herbst dennoch vor den Wahlen von 1879 eine Rede hielt, in der er auch nur die Einschränkung der Wahlprivilegien des Großgrundbesitzes empfahl,

---

schon 1871 mit aller Kraft verhindert werden mußte, wenn die Deutschen nicht ihrer nationalen Pflicht untreu werden wollten.

fühlte sich der Führer des verfassungstreuen Adels, Fürst Karl Auersperg, beunruhigt und schloß mit dem Grafen Heinrich Clam-Martinitz das bekannte Kompromiß, durch welches die Parlamentsmehrheit auf die konservativ-slawische Partei überging. Damit soll nicht etwa die österreichische Wahlordnung verteidigt werden, die den Fortschritt tatsächlich aufgehalten hat; das Gesagte mag nur dazu dienen, die Geschichte Österreichs in den letzten fünfzig Jahren zu beleuchten, dieses Gemisches eines Ständekampfes mit dem Ringen von Nationalitäten um die Macht. Wer sich nicht in die Motive handelnder und leidender Menschen hineindenkt, wer an sie nur den Maßstab eines bestimmten Grundsatzes anlegt, kaun ihnen nicht gerecht werden.

Allzuleicht verfällt man bei der Besprechung eines Buches in den Fehler, in der Kritik nachdrücklicher zu sein als in der Anerkennung. Man kaun sich eben dort, wo man übereinstimmt, die Begründung ersparen, während man einem verdienten Autor gegenüber verpflichtet ist, für jede Einwendung ernste Gründe vorzubringen. Die obigen Ausführungen nun sollen nicht den Eindruck erwecken, als ob die Mängel des Werkes Eisenmanns seine Vorzüge überragen. Auch ihm ist es klar, daß die Nationalitäten bei ihren Ansprüchen auf Erhaltung oder Gewinnung von Macht ihren Kampf nicht bloß als solchen ausgefochten haben, sondern daß dieser letztere sich vielfach mit dem Ringen kreuzt, das von 1848 bis heute zwischen der Kroue, dem Adel, dem Bürgertum und jetzt auch der Arbeiterschaft geführt wird. Nur sollte Eisenmann diesen Klassenkämpfen größeres Gewicht beimessen; danu würde auch vieles in den staatsrechtlichen und nationalen Wirren verständlicher werden. Denn an Sachkenntnis und Einsicht fehlt es ihm an keiner Stelle. Er überblickt die Wege und Ziele der nationalen Politik innerhalb Österreich in allen Einzelheiten. Er erkennt an, daß die Verfassung von 1867, wenu er auch ihre Wahlordnung verwirft, den einzelnen Königreichen und Ländern ein weites Ausmaß von Autonomie gewährt hat. Als moderner Mensch geht er über die Ansprüche und Selbsttäuschungen vom tschechischen Staatsrecht behutsam und fast ironisch hinweg. Die Tschechen werden recht unzufrieden mit seiner Feststellung sein, daß die historischen Tatsachen, daß die ganze Verfassung und Verwaltung Österreichs in der zweiten Hälfte des siebzehnten und im achtzehnten Jahrhundert von dem Bestand eines selbständigen Staates in Böhmen nichts wissen. Er rät den Deutschen wie den Tschechen, sich gegenseitig nationale Autonomie zuzugestehen, die Verwaltungsbezirke möglichst nach sprachlichen Gesichtspunkten abzugrenzen; ja, er ist unbefangen genug, anzuerkennen, daß eine Vermittlungssprache für die Völker eines Staates wie Österreich nicht entbehrt werden kauu. Diese ganze Auffassung entspricht ungefähr der der gemäßigten deutschen Parlamentsgruppen, und es ist deshalb nicht ganz verständlich, warum er den führenden Männern dieser Partei Gerechtigkeitsliebe abspricht und den orgueil allemand, den deutschen Hochmut, als das Haupthindernis der Verständigung hinstellt. Er warut seine französischen Landsleute mehr als einmal davor, das Schreckgespenst des Pangermanismus zu überschätzen, da ein starkes österreichisches Staatsgefühl in den Massen des deutschen Volkes in Österreich lebe und da das protestantische deutsche Reich die Angliederung von Millionen von Katholiken und insbesondere von Slawen nicht wünschen könne. Durch sein nüchternes Uiteil überragt er weitaus die anderen französischen Schilderer dieser Verhältnisse, wie Chéradame und Denis, von denen die Slawen Österreichs, besonders die Tschechen, mit Lobsprüchen überhäuft werden, während die Deutschen bei ihnen als Verräter an Österreich erscheinen.

Sein ganzes Werk ist von der Überzeugung durchdrungen, daß der Bestand der habsburgischen Monarchie für Europa ein Bedürfnis ist und daß die Lockerung des bestehenden Restes von Einheit allen Nationalitäten zum Unheil gereichen müßte. Trotz seiner Sympathien für die Magyaren findet er, daß die Verfassung von 1867 dem Reiche zu wenig gab: meisterhaft ist seine Analyse der Mängel dieser Gesetze. Er warut die Ungarn, noch weiter zu gehen und an die Einheit der Armee zu rühren. Dem Übergewicht der Magyaren könne nur danu entgegengetreten werden, wenn Deutsche und Tschechen sich versöhnen und sich zur Verteidigung des Reiches gegen die Losreißungsgelüste der ungarischen Radikalen verbünden. All dies ist klug und wohl abgewogen, wie überhaupt der Geist der Mäßigung dem ganzen Werk das Gepräge gibt. Sein Vorzug ist nicht gerade Originalität und psychologischer Tiefblick, wohl aber Ernst und Gründlichkeit: Louis Eisenmann hat sich um die Geschichte Österreichs von 1848 bis 1867, diesem Hauptstück seiner Darstellung, wohl verdient gemacht.

Das österreichische Sprachenrecht

(Veröffentlicht 1902)

Es hieße den Deutschen Böhmens und Mährens unrecht tun, wollte man den Grad ihres nationalen Empfindens lediglich nach der wüsten Tonart bemessen, in der sich ihre radikalen Vertreter im österreichischen Abgeordnetenhause gefallen. Glücklicherweise geht neben dieser überlauten Tätigkeit auch eine gediegene geistige Arbeit einher, die sich nebst anderen Aufgaben auch die Untersuchung der historischen und der wirtschaftlichen Verhältnisse der Deutschen in den Sudetenländern zum Ziele setzt. So ist das jüngst erschienene Werk Fischels „Das österreichische Sprachenrecht"[1]) ein bleibender Besitz der historisch-politischen Literatur Österreichs. Es ist bezeichnend, daß wir diese Quellensammlung und Darstellung des Sprachenstreites in Österreich nicht einem berufsmäßigen Historiker verdanken, sondern einem Manne, der als Advokat und Gemeinderat der Stadt Brünn im praktischen Leben steht und der bei seiner Arbeit ursprünglich von dem Bedürfnis ausging, seine eigenen Kenntnisse zu vertiefen. Mit diesem Werke ist für die Geschichte des Sprachenkampfes in Österreich die bisher fehlende Grundlage gewonnen und vieles, was bisher als richtig galt, in das Reich der Phrase verwiesen. Der erste Baud enthält, chronologisch geordnet, eine Sammlung der wichtigsten Gesetze und Verordnungen über die Sprachenfrage seit der dauernden Vereinigung der böhmischen und der ungarischen Kroue mit Öster-

[1]) So der Titel des ersten Bandes. Der zweite führt den Titel: „Materialien zur Sprachenfrage in Österreich." (Brünn 1901—1902, Friedr. Irrgang.) Von dem Werke „Das österreichische Sprachenrecht" ist 1909 eine zweite Auflage erschienen.

reich, also seit 1526; der zweite, der soeben die Presse verließ, bringt die wichtigsten Denkschriften, die Anträge und Motivenberichte, welche den Volksvertretungen und Regierungen Österreichs seit 1848 vorgelegt wurden. Als Wegweiser ist dem Buche eine historische Einleitung vorgesetzt, die den großen Wert hat, dem Leser in dem knappen Umfange von achtundachtzig Seiten einen Überblick über die Entwicklung des Sprachenrechtes in den ehemaligen deutschen Reichs- und Bundesländern Österreichs zu bieten.

In den zwei Jahrhunderten nach den Hussitenkriegen, durch welche das blühende deutsche Bürgertum in Böhmen fast vollständig ausgerottet und stellenweise ausgemordet wurde, versuchte die slawische Einwohnerschaft Böhmens das erneuerte Eindringen deutschen Wesens, wie es sich durch Einwanderung oder durch geistige Einflüsse ergab, gründlich zu verhindern. Der herrschende tschechische Adel gab Landesgesetze, welche, freilich ohne Erfolg, die Rechtsprechung in deutscher Sprache, wie sie sich in den nördlichen Bezirken eingebürgert hatte, verhindern sollten. Den Höhepunkt erreichte die nationale Unduldsamkeit in dem böhmischen Landesgesetze vom 3. Oktober 1615: Niemand, der der tschechischen Sprache unkundig sei, so wird dariu verfügt, solle das adelige Inkolat oder das Bürgerrecht erwerben können. Selbst wenu ein Ausländer sich die tschechische Sprache angeeignet habe, bleibt er mit seinen Nachkommen bis ins dritte Glied von den öffentlichen Ämtern ausgeschlossen. Kinder dieser Ausländer, die der tschechischen Sprache kundig sind, sollen auf Kosten der unkundigen begünstigt werden; sie allein dürfen die unbewegliche Habe des Vaters erben und haben auch auf ein doppeltes Erbteil vom beweglichen Nachlaß der Eltern Anspruch. Dieses harte, gegen die Deutschen gerichtete Gesetz, dem der schwache Kaiser und König Matthias seine Zustimmung geben mußte, geht wie ein Unheil verkündendes Wetterleuchten dem Dreißigjährigen Kriege voraus, der infolge der Unduldsamkeit des herrschenden protestantischen Adels auf der einen und der katholischen Propaganda auf der anderen Seite in Böhmen ausbrach. Jeue Bestimmungen von 1615 waren zugleich eine Feindseligkeit gegen die herrschende deutsche

Dynastie und ihre Ratgeber, welche mit den böhmischen Ständen in deutscher Sprache verkehrten. In den österreichischen Besitzungen der Habsburger gewann gerade zu jener Zeit die deutsche Sprache auch in den slawischen Gebieten an der Adria das Übergewicht, wie denn schon Kaiser Ferdinand I. durch das Reskript vom 8. August 1555 das Deutsche zur alleinigen Gerichtssprache in seinen Ländern von der Donau bis zum Adriatischen Meere erhob.

Diese Tatsache, dieses Ringen der Sprachen um die bevorrechtete Stellung ist übrigens ein sprechender Beweis dafür, daß diejenigen irren, die glauben, der Nationalitätenstreit sei eine Ausgeburt des neunzehnten Jahrhunderts. Es ergaben sich eben, so oft verschiedene Nationalitäten zusammenstießen, dieselben Reibungen und Gegensätze wie heute.

Nach der Niederwerfung Böhmens durch Ferdinand II. in der Schlacht am Weißen Berge 1620 drang die deutsche Staats- und Gerichtssprache auch in die Länder der böhmischen Krone ein. Zunächst verfügte der Kaiser in der „verneuerten Landesordnung" von 1627 die Gleichberechtigung der deutschen und der tschechischen Sprache; als Grundsatz galt, daß die Klage und das Urteil in der Sprache des Beklagten eingereicht und gefällt werden mußten. Während der Regierung des dritten Ferdinand griff die Germanisation bereits kräftig aus. Unter den von Fischel gebrachten Gesetzen und Aktenstücken wird man das kaiserliche Reskript vom 26. November 1644 grundlegend nennen dürfen. Hier wurde nämlich über die innere Amtssprache der Gerichte Böhmens dahin verfügt, daß, ob nun der Prozeß deutsch oder tschechisch vor sich ging, die Beratungen der Richter, ihre Protokolle und Beschlußfassungen deutsch zu führen seien. Dasselbe ward um diese Zeit auch für das mährische Tribunal angeordnet. Diese beiden Grundsätze, Gleichberechtigung der beiden Sprachen im Verkehr der Gerichte mit den Parteien und Herrschaft des Deutschen im inneren Dienste, blieben die feste Grundlage für die Organisation des Gerichtswesens und der Verwaltung in den nächsten Jahrhunderten. Noch energischere Fortschritte machte die deutsche Sprache damals in Schlesien; sie wurde die ausschließliche Gerichtssprache sowohl der landesfürstlichen wie der ständischen Behörden.

Das Ergebnis der historischen Entwicklung am Ende der Regierung Maria Theresias war somit, daß die ganze staatliche Administration Österreichs (politische, Finanz- und Justizverwaltung) deutsch geworden war. Zuletzt mußte man der Kaiserin einmal über den Stand der Dinge beim m ä h r i s c h e n Landrecht berichten, daß mit einer einzigen Ausnahme „kein subjectum subalternum vorhanden sei, welches der böhmischen Sprache so kundig wäre, um aus böhmischen actis ein argumentum zu machen". Übrigens hat nicht bloß Maria Theresia, sondern auch ihr mit Bewußtsein germanisierender Sohn Joseph II. den Gerichten oft eingeprägt, daß m i t d e n P a r t e i e n, die nur eines slawischen Idioms kundig seien, in ihrer Sprache zu verfahren sei. Das geschah jedoch nur im mündlichen Verkehr der ersten Instanz, in der es damals nirgends staatliche, sondern nur Patrimonial- und Kommunalgerichte gab. Die zweite und dritte Instanz war in den Händen des Staates und es entwickelte sich von selbst, daß hier, wo Advokaten mitwirkten, bald auch das Deutsche nahezu überall die a l l e i n i g e Gerichtssprache wurde. Es machten nur die italienischen Gebiete eine Ausnahme, wo italienisch, und Galizien, wo lateinisch und deutsch amtiert wurde. Es ist Fischels Verdienst, festgestellt zu haben, daß dies der faktische Zustand war, den Joseph II. antraf und den er in der Allgemeinen Gerichtsordnung von 1781 kodifizierte. Hier ist im Paragraph 13 den Parteien vorgeschrieben, daß sie sich der landesüblichen Sprache zu bedienen hätten. Die entscheidenden Kommentare zu diesen Gesetzen aus jener Zeit stellen nun fest, daß die landesübliche oder gerichtsübliche Sprache damals in den deutschen Reichslanden Österreichs nirgends ein slawisches Idiom war. Die slawischen Sprachen waren bis ins neunzehnte Jahrhundert hinein in Böhmen, Mähren und Schlesien ganz aus dem schriftlichen Prozeß verschwunden und die Formulare, welche die Gerichtsinstruktion von 1785 vorschrieb, sind bloß in deutscher Sprache abgefaßt. So konnte das Hofkammerdekret vom 15. Februar 1812 mit Bestimmtheit aussprechen, das Deutsche sei die Nationalsprache Österreichs sowie die allgemeine Gerichtssprache.

So weit die historischen Feststellungen Alfred Fischels. Im neunzehnten Jahrhundert erwachte nicht bloß in Deutschland und Italien, sondern auch unter den kleinen Volksstämmen Österreichs das nationale Gefühl und der Staat mußte dem Rechnung tragen. Fischel zieht aus jenen Tatsachen nicht den Schluß, daß den Slawen Österreichs der Gebrauch ihrer Muttersprache im Amt, Schule und Gericht vorzuenthalten sei; wohl aber ist von ihm überzeugend nachgewiesen, daß die Verfügungen Ferdinands II., Ferdinands III., Maria Theresias und Josephs II. über diesen Gegenstand noch immer Gesetzeskraft haben, daß sie nie abgeändert wurden, und daß die willkürlichen Verordnungen verschiedener Ministerien in den letzten Jahrzehnten nicht das Recht besaßen, jene gesetzliche Basis zu ändern. Demnach — das ist der Schluß, der aus seinen Darlegungen zu ziehen ist — kann, soweit die Verhältnisse andere geworden sind, als sie im siebzehnten und achtzehnten Jahrhundert waren, doch nur wieder die Legislatur Abhilfe schaffen. Alles drängt in Österreich zur Vereinbarung über ein Sprachengesetz: solange aber hierüber nichts bestimmt ist, ist es eine Minderung und Verletzung des geltenden Staatsrechtes, wenn über Bestimmungen hinweggegangen wird, welche durch Jahrhunderte rechtliche Gültigkeit besaßen.

Was die Deutschböhmen für die deutsche Nation bedeuten

(Veröffentlicht 1909)

Auf der böhmischen Hochebene dringt die slawische Rasse bis ins Herz des Deutschen Reiches und des deutschen Volkes. Durch diesen fremden Keil werden die nordöstlichen Gebiete der Nation, die sich unter dem preußischen Adler zur Führung Deutschlands aufschwangen, von den südlichen Gauen an der Donau und in den Alpen getrennt, und gewiß ist diese Scheidewand eine der Ursachen, weshalb preußisches und österreichisches Volkstum sich oft unverstanden gegenübertraten. Die tschechoslawische Stirnseite der habsburgischen Monarchie zerreißt die Grenzen des Deutschen Reiches an einer empfindlichen Stelle, denn von Dresden nach München geht die Luftlinie über Westböhmen, und Süddeutschland würde, falls die alten Gefahren deutscher Zerrissenheit je unheilvoll wiederkehren sollten, wovor ein gütiges Geschick die Nation hoffentlich für immer bewahren wird, bei Trennungsgelüsten glühende Zustimmung im böhmischen Talkessel finden. Stellt sich das Böhmerland mit der hinter ihm sich ausdehnenden Monarchie auf seiten der Gegner des Deutschen Reiches, so ist dessen militärische Lage so ungünstig wie möglich. Die südwestdeutschen Truppenaufgebote wären mit den nordostdeutschen nur auf Umwegen über Bamberg zu vereinigen, es wäre denn, daß sie sich durch einen glücklichen Vorstoß auf böhmischem Boden die Hand reichten. Alle diese ungünstigen Umstände sind durch die nicht wegzuschaffende Tatsache herbeigeführt, daß der tschecho-slawische Stamm bis nahezu im Herzen von Deutschland feindselige Wacht hält. Zweimal brach bereits aus dem böhmischen Kessel das Unheil über die deutsche Nation herein: in den Hussitenkämpfen und im Dreißigjährigen Kriege. Vulkanische Gewalten nationalen und religiösen Ursprungs zerrissen das böhmische Staatswesen, und die glühende Lava ergoß sich von da aus verheerend über die deutschen Lande.

Böhmen, Mähren und Österreichisch-Schlesien zählen zusammen 9 400 000 Einwohner, davon 3 400 000 Deutsche und rund sechs Millionen Slawen. Denkt man sich diese Gebiete als einen vollständig tschechischen Block, so wäre das ein stattliches Gemeinwesen slawischer Rasse, das seine völlige Unabhängigkeit wohl zu behaupten und eine noch straffere Einheit zu bilden vermöchte als jetzt Ungarn. Ein solcher Staat mit den antideutschen Forderungen des Tschechentums wäre, wenn nicht eine Gefahr, so doch ein Gegenstand steter Sorge für das Deutsche Reich. Er könnte nur durch eine große militärische Kraftentfaltung niedergehalten und verhindert werden, den Anschluß an das russisch-französische System zu vollziehen. Bis hart vor den Toren von Dresden, Nürnberg und Regensburg würden die Fahnen des tschechischen Staates wehen.

Hier nun setzt die weltgeschichtliche Bedeutung der Deutschen Böhmens und der anderen Sudetenländer ein. In Böhmen sind sie 2 400 000 unter 6 400 000 Bewohnern, und ihre Wohnsitze bilden nahezu einen Ring um das ganze tschechische Sprachgebiet; Mähren ist nach allen Richtungen von ihnen durchsetzt; im österreichischen Schlesien bilden sie gegenüber Tschechen und Polen ziemlich die Hälfte der Einwohner und sind bis zum heutigen Tage in der Regierung und Verwaltung maßgebend. Sie dämmen also die Slawenflut ein und hindern ihr Überschäumen in das übrige deutsche Gebiet. Sie sind der Reifen, durch den die böhmischen Länder an den österreichischen Staat und dadurch an die Monarchie geknüpft sind. Es wäre für sie fast ein Todesstreich, wenn sie von Prag aus regiert würden, weil sie dann ewig zur Minorität verurteilt wären. Sie gravitieren also nach Wien, wie ihr Führer Eduard Herbst es seinerzeit ausdrückte; sie allein bewirken, daß das Habsburger Reich bis jetzt bloß in zwei Staaten und nicht in eine größere Anzahl kaum mehr lenkbarer Gemeinwesen gespalten ist. Und durch sie ist dem österreichischen Staat, insbesondere aber dem Wiener Reichsrate, der vorwiegend deutsche Charakter ausgeprägt. Wären die Deutschen nur in den Donau- und Alpengebieten seßhaft, so würden sie innerhalb der Monarchie an Zahl und Bedeutung sowohl den Magyaren wie den Tschechen nachstehen. Vorbei wäre es dann mit dem starken gemeindeutschen Zuge, der seit altersher und noch immer die österreichisch-ungarische Monarchie beherrscht; das Bündnis der beiden Kaiserreiche der Mitte stünde, wenn es überhaupt abgeschlossen worden wäre, auf tönernen Füßen, da das mächtige tschecho-slawische Element der Monarchie heiß und kräftig die Allianz mit dem Zarenreiche fordern würde. Vor dem Dreißigjährigen Kriege machten die Deutschen Böhmens nur etwa ein Zehntel der Bevölkerung des Landes aus, jetzt aber, infolge der starken Einwanderung aus Deutschland im siebzehnten Jahrhundert, viermal so viel, fast zwei Fünftel nämlich. Daher ist eine slawisch-nationale Bewegung in Böhmen in dem Umfange, wie sie zum Aufstande von 1618 führte, immerhin erschwert, und die dem Deutschen Reiche feindlichen Elemente sind, wenn auch nicht gebändigt, so doch gebunden. Nicht für Österreich, nicht für Deutschland allein sind dies grundlegende Tatsachen. Das ganze System europäischer Bündnisse, die ganze Rassengliederung Europas ist dadurch bedingt, und so kann man sagen, daß die aufrechte Haltung des wackeren deutschböhmischen Volksstammes auch für die Weltlage von Bedeutung ist. Man spreche also nicht von der geringen Wichtigkeit des nationalen Kampfes in jenen Mittelgebieten des Erdteiles; seine Entscheidung würde der deutschen Nation eine starke Machteinbuße bringen, und es kann mit Bestimmtheit gesagt werden, daß durch die völlige Slawisierung der Sudetenländer das Antlitz Europas vollständig verändert werden würde. Das ist es, was man ohne Übertreibung als die Weltstellung des deutschböhmischen Volksstammes bezeichnen kann.

Doch nicht bloß in der geographischen Lage und in der Zahl der Sudetendeutschen liegt ihre Bedeutung. Sie ist unendlich verstärkt durch ihre kraftvolle wirtschaftliche Entwicklung: es ist Tatsache, daß in jenen Gebieten der industrielle Schwerpunkt der österreichisch-ungarischen Monarchie liegt. Sieht man von Wien und seiner Umgebung ab, so beherrscht Nordböhmen mit den Fabriksbezirken Mährens die Textilindustrie Österreichs und besitzt auch die Führung in anderen wichtigen Zweigen des Großgewerbes. Bei der geographischen Zerklüftung des deutschen Sprachbodens am Rande des böhmischen Kessels wären die Deutschen vielleicht nicht imstande, dem strahlenförmigen Vordringen der tschechischen Auswanderung überall standzuhalten, wenn sie nicht der wohlhabendste Volksstamm der Monarchie wären. Aus den Arbeiten des österreichischen Nationalökonomen Friedrich Freiherrn v. Wieser geht hervor, daß die Deutschen, obwohl sie nur siebenunddreißig vom Hundert der Bevölkerung Böhmens ausmachen, die größere Hälfte der Staats- und Landessteuern aus dieser Provinz entrichten. Auf dieser wirtschaftlichen Überlegenheit beruht aber auch die politische Führerstellung der Deutschböhmen in Deutschösterreich. Früher war sie noch durchgreifender als jetzt, in allen nationalen Dingen ist sie bis heute unbestritten. In früherer Zeit, solange es noch kein tschechisches Großbürgertum gab und jeder zum Wohlstande gelangte Slawe sich von selbst germanisierte, also bis 1848, trat dies noch schärfer hervor. Bis zum Erstarken des Arbeiterstandes gab es — die Revolution von 1848 ausgenommen — zwei maßgebende Klassen der Gesellschaft: Adel und besitzendes Bürgertum. Wenn man zwischen 1830 und 1870 in Mitteleuropa vom Volke sprach, so meinte man damit die durch das Bürgertum geführte öffentliche Meinung. Das war auch die politische Blütezeit des deutschböhmischen Stammes, da er, was den Industrialbesitz betraf, unter den Tschechen keinen Mitbewerb fand und auch die übrigen Gebiete Deutschösterreichs wirtschaftlich überragte. Deutschböhmen besaß das am kräftigsten entwickelte Großbürgertum des Reiches, und so nahm es, solange diese soziale Schicht maßgebend blieb, auch im politischen Sinne die Führerstellung ein.

Dies nun änderte sich in den letzten vierzig Jahren. Während in den zwei Generationen vorher der große Gang der sozialpolitischen Entwicklung dem deutschen Bürgertum günstig war, ist jetzt ein Rückschlag eingetreten. Vor allem dadurch, daß mit dem Steigen aller industriellen Tätigkeit sich auch eine tschechische Mittelklasse bildete, für sich einen Anteil an der Regierung zuerst Prags und der Landstädte einforderte und auch in den Ministerien zur Geltung zu gelangen bemüht war. Aber abgesehen davon stieg auch die politische Bedeutung all der Schichten und Berufe, die früher bescheiden zur Seite standen. Das Landvolk rührte sich, organisierte sich als agrarische Partei, und aus den fleißigen slawischen Bauernschaften schöpften die nationalen Parteien dieser Rasse Nahrung und Kraft. Die Kleinbürger, die bis 1882 in Österreich vom Wahlrechte größtenteils ausgeschlossen waren, hatten sich in den slawischen Gebieten nirgends gleich den Großbürgern germanisiert und drängten überall im Stadtregiment vor: und so gingen eine Reihe mährischer Städte in der Art verloren, daß nach Erwerbung des Wahlrechtes die tschechischen Kleinbürger die wohlhabenden deutschen Altbürger aus den Rathäusern verdrängten. Ganz merkwürdig aber wirkte die Organisation des Proletariats in den böhmischen Landen. Die deutschen Arbeiter schlossen sich in Österreich zuerst zusammen, aber die tschechische Sozialdemokratie zog bald ebenso große Massen in ihr Bereich. Früher waren das stumme und gehorsame Untertanen, jetzt gewannen sie Sprache, politischen Einfluß, zuletzt das Wahlrecht. Das führte zunächst zur Erstarkung des tschechischen Elements in Böhmen und Mähren. Der Geburtenüberschuß in den slawischen Gebieten fand in den heimischen, lediglich mit Landwirtschaft sich beschäftigenden Gebieten keine Arbeit und Beschäftigung, deshalb wanderten diese Handwerker und Arbeiter in das industrielle Deutschböhmen aus, wo höhere Arbeitslöhne geboten wurden. Dies ist der Hauptgrund, weshalb viele deutsche Städte und Dörfer, zumal in den Kohlenbezirken, in ihrem nationalen Charakter bedroht sind: hier wütet der Streit um Schule, um Amts- und Gerichtssprache am heftigsten. Doch möchte man fast sagen, daß dieses Übel, so sehr es sich auch in Reichenberg, Eger, Brüx und an anderen Orten fühlbar macht, die Heilung in sich selbst birgt. Denn das tschechische Proletariat ließ sich von den nationalen Heißspornen nicht für die nationale Organisation gewinnen, schlug selbständige Wege ein und fand sich mit den deutschen

Arbeitern in der Verfolgung wirtschaftlicher Ziele zusammen. Die tschechischen Arbeiter pflegen ihre Muttersprache zwar mit dem größten Eifer und sträuben sich gegen reindeutsche Schulen; sie sind jedoch nicht von der bitteren Gehässigkeit gegen ihre anderssprachigen Landsleute erfüllt wie die Bürger und die Bauern. Aber diese Wendung hat auf den Kampf an der Sprachgrenze noch nicht ihre Wirkung geübt. Und im ganzen ist der demokratische Zug unserer Zeit den Nichtdeutschen in Österreich günstiger als den Deutschen, weil diese nur in den wohlhabenden Schichten stärker vertreten sind; die nachdrängenden Massen sind vielfach slawisch und gelangen durch das allgemeine Wahlrecht zu einer besseren Stellung. Das sind Erscheinungen, die sich auch in dem Emporstreben der Polen und Wasserpolacken Preußens zeigen. Diese mächtige Bewegung läßt sich nicht eindämmen, und es wäre ganz vergeblich, das Vordringen der Demokratie in Österreich deshalb bekämpfen zu wollen, weil sie jetzt den Slawen zum Nutzen gereicht. Man muß, ob man will oder nicht, die Wellen brausen und rauschen lassen, sich aber kräftig im Wogenprall behaupten. Völker sind vergleichsweise ewig und überdauern, wenn sie kräftig geartet sind, auch ungünstige Zeiten bis zum Morgenrot eines besseren Tages.

Zu den Wirkungen des Emporsteigens der slawischen Schichten gehört auch die Erscheinung, daß in Böhmen und in den anderen deutschslawischen Gebieten die Zahl der Beamten und Lehrer nichtdeutschen Stammes immer größer wird. In den blühenden Industriebezirken Deutschböhmens wendet sich die große Mehrzahl aller begabten jungen Männer dem Fabriksbetrieb und dem Handel zu, während die im Vergleiche kärglich bezahlten Stellen des Richters oder Gymnasiallehrers auf die Söhne des tschechischen Kleinbürgers oder Kleinbauern immer noch große Anziehungskraft ausüben. Die Deutschen werden in jenen Bezirken immer wohlhabender und machen den Tschechen in den Berufen mit einem kleineren, wenn auch gesicherten Einkommen nur zu oft Platz. Und es kann nicht gesagt werden, ob es für die Entscheidung auf politischem Gebiete wichtiger ist, daß die Ämterbesetzung den Tschechen günstiger geworden ist, die wirtschaftliche Entwicklung dagegen den Deutschen.

Also vollzieht sich das Ringen der deutschen und der slawischen Rasse um Geltung und Herrschaft in den Sudetenländern. Große Dinge stehen auf dem Spiel, und an dem Ausgang ist Deutschland ebenso beteiligt wie Österreich. Dabei sind vor allem die Weltverhältnisse von Bedeutung, so das Verhältnis des Zentralbundes zum Zarenreiche. Doch auch das Auf- und Niederfluten der zwei Volksstämme Böhmens an der Sprachgrenze, im industriellen Wettbewerb, in den Ämtern und Schulen muß im Auge behalten werden. Über dem großen Allgemeinen dürfen die Vorgänge in den verschiedenen Landschaften nicht vernachlässigt werden. Man sage nicht, daß es kleinlich ist, auf die einzelnen Stellungen zu viel Wert zu legen; man spotte nicht über die böhmischen „Nachtwächterfragen", wie das wegwerfende Wort eines österreichischen Demokraten lautete, der einmal meinte, es sei belanglos, wie die kleinen und kleinsten Stellen im öffentlichen Dienste Böhmens und Mährens besetzt werden. Ein freier Geist wird sich nicht in diesen örtlichen Streitigkeiten verlieren; wo immer aber die Stammesgenossen um Geltung oder gar um nationales Dasein ringen, darf ihnen der Beistand des Hinterlandes nicht fehlen.

Es ist von großer Bedeutung, daß die Wacht an der Sprachgrenze von einem kraftvollen deutschen Stamme bezogen ist. Erlahmt er in seinem Widerstande etwa so wie die Deutschen Ungarns, die sich — mit Ausnahme der Siebenbürger Sachsen — ihrer Nationalität immer mehr zugunsten des Magyarentums entäußern, so ist auch von der Lösung großer Völkerfragen auf den Schlachtfeldern keine Heilung mehr zu hoffen. Dessen aber ist bei den Deutschböhmen keine Gefahr. Dieser Volksstamm ist fleißig bei der wirtschaftlichen Arbeit und dabei zäh und hartnäckig in der Verteidigung seines Sprachbodens. Was von außen her als Kleinlichkeit erscheint, ist, in der Nähe betrachtet, ein notgedrungener Kampf für deutsche Art und Sitte der nächsten Generation, also der eigenen Kinder, für welche nationale Schulen erhalten werden müssen und die auch fernerhin vor deutschen Richtern ihr Recht finden sollen. Die Deutschböhmen erwerben sich bei ihrem Widerstande gegen die von unten herauf sie bedrohende, den Slawen augenblicklich günstige Klassenbewegung ein großes Verdienst um die ganze deutsche Nation, und es wäre mehr als Schwäche, es wäre Verrat, würden sie von ihren Stammesgenossen im Deutschen Reich im Stiche gelassen werden.

30

Die „Allgemeine Zeitung"

(Veröffentlicht 1909)

Kann es eine vollkommen unparteiische Zeitung geben? Der menschlichen Natur entspricht Unpersönlichkeit gerade nicht und Solons Vorschrift für die athenischen Bürger, jeder müsse bei inneren Parteiungen bestimmt seine Stellung nehmen, sollte doch auch für ein gerade gewachsenes Organ der öffentlichen Meinung gelten. Dennoch wollte der alte Cotta, der erste deutsche Buchhändler seiner Zeit, der Freund Schillers und Goethes, dieses Ziel erreichen, wobei er den einzig gangbaren Weg beschritt: er legte der Redaktion nicht etwa Stillschweigen bezüglich ihrer eigenen Meinung auf, aber er machte es ihr zur Pflicht, jedem wichtigen Parteilager, jeder bedeutenden Persönlichkeit Raum zur Aussprache zu gewähren, auch wenn sie selbst nicht mitgehen konnte. Und so erreichte er ein Doppeltes: schrittweise erzog er sein Blatt zum Organ verschiedenster Denkrichtungen seiner Zeit, gewann das Vertrauen aller Parteien und erhob es, wenn die Redaktion selbst sprach, was nicht allzu oft geschah, zu einer Autorität, der man mit Achtung begegnete.

Diese Unparteilichkeit war der „Allgemeinen Zeitung" jedoch nicht in die Wiege gelegt, denn die erste Zeitungsgründung Cottas, die „Neueste Weltkunde", war auf einen ganz anderen Ton gestimmt. Nachdem der große Buchhändler sich umsonst Mühe gegeben hatte, Schiller gelegentlich seines letzten Besuches in der Heimat zur Übernahme der Leitung dieses politischen Blattes zu bewegen, übertrug er sie einem der namhaftesten Publizisten jener Zeit, Posselt, der von Begeisterung für liberale Grundsätze und von der Überzeugung erfüllt war, Frankreich und seine Heere seien bestimmt, die Ideen der Freiheit über ganz Europa zu verbreiten. In diesem Sinne führte er das Blatt, erregte aber dadurch solche Erbitterung bei dem im Kampfe stehenden Österreich, daß ein Mandat des Reichshofrates zu Wien den Herzog von Württemberg beauftragte, das Erscheinen der „Neuesten Weltkunde" sofort einzustellen. Als nun Cotta ein Jahr darauf (1798) die „Allgemeine Zeitung" gründete, machte er es sich zum unumstößlichen Grundsatze, jede Partei zu Worte kommen zu lassen und weder eine der Großmächte noch eine der politischen oder religiösen Parteien durch die Haltung des Blattes zu verletzen. Darüber wachte der alte Cotta mit außerordentlicher Sorgfalt, und da er zugleich jedes Opfer brachte, um die ersten Schriftsteller Deutschlands, aber auch hervorragende Männer Frankreichs, so Thiers, zur Mitarbeiterschaft heranzuziehen, so wurde die „Allgemeine Zeitung" nach 1815, besonders aber in den dreißiger und vierziger Jahren die wichtigste politische Lehrmeisterin der öffentlichen Meinung Deutschlands. Nicht in dem Sinne, daß sie kraftvoll die Wege wies und mit scharfer Ablehnung entgegengesetzter Richtungen die Geister beeinflussen wollte, wohl aber in der Art, daß die Fülle der Korrespondenzen aus allen Parteilagern, die Heranziehung der unterrichtetsten Köpfe, die Vornehmheit des Tones und das Streben nach strenger Wahrheitsliebe ihr allgemeine Geltung gewann. Kolb, durch Jahrzehnte Chefredakteur, galt als der erste deutsche Journalist seiner Zeit und seine Hauptmitarbeiter Altenhöfer und Mebold ergänzten ihn sehr glücklich. Auch darin zeigte sich die Unparteilichkeit des Blattes, daß Kolb als Schwabe und Großdeutscher in ausgesprochenem Gegensatz zu Mebold stand, der die preußische Führung in Deutschland verfocht; es liegt etwas Vornehmes darin, daß jeder von ihnen zu Worte kommen, jeder seinen politischen Freunden aus Deutschland Redefreiheit gewähren konnte. Der Meinungsausdruck fand aber stets in gedämpftem, niemals in anstößigem Tone statt. Als Johann Friedrich Freiherr v. Cotta gestorben war und sein Sohn Georg die Zügel führte, änderte sich nichts an den Grundsätzen, nach denen das Blatt geleitet wurde, und der letztere ließ sich bei schrofferer Parteinahme des Blattes mehr als einmal in Briefen an die Redaktion rügend vernehmen.

Doch blieb die vorherrschende Richtung des Blattes großdeutsch und Treitschke sowie Andere im preußischen Lager haben behauptet, die Zeitung sei oft im Solde Österreichs gestanden. Wie ungerecht dies ist, geht aus den in Heycks „Geschichte der Allgemeinen Zeitung“ veröffentlichten Stücken des Briefwechsels der beiden Cotta, wie aus den namhaften materiellen Opfern hervor, die sie bringen mußten, um nicht durch ein Verbot in Österreich den Bestand des Blattes in Frage zu stellen. Dies scheint zuletzt auch Treitschke eingesehen zu haben, da er, mit der Zeit milder geworden, 1892 einen Artikel gegen die reaktionäre Schulvorlage des Unterrichtsministers Zedlitz einsandte mit einem Begleitbriefe, in dem er feststellte, daß wohl jeder gebildete Deutsche einmal, wenn auch vorübergehend, Mitarbeiter der „Allgemeinen Zeitung“ geworden sei.

Richtig ist, daß die „Allgemeine Zeitung“ als ein Blatt Süddeutschlands, wo der Gegensatz zu Preußen überwog und die Sympathien zu Österreich bis heute tiefgewurzelt sind, durch ihre Entstehung wie durch ihren Leserkreis und besonders durch die Gesinnung der beiden Cotta während zwei Generationen im österreichischen Lager festgehalten wurde. Sie besaß 1815 nur etwa 3000 Abonnenten, als sich von da ab ihre Geltung und ihr Leserkreis ansehnlich hoben. Vielleicht der wichtigste Grund für ihr Emporkommen war der Umstand, daß in Österreich schwerer Geistesdruck herrschte, hier eine freie politische Zeitung nicht geduldet wurde, so daß neben dem amtlichen Blatt nur noch „Der Beobachter“ bestand, geleitet von dem Sekretär Metternichs, Pilat, der die Sache des Absolutismus zu verfechten hatte. Da nun die „Allgemeine Zeitung“ dank der diplomatischen Geschicklichkeit der beiden Cotta in Österreich zugelassen wurde, so besaß sie in den vierziger Jahren, zur Zeit ihrer bedeutendsten Verbreitung, von ihren 12 000 Abonnenten ungefähr die Hälfte in Österreich. Allerdings mußten die Cotta als Gegenleistung widrige Verpflichtungen übernehmen. Sie durften bis 1848 nichts über die inneren Verhältnisse Österreichs bringen, was ihnen nicht von der Staatskanzlei, und zwar in erster Linie von Pilat, hin und wieder von Gentz, mitunter auch von Zedlitz eingeschickt wurde. Aber noch mehr! Pilat war ein käufliches Individuum, das seine Mittelstellung zwischen dem Hause Cotta und Metternich dazu benutzte, um durch unaufhörliche Drohungen, man sei in Wien über die liberale Haltung des Blattes ungehalten und er allein könne die Stürme beschwören, von dem alten Baron ganz beträchtliche Summen zu erpressen. Es scheint, daß diese Raubbriefe zweimal des Jahres eintrafen, da sich Cotta in einem Briefe an die bayerische Regierung beschwerte, daß die „Äquinoktialstürme" aus Wien ihn bestimmt hätten, selbst nach der österreichischen Hauptstadt zu reisen, wo er ehrenvoll aufgenommen wurde; damals überzeugte er sich durch Unterredungen mit Metternich und Gentz, daß man ihm wohlgesinnt sei und daß der Name des Staatskanzlers mißbraucht worden war. Diese Abhängigkeit von Österreich war auch die Ursache, weshalb das Blatt in allen konfessionellen Fragen die größte Vorsicht walten lassen mußte, um nicht in den Wiener klerikalen Kreisen anzustoßen. Der jüngere Cotta war persönlich und grundsätzlich ein Gegner der neu aufkommenden Geldmächte, zumal Rothschilds, und er gab dieser Gesinnung auch in kräftigen Briefen an seine Redakteure Ausdruck. Von Wien aus wurde ihm aber bei der engen Verbindung, in der Metternich und Gentz mit dem Hause Rothschild standen, immer wieder ans Herz gelegt, dieses Bankhaus zu schonen. So stark ist durch den Einblick in den Briefwechsel der beiden Cotta das Urteil erschüttert, das eine feindselige Geschichtschreibung über die „Allgemeine Zeitung" in Umlauf gesetzt hatte.

Das Jahr 1848 war für die Geltung und Verbreitung der „Allgemeinen Zeitung" verhängnisvoll. Nicht etwa, daß ihre großen Vorzüge geringer wurden. Sie erhielt sich vielmehr redaktionell in den fünfziger Jahren auf der alten Höhe und galt noch immer für das erste deutsche Blatt. Entscheidend aber war, daß mit dem Fallen der Zensur auch in Berlin und Wien große Zeitungen mit reichen Mitteln entstanden und gleichzeitig in anderen Mittelpunkten des deutschen Lebens, am Rhein ebenso wie in Norddeutschland. Von Augsburg aus kam die „Allgemeine Zeitung" immer verspätet nach Österreich und wurde im Nachrichtendienst, zumal sie den Depeschendienst nicht pflegte, von den Wiener Blättern weit überholt. Ein rascher Abfall der österreichischen Abonnenten fand statt, so daß 1850 nur mehr ein Sechstel ihrer Abonnenten auf Österreich entfiel und deren Gesamtzahl überhaupt fast auf die Hälfte sank. Deshalb wäre es wohl im Interesse des Blattes empfehlenswert gewesen, wenn Cotta dem Rate Zedlitz' gefolgt und 1850 mit ihr nach Wien übersiedelt wäre. Cotta ging darauf nicht ein in dem richtigen Gefühl, daß das Blatt dann kein allgemein deutsches mehr geblieben wäre; auch hätte der seit 1851 verschärfte Polizeidruck in Wien dem Blatte die Möglichkeit genommen, in seiner, wenn auch gemäßigten, so doch liberalen Haltung zu verharren. Mutig kämpfte die Redaktion gegen das Mißgeschick und eroberte sich wieder den Boden zurück, besonders als sie 1859 während des italienischen Krieges mit Kraft und Hingebung auf die Gefahr hinwies, die Deutschland am Rhein bedrohte, womit sie der öffentlichen Meinung Süddeutschlands beredten Ausdruck gab: Österreich dürfe in seinem Kampfe gegen Italiener, Slawen und Magyaren als deutsche Macht nicht im Stiche gelassen werden. Wieder hob sich die Abonnentenzahl auf 12 000, wenn das Blatt auch gerade damals durch seinen Gegensatz zur preußischen Politik in der erbkaiserlichen Partei die tiefste Verstimmung erregte. Vergebens reiste Heinrich v. Sybel von München nach Augsburg, um die Redaktion von ihrer Haltung abzubringen. Kolb und sein Mitarbeiter Orges wahrten ihm gegenüber nachdrücklich ihren Standpunkt.

Das ist auch die Ursache, weshalb die „Allgemeine Zeitung" durch den Ausgang des Krieges von 1866 in ihrem Lebensnerv getroffen und eigentlich schon damals in der Blüte geknickt wurde. Die von ihr vertretene großdeutsche Politik mit Österreichs Primat in Deutschland erlitt die entscheidende Niederlage und sie mußte somit irgendwo Anschluß suchen, um den Abonnentenschwund aufzuhalten. Vor allem fehlte ihr in Augsburg der fruchtbare lokale Boden, da die kleinen Verhältnisse der alten Reichsstadt und die absichtliche Hintansetzung alles Provinziellen der Verbreitung der auf einer höheren Warte stehenden Zeitung im Wege standen. Sie hätte besser getan, schon damals nach München oder nach Frankfurt zu übersiedeln, um neben einem allgemeinen deutschen Blatte auch ein kräftiges Lokalblatt zu werden. Diese Übersiedlung wurde von Jahr zu Jahr verschoben, und als sie 1882 endlich stattfand, war der Schaden nicht mehr gutzumachen. Nichtsdestoweniger blieb sie auch in München eines der ersten deutschen Blätter, obwohl sie in den letzten fünfzehn Jahren ihres Bestehens mit großen finanziellen Schwierigkeiten zu kämpfen hatte. Ihren Rückhalt fand sie noch immer an der trefflichen Beilage, der schon der alte Cotta die größte Sorgfalt gewidmet hatte und die bis zum Schlusse stets, wenn auch mit gewissen Schwankungen, auf ihrer alten Höhe blieb. Wohl keine andere Nation der Welt vermöchte ein wissenschaftliches Blatt vom Range der Beilage Tag für Tag mit ausgezeichneten Artikeln über alle Zweige geistigen Lebens zu speisen. Es ist ein ernster Verlust für das geistige Leben in Deutschland, daß es nicht gelungen ist, wenigstens die Beilage als tägliches wissenschaftliches Blatt zu retten. Doch ist die jetzige Wochenausgabe der „Allgemeinen Zeitung" dazu bestimmt, einen Ersatz für diesen Verlust zu bieten, und da sie die altbewährten Kräfte wieder um ihre Fahne sammelt, wird man dem neuen Versuch mit Anteil und Interesse folgen. Es wäre erfreulich, wenn auf dem von der „Allgemeinen Zeitung" tief durchpflügten Boden neue Saat grünte. Hoffnung hegen läßt der Umstand, daß die „Allgemeine Zeitung" nicht etwa wie andere im finanziellen Rückgang befindliche Blätter zuletzt versandete und verödete; sie hielt vielmehr bis zum Schlusse einen Stab ernster Schriftsteller versammelt, behauptete bis znletzt Würde und Geltung. Ihr Schicksal vollzog sich mehr als Ergebnis der Entwicklung der Nation, nicht durch eigene Schuld und Schwäche. Dieses Urteil, man kann es getrost behaupten, wird auch von der Nachwelt gefällt werden.

Kaiser Franz Josef I.

Ein Charakterbild

(Veröffentlicht 1919)[1])

Kaiser Franz Josef hatte für die Außenwelt keine ausgesprochene, sich fest einprägende geistige Physiognomie, so daß sein Bild sich nur schwer nachzeichnen läßt. Daher die in Österreich oft gehörte Klage, man kenne den Kaiser eigentlich nicht, er sei eine verhüllte Gestalt. Das lag zum guten Teil an der Zurückhaltung, deren er sich nicht bloß gegen die Fernstehenden, sondern zumeist auch gegen die Räte der Krone befliß. Ein hoher Würdenträger, der kraft seines Amtes durch zwanzig Jahre fast täglich vor ihm zu erscheinen hatte, bezeugte: „Wohl fünf Jahre dauerte es, bis der Kaiser zu mir so weit Vertrauen faßte, daß er die Hülle fallen ließ und mir seine Persönlichkeit erschloß. Dann erst lernte ich den Menschen kennen, nachdem ich bis dahin nur den Monarchen gesehen." Auch auf ihn könnte das schöne Bild Machars geprägt worden sein:

Ein Schatten wandelt durch die Weltgeschichte,
Doch der ihn warf, ist nicht zu sehen.

I. Äußeres Auftreten. Geistige Fähigkeiten

Das Unpersönliche seines Wesens hatte, so seltsam es klingen mag, für das Regieren über so viele Länder und Völker

[1]) Diese Studie beruht auf Mitteilungen, die dem Verfasser von einer Reihe von Ministern, Generalen und anderen Würdenträgern zugekommen sind, die sich zum Teile durch Jahre in der Umgebung des Kaisers Franz Josef befanden. Der Aufsatz wurde im Aprilheft 1919 der „Deutschen Rundschau" veröffentlicht; dann aber flossen wieder Ergänzungen aus gleich guten Quellen zu, auf Grund deren die vorliegende erweiterte Fassung der Arbeit entstand.

großen Wert. Seine Natur störte nicht durch Schrossen und Ecken, er stellte sich nicht mit seinen Neigungen, Liebhabereien oder Temperamentausbrüchen dem Gange der Dinge in den Weg. Als Erbe eines alten Geschlechtes erfüllt von dem sicheren Bewußtsein seiner überragenden Stellung, versuchte er nicht zu glänzen und sprach auch nie wie von der Schaubühne herab; Selbstbespiegelung oder gar Ruhmredigkeit war ihm fremd. Er hielt die Menschen in gemessenem Abstande von sich und thronte gewissermaßen in den Wolken. Der Mangel an Persönlichkeit, durch die ein Menschendasein erst mit dem größten Reiz geschmückt wird, war für sein Regiment ein Vorteil. Herrscher in Verfassungsstaaten tun überhaupt gut daran, mit ihrer Überzeugung zurückzuhalten: diese Enthaltsamkeit mußte sich Franz Josef nicht erst abnötigen, sie lag ihm im Blute.

Nnr in einem Betracht zahlte der Kaiser mit seinem Ich in vollhaltiger Münze. In seinem äußeren Gehaben war er immer der Kaiser und König, der nicht erst die Kroue tragen und nicht mit dem Ornat bekleidet sein mußte, um als solcher zu erscheinen. Prunkvolle Abzeichen wären bei seiner vollen Natürlichkeit dem Eindruck eher abträglich gewesen. Ohne sich majestätisch zu geben, wirkte er durch seine tadellos vornehme Haltung, was besonders in einem Lande wichtig war, in welchem Hoch und Niedrig auf gesittete und gewinnende Lebensformen Wert legt; ein leiser Anflug von Schüchternheit flößte den oft bangenden Besuchern das Gefühl der Sicherheit ein. Ohne also durch sein Machtbewußtsein auf die sich ihm Nahenden zu drücken, war er einfach der Kaiser, wie sich der Österreicher einen Habsburger vorstellte. Außerdem verstand er es, jedermann zuzuhören, was das eigentliche Merkzeichen wirklich guter Erziehung ist, die letzte Ursache der Volkstümlichkeit nicht bloß eines Herrschers, sondern jedes Mächtigen. Dazu kam die Ritterlichkeit im Verkehr mit Frauen, die ihm bis ins höchste Alter eigen war. Seine Haltung war ungezwungen aber würdevoll, wohlwollend aber nicht vertraulich; er behandelte jeden seiner Untertanen mit gewinnender Höflichkeit, ohne irgendwie durch Herablassung zu beschämen. Er ging mit seiner Persönlichkeit völlig in dem höchsten Amt auf, und das war der ihm eigene Wesenszug.

Nun aber die Kehrseite: die geistigen Gaben des Kaisers reichten nicht an die Höhe der Mitgift äußerer Hoheit und Würde heran, die ihm von der Natur in die Wiege gelegt war.

Nur in der Aufnahmsfähigkeit für das an ihn Herantretende stand er über dem Durchschnitt. Sein Gedächtnis hielt ebenso treu die Gesichter und Namen von Personen fest wie die unendlich reichen Erlebnisse seiner Jugend und seines Alters. So gelangte er zu einer erstaunlichen Personenkenntnis, die sich auch über Österreich-Ungarn hinaus erstreckte. In den beiden Staaten der Monarchie war ihm kaum jemand vollständig fremd, der sich irgendwie hervorgetan hatte; mit den Diplomaten, Offizieren und Politikern seines Reiches sprach er als der über ihre Leistungen ausreichend unterrichtete Herrscher. Die fremden Diplomaten waren oft überrascht, wie genau er über die Verhältnisse ihres Landes unterrichtet war, was sich aus seinem fleißigen Studium der Gesandtschaftsberichte ergab. Für eine gute Grundlage seiner Bildung hatte seine begabte Mutter Sofie, die Tochter König Max' I. von Bayern, mit tüchtigen Lehrern gesorgt. Aus den Denkschriften, die dem erst achtzehnjährigen Herrscher unmittelbar nach seiner Thronbesteigung von den Staatsmännern vorgelegt wurden, um ihn für ihre Staatsauffassung zu gewinnen, ersieht man, daß sie die Grundbegriffe der Politik bei ihm als bekannt voraussetzten, auch den Ton der Rede hoch spannen durften.

Nicht so stand es bei ihm um die geistige Selbsttätigkeit. Aufzufassen und festzuhalten war ihm leicht, selbständig eigene Wege einzuschlagen und sie folgerichtig weiter zu schreiten, war ihm nicht gegeben. Er konnte zwar den ihm entwickelten Ideen ohne Mühe folgen, nicht aber die zu fassenden Entschlüsse aus eigener Kraft bis zu den letzten Konsequenzen durchdenken. Nicht daß ihm die logischen Operationen schwer geworden wären: er verfügte vielmehr über Klarheit in der Beweisführung. Es waren aber doch nur überkommene Vorstellungen, in denen er zu Hause war und die er dann ohne Mühe handhabte, auch in längeren politischen Unterredungen, in denen er mit Sicherheit zu sprechen, mit Bedacht zu schweigen verstand. Aber auch bei ihm zeigte es sich, daß, um auf dem schwanken Boden der Politik selbständig zu entscheidenden Schlüssen zu gelangen, der nüchterne Verstand nicht ausreicht, daß dazu Schwung und Mut unerläßlich sind. Er hielt sich gewöhnlich an das Besondere und Einzelne, während die Gabe der Abstraktion, wie einer seiner Minister bemerkte, bei ihm nur schwach entwickelt war. Er verstand zwar alles Besondere des Regierungsgeschäftes so gut wie irgendeiner seiner fürstlichen Zeitgenossen: selbst aber zu allgemeinen Begriffen aufzusteigen und sich dann auf der Höhe des einmal gefaßten Entschlusses zu erhalten, lag außerhalb der Grenzen seines Könnens.

Noch mehr fehlte es ihm an Phantasie, die unentbehrlich ist, um sich die künftigen Gestaltungen auch des staatlichen Lebens mit voller Deutlichkeit vorzustellen. Der künstlerische Zug der österreichischen Volksart war ihm versagt. Er besaß aber dafür auch keinen Hauch der Leichtlebigkeit und keine Ader von Sentimentalität, wie sie in seinen Donauländern zu Hause war. Mit Gefühlsseligkeit war auf ihn schlechterdings nicht zu wirken. Er war eine nüchterne Natur, so daß zwar die Phrase über ihn glücklicherweise keine Gewalt hatte, wogegen er sich wieder nicht zu weiten Ausblicken erheben konnte. Einem Herrscher werden sonst häufig geistreiche oder doch treffende Worte in den Mund gelegt; von ihm aber, es ist bezeichnend, waren fast gar keine Aussprüche dieser Art im Umlauf, eher noch Worte mit leisem humoristischen Anklang. Er hatte Mutterwitz und war Freund eines guten Spaßes. Sein trockener Humor sprach sich etwa so aus, wie einmal beim Anblick eines Bildes in einer Kunstausstellung, dessen Ankauf ihm von dem Komitee empfohlen worden war. Es gefiel ihm nicht sonderlich, er stellte aber, ohne den Vorschlag abzulehnen, an die ihn begleitenden Künstler gleichmütigen Tons die Frage: „M u ß er das kaufen?" Die oft spaltenlangen Berichte der Zeitungen über seine Empfänge von Abgeordneten und von Vertretern verschiedener Berufe brachten fast nur gewöhnliche Redensarten; man las viel Plattes darin, dafür aber auch nie etwas Unverständiges oder Gemachtes oder Übereiltes. Es wäre sündhaft, den g e s u n d e n H a u s v e r s t a n d zu unterschätzen, der sich in all dem bekundete, und damit ist er während seiner 68jährigen Regentenlaufbahn so gut durchgekommen, daß er sich unter den Herrschern seiner Zeit in Ehren behauptete[1]).

Die Schwierigkeit, den Kaiser zu schildern, liegt nicht an der Tiefe und auch nicht an der Mannigfaltigkeit einer reichen Natur. Aber eben das Einfache, Gradgewachsene läßt sich am schwersten in Begriffe fassen. Er war gewissermaßen die dem Hause Habsburg entsprechende Normalfigur. Er ragte nicht hervor und konnte auch nicht von seiner Umgebung in Schatten gestellt werden. Es war etwas Gesundes in ihm, was ihn der großen Menge der Bürger seines Reiches nahebrachte.

Sieht man von den Gaben ab, durch welche begnadete Geister sich über die Menge erheben, und prüft man die Fähigkeiten des Kaisers bloß darauf hin, wie er sich in den Staatsgeschäften zurechtfand, so wird das Urteil günstig lauten. Schon in seiner Jugend zeigte er in der Behandlung von Menschen und Dingen Gewandtheit und Sicherheit, so daß er auch ernste Beobachter für sich einnahm, wie bereits bei den von ihm geleiteten Verhandlungen des Fürstentags von Frankfurt 1863. Von dem frühe zur Herrschaft Berufenen — das geht aus den Denkwürdigkeiten des Herzogs Ernst von Koburg hervor — hatte man diese Sachkenntnis und Umsicht nicht erwartet.

II. Wahl seiner Ratgeber. Menschenbehandlung

Es ist eine Hauptschwäche seiner Regierung, daß er es nicht verstand, sich mit den an Talent und Charakter höchststehenden Männern seines Reiches zu umgeben. Den überragenden Köpfen in Österreich, etwa dem Handels- und Finanzminister

[1]) In dem Buche von H. W. Steed „The Hapsburg Monarchy" (London 1913) S. 8 wird erzählt, Kaiser Franz Josef habe, als ihm eine Persönlichkeit als Patriot empfohlen wurde, erwidert: „Man kann ihn einen Patrioten für Österreich nennen, ist er aber auch ein Patriot für mich?" Dieser angebliche Ausspruch mit seinem naiven Zynismus steht in solchem Widerspruch zu allem, was über die Haltung und die Ausdrucksweise des Kaisers bekannt ist, daß er als unecht bezeichnet werden muß. Gleicher Ansicht sind auch eine Reihe von Männern, die durch Jahre mit Franz Josef in Verkehr standen. Ihrem Urteil zufolge fühlte er sich untrennbar eins mit Österreich; die ihm zugeschriebene Unterscheidung würde seinen innersten Empfindungen widerstrebt haben.

Bruck oder dem Admiral Tegetthoff, in Ungarn dem älteren Grafen Julius Andrassy, stand er, wenn er auch eine Zeitlang ihren Ratschlägen folgte, innerlich fremd, selbst mit einer gewissen Eifersucht gegenüber, wie dies seiner der Begeisterung baren Natur entsprach. Aufrechte Charaktere konnten sich nur schwer in seinem Rate behaupten; an dem Grafen Andrassy störten ihn die stolze Offenheit der Sprache, die machtvolle Stellung in seinem Vaterland, an Männern wie Tegetthoff, Schmerling, Ernst von Plener die Unbiegsamkeit einer festen Überzeugung. Auch in seiner Familie verstand er sich mit den selbständigen Naturen nicht zum besten; Erzherzog Rainer, durch seinen politischen und religiösen Freisinn bemerkenswert, verstimmte den Kaiser.

Dagegen wußte er die große Zahl mehr oder minder tüchtiger Geschäftsmänner, die ihm im Laufe der Jahre zur Seite standen, gut zu verwenden, und sie rühmten seinen praktischen Blick. Es war leicht mit ihm zu arbeiten, zumal seitdem sich die oft hervorbrechende Ungeduld des jungen Herrschers mit den Jahren gelegt hatte. In der zweiten Hälfte seiner Regierung war seine Umgebung voll Lob über die ruhige Klarheit seines Urteils wie über die Kaltblütigkeit, mit der er Überraschungen und Widerwärtigkeiten hinnahm.

Um sich hervorragenden Ratgebern ganz anzuvertrauen, dazu fehlte ihm die innere Wärme, zudem war, wie noch genauer zu sagen ist, sein Blick für deren Mängel zu scharf. Auch scheint er nach dem Tode des Fürsten Felix Schwarzenberg, den er im hohen Alter einmal den größten seiner Minister nannte, keinen für so bedeutend gehalten zu haben, um sich ihm unterzuordnen. Es war kleinlich von ihm, daß er sich unangenehm berührt fühlte, wenn einer seiner Minister in den Zeitungen, besonders in den liberalen, ein etwas zu reiches Maß von Lob einheimste. Es verletzte ihn, daß nach dem Übergang zu konstitutionellen Zuständen (1861) Schmerling und nicht er als Bringer der Verfassung gefeiert wurde — worüber in den Denkwürdigkeiten Fröbels Näheres zu lesen ist.

In bezug auf die Führung der Geschäfte und das Verhältnis zu den Ministern besteht zwischen der ersten und der zweiten Hälfte seiner Regierung wie in vielen anderen Dingen ein durchgreifender Unterschied. Als jüngerer Herrscher hörte er in jeder wichtigeren Angelegenheit den Rat der verschiedenen seinem Throne nahestehenden Männer und fällte, wenn sie nicht übereinstimmten, die Entscheidung; dabei trat er, je nachdem die Gründe ihn überzeugten, bald dem einen, bald dem andern bei. Das führte zu unaufhörlichen Schwankungen. Während des Krimkrieges neigte das Wiener Kabinett dem Bündnisse mit Frankreich zu, so lange Graf Buol und Bach in hoher Geltung standen; dann überwog der Rat des Generalstabschefs Heß und der andern Generale, so daß der Krieg mit dem übrigens bereits tiefgekränkten Rußland doch vermieden wurde. Sichtlich trat der Zwiespalt auch vor Ausbruch des Krieges von 1859 hervor: der Minister des Äußern, Graf Buol, erfuhr nichts von der Absendung eines Ultimatums an Sardinien, auf das, wie es heißt, Kardinal Rauscher und Generaladjutant Graf Grünne gedrungen hatten. Zwischen 1861 und 1865 stieg das Übel womöglich: Graf Rechberg betrieb das Zusammengehen mit Preußen, während Schmerling und Biegeleben diese Politik bekämpften und mit den Mittelstaaten Front gegen Preußen zu machen rieten. Damals machte Palmerston über Österreich die Bemerkung, der Kaiser habe alle Mühe, zwischen seinen streitenden Ministern zu vermitteln. In allen diesen Fällen faßte der Kaiser zu keinem der Minister ein Herz und ließ sich bald hierher bald dorthin ziehen. Zwischen Beust und Andrassy, zwischen Taaffe und seinen Kollegen im Bürgerministerium bestand gleichfalls ein gespanntes Verhältnis.

Mit der Zeit sah der Kaiser die Verderblichkeit des bisherigen Verfahrens ein, lernte in ernster Selbstprüfung die Schranken seiner Begabung kennen und kam allgemach zu dem Entschlusse, sich immer nur dem Rate des jeweiligen Ministerpräsidenten oder Fachministers anzuvertrauen. So bürgerte sich der Brauch ein, daß er den Männern der Regierung im allgemeinen freie Hand ließ. Graf Andrassy war der erste Minister des Äußern, der die Geschäfte dieses Amtes, wenn auch unter steter Kenntnisnahme durch den Kaiser, doch im Ganzen selbständig führte.

Das große Ansehen Andrassys brachte es mit sich, daß er sich auch neben seinen Nachfolgern Haymerle und Kalnoky Gehör beim Kaiser verschaffte, aber nur Gehör, nicht mehr Geltung. Später wurden alle Staatsangelegenheiten bloß mit den verantwortlichen Ministern durchgesprochen. Der Kaiser hielt sich so genau an diese Regel, daß er einmal einem früheren Minister durch seinen Obersthofmeister sagen ließ, er würde ihn gerne einmal sehen und sprechen, aber er wolle nicht Grund zu dem Gerede geben, die Stellung seines Nachfolgers sei erschüttert. Bei dieser Ordnung der Dinge hörte Franz Josef zu selten sachkundige Männer, wie früher deren zu häufig. Aber die Scheidewand, hinter der die Geschäfte erledigt wurden, hielt die dem gradsinnigen Herrscher verhaßten Intrigen ab, gab den Ministern das Gefühl der Sicherheit und schützte den Kaiser, der seine verantwortlichen Ratgeber walten ließ, vor dem Vorwurfe selbstwilligen und sachunkundigen Eingreifens.

So bildete sich die Regierungsmethode heraus, welche die Generation zwischen 1880 und 1916 als die dem Kaiser Franz Josef eigentümliche gekannt hat. Sein Verfahren war ebenso verständig wie loyal gegen seine Umgebung. War er auch nicht genug geisteskräftig, um selbst mit Erfolg die Richtung geben zu können, so besaß er doch viel Klugheit in der Behandlung der Menschen, im Abwarten der günstigen Zeit. Darin zeigte er sich auch hervorragenden Männern ebenbürtig.

Wie verstand er es doch, ein ihm unbequemes Ministerium sich abnützen zu lassen! Das ihm unsympathische Bürgerministerium (1868—1870) überließ er, als es durch Zwistigkeiten in seinem Innern zerklüftet war, seinem Schicksal und entledigte sich seiner danu in guter Form. Im Beiseiteschieben dieses liberalen Kabinetts war es, soviel bekannt, das einzige Mal, daß er mit der römischen Kurie in geheime Verbindungen gegen seine verantwortlichen Ratgeber trat: das geht aus den Papieren des Grafen Langrand-Dumonceau hervor, dessen er sich zu diesem Zwecke bediente. Solche Künste hatte er in Österreich, wo seine Macht größer war, nicht so notwendig wie in Ungarn. Hier aber bietet den besten Beleg für sein Verfahren das Schicksal des Koalitionsministeriums von 1906 bis 1910, in dem fast alle

Parteiführer Ungarns, Wekerle als Präsident, dann Kossuth, Andrassy und Apponyi saßen. Er ließ sie scheinbar gewähren, hemmte sie aber in allen ihren Anschlägen zur Lockerung der die zwei Staaten der Monarchie umschlingenden Bande; so kamen sie mit der ihnen ursprünglich ergebenen Parlamentsmehrheit in Widerspruch und rieben sich in kleinen Mißhelligkeiten auf, bis für die Männer der Wahl Franz Josefs, Khuen-Hedervary und Stefan Tisza, die Bahn frei wurde.

Überhaupt war die Art bezeichnend, wie er seine Minister entließ. In Ungarn hielt er sich an die parlamentarischen Bräuche, in Österreich dagegen betrachtete er es für ungehörig, daß einer seiner Minister wegen einer Meinungsverschiedenheit seine Entlassung einreichte: sie hatten als treue Diener auszuharren, bis der Kaiser selbst fand, ihre Uhr sei abgelaufen. Bei einem solchen Anlasse sagte er dem Grafen Rechberg 1863 unwillig: „Ich lasse mir nicht den Strohsack vor die Türe setzen!" Aus gleichem Grunde zog sich Schäffle 1871 seine Ungnade zu. Er entließ seine Minister nicht aus Laune, sondern in der Regel dann, wenn die sich ihnen entgegentürmenden Schwierigkeiten so groß schienen, daß es nicht dafür stand, die Reibungen in der Staatsmaschine länger zu ertragen. Er persönlich scheute dann eine Aussprache mit ihnen, es war ihm unbequem, ihnen Aug in Aug zu sagen, daß er ihrer bereits überdrüssig sei; sie sollten eben selbst fühlen, sie seien ihm eine Verlegenheit geworden. In jüngeren Jahren entzog er sich der Aussprache über die notwendige Trennung von einem Minister oft so lange, daß der zum Rücktritte Verurteilte völlig überrascht war. „Unmöglich!" so rief einer von ihnen beim Empfange des Enthebungsschreibens aus, „ich komme doch eben von Seiner Majestät, ohne von ihm einen Wink erhalten zu haben." Furchtbar traf den Finanzminister Bruck der Streich, da er ungerechterweise von seinen Feinden beschuldigt war, sich auf Kosten des Staates bereichert zu haben: plötzlich vom Kaiser fallen gelassen, sah er sich den häßlichsten Gerüchten preisgegeben und gab sich in der Nacht nach dem Eintreffen des kaiserlichen Handschreibens selbst den Tod (1860). Der traurige Ausgang diente zur Warnung, von da ab erhielt der Betroffene den höflichen Besuch eines

Vertrauensmannes, der ihn zum Einreichen des Entlassungsgesuches einlud. Demjenigen, der dem Kaiser in solchen Fällen die Trennung leicht machte, der sich selbst anklagte, den Schwierigkeiten nicht mehr gewachsen zu sein, rechnete er dies hoch an. Indessen waren ihm Auseinandersetzungen darüber nicht angenehm und er entzog sich ihnen bei der Trennung auch von verdienten Staatsmännern mit einer gewissen Befangenheit. Als Koerber 1904 aus verschiedenen Gründen, auch aus Gesundheitsrücksichten, um seine Entlassung bat, gab der Kaiser bei dem ersten Gespräche darüber keine bestimmte Antwort, und auch bei dem zweiten kleidete er seinen zustimmenden Entschluß bloß in die rücksichtsvolle Bemerkung: einen solchen Ministerpräsidenten habe er noch nicht gehabt. Das war ebenso höflich wie deutlich.

Mit den entlassenen Ministern, dies machte er sich zur Regel, sprach er nicht von Politik. Dasselbe galt von den Fachministern, die nur über die ihnen gestellten Aufgaben berichten durften. Sie alle hatten, wenn sie sich auch eine Zeitlang in der kaiserlichen Gunst sonnten, das Gefühl, er betrachte sie nicht als Berater, sondern als für ihre bestimmte Pflicht aufgenommene Diener. Dies gab er dem deutsch gesinnten Ministerium Auersperg-Lasser 1871 gleich in der ersten Sitzung zu erkennen; hatte er es doch, nachdem das tschechenfreundliche Kabinett Hohenwart gegen des Kaisers Willen entlassen werden mußte, nur ungern eingesetzt. Er riet den Herren, sich mit ihrer oft widerspenstigen Partei möglichst gut zu stellen, er persönlich werde ihnen keine Schwierigkeiten machen, denn, so sagte er nach dem Berichte Josef Ungers wörtlich: „Ich wechsle nicht gerne."

Mit einem Worte: in langer Übung eignete sich der Kaiser die Technik des Regierens bis zu einem hohen Grade an; darin erreichten ihn nicht viele Fürsten. Herrschen ist aber nicht ein erlernbares Gewerbe, sondern eine Kunst, zu der man geboren sein muß.

Für die schwachen Seiten der politischen Männer seines Reiches hatte Kaiser Franz Josef einen scharfen Blick. Dem guten Mittelschlag gab er den Vorzug vor genialen Naturen, aber er täuschte sich nicht über das unzureichende Können solcher Persönlichkeiten. Wiederholt kam er lächelnd darauf zu sprechen, wie die einander ablösenden Minister ihre Vorgänger herabsetzten, dagegen ihre eigenen Freunde und Anhänger über Gebühr priesen. Er selbst legte zwar übergroßen Wert auf die ihm gebührenden persönlichen Ehren, aber das Jagen nach seiner Gunst erregte seine Geringschätzung, und mehr als einmal beklagte er sich bitter über den Byzantinismus, der seine oft nur als Fragen hingeworfenen Bemerkungen als Wünsche oder Befehle auffaßte, so daß ohne sein Verschulden Unsachliches angeordnet wurde. Oft war er durch die Verhältnisse genötigt, Männer in seinem Rate gewähren zu lassen, die er gering schätzte; er duldete sie, ohne sie zu verletzen, aber auch ohne sie durch Verstellung über seine Gesinnung im unklaren zu lassen. So sehr hatte er sich in der Gewalt.

Mit den Jahren wuchs das Mißtrauen, das früh von seiner Seele Besitz ergriffen hatte; seine schönen blauen Augen erhielten dadurch einen forschenden Blick. Und wie berechtigt war dieses Mißtrauen! Seine Menschenkenntnis reichte aber nur in der Negative aus; denn mit Vorliebe wählte er zu seinen Vertrauensmännern die ihm gerade bequemsten Persönlichkeiten aus, die nicht die geeignetsten sein mußten. Beispiele dafür sind außer Grünne und Taaffe der von ihm mit Vorliebe verwendete Freiherr von Gautsch, der Kriegsminister Graf Bylandt-Rheidt, besonders aber sein langjähriger Generalstabschef Beck.

Von der Schärfe seiner Kritik gab er einen merkwürdigen Beweis, als er sich wenige Monate vor seinem Tode zu Freiherrn von Plener über die während des Krieges begangenen militärischen und politischen Fehler ausließ. Es war erstaunlich, wie klar er sah und urteilte, aber noch überraschender, daß er sich ganz außerhalb des Geschehenen stellte und sich so gar nicht bewußt schien, es wäre doch *seine* Sache gewesen, die Mißgriffe zu verhindern. In der Kritik war er immer stärker als im eigenen Schaffen und Gestalten.

Er fällte seine Urteile manchmal in scharfen Ausdrücken, doch hielt er als älterer Mann damit gegen diejenigen, die es anging, zurück, um nicht zu verletzen. Nur bei militärischen Übungen prasselten seine Bemerkungen bis zuletzt kurz und derb nieder, wenn er es für notwendig hielt; denn, dies war mit gutem

Grund seine Ansicht, Soldaten aller Rangstufen müßten den Tadel des obersten Kriegsherrn hinnehmen, ohne mit den Wimpern zu zucken.

Die gemachten Fehler erkannte er klarer als den Weg zur Besserung. In der mißtrauischen Schärfe seines Urteils ist auch eine der Ursachen seines häufigen Schwankens in der inneren Politik zu suchen. Dazu kam etwas für seine ganze Entwicklung Entscheidendes. Nach den trüben Erlebnissen von 1859 und 1866 begann er an sich selbst zu zweifeln. Seinen Vertrauten gegenüber oder in der Erregung brach er in die Klage aus, er habe keine glückliche Hand. Dies sagte er nach der Niederlage von Königgrätz in tiefer Ergriffenheit zu einer Abordnung der Stadt Frankfurt, als diese um seinen Schutz gegen die Einverleibung Frankfurts in Preußen bat. In den schwierigen Verhältnissen seines Reiches liegt die Entschuldigung für vieles, was ihm mißlang; es entging ihm aber auch nicht, daß seine Kraft der auf ihm lastenden Riesenaufgabe nicht gewachsen war.

In den mittleren Bereichen der Politik, und solange es sich nicht um beherrschende Ideen und weitreichende Entschlüsse handelte, war er ein kluger — oder besser gesagt — ein geschickter Regent. Mancher, der nicht selbst ein ungestümes Roß zuzureiten imstande wäre, hält sich für gewöhnlich doch gut im Sattel; er kommt so lange mit seinem Pferde zurecht, bis es an einem Hindernis scheut oder sich gegen die Zügel aufbäumt: dann erst zeigt sich die Kunst des guten Reiters.

III. Charaktereigenschaften

Aus den bisher geschilderten Regenteneigenschaften wäre das große persönliche Ansehen des Kaisers außerhalb seines Reiches nicht zu erklären gewesen, noch weniger seine während der letzten Jahrzehnte außerordentliche Volkstümlichkeit in Österreich und in Ungarn. Die Ursachen lagen in der sittlichen Seite seines Wesens. Vor allem war er ein guter Hausvater und darin ein Muster für die Bürger seines Reiches. Er liebte seine Gemahlin aufrichtig, schrieb ihr fast täglich, wenn sie sich auf einer ihrer zahlreichen weiten Reisen befand, und sah in der ihn an Bildung und geistiger

Feinheit überragenden Frau fast ein höheres Wesen; gegen die wundersamen Eigenheiten und Launen dieser phantasievollen, ruhelosen, sich jedem Zwange entziehenden Natur war er von nie ermattender Nachsicht. Die sich häufenden Unglücksfälle in seiner Familie rührten das Herz jedes Fühlenden: sein Bruder Kaiser Max von Mexiko wurde 1867 hingerichtet, sein einziger Sohn gab sich 1889 selbst den Tod, seine Gemahlin erlag 1898 dem Dolche eines Anarchisten; „mir bleibt doch nichts erspart!" rief er bei der Nachricht von ihrem Tode aus. Seitdem standen ihm seine zwei Töchter noch näher; aber auch zu ihnen stand er nicht im Verhältnis vollen Vertrauens, wich vielmehr politischen Gesprächen möglichst aus. Die zahlreichen anderen Mitglieder der kaiserlichen Familie hielt er sich fast ganz ferne. Diese waren ihm fast fremd, von dem Thronfolger Erzherzog Franz Ferdinand trennten ihn weniger die Jahre als die tiefe Verschiedenheit der Naturen und der politischen Ansichten. So war er in den zwei letzten Jahrzehnten seines Lebens eigentlich vereinsamt.

Zu seinen bürgerlichen Tugenden gehörte auch Bescheidenheit und Anspruchslosigkeit. Er fügte sich in allen Dingen, die nicht mit den Regierungsgeschäften zusammenhingen, dem Urteil der Fachleute, denen er nie seine Ansicht aufdrängte. Seine persönlichen Bedürfnisse waren gering, seine Freigebigkeit dagegen wie die Nachsicht mit den ihn ausbeutenden Hofbeamten und Bediensteten so groß, daß sein Haushalt darob in Unordnung zu geraten drohte, bis er die Obhut seines Vermögens einem strengen und sparsamen Verwalter anvertraute, der der Verschwendung ein Ziel setzte.

Zu all dem kam seine Selbstbeherrschung. Er hatte sich so in der Gewalt, daß es schon deshalb schwer fiel, in sein Inneres zu blicken. Dies war auch die Rüstung, mit der er sich gegen unwillkommene Zumutungen und Einflüsse umgab. Er konnte, wenn er wollte, mit undurchdringlichem Schweigen zuhören oder verstand es, das Gespräch von dem abzulenken, was er nicht berührt haben wollte. In früheren Jahren kam es vor, daß er sich einer Darlegung einfach entzog, indem er sich kurz umdrehte und dem Besucher den Rücken kehrte, der dann betroffen abzog. Später wurde er in der Führung des

Gespräches sicherer, so daß Finanzminister Kaizl nach einer Audienz, in der es ihm nicht möglich war, sein Anliegen vorzubringen, bemerkte: „Den möcht' ich kennen, der den Kaiser auf einen Gegenstand hinzulenken verstünde, den er nun einmal vermeiden will.“ Diese Kunst bildete er bei den nie abreißenden Streitigkeiten zwischen den österreichischen und ungarischen Ministern bis zur Vollkommenheit aus. Wenn ihn der Ministerpräsident des einen Staates überzeugen und zu seiner Auffassung herüberziehen wollte, der Kaiser aber keine Entscheidung treffen mochte, so hörte er zu, ohne eine Miene zu verziehen: seine eigene Ansicht war nicht einmal zu erraten.

Über diese seine Zurückhaltung beschwerte sich besonders der Erzherzog, der ihm als Thronfolger hätte zunächst stehen sollen. Franz Ferdinand hatte ihn allerdings in früheren Jahren durch sein heftiges Weseu, ja durch Vorwürfe über manche Akte der Regierung, besonders über die gegen Ungarn geübte Nachgiebigkeit verstimmt, sogar verletzt. Dessen erwehrte sich Franz Josef später durch die abweisende Kühle, mit der er den Thronfolger oft fernhielt, wenn dieser seine Ansichten darlegen und zur Geltung bringen wollte. Es sei ihm nicht möglich, an den Kaiser heranzukommen und sich über die ihm am Herzen liegenden Angelegenheiten auszusprechen — so hörte der nächste Vertraute des Erzherzogs diesen einmal klagen. Das gereichte den Staatsgeschäften zum Nachteil: merkwürdig aber bleibt, wie eifersüchtig der damals schon über 80 Jahre alte Monarch seine Herrschermacht gegen jedermann zu wahren wußte.

Ähnlich stand er auch zu den übrigen Mitgliedern seiner Familie. Sie fanden ihn zwar korrekt und vorsorglich, aber in eine nähere Beziehung ist, außer seinen Kindern und Enkeln, nach dem Tode des Erzherzogs Albrecht (1896) keiner der Prinzen zu ihm getreten. Auch sie wurden ebenso höflich wie gemessen in Entfernung gehalten. Das war vielleicht eine der Ursachen, weshalb sich in den letzten Jahrzehnten eine auffallende Anzahl von Erzherzogen von der kaiserlichen Familie lossagte. Nicht daß er deren Verirrungen irgendwie verschuldet hätte, aber er verstand es auch nicht, die unruhigen Köpfe oder die mit ihrem Lose Unzufriedenen an seine Person zu knüpfen, sie im Geleise zu erhalten. Es war übrigens sein fester Grundsatz, keinem Erzherzog politischen Einfluß einzuräumen; wenn mancher doch bei den Behörden seine Anliegen vorbringen ließ, so geschah dies gegen des Kaisers Wunsch und erregte sein Mißbehagen. Viele von ihnen empfanden dies als Zurücksetzung, aber der Kaiser wollte damit das Aufkommen höfischen Günstlingswesens verhindern. Einmengungen in die Amtstätigkeit seiner Minister und in Besetzungen von Stellen wurden von ihm kalt und streng zurückgewiesen.

All dies übte aber doch auf die Staatsangelegenheiten nicht die gute Wirkung wie sein strenges Pflichtgefühl. Er widmete sich den Arbeiten seines Amtes mit unermüdlichem Fleiße, die Jagd war das einzige Vergnügen, das er sich gönnte. Durch sorgfältiges Ausnützen der Zeit — er stand im Sommer um vier, im Winter um fünf Uhr auf — brachte er es zuwege, alle ihm obliegenden wichtigen politischen, militärischen, volkswirtschaftlichen Geschäfte zu erledigen. Jedem seiner Beamten war er in der Hingebung an seine Amtspflichten ein Vorbild. Während des Weltkrieges versagte sich der greise Herrscher den gewohnten und ihm liebgewordenen Sommeraufenthalt in Ischl, um seinen Ministern näher zu sein und ihnen wie den Generalen die zeitraubenden Reisen nach Oberösterreich zu ersparen. Deshalb blieb er ununterbrochen in Schönbrunn, wo sie ihn ohne Mühe erreichen konnten.

Ebenso ist seine Wahrheitsliebe zu schätzen. Man konnte seinem Worte vertrauen, was besonders im zwischenstaatlichen Verkehr von großem Wert war. Gerechterweise muß zwischen dem unterschieden werden, was er ausdrücklich sagte und was er zu verschweigen für gut hielt. Wenn sich fremde Regierungen in seinen jüngeren Jahren mitunter über den jähen Wechsel seiner Entschlüsse beklagten — besonders zur Zeit des Krimkrieges — so ist ihm doch von den Königen und Ministern des Auslands nie Zweideutigkeit und Doppelzüngigkeit vorgehalten worden. In den inneren Angelegenheiten schwankte er oft zwischen Entscheidungen, die sich dann, besonders in der ersten Hälfte seiner Regierung, unheilvoll ablösten. Die Änderungen waren jedoch auf einen Wandel seiner Ansichten zurückzuführen; und sprach auch mitunter der Doppelsinn alles politischen Geschehens gegen ihn, so läßt sich gewiß nicht sagen, daß er je auf Täuschung ausgegangen sei. Wußten doch die liberalen Minister in Österreich oder hätten wenigstens wissen sollen, wie er innerlich zu ihnen stand.

Ein Zeugnis für seine Wahrhaftigkeit ist sein Verhalten nach dem Tode seines einzigen Sohnes. Dieser hatte durch Selbstmord geendet, ein Ausgang, der für die gut katholische kaiserliche Familie doppelt schmerzlich war. In der ersten Bestürzung wurde amtlich die Meldung verlautbart, der Kronprinz sei durch einen Jagdunfall ums Leben gekommen. Indessen brachte ein ausländisches Blatt die Nachricht von dem Selbstmord. Darauf fand beim Kaiser eine Beratung statt, was zu tun sei; anwesend waren Ministerpräsident Taaffe, der Minister des Äußern Kalnoky und der Obersthofmeister Fürst Konstantin Hohenlohe. Man überlegte, ob die schreckliche Wahrheit zu enthüllen wäre. Taaffe erklärte, daß, wenn die Geheimhaltung der Todesart beschlossen werden sollte, er dafür einstehen könne, in den österreichischen Zeitungen werde nichts über einen Selbstmord gebracht werden. Der Kaiser hatte bisher schweigend zugehört, gesenkten Hauptes und die Augen mit der Hand bedeckend. Jetzt richtete er den Kopf empor und fällte die Entscheidung: „Ich bin meinen Völkern die Wahrheit schuldig!" Darauf erfolgte eine neue amtliche Veröffentlichung, aber merkwürdigerweise wollten die Gerüchte nicht verstummen, der Kronprinz sei ermordet worden. Und doch hatte sich der Kaiser überwinden müssen, um das für ihn furchtbare Bekenntnis abzulegen. Daß er das tat, gereicht ihm zu hoher Ehre[1]).

Die auf den Thronen seltene Reinheit der Gesinnung des Kaisers ist aber nicht auf Tiefe und Reichtum der Empfindung zurückzuführen. Er war korrekt, der richtige Edelmann aus altem Hause, aber sein Gemütsleben bewegte sich wie seine Denktätigkeit in mittleren Bahnen. Dies zeigte sich in seinen Beziehungen zu den Menschen. Er war menschenfreundlich, es war ihm eine Freude, Gutes zu tun, eine Gnade oder eine Aufmerksamkeit zu erweisen; Herzenswärme war ihm jedoch nicht

[1]) Das Obige ist genau so wiedergegeben, wie es Fürst Konstantin Hohenlohe einer ihm nahestehenden Persönlichkeit erzählte.

eigen und tiefere Teilnahme empfand er nur für den engsten Kreis seiner Familie. Freunde, denen er durchs ganze Leben sein Vertrauen geschenkt hätte, besaß er in seinem Reiche wohl nicht; man hat als solchen nur den König Albert von Sachsen, seinen Waffengefährten im Kriege von 1866, gekannt. Der Generaladjutant Graf Grunne stand 1848 bis 1859 hoch in seiner Gunst; dann trat er als Oberststallmeister in die zweite Reihe, er war zwar noch angesehen genug, um ebenso wie die Mutter des Kaisers dessen junge Gemahlin seine Macht unangenehm fühlen zu lassen: das aber gestattete er sich nur infolge der Schwäche des Kaisers, nicht auf Grund von dessen bereits erkaltetem Vertrauen. Ebenso ließ Franz Josef den ihm anscheinend besonders werten Grafen Taaffe, seinen Jugendgespielen, fallen. Nachdem dieser nach 14 Jahren der Ministerpräsidentschaft 1893 von der Staatsleitung zurückgetreten war, behandelte er ihn zwar äußerlich ebenso verbindlich, aber auch ebenso kalt wie sonst die lange Reihe seiner entlassenen Ratgeber. Als Taaffe, seit kurzem außer Dienst und nach überstandener schwerer Krankheit, zum erstenmal wieder vom Kaiser empfangen wurde, erkundigte sich dieser zwar angelegentlich nach dessen Befinden, sprach aber mit ihm nicht von Politik: der ehemalige Ministerpräsident, der die Hoffnung auf Wiederkehr ins Amt nicht aufgegeben hatte, verließ niedergeschmettert das Audienzgemach. Das geschah nicht bloß, weil Franz Josef den an sich richtigen Grundsatz befolgte, sich nicht hinter dem Rücken des jeweiligen Ministerpräsidenten mit dessen Vorgänger einzulassen; maßgebender war für ihn, daß Taaffe ihm zwar wichtige Dienste geleistet hatte, aber mehr nicht leisten konnte: es hatte also mit ihm ein Ende. So verhielt sich der Kaiser auch gegen andere ihm anscheinend nahestehenden Männer. Von manchem verabschiedete er sich herzlich vor dessen Tod, aber er schätzte in jedem von ihnen mehr den treuen Diener als den Menschen oder den Freund. Er war in seiner Art dankbar, denn er kargte nicht mit Gnaden und Auszeichnungen, er war gegen erprobte Staatsdiener von gewinnender Freundlichkeit; aber er stand ihnen doch im allgemeinen meilenferne, nur ganz wenige Männer seines engsten Hofstaates sind ihm menschlich näher gekommen.

Einer Frau jedoch war es beschieden, durch lange Jahrzehnte und bis an den Tod des Kaisers seine Freundschaft zu bewahren. An Frau Katharina Schratt zogen ihn die Frische und Natürlichkeit des Wesens, der nie versiegende Humor, die Abwesenheit alles Gemachten, kurz die Eigenschaften an, welche die Töchter des österreichischen Landes als liebenswürdige Mitgift auch dann ins Leben mitbekommen, wenn sie durch Geist und Scharfsinn nicht zu blenden vermögen. Der Kaiser suchte bei ihr Erholung, nicht ein gesteigertes Dasein; sie war seine stets frohgemute Kameradin, nicht die Gefährtin seiner Sorgen.

Aus der Kühle, mit der er im ganzen den Menschen gegenüberstand, erklärte sich auch sein Verhalten in den schweren Unglücksfällen seines Lebens. Nach dem Tode seines einzigen Sohnes wie seiner Gattin hielt er seine Tageseinteilung im großen wie im kleinen ein wie gewöhnlich. Trafen ihn diese Unglücksfälle auch hart, so flossen die Eindrücke doch offenbar an ihm ab und hinterließen auf sein seelisches und körperliches Empfinden nicht die von seiner Umgebung erwarteten und gefürchteten Wirkungen. Bald nach dem Tode der Kaiserin Elisabeth wurde ein Mitglied des Herrenhauses zur Hoftafel gezogen; er äußerte zum Generaladjutanten des Kaisers, Grafen Paar, wie erfreulich doch die feste Haltung des schwergeprüften Herrschers sei, und erhielt zur Antwort: „Das Glück des Kaisers ist seine Beschäftigung mit den kleinen Dingen;“ denn die Unterzeichnung der Aktenstücke wie die üblichen Empfänge der Minister und Generale gingen ohne Unterbrechung von statten. Ein Beispiel für viele: Am 31. Januar 1889 früh wurde Kronprinz Rudolf tot aufgefunden, und am 2. Februar unterschrieb der Kaiser unter anderem die Entschließung, durch die der Hörer der Rechte Max Hussarek, der spätere Ministerpräsident, zur Promotion sub auspiciis imperatoris zugelassen wurde. Die klaglose Abwicklung der Geschäfte ging ihm über alles, woraus sich auch erklärt, daß er bei der Meldung, der Ministerpräsident Graf Stürgkh sei ermordet worden (1916), nicht etwa von Schrecken ergriffen wurde, sondern unmittelbar die Frage stellte: „Wer soll an seine Stelle treten?“ — Wer ihm bei den großen Wendungen seines Schicksals tiefe Ergriffenheit zumutete, wird über sein Testament erstaunt gewesen sein. Darin war für die ihm Nahestehenden, besonders für seine Töchter und Enkel gesorgt, auch das Familienfideikommiß, das für den jeweiligen Kaiser bestimmt ist, reich gemehrt, während er irgendwelche gemeinnützige Anstalten nicht bedachte. In seinen zwei letzten Regierungsjahren bluteten und starben Millionen von Kriegern für ihn und für den Staat, er aber fühlte sich nicht bemüßigt, ihnen oder ihren Hinterbliebenen durch eine Spende aus seinem großen Vermögen seine Erkenntlichkeit zu beweisen. Er war allerdings bei seinem Hinscheiden schon 86 Jahre alt und sein Testament wohl schon lange früher entworfen; aber offenbar hatte der Gedanke, er habe für die Liebe seiner Völker in seinem letzten Willen durch die Tat zu danken, in seinem Gemüt nicht Wurzel gefaßt.

IV. Verhältnis zum deutschen Volke

Da nun das Leben des Kaisers sich in Einzelheiten und Widersprüchen zu zerbröckeln schien, ist oft ungeduldig gefragt worden, ob es denn nicht doch einen Kristallkern gegeben hätte, um den sich seine Taten zur Einheit gruppierten. Es ist eben ein Bedürfnis des menschlichen Geistes, in der Fülle des Einzelnen den Zusammenhang zu finden. Darauf ist zu sagen, daß die Ereignisse seiner Regierung sich am besten um sein Verhältnis zur deutschen Nation gruppieren lassen, über welche zwanzig seiner Vorfahren als Kaiser gewaltet hatten. Nicht etwa, daß ihn nationales Gefühl beseelt hätte, das ihm vielmehr im Wesen fremd geblieben ist, aber die Geschicke des Hauses Habsburg und sein eigener Lebensgang brachten es mit sich, daß die Epochen seines Regentendaseins durch jenes Grundverhältnis zusammengehalten wurden.

Habsburg und Österreich standen ihm von Jugend auf zuhöchst, aber die Erbschaft seines Hauses umfaßte auch den Vorrang in Deutschland; und Ehrgefühl trieb den jungen Monarchen dazu an, die überkommene Stellung im Frieden wie im Kriege zu verteidigen. Mit diesen Gedanken zog er 1863 nach Frankfurt zum Fürstentag, sagte zur Abordnung der in Wien tagenden Juristenversammlung „Ich bin ein deutscher Fürst" und rüstete sich zur Waffenprobe, die bei Königgrätz unglücklich ausfiel. Die alten Erinnerungen blieben aber bis zum Ende seiner Tage so lebhaft in ihm, daß, als sich die Magyaren gegen die schwarzgelben Fahnen der Armee auflehnten, der Kaiser 1905 zu einem seiner Adjutanten sagte: „Ich bleibe bei meinen deutschen Farben!“ Dieser Ausspruch befremdete den jungen Offizier anfangs, bis er sich erinnerte, schwarzgelb seien ursprünglich die Farben der deutschen Kaiser wie ihrer Heere gewesen und von den Habsburgern erst übernommen worden, nachdem sie schon unter den Hohenstaufen gleichen Zwecken gedient hatten. Kam doch auch das alte deutsche Kaiserwappen, der schwarze Doppeladler im goldenen Felde, auf demselben Wege an das österreichische Kaiserhaus.

Der unglückliche Krieg von 1866 wurde anfangs in der Hofburg nicht als endgültige Entscheidung hingenommen. Unmöglich, so meinte der Kaiser, konnte dieser Schlag endgültig über die Herrschaft in Deutschland entscheiden, unmöglich der eine Waffengang alle Hoffnungen zertrümmert haben. Beust wurde berufen, um die Mittelstaaten zu gewinnen, und so wenigstens Süddeutschland noch im habsburgischen Machtkreise festzuhalten. Darauf zielten auch die Reformen im Innern des Reichs. Deshalb schloß Franz Josef eilends, übereilig den Ausgleich mit Ungarn, in der Absicht, die Magyaren zur Teilnahme an den weiteren Kämpfen mit Preußen heranzuziehen; daher auch die Verleihung der liberalen österreichischen Verfassung von 1867; aus gleichem Grunde wurden die Polen in Galizien zu Herren gemacht. Wie östlich der Leitha die Magyaren, sollten westlich die stärksten Völker, die Deutschen und die Polen, für den vom Kaiser ausgesteckten Plan der äußeren Politik eingespannt werden. Mancher Teil dieser Entwürfe ist noch nicht enthüllt, aber der Grundgedanke leuchtet aus allen Regierungshandlungen jener Zeit hervor. Wenn jemals, so gingen diese Handlungen der Regierung aus dem eigensten Entschlusse des Kaisers hervor.

Dieser ganze Kreis von Entwürfen versank in das Meer der Geschichte, in den Staub der Archive, als das Deutsche Reich nach den Schlachten von Wörth, Metz und Sedan in seiner Größe erstand. Das war einer der stärksten Eindrücke, die je auf den

Kaiser eingestürmt sind, er wirkte nachhaltiger als die Niederlage von Königgrätz, welche die Hofburg doch so weit verwand, um sehr bald mit Preußen in freundschaftliche Verbindung zu treten. Der Krieg von 1870 übte auch die Wirkung auf den Kaiser, daß fortan seine innere und seine äußere Politik getrennte Wege gingen. Auf der einen Seite gebot die Staatsklugheit, sich mit der stärksten Militärmacht Europas in ein gutes Verhältnis zu setzen, schon um sich gegen die russische Gefahr zu sichern, was zu dem österreichisch-deutschen Bündnisse vom 7. Oktober 1879 führte. Andererseits änderte sich durch den Austritt Österreichs aus Deutschland das Verhältnis des Kaisers zu den Deutschen seines Reiches von Grund aus. Dieser Volksstamm war nicht mehr, was er durch Jahrhunderte gewesen, die Säule des Rechtsanspruches der Habsburger auf die erste Stelle in Deutschland, nicht mehr ihre Leibwache unter den vielen Nationalitäten der Monarchie. In der Dynastie tauchte auch die Furcht auf, das neubegründete Reich im Norden könnte zum Magnetberg werden und das Eisen aus der habsburgischen Monarchie ziehen. Daher im Monate nach der Erhebung König Wilhelms zum Kaiser die Berufung Hohenwarts zum österreichischen Ministerpräsidenten, daher im September 1871 das kaiserliche Reskript an den Prager Landtag, durch das die Bildung eines böhmischen Staates und die böhmische Königskrönung zugesagt wurden. Von 1878 ab bis kurz vor dem Weltkrieg war der Widerspruch zwischen der innern und der äußern Politik des Kaisers die Regel, was nur möglich war unter einem Herrscher, dem systematisches Denken, folgerichtiges Festhalten allgemeiner Ideen ferne lagen. Nachdrücklich ist hervorzuheben, daß der Kaiser kaum je so selbständig bei der Ernennung seiner Minister vorging, wie bei der Berufung Beusts, Hohenwarts und Taaffes. Kein Druck von irgendeiner Seite führte ihn zu Beust; für Hohenwart, gegen den sich die Ungarn, die Generale und die hohen Beamten wendeten, setzte er sich im Ministerrat, wie Schäffle in seinen Denkwürdigkeiten erzählt, aufs entschiedenste ein. Es begannen die Jahre des tragischen Mißverständnisses zwischen dem wohlmeinenden Kaiser und dem ihm trotz alledem ergebenen deutschösterreichischen Volke. Indessen wäre es vorschnell, dem Kaiser alle Schuld an der Entzweiung zuzuschieben. Denn er besaß viele Gründe, die deutsche Verfassungspartei störrisch zu nennen, besonders wegen ihres Verhaltens in der Wehrfrage und bei der Erwerbung Bosniens; deshalb berief er 1879 Taaffe als ihren Bändiger zur Regierung. Aber freilich, schon 1871 hatte er mit Hohenwart dasselbe Spiel versucht. Die Verantwortlichkeit kann weder dem Kaiser noch den Deutschen allein zugemessen werden, der tiefste Grund der Entfremdung lag in einem weltgeschichtlichen Vorgang, in dem Ausschlusse Österreichs aus dem staatlichen Verband der deutschen Stämme, in der Entwurzelung des habsburgischen Herrscherhauses aus dem Erdreiche, dem es entsprossen war.

Im Grunde ging derselbe Zwiespalt durch das Verhältnis Franz Josefs zum Hause Hohenzollern. Tief innerlich empfand er die Notwendigkeit, über den Krieg von 1866 hinwegzusehen, als eine ihm auferlegte Frohne. Bismarck sagte einmal von sich, daß es ganze Provinzen in seinem Herzen gebe, in die er niemandem Einblick gewähre. Wie verschlossen Kaiser Franz Josef war, zeigt sich darin, daß er über seine eigentliche Empfindung dem Deutschen Reiche und dem deutschen Bündnisse gegenüber nur ganz wenige Menschen und auch diese nur durch einen Spalt hineinblicken ließ. Es beruht aber auf einem jeden Zweifel ausschließenden Zeugnisse, daß ihm dieses Bündnis zwar aus politischen Gründen für unersetzlich, aber auch als Last galt, der er sich nun einmal nicht entziehen konnte. Die Unbequemlichkeit bestand darin, daß er keine andere Wahl hatte. Aber er ging immer grade Wege, und bei der ihn beseelenden Ehrenhaftigkeit wich er nie vom Pfade der Bundestreue ab. Doch mißfiel ihm gründlich, daß die Deutschen Österreichs vor dem deutschen Bündnisse wie vor einem Altar ihre nationale Andacht verrichteten. Zu diesem Zwecke war der Bund am allerwenigsten geschlossen worden. Ohne daß er sich darüber klar geworden sein wird, entlud sich der Groll über das, was ihm Preußen angetan hatte und was er an Bitterkeit in sich verschließen mußte, gegen die Deutschen Österreichs, die ihrerseits wieder erst unter dem Ministerium Taaffe zu begreifen begannen, welches Opfer ihnen durch den Lauf der Dinge auferlegt war.

Die Folgen dieser Entfremdung waren für den Staat und die Deutschen ebenso verhängnisvoll wie für das Herrscherhaus. Daß Österreich und seine Deutschen schwer darunter litten, war schon unter Franz Josef mit Händen zu greifen; aber auch das Haus Habsburg wurde, wenn auch erst nach seinem Tode, mit ins Verderben gerissen. Bis 1879, vor der Zeit des Ministeriums Taaffe, wünschten sich die Deutschen nichts Besseres als das Zusammenarbeiten mit der Dynastie. Von da ab wandte sich ein großer Teil der Intelligenz nicht bloß von der Hofburg, sondern auch vom Staate ab. Wohl bestand schon vor Taaffe eine alldeutsche Partei unter Führung Schönerers, aber sie hatte außer bei den Studenten nur einen ganz geringen Anhang. Seitdem schwoll sie immer mehr an, und die Gebildeten, die ihre geistige Nahrung aus deutschen Quellen schöpften, befreundeten sich mit dem Gedanken der Zerstücklung Österreichs und dem Anschlusse ans Deutsche Reich. Das erbitterte wieder den Kaiser und trieb ihn den Magyaren und den Slawen in die Arme. Er vertraute auf seine persönliche Beliebtheit auch unter den Deutschen, die ihm besonders in den mittleren Schichten bis zum Ende treu blieb, und setzte sich über den Groll der vorwiegend national fühlenden Intelligenz achtlos hinweg. Es wehte ein kalter Hauch von ihm: er hatte nicht die richtige Empfindung dafür, daß sich das uralte Band zwischen seinem Hause und den Deutschen lockerte. Wenn er nur die Magyaren und die Slawen dadurch an Österreich geknüpft hätte! Das war nicht der Fall. Denn die ersteren wandten sich immer mehr der kossuthistischen Richtung zu, und noch weniger dankten es ihm die Slawen, die sich beschwerten, daß er ihnen zu wenig gewähre. Bei den Tschechen wurden gerade unter dem ihnen günstigen Taaffeschen Regiment die konservativen Alttschechen von den neuen Schichten verdrängt, deren Führer Kramař und Masaryk waren. So wurden die Getreuen abgestoßen, die anderen nicht gewonnen.

Allerdings besserten sich die Verhältnisse nach der Entlassung des Ministeriums Thun 1899; das Kabinett Koerber (1900 bis 1904) erwarb sich das Verdienst, wieder das Zusammenwirken des Herrscherhauses mit den Deutschen anzubahnen. Das ist die historische Stellung des besten Ministerpräsidenten, den sich der Kaiser in den letzten Jahren erkor; in diesen Bahnen regierte er auch weiter, doch ohne daß er mehr je volles Vertrauen zu den Deutschen Österreichs gefaßt hätte. Sein Handelsminister Bärnreither sagte ihm einmal 1899, die Deutschen glichen einem verrittenen Pferd, das sich indessen bei guter Führung wieder zügeln lassen werde.

Die letzten Jahre der Regierung Franz Josefs brachten unter dem Eindrucke gewaltiger Begebenheiten ein verändertes Bild. Wie wenn die Weltgeschichte dafür sorgen wollte, den Kreis der Geschehnisse zu schließen, so fanden sich Habsburg und Deutschösterreich doch wieder zusammen, als mit dem Weltkrieg über beide die ungeheure Gefahr heraufzog. Noch stand das Gewitter am Horizont, da erkannten Kapitän und Schiffsmannschaft, was ihnen drohte, wenn Mitteleuropa den von Rußland geplanten Schlägen erlag: das Haus Habsburg war dann verloren, die geistige und wirtschaftliche Blüte Deutschösterreichs geknickt. In dem großen Kampfe für die Selbstbehauptung der deutschen Nation und für den Bestand der Donaumonarchie kehrte Kaiser Franz Josef wieder zu seinen Anfängen zurück; tatsächlich führte er die Blüte auch der magyarischen und slawischen Jugend mit in den Kampf, den er an der Seite Deutschlands gegen die übrige Welt zu bestehen hatte.

V. Epochen der inneren Regierung

Im Laufe eines 86 Jahre dauernden Menschenlebens und einer 68jährigen Regierung vollziehen sich naturgemäß große Wandlungen einer Persönlichkeit, dazu kam aber noch die merkwürdige Entwicklungs- und Anpassungsfähigkeit des Kaisers. Diese Eigenschaft hing ebenso mit der ihm innewohnenden natürlichen Einsicht in den Weltenlauf wie mit dem Mangel an Kern und Kraft seiner Natur zusammen. Er war zum strengen, absolutistischen Herrscher erzogen und befleißigte sich demgemäß entgegen seinem eigentlichen Wesen in den ersten zwei Jahrzehnten seines Lebens einer gewissen abweisenden Herbheit, einer beabsichtigten Schroffheit im Regieren. Mit den Jahren streifte er diese Hülle ab, er wurde menschlicher, umgänglicher und lernte seine Ungeduld bemeistern. Der Einfluß seiner energischen Mutter trat eben zurück, seine anmutige und feinsinnige Gattin glättete so manche Unebenheit. Indessen entfuhren ihm, wenigstens im vertrautesten Kreise oder in Randbemerkungen zu geheimen Berichten, noch öfters starke Ausdrücke des Unwillens, worin er sich, wie wir wissen, später nach Wunsch bemeisterte. Ohne Mühe lebte er sich in die Verfassungsformen ein: darin waren die ungarischen Staatsmänner, besonders Andrassy, seine Erzieher. Er wurde jenseits der Leitha das Muster eines konstitutionellen Monarchen, aber auch in Österreich hielt er sich, wiewohl die Macht tatsächlich bei der Krone blieb, klug an die Verfassungsbestimmungen. Und so wie Konsequenz nicht zu seinen Vorzügen gehörte, so schwächte deren Abwesenheit auch die Mißgriffe ab, denen er gleichfalls nicht bis zum Äußersten nachhing. Die von ihm hintangesetzten Nationalitäten und Parteien rechneten immer mit diesem seinem Wesenszug und mit einem Umschlag, wodurch ihre Opposition oft gemildert wurde. Als er dann alt und müde geworden war, ließ er die Dinge an sich herankommen und entschlug sich nach Möglichkeit eigenen Eingreifens. So lassen sich von den verschiedenen Epochen seiner Regierung leicht Bilder entwerfen, von ihm selbst nur schwer ein Bild.

Wie mannigfach und unverbunden in ihm verschiedene politische Anlagen nebeneinander lagen, zeigte sich darin, daß er, der in der Behandlung der Nationalitäten keine glückliche Hand hatte, sich zu den übereinander lagernden Schichten der Gesellschaft mit überraschender Sicherheit stellte. Nie war er ihnen gegenüber Partei, immer blieb er der Schiedsrichter; man kann nicht einmal sagen, daß er den Adel übermäßig begünstigte, denn wenn die Aristokratie auch bei Hofe bevorzugt wurde, so schied sie in den letzten dreißig Jahren aus der Armee, ihrer früheren Domäne, fast ganz aus, soweit es sich um die leitenden Stellen handelte. Franz Josef hatte ein richtiges Gefühl für den Wandel der Zeiten, für die aufsteigende Klassenbewegung, dank welcher zuerst das Bürgertum, dann der vierte Stand sein

Recht an der Staatsleitung durchsetzte. Richtig erkannte er, daß die Krone über diesem Kampfe stehen müsse, nie darin Partei sein dürfe. Er ließ den ringenden Kräften freie Bahn und milderte die Gegensätze. Einmal aber erhob er sich durch einen kräftigen Entschluß zum Schutzherrn einer wichtigen Reform, und das war die Einführung des allgemeinen und gleichen Wahlrechts. Er hatte die Empfindung, daß diese Reform nur den bevorrechteten Klassen, nicht aber der Krone zum Nachteil gereichen werde. Der Finanzminister im Kabinett Taaffe, Emil Steinbach, hatte diese Vorstellung schon bei dem mißglückten Wahlreformversuch von 1893 in seine Seele gesenkt; sie erhielt aber erst Leben durch den ihm vom ungarischen Adel geleisteten Widerstand. Er berief 1905 den General Freiherrn von Fejervary zur Verteidigung seiner militärischen Majestätsrechte, und dessen Minister des Innern Josef von Kristoffy überzeugte den Kaiser und König von der Notwendigkeit der Reform. In Ungarn scheiterte sie an dem Widerstand der herrschenden Parteien, mit denen sich Franz Josef 1906 wieder ausglich. Indessen betrachtete er das allgemeine Wahlrecht nicht bloß als taktischen Behelf, wozu es den ungarischen Adelsparteien gegenüber von Anfang an gute Dienste geleistet hatte; er entschied sich vielmehr dafür, den Gedanken in der westlichen Reichshälfte, wo ihm größere Macht zur Verfügung stand, zur Geltung zu bringen. Damit folgte er den Spuren Maria Theresias und Josefs II., die sich gleichfalls der untersten Gesellschaftsschichte, damals der Bauern, angenommen hatten. So blieb in Ungarn das gleiche und allgemeine Wahlrecht das über der widerspenstigen Parlamentsmehrheit hangende Damoklesschwert, in Österreich aber befestigte der Kaiser durch die Reform seine schon früher große Volkstümlichkeit. Er nahm seinen Anteil an dem Werke auch in Anspruch. Als ihm nach Annahme der Reform Ministerpräsident Beck Vorschläge zur Auszeichnung derjenigen Politiker machte, die mitgewirkt hatten, bemerkte der Kaiser in guter Laune: „Sie vergessen mich! Ich habe doch auch ein Verdienst an der Sache.“

Wie anders und unfreundlich gestaltet sich das Bild, wenn sein Verhalten in den nationalen und staatsrechtlichen Verwicklungen seines Reiches ins Auge gefaßt wird! So wenig ist das Wesen Franz Josefs auf eine Formel zu bringen. Lange schwankte er zwischen den sich ihm aufdrängenden Systemen. Das ist nicht auffallend, vielmehr entschuldbar, da bei den schier unermeßlichen Schwierigkeiten des Herrschens über so viele Völker auch ein stärkerer Wille nicht hätte durchgreifen können. Es sind im allgemeinen vier Perioden seiner inneren Regierung zu unterscheiden: wer sie nicht auseinanderhält, den werden die Widersprüche verwirren.

1848—1860. In diesen zwölf Jahren stand der junge Herrscher unter dem Einfluß seiner Mutter, dann des Fürsten Felix Schwarzenberg und des Kardinals Rauscher, so zwar, daß, entgegen seiner zum Vermitteln und Ausgleichen neigenden Natur, die unumschränkte Gewalt der Krone und die unbelehrbare Starrheit des Zentralismus auf den Völkern lastete. Seine Ratgeber hatten ihm von Anfang an eingeprägt, daß eine feste Hand, selbst rauhes Dreinfahren beim Regieren unbedingt notwendig wären.

1860—1879. Der Kaiser lenkt ein, beginnt seine Zeit zu verstehen, schwankt aber unglücklicherweise zwischen den verschiedenen Systemen. Zuerst sagt ihm der verfassungsmäßige Einheitsstaat am besten zu, dann der Dualismus, zwischendurch aber wieder die föderalistische Gliederung des Reiches. Diese seine Unzulänglichkeit vergrößert das ohne seine Schuld durch den Nationalitätenkampf hervorgerufene Wirrsal.

1879—1900. Inzwischen entscheidet er sich 1867 in Ungarn für die Magyaren als das stärkste Element und folgt hier den Ratschlägen Deaks und Andrassys. In den Ländern der Stefanskrone läßt er die Zügel am Boden schleifen, doch lebt sich die neue Ordnung dank der politischen Klugheit der Führer der Magyaren und dadurch ein, daß er treu dem 1867 abgelegten Krönungseide streng verfassungsmäßig regiert. In Österreich dagegen fühlt er sich mächtig genug, um die Mitherrschaft der von Eduard Herbst nicht gut geführten Deutschen abzuschütteln. Das mißlingt noch unter dem Kabinett Hohenwart, wird aber 1879 durch die Geschicklichkeit des Grafen Taaffe bewerkstelligt. Dieser versteht es, Deutsche und Slawen wechselseitig im Schach zu halten; doch wird den Polen, die allen militärischen Vorlagen und der äußeren Politik des Kaisers klugerweise zustimmen, eine Vorzugsstellung eingeräumt. Das war die Franz Josef willkommenste Regierungsmethode, Taaffe geradezu sein Mann. Die Magyaren imponierten dem Kaiser und er ließ sich von ihnen einschüchtern; den Slawen sah er wie ein Vater seinen in die Flegeljahre kommenden Söhnen vieles nach; von den Deutschen verlangte er, weil er sich doch zu ihnen zählte, Vertrauen und Gehorsam; er ließ sie, wenn sie sich aufbäumten, härter als die andern seine Unzufriedenheit fühlen. Grade ihnen rief er, als sie seinem Lieblingsminister Taaffe das Regieren erschwerten, das härteste Wort zu, das er je in der Öffentlichkeit gegen eine Partei gebrauchte: er warf ihnen vor, „faktiöse Opposition" zu treiben; und das von ihm verwendete Fremdwort bedeutet im Französischen wie im Englischen doch so viel wie aufrührerisch. Für das abwechselnde Ausspielen der Deutschen und der Slawen prägte Taaffe kavaliersmäßig die Regel: „Man muß alle Nationalitäten in gleichmäßiger wohltemperierter Unzufriedenheit erhalten." Durch das Festhalten an diesem Verfahren fiel der Krone allerdings zunächst, zwischen 1879 und 1897, die ausschlaggebende Macht zu, was den Sozialistenführer Pernerstorfer zu dem Ausruf veranlaßte, im Grunde sei Österreich der am leichtesten zu regierende Staat.

1900—1916. In dieser letzten Periode der Regierungszeit Franz Josefs kam das Unheil zu Jahren. Wind war gesät, der Sturm fuhr aus der Erde. Zuerst erwehrten sich die Deutschen 1897 durch eine wilde Obstruktion im Reichsrate der Sprachenverordnungen des Ministeriums Badeni; nach deren Aufhebung griffen die Tschechen zu derselben Waffe. Infolge dieser Streitigkeiten sank das Ansehen Österreichs so tief, daß in Ungarn die Partei der Lostrennung vom Reiche bei den Wahlen von 1906 die Mehrheit im Parlament gewann. Der tiefere Grund der Zersetzung lag in der Unverträglichkeit und Herrschsucht der Nationalitäten; auch ein starker Herrscher würde die aus der Zusammensetzung des Reiches sich ergebenden Übel nicht völlig haben heilen können. Mit etwas größerer Umsicht jedoch wäre vieles Ungemach zu vermeiden gewesen. Die Regierung hatte aber in der Taaffeschen Zeit die Glut noch angefacht. Jetzt hätte der Kaiser den Brand gerne gelöscht — es war aber zu spät, und Österreich-Ungarn trat in tiefer Zerklüftung in den Weltkrieg ein. So wenig war er der Dinge Meister.

Nach dem Zusammenbruche der Monarchie hört man hie und da die Ansicht aussprechen, das Schlimmste wäre zu verhindern gewesen, wenn der Föderalismus rechtzeitig eingeführt und wenn den Tschechen innerhalb des Reiches dasjenige zugebilligt worden wäre, was ihnen infolge des Sieges der Angelsachsen und der Romanen zuletzt doch zufiel. In diesem Zusammenhange hat man von der Voraussicht Kaiser Franz Josefs gesprochen, der schon 1871 den tschechischen Staat zu begründen bereit war.

Nun kann sich diese unsere Arbeit nicht auf die nie ganz auszuschöpfenden Möglichkeiten eines völlig geänderten Geschehens einlassen. Mit dem Wenn und Aber der Weltprobleme mag sich derjenige befassen, der sich den Scharfsinn zu deren Lösung zutraut. Nur darf dieser kühne Denker zwei Tatsachen nicht vergessen. Die erste ist: den Magyaren und den Polen war unter den letzten zwei Habsburgern nicht nur die Selbstbestimmung, sondern auch die Herrschaft über andere Volksstämme eingeräumt und sie rissen sich dennoch von der Monarchie los; dies läßt einen Schluß auf das unter ähnlichen Verhältnissen voraussichtliche Verhalten der Tschechen und der Südslawen zu. Dann aber steht über jeden Zweifel fest, daß die Überantwortung Deutschböhmens und der Slowakei an die Tschechen — wenn in früherer Zeit erfolgt — sofort die Auflehnung der Deutschen Österreichs und der Magyaren gegen das Haus Habsburg zur Folge gehabt hätte. Ähnlich bei den Polen im Falle der Lostrennung des von ihnen festgehaltenen Ostgaliziens. Was sich eine auf dem Schlachtfelde besiegte Nation auferlegen lassen muß, wird sie vor der Entscheidung durch das Schwert gutwillig nicht einräumen.

Kehren wir also vom Ausklügeln nie eingetretener, eigentlich ausgeschlossener Möglichkeiten zu dem Wirklichen des Zeitalters Franz Josefs zurück. Seit 1867 bekam seine innere Regierung ihr Gepräge durch den Bund der Dynastie mit den

Magyaren, der nach menschlicher Voraussicht für Generationen festgekittet schien. Dem Ausgleich hatte im Glanze ihrer Frauenschönheit Kaiserin Elisabeth Patin gestanden, von ihm erwartete sie für ihres Gatten und ihres Sohnes Herrschaft Festigkeit. Wohl hatte Franz Josef in späterer Zeit oft Anwandlungen der Reue darüber, daß er 1867 mit den Zugeständnissen an Ungarn zu weit gegangen war: aber nur den Vertrautesten in seiner Umgebung eröffnete er dies und erst nach seinem Tode erhält man davon Kunde. Indessen blieb er den geleisteten Zusagen treu, aus Gewissenhaftigkeit und weil er die schweren Erschütterungen scheute, wenn er die unversöhnliche Opposition des ungarischen Volkshauses und der Magnatentafel entfesselte. An die Bewilligung der Rekruten, an die parlamentarische Erledigung des Budgets war dann nicht zu denken. Aus Furcht davor überließ er auch die treuen Kroaten der harten Faust ihrer magyarischen Herrscher. Wenn irgend ein Stamm, so hätten von 1848 her die Kroaten besseren Dank vom Hause Habsburg verdient. Es ist aber nicht bekannt geworden, daß der Kaiser irgend einem Banus unter ihren Bedrängern — Khuen-Hedervary, Rauch oder Cuvaj — Maßhalten und Milde auferlegt hätte. Und trotzdem traten die Kroaten im Weltkriege, zumal da unter dem Ministerium Stefan Tisza die Verfassung des dreieinigen Königreichs 1911 wiederhergestellt wurde, mit der alten Tapferkeit für das Reich ein. Nicht der kroatische Landtag, sondern die ungarische Regierung begann mit dem Abfall; dadurch, daß Ungarn die Landestruppen von der italienischen Front abberief, wurde die bis dahin noch immer aufrechte Organisation der österreichisch-ungarischen Armee in Scherben geschlagen.

Es war nicht etwa böse Absicht, was den Kaiser Franz Josef veranlaßte, die Südslawen preiszugeben und in unseligem Schwanken bald die Deutschen bald die Tschechen heranzuziehen und abzustoßen. Es war nicht ein wohlausgedachtes System, aus dem heraus er in Österreich 1879 die Slawen an der Staatsleitung beteiligte, denn solche Folgerichtigkeit lag nicht in seiner Art; ließ er sie doch in Ungarn gleichzeitig an die Wand drücken. Immer war es die Verlegenheit des Augenblicks, die ihn auf die schiefe Bahn drängte. Denn er bewegte sich zeitlebens in der Richtung der jeweilig stärksten Anstöße, also im Zuge der Resultierenden inmitten der miteinander wetteifernden Kräfte, oder wie man sich auch ausgedrückt hat, auf der Linie des geringsten Widerstands. Stieß er auf ein Hindernis, so kehrte er unbedenklich um. Er war nicht wankelmütig, wie aus seinem treuen Festhalten am deutschen Bündnis hervorgeht; sobald jedoch seine Minister auf Schwierigkeiten stießen, aber nur in diesem Falle, sah er sich nach einem Ersatz um. Das geschah besonders dann, wenn die parlamentarischen Geschäfte stockten, die Bewilligung von Steuern und Rekruten zweifelhaft wurde, überhaupt wenn er in seinem Ordnungssinn gestört war. Hier lag auch die Grenze, bis zu der seine Minister auf ihn zählen konnten. Er war ihnen, wenn sie ihm nicht geradezu aufgedrängt waren, eine Stütze, aber freilich nur bis zu dem Punkte, wo sie seiner am meisten bedurften. Sie beklagten sich dann über seine Unzuverlässigkeit, er aber sah seine Aufgabe nicht darin, einer schwach gewordenen Regierung die Lebensdauer zu verlängern.

Damit erledigt sich die Frage nach dem Grade der ihm innewohnenden Energie. Er war von Haus aus und solange ihn nicht die Bedenken des Alters niederdrückten, nicht etwa unentschlossen, sondern griff in der ersten Hälfte seiner Regierung oft kräftig durch. Das geschah aber nur stoßweise, mitunter in ungeduldigem Auffahren; es fehlte die ihr Ziel nie aus den Augen lassende Folgerichtigkeit. Dies unterscheidet ihn von den Habsburgern des siebzehnten Jahrhunderts, von Ferdinand II. bis Leopold I., die mit nie erlahmender Zähigkeit schlimme Schicksalsschläge überstanden.

Franz Josef I. war seinem innersten Wesen nach Opportunist, so daß Grundsätze ihn ebenso selten beirrten wie Vorurteile. Von Gründen ließ er sich weniger belehren als von Tatsachen, und eben der Tatsachensinn war bei ihm so ausgebildet, daß etwaige Regierungsmaximen darob in den Hintergrund treten mußten. Nur daß er, wie auch sonst schwache Naturen, über die nächste Gefahr die dahinter aufsteigende größere außer acht ließ.

VI. Die böhmische Frage

Auf keinem Gebiete ist die dem Kaiser eigentümliche Kreuzung verschiedener Eigenschaften so erkennbar wie bei der Behandlung der böhmischen Frage. Er hätte gewünscht, daß sich die zwei Volksstämme miteinander vertrügen, jedoch nicht auf Kosten seiner Herrscherstellung. Deshalb waren seine wiederholten Versuche, sie zu versöhnen, zwar aufrichtig gemeint, aber schwächlich; dagegen war es ihm ernst um den jeweiligen Ausgleich der einzelnen Völker mit der Krone. Daß dies zwei grundverschiedene Dinge sind, liegt auf der Hand. Man täte ihm unrecht, würde man seine Politik in dieselbe Linie stellen wie die des Großteils des böhmischen Hochadels, dem eine aufrichtige Versöhnung der zwei Volksstämme unwillkommen war, da es dann mit seinen Vorrechten sofort zu Ende gewesen wäre. Als einer der hervorragendsten Männer Deutschböhmens einmal zum Grafen Thun, ehemaligen Statthalter und Ministerpräsidenten, bemerkte, der böhmische Ausgleich sei des höchsten Preises wert, erwiderte dieser: „Ich weiß nicht, ob er ein Glück für Österreich wäre!" So wie die Grafen Taaffe und Thun dachte der Mann nicht, der, auf den Thron gerufen, ein starkes Verantwortlichkeitsgefühl hegte. Seine Grundempfindung war aber die, daß zwar alle Klugheit aufzubieten wäre, um das Entstehen einer den Staat gefährdenden Unzufriedenheit, insbesondere den Bürgerkrieg zu verhindern; ebenso bedenklich jedoch war nach seinem Gefühl die Ausschaltung der Krone durch die sich verständigenden Nationalitäten. Das war einer der Beweggründe der Bildung des Ministeriums Taaffe im Jahre 1879. Unmittelbar vorher waren sich Deutsche und Tschechen so nahe gekommen, daß Adolf Fischhof die Führer der zwei Parteien, Herbst und Rieger, zu Friedensverhandlungen bestimmte. Sofort aber fanden sich, um nicht beiseite geschoben zu werden, die beiden feindlichen Gruppen des böhmischen Adels zusammen: Fürst Karl Auersperg und Graf Heinrich Clam-Martinitz vereinbarten die Aufteilung der Mandate des böhmischen Großgrundbesitzes. Graf Taaffe erhielt den Auftrag, eine slawischklerikale Koalition zu bilden, den Eisernen Ring der

Rechten, um der deutschen Verfassungspartei, der sämtliche Deutsche der Sudetenländer angehörten, die Parlamentsmehrheit zu entreißen. Darauf loderte der verderbliche deutschtschechische Streit wieder empor und nahm immer schlimmere Formen an. Erschreckt darüber machte der Kaiser 1890 den Versuch der Herbeiführung eines Ausgleiches, der auch zwischen den Deutschen und der alttschechischen Partei zustande kam, zuletzt aber an der Hartnäckigkeit der Jungtschechen scheiterte. Es war eben nicht mehr möglich, die Geister zu bannen, die unter Hohenwart und Taaffe gerufen worden waren. Das Unheil war geschehen, und nach einigen weiteren Versuchen schwand dem Kaiser die Hoffnung auf das Gelingen des nationalen Ausgleichs. Er sah den 1910 und 1912 in gleichem Sinne gemachten Bemühungen müde und skeptisch zu. Es werde doch nichts dabei herauskommen, äußerte er mehrmals verdrossen. Der Karren war so verfahren, daß der Kaiser überhaupt nicht mehr die Schultern anstemmte, um ihm aus dem Kote zu helfen. Das trat bei den Ausgleichsverhandlungen von 1910 zutage, während deren der Kaiser eine vielen unverständliche Zurückhaltung bewahrte. Vergebens rieten ihm wohlmeinende Männer zum Eingreifen, er aber schwieg. Er hatte nicht Lust, sich zwischen den streitenden Parteien, so drückte sich Aehrenthal damals aus, die Finger einklemmen zu lassen. Das war ein selbstischer Beweggrund, der nicht hätte aufkommen sollen. Wer sich Franz Josef als den erhaben selbstlosen, zu jedem Verzicht bereiten Förderer des nationalen Friedens vorstellt, verkennt den jedem Machthaber innewohnenden Drang, sich inmitten des Kampfes der Parteien zu behaupten, der mißversteht somit die unglückliche Geschichte Österreichs unter seiner Regierung.

Allerdings, wenn sich die zwei Volksstämme Böhmens miteinander verständigt und eine feste Ordnung demokratischen Charakters vereinbart hätten: in diesem Falle würde sich der Kaiser gleichfalls der Notwendigkeit gebeugt haben, wie er auch nach 1867 die von ihm beschworene ungarische Verfassung in Ehren hielt. Er hätte sich auch diesem Schiffe, dieser Strömung anvertraut. Das Ärgste an Feindseligkeit wollte er verhüten, weil er den Wunsch hegte: „Ich will in jedem meiner Länder reisen können!" Nur faßte er nicht etwa einen zusammenhängenden Plan, irgendein bestimmtes System ins Auge, sondern behalf sich von einer Verlegenheit zur anderen. Deshalb pflegte er durch einlenkende Maßregeln immer wieder diejenige Partei zu begütigen, die sich gerade am heftigsten und lautesten beschwerte. Das Herrscherhaus sollte im Völkerstreite nicht einseitig, nicht parteiisch erscheinen. Dabei leitete ihn nicht etwa Sucht nach Volkstümlichkeit, was seiner vornehmen Natur ferne lag, sondern der geradezu religiöse Glaube, das Donaureich könne nur bestehen unter der starken Gewalt der habsburgischen Dynastie.

VII. Behandlung der Staatsgeschäfte

Mit noch größerem Rechte als sein Großvater Kaiser Franz durfte Franz Josef von sich sagen, er hätte das Zeug zu einem guten Hofrat in sich. Überhaupt wäre es lohnend, einen Vergleich zwischen beiden Regenten zu ziehen, da in dem Enkel manche Eigenschaften des Großvaters wieder auflebten. Beiden war der patriarchalische Verkehr mit ihren Völkern eigen, beiden auch die Trockenheit des Wesens, der Mangel an Phantasie, endlich der Fleiß in der Erledigung der Geschäfte. Doch wird die Zusammenstellung sehr zugunsten des ritterlichen und gradsinnigen Enkels ausfallen. Auch deshalb stand der Großvater zurück, weil er zwar mit Bienenfleiß die Akten durchmusterte, aber den Schwierigkeiten dadurch aus dem Wege ging, daß er, wie Metternich seufzte, die wichtigsten Dinge absichtlich „in Schubladen vergaß". Franz Josef dagegen hielt strenge Ordnung und legte sich die Pflicht raschen Erledigens auf. An ihm lag es nicht, wenn die Geschäfte stockten. Er prüfte die Vorlagen seiner Minister sorgfältig und setzte sie oft dadurch in Erstaunen, daß er sie auf Verstöße aufmerksam machte, auf Widersprüche auch in der Fassung von Gesetzentwürfen. Oft verwies er auf vorausgegangene, selbst um Jahrzehnte zurückliegende Fälle. Ein Finanzminister, der ihm einmal einen Staatsvoranschlag unterbreitete, sagte nach der Rückkehr aus dem Audienzgemach, es sei ihm dabei zumute gewesen wie einem

Studenten, der ein Kolloquium bestehen mußte. Indessen erstreckte sich die Aufmerksamkeit des Kaisers mehr aufs einzelne, und einer seiner erfahrensten Minister gab das Urteil ab, einen tieferen Einblick in das innere Getriebe der Verwaltung habe Franz Josef nicht besessen. Er hielt genau darauf, daß ihm alle beabsichtigten Verfügungen abgerundet und reinlich zur Unterschrift vorgelegt wurden, und verlangte, daß ihm die Qual des Entschlusses tunlichst erspart werde. Es war ihm unangenehm, daß Ministerpräsident Fürst Windisch-Grätz (1893—1895) statt dessen in seiner Unterwürfigkeit die Regentenweisheit des Kaisers zur Entscheidung in wichtigen Angelegenheiten aufrief. Was ihm vorgelegt wurde, auch umfangreiche Denkschriften und ausführliche Motivenberichte wichtiger Gesetze, arbeitete er fleißig durch und erledigte alles sauber. War das Staatsgeschäft dann, wenn auch nur formell abgetan, so erhielt es in seinem starken Gedächtnisse eine Nummer, eine Zahl und blieb hier gut registriert. Das war dann sein geistiges Eigentum, das ihm gegenwärtig blieb, so oft er es benötigte. Im Erledigen leistete er was nur zu leisten war, aber er griff nicht kräftig ein, um einen Mißstand zu verfolgen und abzustellen. Wie häufte sich doch Nachlässigkeit, Säumnis, selbst moralische Fäulnis in manchen Verwaltungszweigen! Aber was sich nicht in einem mit seiner Unterschrift versehenen Akt regeln ließ, beschäftigte ihn nur vorübergehend, erweckte ihm zwar Mißbehagen und Verdruß, ohne ihn aber zum folgerichtigen Handeln an- und aufzuregen. Ihm fehlten dazu Temperament, Weitblick, kurz die Voraussetzungen zu organisatorischer Tätigkeit. Es sind auch keine wichtigeren Verbesserungen der Staatsmaschine von ihm selbst ausgegangen, wogegen er im Widerstreit der Ansichten mit seinem gesunden Menschenverstand nicht selten das Richtige traf.

Bei solchen Gesinnungen empfand er die konstitutionelle Regierungsform als eine Erleichterung seiner schweren Bürde. Verständigerweise erkannte er, daß die parlamentarische Verantwortlichkeit der Minister den Herrscher vieler Vorwürfe enthebt, daß sie die Reibungen zwischen der Krone und der öffentlichen Meinung verringert. Mit den Jahren wurde er der korrekte konstitutionelle Herrscher, der nur in Notfällen zum Einsatze der monarchischen Autorität bereit war. Dafür hätte er besonders in Ungarn besseren Dank verdient.

Aus diesem Grunde lehnte er auch in der schlimmsten Zeit der parlamentarischen Obstruktionen (1899—1905) den ihm empfohlenen Staatsstreich bestimmt ab und wartete lange geduldig, ob sich die politische Modetorheit nicht doch von selbst erschöpfen werde. Zuletzt aber wurde er des unfruchtbaren Gezänkes überdrüssig und drängte den noch zögernden Ministerpräsidenten Grafen Stürgkh zur Vertagung des Abgeordnetenhauses, die dann 1914 erfolgte. In Übereinstimmung mit dem tief verstimmten Monarchen unterließ Stürgkh zu dessen Lebzeiten die Wiedereinberufung des Reichsrates.

Der Kaiser war nicht bloß ein unermüdlicher Aktenleser, sondern bewies durch häufige Randbemerkungen seine Mitarbeit an den Geschäften. Deshalb kann erst, wenn man diese Randnoten zusammengestellt und den ganzen gewaltigen Stoff seiner Akten durchmustert haben wird, ein abschließendes Urteil über seine Regierungsweise gefällt werden. Schon nach der bisher erschlossenen Kenntnis läßt sich aber sagen: auch hier zeigt sich Franz Josef stärker in der Kritik als in der Weisung zu bestimmten Methoden und Zielen. Man findet zahlreiche Frage- und Ausrufungszeichen, hie und da folgt eine scharfe Bemerkung, aber nur ganz selten trifft man auf Eigenes, Persönliches, was nur er und kein anderer hätte sagen können. Das, was er niederschrieb, setzte er offenbar mühelos, ohne jede Korrektur, mit schöner und deutlicher Handschrift an den Rand. Nach einer bestimmten Richtung war der Kaiser von nicht gewöhnlicher Begabung, und zwar in seinem sicheren Stilgefühl. Beim Prüfen und Ändern der ihm vorgelegten Entwürfe zu Briefen, Aufrufen und anderen Aktenstücken zeigte er einen guten Sinn für Form und Ausdruck; durch ein geändertes Wort, durch einen geschickt zugefügten Nebensatz ließ er den Gedanken besser hervortreten. Sein Unterrichtsminister Stremayr sagte von ihm: „Er besitzt in besonderem Maße die Gabe zu formulieren, überhaupt den Sinn für Stil und Fassung eines Aktenstücks. Oft schlug er seinen Ministern verständige Änderungen von Stellen in Thronreden vor, um einem möglichen Mißverständnisse vorzubeugen." Gleiches ist uns durch Unger und Hussarek überliefert. Doch ersieht man aus den im Staatsarchiv aufbewahrten Entwürfen, daß er sich die von ihm an fremde Souveräne abzusendenden Briefe, auch die an Wilhelm I. und Wilhelm II., die eine persönliche Note zu haben scheinen, vollständig fertig von Ministern und anderen hohen Beamten vorlegen ließ, offenbar nach vorheriger Rücksprache; danu brachte er seine wohlerwogenen Verbesserungen an. Sicheres Formgefühl leitete ihn auch bei der Entgegennahme der mündlichen Vorträge seiner Minister. Sie wußten, daß er das Vorzubringende abgerundet hören wollte, daß ungenaue, nachlässige Wendungen ihn verletzten; wer bei ihm seines Amtes waltete, durfte sich nicht gehen lassen.

Oft eröffnete der Kaiser, wenn es sich um Fragen von größerer Bedeutung handelte, den Ministerrat mit einer Ansprache, und diese Reden lesen sich in den Protokollen sehr angenehm, sie sind verständig, nie pathetisch oder verstiegen, immer natürlich im Ausdruck. Nur muß man sich hüten, sie ganz als sein geistiges Eigentum zu betrachten; denn aus den in den Archiven befindlichen Entwürfen sieht man, daß sie ihm gewöhnlich fertig unterbreitet wurden. Das ist aber jedenfalls nach seinen Weisungen oder nach vorgängiger Beratung mit dem zuständigen Minister geschehen.

Nichts verargte er mehr, als wenn seine Minister ihn nicht genau unterrichteten oder gar umgingen. Nach dem Tode Ludwig Kossuths 1894 kaufte das Ministerium Wekerle dessen schriftlichen Nachlaß der Familie für ein schönes Stück Geld ab, um die Papiere im ungarischen Nationalmuseum niederzulegen. Da es Vorschrift war, daß zu jeder einen bestimmten Betrag übersteigenden Ausgabe die vorherige Erlaubnis des Kaisers und Königs eingeholt werden mußte, Wekerle sich jedoch scheute, dem Monarchen gerade diese Angelegenheit zu unterbreiten, versteckte er die Summe im Budget und ersparte sich so die besondere Anrufung des Monarchen. Als Franz Josef von der Sache erfuhr, eröffnete er seinen Ministern, daß er sich der Auszahlung der Summe nicht widersetzt hätte, über das eingeschlagene Verfahren jedoch höchst ungehalten sei. Tatsächlich geschah in den unglaublich verwickelten Geschäften seiner zwei Staaten nichts Wichtiges ohne sein Wissen, wenn auch das wenigste von ihm selbst ausging. Er war der Mittelpunkt aller Geschäfte; auch die Führer aller Nationalitäten rechneten bei ihren Aktionen mit dem Eindruck, den sie damit auf den Kaiser hervorrufen würden.

Dieser Zustand änderte sich im wesentlichen auch nicht im höchsten Alter des Kaisers, nur drangen die Ärzte darauf, daß die Minister sich bloß in den notwendigsten Fällen an ihn wendeten. Im Jahre 1903 machte sich das Alter zum erstenmal durch zeitweise unüberwindliche Müdigkeit, dann 1907 durch eine schwere Krankheit fühlbar, so daß er den Vorträgen der Minister nicht oder doch schwer folgen konnte. Aber nach dem einen wie dem anderen Anfalle erholte er sich mit erstaunlicher Schnellkraft und war dann wieder ganz der alte. Während des Weltkriegs war er fast bis zu seinem Todestage, 21. November 1916, von merkwürdiger Frische. Doch entsagte er zuletzt der Hoffnung, vieles noch bessern zu können, und ließ den Dingen ihren Lauf. Die Kraft, selbst einen Anstoß zu geben, erlahmte in dem Achtzigjährigen fast völlig. Er wartete die Vorschläge seiner Minister und der Hofämter ab; ohne einen förmlichen „Vortrag" eines amtlich dazu berufenen Ratgebers entschloß er sich nicht mehr zum Handeln. Indessen hatte er noch genug mit dem Vermitteln zwischen seinen streitenden Ministern von Cis und Trans und mit der Milderung der nationalen Gegensätze zu tun. Als in der letzten Epoche seiner Laufbahn die Erledigung der parlamentarischen Geschäfte in Österreich gar nicht, in Ungarn auch nur mühsam möglich war, wurde die Stimmung Franz Josefs immer trüber. Im Juli 1902 äußerte sich Ministerpräsident Koerber: „Der Kaiser macht im ganzen einen resignierten Eindruck, er läßt alles über sich ergehen. Oft, wenn ich ihn ansehe, deuke ich mit schmerzlichem Gefühl daran, was dieser Monarch alles erlebt hat." „Aber seine Resignation", fuhr Koerber auf eine eingeworfene Frage fort, „hat keine religiöse Färbung, zu mir wenigstens machte er nie eine Äußerung, die auf eine religiöse Empfindung zurückzuführen war." Und 1905 nach seiner Entlassung sprach sich derselbe Minister ähnlich aus: „Beklagenswert ist die volle Vereinsamung des Kaisers, der sich eigentlich mit niemandem ausspricht. Das verhielt sich, wie ich glaube, zur Zeit Taaffes und Kalnokys anders, jetzt aber ist gewiß niemand an ihre Stelle getreten. Ob die Ereignisse ihn seelisch niederdrücken? Im ersten Augenblick ist dies wohl oft der Fall, sonst aber nimmt er alles wie ein Fatum hin. Er ist ganz resigniert und schon zufrieden, wenn sich ein Entschluß zur Abwehr eines Mißgeschicks um 24 Stunden hinausschieben läßt."

Sein Bestreben ging zuletzt bloß dahin, die Maschine instandzuhalten, die Reibungen zu verringern und über Stockungen hinwegzukommen. Das was man die Weisheit seines Alters nannte, ist auf diese Zurückhaltung, auf die Sparsamkeit im Regieren zurückzuführen. Nie aber hat ihn die Sorge verlassen, dem Reiche die militärische Kraft, diese Grundlage seiner Großmachtstellung, zu erhalten, damit es wehrhaft gegen Anschläge im Innern und bündnisfähig nach außen bleibe. Diesem Gedanken war alles andere untergeordnet, und die Geschichte wird ihm das Zeugnis nicht versagen, daß die Monarchie unter seiner Leitung noch immer mit stattlichen Mitteln in den letzten Kampf eintrat.

VIII. Die Armee. Verhältnis zur katholischen Kirche

Unter den überkommenen Stützen der Regierung, Heer und Beamtentum, Kirche und Adel, stellte er wie billig die Armee zuhöchst und widmete ihr große Sorgfalt. Als er am 25. Jahrestage seiner Thronbesteigung die Generale empfing und seinen Sohn ihrer Treue empfahl, entströmten Tränen seinen Augen. Nur unter dem liberalen Bürgerministerium sah man ihn mitunter im bürgerlichen, später wieder nie anders als im militärischen Kleide.

Indessen bemerkte einer seiner Generale, er sei doch vor allem Beamter, dann erst Soldat. Das zeigte sich in der Bürokratisierung der Armee, vor allem des Generalstabs. Der außerordentliche Fleiß des Kaisers brachte es mit sich, daß diese Tugend in der Armee als die höchste geschätzt und gepflegt ward. Das

Mechanische des Dienstes wurde übermäßig hochgestellt, die Akten häuften sich bergehoch. Die Prüfungen der Offiziere waren zahlreicher als in Deutschland; niemand konnte Stabsoffizier werden ohne die Majorsprüfung gemacht zu haben, die im deutschen Heere überhaupt nicht bestand. Es war einem älteren Hauptmann oder Rittmeister eine Pein, sich erst eine Menge Gedächtnisstoff aneignen zu müssen, wenn er vorrücken wollte. Indessen half der in der Armee herrschende gute Geist im allgemeinen darüber hinweg. Schädlich aber wirkte das System auf den Generalstab. Kenntnisse und klaglose Erledigung nach Vorakten waren dem Aufsteigen förderlicher als der Mut persönlicher Verantwortung und soldatische Schneid. Es gab zwar auch im Generalstab immer tüchtige Männer, aber im großen und ganzen fand nur die geschmeidige Mittelmäßigkeit die Türen offen, die den aufrechten Charakteren verschlossen blieben. Das System mit seinen guten und fehlerhaften Eigenschaften verkörperte sich in dem Manne des Vertrauens des Kaisers, Friedrich Beck, der, zum Freiherrn, dann zum Grafen erhoben, zuerst Chef der Militärkanzlei war, hierauf von 1881 bis 1906 an der Spitze des Generalstabs stand. Er war fleißig und wohlunterrichtet, aber, so sagte man scherzhaft, vor allem habe er „auf den Kaiser studiert". Wohl niemand kannte den Monarchen genauer als er, gewiß aber verstand er es besser ihn zu behandeln als ein anderer. Er nahm seine Entlassung 1906 nicht aus freien Stücken, sondern weil Erzherzog Franz Ferdinand ihn so schlecht behandelte, daß Beck füglich seinen Platz räumen mußte. Auf Betreiben des Erzherzogs und weil sich die Stimme der Armee für Conrad von Hötzendorf aussprach, wurde dieser Becks Nachfolger. Der Kaiser schätzte Conrad zwar hoch, ließ sich ihn aber doch mehr gefallen, als daß er an ihm Gefallen fand. Denn der neue Generalstabschef war so ziemlich das Widerspiel der gradlinigen und trockenen Natur des Kaisers: voll von neuen bald glücklichen, bald unglücklichen Ideen, rückhaltlos aufrichtig, eine merkwürdige Mischung von Genie, Naivität und Paradoxie.

Da der Kaiser bei der Leitung aller anderen Angelegenheiten seines Reiches durch tausend Schwierigkeiten gehemmt wurde, so wäre es ungerecht, ihn für das hereingebrochene Unheil verantwortlich zu machen. In der Führung der Armee jedoch, besonders in der Auswahl der Personen, war er unumschränkter Herr, hier trat sein Wesen ungehemmt zutage. Eben bei der Auslese der Generale zeigte sich nur zu oft ein Mangel an Blick für Talent und echtes Verdienst. Als jüngerer Herrscher zog er den Grafen Grunne einem Manne wie Heß vor, was der Armee 1859 zum Unheil gereichte. Und der Sohn desselben Grunne blieb durch besondere Gunst des Kaisers Jahre hindurch kommandierender General in Prag, auch nachdem der Kriegsminister vorgestellt hatte, es machten sich bei ihm Geistesstörungen bemerkbar. Das dauerte so lange, bis bei dem General der Wahnsinn ausbrach. Dieser eine Fall würde noch nichts gegen das System als solches beweisen, stärker spricht die Tatsache, daß in den ersten zwei Jahren des Weltkriegs der größere Teil der Generalität ausgeschieden werden mußte. Die meisten Korpsbefehlshaber waren ihrer Aufgabe nicht gewachsen.

Solcher Schatten liegt auf der Tätigkeit Franz Josefs als des obersten Kriegsherrn, dem jedoch bestimmte Vorzüge gegenüberstehen. Die Lichtseiten seines militärischen Regiments ergaben sich aus seinem vornehmen Charakter, aus seiner Liebe zur Sache, endlich aus der Sorgfalt, mit der er die guten Überlieferungen des kaiserlichen Heeres pflegte. Ehrenhaftigkeit stand den Offizieren über alles, Bescheidenheit und Zurücktreten der eigenen Person, endlich Bedürfnislosigkeit waren der übergroßen Mehrheit eigen — nur leider nicht im Generalstab. Endlich die Hauptsache: bis zuletzt lebte der Geist, aus dem heraus das Offizierkorps die Söhne der zahlreichen Volksstämme des Reiches zu einem standfesten Organismus zu vereinigen vermochte. So viel auseinanderstrebende Elemente, und doch ein schlagkräftiges Ganzes! Die künftige Geschichtsschreibung wird dieser Leistung erst noch gerecht werden müssen. An der Erhaltung dieser Überlieferung hatte Kaiser Franz Josef seinen redlichen Anteil. Das trat besonders in der Verteidigung der Einheit der Armee gegen die zerstörenden ungarischen Bestrebungen zutage. Zuviel hatte der Kaiser in den 30 Jahren nach 1867 nachgegeben, aber schließlich war er doch der letzte Damm gegen die Sturmflut. Er raffte sich, besonders auf Betreiben des Erzherzogs Franz Ferdinand, 1905 zur kräftigen Verteidigung der Einheit der Armee wie der deutschen Befehls- und Dienstsprache auf.

Der Adel Ungarns und Böhmens machte dem Kaiser zu große Schwierigkeiten, als daß er politisch sich zu ihm hätte hingezogen fühlen sollen, wenn er auch nach monarchischem Brauche dessen Mitglieder bei der Verleihung von Stellen begünstigte. Näher stand seinem Herzen die katholische Kirche; indessen war er, wenn auch gut katholisch, doch nicht klerikal. Nur als junger Herrscher ließ er sich durch seine Mutter und seinen früheren Lehrer Kardinal Rauscher dazu bestimmen, im Konkordat von 1855 auf staatliche Hoheitsrechte zu verzichten. Später unterschied er bestimmt zwischen seinen religiösen Pflichten und den politischen Ansprüchen der Papstkirche. Insbesondere bei der Ernennung von Bischöfen wahrte er eifersüchtig seine Rechte der Kurie gegenüber und ließ sich von ihnen keinen Deut abringen. Daß ihm die Erreichung großer staatlicher Ziele wichtiger war als die Rücksicht auf den Papst, zeigte sich vor 1870, als er durch Beust den Vergeltungskrieg gegen Preußen und zu diesem Behufe den Bund mit Frankreich und Italien betreiben ließ. Um Österreich nicht wieder wie 1866 auch an der Südfront einem Angriff auszusetzen, wünschte er, selbst wenn Rom zu diesem Behufe dem König Viktor Emanuel überlassen werden müßte, die Gewinnung Italiens. So wenig galt dem Kaiser die weltliche Herrschaft des Papstes. Vornehmlich der Umstand, daß Napoleon III. mit Rücksicht auf die französischen Bischöfe Rom nicht preisgeben wollte, verhinderte das Zustandekommen des Dreibunds gegen Preußen. Erst nach dem Falle Napoleons konnten die Italiener in Rom einrücken; der Vetter des französischen Kaisers, Prinz Jerome Napoleon, machte ihm später schwere Vorwürfe, daß er durch die unzeitgemäße Rücksicht auf die Kurie Frankreich in die Vereinsamung gedrängt hatte. Kaum aber war Rom für den Papst verloren, gab Franz Josef sich wieder als der treue Sohn der Kirche, der dem Papste zuliebe die ewige Stadt nicht betreten wollte. Es war doch viel Äußerliches in der Ehrfurcht vor dem Heiligen Vater, die wohl nicht vorgeschützt wurde, aber bei den europäischen Krisen weltlichen Erwägungen weichen mußte. Deshalb machte er nach dem Tode Leos **XIII.** **1903** von dem auch früher schon geübten Vetorechte Gebrauch und verhinderte die Wahl des Kardinals Rampolla zum Papste, als Antwort darauf, daß er als Staatssekretär eine dreibundfeindliche Politik getrieben hatte.

Sonst hielt Franz Josef immer darauf, daß dem Papst und den Bischöfen die gewohnten Ehren erwiesen wurden, schützend hielt er in Österreich wie in Ungarn die Hand über dem Kirchengut. Aber selbst dies hätte seine Grenze gehabt, wenn es auf eine starke Probe angekommen wäre. Im Jahre 1905 riet ihm der Minister des Innern Josef von Kristoffy, nicht bloß das allgemeine Wahlrecht einzuführen, sondern auch die Kirchengüter zur Hebung des Bauernstandes heranzuziehen: auf diese Weise würde er die Kronrechte am besten gegen den Grund- und den Geldadel sichern. Als man Kristoffy fragte, ob er denn hoffe, bei dem gut katholischen Herrscher das Aufteilen des Kirchenvermögens durchzusetzen, erwiderte der Minister mit Hinweis auf die notwendige Verstärkung der Armee lachend: „Für ein Husarenregiment gibt der Kaiser seine Zustimmung!" Dieser Ausspruch stellte, wenn auch absichtlich übertreibend, die Reihenfolge fest, in welcher sich der Sinn des Kaisers mit weltlichen und kirchlichen Dingen beschäftigte. Damit stimmt zusammen, daß er nach Leo Thun nie wieder einen ultramontan gesinnten Unterrichtsminister ernannt hat. Gegen Ende seiner Regierung geschah es, daß ihm ein Ministerpräsident einen hohen Beamten von ausgesprochen katholischer Gesinnung für das Amt eines solchen vorschlug, worauf Franz Josef einwendete: „Ist er aber nicht zu klerikal?" Der Befragte kannte den Kaiser genau und richtete danach seine Antwort ein: „Er ist vor allem ein guter Österreicher und würde, wenn es notwendig wäre, sämtliche Bischöfe einsperren." Die Auskunft muß den Kaiser beruhigt haben, denn er ging auf den Vorschlag ein.

In diesen Gedankengang gehörte auch die vom Kaiser getroffene Auswahl der von ihm ernannten Bischöfe, der Hofburgpfarrer und der Beichtväter. Immer gab er gemäßigten, friedliebenden Männern den Vorzug, am wenigsten mochte er sich vom Stuhle des Wiener Erzbischofs herab durch einen kirchlichen Eiferer belästigen lassen. Auch in der liberalen Epoche hielt er möglichst die mittlere Linie ein und sprach sich zum Unterrichtsminister Stremayr (1871—1880) darüber wiederholt aus. Es handelte sich einmal um die Jesuiten, gegen welche die liberale Parlamentsmehrheit Sturm lief, was der Kaiser nicht billigte. Aber bezeichnend war die Art, wie er sie beurteilte. „Es ist doch anzuerkennen, daß sie für die Erziehung der Söhne des Adels in ihrer Anstalt zu Kalksburg viel leisten. Sie bringen manchen ihnen anvertrauten Knaben auf den richtigen Weg. Ich allerdings möchte mir keinen Jesuiten zum Beichtvater nehmen." Diese letzte Bemerkung ist sehr bezeichnend. Offenbar stand der jederzeit korrekte Herrscher mit seinem Herrgott im Himmel auch so gut wie hienieden mit den eigenen Untertanen: weshalb sollte dieses freundliche Verhältnis durch einen geschäftigen Gewissensrat irgendwelche Trübung erfahren?

IX. Der Weltkrieg

Die Probe auf die lange Regierung Kaiser Franz Josefs wurde im Weltkrieg abgelegt. Es war erstaunlich, mit welchem Opfermut die Völker der Monarchie, kleine Splitter abgerechnet, sich zum Kampfe stellten und ihn aushielten, denn erst im zweiten Kriegsjahr lockerte sich das Gefüge, begann der Abfall. Der greise Herrscher, der schon drei Menschenalter gesehen hatte und wie ein Patriarch unter den Seinigen waltete, war das sie alle vereinigende Symbol. Disraeli sagte einmal, im öffentlichen Leben wirke nichts so sehr wie ein hohes Alter: Franz Josef I. war für das ganze Erdenrund eine überragende Gestalt geworden. Über alle Erwartung lange und zähe war die Gegenwehr, noch überraschender der vollständige Zusammenbruch.

In den letzten Jahren vor 1914 betrachtete der Kaiser den europäischen Krieg als unabwendbar. Er selbst wünschte den Ausbruch nicht, aber er sah dem Unvermeidlichen mutig ins Angesicht. Als der Erbe seines Thrones durch Waffen, die der

Chef des serbischen Staatsarsenals, Major Tankosić, den Mördern geliefert hatte, wie ein von den Jägern umstelltes Wild erlegt wurde, die Mitschuld der Behörden des benachbarten Königreichs durch die Aussagen der Mörder sonnenklar bewiesen war, entschloß er sich zum Kampfe Doch lastete seit dem Anfang des Krieges die Sorge auf seiner Seele, und bald nach dessen Ausbruch sagte er zu Frau Schratt: „Ich werde froh sein, wenn wir mit einem blauen Auge davonkommen!" Auch überschätzte er nicht die anfänglichen Siege über Franzosen und Russen und äußerte im zweiten Kriegsjahr: „Der Kampf geht über unsere Kräfte."

Wohl trat Österreich-Ungarn mit schweren Gebrechen in den Krieg ein, war jedoch noch stark genug, durch vier Jahre Stoß um Stoß auszuhalten. Es wehrte sich fast so lange wie das Deutsche Reich, allerdings nur mit dessen Unterstützung. Diese bemerkenswerte Festigkeit gestattet die Annahme, daß die Donaumonarchie ohne den militärisch unglücklichen Ausgang des Kampfes noch lange hätte bestehen können. Sie ist nicht von Innen heraus zertrümmert worden, sondern der Organismus des Staates und des Volkes, geschwächt bereits durch den Mangel an Lebensmitteln, hielt den vom Balkan her auf seinen Kopf geführten Schlag nicht aus und stürzte unter ihm zusammen. Die Wucht des feindlichen Angriffs ist die Haupttatsache des Geschehens: erst als er sein Ziel erreichte, rissen sich die einzelnen Volksstämme vom Reichsverband los. Weder die Magyaren noch die Slawen würden den Gehorsam aufgesagt haben, wenn sich Mitteleuropa gegen den äußeren Feind behauptet hätte. Vorher mußte die Blockade den Lebensmut brechen, dann folgten die militärischen Schläge, hierauf erst der allgemeine Abfall. Auch Staaten mit größerer innerer Kraft, von Karthago angefangen, sind durch Gewaltstürme von außen zerschmettert worden. Der Grad verhältnismäßiger Stärke und Schwäche eines vom Untergang ereilten Staates ist nicht allein aus der Tatsache seiner Niederlagen, sondern auch aus der Länge und Zähigkeit des Widerstandes zu erkennen. Dieser Maßstab ist nicht bloß an die Donaumonarchie, sondern auch an die

Regententätigkeit des Herrschers anzulegen, unter dem sie in den letzten Kampf zog. Franz Josef I. ist v o r dessen Beendigung in die Gruft seiner Väter hinabgestiegen; er hätte das Unheil nicht wenden können; aber Kraft sowie Unzulänglichkeit des Widerstandes gehören in gleicher Weise zur Rechnung seines Lebens.

Nachtrag

zur Charakteristik Kaiser Franz Josefs

Zu Seite 496:

Was über die Farblosigkeit der Aussprüche des Kaisers gesagt ist, bedarf einer Einschränkung, soweit militärische Angelegenheiten in Betracht kamen. Hier konnte er sehr bestimmt sein. Das gilt nicht bloß von seinen Ansprachen und Kritiken bei Truppenübungen, bei denen er mit viel Sachkenntnis Lob und Tadel verteilte und die Offiziere durch die Frische und Natürlichkeit seines Wesens für sich einnahm. Dabei zeigte sich auch nichts von der Befangenheit, die sonst bei ihm bemerkbar war, und von der großen Bescheidenheit, mit der er sich gewöhnlich äußerte. Auch zu den Abgeordneten sprach er sich über militärische Angelegenheiten bestimmt und scharf aus. Als Beispiel diene sein Verhalten, als sich bei den tschechischen Mannschaften Unbotmäßigkeit zeigte, indem sie sich beim Namensaufruf nicht vorschriftsmäßig mit Hier!, sondern (tschechisch) mit Zde! meldeten. Der Kaiser hatte keine Vorurteile gegen die Sprache eines seiner Völker, ließ aber den Ungehorsam nicht hingehen, er sagte darüber am 13. Januar 1900 zum tschechischen Abgeordneten Stransky: „In der Zde-Frage stehe ich Ihrem Standpunkte unversöhnlich gegenüber und bin imstande, das Standrecht zu verhängen, wenn sich das Volk in der Sache nicht fügt. In der Armeefrage kenne ich keinen Spaß und sage Ihnen schon heute, daß ich keinen der Verurteilten amnestieren werde." Diese Worte fielen bei einem Empfang der Abgeordneten, und Stransky teilte unmittelbar darauf den Berichterstattern der Zeitungen die Äußerung des Kaisers mit.

Zu Seite 497 Anmerkung:

Die Mitteilung Steeds über den Ausspruch Franz Josefs beruht auf einer Verwechslung mit dessen Großvater Kaiser Franz II. Steed wurde, wie ich von zuverlässiger Seite höre, von einem österreichischen Gelehrten auf eine Stelle bei Hormayr aufmerksam gemacht, die der Charakteristik Franz' II. dient. Es heißt daselbst (Anemonen aus dem Tagebuch eines alten Pilgersmannes, II. Bd., S. 78), daß dieser Herrscher, als ihm die Feder eines Schriftstellers gerühmt wurde, erwidert habe: „Ei was? schreibt er so gut für uns? Das hätte ich nicht geglaubt. Es heißt wohl: er sei ein Patriot für Österreich. Aber ist er denn auch ein Patriot für Mich?" Die Äußerung des Großvaters entsprach vollständig seiner wohlbekannten Denkungsart, sein Enkel Franz Josef hat darin unbedingt anders gefühlt.

Zu Seite 511:

Nachträglich ist die Form bekannt geworden, in der Kaiser Franz Josef durch sein Testament für die Vergrößerung des habsburgischen Familienfideikommisses sorgte. Er schied durch seinen am 6. Februar 1901 unterzeichneten letzten Willen 60 Millionen Kronen aus seinem großen Privatvermögen aus und widmete deren Nutzgenuß dem jeweiligen Träger der Krone. Als Zweck der Verfügung gab der Kaiser an: „Meinen Regierungsnachfolgern die Mittel zu bieten, Hilfsbedürftige zu unterstützen, Not und Elend durch Liebesgaben zu mildern, was ich, seitdem mich der Allmächtige mit irdischen Gütern gesegnet, als eine meiner heiligsten Regentenpflichten angesehen habe." Damit ist offenbar auf die Tatsache hingewiesen, daß der Kaiser erst 1875, beim Tode seines Oheims Ferdinand, in den Besitz des großen Hausvermögens der Habsburger gelangt ist. Was Franz Josef als Zweck seiner letztwilligen Anordnung angab, war löblich, würde aber mit Sicherheit nur erreicht worden sein, wenn er die genannte Summe oder doch einen ansehnlichen Teil gemeinnützigen Anstalten gewidmet hätte. So aber wurde die Verfügung dem jeweiligen Kaiser übertragen, vornehmlich in der Absicht, den Glanz der Kaiser- und Königskrone durch deren reiche Ausstattung mit Gnadenmitteln zu erhöhen. Es war also dem Thronfolger Erzherzog Franz Ferdinand und dessen gutem Willen überlassen, wie das große Erbe zu verwenden sei. Dieser aber, seit wenigen Monaten (1. Juli 1900) mit Gräfin Chotek vermählt und als Familienvater für die Zukunft der Seinigen bedacht, war, um kein schärferes Wort zu gebrauchen, durch seine Sparsamkeit bekannt. Aus dem letzten Willen Kaiser Franz Josefs spricht auch dessen starker Familiensinn, hinter dem der Gedanke an Fürsorge für Hilfsbedürftige zurücktrat. Franz Josef selbst war freigebig und ließ ebenso seinem Nachfolger freie Hand, wieweit er Großmut üben wollte.

Zu Seite 530:

Der Bericht über die resignierte Stimmung Franz Josefs in seinem hohen Alter wird allseitig bestätigt, indessen fügen Personen, die sich regelmäßig in seiner Umgebung befanden, hinzu, daß diese düstere Auffassung sich nur auf die politischen Verhältnisse bezog. Abgesehen davon sei der Kaiser nicht gedrückt, sondern auch in seinem Alter wohlgemut gewesen, gern belebte er das Gespräch durch Wendungen leichten Humors (vgl. S. 496). Einer meiner Gewährsmänner bemerkte, er sei „ein heiterer Greis“ gewesen. Alle diese Zeugen stimmen auch darin überein, daß der Kaiser bei der Besprechung von Staatsgeschäften mit ihnen sich stets an die realen Zusammenhänge hielt, ohne je auf das Eingreifen einer überirdischen Gewalt hinzuweisen. Ohne Zweifel war er religiös angelegt; da er aber vorwiegend Verstandesmensch war, hielt er die Dinge dieser Welt und das Übersinnliche als zwei getrennte Gebiete auseinander.

Register

A.

B.

Druck der
Union Deutsche Verlagsgesellschaft
in Stuttgart

Band 7: Amerika. Europa bis zum Beginn der französischen Revolution. Die Revolution und die Republik. Napoleon

Band 8: Das europäische Geistesleben zu Anfang des neunzehnten Jahrhunderts. Europa bis zur Julirevolution 1830. Europa von der Julirevolution bis zur Februarrevolution. Revolution und Reaktion. Der Übergang zu unserer Zeit. 1848—1859

Band 9: Die Zeit Bismarcks. Die außereuropäischen Staaten. Die letzten Jahrzehnte des alten Europa. Der Ursprung des Weltkrieges bis zu den Kriegserklärungen

Band 8 und 9 erschienen auch unter dem Titel:

Weltgeschichte der letzten hundert Jahre (1815—1914)

Zwei Bände. Geheftet M. 13.—, gebunden M. 19.—, in Halbfr. M. 21.—

Band 1: Geschichte Europas bis zum Beginn der neuesten Zeit

Band 2: Geschichte Europas und der außereuropäischen Staaten bis zum Beginn des Weltkrieges

---

Alfred Stern

Geschichte Europas seit den Verträgen von 1815 bis zum Frankfurter Frieden von 1871. Erste Abteilung: Geschichte Europas 1815—1830. 3 Bände. 2. Auflage. Geheftet M. 38.50

Zweite Abteilung: Geschichte Europas von 1830—1848. Drei Bände Geheftet M. 33.50, gebunden M. 40.50

Dritte Abteilung: Geschichte Europas von 1848—1871. Band 1 Geheftet M. 19.50, gebunden M. 23.50

Reden, Vorträge und Abhandlungen. Gebunden M. 8.—

Fürst Otto von Bismarck

Gedanken und Erinnerungen. Neue Ausgabe. Groß-Oktav. Zwei Bände. Mit einem Bildnis und einem Faksimile In Halbleinen gebunden M. 18.—

Volksausgabe. 2 Bände. Mit einem Bildnis. Leicht gebunden M. 7.50

Anhang zu den Gedanken und Erinnerungen. Zwei Bände Gebunden M. 18.—

Einzelausgaben: **Kaiser Wilhelm I. und Bismarck.** Mit einem Bildnis des Kaisers und 22 Briefbeilagen in Faksimiledruck. Geb. M. 9.—

Aus Bismarcks Briefwechsel Gebunden M. 9.—

Briefe an seine Braut und Gattin. Herausgegeben vom Fürsten Herbert Bismarck. Mit einem Titelbild der Fürstin nach Franz v. Lenbach und 10 weiteren Porträtbeilagen. 6. Auflage. Mit Ergänzungsband: **Erläuterungen und Register** von Horst Kohl. Gebunden M. 14.—

Befindet sich in Vorbereitung

Briefe an seine Braut und Gattin. Auswahl. Mit einem erläuternden Anhange herausgegeben von Eduard von der Hellen. Mit drei Bildnissen Gebunden M. 2.10

Briefe an seine Gattin aus dem Kriege 1870/71. Mit einem Titelbild und einem Brief-Faksimile Gebunden M. 2.80

Briefe an den General Leopold von Gerlach. Mit Genehmigung Sr. Durchlaucht des Fürsten von Bismarck neu herausgegeben von Horst Kohl Gebunden M. 8.—

Briefe des Generals Leopold von Gerlach an Otto von Bismarck. Herausgegeben von Horst Kohl. Gebunden M. 6.50

Die politischen Reden des Fürsten Bismarck. Historisch-kritische Gesamtausgabe, besorgt von Horst Kohl. Mit einem Porträt des Fürsten nach Franz von Lenbach. 14 Bände. In Halbfranz M. 136.—

Reden und Ansprachen des Ministerpräsidenten und Reichskanzlers a. D. Fürsten v. Bismarck 1890—1897. Kritische Ausgabe, besorgt von Horst Kohl. Gebunden M. 10.—

Bismarckreden. 1847—1895. Herausgegeben von Horst Kohl. 7. Auflage, vermehrt durch ein Gedenkwort zu Bismarcks hundertstem Geburtstag Gebunden M. 6.75

Erich Marcks, Bismarck. Eine Biographie. Band 1: Bismarcks Jugend 1815—1848. Verbesserter Neudruck. 16. u. 17. Auflage. Mit zwei Bildnissen Gebunden M. 11.—

Erich Marcks, Otto von Bismarck. Ein Lebensbild. Mit einem Bildnis. 16.—20. Auflage Gebunden M. 6.50

Dr. Annie Mittelstaedt, Der Krieg von 1859, Bismarck und die öffentliche Meinung in Deutschland. Geb. M 4.60

Dr. Freiherr von Mittnacht, K. Württemb. Staatsminister und Ministerpräsident a. D., Erinnerungen an Bismarck. 6. Auflage Gebunden M 2.—

— **Erinnerungen an Bismarck.** Neue Folge. (1877—1889.) 5. Auflage Gebunden M. 2.—

— **Rückblicke.** Mit dem Bildnis des Verfassers. Vierte, teilweise geänderte und erweiterte Auflage Gebunden M. 3.30

Arnold Senfft von Pilsach, Aus Bismarcks Werkstatt. Studien zu seinem Charakterbilde Gebunden M. 2.40

Moriz Edler von Angeli, Altes Eisen. Intimes aus Kriegs- und Friedensjahren Gebunden M. 5.—

Alfred Ritter von Arneth, Aus meinem Leben. Zwei Bände. Mit zwei Bildnissen Gebunden M. 15.—

Generalfeldmarschall Graf von Blumenthal, Tagebücher aus den Jahren 1866 und 1870/71. Herausgegeben von Albrecht Graf von Blumenthal. Mit zwei Bildnissen und einem Brief Kaiser Friedrichs in Faksimiledruck. Gebunden M. 6.50

Generalleutn. z. D. Boguslawski, Aus der preußischen Hof- und diplomatischen Gesellschaft. I. Aus der preußischen Hofgesellschaft. 1822—1826. II. Ernestine von Wildenbruch. 1805—1858. Mit zwei Bildnissen Gebunden M. 6.—

Eleonore von Bojanowski, Louise Großherzogin von Sachsen-Weimar und ihre Beziehungen zu den Zeitgenossen. Nach größtenteils unveröffentlichten Briefen und Niederschriften. Mit einem Bildnis. Zweite Auflage. Mit einer Beigabe: Herders Briefe zur Erziehung des Erbprinzen Karl Friedrich. Gebunden M. 9.—

Anna Caspari, Ludolf Camphausens Leben. Nach seinem schriftlichen Nachlaß. Mit Camphausens Bildnis. Gebunden M. 9.—

Richard Charmatz, Adolf Fischhof. Das Lebensbild eines österreichischen Politikers. Mit zwei Abbildungen. Gebunden M. 10.50

— **Wegweiser durch die Literatur der österreichischen Geschichte.** Mit einem Geleitwort von Heinrich Friedjung. M. 3.50

Fedor von Demelitsch, Metternich und seine auswärtige Politik. Band 1 M. 14.—

Dr. **Ludwig Hahn, Der Krieg Deutschlands gegen Frankreich** und die Gründung des deutschen Kaiserreichs. Die deutsche Politik 1867—1871. In Aktenstücken M. 10.—

— **Kaiser Wilhelms Gedenkbuch. 1797—1879.** Lebens- und Charakterbild des Kaisers aus eigenen Äußerungen und amtlichen Kundgebungen. Volksausgabe. Fünfter bis zur goldenen Hochzeit des Kaiserpaares fortgeführter Abdruck. Gebunden M. 3.60

Kurt Heidrich, Preußen im Kampfe gegen die französische Revolution bis zur zweiten Teilung Polens. Geb. M. 10.50

Mite Kremnitz, Aus dem Leben König Karls von Rumänien. Nach des Königs Tagebüchern und offiziellen Dokumenten. Mit dem Bildnis des Königs. 4 Bände. Gebunden je M. 10.—

Friedrich Meinecke, Das Leben des Generalfeldmarschalls Hermann von Boyen 1771—1848. Zwei Bände. Mit Bildnis Gebunden M. 22.—

— **Die deutsche Erhebung von 1914.** Vorträge und Aufsätze. 11.—15. Tausend Pappband M. 1.—

Eduard Meyer, Caesars Monarchie und das Prinzipat des Pompejus. Innere Geschichte Roms von 66 bis 44 v. Chr.

Die zweite durchgesehene und verbesserte Auflage befindet sich in Vorbereitung

Herman von Petersdorff, König Friedrich Wilhelm der Vierte Gebunden M. 5.50

— **Kleist-Retzow.** Ein Lebensbild. Mit einem Porträt. Geb. M. 10.—

Hans Prutz, Preußische Geschichte. 4 Bände. Geb. je M. 10.—

Moriz Ritter, Leopold von Ranke. Seine Geistesentwicklung und Geschichtsschreibung. Rede bei Antritt des Rektorats der Rheinischen Friedrich-Wilhelms-Universität am 18. Oktober 1895. M. 1.—

Heinrich von Sybel, Geschichte der Revolutionszeit 1789—1800. Zehn Bände Gebunden M. 40.—

Veit Valentin, Frankfurt am Main und die Revolution von 1848/49 Gebunden M. 11.50

— **Fürst Karl Leiningen** und das deutsche Einheitsproblem. Mit einem Bildnis des Fürsten Leiningen Gebunden M. 5.—

Karl Friedrich Graf Vitzthum von Eckstädt, Berlin und Wien in den Jahren 1845 bis 1852. Politische Privatbriefe Gebunden M. 6.—

Eduard von Wertheimer, Der Herzog von Reichstadt Ein Lebensbild. Nach neuen Quellen. 2. vermehrte Auflage. Mit 6 Lichtdruckbildern und einer Briefbeilage in Faksimiledruck. Geb. M. 10.50

Hans von Zwiedineck-Südenhorst, Deutsche Geschichte im Zeitraum der Gründung des preußischen Königtums. 2 Bände. Mit einer Karte. Geh. M. 24.—, in Halbfranz M. 28.—

— **Deutsche Geschichte von der Auflösung des alten bis zur Errichtung des neuen Kaiserreichs (1806—1871).** Drei Bände. Mit einer Karte. Geheftet M. 30.—, in Halbfranz M. 36.—

Lightning Source UK Ltd.
Milton Keynes UK
UKHW011454110119
335297UK00009B/619/P